공기업
경제학

공기업 경제학

초판 발행	2020년 5월 8일
개정판 발행	2025년 1월 24일

편 저 자 | 취업적성연구소
발 행 처 | ㈜서원각
등록번호 | 1999-1A-107호
주   소 | 경기도 고양시 일산서구 덕산로 88-45(가좌동)
교재주문 | 031-923-2051
팩   스 | 031-923-3815
교재문의 | 카카오톡 플러스 친구[서원각]
홈페이지 | goseowon.com

▷ 이 책은 저작권법에 따라 보호받는 저작물로 무단 전재, 복제, 전송 행위를 금지합니다.
▷ 내용의 전부 또는 일부를 사용하려면 저작권자와 (주)서원각의 서면 동의를 반드시 받아야 합니다.
▷ ISBN과 가격은 표지 뒷면에 있습니다.
▷ 파본은 구입하신 곳에서 교환해드립니다.

Preface

청년 실업자가 30만 명에 육박하는 가운데 국가적으로 커다란 문제가 되고 있습니다. 정부의 공식 통계를 넘어 실제 체감의 청년 실업률은 30%에 달한다는 분석도 나옵니다. 이러한 현실에서 대학생과 대졸자들에게 '신의 직장'으로 그려지는 공기업은 해를 거듭할수록 많은 지원자들이 몰리는 상황입니다.

많은 공기업에서 신입사원 채용 시 필기시험을 실시합니다. 일반 대기업의 필기시험이 인적성만으로 구성된 것과는 다르게 공기업의 필기시험은 전공시험이 포함되었다는 점에서 특징적입니다.

이에 본서는 공기업 전공시험 과목 중 경제학에 대비하기 위한 수험서로 경제학의 주요 핵심이론을 단기간에 파악하고 주요 공기업의 기출문제를 분석하여 수록하였고 이를 바탕으로 엄선한 예상문제를 구성하여 출제경향 파악 및 실전 대비가 가능하도록 구성하였습니다.

수험생들이 본서와 함께 합격이라는 꿈을 이룰 수 있기를 바랍니다.

Structure

CHAPTER
01 회계의 기초이론

1 다음 중 한국채택 국제회계기준상 재무제표가 아닌 것은?

① 이익잉여금처분계산서
② 재무상태표
③ 현금흐름표
④ 주석

2 한국채택 국제회계기준의 도입과 관련한 설명으로 옳지 않은 것은?

① 공시체계가 연결 재무제표 중심으로 전환되어 내부거래가 제거된 연결재무정보가 공시되므로 회계투명성과 재무정보의 질이 높아진다.
② 회계처리의 기본원칙과 방법론을 제시하는 데 주력하는 원칙중심의 기준체계로 복잡한 현실을 모두 규율할 수 없어 기업의 규제회피가 쉬워진다.
③ 자본시장의 투자자에게 기업의 재무상태 및 내재가치에 대한 의미있는 투자정보를 제공하는 데 중점을 두어 공정가치 회계가 확대 적용된다.
④ 한국회계기준원 및 규제기관에 대한 질의와 회신의 역할이 축소되어 기업 회계담당자들의 전문성이 절실하게 요구된다.

CHAPTER
01 회계의 기초이론

1 다음 중 한국채택 국제회계기준상 재무제표가 아닌 것은?

① 이익잉여금처분계산서
② 재무상태표
③ 현금흐름표
④ 주석

2 한국채택 국제회계기준의 도입과 관련한 설명으로 옳지 않은 것은?

① 공시체계가 연결 재무제표 중심으로 전환되어 내부거래가 제거된 연결재무정보가 공시되므로 재무제표의 질이 높아진다.
② 회계처리의 기본원칙과 방법론을 제시하는 데 주력하는 원칙중심의 기준체계로 복잡한 현실을 모두 규율할 수 없어 기업의 규제회피가 쉬워진다.
③ 자본시장의 투자자에게 기업의 재무상태 및 내재가치에 대한 의미있는 투자정보를 제공하는 데 중점을 두어 공정가치 회계가 확대 적용된다.
④ 한국회계기준원 및 규제기관에 대한 질의와 회신의 역할이 축소되어 기업 회계담당자들의 전문성이 절실하게 요구된다.

---

3 재무보고를 위한 개념체계의 내용으로

① 유용한 재무정보의 질적 특성은 재...되는 재무정보에도 적용된다.
② 재무정보가 유용하기 위한 근본적인...
③ 재무정보에 예측가치, 확인가치 또는...수 있다.
④ 완벽하게 충실한 표현을 하기 위해서는...

4 자산의 측정에 대한 설명으로 옳지 않은 것은?

① 역사적 원가는 자산의 보유에 따라 발생하는 손익을 무시한다.
② 취득시점에서 취득원가로 기록한 후 자산이나 부채의 기간경과에 따라 조정하는 현행 원가의 범주에 속한다.
③ 순실현가능가치는 당해 자산이 현금 또는 현금등가액으로 전환될 때 수취할 것으로 예상되는 금액에서 이러한 전환에 직접 소요될 비용을 차감한 금액이다.
④ 기업이 가장 보편적으로 사용하는 측정기준은 역사적 원가이며 이러한 역사적 원가는 다른 측정기준과 함께 사용되기도 한다.

5 다음은 재무회계에 관한 사항을 설명한 것이다. 이 중 바르지 않은 것은?

① 기업의 재무상태, 경영성과에 관한 정보를 가지고 있다.
② 내부 정보이용자에게 많은 정보를 제공한다.
③ 통상적으로 인정된 회계원칙을 지니고 있다.
④ 보고서 양식은 재무제표를 따르고 있다.

✓ ANSWER | 3.② 4.② 5.②

3 재무정보가 유용하기 위한 근본적 질적 특성은 목적적합성과 충실한 표현이다.

4 취득시점에 취득원가로 기록한 후 자산이나 부채의 기간경과에 따라 조정하는 상각후원가는 역사적 원가의 범주에 속한다.

5 재무회계는 외부 정보이용자(주주, 채권자)의 의사결정에 있어서 유용한 정보를 제공한다.

01. 회계의 기초이론 **9**

출제예상문제

기출문제 분석을 통해 출제가 예상되는 문제를 엄선하여 수록하였습니다. 문제마다 상세한 해설로 학습 능률을 높였습니다.

상세한 해설

매 문제마다 상세한 해설을 달아 문제풀이만으로도 개념학습이 가능하도록 하였습니다. 문제풀이와 함께 이론정리를 함으로써 완벽하게 학습할 수 있습니다.

Contents

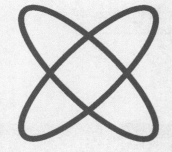

PART

01

미시경제학

01 경제학 기초

01 경제학의 기본원리

(1) 경제학의 개념

① 경제학의 의미

　㉠ 경제학이란 한 사회에서 희소성 있는 자원을 어떻게 합리적으로 관리하는가를 연구하는 학문이다.

　㉡ 또한 사람들이 일하는 것과 저축, 투자, 생산, 소비 등의 의사결정과정을 연구하는 학문이다.

② 희소성의 법칙(law of scarcity) – 자원제한, 욕망무한

　㉠ 희소성(scarcity)의 법칙이란 한 사회가 가지고 있는 경제적 자원이 인간의 욕망에 비하여 수량이 제한되어 있음을 의미한다.

　㉡ 제한된 경제적 자원을 인간이 어떻게 효율적으로 이용할 것인지에 대한 선택의 문제가 따르게 된다.

③ 경제의 3대 문제 – P. A. Samuelson

어떤 재화를 얼마만큼 생산할 것인가?	생산물의 종류와 수량의 결정
어떻게 생산할 것인가?	생산 방법의 결정
누구를 위하여 생산할 것인가?	생산물 및 소득의 분배

④ 경제적 자원(economic resources)

넓은 의미	좁은 의미
희소하며 유용한 것을 의미한다.	생산과정에 투입되어 상품으로 변화될 수 있는 '생산요소'를 뜻하며 노동, 자본 등이 포함된다.

　㉠ 천연자원 : 지하자원, 수자원 등의 자연 자원

　㉡ 물적자본 : 기계, 공장설비 등

　㉢ 인적자본 : 교육, 기술개발 등

⑤ 경제원칙 : 최대효과 · 최소비용의 원칙, 경제적 합리주의

　㉠ 최대효과의 원칙 : 주어진 자원으로 최대효과 산출

　㉡ 최소비용의 원칙 : 일정한 목표달성에 최소한의 자원 사용

　　• 편익은 극대화하고 비용을 최소화하여 순편익을 극대화하는 것을 경제원칙(경제적 합리성) 이라고 한다.

　　• 경제학에서는 모든 경제주체(가계, 기업, 정부 등)는 경제원칙에 따라 행동하는 것으로 가정하고 분석하며, 경제원칙에 따라 행동하는 경제주체를 경제인이라고 한다.

(2) 의사결정과정에 관한 기본원리

① 사람이 선택하는 모든 것에는 항상 대가가 따르게 되며 효율성과 공평성의 상충관계(trade-off)에 있다.
  - ㉠ **효율성**(efficiency) : 한 사회에서 한정된 자원을 이용하여 최대의 효과를 얻고자 하는 속성
  - ㉡ **공평성**(equity) : 희소자원의 혜택이 사회구성원에게 공정하게 분배되는 속성

② 선택에는 항상 기회비용이 따른다. 이때 기회비용이란 여러 가능성 중 하나를 선택했을 때 그 선택으로 인해 포기해야 하는 가치를 경제적 가치로 표시한 비용을 말하며 한정된 자원으로 생산 활동이나 소비활동을 하는 경제생활에 있어서 경제활동은 다른 경제활동을 할 수 있는 기회의 희생으로 이루어진다.
  ※ 포기해야 하는 가치가 여러 개일 경우, 그 중에서 가장 큰 것이 기회비용이 된다.

③ 경제학에서 사람들은 합리적인 판단을 한다고 가정하며, 합리적인 사람은 한계적 변화의 이득과 비용을 비교하여 현재 진행 중인 행동을 바꿀 것인가를 판단한다.

④ 사람들은 사람이 행동하도록 만드는 그 무엇인 경제적 유인(incentive)에 따라서 행동한다.
  예 정부보조금, 유류세, 과태료 등

(3) 타인 간의 상호작용에 관한 원리

① 시장이 경제활동을 조직하는 수단이 된다.
  - ㉠ **계획경제** : 오직 정부만이 국가 전체의 경제적 후생을 가장 잘 증진시킬 수 있다는 논리에 근거한다.
  - ㉡ **시장경제** : 수 많은 기업과 가계가 시장에서 상호작용을 통하여 분산된 의사결정에 따라 자원배분이 이루어지며 가격과 사적이윤에 의하여 의사결정을 한다.

② 자유거래는 거래당사자에게 모두 이익이 된다(특화를 통한 국가 간의 교역 등).

③ 정부의 시장개입이 필요한 경우가 있다.
  - ㉠ **사유재산권** : 시장경제가 작동하는데 없어서는 안 될 중요한 제도로서 특정자원의 사용 방법을 결정하고 결과물에 대한 배분을 결정하는 권리를 말한다.
  - ㉡ **시장실패** : 가격이 소비자와 생산자에게 적절한 신호(signal)를 주지 못하여 규제받지 않은 경쟁시장이 비효율적인 결과를 가져오는 상황을 말하며 외부효과와 독과점이 원인이 된다.

02 미시경제학과 거시경제학

(1) 미시경제학(microeconomics)

① 가계와 기업이 어떻게 의사결정을 내리며 시장에서 이들이 어떻게 상호작용을 하는가를 연구하는 분야이다.

② 자원배분과 분배의 문제에 관심의 초점을 둔다. 이를 위해서는 개별 시장 혹은 개별 경제주체의 차원에서 분석을 해야 할 필요가 있다.

③ 개별상품시장에서 이루어지는 균형, 즉 수요와 공급에 의해서 결정되는 생산량과 가격에 분석의 초점을 둔다. 이러한 분석은 생산물시장뿐 아니라 생산요소시장에도 해당된다.

④ 그 외에도 정보의 비대칭성, 외부성, 공공재 등에 대한 연구도 포함된다.

※ 자원배분과 소득분배

자원배분	• 경제적 자원을 다양한 용도에 할당하는 것으로 한 사회의 자원은 희소하다. • 반면 인간의 욕망은 무한하고, 주어진 자원은 대체가능하기 때문에 자원배분의 문제가 된다. • 시장경제체제에서 소비자가 가장 원하는 용도들에 자원을 배분하는 기본적인 메커니즘은 가격이며 혼합경제의 공공부문과 계획경제체제하에서의 자원배분결정은 정치적인 성격을 갖고 있다.
소득분배	한 사회 내에서 생산된 생산물이나 소득을 생산에 참가한 구성원 사이에 나누는 것을 의미한다.

(2) 거시경제학(macroeconomics)

① 인플레이션, 실업, 경제성장, 국제수지 등과 같이 나라 경제 전체에 관한 경제현상을 연구하는 학문이다.

② 경제의 성장과 안정에 관심의 초점을 둔다. 안정과 성장은 국민경제 전반에 관한 문제로 전반적인 흐름에 관심의 초점을 두어야 한다.

③ 거시경제의 주요 변수로는 물가, 실업, 국민소득 등이 있으며 이에 대한 분석을 한다.

④ 그 외에도 경기변동과 경제성장에 대한 분석을 포함한다.

※ 경제학의 구분

실증경제학(positive economics)	• 경제문제에 대한 법칙성을 규명하며 미래를 예측한다. • 실제 경제현상에 나타나는 규칙성을 분석(경제이론)한다.
규범경제학(normative economics)	• 주관적 가치판단에 따라 경제문제의 대책을 제시한다. • 실증경제학을 기초로 현실 경제문제에 대한 대책(경제정책)을 제시한다.
부분균형이론(마샬, A. Marshall)	• 각 시장이 분리 · 독립되어 존재하는 것으로 간주하여 분석한다. • 다른 시장과의 상호작용을 무시하는 한계를 가진다.
일반균형분석(왈라스, L. Walras)	관련 시장과의 상호관계까지 분석한다.
정태경제학(static economics)	(정태분석, 비교정학)은 특정 시점에서 경제문제를 분석한다.
동태경제학(dynamic economics)	(동태분석, 비교동학)은 경제의 시간경로까지 고려하여 분석한다.

03 기회비용과 매몰비용

(1) 기회비용(opportunity cost)

① 기회비용은 어떤 대안을 택함으로써 포기해야 하는 다른 대안 중에서 가치가 가장 큰 것을 의미한다.

② 기회비용은 희소한 자원을 최대한 효율적으로 분배할 것인지에 관한 선택의 문제에서 발생하는 개념이다. 즉, 어떤 행위(선택)에 따라 발생한 화폐적비용과 그 행위에 따라 포기한 다른 대안들 중의 최고가치를 더한 것이다.

> 기회비용 = 화폐적비용 + 포기한 대안 중의 최고가치

※ 기회비용(opportunity cost)
  ① 여러 가능성 중 하나를 선택했을 때 그 선택으로 인해 포기해야 하는 가치 전체를 의미한다.
  ② 기회비용은 어떤 선택에 따라 포기하게 되는 가치 중 최고의 것을 나타내는 것으로 기회원가라고도 한다.
  ③ 한정된 자원으로 생산활동이나 소비활동을 하는 경제생활에 있어서 경제활동은 다른 경제활동을 할 수 있는 기회의 희생으로 이뤄진다.
  ④ 기회비용의 관점에서는 어떤 경제활동의 비용은 그것을 위해 단념해야 하는 다른 경제활동의 양이다.

③ 회계비용 사이의 차이점
  ㉠ 비용 계산 시 명백한 비용만을 포함하느냐 아니면 암묵적인 비용까지도 포함하느냐에 있다.
  ㉡ 회계비용에는 인건비, 임대료 등 누가 보아도 비용임이 명백한 것들만이 포함되지만 기회비용에는 명백한 비용뿐 아니라 암묵적 비용도 포함된다.
    ※ 명시적 비용(explicit costs) : 현금 지출을 필요로 하는 요소비용이다.
    ※ 암묵적 비용(implicit costs) : 현금 지출이 필요 없는 요소비용이다.

④ 경제적 이윤과 회계적 이윤

경제적 이윤 (economic profit)	• 기업의 총수입에서 기회비용을 차감한 금액으로 계산한다. • 경제적 이윤 = 총수입 − (명시적 비용 + 암묵적 비용)
회계적 이윤 (accounting profit)	• 총수입에서 명시적 비용을 차감한 금액으로 계산된다. • 회계적 이윤 = 총수입 − 명시적 비용

※ 경제적 이윤이 0이라면?
- 사업의 모든 기회비용을 총수입으로 충당하고 있다는 것을 의미한다.
- 회계적 이윤이 0보다 크다는 것을 알 수 있다.
- 사업에서 경제적 이윤이 발생하려면 총수입이 모든 기회비용보다 커야 한다.

(2) 매몰비용(sunk cost)

① 매몰비용은 한번 지출하면 회수가 불가능한 비용을 말한다.

② 합리적인 선택을 위해서는 이미 지출되었으나 회수가 불가능한 매몰비용은 고려하지 않는다. 즉, 과거의 선택에 의해 이미 투입된 비용이며, 과거 선택이 잘못된 것이라면 기꺼이 포기해야 한다.

04 경제주체와 경제객체

(1) 경제주체

구분	내용
가계	생산요소의 공급을 통해 얻은 소득으로 소비활동을 하며, 효용의 극대화를 추구한다.
기업	생산요소를 고용하여 재화와 서비스를 생산하며, 이윤의 극대화를 추구한다.
정부	재화와 서비스를 생산하거나 소비하며, 사회후생 극대화를 추구한다.
외국	재화와 서비스를 생산하여 타국에 수출하거나, 타국의 재화와 서비스를 수입한다.

(2) 경제객체 : 경제행위의 대상이 되는 생산물

구분	내용
재화(goods)	인간의 욕망을 충족시킬 수 있는 효용이 발생하는 유형의 물건 －자유재(free goods) : 소비에 대가가 필요치 않은 재화와 용역 　부존량이 무한, 희소성의 법칙이 성립되지 않음. 따라서 경제문제가 발생하지 않음 －경제재(economic goods) : 소비에 대가가 필요치 않은 재화와 용역 　부존량이 유한, 희소성의 법칙이 성립되며 대가를 지불해야 함
용역(services)	• 소비에 따라 효용이 발생하는 무형의 행위 • 형태를 취하지 않고 생산과 소비에 필요한 노무를 제공하는 것이다.
소비재(consumer goods)	최종 목적이 소비인 재화와 용역
생산재(producer goods)	최종 목적이 생산인 재화와 용역

(3) 생산요소(factors of production) : 재화나 서비스를 생산하기 위하여 사용되는 것을 의미한다.

① 본원적 생산요소(자원) : 생산에 투입되는 재화와 용역

노동(labor)	재화와 서비스를 생산하는데 사용되는 노동자들의 육체적 및 정신적 노력을 의미한다. 예 노동력, 인적자본(human capital, 투자를 통해 교육된 노동)
자본(capital)	기계 및 공장설비 등을 말하는 것으로 생산자가 생산에 사용하는 재화를 의미한다.
토지(land)	천연자원을 대표하는 개념으로 광물, 석유 등이 포함되며, 토지사용의 대가로 지주는 지대를 얻게 된다.

② 기술과 정보(지식, IT) : 경영능력, 제4의 생산요소 등

05 경제체제

(1) 경제체제의 유형

구분	특징	문제점
시장경제체제	시장의 가격기능에 의해 경제문제를 해결하고, 생산수단의 '사적' 소유하며, 효율성을 추구한다.	지나친 사익추구로 인한 형평성 저해, 빈부격차 심화, 실업, 환경오염 등
계획경제체제	국가의 계획과 통제에 의해 경제문제를 해결하고 생산수단의 '공정' 소유하며, 형평성을 추구한다.	자원 배분의 비효율성, 근로의욕 저하 및 계획 수정의 어려움
혼합경제체제	시장경제체제와 계획경제체제를 혼합하여 사용하는 경제체제로 정부가 경제활동 분야에 개입한다.	정부의 비대화, 민간 경제의 자율성 축소, 복지병 등장 등

(2) 자본주의와 사회주의 특징 및 문제점

구분	특징	문제점
자본주의	• 시장을 통해 각 경제주체는 자신의 사익극대화를 추구한다. • 생산자(공급자)는 자신이 보유한 생산수단을 이용하여 이윤극대화를 추구한다. • 소비자(수요자)는 자신의 소득으로 소비에 따른 효율극대화를 추구한다. • 개별주체들의 사익극대화 노력을 통해서 희소한 자원이 효율적으로 배분된다.	• 소득 분배의 불공평 • 실업과 인플레이션의 주기적 반복에 따른 경제불안 • 과도한 사익추구에 따른 자연환경파괴 • 인간소외 • 사익과 공익의 괴리 등
사회주의	• 자본주의의 대안으로 등장한 경제체제 • 모든 경제문제는 당국의 계획에 의해 해결되며, 생산수단은 국유화되고 사유재산은 허용되지 않는다. • 분배의 평등을 추구하며 사유재산을 금지한다.	사유재산 금지와 계획에 의한 자원배분은 개별경제주체들의 사익추구 행위를 불가능하게 하여 자원배분의 비효율성을 초래한다.

06 인과의 오류와 구성의 오류

(1) 인과의 오류(The fallacy of Casuality)

① 어떠한 사건이 일어난 후에 특정한 사건이 발생한 경우, 특정 사건의 원인을 어떠한 사건으로 결론짓는 오류로 하나하나의 구체적인 사실로부터 일반적인 명제를 이끌어내는 방법인 귀납법을 사용할 경우에 발생할 수 있는 오류를 인과의 오류라고 한다.

② 흔히 드는 예로 '까마귀 날자 배 떨어진다'가 있다. 즉 우연한 현상을 인과관계가 있는 현상으로 오인한다.

(2) 구성의 오류(The fallacy of Composition)

① 부분적 성립의 원리를 전체적 성립으로 확대하여 추론함으로써 발생할 수 있는 오류이며, 보편적인 원리에서 하나의 구체적인 사실을 유도해내는 방법인 연역법을 사용할 경우 발생할 수 있는 오류를 구성의 오류라고 한다.

② '개인들의 저축을 증가시키면 경제전체의 저축이 증가한다'라는 말은 구성의 오류의 일반적인 예이다. 또한 '절약의 역설'은 개별소비자의 절약이 거시경제 경기침체의 원인이 될 수 있다.

기출문제분석

(국민연금공단)

1 어떤 부동산매입자가 3년 전에 총 1억 원을 주고 매입한 택지 10,000평을 학교부지로 학교재단에 무상으로 기증하기로 하였다고 하자. 현재 이 땅의 시가가 2억 원이라고 한다면 이 부동산매입자가 행한 증여의 경제학적 비용은 얼마인가?

① 0원   ② 1억 원

③ 2억 원   ④ 3억 원

> 📖NOTE 부동산 증여의 경제학적 비용(기회비용)은 과거의 기증가격이 아니라 현재의 시가이기 때문에 2억 원의 기회비용이 된다.

(국민연금공단)

2 어떤 경제가 생산가능곡선 내부에서 생산하고 있다면 다음 중 그 이유로 타당하지 않은 것은?

① 독점

② 실업

③ 무기생산

④ 시장실패

> 📖NOTE 생산가능곡선의 내부에서 생산하고 있다는 것은 일부 자원(노동, 자본, 토지 등)이 생산에 이용되지 않고 있거나 가격기구의 불완전성이나 경제외적인 요인들 때문에 비효율적으로 이용되고 있음을 의미한다.

Answer. 1.③ 2.③

3 (한국수력원자력) 전기, 철도, 상·하수도, 지하철 등의 사업은 정부에 의해 소유·운영되고 있는데, 그 이유를 적절히 설명한 것끼리 짝지은 것은?

> ㉠ 상품의 성격상 공익성이 강하다.
> ㉡ 국가의 재정수입을 증대시킨다.
> ㉢ 기업이 운영하면 효율성이 떨어진다.
> ㉣ 대규모 설비자금이 소요되는 반면, 비용의 회수가 용이하지 않다.

① ㉠, ㉡

② ㉠, ㉢

③ ㉠, ㉣

④ ㉡, ㉢, ㉣

📖NOTE 공기업은 전기, 수도, 가스, 전신전화, 철도운수 등 그 제공되는 서비스가 공공 일상생활에 필요불가결한 사업을 하는 기업을 의미한다. 이들은 국가 재정수입보다 공익 목적을 위해 공공기관이 소유나 경영의 주체가 되어 재화와 용역을 공급하는 기업이기 때문에 비용을 다시 회수하는 것은 어렵다.

4 (한국원자력환경공단) 다음 중 생산가능곡선이 바깥쪽으로 이동하는 요인으로 가장 옳은 것은?

① 연구개발 투자

② 실업의 감소

③ 생산설비의 가동률 상승

④ 생산의 효율성 제고

📖NOTE 실업이 감소하거나 생산설비의 가동률이 상승, 생산의 효율성이 제고되면 생산가능곡선 내부에서 생산가능곡선 상의 점으로 이동한다. 생산가능곡선을 바깥쪽으로 이동시키는 요인으로는 연구개발 투자, 공장설비의 확충, 천연자원의 발견, 자본량의 증가, 노동력의 증가, 기술진보, 교육수준의 향상 등이 있다.

Answer. 3.③ 4.①

(한국마사회)
5 다음은 미시경제학과 관련된 내용과 거리가 먼 것은?

① 생산이론

② 효용에 대한 소비자의 극대원리

③ 주입과 누출

④ 기업가의 이윤극대화 원리

⑤ 무차별곡선 이론

📝**NOTE** 주입과 누출은 국민소득의 증가 요인과 감소 요인으로 거시경제학의 분야이다.

(한국마사회)
6 다음 중 유량(Flow) 개념의 변수로 바른 것은?

① 외채

② 재고

③ 수입

④ 통화량

⑤ 인구

📝**NOTE** 유량변수 : 일정기간에 걸쳐 측정된 변수이며, 국내총생산, 소득, 투자, 수요, 공급, 수입, 수출 등이다.
　　　　　저량변수 : 일정시점에 측정되는 변수이며, 통화량, 인구, 외채, 재고, 국부 등이다.

(한국정책금융공사)
7 다음 중 생산의 4요소로만 올바르게 묶인 것은?

㉠ 노동	㉡ 경영
㉢ 토지	㉣ 기업
㉤ 자본	

① ㉠, ㉡, ㉢, ㉣

② ㉠, ㉡, ㉢, ㉤

③ ㉠, ㉡, ㉣, ㉤

④ ㉠, ㉢, ㉣, ㉤

⑤ ㉡, ㉢, ㉣, ㉤

📝**NOTE** 생산의 4요소 : 토지, 노동, 자본, 경영이다.

Answer. 5.③ 6.③ 7.②

8 경제학의 기본원리에 대한 설명으로 바르지 않은 것은?

① 정부가 시장성과를 개선할 수는 없다.

② 자발적인 교환은 모든 거래 당사자를 이롭게 한다.

③ 인플레이션과 실업은 단기에 상충관계가 있지만, 장기에는 아무런 관계가 없다.

④ 시장은 균형을 향하여 움직인다.

⑤ 합리적인 선택은 한계적으로 이루어진다.

> ₿NOTE 정부가 때로는 시장성과를 개선할 수 있다. 즉 불안정한 시장, 효율, 형평성 문제가 발생하면 정부가 개입을 한다. 주된
> 역할은 시장이 담당하고 정부는 보조적인 역할을 담당하는 데 그치는 것이 바람직하다.

9 다음 중 기회비용에 대한 설명 중 바르지 않은 것은?

① 아이스크림과 커피 중에서 하나를 골라야 하는 상황에서 고민 끝에 커피를 선택한 경우 포기한
아이스크림

② 자신 소유의 건물에서 레스토랑 사업을 하지 않았더라면 받을 수 있었던 건물 임대료 수입

③ 사업을 하기 위해 포기한 직장에서 받을 수 있었던 월급

④ 공공재 생산에 자원을 더 투입하여 사용재 생산에 쓰일 자원은 감소하는 현상

⑤ 서류를 보관하였다면 내지 않을 수 있었는데, 서류를 보관하지 않아서 지불하게 된 세금

> ₿NOTE 보관하지 않아서 불가피하게 지불하게 된 세금은 매몰비용에 해당된다.

Answer. 8.① 9.⑤

출제예상문제

1 다음 보기 중 유량변수인 것을 모두 고르면?

> ㉠ 투자
> ㉡ 소득
> ㉢ 국제수지
> ㉣ GDP
> ㉤ 주택보급률
> ㉥ 소비
> ㉦ 임금
> ㉧ 부채
> ㉨ 임대료
> ㉩ 주택거래량

① 6개
② 7개
③ 8개
④ 9개
⑤ 10개

NOTE 일정 시점에서의 상태를 측정한 것은 저량(stock)을 나타내는 지표이고, 일정 기간 동안에 일어날 변화를 측정한 것은 유량(flow)을 나타내는 지표이다.
(참고)
유량변수 : 저축, 소득, 소비, 투자, 수입, 수출, 임금, 국제수지, GDP, 당기순이익, 주택 생산량, 주택거래량, 수익률, 수요량, 공급량, 강우량, 임대료, 지대, 경제성장률 등
저량변수 : 국부, 국채, 부채, 환율, 물가, 주택보급률, 주택재고량, 주택가격, 노동량, 자본량, 통화량, 인구, 지가, 외환보유액, 종합주가지수 등

Answer. 1.③

2 다음 중 경제적 효율성을 가장 잘 표현한 것은?

① 동일한 목적을 달성하는데 수반되는 비용을 최소화한다.

② 모든 사람의 욕구를 똑같이 충족시킨다.

③ 환경의 오염을 최소화한다.

④ 모든 자원의 이용은 현재의 시장가치를 극대화하도록 결정되어야 한다.

> 📖NOTE] 경제적 효율성이란 어떤 목적을 최소의 비용으로 달성하는 것(최소비용의 원칙) 또는 일정한 비용을 투입하여 최대의 성과를 가져오는 것(최대효과의 원칙)을 말한다.

3 연철이는 '별 다방' 커피와 '콩 다방' 커피를 완전 대체재로 여기는데, 별 다방 커피 2잔당 콩 다방 커피 3잔의 비율로 맞바꿔도 좋다는 생각을 갖고 있다. 별 다방 커피의 가격은 1잔에 4,000원이고, 콩 다방 커피의 가격은 1잔에 2,000원이다. 이때 연철이가 생각하는 합리적 선택은?

① 별 다방 커피만 소비한다.

② 콩 다방 커피만 소비한다.

③ 별 다방 커피와 콩 다방 커피를 3:2의 비율로 소비한다.

④ 별 다방 커피와 콩 다방 커피를 1:2의 비율로 소비한다.

⑤ 별 다방 커피와 콩 다방 커피를 1:1의 비율로 소비한다.

> 📖NOTE] 연철이에게 별 다방 커피와 콩 다방 커피는 완전 대체재이다. 별 다방 커피 2잔의 비용은 8,000원, 콩 다방 커피 3잔의 비용은 6,000원이므로, 콩 다방 커피를 마실 경우 더 적은 비용으로 동일한 만족을 얻을 수 있다. 따라서 콩 다방 커피만 소비한다.

4 다음 중 기회비용과 생산가능곡선에 대한 설명으로 적절하지 않은 것은?

① 여러 대안 중 기회비용이 가장 작은 대안을 선택하는 것이 합리적이다.

② 생산의 효율성이 높아지면 생산점이 생산가능곡선 내부에서 생산가능곡선에 더 가까워진다.

③ 범위의 경제가 발생하면 생산가능곡선이 원점에 대해 볼록한 형태이다.

④ 생산가능곡선이 우하향하면 기회비용은 0보다 크다.

📝NOTE 범위의 경제가 발생하면 생산가능곡선은 원점에 대해 오목한 형태가 된다.

5 놀부는 흥부와 1시간 동안 비디오를 보는 대신에 아르바이트를 해서 5,000원을 벌었다. 놀부가 아르바이트를 하는 것의 기회비용은?

① 아르바이트로 번 5,000원이다.

② 비디오를 보았다면 얻을 수 있었던 즐거움이다.

③ 5,000원에서 비디오를 보았다면 얻을 수 있었던 즐거움을 뺀 값이다.

④ 비디오를 보았다면 5,000원보다 더 작은 즐거움을 얻었을 것이므로 기회비용은 0원이다.

📝NOTE 기회비용이란 어떠한 대안을 선택함에 따라서 포기해야 하는 대안들 중에서 최선의 대안을 의미한다. 따라서 놀부와 흥부가 1시간 동안 비디오를 보는 것 대신에 아르바이트를 하여 5,000원을 벌었다면, '아르바이트를 하여 5,000원을 버는 것'의 기회비용은 '1시간 동안 비디오를 보면서 느끼게 되는 즐거움'이 된다.

6 다음 중 기회비용에 대한 예로서 옳지 않은 것은?

① 서류를 보관하였다면 내지 않을 수 있었는데 서류를 보관하지 않아서 지불하게 된 세금

② 아이스크림과 커피 중에서 하나를 골라야 하는 상황에서 고민 끝에 커피를 선택한 경우에 포기한 아이스크림

③ 자신 소유의 건물에서 레스토랑 사업을 하지 않았더라면 받을 수 있었던 건물 임대료 수입

④ 사업을 하기 위해 포기한 직장에서 받을 수 있었던 월급

📝NOTE ① 기회비용이라기보다는 비효율성으로 인한 비용에 해당한다.

7 아래 그림은 X와 Y 두 재화를 생산하고 있는 어떤 경제의 생산가능곡선과 생산가능점을 나타낸다. 다음 중 옳지 않은 것은?

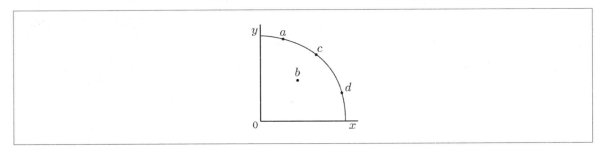

① d점보다 c점이 더 파레토효율적이다.

② c점은 b점보다 파레토 우월하다.

③ b점에서는 완전고용이 달성되지 못하고 있다.

④ a점에서 X재를 한 단위 더 생산하는 것의 기회비용은 c점에서 X재를 한 단위 더 생산하는 것의 기회비용보다 더 작다.

> **NOTE** 생산가능곡선상의 모든 점은 생산이 파레토효율적이다.

8 다음 중 생산가능곡선을 이동시키는 요인을 모두 골라 묶은 것은?

㉠ 자본량 증가	㉡ 노동량 감소
㉢ 기술진보	㉣ 청년실업 감소

① ㉠㉢

② ㉠㉡㉢

③ ㉡㉣

④ ㉠㉡㉢㉣

> **NOTE** ㉠ 자본량이 증가하면 자본집약재 부문에 치우친 형태로 생산가능곡선이 확장하게 된다.
> ㉡ 노동량이 감소하면 노동집약재 부문에 치우친 형태로 생산가능곡선이 축소하게 된다.
> ㉢ 해당 기술진보가 일어난 부문 쪽으로 생산가능곡선이 확장하게 된다.
> ㉣ 생산가능곡선은 경제에 존재하는 모든 가용노동량을 기준으로 도출되는 것이므로 청년실업이 감소하였다는 사실만으로는 생산가능곡선이 확장되거나 축소되지 않는다.

Answer. 7.① 8.②

9 다음 제시된 상황에서 영희가 뮤지컬을 관람하기로 결정했다면 그 때의 기회비용은 얼마인가?

> 영희는 3만 원을 지불하고 뮤지컬 티켓을 구입하였다. 이 티켓은 환불이 불가능하나 2만 원을 받고 중고나라에 팔 수는 있다. 그런데 얼마 후, 영희는 평소 보고 싶었던 영화가 같은 시간에 개봉한다는 것을 알게 되었다. 영화표의 가격은 1만 원이고, 영희가 영화를 본다면 4만 원까지 지불할 용의가 있다. 뮤지컬과 영화 중 어떤 것을 보더라도 추가비용은 들지 않는다고 한다.

① 3만 원   ② 4만 원
③ 5만 원   ④ 6만 원

NOTE | 영희가 뮤지컬을 관람한다면 뮤지컬 티켓을 팔아서 회수할 수 있는 2만 원과 영화를 관람할 때 얻을 수 있는 순편익 3만 원을 포기해야 하므로 뮤지컬 관람에 따른 기회비용은 5만 원이다.

10 아래 내용에 나타난 경제 개념으로 적절하지 않은 것은 무엇인가?

> 인간은 거의 언제나 다른 사람들의 도움을 필요로 한다. 그런데 자신만의 이익을 위해 도움을 바라면 허사가 될 수 있다. 어떤 사람이 만약 다른 사람들의 개인적 이익이 자신에게도 유리하게 발휘되도록 한다면, 그리고 자신에게 필요한 것을 그들이 제공해 주는 것이 그들에게도 이익이 된다고 설득한다면 훨씬 더 성공을 거둘 수 있을 것이다. (중략)
> 우리가 매일 아침 식사를 마련할 수 있는 것은 정육점 주인, 양조장 주인, 빵집 주인의 호의 때문이 아니라 그들이 자신들의 이익을 얻기 위해 기울이는 노력 덕분이다.

① 분업   ② 형평성
③ 기회비용   ④ 인센티브
⑤ 비교 우위

NOTE | 주어진 자료에서는 분업이나 교환에 필요한 기회비용, 인센티브, 비교 우위를 고려하고 있다. 그러나 형평성은 주어진 내용에서는 나타나 있지 않다.

11 다음 생산가능곡선에 관한 설명으로 옳지 않은 것은?

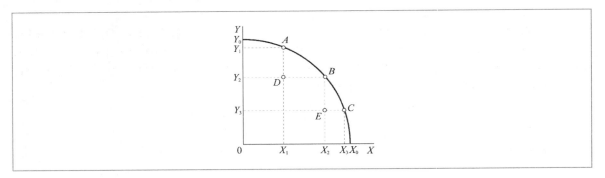

① X재 X_0 생산에 따른 기회비용은 Y재 Y_0이다.

② A에서 B로, B에서 C로 이동함에 따라 Y재의 생산량은 일정하게 줄어들지만, X재의 생산량은 점차 적게 늘어나므로 기회비용은 체감한다.

③ D에서 A로 생산점을 이동시키는 경우 X재의 생산량의 감소 없이 Y재의 생산량을 증가시킬 수 있으므로 이에 따른 기회비용은 0이다.

④ B에서 C로 생산점을 이동시키는 경우 X재 $\overline{X_2 X_3}$에 대한 기회비용은 Y재 $\overline{Y_2 Y_3}$이다.

> 📝 NOTE ② $A \to B \to C$로 이동할 때 Y재 생산량은 일정하게 줄어들지만 X재 생산량은 점점 적게 늘어난다. 이는 X재를 1단위 더 생산하기 위해 포기해야 하는 Y재의 양이 점점 많아진다는 것을 나타낸다. 즉, X재 생산의 기회비용이 체증함을 의미한다.

⚡ Answer. 11.②

Chapter. 02

수요 · 공급 이론

01 시장과 가격기구

(1) 시장(market)의 의미

① 어떤 상품에 대한 구매자들과 판매자들의 집합체를 시장이라고 한다.

② 시장 참여자들 간의 실제적이거나 잠재적인 상호작용을 통하여 한 재화 또는 여러 재화들의 묶음에 대한 가격이 결정된다.

(2) 경쟁시장과 비경쟁시장

① **완전경쟁시장** : 다수의 구매자와 판매자로 구성되어 있어 어느 한 구매자나 판매자가 가격에 영향을 미칠 수 없는 시장이다.

② **비경쟁시장(독점, 과점)** : 소수의 구매자와 판매자로 구성되어 있거나 개별기업들이 서로 담합하여 가격에 영향을 미칠 수 있는 시장이다.

(3) 시장가격

① 일반적으로 완전경쟁시장에서는 동일 상품에 대하여 하나의 시장가격이 형성된다(일물일가의 법칙).

② 완전경쟁적이지 않은 시장에서는 동일한 제품을 생산하는 기업들이 서로 다른 가격을 설정할 수 있다.

(4) 시장경제와 가격기구

① **시장경제의 의의**

ⓐ 국민경제가 해결해야 할 과제인 자원배분, 분배, 경제의 안정과 성장의 문제를 시장에서 경제주체들의 자율적인 의사에 따라 문제를 해결하는 방식으로 자유방임적인 자본주의 체제이다.

ⓑ 수많은 기업과 가계가 시장에서 상호작용을 통하여 분산된 의사결정에 의하여 자원 배분이 합리적으로 이루어지는 경제체제를 말하며 시장에는 가격과 사적이윤이 그들의 의사결정의 요인이 된다.

② **가격기구(시장기구)의 기능**

ⓐ 시장에서 한 상품의 구매자와 판매자간의 거래를 통하여 가격과 거래량이 결정된다.

ⓑ 거래과정을 통하여 상품의 양 및 생산방법 등이 동시에 결정되며 경제전체의 안정과 성장이라는 측면에서의 경제의 상태도 결정된다.

ⓒ **한계** : 가격기구가 자원을 비효율적으로 배분하는 경우가 발생할 수 있고, 공정한 분배를 달성한다는 보장이 없다.

③ 시장에서의 가격의 역할

　　㉠ **가격의 배급기능** : 가장 높은 가치로 평가하는 사람들에게 상품을 배급함으로써 희소한 상품을 과도하게 소비하려는 욕구를 통제하는 기능을 한다.

　　㉡ **가격의 배분기능** : 생산자원이 경제의 부문들 사이로 배분되어 가는 과정에서 신호(signal)를 전달하는 역할을 한다.

　　　예 아담 스미스 (Adam Smith)의 '보이지 않는 손(invisible hand)'

　　㉢ **소득의 분배** : 상품의 가격이나 생산요소의 가격이 경제주체의 소득분배를 결정할 수 있다.

④ 가격의 종류

절대가격=시장가격 (absolute price)	재화 1단위와 교환되는 화폐가치이며, 시장의 수요와 공급에 따라 결정된다.
상대가격 (relative price)	• 두 재화의 교환비율을 의미하며, 두 재화(X, Y)의 시장가격을 서로 나눈 것$\left(\dfrac{P_x}{P_y}\right)$이며, Y재 수량으로 표시한 X재의 상대가격이다. • Y재 수량으로 표시한 X재 1단위 소비의 기회비용을 의미한다.

(5) 시장경제의 특성

① 시장경제 제도의 원칙

　　㉠ **사유재산권** : 재산의 소유, 사용, 처분이 재산 소유주 의사에 따라 자유롭게 이루어지는 원칙

　　㉡ **경제활동의 자유** : 경제 행위에 대한 개인의 의사결정이 자유롭게 이루어지며 책임이 따른다.

　　㉢ **사적이익 추구** : 개인의 경제적 이득을 얻기 위하여 경제활동의 참여를 보장한다.

② 시장경제의 부정적 측면

　　㉠ **빈부격차** : 모든 경제주체들의 능력과 소질의 차이로 인하여 발생한다.

　　㉡ 실업과 인플레이션이 발생한다.

　　㉢ 무분별한 개발로 인한 환경 파괴 및 오염문제가 발생한다.

　　㉣ **인간 소외 현상** : 인간성이 소외되고 물질의 지배를 받게 되는 현상이 생긴다.

　　㉤ 집단이기주의 및 지역이기주의 등으로 인해 공적 이익과 사적 이익 사이의 대립이 발생한다.

③ **우리나라의 경제제도** : 원칙적으로는 시장경제 체제를 유지하면서 시장경제의 문제점을 해결하고 경제질서를 유지하기 위하여 일정한 범위 내에서는 정부의 개입을 인정하는 혼합경제체제를 채택하고 있다.

02 시장의 수요와 공급

(1) 수요(demand)

① 수요 : 일정기간 동안 재화나 용역을 구매하고자 하는 욕구를 말한다.
  ㉠ '일정기간 동안'은 유량 개념(flow)으로 특정시점의 개념이 아닌 기간의 개념이다.
  ㉡ '구매하고자 하는 욕구'는 실제 구매한 양을 의미하는 것이 아닌 구매하려고 의도한 양을 말한다.
  ㉢ 유효수요의 개념은 구매력이 뒷받침되는 수요를 말한다.
  ㉣ 가격과 수요량의 전반적 관계이며 수요곡선으로 표시된다.

② 수요량 : 소비자가 특정 가격 수준에서 소비하고자 하는 최대 수량이다.
  ㉠ 일정기간 동안 주어진 가격하에서 구입하고자 하는 최대수량이며, 실제 소비능력(구매력, 소득)을 가지고 있어야 한다.
  ㉡ 수요곡선 상 한 점으로 표시되며 가격이 변화하면 수요량이 변화한다.

③ 수요함수
  ㉠ 어떤 재화에 대한 수요와 그 재화의 수요에 영향을 주는 요인들간의 함수관계를 의미한다.
  ㉡ 독립변수는 해당 재화의 가격, 연관 재화의 가격, 소득수준, 광고 등이 있다.

$$Q_D^X = f(Px, \ Py, \ M, \ N, \ T)$$

[Q_D^X : 해당 재화의 수요량, Px : 해당 재화의 가격, Py : 연관 재화의 가격, M : 소득수준, N : 인구, T : 소비자 기호]

④ 수요법칙 : 가격과 수요량은 역(−)의 관계이다. 즉, 가격이 오르면(내리면) 수요량이 감소(증가)한다. 따라서 수요곡선은 우하향한다.

⑤ 수요곡선
  ㉠ 개별수요곡선(individual demand curve) : 개별소비자의 수요곡선이며, 일정기간 중 개별소비자가 각 가격수준에서 소비하고자 하는 최대수량을 보여주는 곡선이다. 또한 일정기간 중 개별소비자가 각 소비량을 소비하고자 할 때 지불할 용의가 있는 최고가격(수요가격)을 보여준다. 즉, 수요자의 지불용의 최고가격(수요가격)과 구입하고자 하는 최대수량과의 관계를 보여주는 곡선이다.

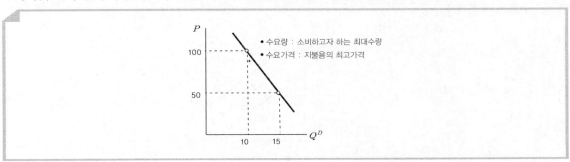

어떤 상품의 가격과 수요량 사이의 관계 : $Q_D^X = f(Px)$

ⓛ **시장수요곡선**(market demand curve) : 개별수요곡선을 수평으로 합하여 도출한다. 시장 수요량은 주어
진 가격 하에서, 개별소비자수요량을 모두 더한 합이다. → $[Q_M = q_A + q_B]$
또한 공공재의 시장수요곡선은 개별수요곡선을 합하여 도출한다.

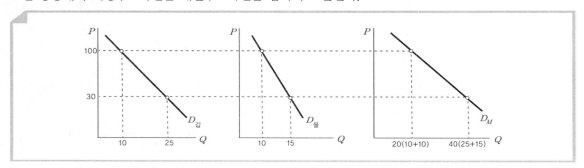

⑥ **수요량의 변화 및 수요 변화**

㉠ **수요량의 변화** : 가격 변화에 따른 수요곡선 상의 변화이다. 즉 해당 재화 가격의 변화에 따라 재화의
소비자 구입 수량의 변화를 의미한다. 수요법칙에 따라 가격이 오르면 수요량이 감소하고, 가격이 내리
면 수요량이 증가한다.

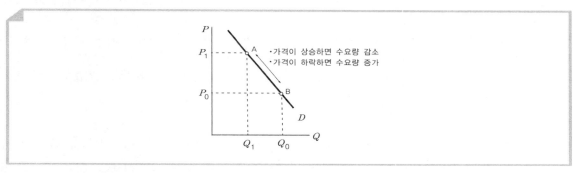

㉡ **수요 변화** : 가격 이외에 수요에 영향을 미치는 각종 요인(연관재화의 가격변화, 소득변화, 선호 등)이
변화하여, 동일한 가격 수준에서 소비하고자 하는 최대수량이 변화하는 것이다. 수요가 변화하면 좌·
우로 이동한다.

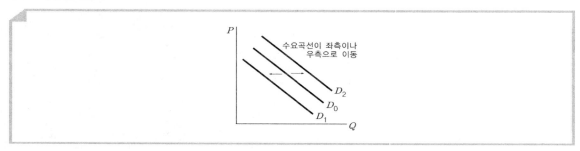

⑦ 수요 변화 요인
  ㉠ 소비자의 소득
   • 정상재 : 우등재 또는 상급재라고도 하며 소득이 증가(감소)하면 수요가 증가(감소)하여 수요곡선 자체가 우상향(좌상향)으로 이동한다.
   • 열등재 : 소득이 증가(감소)하면 수요가 감소(증가)하며 수요곡선 자체가 좌하향(우상향)으로 이동한다.
   • 기펜재 : 열등재의 일종으로, 재화의 가격이 하락하면 오히려 재화의 수요도 감소하는 예외적인 수요법칙을 보이는 재화를 말한다.
   • 중간재 : 소득이 변화함에도 불구하고 동일한 가격에서 수요량은 전혀 변하지 않는 재화로 소득이 증가(감소)하여도 수요 및 수요곡선 자체는 불변이다.
  ㉡ 관련 재화의 가격 변동
   • 대체재 : 두 재화가 서로 비슷한 용도를 지녀 한 재화 대신 다른 재화를 소비하더라도 만족에 별 차이가 없는 관계를 말한다. 서로 경쟁적인 성격을 띠고 있어 경쟁재라고도 하며 소비자의 효용 즉, 만족감이 높은 쪽을 상급재, 낮은 쪽을 하급재라 한다. 만약 두 재화 A, B가 대체재라면 A재화의 가격이 상승(하락)하면 A재화의 수요는 감소(증가)하고 B재화의 수요는 증가(감소)한다.
     예 설탕과 꿀, 콜라와 사이다, 연필과 샤프, 버터와 마가린 등
   • 보완재 : 한 재화씩 따로 소비하는 것보다 두 재화를 함께 소비하는 것이 더 큰 만족을 주는 재화의 관계를 말한다. 따라서 두 재화 A, B가 보완재일 경우, A재화의 가격이 상승(하락)하면 A재화 및 B재화 모두 수요가 감소(증가)한다.
     예 커피와 프림, 빵과 잼, 샤프와 샤프심, 잉크와 프린터 등
   • 독립재 : 한 재화의 가격이 다른 재화의 수요에 아무런 영향을 주지 않는 재화의 관계를 말한다. 따라서 수요곡선 자체도 불변이다.
     예 쌀과 설탕, 안경과 빵, 카메라와 사과, 자전거와 샤프 등
  ㉢ 소비자의 기호변화, 소비자의 가격예상, 구입자의 수 등

(2) 공급(supply)

① 공급 : 생산자가 일정기간 동안 재화나 용역을 판매하려고 희망하는 것을 의미한다.
  ㉠ '일정기간 동안'은 수요와 같은 유량 개념이다.
  ㉡ '판매하고자 하는 욕구'는 실제 판매한 양이 아닌 의도한 양을 의미한다.
  ㉢ 가격과 공급량의 전반적 관계이며 공급곡선으로 표시된다.

② 공급량
  ㉠ 일정기간 동안 주어진 가격하에서 판매하고자 하는 최대수량이며, 실제 공급능력을 가지고 있어야 한다.
  ㉡ 공급곡선 상 한 점이며 가격이 변화하면 공급량이 변화한다.

③ 공급함수
  ㉠ 어떤 재화에 대한 공급과 그 재화의 공급에 영향을 주는 요인들 간의 함수관계를 의미한다.

ⓛ 영향을 주는 요인으로는 해당 재화의 가격, 연관 재화의 가격, 생산요소의 가격, 기술 수준 등이 있다.

$$Q_S^X = f(Px, Py, w, H, C, E)$$
[Q_D^X : 해당 재화의 수요량, Px : 해당 재화의 가격, Py : 연관 재화의 가격,
w : 생산요소 가격, H : 기술수준, C : 공급자의 수, E : 미래에 대한 기대]

④ **공급법칙** : 가격과 공급량은 정(+)의 관계이다. 즉, 가격이 오르면(내리면) 공급량이 증가(감소)한다. 따라서 공급곡선은 우상향한다.

⑤ **공급곡선**

ⓐ **개별공급곡선** : 개별공급자의 공급곡선이며 일정기간 중 개별공급자가 각 가격 수준에서 공급하고자 하는 최대수량을 보여주는 곡선이다. 또한 일정기간 중 개별공급자가 각 공급량을 공급하고자 할 때 받고자 하는 최저가격(공급가격)을 나타낸다. 즉, 받고 싶은 최저가격(공급가격)과 공급하고자 하는 최대수량과의 관계를 보여주는 곡선이다.

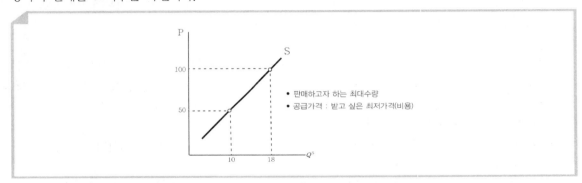

어떤 상품의 가격과 공급량 사이의 관계 : $Q_S^X = f(Px)$

ⓑ **시장공급곡선** : 개별공급곡선을 수평으로 합하여 도출하는데 이는 개별 생산자들이 각각의 가격수준에서 판매하고자 하는 재화의 수량을 합한다는 것을 의미한다. 시장공급량은 주어진 가격 하에서 개별공급자 공급량을 모두 더한 합이다.

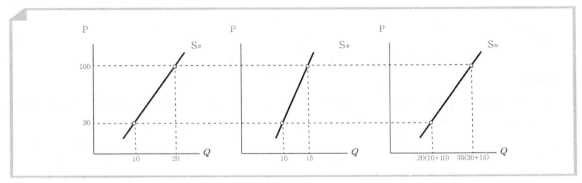

⑥ 공급량 변화와 공급 변화

　㉠ **공급량 변화** : 가격 변화에 따른 공급곡선 상의 변화이며, 공급법칙에 따라 가격이 오르면 공급량이 증가하고 가격이 내리면 공급량이 감소한다.

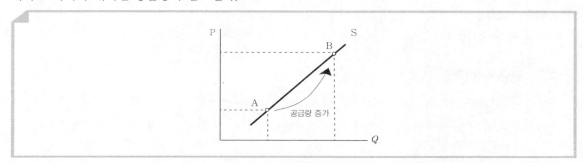

　㉡ **공급 변화** : 가격 이외에 각종 공급측 여건(생산요소가격, 관련재 가격 등)이 변화하여 공급곡선이 좌우(상하)로 이동하는 것이다. 공급곡선은 생산비를 반영하므로 생산비가 감소하면 공급가격이 하락하여 공급곡선이 하방 이동하므로 공급이 증가(우측 이동)한다.

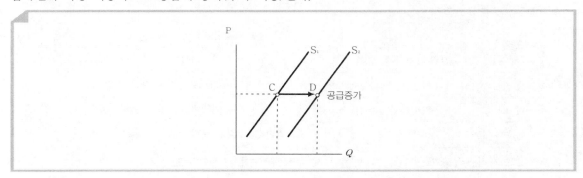

⑦ 공급 변화 요인

　㉠ **생산요소 가격의 변화** : 생산요소의 가격(임금, 이자, 지대, 원자재비 등)이 상승하면 공급자의 수익성이 감소하므로 생산량이 감소하게 된다. 따라서 공급곡선이 좌측으로 이동한다.

　㉡ **기술수준의 변화** : 기술이 발달하면 생산비용이 낮아지므로 공급이 증가한다. 따라서 공급곡선이 우측으로 이동한다.

　㉢ **다른 재화의 가격변화**

　　• 대체재 관계의 두 재화 A, B 중 A재화의 가격이 상승하면 B재화의 공급이 감소하여 공급곡선이 좌측으로 이동한다.

　　　예 대체 작물(콩과 팥)

　　• 보완재 관계의 두 재화 A, B 중 A재화의 가격이 상승하면 B재화의 공급이 증가하여 공급곡선이 우측으로 이동한다.

　　　예 두부와 비지

　　• 기업목표의 변화, 판매자의 수

ⓔ **조세와 보조금** : 조세가 감면되거나 기업에 보조금이 지급되면 생산비가 감소한다. 또한 생산비가 감소하면 공급곡선이 하방으로 이동하므로 공급이 증가(공급곡선 우측 이동)한다.

ⓜ **가격예상** : 공급자가 가격이 상승할 것으로 예상하면 공급(출고)을 줄인다.

> **예** 매점매석

ⓗ **공급자 숫자** : 공급자가 숫자가 증가하면 시장공급이 증가하므로 시장공급곡선이 우측으로 이동한다.

(3) 수요 · 공급의 탄력도

① **수요의 가격탄력도**(ε_D : price elasticity of demand) : 가격이 변화할 때 수요량 변화의 정도를 보여주는 측정치를 의미하며, 가격이 1% 변화할 때 수요량변화율(%)을 나타내며 절대값으로 표시한다.

$$\varepsilon_D = \left| \frac{수요량변화율}{가격변화율} \right| = \left| \frac{\frac{\triangle Q^D}{Q^D} \times 100}{\frac{\triangle P}{P} \times 100} \right| = \left| \frac{\triangle Q^D}{\triangle P} \right| \times \frac{P}{Q^D} \qquad (단, \triangle : 변동분)$$

㉠ 가격탄력도의 구분

$\varepsilon_D = \infty$	완전탄력적	가격 불변(가격변화율=0), 수요량 변화, 수요곡선은 수평선
$\varepsilon_D > 1$	탄력적(가격에 민감)	가격변화율 < 수요량변화율
$\varepsilon_D = 1$	단위 탄력적	가격변화율 = 수요량변화율
$\varepsilon_D < 1$	비탄력적(가격에 둔감)	가격변화율 > 수요량변화율
$\varepsilon_D = 0$	완전비탄력적	가격변화, 수요량 불변(수요량변화율=0), 수요곡선은 수직선

㉡ 수요의 가격탄력도가 클수록 가격 변화 시 수요량이 대폭 변화하므로 수요곡선은 완만한 기울기를 가지게 된다.

② **수요의 가격탄력성 결정요인**

상품의 성격	필수품의 가격탄력성은 작고, 사치품의 가격탄력성이 크다.
대체재의 존재여부	• 긴밀한 대체재가 존재할수록 수요의 가격탄력성은 커진다. • 대체재의 수가 많을수록 그 재화는 일반적으로 탄력적이다.
지출 비중	• 소비자의 전체 지출에서 차지하는 비중이 클수록 수요의 가격탄력성은 커진다.
시간	• 고려되는 시간이 길수록 수요의 가격탄력성은 커진다. • 가격이 변화하고 시간이 경과할수록(장기일수록) 수요의 가격탄력도가 커진다.
상품의 정의	• 보다 폭넓게 정의될수록 수요의 가격탄력성은 작아진다. • 재화의 포괄범위가 좁을수록 대체하기 쉬우므로 수요의 가격탄력도가 커진다.

③ 수요곡선의 형태와 가격탄력성

　　㉠ 수요곡선이 직선인 경우 : 우하향의 직선

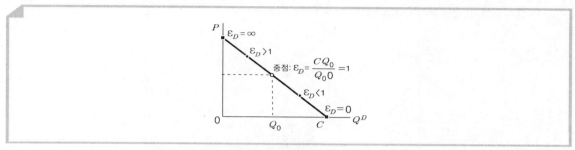

- 수요의 가격탄력성은 수요곡선의 기울기 역수에 각 점의 좌표를 곱한 것으로 구할 수 있다. 즉 동일한 수요곡선위의 모든 점에서 서로 다른 가격탄력성의 값을 갖게 된다.
- 중점에서 단위탄력적($\varepsilon_D = 1$)이며, 중점 좌측(가격 상승)에서는 탄력적($\varepsilon_D > 1$), 우측(가격 하락)에서는 비탄력적($\varepsilon_D < 1$)이 된다.
- 가격(P) 절편에서는 $\varepsilon_D = \infty$, 수량(Q) 절편에서는 $\varepsilon_D = 0$이 된다.

　　㉡ 수요곡선이 수평선인 경우

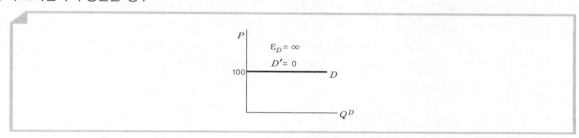

- 수요의 가격탄력성이 모든 점에서 $\varepsilon_D = \infty$로 일정하다. 즉 수요곡선이 수평선(기울기 0)이면 가격이 변화하지 않아도(가격 변화율 0) 수요량이 변화하므로 수요의 가격탄력도는 무한대(완전탄력적)이다.

　　㉢ 수요곡선이 수직선인 경우

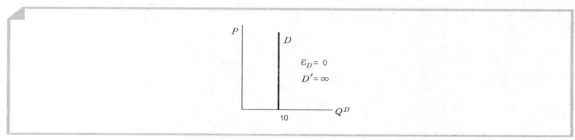

- 수요곡선이 수직선(기울기 ∞)이면 가격이 변화할 때 수요량이 변화하지 않으므로(수요량 변화율 0) 수요의 가격탄력도는 $\varepsilon_D = 0$(완전비탄력적)이 된다.

ⓔ 수요곡선이 직각쌍곡선인 경우

- 가격의 변화율과 수요량의 변화율이 동일하여 총지출액이 변하지 않으므로 탄력성이 모든 점에서 1로 일정하다. 즉 가격이 변화해도 소비지출액(E)은 변화하지 않으며 수요곡선 상 모든 점에서 수요의 가격탄력도는 1이 된다.

④ 수요의 호탄력도와 점탄력도

㉠ 호탄력도(arc elasticity) : 가격과 수요량의 변화가 커서 변화 전과 변화 후의 값이 상당히 다를 경우 그 평균치로 구한 탄력도를 의미한다. 즉, 측정 기준점에 따라 수요의 가격탄력도가 달라지므로 중간점을 기준으로 측정할 수 있다. 가격이 상당한 정도로 변화할 때, 수요량 변화 정도를 측정하는 측정치이다.

- 기준점 기준 호탄력도 : $\varepsilon_D = \left| \dfrac{\triangle Q^D}{\triangle P} \right| \times \dfrac{P}{Q^D}$
- 중간점 기준 호탄력도 : $\varepsilon_D = \left| \dfrac{\triangle Q^D}{\triangle P} \right| \times \dfrac{(P_1 + P_2)/2}{(Q_1^D + Q_2^D)/2} = \left| \dfrac{\triangle Q^D}{\triangle P} \right| \times \dfrac{P_1 + P_2}{Q_1^D + Q_2^D}$

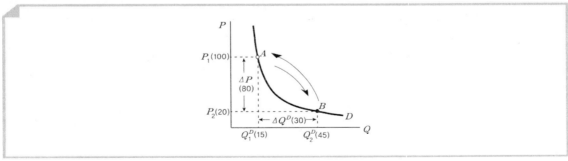

- A에서 B로 이동할 때 수요의 가격탄력도 : $\varepsilon_D = \left| \dfrac{\triangle Q^D}{\triangle P} \right| \times \dfrac{P}{Q^D} = \left| \dfrac{30}{-80} \right| \times \dfrac{100}{15} = 2.5$

- B에서 A로 이동할 때 수요의 가격탄력도 : $\varepsilon_D = \left| \dfrac{\triangle Q^D}{\triangle P} \right| \times \dfrac{P}{Q^D} = \left| \dfrac{-30}{80} \right| \times \dfrac{20}{45} = 0.17$

- 수요의 가격탄력성의 값이 서로 다른 이유는 기준점이 서로 다르기 때문이다.

- 기준점 평균(중간점 기준)의 호탄력도 : $\varepsilon_D = \left| \dfrac{\triangle Q^D}{\triangle P} \right| \times \dfrac{P_1 + P_2}{Q_1^D + Q_2^D} = \left| \dfrac{30}{-80} \right| \times \dfrac{100 + 20}{15 + 45} = 0.75$

ⓛ **점탄력도**(point elasticity) : 가격이 아주 미세하게 변화할 때 수요량 변화 정도를 측정하는 측정치이다. 즉, 수요곡선 상 한 점에서 가격이 아주 조금 변화(미분, dP)할 때의 탄력도이다. 가격탄력도와 수요곡선의 기울기는 부(−)의 관계이다. 가격이 올라서 수요량이 감소하면 수요의 가격탄력도가 커진다.

> - 점탄력도 : $\varepsilon_D = \left| \dfrac{dQ^D}{dP} \right| \times \dfrac{P}{Q^D} = \left| \dfrac{1}{D^{'}} \right| \times \dfrac{P}{Q^D}$
>
> [단, $\dfrac{dQ^D}{dP}$(수요함수 미분값) $= \dfrac{1}{D^{'}}$(수요곡선 기울기$(D^{'})$의 역수)]
>
> 수요함수를 미분한 값 $(\dfrac{dQ^D}{dP})$에 가격을 수요량으로 나눈 값 $(\dfrac{P}{Q^D})$을 곱하여 도출하며, 이때 수요함수 미분값은 수요곡선 기울기 $(\dfrac{1}{D^{'}})$의 역수와 같다.

⑤ **수요의 소득탄력도**($\varepsilon_{D,I}$: income elasticity of demand) : 소득이 변화할 때 수요 변화 정도를 보여주는 측정치이며, 수요변화율(%)을 소득변화율(%)로 나눈 값이며 소득이 1% 변화할 때 수요변화율(%)을 나타낸다.

> $$\varepsilon_{D,I} = \frac{\text{수요변화율}}{\text{소득변화율}} = \frac{\dfrac{dQ^D}{Q^D} \times 100}{\dfrac{dI}{I} \times 100} = \frac{dQ^D}{dI} \times \frac{I}{Q^D}$$
>
> (단, $\dfrac{dQ^D}{dI}$: 수요함수를 소득으로 미분한 값)

※ 소득탄력도 크기에 따른 정상재와 열등재 구분

상품의 구분	수요의 소득탄력도	비 고
정상재	$(\varepsilon_{D,I}) > 0$	소득 증가시 수요 증가, 사치품과 필수품 구분
필수재	$0 < (\varepsilon_{D,I}) < 1$	
사치재	$(\varepsilon_{D,I}) > 1$	
열등재	$(\varepsilon_{D,I}) < 0$	소득 증가시 수요 감소

⑥ **수요의 교차탄력도**($\varepsilon_{D,XY}$: cross elasticity of demand) : 관련재의 가격이 변화에 따른 다른 상품의 수요가 보이는 반응의 민감성을 나타낸다. 관련재 가격변화율(%)로 수요변화율(%)을 나누어 측정하며, 관련재 가격이 1% 변화할 때 수요변화율(%)을 나타낸다.

$$\varepsilon_{D,XY} = \frac{수요(X)변화율}{관련재(Y)변화율} = \frac{\dfrac{dQ_X^D}{Q_X^D} \times 100}{\dfrac{dP_Y}{P_Y} \times 100} = \frac{dQ_X^D}{dP_Y} \times \frac{P_Y}{Q_X^D}$$

$$\left(단, \frac{dQ_X^D}{dP_X} : X재 수요함수를 Y재 가격으로 미분한 값\right)$$

※ 교차탄력도 크기에 따른 대체재, 보완재, 독립재 구분

상품의 구분	수요의 교차탄력도	비 고
대체재	$(\varepsilon_{D,XY}) > 0$	관련 상품가격 상승 시 수요 증가
보완재	$(\varepsilon_{D,XY}) < 0$	관련 상품가격 상승 시 수요 감소
독립재	$(\varepsilon_{D,XY}) = 0$	

⑦ **공급의 가격탄력도** (ε_S : price elasticity of supply) : 가격이 변화할 때 공급량 변화의 정도를 보여주는 측정치를 의미하며, 가격이 1% 변화할 때 공급량변화율(%)을 나타낸다.

$$\varepsilon_S = \frac{공급량변화율}{가격변화율} = \frac{\dfrac{\triangle Q^S}{Q^S} \times 100}{\dfrac{\triangle P}{P} \times 100} = \frac{\triangle Q^S}{\triangle P} \times \frac{P}{Q^S} \qquad (단, \triangle : 변동분)$$

㉠ 가격탄력도의 구분

$\varepsilon_S = \infty$	완전탄력적	가격 불변(가격변화율=0), 공급량 변화, 공급곡선은 수평선
$\varepsilon_S > 1$	탄력적	가격변화율 < 공급량변화율
$\varepsilon_S = 1$	단위 탄력적	가격변화율 = 공급량변화율
$\varepsilon_S < 1$	비탄력적	가격변화율 > 공급량변화율
$\varepsilon_S = 0$	완전비탄력적	가격변화, 공급량 불변(공급량변화율=0), 공급곡선은 수직선

㉡ 공급의 가격탄력도가 클수록 가격 변화 시 공급량이 대폭 변화하므로 공급곡선은 완만한 기울기를 가지게 된다.

⑧ 공급의 가격탄력성 결정요인

비용 상승 정도	생산물가격이 변화할 때 요소가격이 많이 변화할수록 생산물공급의 가격탄력도가 작다. 생산량이 증가할 때 비용이 급격히 상승할수록 비탄력적이 된다.
저장 가능성 및 저장 비용	저장하기 어렵고, 저장 비용이 높은 상품일수록 공급의 가격탄력도가 작다.
기간	가격이 변화하고 시간이 경과할수록(장기일수록) 공급의 가격탄력도가 크다.
생산전환 가능성	타 상품으로 생산 전환 가능성이 클수록 탄력성이 커진다.
초과설비의 유무	초과설비가 존재할수록 탄력성은 커진다.

⑨ 공급곡선의 형태와 가격탄력도
　ⓘ 공급곡선이 직선인 경우 : 원점에서 우상향하는 직선

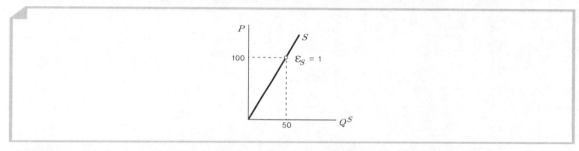

　• 기울기와 관계없이 공급곡선 상 모든 점에서 공급의 가격탄력적($\varepsilon_S = 1$)이다.
　ⓛ 공급곡선이 직선인 경우 : 가격축에서 우상향하는 직선

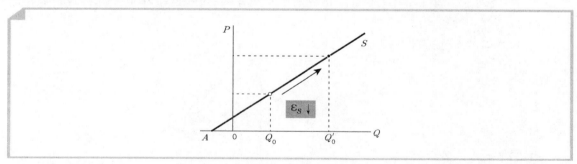

　• 모든 점에서 탄력적($\varepsilon_S > 1$)이며, 가격이 오르면 가격탄력도가 점점 감소하여 1에 가까워진다.
　• 가격(P)절편에서는 공급량이 0이기 때문에 공급의 가격탄력성은 무한대의 값을 갖는다.

© 공급곡선이 직선인 경우 : 수량축에서 우상향하는 직선

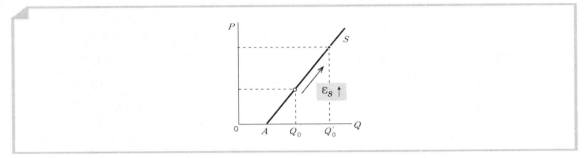

- 모든 점에서 비탄력적($\varepsilon_S < 1$)이며, 가격이 오르면 가격탄력도가 점점 증가하여 1에 가까워진다.
- 수량 절편에서는 가격이 0이기 때문에 공급의 가격탄력성은 0의 값을 갖는다.

② 공급곡선이 수평선인 경우

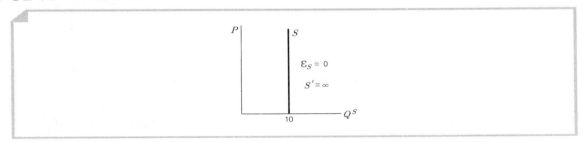

- 공급의 탄력성은 모든 점에서 $\varepsilon_S = \infty$ 이다.
- 가격이 변화하지 않아도(가격 변화율 0) 공급량이 변화하므로 공급의 가격탄력도는 무한대(완전탄력적)이다.

◎ 공급곡선이 수직선인 경우

- 공급의 가격탄력성은 모든 점에서 0이다. 왜냐하면 가격의 변화와 관계없이 공급량이 일정하기 때문이다.
- 즉, 가격이 변화할 때 공급량이 변화하지 않으므로(공급량 변화율 0) 공급의 가격탄력도는 0(완전비탄력적)이 된다.

⑩ 공급의 호탄력도와 점탄력도

　ㄱ 호탄력도(arc elasticity) : 가격이 상당한 정도로 변화할 때, 공급량 변화 정도를 측정하는 측정치이며, 측정 기준점에 따라 공급의 가격탄력도가 달라지므로 중간점을 기준으로 측정할 수 있다.

$$
\begin{aligned}
&\text{• 기준점 기준 호탄력도}: \varepsilon_S = \frac{\triangle Q^S}{\triangle P} \times \frac{P}{Q^S} \\[2mm]
&\text{• 중간점 기준 호탄력도}: \varepsilon_S = \frac{\triangle Q^S}{\triangle P} \times \frac{(P_1 + P_2)/2}{(Q_1^S + Q_2^S)/2} = \frac{\triangle Q^S}{\triangle P} \times \frac{P_1 + P_2}{Q_1^S + Q_2^S}
\end{aligned}
$$

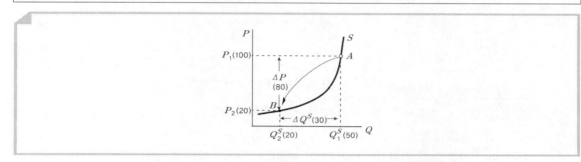

　• A에서 B로 이동할 때 수요의 가격탄력도 : $\varepsilon_S = \dfrac{\triangle Q^S}{\triangle P} \times \dfrac{P}{Q^S} = \dfrac{-30}{-80} \times \dfrac{100}{50} = 0.75$

　• B에서 A로 이동할 때 수요의 가격탄력도 : $\varepsilon_S = \dfrac{\triangle Q^S}{\triangle P} \times \dfrac{P}{Q^S} = \dfrac{30}{80} \times \dfrac{20}{20} = 0.38$

　• 기준점 평균(중간점 기준)의 호탄력도 : $\varepsilon_S = \dfrac{\triangle Q^S}{\triangle P} \times \dfrac{P_1 + P_2}{Q_1^S + Q_2^S} = \dfrac{30}{80} \times \dfrac{100 + 20}{20 + 50} = 0.64$

　ㄴ 점탄력도(point elasticity) : 가격이 아주 미세하게 변화할 때 공급량 변화 정도를 측정하는 측정치이다. 즉, 공급곡선 상 한 점에서 가격이 아주 조금 변화(미분, dP)할 때의 탄력도이다. 가격탄력도와 공급곡선의 기울기는 부(−)의 관계이다. 가격이 올라서 공급량이 증가하면 공급의 가격탄력도가 작아진다.

$$
\text{• 점탄력도}: \varepsilon_S = \frac{dQ^S}{dP} \times \frac{P}{Q^S} = \frac{1}{S^{'}} \times \frac{P}{Q^S}
$$

[단, $\dfrac{dQ^S}{dP}$(공급함수 미분값) $= \dfrac{1}{S^{'}}$ (공급곡선 기울기($S^{'}$)의 역수)]

공급함수를 미분한 값 $\left(\dfrac{dQ^S}{dP}\right)$에 가격을 공급량으로 나눈 값 $\left(\dfrac{P}{Q^S}\right)$을 곱하여 도출하며, 이 때 공급함수 미분값은 공급곡선 기울기 $\left(\dfrac{1}{S^{'}}\right)$의 역수와 같다.

(4) 시장균형

① **시장균형** : 시장의 수요량과 공급량이 같은 상태를 의미하며, 시장균형에 따라 시장균형거래량(Q_E)과 시장균형가격(P_E)이 결정된다.

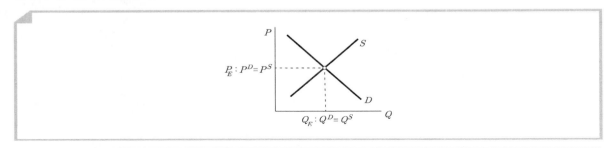

시장수요량(Q^D) = 시장공급량(Q^S), 수요가격(P^D) = 공급가격(P^S)

- ㉠ **시장균형가격(P_E)** : 수요자가 지불할 용의가 있는 최고가격(수요가격)과 공급자가 받고자 하는 최저가격(공급가격)이 같은 수준으로 결정된다.
- ㉡ 시장수요와 시장공급이 변화하면 시장균형이 변화하여 균형가격과 균형거래량이 변화한다.

② **시장불균형** : 시장수요량과 시장공급량이 같지 않을 경우 시장은 불균형상태가 된다.

시장수요량(Q^D) ≠ 시장공급량(Q^S)

㉠ **시장불균형 조정**
- Walras적 안전성(완전신축적 가격조정) : 초과수요가 존재할 경우 가격이 상승하고 초과공급이 있을 경우 가격이 하락하는 형태의 가격변화를 통해 불균형이 해소되는 조정과정이다.
- Marshall적 조정과정 : 수량의 변화를 통해 불균형이 해소되는 과정이다.

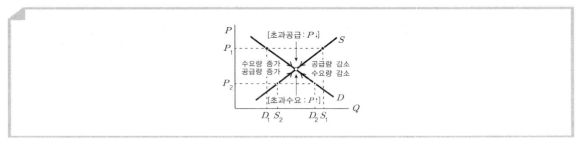

㉡ **초과공급** : 재고 → 시장수요량 < 시장공급량 → 가격 하락 → 수요량 증가, 공급량 감소 → 초과공급 해소, 시장균형 회복
- 실제 가격이 시장균형가격보다 높을 때 초과공급이 발생한다.

ⓒ 초과수요 : 품귀 → 시장수요량 > 시장공급량 → 가격 상승 → 수요량 감소, 공급량 감소 → 초과수요 해소, 시장균형 회복
  • 실제 가격이 시장균형가격보다 낮을 때 초과수요가 발생한다.

③ **시장균형의 변화** : 시장 여건이 변화에 의해 시장수요와 시장공급이 변화하면 시장수요곡선과 시장공급곡선이 이동하여 균형이 변화한다.

  ㉠ **수요 변화** : 수요 증가 시 수요곡선 우측 이동, 수요 감소 시 수요곡선 좌측 이동

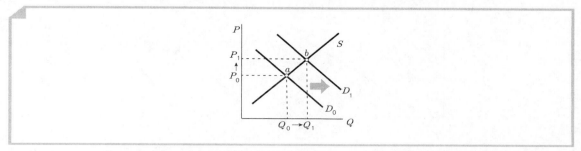

  • 수요가 증가하면 균형가격과 균형거래량 모두 증가하며, 공급의 변화 없이 수요만 변화하면 균형가격과 균형거래량이 같은 방향으로 변화한다.
  • 수요곡선이 오른쪽으로 이동하면 시장가격이 오르고 시장거래량이 증가한다.
  • 수요곡선이 왼쪽으로 이동하면 시장가격이 내리고 시장거래량이 감소한다.

  ㉡ **공급 변화** : 공급 증가 시 공급곡선 우측 이동, 공급 감소 시 공급곡선 좌측 이동

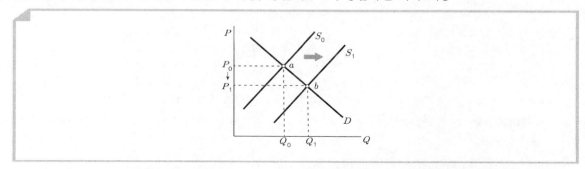

  • 공급이 증가하면 균형가격은 하락하지만 균형거래량은 증가하며, 수요의 변화없이 공급만 변화하면 균형가격과 균형거래량은 반대방향으로 변화한다.
  • 공급곡선이 오른쪽으로 이동하면 시장가격이 내리고 시장거래량이 증가한다.
  • 공급곡선이 왼쪽으로 이동하면 시장가격이 오르고 시장거래량이 감소한다.

ⓒ 수요와 공급의 동시 변화

공급 감소 · 수요 증가	가격 상승, 거래량 변화 불분명
공급 증가 · 수요 감소	가격 하락, 거래량 변화 불분명
공급 감소 · 수요 감소	거래량 감소, 가격 변화 불분명
공급 증가 · 수요 증가	거래량 증가, 가격 변화 불분명

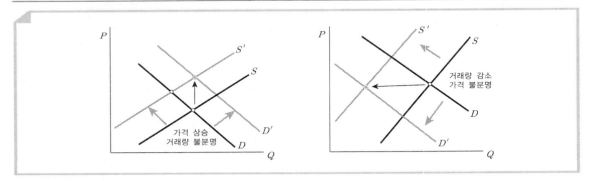

④ 시장균형이 존재하지 않는 경우

  ㉠ **자유재** : 균형에서 부(−)의 가격, 정(+)의 수량, 가격이 0일 때 공급량이 수요량보다 많으므로 공짜소비 가능

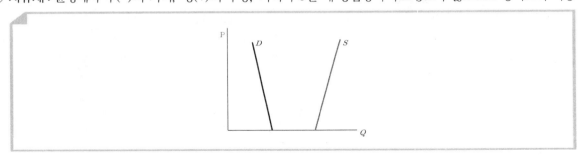

  • 어떤 가격 하에서도 초과공급이 발생하므로 균형이 존재하지 않는다.

  ㉡ **우주여행**(또는 신약개발) : 정(+)의 가격, 부(−)의 수량, 모든 공급량에서 공급가격(생산비) > 수요가격, 생산 불가능

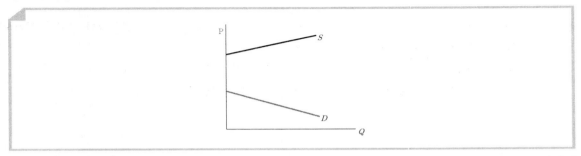

  • 항상 생산자가 받고자 하는 가격이 소비자가 지불하고자 하는 가격보다 높기 때문에 균형이 존재하지 않으며, 거래량은 0이 된다.

03 수요·공급 이론의 응용

(1) 경제적 잉여(economic surplus)

① 소비자 잉여(consumer surplus) : 소비자가 재화 구입 시 최대한 지불할 용의가 있는 금액(A+B)에서 실제 지불액(B)을 차감한 것을 의미한다. 즉 수요곡선이 우하향할 때 개별소비자는 지불용의 최고가격(수요가격)보다 낮은 시장가격을 지불하고 소비하며, 이 차이를 의미한다.

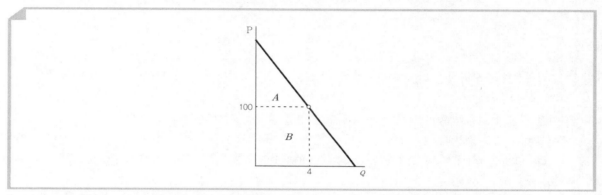

- ⊙ 수요의 가격탄력도가 작을수록(가파른 수요곡선) 소비자 잉여가 증가한다.
- ⓒ 수요의 가격탄력도가 0(수직의 수요곡선)이면 소비자 잉여는 무한대이며, 가격탄력도가 무한대(수평의 수요곡선)이면 소비자 잉여는 0이 된다.

② 생산자 잉여(producer surplus) : 생산자가 재화 판매 시 판매수입(C+D)에서 최소한 받고자 하는 금액(D)을 차감한 것을 의미한다. 공급곡선이 우상향할 때 생산자는 받고 싶은 최저가격(공급가격, 생산비)보다 높은 시장가격을 받고 판매하게 되며, 이 차이를 의미한다.

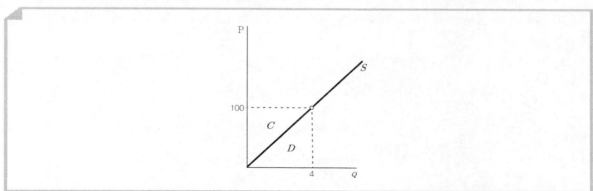

- ⊙ 공급의 가격탄력도가 작을수록(가파른 공급곡선) 생산자 잉여가 증가한다.
- ⓒ 공급의 가격탄력도가 0(공급곡선 수직선)이면 생산자 잉여는 생산자의 총수입(매출액) 전체이며, 가격탄력도가 무한대(공급곡선 수평선)이면 생산자 잉여는 0이 된다.

③ **경제적 잉여**[total surplus, 사회적 잉여(social surplus), 총편익(total benefits)] : 시장경제에서 소비자와 공급자는 모두 잉여를 얻게 되며 이를 경제적 잉여라 하며, 소비자 잉여와 생산자 잉여를 합한 것으로 교환에서 발생하는 잉여를 의미한다.

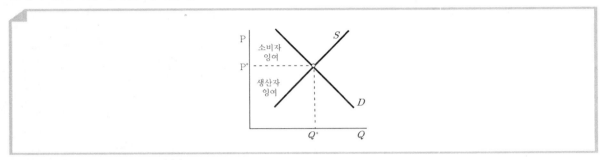

ⓐ 공급곡선과 수요곡선이 만나는 완전경쟁시장에서 소비자잉여와 생산자잉여의 합인 경제적 잉여(이득)가 극대화된다.

ⓑ 어떤 시장의 경제적 잉여가 극대화될 때 그 시장을 효율적 시장이라고 평가한다.

ⓒ 동일한 시장균형하에서, 수요와 공급의 가격탄력성이 작을수록(가파른 수요·공급곡선) 경제적 잉여가 크다. 반대로 수요와 공급의 가격탄력성이 크면(완만한 수요·공급곡선) 경제적 잉여는 작다.

※ 잉여 변화

ⓐ 수요가 증가(감소)하면 소비자 잉여, 생산자 잉여 및 경제적 잉여가 계속해서 증가(감소)한다.

ⓑ 공급이 증가(감소)하면 소비자 잉여와 경제적 잉여는 계속해서 증가(감소)하지만 생산자 잉여는 증가하다가 감소한다.

(2) 가격통제

① **가격상한제**(price ceiling, 최고가격제) : 수요자 보호를 위해서 정부는 가격상한을 설정하고, 시장가격 이하로 가격을 통제한다. 즉 설정된 최고가격이 시장가격보다 높을 때는 시장가격으로 거래한다. 현실적으로 분양가 상한제, 임대료 통제, 사채 이자 규제 등과 연관되어 있다. 소비자 입장에서 이전보다 낮은 가격으로 재화를 구입할 수 있다.

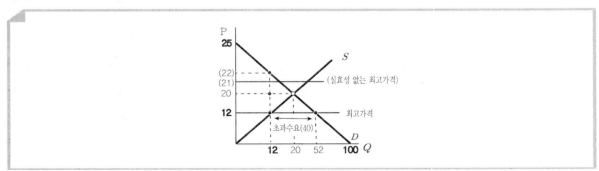

⊙ 문제점 및 단점

기회비용의 상승	• 생필품에 대한 가격 규제로 초과수요가 발생하였으며, 생필품을 사기 위해서 고소득 직종자도 1시간 동안 줄을 서야 한다면, 고소득 직종자의 기회비용은 매우 클 것이다. • 최고가격제가 장기화되면 수요와 공급이 모두 탄력적으로 변화(기울기 완만)하여 초과수요가 더 커진다.
암시장 발생	• 정부의 규제가격보다 훨씬 높은 가격으로 암시장에서 거래가 성립될 수 있다. 즉 초과수요가 나타나 암시장이 발생할 수 있다. • 암시장이 발생하면 소비자 잉여가 감소하고 생산자 잉여가 증가한다.
재화의 품질 저하	생산자 입장에서 재화 가격이 강제로 낮게 형성된다면 품질 저하로 이익을 보전하고자 하는 유혹이 발생한다.

ⓛ 대책 : 먼저 도착한 순서에 따라 배분하거나, 최고가격하의 공급량을 소비자 숫자로 나누어 균등 배분하거나, 추첨을 통해 배분할 수 있다. 하지만, 소비자 선호를 반영할 수 있으나 줄서기에 따른 자원의 낭비(대기시간 등)가 발생하며, 소비자의 선호가 반영될 수 없다는 문제점이 있다.

② **가격하한제**(price floor, 최저 가격제) : 공급자를 보호하기 위하여 정부는 가격하한을 설정하는 것으로 시장가격 이상으로 거래하도록 가격을 통하며, 최저가격이 시장가격보다 낮을 때는 시장가격으로 거래한다. 현실적으로 최저임금제, 농산물 가격지지정책 등과 연관되어 있다. 노동조합의 요구에 의한 임금인상은 최저임금제와 동일한 효과를 가진다. 생산자의 수익성을 보장하고 제품의 잉여량을 확보할 수 있으며 특히 최저임금제 등으로 노동자를 보호할 수 있다.

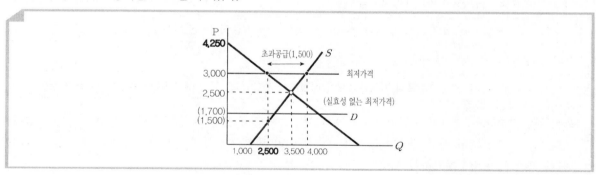

⊙ 문제점 및 단점

암시장 발생	• 정부의 규제가격보다 훨씬 낮은 가격으로 암시장에서 거래될 수 있다. 최저임금제의 경우 낮은 임금으로 일하고자 하는 암시장이 형성될 수 있다. • 최저가격제가 장기화되면 최고가격제가 시행될 때와 마찬가지로 수요와 공급이 모두 탄력적(기울기 완만)으로 변화하여 초과공급의 크기가 더욱 커진다.
초과공급 발생	• 시장균형가격보다 정부의 규제가격이 높게 설정되므로 초과공급이 발생한다. • 즉, 가격 상승에 따라 공급량이 증가하고 수요량이 감소하여 초과공급이 발생한다.
재화의 품질 개선	생산자 입장에서 재화 가격이 강제로 높게 형성된다면 품질이 개선될 수 있다.

ⓛ **변화** : 최저가격제가 시행되면 생산자 잉여는 증가하고 소비자 잉여는 감소하며, 이때 소비자 잉여감소분이 더 커서 경제적 잉여는 감소한다.

③ **최저임금제** : 노동자들의 임금 상승을 유발하고 미숙련 노동의 초과 공급으로 대량의 비자발적 실업이 발생할 수 있다. 즉, 임금이 오르면 노동수요량이 감소(해고)하여 고용이 줄고, 노동공급량이 증가(신규근로자 진입)하여 초과공급(실업)이 발생한다.

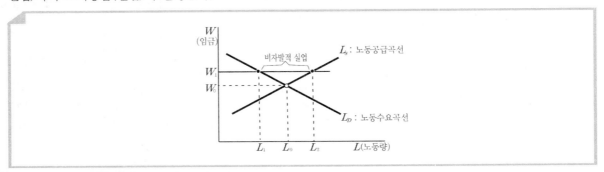

ⓐ 비숙련 근로자에 대한 노동수요의 임금탄력성은 크다.

ⓑ 임금상승율보다 고용감소율이 더 커서 고용이 대폭 감소하고 근로자 전체 소득은 오히려 감소할 수 있다.

ⓒ 실업이 발생하면 원래 시장임금보다 낮은 임금으로라도 일하고자 하는 근로자가 존재하여 암시장이 형성될 수 있다.

ⓓ 노동수요의 임금탄력성이 탄력적인 경우

> 임금상승→노동 수요의 임금탄력성이 탄력적→임금상승률<노동수요감소율→총노동소득 감소

ⓔ 노동수요의 임금탄력성이 비탄력적인 경우

> 임금상승→노동 수요의 임금탄력성이 비탄력적→임금상승률>노동수요감소율→총노동소득 상승

④ **농산물의 가격파동** : 수요와 공급이 모두 비탄력적인 농산물의 경우 공산물과 달리 매년 가격이 폭등하거나 폭락하는 '가격파동'이 자주 관찰되고 있다. 즉, 풍년이 되어 농산물의 공급량이 증가하면 공급의 증가분보다 큰 폭으로 가격이 하락하여 오히려 농부의 총소득은 감소한다.

※ 이중곡가제 : 공급자로부터 지지가격(수매가격)에 상응하는 공급량을 구매한 후, 소비자에게 싸게(판매가격) 팔아서 재고가 발생하지 않도록 하는 제도이다. 이는 농산물가격지지에 따른 재고보유를 피하기 위해 이중곡가제를 시행할 수 있다. 이때 소비자 잉여와 생산자 잉여는 증가하지만 이중곡가제 시행에 따른 재정지출을 고려하면 경제적 잉여는 감소한다.

(3) 조세부과

① 조세 : 국가나 지방자치단체가 재정 활동에 필요한 재원을 얻기 위하여 국민들로부터 강제적으로 징수하는 것을 의미한다. 즉 사람에게 부과되는 직접세와 상품에 부과되는 간접세(물품세)로 나뉜다.

　　㉠ 직접세 : 납세의무자와 담세자가 일치하는 조세로 소득세와 법인세 등이 있다.

　　㉡ 간접세 : 납세의무자와 담세자가 일치하지 않는 조세로 조세의 부담이 다른 경제주체에게로 전가된다. 부가가치세, 주세, 특별소비세 등이 해당된다.

② 조세의 기본원칙

평등의 원칙	국민의 수입에 비례하여 과세되어야 함
확실성의 원칙	명확하게 법률로 정해져야 하며 자의성을 가져서는 안됨
지불편의의 원칙	납세자가 납부하기에 편리한 시기와 방법에 의해 징수되어야 함
경제성의 원칙	징세비가 최소가 되어야 하며 조세가 국민의 경제활동의욕이 저하되어서 안됨

③ 종량세(per-unit tax)와 종가세(Ad valorem tax)

　　㉠ 종량세 : 과세표준이 과세물건의 수량 등으로 표시하는 경우로 수량단위당 일정 금액을 과세하는 것이다. 종량세를 부과하면 공급곡선이 상방으로 평행이동한다.

　　㉡ 종가세 : 과세표준이 화폐단위로 표시하는 경우로 가격당 일정 비율을 과세하는 것이다. 종가세를 부과하면 공급곡선이 더욱 가파르게 회전한다.

　　※ 종량세와 종가세 부과에 따른 공급곡선과 수요곡선의 이동

구분	종량세	종가세
부과방식	단위당 t 원의 조세를 부과	가격의 t %만큼의 조세를 부과
가격과 단위당 조세액	가격과 상관 없이 단위당 조세액 일정	가격이 높을수록 단위당 조세액 증가
공급곡선이동	단위당 조세액만큼 상방으로 평행이동	t %만큼 회전하면서 상방으로 이동
수요곡선이동	단위당 조세액만큼 하방으로 평행이동	t %만큼 회전하면서 하방으로 이동

④ 기타 조세의 종류

보통세	정부의 일반적인 지출 재원을 조달하기 위하여 부과되는 조세
목적세	특정한 지출 목적에 사용하기 위하여 부과되는 조세
정액세	어느 누구에게든지 동일한 금액으로 부과되는 세금
비례세	누구에게나 일정 세율을 부과하는 세금
누진세	고소득자가 저소득자보다 더 많이 세금을 내는 것으로 과세표준이 증가함으로 세율도 증가한다.
역진세	고소득자가 저소득자보다 더 적게 세금을 내는 것으로 과세표준이 증가함으로 세율이 감소한다.

⑤ 조세의 전가 : 조세가 부과되었을 때 각 경제주체들이 경제활동을 조정하여 조세 부담을 다른 경제주체에게 이전시키는 현상을 말한다.

⑥ 조세의 귀착 : 조세의 부담이 각 경제주체들에게 실질적으로 소득에 영향을 미치는 것을 의미한다.

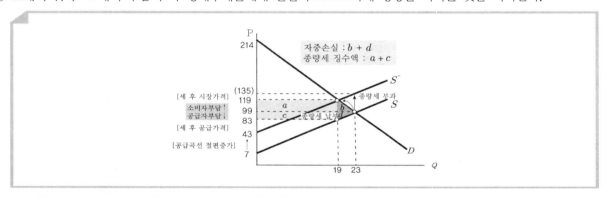

㉠ 공급자에게 종량세가 부과되면 그 액수만큼 생산비가 증가하므로 공급자가 받고자 하는 최저가격(공급가격)이 종량세액 만큼 높아진다. 공급곡선이 종량세액 만큼 상방으로 이동한다. (공급곡선 절편 증가)

㉡ 공급곡선이 상방(좌측)으로 이동(공급 감소)하면 거래량이 감소하고 시장가격이 상승한다.

• 수요자 부담 = 가격상승분(조세부과 후 시장가격 – 조세부과 전 시장가격)

• 공급자 부담 = 조세부과 전 원래 시장가격 – 세 후 공급가격 (단, 세 후 공급가격 = 세 후 시장가격 – 종량세)

⑦ 조세의 상대적 부담 : 조세부담비율은 수요와 공급의 가격탄력성 비율과 역(–)의 관계이다.

$$\frac{\varepsilon_D}{\varepsilon_S} = \frac{수요의\ 가격탄력성}{공급의\ 가격탄력성} = \frac{생산자부담}{소비자부담}$$

㉠ 일반적인 경우

• 단위 당 일정액의 조세가 부과될 때 상대적인 조세 부담의 크기는 수요와 공급의 가격탄력성에 의하여 결정된다.

- 상대적으로 가격탄력성이 높은 경제주체의 조세 부담은 감소하고, 가격탄력성이 낮은 경제주체에게는 조세의 부담이 증가한다. 즉, 상대적으로 수요가 탄력적이면 소비자에 귀착되는 조세 부담이 줄어들고, 공급이 탄력적이면 판매자에 귀착되는 조세 부담이 줄어든다.

ⓒ 극단적인 경우

- 수요가 완전탄력적이거나 공급이 완전비탄력적이면 조세가 부과되더라도 소비자에게 전혀 조세전가가 이뤄지지 않는다. 즉, 생산자가 조세의 전부를 부담하게 된다.

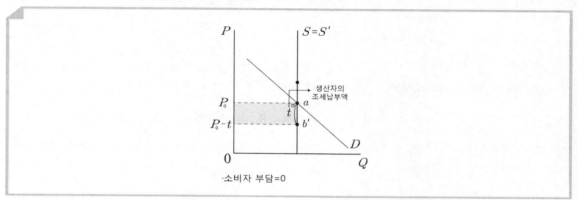

- 수요가 완전비탄력적이거나 공급이 완전탄력적이면 조세 전부가 소비자에게 전가된다. 즉, 소비자가 조세 전부를 부담하게 된다.

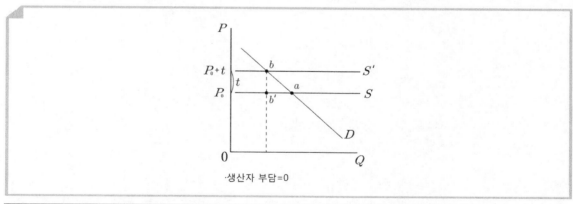

수요가 완전탄력적인 경우	조세 부담 : 생산자가 부담하고 소비자 부담 0
수요가 완전 비탄력적인 경우	조세 부담 : 소비자가 부담하고 생산자 부담 0
공급이 완전탄력적인 경우	조세 부담 : 소비자가 부담하고 생산자 부담 0
공급이 완전 비탄력적인 경우	조세 부담 : 생산자가 부담하고 소비자 부담 0

⑧ **보조금 지급**(조세 감면) : 생산자나 소비자에게 보조금을 지급할 수 있으며, 조세감면과 동일한 효과를 가진
   다. 보조금은 상품 단위당 일정액이 보조되는 정액보조와 상품가격의 일정 비율로 보조되는 정률보조로 나
   뉜다.

생산자에게 보조금을 지급할 때	• 공급자에게 정액보조금을 지급(종량세 감면)하면 생산비가 감소하므로 공급자가 받고자하는 최저가격(공급가격)이 보조금(종량세 감면액)만큼 낮아진다. • 공급곡선이 보조금(종량세 감면액)만큼 하방(우측) 이동(공급곡선 절편 감소)하여 시장가격이 내리고 거래량이 증가한다. • 이 때 가격하락분만큼은 소비자 혜택이 되고 나머지는 공급자 혜택이 된다.
수요자에게 보조금을 지급할 때	• 수요자에게 보조금이 지급되면 재화구입 후 그 액수만큼 보조금을 받으므로 재화 구입 전 수요가격(지불용의 최고가격)이 단위 당 보조금 만큼 증가한다. • 수요곡선이 정액보조금만큼 상반으로 이동(수요곡선 절편 증가)하여 가격이 상승하고 거래량이 증가한다. • 이 때 가격상승분 만큼은 공급자가 받고 나머지는 소비자가 받는다.

※ 조세부과와의 비교 시 정부가 보조금을 지급하거나 조세를 부과하면 완전경쟁시장보다 거래량이 증가 또는 감소하
   므로 사회적 잉여가 감소한다.

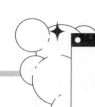

기출문제분석

(한국가스기술공사)

1 다음은 비합리적 소비에 대한 설명이다. ⊙과 ⓒ에 들어갈 효과를 바르게 연결한 것은?

> 고가품일수록 과시욕에 따른 수요가 증가하는 (⊙) 효과는 가격에 직접 영향을 받고, 보통사람과 자신을 차별하고 싶은 욕망으로 나타나는 (ⓒ)효과는 가격이 아닌 다른 사람의 소비에 직접 영향을 받는다.

① 베블렌(Veblen)   스놉(snob)

② 스놉(snob)   밴드왜건(bandwagon)

③ 밴드왜건(bandwagon)   베블렌(Veblen)

④ 밴드왜건(bandwagon)   스놉(snob)

> **⊟NOTE** • 베블렌(Veblen)=과시 효과 : 자신이 값비싼 재화를 구입할 능력이 있음으로 과시하기 위해 가격이 상승할수록 더 많이 구입하는 효과를 의미한다.
> • 베블렌(Veblen) 효과 : 다른 사람들과 뚜렷이 구별되는 배타적인 상품을 차별적으로 소비하는 것을 의미한다. 즉 다른 사람들의 소비를 따라가는 편승효과와 반대되는 소비를 의미한다.
> • 밴드왜건(bandwagon) 효과 : 특정 상품을 소비하는 사람이 많아질수록 그 상품에 대한 수요가 더욱 늘어나게 되는 현상을 의미한다. 즉 유행에 민감한 소비자들에 주로 나타날 수 있는 소비형태이다.

(한국마사회)

2 다음 완전경쟁시장에서 정부가 시행하는 가격상한제에 대한 설명이 바른 것은?

① 가격상한은 판매자가 부과할 수 있는 최소가격을 의미한다.

② 가격상한이 시장균형가격보다 높게 설정되면 정책의 실효성이 없다.

③ 최저임금제는 가격상한제에 해당하는 정책이다.

④ 가격상한제를 실시할 경우 초과공급이 발생한다.

> **⊟NOTE** 실효성 있는 가격상한제가 되기 위해서는 가격상한이 시장균형보다 낮게 설정되어야 한다. 마찬가지로 가격하한제가 실효성이 있기 위해서는 가격하한이 시장균형가격보다 높게 설정되어야 한다. 최저임금제는 가격상한제가 아니라 가격하한제에 해당된다. 가격상한은 판매자가 부과할 수 있는 최소가격이 아니라 최대가격을 의미하는데, 시장의 균형가격보다 낮은 수준에서 가격상한제가 실시되면 초과공급이 발생하는 것이 아니라 초과수요가 발생한다.

⊛Answer. 1.③ 2.④

3 다음 설명 중 빈 칸에 들어갈 것으로 올바른 것은?

> 정부에 의한 가격통제가 효력을 발휘하기 위해서 가격상한(price ceiling)은 균형가격보다 (㉠)하고 가격
> 하한(price floor)은 (㉡)한다.

	㉠	㉡
①	높아야	높아야
②	낮아야	높아야
③	높아야	낮아야
④	낮아야	낮아야

> 📝 NOTE • 가격상한제(price ceiling) : 가격을 시장의 균형가격보다 낮추기 위해 시행되는 것이므로 가격상한제가 효력을 발휘하려
> 면 가격상한은 균형가격보다 낮은 수준으로 설정되어야 한다.
> • 가격하한제(price floor) : 가격을 시장의 균형가격보다 높게 유지하기 위해 시행되므로 가격하한제가 실효성을 가지려면
> 가격하한은 시장의 균형가격보다 높게 설정되어야 한다.
> 즉, 실효성있는 가격통제가 되기 위해서는 가격상한은 시장균형가격 수준보다 낮게 설정되어야 하고, 가격하한은 시장
> 균형가격 수준보다 높게 설정되어야 한다.

4 사적재화 X재의 개별수요함수가 P=7-q인 소비자가 10명이 있고, 개별공급함수가 P=2+q인 공급자가
15명 있다. X재 생산의 기술진보 이후 모든 공급자의 단위당 생산비가 1만큼 하락하는 경우, 새로운 시
장균형가격 및 시장균형거래량은? (단, P는 가격, q는 수량이다.)

① 3.4, 36   ② 3.8, 38

③ 4.0, 40   ④ 4.5, 42

⑤ 5.0, 45

> 📝 NOTE 사적재화의 시장수요함수는 개별수요함수를 수평으로 도출한다. 또한 시장공급함수 역시 개별공급함수를 수평으로 합하
> 여 도출한다. 주어진 조건과 같이 개별 공급자의 단위당 생산비가 1만큼 하락하게 되면, 모든 생산단위에서 공급가격이 1
> 만큼 하락한 것과 동일한 효과를 가져온다. 이에 따라 개별공급함수는 1만큼 아래쪽으로 평행이동하게 된다.
> 개별수요함수가 $P = 7 - q \rightarrow q = 7 - P \rightarrow Q^D_{시장} = \sum d^d_{개별기업} \rightarrow Q^D_{시장} = 70 - 10P$
> 개별공급함수가 $P = 2 + q \rightarrow P = 1 + q$ (∵ 한계비용이 1만큼 하락)
> $\qquad P = 1 + q \rightarrow q = P - 1 \rightarrow Q^S_{시장} = \sum q^S_{개별기업} \rightarrow Q^S_{시장} = 15P - 15$
> 새로운 시장균형가격 및 시장균형거래량은 $Q^D_{시장} = 70 - 10P = Q^S_{시장} = 15P - 15$
> 연립해서 풀면 P = 3.4, Q = 36을 구할 수 있다.

Answer. 3.② 4.①

5 (한국원자력환경공단) 어느 재화의 가격이 1천 원에서 1% 상승하면 판매수입은 0.2% 증가하지만, 5천 원에서 가격이 1% 상승하면 판매수입은 0.1% 감소한다. 이 재화에 대한 설명으로 바른 것은? (단, 수요곡선은 수요의 법칙이 적용된다.)

① 가격이 1천 원에서 1% 상승 시, 수요량은 0.2% 감소한다.

② 가격이 5천 원에서 1% 상승 시, 수요량은 1.1% 감소한다.

③ 가격이 1천 원에서 1% 상승 시, 가격에 대한 수요의 탄력성은 탄력적이다.

④ 가격이 5천 원에서 1% 상승 시, 가격에 대한 수요의 탄력성은 비탄력적이다.

> **NOTE** 수요의 가격탄력성에 따른 상품의 가격 변화와 판매수입과의 관계를 나타내면,
>
> 판매수입 = 가격 × 판매량(수요량) 이므로 이를 증가율로 나타내면,
>
> $TR = P \times Q \rightarrow \dfrac{\triangle TR}{TR} \fallingdotseq \dfrac{\triangle P}{P} + \dfrac{\triangle Q}{Q} \rightarrow$ 판매수입 변화율(%) = 가격 변화율(%) + 수요량 변화율(%)
>
> 가격이 1천 원에서 1% 상승 시 : 판매수입 변화율(%) = 가격 변화율(%) + 수요량 변화율(%)
>
> $\rightarrow 0.2\% = 1\% - 0.8\%$
>
> 가격이 5천 원에서 1% 상승 시 : 판매수입 변화율(%) = 가격 변화율(%) + 수요량 변화율(%)
>
> $\rightarrow -0.1\% = 1\% - 1.1\%$
>
> 이에 따라 가격이 1천 원에서 1% 상승 시, 수요량은 0.8% 감소한다. 또한 가격이 5천 원에서 1% 상승 시, 수요량은 1.1% 감소한다. 수요의 가격탄력성이 비탄력적인 구간에서는 가격 상승으로 판매수입은 증가하게 되고, 수요의 가격탄력성이 탄력적인 구간에서는 가격 상승으로 판매수입은 오히려 감소한다.

(한국마사회)

6 최근 정부는 경유차의 구매 수요를 현재보다 20% 줄이고, 대기 정화를 위한 재원을 확보하기 위해 유류가격을 인상하려고 한다. 경유 자동차 구매 수요의 경유 가격 탄력성은 3, 경유 자동차 구매 수요의 휘발유가격 탄력성은 2이다. 경유 가격을 10% 인상하였다면 위 목표를 달성하기 위해서는 휘발유가격을 얼마나 인상하여야 하는가?

① 5%

② 7.5%

③ 10%

④ 12.5%

⑤ 15%

> NOTE 경유와 경유 자동차는 보완재 관계에 있으므로 경유 가격의 상승은 경유 자동차 구매를 감소시킨다.
>
> 경유 자동차 수요의 경유 가격 탄력성이 3이므로 경유 가격을 10% 인상하면, 경유 자동차 수요가 30% 감소한다. 정부의 목표는 경유 자동차 수요를 20% 감소시키는 것이므로 이를 달성하려면 휘발유 가격 인상을 통해 경유 자동차의 수요를 10% 증가시켜야 한다. 경유 자동차 수요의 휘발유 가격 탄력성이 2이므로 휘발유 가격을 5% 인상하면 경유 자동차 수요가 10% 증가하므로 목표를 달성할 수 있게 된다.

탄력성	유류 가격 인상	효 과
경유 자동차 구매 수요의 경유 가격 탄력성 = 3	경유 가격 10% 인상	경유 자동차 구매 30% 감소
경유 자동차 구매 수요의 휘발유 가격 탄력성 = 2	휘발유 가격 5% 인상	경유 자동차 구매 10% 증가
−	−	최종 결과 : 경유 자동차 구매 20% 감소

(국민연금공단)

7 수요함수와 공급함수가 각각 D=10−P와 S=3P인 재화에 1원의 종량세를 공급자에게 부과했다. 이 조세의 경제적 귀착(economic incidence)에 대한 설명으로 올바른 것은? (단, D는 수요량, S는 공급량, P는 가격을 나타낸다.)

① 소비자 : 0.75원, 생산자 : 0.25원

② 소비자 : 0.5원, 생산자 : 0.5원

③ 소비자 : 0.25원, 생산자 : 0.75원

④ 소비자 : 0원, 생산자 : 1원

Answer. 6.① 7.①

📝NOTE 주어진 수요함수와 공급함수를 연립해서 풀면,

수요곡선 식이 $P = 10 - Q$, 공급곡선 식이 $P = \frac{1}{3}Q$ 이므로 수요곡선 기울기가 공급곡선 기울기의 3배이다. 즉, 공급자에게 종량세 1원이 부과되면 새로운 공급함수는 $S = 3P \rightarrow S = 3(P - 1) \rightarrow S = 3P - 3$이 된다.

수요곡선이 공급곡선보다 3배 만큼 급경사이므로 단위당 일정액의 조세가 부과될 경우 소비자 부담은 생산자 부담의 3배가 된다. 그러므로 단위당 조세가 1원이라면 소비자 부담은 0.75원, 생산자 부담은 0.25원이 된다.

※ 조세(T)가 부과되는 경우의 수요-공급곡선의 변화
- 소비자에게 부과하는 경우 : $P = a - bQ \rightarrow P + T = a - bQ$(a, b는 상수)
- 생산자에게 부과하는 경우 : $P = c + dQ \rightarrow P - T = c + dQ$(c, d는 상수)
→ 조세가 소비자에게 부과되면 수요함수는 하방으로 평행이동하고, 조세가 생산자에게 부과되면 공급함수는 상방으로 평행이동하게 된다.

(한국수력원자력)

8 X재 시장의 공급곡선은 우상향하는 직선이고, 수요곡선은 우하향하는 직선이다. 현재 X재의 균형가격과 균형수량은 각각 100원 및 1,000개이다. 정부가 개당 10원의 세금을 부과하여 소비자가 지불하는 가격이 106원으로 상승하고 균형수량이 900개로 감소하였다면, 세금부과로 인한 경제적 손실(deadweight loss)은?

① 200   ② 300

③ 500   ④ 1,000

📝NOTE 정부가 개당 10원의 세금을 부과하면 공급곡선이 10원만큼 상방으로 평행이동하게 된다. 이에 따라 소비자가 지불하는 가격이 106원이라는 것은 조세부과에 따른 새로운 균형가격이 106원이라는 것을 의미한다.

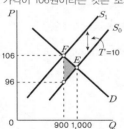

위 그림에서 조세부과에 따른 후생손실은 삼각형의 면적이므로, 빗금 친 부분이 10원 만큼의 세금 부과에 따른 경제적 순손실에 해당한다.

면적은 $10 \times 100 \times \frac{1}{2} = 500$으로 계산된다.

9 수요와 공급곡선이 다음과 같이 주어져 있다.

$$\cdot\ Q_d = 400 - 2P \qquad \cdot\ Q_s = 100 + 3P$$

단위 당 T만큼 조세를 소비자에게 부과하는 경우, 사회적 후생손실이 135라면 단위 당 조세의 크기는 얼마인가?

① 6

② 9

③ 10

④ 15

⑤ 30

📄NOTE 수요함수가 $Q_D = a - bP$, 공급함수가 $Q_S = c + dP$ 형태일 때, 생산자 또는 소비자에게 조세를 T만큼 부과한 경우 사회적 순손실은 다음과 같이 구할 수 있다.

수요함수와 공급함수를 연립해서 풀면 400 − 2P = 100 + 3P, 5P = 300, P = 60이다. P = 60을 수요함수에 대입하면 조세부과 전의 거래량 Q = 280으로 계산된다. 소비자에게 단위당 T원의 조세를 부과되면 수요함수가 단위당 조세액만큼하방으로 이동하게 된다. 조세부과전의 수요함수가 $P = 200 - \frac{1}{2}Q$ 이므로 조세부과 이후에는 수요함수가 $P = (200 - T) - \frac{1}{2}Q$로 바뀌게 된다. 이를 다시 Q에 대해 정리하면 Q=400−2T−2P이다.

조세부과 후의 수요함수와 공급함수를 연립해서 풀면 400−2T−2P=100+3P, 5P=300−2T, $P = 60 - \frac{2}{5}T$ 이다. 이를 조세부과 후의 수요함수에 대입하면 조세부과 후의 거래량 $Q = 280 - \frac{6}{5}T$ 이다. 조세부과 전의 거래량이 280, 조세부과 후의 거래량이 $280 - \frac{6}{5}T$ 이므로 조세부과에 따른 거래량 감소분은 $\frac{6}{5}T$ 이다.

단위 당 조세액이 T원, 조세부과에 따른 거래량 감소분이 $\frac{6}{5}T$ 이므로, 조세부과에 따른 후생손실의 크기는 $\frac{1}{2} \times T \times \frac{6}{5}T = \frac{3}{5}T^2$ 이다. 후생손실의 크기는 135로 주어져 있으므로 $\frac{3}{5}T^2 = 135$로 두면 T^2=225, T=15로 계산된다.

(한국마사회)

10 시장에서 거래되는 재화에 물품세를 부과하였을 경우 조세전가가 발생하게 된다. 조세전가로 인한 소비 자부담과 생산자 부담에 대한 설명 중 바르지 않은 것은?

① 소비자 또는 생산자 중 누구에게 부과하느냐에 따라 소비자 부담과 생산자 부담의 크기는 달라진다.

② 수요가 가격변화에 대해 완전탄력적이면 조세는 생산자가 전적으로 부담하게 된다.

③ 우상향하는 공급곡선의 경우 수요의 가격탄력도가 클수록 생산자 부담이 커지게 된다.

④ 우하향하는 수요곡선의 경우 공급의 가격탄력도가 작을수록 소비자 부담은 작아지게 된다.

> 📖NOTE 물품세가 소비자와 생산자 중 누구에게 부과되는지와 관계없이 상대적인 조세부담은 오로지 수요와 공급의 탄력성에 의해 결정된다. 일반적으로 수요가 탄력적이면 소비자 부담이 작아지고, 공급이 탄력적이면 생산자 부담이 작아진다. 또한 소비자에게 부과되는 경우 시장균형가격은 이전보다 하락하고, 생산자에게 부과하는 경우 시장균형가격은 이전보다 상승하게 될 뿐이다. 이것을 제외하면 조세수입, 자중손실, 조세부담의 크기는 차이가 없이 동일하게 나타난다.

(국민연금공단)

11 어떤 사람이 소득 수준에 상관없이 소득의 절반을 식료품 구입에 사용한다. 다음 중 올바른 것을 모두 고르면?

> ㉠ 식료품의 소득 탄력성의 절대값은 1보다 작다.
> ㉡ 식료품의 소득 탄력성의 절대값은 1이다.
> ㉢ 식료품의 가격 탄력성의 절대값은 1보다 크다.
> ㉣ 식료품의 가격 탄력성의 절대값은 1이다.

① ㉠, ㉢   ② ㉠, ㉣

③ ㉡, ㉢   ④ ㉡, ㉣

> 📖NOTE 소득 수준에 상관없이 소득의 절반을 지출하는 경우를 살펴보면,
>
> 식료품(X재) 구입에 지출한다면 $P_X \cdot X = \dfrac{M}{2}$ 이므로, 식료품 수요함수가 $X = \dfrac{M}{2P_X}$ 이다.
>
> 이 경우 식료품 구입액이 소득의 절반으로 일정하므로 식료품 수요곡선이 직각쌍곡선이다.
> 수요곡선이 직각쌍곡선이면 수요의 가격탄력성이 항상 1이다.
> 식료품(X재) 수요함수를 보면 X재 구입량과 소득이 정비례 관계이므로 소득이 10% 증가하면 X재 구입량도 10% 증가한다. 그러므로 수요의 가격탄력성도 항상 1이다.
> 즉 수요함수가 지수함수 형태로 주어지는 경우 특정 변수(소득, 가격 등)의 지수가 곧 그 변수의 탄력성이다. 따라서 식료품에 대한 소득탄력성과 가격탄력성의 절대치는 모두 1이 된다.

✦Answer. 10.① 11.④

12 (코스콤)

다음 보기에서 임대료 규제의 효과로 올바른 것을 모두 고르면?

㉠ 암시장의 발생 가능성 증가
㉡ 장기적으로 주택공급의 감소
㉢ 주택의 질적 수준의 하락
㉣ 비가격 방식의 임대방식으로 임대주택의 비효율성 발생

---

① ㉠
② ㉠, ㉡
③ ㉡, ㉢
④ ㉠, ㉡, ㉢, ㉣

> **NOTE** 임대료 규제는 최고가격제도에 해당한다. 임대료 규제가 시행되면 임대주택시장이 초과수요 상태에 놓이므로 암시장이
> 생겨날 가능성이 있다. 임대주택이 부족한 상황에서는 주택소유자는 언제든지 임차인을 구할 수 있으므로 주택을 깨끗하
> 게 유지 보수할 필요가 없다. 그러므로 임대주택의 질적 수준이 하락할 가능성이 높다. 임대료 규제로 인해 임대주택 시
> 장이 초과수요 상태가 되면 선착순, 추첨, 개인적인 관계 등 비가격 요인에 의해 배분이 이루어지게 되므로 임대주택이
> 가장 큰 편익을 얻는 사람에게 배분된다는 보장이 없다. 그러므로 임대주택 시장에서 자원배분의 비효율성이 초래된다.
> 임대료가 낮은 수준으로 규제되면 주택임대 사업을 하려는 사람이 감소하므로 장기적으로 임대주택의 공급이 감소한다.

출제예상문제

1 다음 중 수요와 공급의 탄력성에 대한 설명으로 옳지 않은 것은?

① 수요곡선이 직각쌍곡선이면 모든 점에서 수요의 가격탄력성은 1이다.

② 수요곡선이 우하향의 직선일 때 수요곡선의 중점에서는 수요의 가격탄력성이 1이다.

③ 공급곡선이 우상향의 직선이고 수량축을 통과할 때 공급의 가격탄력성은 1보다 크다.

④ 호탄력성이란 수요곡선상의 두 점 사이에서 계산된 탄력성을 의미한다.

⑤ 시장의 지역적인 범위를 좁게 정의할수록 공급의 가격탄력성이 보다 탄력적이 된다.

> **NOTE** 공급곡선이 우상향의 직선이고 수량축을 통과할 때 공급의 가격탄력성은 1보다 작다.

2 기펜재(Giffen goods)에 관한 설명으로 옳지 않은 것은?

① 소득효과가 대체효과보다 큰 재화이다.

② 가격이 하락하면 재화의 소비량은 감소한다.

③ 가격 상승 시 소득효과는 재화의 소비량을 증가시킨다.

④ 가격 하락 시 대체효과는 재화의 소비량을 감소시킨다.

⑤ 기펜재는 모두 열등재이지만 열등재가 모두 기펜재는 아니다.

> **NOTE** 기펜재는 가격 하락 시 대체효과는 음(−)이므로 재화의 소비량을 증가시킨다.
> 기펜재(Giffen goods)는 가격의 하락(상승)이 오히려 수요량의 하락(증가)을 가져오는 재화이다. 따라서 기펜재의 경우 가격과 수요량이 같은 방향으로 이동함으로써 가격과 수요량 사이의 역의 관계를 나타내는 수요의 법칙이 적용되지 않는다.

Answer. 1.③ 2.④

3 X재는 열등재이며 수요, 공급의 법칙을 따른다. 최근 경기 불황으로 소비자들의 소득이 감소했다. 한편 원료비 하락으로 X재의 대체재인 Y재 가격이 내렸다. X재의 가격은 최종적으로 상승했다. 다음 중 옳은 설명은? (단, X재의 공급곡선에는 변화가 없었다)

① X재의 거래량은 감소하였다.

② 변화 전후의 두 균형점은 동일한 수요곡선 상에 있다.

③ X재의 판매수입이 증가하였다.

④ Y재가 X재의 보완재였다면 X재의 가격은 하락했을 것이다.

> **NOTE** ③ X재가 열등재이므로 불황으로 소비자의 소득이 감소할 경우 X재의 수요는 증가한다. 원료비 하락으로 X재의 대체재인 Y재 가격이 하락한다면 X재의 수요는 감소하게 된다. X재의 가격이 결과적으로 상승하였으므로 소득감소로 인한 수요 증가가 대체재인 Y의 가격하락으로 인한 수요 감소폭보다 더 크므로 X재의 수요 증가로 판매수입이 증가한다.
> ① X재의 거래량은 증가한다.
> ② 변화 전후의 두 균형점이 동일한 수요곡선 상에 있는지 알 수 없다.
> ④ Y재가 X재의 보완재였다면 Y재의 가격이 하락할 경우 X재의 수요가 증가하므로 X재의 가격은 상승한다.

4 수요의 탄력성에 대한 다음의 지문 중 옳게 기술한 것은?

① 수요곡선의 기울기가 −2인 직선일 경우 수요곡선의 위 어느 점에서나 가격탄력성이 동일하다.

② 수요의 가격탄력성이 탄력적이라면 가격인하는 총수입을 증가시키는 좋은 전략이 아니다.

③ X재의 가격이 5% 인상되자 Y재 수요가 10% 상승했다면 수요의 교차탄력성은 2이고 두 재화는 대체재이다.

④ 가격이 올랐을 때 시간이 경과될수록 적응이 되기 때문에 수요의 가격탄력성이 작아진다.

> **NOTE** ① 수요곡선의 기울기가 −2인 우하향 직선일 경우 가격이 하락할수록 수요의 가격탄력성이 작아지며 수요곡선상 모든 점의 가격탄력성이 달라진다.
> ② 수요의 가격탄력성이 탄력적인 경우 가격을 인하하면 판매량이 크게 증가하므로 기업의 총수입은 증가하므로 총수입을 증가시키는 전략이 된다.
> ④ 시간이 경과될수록 가격상승에 대한 대안이 많아지므로 수요의 가격탄력성은 커진다.

5 다음 공급곡선들의 각 점에서 측정한 가격탄력성의 크기를 옳게 비교한 것은?

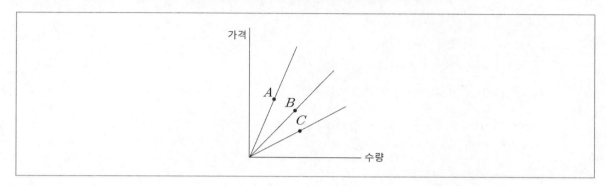

① $A > B > C$

② $C > B > A$

③ $C = B > A$

④ $A = B = C$

📖NOTE 원점에서 나오는 방사선 형태의 공급곡선은 곡선 상의 어느 점에서도 동일하게 공급탄력성이 1이 된다.

6 어느 상품의 수요곡선은 $P = 6 - 2Q$, 공급곡선은 $P = 3 + Q$와 같다고 한다. 다음 중 균형가격과 소비자잉여의 크기를 올바르게 계산한 것은?

① 균형가격=3, 소비자잉여=1

② 균형가격=4, 소비자잉여=0.5

③ 균형가격=4, 소비자잉여=1

④ 균형가격=5, 소비자잉여=0.5

📖NOTE 수요함수와 공급함수를 연립해서 풀면 $6 - 2Q = 3 + Q$, $3Q = 3$, $Q = 1$이 된다. $Q = 1$을 수요함수에 대입하면 균형가격은 4원임을 알 수 있다. 소비자 잉여는 다음 그림에서 $\triangle A$의 면적이므로 1로 계산된다.

소비자 잉여 $= \dfrac{1}{2} \times 2 \times 1 = 1$

생산자 잉여 $= \dfrac{1}{2} \times 1 \times 1 = \dfrac{1}{2}$

✦Answer. 5.④ 6.③

7 X재에 대하여 종량세가 부과될 때 사회적 후생손실이 가장 커지는 경우는?

① 수요와 공급이 모두 탄력적일 때
② 수요와 공급이 모두 비탄력적일 때
③ 수요는 탄력적이고, 공급이 비탄력적일 때
④ 수요는 비탄력적이고, 공급이 탄력적일 때

> ⓑNOTE 수요와 공급이 모두 탄력적인 경우 종량세가 부과되면 거래량이 대폭 감소한다. 그러므로 수요와 공급이 모두 탄력적일 때 조세부과로 인한 민간경제활동의 왜곡이 커지고, 그에 따른 사회적인 후생손실이 커진다. 그림 ㉠에서 A는 수요와 공급이 모두 탄력적인 경우 조세부과에 따른 후생손실의 크기를, 그리고 그림 ㉡에서 B는 수요와 공급이 모두 비탄력적일 때 조세부과에 따른 후생손실의 크기를 나타내고 있다.
> ㉠ 수요·공급이 탄력적일 때 　　㉡ 수요·공급이 비탄력적일 때
>
>

8 어떤 상품의 수요곡선과 공급곡선이 아래와 같다. 정부가 상품 1개당 25원의 세금을 생산자에게 부과하는 경우와 소비자에게 부과하는 경우 각각의 세금 수입은?

$$Q^d = 150 - 2P, \quad Q^s = -100 + 3P$$

	생산자에게 부과한 경우	소비자에게 부과한 경우
①	500원	500원
②	500원	750원
③	750원	500원
④	1,750원	1,750원

> ⓑNOTE 상품 1개당 25원의 세금을 생산자에게 부과하든 소비자에게 부과하든 조세수입은 500원으로 동일하다. 즉, 조세의 법적 납부주체가 누구인지는 경제적으로 무의미하다.

😀Answer. 7.① 8.①

9 조세에 대한 설명으로 옳은 것을 모두 고른 것은?

> ㉠ 과세부과에 따른 자중적 손실(deadweight loss)의 최소화를 기하는 것은 효율성 측면과 관련이 있다.
> ㉡ 과세표준소득이 1천만 원인 경우 10만 원의 세금을 부과하고 과세표준소득이 2천만 원인 경우 20만 원의 세
>   금을 부과한다면 이 과세표준구간 내에서 누진세를 적용하고 있는 것이다.
> ㉢ 고가의 모피코트에 부과하는 세금은 세금부담 능력이 더 큰 사람이 더 많은 세금을 내야 한다는 원칙을
>   잘 만족시킨다.
> ㉣ 과세부담의 수평적 공평성의 원칙은 세금부담능력이 다르면 세금도 다르게 부과하는 것이다.

① ㉠   ② ㉠㉣

③ ㉡㉢   ④ ㉢㉣

> **NOTE** ㉠ 과세 부과시에는 가격체계가 교란되어 자중적 손실이 발생하게 된다. 이는 효율성 측면과 관련이 있다.
> ㉡ 누진세는 소득이 증가함에 따라 평균세율이 증가하는 조세체계인데, 현재의 조세체계에서는 소득이 증가하여도 평균
>   세율이 일정하므로 비례세로 평가할 수 있다.
> ㉢ 모피코트와 같은 사치재는 일반적으로 가격탄력성이 매우 높은 재화이므로 세금 부담은 소비자보다는 생산자에게 더
>   많이 귀착될 가능성이 높다.
> ㉣ 과세부담의 수평적 공평성의 원칙은 모든 경제적 능력이 동일하다면 동일한 조세부담을 져야한다는 것을 의미한다.
>   반면 과세부담의 수직적 공평성의 원칙은 경제적 능력이 더 많을수록 더 많은 조세부담을 져야한다는 것을 의미한다.

10 임대아파트의 수요함수는 $Q_d = 1,000 - 7P$이고 공급함수는 $Q_s = 200 + 3P$이다. 정부가 임대료 상한
을 50으로 정한 경우 어떠한 상황이 발생하는가?

① 300의 초과공급 발생   ② 200의 초과수요 발생

③ 300의 초과수요 발생   ④ 200의 초과공급 발생

> **NOTE** 정부 개입 이전의 임대아파트 시장의 균형을 구해보면 $Q_s = Q_d$에서 임대료는 80이 된다. 따라서 임대료 상한가격인 50
>   에서 초과수요가 발생할 것을 알 수 있다. 50을 수요함수와 공급함수에 대입한 값의 차는 300이므로 300만큼 초과수요
>   가 발생한다.

11 공급 및 공급량의 변화와 관련된 다음 설명 중 옳지 않은 것은?

① 단위 당 일정액의 보조금을 지급하면 공급이 증가한다.

② 가격상승이 예상되면 공급이 감소한다.

③ 신기술개발로 생산비가 하락하면 공급량이 증가한다.

④ 생산면에서 대체재의 가격이 상승하면 공급이 감소한다.

> 📋NOTE ③ 신기술 개발이 이루어지면 공급곡선이 하방(우측)으로 이동하므로 '공급량'이 아니라 '공급'이 증가한다.

12 다음 중 가까운 장래에 가격상승이 예상될 때 나타나는 현상이 아닌 것은?

① 가격의 잠정적인 하락

② 매점매석

③ 공급곡선의 좌측이동

④ 수요곡선의 우측이동

> 📋NOTE 가격상승이 예상되면 공급자는 공급을 줄이므로(매점매석) 공급곡선이 좌측이동하고($S_1 \rightarrow S_2$), 수요자는 소비량을 늘리므로(사재기) 수요곡선은 우측이동한다($D_1 \rightarrow D_2$). 그 결과 균형점이 A에서 B로 이동하고 시장가격이 오른다.

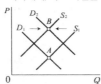

😊**Answer.** 11.③ 12.①

13 재화 X는 가격이 상승할 때 수요량이 증가하는 재화이다. 재화 X에 대한 설명으로 옳은 것은?

① 재화 X는 정상재이다.

② 재화 X의 수요의 소득탄력성은 0보다 크다.

③ 재화 X는 대체효과와 가격효과가 동일한 방향으로 나타난다.

④ 재화 X의 가격 변화에 따른 소득효과는 대체효과보다 더 크다.

> **NOTE** X재 가격이 올라갈 시에 X재 수요량이 증가했으므로 X재는 기펜재라 할 수 있다. 기펜재는 열등재 중에서도 소득효과가 대체효과에 비해 더 큰 재화를 말한다. 그러므로 X재는 정상재가 아닌 열등재라 할 수 있고 수요의 가격탄력성은 0보다 적다. 결국 정상재는 소득효과 및 대체효과가 서로 동일한 방향으로 작용하지만, 열등재는 소득효과 및 대체효과가 반대 방향으로 작용하게 된다.

14 중동의 정세가 불안정해짐에 따라 소비자와 생산자가 모두 앞으로 원유가격이 상승할 것으로 예상하게 되었다고 하자. 다음 중 예상되는 휘발유시장의 변화는?

① 가격상승, 거래량 증가　　　　　　② 가격상승, 거래량 감소

③ 가격상승, 거래량 불분명　　　　　④ 가격하락, 거래량 불분명

> **NOTE** 가격상승이 예상되면 수요는 증가하고, 공급은 감소한다. 수요곡선이 우측으로 이동하고 공급곡선이 좌측으로 이동하면 가격은 명백히 상승하나 거래량의 증감 여부는 불분명하다. 거래량이 증가할지 감소할지는 수요곡선과 공급곡선의 상대적인 이동폭에 의해서 결정된다.

15 어떤 시장에 동일한 수요함수 $Q = -P + 10$을 갖는 2인의 수요자와 동일한 공급함수 $Q = 2P - 5$를 갖는 4인의 공급자가 있다고 하자. 시장의 균형가격과 균형수량은?

① 4, 12　　　　　　　　　　　　　② 5, 5

③ 10, 5　　　　　　　　　　　　　④ 10, 10

> **NOTE** ③시장수요곡선은 개별수요곡선을 수평으로(수량으로) 합하여 도출한다.
> 따라서 시장수요곡선은 $Q = (-P + 10) \times 2 = -2P + 20$이다.
> 시장공급곡선은 개별공급곡선을 수평으로(수량으로) 합하여 도출한다. 따라서 $Q = (2P - 5) \times 4 = 8P - 20$이다.
> 균형점에서는 $Q = Q$가 성립하므로 $-2P + 20 = 8P - 20$에서 균형가격은 4이다. 이를 $Q = -2P + 20$에 대입하면 균형수량은 12이다.

Answer. 13.④ 14.③ 15.①

16 3학년 5반 학생 40명의 아이스크림에 대한 수요곡선이 $P = 20 - 4q$로 동일하다면, 3학년 5반 전체의 아이스크림 수요곡선은?

① $P = 800 - 160\,Q$

② $P = 800 - 4\,Q$

③ $P = 20 - \dfrac{1}{10}\,Q$

④ $P = \dfrac{1}{2} - \dfrac{1}{10}\,Q$

NOTE 시장수요곡선은 개별수요곡선의 수평합으로 구할 수 있다. 우선 개별수요곡선을 수요량(q)에 대해 정리하면

$q = 5 - \dfrac{1}{4}P$ 이다. 수요곡선이 동일한 소비자가 40명 있으므로 시장전체 수요량은 개별소비자의 수요량에 40을 곱해주면 된다.

$Q = \left(5 - \dfrac{1}{4}P\right) \times 40$

$= 200 - 10P$

이를 다시 P에 대해 정리하면 시장수요곡선은 $P = 20 - \dfrac{1}{10}Q$로 나타낼 수 있다.

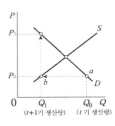

17 다음은 소매시장의 오리고기 수요곡선과 공급곡선이다. $p_b = 7$, $p_c = 3$, $p_d = 5$, $Y = 2$라고 할 때, 시장균형점에서 오리고기에 대한 수요의 가격탄력성은?

수요곡선: $Q_d = 105 - 30p - 20p_c + 5p_b - 5Y$

공급곡선: $Q_s = 5 + 10p - 3p_d$

(단, p는 소매시장 오리고기 가격, p_b는 쇠고기 가격, p_c는 닭고기 가격, p_d는 도매시장 오리고기 가격, Y는 소득이다)

① 1/6

② 1/3

③ 3

④ 6

NOTE • $Q_d = 105 - 30P - 20P_c + 5P_b - 5Y = 105 - 30P - (20 \times 3) + (5 + 7) - (5 \times 2) = 70 - 30P$

• $Q_s = 5 + 10P - 3P_d = 5 + 10P - (3 \times 5) = -10 + 10P$가 되며,

나타난 공급함수 및 수요함수의 계산에 의해 $70 - 30P = -10 + 10P$, $40P = 80$, $P = 2$이며,

$P = 2$를 수요함수에 대입하게 되면 $Q = 10$이 된다.

이로 인해 수요의 가격탄력성을 구하면 $\epsilon = -\left(\dfrac{\triangle Q}{\triangle P}\right) \cdot \left(\dfrac{P}{Q}\right) = -(-30) \cdot \left(\dfrac{2}{10}\right) = 6$이 된다.

18 다음 수요곡선의 각 점에서 수요의 가격탄력성의 대소관계를 바르게 나타낸 것은?

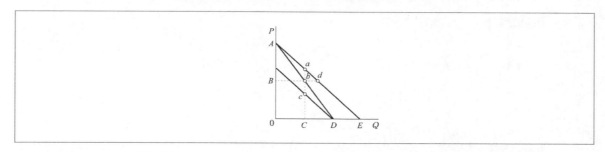

① $a = b = c > d$

② $a > b > c > d$

③ $a > b = c > d$

④ $a > b = c = d$

NOTE b와 d에서의 탄력성은 $\dfrac{BO}{AB}$로 동일하고, b와 c에서의 탄력성은 $\dfrac{CD}{OC}$로 동일하다. 그러므로 b, c, d에서의 탄력성은 모두 동일하다. a와 d는 동일한 수요곡선상에 있으며, a는 d보다 우상방에 위치하므로 a에서의 탄력성이 d에서의 탄력성보다 크다(수요곡선이 우하향의 직선이며 수요곡선을 따라서 위쪽으로 이동할수록 수요의 가격탄력성이 커진다. 구체적으로 a에서의 탄력성은 $\dfrac{CE}{OC}$이다).

따라서 각 점에서 수요의 가격탄력성의 대소관계는 $a > b = c = d$이다.

19 다음 중 공급의 가격탄력성이 가장 큰 공급곡선은?

① $P = Q + 20$

② $P = 3Q$

③ $P = 4Q - 20$

④ $P = 7Q$

NOTE 공급곡선이 원점을 통과하는 직선일 때는 기울기에 관계없이 공급의 가격탄력성은 항상 1이므로 ②④의 경우는 공급의 가격탄력성이 항상 1이다. 공급곡선이 가격축을 통과하는 우상향의 직선이면 공급의 가격탄력성은 항상 1보다 크고, 공급곡선이 수량축을 통과하는 직선일 때는 공급의 가격탄력성이 항상 1보다 작다. 그러므로 ①의 경우에는 공급의 가격탄력성이 항상 1보다 크고, ③의 경우에는 공급의 가격탄력성이 항상 1보다 작다.

Answer. 18.④ 19.①

20 수요곡선이 $P = 110 - 2Q$, 공급곡선이 $P = 10 + 3Q$일 때 균형점에서 수요와 공급의 가격탄력성은?

	수요탄력성	공급탄력성
①	1 / 4	1 / 4
②	1 / 4	1 / 6
③	7 / 6	5 / 6
④	7 / 4	7 / 6

🖐NOTE 우선 균형가격과 균형거래량을 구해보면 $110 - 2Q = 10 + 3Q$, $5Q = 100$이므로 균형거래량은 20, 이를 수요함수에 대입하면 균형가격 70을 구할 수 있다. 따라서 수요와 공급의 가격탄력성은 각각 다음과 같다.

$$\epsilon = -\frac{dQ}{dP} \cdot \frac{P}{Q} = \frac{1}{2} \cdot \frac{70}{20} = \frac{7}{4}$$

$$\eta = \frac{dQ}{dP} \cdot \frac{P}{Q} = \frac{1}{3} \cdot \frac{70}{20} = \frac{7}{6}$$

21 감귤의 가격이 한 개당 500원일 때 수요의 가격탄력성이 1.5로 추정되었다. 어느 날 감귤장수가 한 개당 500원의 가격으로 400개의 감귤을 판매하였다. 만약 이 감귤장수가 감귤의 가격을 480원으로 낮추어 팔았다면 몇 개나 더 팔 수 있었을까?

① 20   ② 24

③ 30   ④ 35

🖐NOTE 수요의 가격탄력성 공식이 $\epsilon = -\frac{\Delta Q}{\Delta P} \cdot \frac{P}{Q}$이므로 $\Delta Q = -\epsilon \cdot \frac{Q}{P} \cdot \Delta P$이다. 감귤수요의 가격탄력성이 1.50이고 가격이 500원일 때 400개의 감귤을 판매하였으므로 다음의 관계가 성립한다.

$$\Delta Q = -1.5 \times \frac{400}{500} \times \Delta P$$

$$\Delta Q = -1.2\Delta P$$

∴ 감귤가격이 20원 하락하면, 감귤판매량은 24개 증가한다.

😊Answer. 20.④ 21.②

22 수요의 가격탄력성이 1.0이고, 가격이 200원일 때 수요량은 1,000단위였다. 가격이 100원 상승할 경우 수요량의 변화는? (단, 수요곡선은 선형이라고 가정)

① 100단위 감소   ② 200단위 증가

③ 250단위 감소   ④ 500단위 감소

📝NOTE $\epsilon = -\dfrac{\Delta Q}{\Delta P} \cdot \dfrac{P}{Q} = -\dfrac{\Delta Q}{100} \times \dfrac{200}{1,000} = 1$ 이므로 $\Delta Q = -500$임을 알 수 있다.

23 단위당 동일한 종량세율로 생산자 또는 소비자에게 부과하는 조세에 관한 설명으로 옳지 않은 것은?

① 수요의 가격탄력성이 클수록 생산자의 조세부담이 커진다.

② 수요의 가격탄력성이 0인 재화에 조세를 부과해도 사회후생은 감소하지 않는다.

③ 수요의 가격탄력성이 공급의 가격탄력성보다 클수록 생산자의 조세부담분이 커진다.

④ 생산자에게 부과할 때와 소비자에게 부과할 때의 경제적 순손실(deadweight loss)은 같다.

⑤ 조세부담의 귀착(tax incidence)은 조세당국과 생산자 및 소비자 간의 협상능력에 의존한다.

📝NOTE ⑤ 조세부담의 귀착(tax incidence)은 수요·공급곡선의 탄력도에 의해 결정된다.

④ 소비자에게 T만큼의 조세(종량세)를 부과할 때, 조세의 귀착은 과세대상의 변화에 무관하게 $Q_{D=X+Y}$ 결정된다. 따라서 생산자에게 부과할 때와 소비자에게 부과할 때의 경제적 순손실(deadweight loss)은 같다.

😊Answer. 22.④ 23.⑤

24 어떤 재화의 수요곡선이 $Q = 40 - P$로 주어져 있다고 하자. 수요의 가격탄력성이 4보다 커지기 위해서는 가격이 얼마 이상 되어야 하는가?

① 14   ② 26

③ 32   ④ 48

> **NOTE** $\epsilon = -\dfrac{dQ}{dP} \times \dfrac{P}{Q} = 1 \times \dfrac{P}{40 - P} > 4$이다. 따라서 $P > 160 - 4P$, $5P > 160$, $P > 32$로 계산된다.

25 수요함수가 $Q = 10 - \dfrac{P}{2}$인 시장에서 정부의 새로운 조세정책의 결과로 균형가격이 10에서 12로 상승하였다. 소비자 잉여는 얼마나 감소하겠는가?

① 1   ② 8

③ 9   ④ 10

> **NOTE** 수요함수가 $P = 20 - 2Q$이므로 가격이 10원일 때의 소비자 잉여는 다음 그림에서 $(A + B + C)$의 면적으로 측정된다. 조세부과로 가격이 12원으로 상승하면 소비자 잉여는 $(B + C)$의 면적만큼 감소한다. $\square B$의 면적은 8이고, $\triangle C$의 면적은 1이므로 조세부과에 따른 소비자 잉여 감소분은 9만큼이다.

$\square B$의 면적 $= 4 \times 2 = 8$

$\triangle C$의 면적 $= \dfrac{1}{2} \times 1 \times 2 = 1$

Answer. 24.③ 25.③

소비자선택이론

01 소비자선택이론

(1) 소비자균형과 소비자균형이론

① 소비자균형 : 합리적인 소비자는 자신의 주어진 소득과 시장가격 하에서 소비에 따른 효용이 극대화되도록 소비한다. 가격이 변화할 때 소비자균형의 변화로부터 수요법칙이 도출된다.

② 소비자균형이론 : 소비의 효용의 평가 방식에 따라 소비이론 존재

한계효용이론	• 멩거(Menger), 제본스(Jevons), 왈라스(Walras)가 대표적이다. • 소비에 따른 효용을 기수적으로 측정할 수 있다고 가정하고 분석한 기수적 효용이론이라고 한다.
무차별곡선이론	• 파레토(Pareto), 힉스(Hicks), 슬러스키(Slutsky)가 대표적이다. • 효용을 구체적으로 측정할 수는 없으나 그 크기를 서로 비교할 수 있다는 전제 하에서 분석하며, 서수적 효용이론이라고 한다.
현시선호이론	사무엘슨(Samuelson), 하우타커(Hauthankker)가 대표적이다. 효용은 구체적으로 고려하지 않으며, 소비자가 주어진 소득으로 합리적이며 일관성을 갖는 소비를 한다는 가정하에서 소비자의 실제 소비행위로부터 수요법칙을 유도한다.

(2) 한계효용이론

① 총효용과 한계효용

   ㉠ **총효용**(TU : Total Utility) : 재화를 소비함으로써 얻을 수 있는 주관적 총량을 의미한다. 일반적으로 재화소비량이 증가하면 총효용은 증가한다. n단위의 재화를 소비할 때의 총효용은 그때까지의 한계효용을 합하여 구할 수 있다.

   • 전체 소비에서 느끼는 총 만족감이다.

   • 소비량과 효용의 크기를 나타내는 기수적 효용함수를 이용하여 측정한다.

> 기수적 효용함수 : TU = U (X, Y) [두 재화(X, Y)만 소비하는 것으로 가정]

   ㉡ **한계효용**(MU : Marginal Utility) : 재화소비량이 1단위 증가할 때 총효용의 증가분이다. 총효용곡선의 (접선의) 기울기로 측정될 수 있다. 즉, 마지막 1단위 추가 소비에 따라 증가한 총효용이며, 한계편익 (MB : Marginal Benefit)이라고도 하며, 총효용함수를 미분하여 도출한다. 또한 한계효용을 모두 더하면 총효용이 된다.

$$M = \frac{\Delta TU}{\Delta Q}$$

• X재 한계 효용 : $MUM_X = \frac{\Delta TU}{\Delta X}$ (단, $TU = \sum_{i=1}^{n} M_{\Xi} = \int_{i=1}^{n} MU_{\Xi}$)

• Y재 한계 효용 : $MUM_Y = \frac{\Delta TU}{\Delta Y}$ (단, $TU = \sum_{i=1}^{n} M_{Yi} = \int_{i=1}^{n} MU_{\Xi}$)

ⓒ 한계효용과 총효용의 관계
  • 한계효용이 (+)이면 소비량이 증가할수록 총효용이 증가한다.
  • 한계효용이 0일 때 총효용이 극대화된다.
  • 한계효용이 (−)이면 소비량이 증가할수록 총효용이 감소한다.
  • 총효용은 체증적으로 증가하다가 체감적으로 증가한다.
ⓔ 한계효용과 총효용의 관계

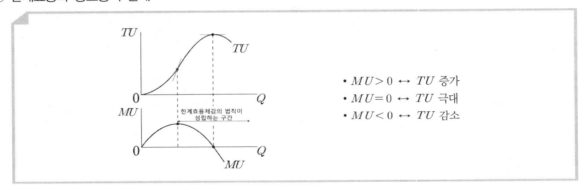

• $MU > 0 \leftrightarrow TU$ 증가
• $MU = 0 \leftrightarrow TU$ 극대
• $MU < 0 \leftrightarrow TU$ 감소

② 한계효용체감의 법칙(law of diminishing marginal utility) : 다른 재화소비량이 일정한 상태에서 한 재화의 소비량이 일정 단위를 넘어서면 소비량이 증가할수록 그 재화의 한계효용이 감소하는 것을 의미한다.
  ㉠ 일반적으로 한 재화의 소비량만 증가할 때 처음에는 한계효용이 증가하다가 어느 단계가 지나면 감소한다. 이에 따라 총효용은 처음에는 체증적 증가하지만 궁극적으로는 체감적 증가하다가 감소한다.
  ㉡ 한계효용이 0이 되는 소비량 수준에서 총효용이 최대가 된다.

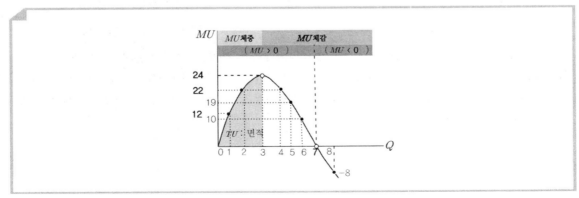

한계효용 체증	총효용 체증적 증가
한계효용 감소 (> 0)	총효용 체감적 증가
한계효용 감소 (= 0)	총효용 극대 → 욕망의 포화점
한계효용 감소 (< 0)	총효용 감소 → 한계효용 부(−)인 재화

③ 한계효용균등의 법칙(law of equimarginal utility) : 각 재화 1원어치의 한계효용이 동일하여 각 재화소비량을 조절하더라도 총효용이 증가될 여지가 없을 때 소비자의 총효용이 극대화된다.

> • 소비자균형 : 소득제약 하에서 가중된 한계효용이 같아지도록 소비
> – 소득제약 : $I = P_X \cdot X + P_Y \cdot Y$ (단, I : 소득, 예산)
>
> – 균형조건 : $\dfrac{MU_X}{P_X} = \dfrac{MU_Y}{P_Y}$
>
> • $\dfrac{MU_X}{P_X}$: X재 가중된 한계효용 → X재 마지막 소비 한 단위 더 소비할 때에 증가하는 1원당 효용
>
> • $\dfrac{MU_Y}{P_Y}$: Y재 가중된 한계효용 → Y재 마지막 소비 한 단위 더 소비할 때에 증가하는 1원당 효용
>
> • 각 재화 마지막 소비 1단위의 1원어치 한계효용이 같도록 소비하면 효용극대화가 달성된다.
> ※ 소비의 조정 과정
>
> ㉠ $\dfrac{MU_X}{P_X} > \dfrac{MU_Y}{P_Y}$: X재 소비 증가, Y재 소비 감소
>
> ㉡ $\dfrac{MU_X}{P_X} = \dfrac{MU_Y}{P_Y}$: 효용극대화
>
> ㉢ $\dfrac{MU_X}{P_X} < \dfrac{MU_Y}{P_Y}$: Y재 소비 증가, X재 소비 감소

④ 한계효용균등의 법칙을 이용한 수요곡선의 도출

㉠ 한 재화의 가격이 오르면 그 재화의 가중된 한계효용이 감소하므로 소비량을 줄여야 한다. 가격과 수요량은 역의 관계이며 개별수요곡선은 우하향한다.

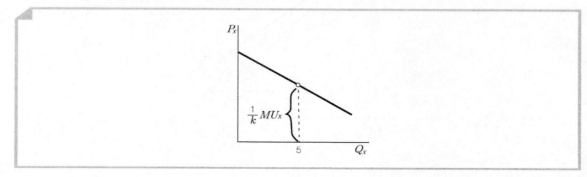

ⓛ 소비자균형 상태 ($\frac{MU_X}{P_X} = \frac{MU_Y}{P_Y}$)에서 X재의 가격이 하락하면 $\frac{MU_X}{P_X} > \frac{MU_Y}{P_Y}$이 되어 X재 1원 어치

당 한계효용이 Y재보다 커지게 된다. 따라서 X재 구입을 늘리고 Y재 구입을 줄일 것이다. 즉, X재 가격의 하락이 X재 소비를 증가시키기 때문에 우하향의 X재 수요곡선이 도출된다.

ⓒ 소비자균형 상태 ($\frac{MU_X}{P_X} = \frac{MU_Y}{P_Y}$)에서 X재의 가격이 상승하면 X재 1원어치 효용이 감소하므로, $\frac{MU_X}{P_X}$

$< \frac{MU_Y}{P_Y}$, 따라서 X재 소비를 줄이면 효용이 증가한다.

ⓔ 수요곡선이 우하향 하는 이유 : 한계효용 체감의 법칙 때문이며 총효용은 증가한다.

⑤ 네트워크 효과 : 다른 사람의 소비행위에 의해 자신의 소비가 영향을 받는 현상을 의미한다.

편승효과 (포장마차 효과, 악대차 효과)	• 유행에 따른 충동구매로써, 다른 사람의 소비가 증가할 때 덩달아 소비하는 현상 • 개별수요가 증가하고 시장수요도 증가한다.
속물효과 (백로효과)	• 다른 사람의 소비가 증가하면 오히려 그 상품의 소비를 줄이는 현상 • 개별수요가 감소하고 시장수요도 감소한다.
베블렌효과	• 졸부의 과시형 소비로써, 다른 사람에게 과시하기 위하여 고가의 상품을 소비 • 사치성 상품은 가격이 고가일수록 수요량이 증가한다.

⑥ 가치의 역설

⊙ 개념 : A. Smith는 일상생활에 있어서 필수불가결한 물의 가격은 매우 낮은데 비하여, 전혀 존재하지 않더라도 살아가는 데는 아무런 문제가 없는 다이아몬드의 가격은 매우 높게 형성되는 사실을 지적하였는데 이를 가치의 역설이라고 한다.

• 물 : 사용가치(총효용)는 크고 교환가치(가격)는 작다.
• 다이아몬드 : 사용가치(총효용)는 작고 교환가치(가격)는 크다.

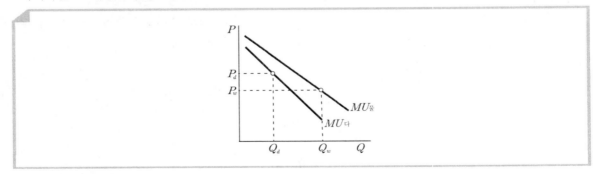

ⓛ 한계효용학파의 견해
 • 총효용과 한계효용의 개념을 구분하고, 가격은 총효용이 아니라 한계효용에 의해 결정됨을 증명하였다.
 • 일반적으로 한계효용이 체감하므로 한계효용과 재화소비량은 반비례한다.
 • 물과 다이아몬드의 부존량이 동일할 때는 물의 사용가치가 더 크므로 물의 한계효용곡선은 다이아몬드
   의 한계효용곡선보다 상방에 존재한다.
 • 교환가치는 한계효용에 의하여 결정되고, 사용가치는 총효용에 의하여 결정된다.
 • 물의 유용성은 다이아몬드보다 크지만 다이아몬드가 물보다 희소하기 때문에 다이아몬드의 한계효용은
   물의 한계효용보다 크다.

(3) 무차별곡선이론

① 무차별곡선(indifference curve) : 소비자가 동일한 효용을 느끼는 상품묶음을 연결한 곡선을 의미한다.
   ㉠ 소비자의 소비량과 효용 수준을 그림으로 표현한 것이다.
   ㉡ 동일한 무차별곡선 상에서 소비자는 동일한 수준의 효용을 느낀다.

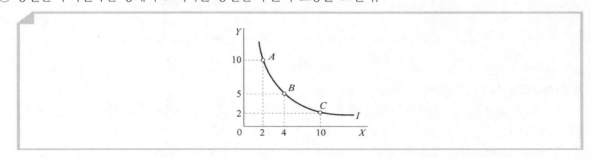

② 무차별곡선의 특성
   ㉠ 우하향의 기울기를 갖는다 : X재의 소비량이 많아지면 동일한 효용수준을 유지하기 위해서는 Y재의 소
     비량이 감소해야 하므로 무차별곡선은 우하향한다. → 강단조성 공리
   ㉡ 원점에서 멀어질수록 더 높은 효용수준을 나타낸다 : 원점에서 멀어질수록 X재와 Y재의 소비량이 증가
     하므로 효용수준이 높아진다. → 강단조성 공리
   ㉢ 서로 교차할 수 없다 : 무차별곡선이 서로 교차하면 모순이 발생하므로 일정 시점에서 한 개인의 무차별
     곡선은 서로 교차하지 않는다. → 이행성 공리
   ㉣ 원점에 대해 볼록하다 : 일반적인 소비선호를 갖는 소비자의 무차별곡선은 원점으로 볼록하다. 이는 동일
     한 무차별곡선 상에서 X재 소비를 늘리고 Y재 소비를 줄일 때 무차별곡선의 기울기가 감소한다는 것을
     의미한다. 이러한 현상은 한계대체율체감의 법칙을 의미한다. → 볼록성 공리

※ 소비자선호의 기본 공리

완비성	어떤 두 개의 상품묶음을 놓고 비교한다 하더라도 둘 사이의 선호관계를 판단할 수 있다.
이행성	• 세 개의 상품묶음 A, B, C가 일을 때 A≥B이고 B≥C이면 반드시 A≥C가 성립한다. • 즉, 소비자의 선호에 일관성이 있어야 한다.
연속성	• 두 상품묶음의 양에 아주 작은 차이만 있다면 이들에 대한 소비자의 선호도에도 아주 작은 차이밖에 없다. • 즉, 소비자의 선호는 연속적으로 변화해가며 갑작스런 변화는 나타나지 않는다.
강단조성	• 두 상품묶음의 양에 아주 작은 차이만 있다면 이들에 대한 소비자의 선호도에도 아주 작은 차이밖에 없다. • 즉, 소비자의 선호는 연속적으로 변화해가며 갑작스런 변화는 나타나지 않는다. • 적어도 어느 한 재화의 소비가 증가하면 만족이 증가하는 것을 의미하는데 이는 더 많을수록 더 좋다는 다다익선을 의미한다.
볼록성	소비자는 극단적인 재화묶음보다 여러 가지 재화를 골고루 소비할 수 있는 재화묶음을 더 선호한다.
강볼록성	• 각각의 상품묶음보다 그 상품묶음에 포함되어 있는 각 상품들의 가중평균으로 구성된 상품묶음을 강선호하는 것을 의미한다. 즉, 소비자가 다양한 재화를 선호함을 의미한다. • 강볼록성을 가정하면 무차별곡선에 직선인 부분이 존재하지 않으므로 무차별곡선은 원점에 대해 볼록하게 그려진다.

③ 한계대체율(MRS : Marginal Rate of Substitution)

㉠ 동일한 효용수준을 유지하면서 X재 소비량을 1단위 증가시키기 위하여 감소시켜야 하는 Y재 수량을 의미한다.

㉡ 소비자의 주관적인 X재와 Y재의 교환비율로 무차별곡선 접선의 기울기로 측정된다.

㉢ X재와 Y재의 한계효용비율로 나타낼 수도 있다.

㉣ 무차별곡선 상 한 점의 기울기(절대값)이며, 두 재화 한계효용비율의 역수와 같다.

$$\text{한계대체율}: MRS_{XY} = -\frac{\Delta Y}{\Delta X} = \frac{MU_X}{MU_Y}$$

④ 한계대체율 체감의 법칙(law of diminishing marginal rate of substitution)

㉠ 동일한 효용을 유지하면서 Y재를 X재로 대체해감에 따라 한계대체율이 점점 감소하는 현상을 말한다. 즉, 동일한 무차별곡선 상에서, X재 소비를 늘리고 Y재 소비를 줄여나갈 때 한계대체율(무차별곡선 기울기의 절대값)이 체감한다.

㉡ 무차별곡선은 원점에 대하여 볼록한 형태를 가지게 된다. 이는 상대적으로 많이 소비하게 되는 재화(X)의 상대적 중요도(선호도)는 감소하며, 두 재화를 고르게 소비하는 것을 더 선호한다는 것을 의미한다.

㉢ MRS가 체감하는 이유 : MRS체감은 X재의 양이 많아질수록 Y재를 X재로 대체하는 것이 점점 어려워짐을 의미한다. 이는 무차별곡선이 원점에 대해 볼록하기 때문에 나타나는 현상이다.

$$A \rightarrow B \rightarrow C \cdots \begin{bmatrix} X \text{재 소비량} \uparrow \rightarrow MU_X \downarrow \\ Y \text{재 소비량} \downarrow \rightarrow MU_Y \uparrow \end{bmatrix} \rightarrow \frac{MU_X}{MU_Y} = MRS_{XY} \downarrow$$

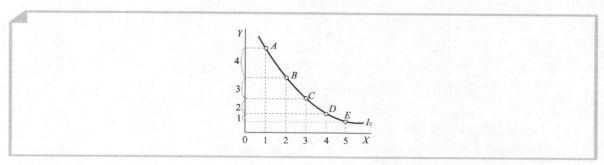

⑤ 예외적인 무차별곡선

　㉠ 콥-더글라스 효용함수

효용함수 : $U = X^a Y^b$, a>0, b>0

한계대체율 : $MRS_{X, Y} = \dfrac{aY}{bX}$

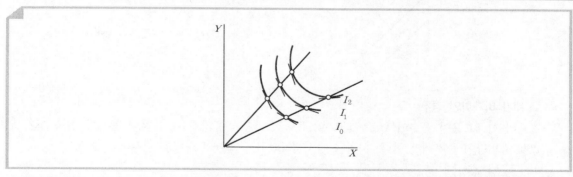

- 한계대체율은 X재와 Y재의 비율로 표시되며 동일한 효용수준을 유지하면서 Y재에서 X재로 대체해감에 따라 한계대체율이 감소하므로 무차별곡선은 원점에 대해 볼록한 형태를 갖는다.

　㉡ 두 재화가 완전보완재인 경우 – 레온티에프 효용함수
- 무차별곡선은 L자형의 형태를 가지며 수직선에서는 한계대체율이 무한대이고, 수평선에서는 한계대체율은 0이다.
- X재와 Y재를 일정비율로 소비하므로 완전보완관계를 나타낸다. 즉, 오른쪽 신발과 왼쪽 신발은 한 짝씩 있을 때 보완 관계가 된다.
- 무차별곡선이 꺾여진 점에서는 한계대체율을 정의할 수 없다.

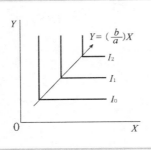

- 효용함수 : $U(X,\ Y) = \min\left(\dfrac{X}{a},\ \dfrac{Y}{b}\right)$
- 특징 : 두 재화의 소비비율이 $(\dfrac{b}{a})$로 일정
- 예 : 왼쪽 양말, 오른쪽 양말

ⓒ 두 재화가 완전대체재인 경우 − 선형 효용함수

- 무차별곡선은 우하향 직선의 형태이므로 한계대체율은 일정하다.

- 무차별곡선의 기울기는 $\dfrac{a}{b}$ 이므로 한계대체율은 $\dfrac{a}{b}$ 로 일정하다.

- X재와 Y재는 완전대체재의 관계를 갖는다.

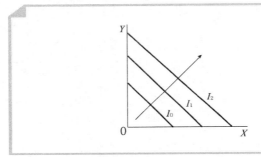

- 효용함수 : $U(X,\ Y) = aX + bY$
- 특징 : MRS 일정
- 예 : 10원짜리 동전, 50원짜리 동전

ⓓ X재가 비재화인 경우

- X재의 한계효용이 음수이므로(MU < 0) X재 소비량이 증가할 때 효용이 동일한 점을 찾기 위해서는 Y재 소비량이 증가해야 한다. 따라서 무차별곡선이 우상향의 형태를 갖는다.

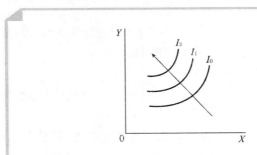

- 효용함수 : $U(X,\ Y) = Y - X^2$
- 특징 : $MU_X < 0$
- 예 : 매연, 오징어 등

- 비재화 : 보통의 상품과는 반대로 그것을 소비함으로써 효용이 더 떨어지는 물건이다.

ⓔ Y재가 비재화인 경우
- Y재의 한계효용이 음수이므로(MU < 0) Y재 소비량이 증가할 때 효용이 동일한 점을 찾기 위해서는 X재 소비량이 증가해야 한다. 따라서 무차별곡선이 우상향의 형태를 갖는다.

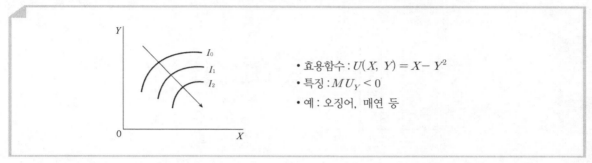

- 효용함수 : $U(X,\ Y) = X - Y^2$
- 특징 : $MU_Y < 0$
- 예 : 오징어, 매연 등

ⓗ 두 재화가 모두 비재화인 경우
- 두 재화 모두 비재화라면 X재와 Y재 모두 소비가 감소해야 효용이 증가한다. 따라서 무차별곡선이 원점에 가까울수록 효용이 증가한다.

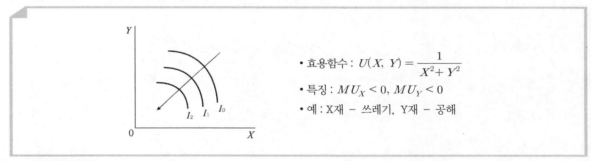

- 효용함수 : $U(X,\ Y) = \dfrac{1}{X^2 + Y^2}$
- 특징 : $MU_X < 0,\ MU_Y < 0$
- 예 : X재 – 쓰레기, Y재 – 공해

ⓢ X재가 중립재인 경우
- X재가 중립재라면 한계효용은 0의 값을 갖는다. (MU = 0)
- X재 소비량이 증가하더라도 효용은 증가하지 않으므로 무차별곡선은 수평선의 형태를 갖는다.

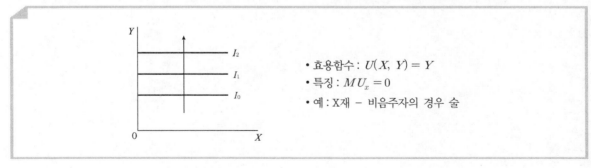

- 효용함수 : $U(X,\ Y) = Y$
- 특징 : $MU_x = 0$
- 예 : X재 – 비음주자의 경우 술

◎ Y재가 중립재인 경우

• Y재가 중립재라면 한계효용은 0의 값을 갖는다. (MU = 0)

• Y재 소비량이 증가하더라도 효용은 증가하지 않으므로 무차별곡선은 수직선의 형태를 갖는다.

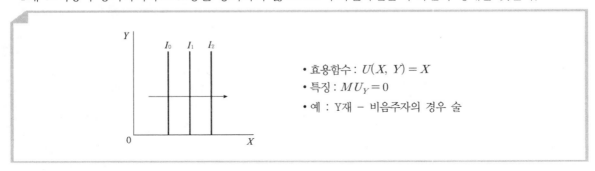

• 효용함수 : $U(X,\ Y) = X$
• 특징 : $MU_Y = 0$
• 예 : Y재 - 비음주자의 경우 술

⑥ 예산제약

㉠ 예산선(BL : Budget Line / 가격선) : 주어진 소득으로 최대한 구입 가능한 X재와 Y재의 조합을 그림으로 나타낸 것이다. 소득이 M이고 $X,\ Y$ 두 재화구입에 소득을 전부 사용한다면 예산제약식은 다음과 같이 나타낼 수 있다.

• 소득제약 : $P_x \cdot x + P_y \cdot y = M$ (소득 = 소비지출액, 전액 소비지출 가정)

• $Y = -\dfrac{P_X}{P_Y}X + \dfrac{M}{P_Y}$ (소득제약식을 Y로 정리)(단, $\dfrac{P_X}{P_Y}$: Y재 수량으로 표시한 X재의 상대가격, 객관적 교환비율, $\dfrac{M}{P_Y}$: 예산선의 Y축 절편, Y재만 구입시, 구입가능 최대 수량)

• 예산제약을 그림으로 나타내면 우하향의 예산선이 도출되는데 예산선상의 모든 점에서는 지출액이 동일하다.

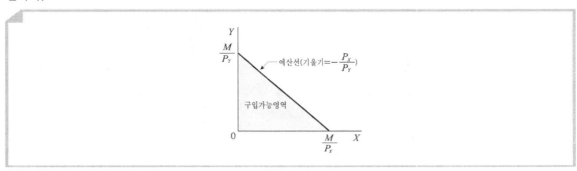

ⓛ 소득 및 가격변화와 예산선

• 소득변화 : 소득이 증가하면 예산선은 바깥쪽으로 평행이동하고, 소득이 감소하면 안쪽으로 평행이동한다. 즉 소득이 변화하면 예산선의 기울기(X재의 상대가격)는 변화하지 않고 절편만 변화한다.

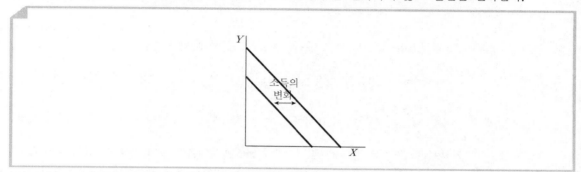

• 가격변화 : 재화가격이 변화하면 예산선은 회전이동한다.

X재 가격의 하락	Y재 가격의 하락
X재 가격이 하락하면 X재의 최대구입량이 증가하므로 예산선의 기울기가 완만해진다.	Y재 가격이 하락하면 Y재의 최대구입량이 증가하므로 예산선의 기울기가 커진다.

• 소득과 가격이 동일한 비율로 변화 : 예산제약식이 변화하지 않으므로 예산선도 이동하지 않는다. 즉 소득과 두 재화의 가격이 같은 비율로 변화하면 예산선은 변화하지 않는다.

⑦ 소비자균형 : 예산선과 무차별곡선이 서로 접하는 점에서 소비자의 효용극대화가 달성된다. 소비의 최적화가 이루어진 상태이다. 즉 소비자는 주어진 소득과 시장가격 하에서 효용이 극대화되도록 소비하며, 이로부터 개별소비자의 수요곡선이 도출된다.

ⓛ 소비자균형조건

• 소비자균형은 주관적인 교환비율과 시장에서 결정된 두 재화의 객관적인 교환비율이 일치하는 점에서 달성된다.

$$MRS_{XY} = \frac{P_X}{P_Y}$$

- $MRS_{XY} = -\dfrac{\Delta Y}{\Delta X} = \dfrac{MU_X}{MU_Y}$ 이므로 소비자균형조건은 다음과 같이 나타낼 수 있다.

$$\frac{MU_X}{P_X} = \frac{MU_Y}{P_Y} \text{(한계효용균등의 법칙)}$$

- 무차별곡선에서도 한계효용이론에서와 동일한 결론에 도달하게 된다.

ⓛ 소비자의 반응 : 무차별곡선의 기울기 $MRS_{XY} = -\dfrac{\Delta Y}{\Delta X} = \dfrac{MU_X}{MU_Y}$ 는 소비자의 주관적 판단으로 결정된

다. 반면에 가격비율 $\dfrac{P_X}{P_Y}$ 는 시장의 수요·공급 관계에 의해서 결정된다. 따라서 소비자는 시장에서 정

해진 상품의 가격비율과 자신의 주관적 판단에 의한 한계대체율을 비교하여 각 상품의 소비량을 정한

다. 무차별곡선과 가격선의 기울기가 일치하지 않으면 소비자는 자신에게 유리한 방향으로 상품구입비

율을 바꿈으로써 효용을 증대시킨다.

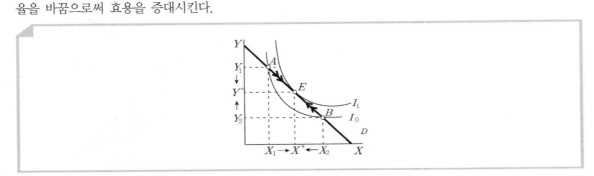

- A점의 경우

$$MRS_{XY} > \frac{P_X}{P_Y} \text{ 이므로 } \frac{MU_X}{MU_Y} > \frac{P_X}{P_Y} \rightarrow \frac{MU_X}{P_X} > \frac{M_Y}{P_Y}$$

- 무차별곡선이 가격선보다 가파르다.
- X재 소비량이 늘어나고 Y재 소비량이 감소할수록 효용이 높아진다. 예산선을 따라 우측으로 이동하게 된다.

- B점의 경우

$$MRS_{XY} < \frac{P_X}{P_Y} \text{ 이므로 } \frac{MU_X}{MU_Y} < \frac{P_X}{P_Y} \rightarrow \frac{MU_X}{P_X} < \frac{M_Y}{P_Y}$$

- 무차별곡선이 가격선보다 완만하다.
- Y재 소비량이 늘어나고 X재 소비량이 감소할수록 효용이 높아진다. 예산선을 따라 좌측으로 이동하게 된다.

• 결론

$$MRS_{XY} = -\frac{\triangle Y}{\triangle X} = \frac{MU_X}{MU_Y} = \frac{P_X}{P_Y}$$

– 화살표방향으로 이동할수록 효용이 높아진다.

– E에서 효용극대화를 이룬다.

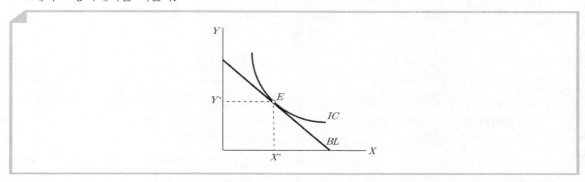

⑧ 소비자균형의 이동

㉠ 소득소비곡선(ICC : Income Consumption Curve) : 소득이 변화할 때 소비자균형점들의 궤적을 연결한 선을 의미한다.

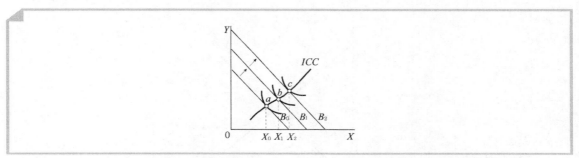

• 소득이 증가함에 따라서 균형점이 a에서 b, c로 이동하는 효과를 소득효과(income effect)라고 한다.

• 소득이 증가하면 예산선이 우측으로 평행 이동하며 소비자균형점이 변화한다.

• 소득이 0이면 두 재화의 구입량도 0이므로 소득소비곡선은 반드시 원점을 통과한다.

• 소득이 증가할 때 두 재화가 모두 정상재이면 소득소비곡선이 우상향한다.

• X재가 열등재인 구간에서는 좌상향, Y재가 열등재인 경우는 우하향한다.

ⓛ 엥겔곡선(EC : Engel Curve) : 소득과 재화구입량의 관계를 나타내는 곡선으로 소득소비곡선에서 도출된다.

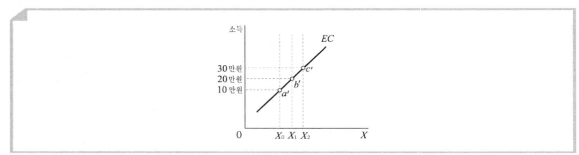

- 소득이 10만 원일 때 X재를 X_0개 소비하고 소득이 20만 원일 때 X재를 X_1개 소비하므로 a'점과 b'점을 연결한 선이 엥겔곡선이다.
- 소득이 변화할 때 효용극대화 수요 변화를 보여주는 곡선이다.
- 엥겔곡선이 우상향하면 소득이 증가할 때 소비가 증가하므로 정상재이고, 좌상향하는 구간에서는 소득이 증가할 때 소비가 감소하므로 열등재가 된다.

ⓒ 소득탄력성과 소득소비곡선
- 수요의 소득탄력성이 1이면 소득소비곡선은 원점을 통과하고 직선의 형태이다.

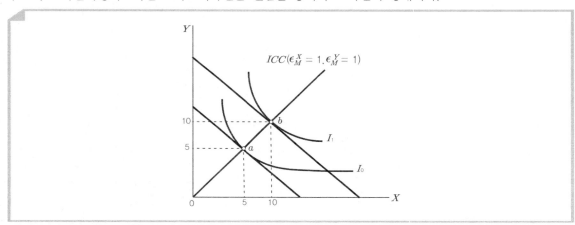

즉, X재 구입비율과 Y재 구입비율이 동일한 비율로 증가하므로 소득소비곡선은 원점 통과하는 직선이 되고 X재 소득탄력성과 Y재 소득탄력성이 모두 1이 된다.

- X재 수요의 소득탄력성이 1보다 크면(X재가 사치재 일 때) X재의 소득탄력성이 1일 경우보다 X재 소비량이 더 증가하므로 소득소비곡선은 직선보다 오른쪽으로 완만한 형태이다.

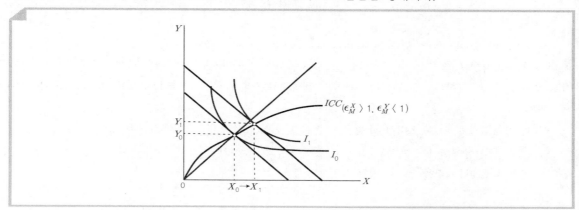

반면 Y재의 소비량은 Y재의 소득탄력성이 1인 경우보다 적기 때문에 이 때의 Y재 소득탄력성은 1보다 작게 된다. (Y재는 필수재)

- 소득탄력성이 0과 1사이에 있을 때(X재가 필수재일 때) 소득소비곡선이 왼쪽으로 치우치는 급경사가 된다. 즉 X재의 소득탄력성이 1보다 작으면 X재의 소득탄력성이 1일 경우보다 X재 소비량이 감소한다. 반면 Y재의 소비량은 Y재의 소득탄력성이 1인 경우보다 증가하기 때문에 이 때의 Y재 소득탄력성은 1보다 크레 된다. (Y재는 사치재)
- 소득탄력성이 0보다 작을 때(X재가 열등재 일 때) 소득소비곡선이 좌상향이 된다. 반면 Y재가 열등재이면 소득소비곡선이 우하향이 된다.
- X재의 소득탄력성이 0이면 소득소비곡선은 수직선이 된다 왜냐하면 소득이 증가하더라도 X재의 소비량이 변하지 않기 때문이다.
  ㄹ 재화종류에 따른 엥겔곡선 – 소득탄력성과 엥겔곡선의 형태

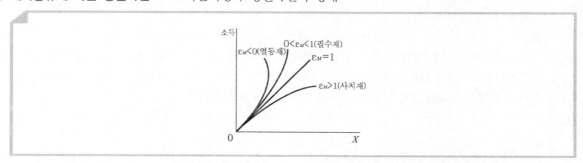

- X재의 소득탄력성이 1이면 소득의 증가율과 X재 구입량 증가율이 동일하므로 엥겔곡선은 원점을 통과하는 직선된다.
- X재의 소득탄력성이 1보다 크면 우측으로 기울기가 원점을 통과하는 직선보다 완만하다.
- X재의 소득탄력성이 1보다 작으면 좌측으로 더 급경사로 도출된다.
- 열등재의 경우에는 엥겔곡선이 좌상향의 형태이다.

※ 엥겔의 법칙과 엥겔 계수
  – 엥겔의 법칙 : 소득 증가시 가계의 총지출 중에서 음식비에 대한 지출비율이 감소하고 소득 감소시 가계의 총지출
              중에서 음식비에 대한 지출 비율이 증가하는 것을 의미한다. 즉 음식물의 수요의 소득탄력성이 1보
              다 작다는 것을 의미한다.
  – 엥겔 계수 : 가계 총지출 중에서 음식비가 차지하는 비중을 의미한다.
㉤ **가격소비곡선**(PCC : Price Consumption Curve) : 재화가격변화에 따른 소비자균형점들의 변화경로를
  연결한 선을 말한다. 수요곡선은 가격과 재화수요량의 관계를 나타내는 곡선으로 가격소비곡선에서 도
  출된다.
• X재 가격하락에 따른 소비자 균형점을 연결한 선이 가격소비곡선(PCC)이다.
• 수요곡선 선상에서 b' 점에서의 효용이 a' 점에서의 효용보다 크다. 따라서 수요곡선 상의 모든 점에서
  효용이 다르다는 것을 알 수 있다.

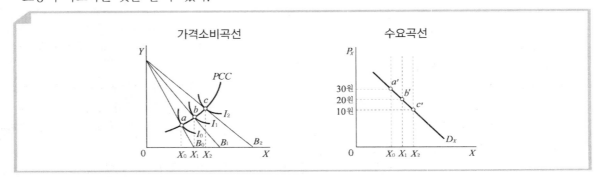

• 재화가격이 변화함에 따라서 균형점이 a에서 b, c로 이동하는 효과를 가격효과(price effect)라고 한다.
㉥ **수요의 가격탄력성과 가격소비곡선**
• 수요의 가격탄력성이 1일 때 : 최초의 Y재 구입량이 변하지 않으므로 가격소비곡선(PCC)는 수평선이
  된다. 즉 X재 가격이 하락하면 X재 구입액은 불변이고 Y재 가격과 소득은 변하지 않았으므로 Y재 구
  입량은 불변이 된다.
• 수요의 가격탄력성이 1보다 크거나 작을 때 : X재 수요의 가격탄력성이 1보다 크면 PCC는 우하향의
  형태이다. 이는 X재 가격 하락시 Y재 구입량은 감소하였기 때문에 X재와 Y재는 대체재 관계이다. 반
  면, 가격탄력성이 1보다 작으면 PCC는 우상향의 형태이다. 이는 X재 가격 하락시 Y재 구입량은 감소
  하였기 때문에 X재와 Y재는 보완재 관계이다.

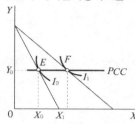

수요의 가격탄력성이 1일 때

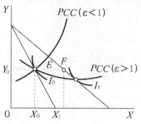

수요의 가격탄력성이 1보다 크거나 작을 때

Ⓐ **가격효과**(price effect) : 명목소득이 일정할 때 재화가격 변화에 따라 구입량이 변화하는 효과이다. 즉 가격변화에 따른 수요량의 변동분을 가격효과라고 한다.

- **대체효과**(substitution effect) : 재화의 상대가격 변화로 구입량이 변화하는 효과로 항상 상대가격이 하락한 재화구입량을 증가시키는 방향으로 작용한다. 이 때 가격과 수요량이 반대 방향으로 변화하므로 대체효과가 부(−)라고 표현한다.

- **소득효과**(income effect) : 실질소득변화에 따른 구입량의 변화효과로 재화종류에 따라 다르게 나타난다. 가격이 내릴 때(실질소득 증가) 정상재의 경우는 수요가 증가하므로 소득효과가 부(−)이고, 열등재의 경우는 수요가 감소하므로 소득효과가 정(+)이다.

가격효과	=	대체효과	+	소득효과
• 가격의 변화에 따라 구입량이 변화하는 효과 • 통상적인 수요곡선 도출		• 가격의 변화에 따라 상대가격이 하락한 재화구입량이 증가하는 효과 • 보상수요곡선 도출		• 가격의 변화로 실질소득이 변화하여 재화구입량이 변화하는 효과 • 소득효과의 방향에 따라 정상재와 열등재로 구분

◎ **재화의 종류에 따른 대체효과와 소득효과**

- **정상재의 경우(P_X가 하락하는 경우)** : 가격이 변화할 때 대체효과와 소득효과가 모두 부(−)이므로 전체 가격효과도 부(−)이다. 따라서 가격이 내릴 때 수요량이 증가하므로 수요곡선이 우하향한다.

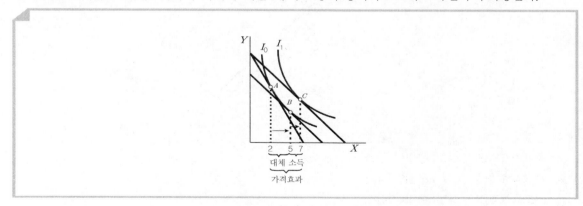

– 가격효과(A → C) : 구입량 증가

– 대체효과(A → B) : 구입량 증가

– 소득효과(B → C) : 구입량 증가

• 열등재의 경우(P_X가 하락하는 경우) : 소득효과가 정(+)이지만 부(−)의 대체효과보다는 작아서 전체 가격효과가 부(−)인 재화이다. 따라서 정상재와 마찬가지로 가격이 내리면 수요량이 증가하며 수요곡선이 우하향한다.

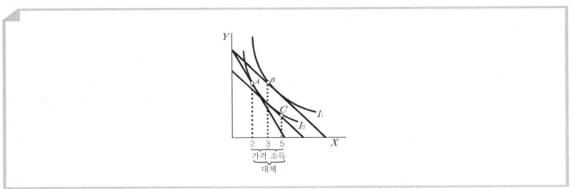

– 가격효과(A → C) : 구입량 증가

– 대체효과(A → B) : 구입량 증가

– 소득효과(B → C) : 구입량 감소

– 대체효과 > 소득효과

• 기펜재의 경우(소득효과가 대체효과보다 큰 경우) : 열등재이다. 그러나 일반적 열등재와 달리 부(−)의 대체효과보다 정(+)의 소득효과가 더 커서 전체 가격효과가 정(+)이 되는 재화이다. 따라서 가격이 내릴 때 수요량이 감소하므로 수요곡선이 좌하향(우상향)하며, 수요법칙의 유일한 예외가 되는 재화이다.

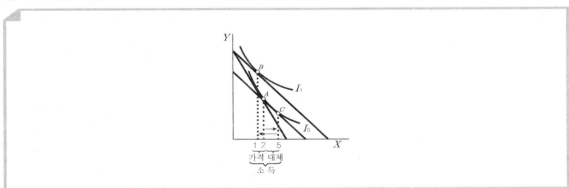

– 가격효과(A → C) : 구입량 감소

– 대체효과(A → B) : 구입량 증가

– 소득효과(B → C) : 구입량 감소

– 대체효과 < 소득효과

ⓩ 보상수요곡선과 통상적인 수요곡선 : 보상수요곡선은 통상적인 수요곡선에서 소득효과를 뺀, 대체효과만
으로 이루어진 수요곡선이다. 대체효과는 가격 하락시 항상 상대가격이 하락한 재화구입량을 증가시키
므로 보상수요곡선은 재화 종류에 관계없이 우하향한다.
- 정상재의 경우[가격효과(−)가 대체효과(−)보다 큼] : 가격 하락 시 소득효과에 의해 추가적으로 구입량
이 증가하므로 보상수요곡선은 통상적인 수요곡선보다 가파름(가격효과 : +)
- 열등재의 경우[가격효과(−)가 대체효과(−)보다 작음] : 가격 하락 시 소득효과에 의해 구입량이 감소하
나 절대적인 크기가 대체효과보다 작으므로 통상적인 수요곡선보다 완만함(가격효과 : +)
- 기펜재의 경우[대체효과는 부(−)이지만 가격효과가 정(+)인 재화임] : 가격 하락 시 소득효과에 의한 구
입량 감소량이 대체효과에 의한 증가량보다 더 크므로 통상적인 수요곡선이 우상향의 형태로 도출(가
격효과 : −), 대체효과(−)에 따라 도출된 보상수요곡선은 우하향한다.

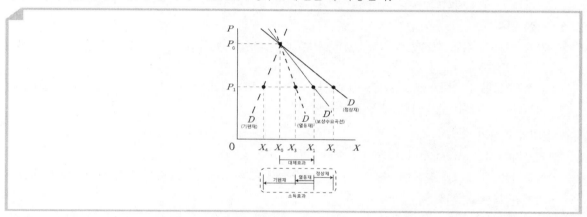

(4) 현시선호이론

① 효용측정불가능성

ㄱ 한계효용이론은 기수적 효용을 전제한다. 기수적 효용은 구체적인 수의 크기에 대응시킨 각 상품 묶음
에 대한 효용이다.

ㄴ 무차별곡선이론은 서수적 효용을 전제한다. 서수적 효용은 크고 작음의 상대적인 순서만을 의미하는 각
상품묶음에 대한 효용이다.

ㄷ 현시선호이론은 효용측정이 불가능함을 전제한다. 소비자는 자신이 소비한 상품이 자신에게 얼마만큼의
효용을 주는지 측정할 수 없다. 즉, 현시선호이론에서는 소비의 효용을 기수적이든 서수적이든 구체적
으로 고려하지 않는다. 단, 합리적인 소비자는 소득제약 하에서 자신의 효용이 극대화되도록 일관성을
가지고 소비하는 것으로 가정(약공리, 강공리)한다.

② 예산집합

   ㉠ 무차별곡선이론에서 소비자의 제약조건은 가격선으로 그려진다.

   ㉡ 현시선호이론에서 소비자의 제약조건은 예산집합으로 그려진다. 즉, 현시선호란 주어진 예산집합(주어진 소득과 주어진 상대가격)에서 소비자의 실제 소비선택(구매량)을 의미한다.

③ 선호관계

   ㉠ **직접 현시선호**

     • 소비자가 A와 B의 재화를 구입할 수 있는 상황에서 A를 선택하였다면 "A는 B보다 직접적으로 현시선호되었다"라고 한다.

     • 직접적인 현시선호는 예산집합이 동일할 때 사용되는 개념이다. 즉 주어진 예산집합(주어진 소득과 상대가격)하의 소비선택이다.

   ㉡ **간접 현시선호**

     • A가 B보다 직접 현시선호되고, B가 C보다 직접 현시선호되면 A는 C보다 간접적으로 현시선호되었다라고 한다.

     • 간접적인 현시선호는 예산집합이 서로 다를 때 사용되는 개념이다. 즉 서로 다른 예산집합(서로 다른 소득과 상대가격)이 주어질 때의 효용극대화 소비선택이다.

③ 약공리와 강공리

   ㉠ **약공리**(WARP : Weak Axiom of Revealed Ppreference)

     • 상품묶음 Q_0가 Q_1보다 현시선호되면, 어떠한 경우에서도 Q_1이 Q_0보다 현시선호될 수 없다.

     • 직접현시선호에 관한 공리이다.

     • 소비자선택이 일관성이 있음을 의미한다. 즉, 동일한 예산집합이 다시 주어질 경우 반드시 동일한 선택을 해야 한다.

   ㉡ **강공리**(SARP : Strong Axiom of Revealed Preference)

     • 만약 한 상품묶음 Q_0가 다른 상품묶음 Q_n보다 간접적으로 현시선호된다면, 어떤 경우에서도 Q_n이 Q_0보다 간접적으로 현시선호될 수 없다.

     • 간접현시선호에 대한 공리이다.

     • 강공리가 성립하면 약공리는 자동적으로 성립한다.

     • 대체효과가 발생하지 않는다.

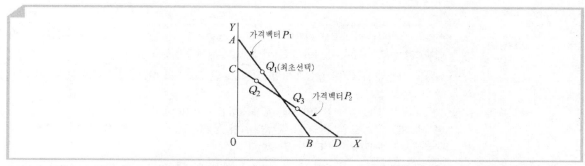

약공리	강공리

• 가정
  −예산집합＝$\triangle ABO$
  −상품조합 Q_1을 현시선호
  −약공리가 성립
• 변화 : 가격벡터가 $\triangle CDO$로 바뀜
• 반응
  −Q_1과 Q_2 : Q_1을 직접 현시선호함
  −Q_2와 Q_3 : 불분명함
  −Q_1과 Q_3 : 불분명함
• 결과 : 가격벡터가 바뀌면 Q_1 대신 Q_3로 대체할 수도 있고 하지 않을 수도 있음
	• 가정
	  −예산집합＝$\triangle ABO$
	  −상품조합 Q_1을 현시선호
	  −강공리가 성립
	• 변화 : 가격벡터가 $\triangle CDO$로 바뀜
	• 반응
	  −Q_1과 Q_2 : Q_1을 직접 현시선호함
	  −Q_2와 Q_3 : Q_2를 직접 현시선호함
	  −Q_1과 Q_3 : Q_1을 간접 현시선호함
	• 결과 : 가격벡터가 바뀌더라도 Q_1 대신 Q_3로 대체하지 않음

(5) 소비자 이론의 응용

① 생산요소의 공급

㉠ **노동공급** : 소비자(근로자)가 주어진 가용시간을 여가로 소비할 것인가, 소득을 획득하는데 소비(노동공급)할 것인가에 대한 효용극대화 소비선택에 따라 노동공급이 결정된다.

• 예산선(소득제약) : 노동공급자(근로자)는 주어진 가용 시간을 여가와 근로소득 획득에 소비한다. 예산선의 기울기는 여가소비의 상대가격(시간당 임금)이다.

• 무차별곡선 : 근로소득과 여가는 모두 정(+)의 한계효용을 갖는 정상재 재화이다. 여가와 소득에 대한 무차별곡선은 원점에 볼록하다.

• 효용극대화 균형 : 효용극대화 소비자균형에 따라 여가소비 시간이 결정되며, 여가소비시간이 결정되면 노동공급시간과 근로소득의 크기가 결정된다. 여가가격 변화에 따른 균형이동과 가격효과 분석을 통해 노동공급곡선이 도출된다.

• 가격효과

대체효과	• 여가의 가격(임금)이 오르면 여가의 상대가격이 상승하므로 여가소비량이 감소(노동공급량 증가)한다. • 대체효과는 부(−)이며, 임금이 오를 때 노동공급량이 증가한다.
소득효과	• 여가는 정상재이므로 여가의 가격(임금)이 오르면 근로자의 실질소득이 증가하므로 여가소비량이 증가(노동공급량 감소)한다. • 소득효과가 정(+)이며, 임금이 오를 때 노동공급량이 감소한다. • 여가가 열등재일 경우는 여가의 가격(임금)이 상승(실질소득 증가)할 때 여가소비량이 감소(노동공급량 증가)하므로 소득효과가 부(−)이다.
가격효과	부(−)의 대체효과가 정(+)의 소득효과보다 커서 전체 가격효과는 부(−)이다. 여가가격(임금)이 오를 때 여가소비가 감소하고 노동공급량은 증가한다. 그러나 여가가격(임금)이 아주 높은 수준에서 오를 경우에는 부(−)의 대체효과 보다 정(+)의 소득효과가 더 커서 전체 가격효과가 정(+)이 될 수 있다. → 여가의 가격(임금)이 오르면 노동공급량이 감소하므로 노동공급곡선이 좌상향이며, 이를 후방굴절노동공급곡선이라고 한다.
노동공급곡선	일반적으로 여가의 가격(임금)이 오르면 부(−)의 대체효과가 정(+)의 소득효과보다 커서 전체 가격효과는 부(−)이다. 따라서 노동공급곡선은 우상향한다.

ⓒ 자본공급(저축) : 저축자(소비자)는 주어진 현재소득과 미래소득으로 현재소비할 것인가 미래소비(현재저축)할 것인가에 대한 효용극대화선택에 따라 자본공급량(저축)이 결정된다. 이 때 현재소비의 가격은 현재소비하지 않고 저축하면 받을 수 있는 이자율이다. 이 때 이자율은 실질이자율이다.

• 예산선(소득제약) : 자본공급자(저축자)는 현재와 미래소득을 현재와 미래의 소비에 사용하며, 예산선의 기울기는 현재소비의 상대가격이다.

• 무차별곡선 : 현재소비와 미래소비는 모두 정(+)의 한계효용을 갖는 정상적 재화이며, 현재소비와 미래소비에 대한 무차별곡선은 원점에 볼록하다.

• 효용극대화균형 : 효용극대화 소비자균형(예산선과 무차별곡선의 접점)에 따라 현재소비량이 결정되며, 자본공급(저축)과 미래소비가 결정된다. 현재소비의 가격(이자율) 변화에 따른 가격효과 분석을 통해 자본공급(저축)곡선이 도출된다.

• 가격효과

대체효과	현재소비의 가격(이자율)이 오르면 현재소비의 상대가격이 상승하므로 현재소비액이 감소(저축증가, 자본공급량 증가)하며, 대체효과는 부(−)이며 이자율이 오를 때 자본공급량(저축)이 증가한다.
소득효과	현재소비는 정상재이며, 현재소비의 가격은 이자율이며, 현재소비의 가격(이자율)이 오르면, 저축자의 실질소득(이자소득)이 증가하므로 현재소비가 증가(저축감소, 자본공급량 감소)한다. 소득효과가 정(+)이며, 이자율이 오를 때 자본공급량(저축)이 감소한다.
가격효과	부(−)의 대체효과가 정(+)의 소득효과보다 커서 전체 가격효과는 부(−)이다. 현재소비의 가격(이자율)이 오를 때 현재소비가 감소하므로 자본공급량(저축)이 증가하며 자본공급곡선(저축곡선)이 우상향한다.
자본공급곡선	현재소비가격(이자율)이 오르면 부(−)의 대체효과가 정(+)의 소득효과보다 커서 전체 가격효과는 부(−)이며, 자본공급곡선(저축곡선)은 우상향한다.

② **사회복지제도** : 저소득층을 위한 사회복지제도는 현물보조, 현금보조 및 가격보조로 나뉜다.

  ⊙ **현금보조**(소득보조)

- 보조금을 현금으로 지급하는 방식으로, 현금보조가 이루어지면 보조받는 사람의 소득이 증가한 것과 동일하므로 소득보조라고도 한다.
- 현금보조가 이루어지면 예산선이 바깥쪽으로 평행이동한다. 즉 정부가 현금보를 하면 소비자의 예산선은 우측으로 평행이동한다.
- 보조액수를 X재의 단위수로 나타내면 두 예산선 사이의 수평거리로 측정된다.

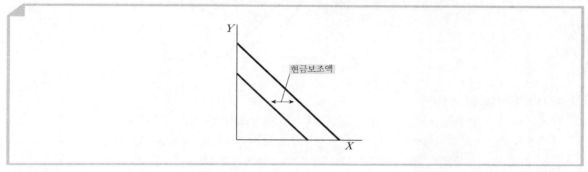

  ⓛ **현물보조**

- 국가에서 바람직하다고 판단되는 재화(생활필수품 등)를 구입하여 지급하는 방식을 말한다.
- 일정량의 X재를 구입하여 지급하면 예산선이 우측으로 평행이동한다. 즉 정부가 현물보조를 하면 소비자의 예산선은 우측으로 평행이동하나 현금보조에 비해 구입 불가능한 영역이 발생한다.
- 현금보조와의 차이점은 현물보조시에는 $\triangle FAD$에 해당하는 부분을 구입할 수 없으므로 현금보조시보다 소비자의 선택가능영역이 좁아진다.

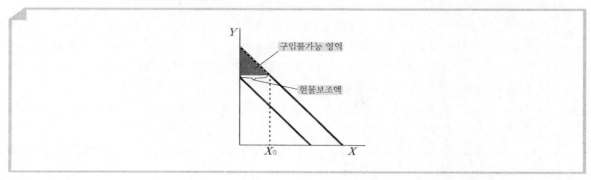

ⓒ 가격보조
- 특정한 재화를 구입할 때 구입가격의 일정 비율을 보조하는 방식이다.
- 가격보조가 이루어지면 보조대상 재화가격이 하락하는 효과가 발생하므로 예산선이 회전이동한다.

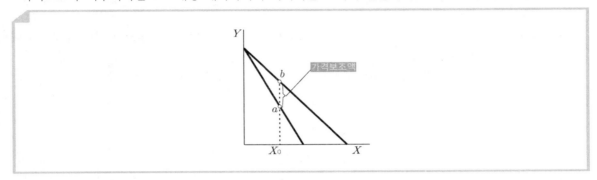

ⓔ 사회보장제도의 평가
- 소비자 후생측면에서는 '현금보조 ≥ 현물보조 > 가격보조'의 순으로 선호된다.
- 특정목적달성의 측면에서는 '가격보조 > 현물보조 ≥ 현금보조'의 순으로 선호된다.
  (가격보조는 시장에서 결정된 상대가격체계를 왜곡하므로 사회 후생손실 초래)
- 보조를 받은 소비자의 후생증대라는 측면에서는 현금보조가 가장 우월한 보조프로그램이다.

③ 지수(index) : 어떤 시점에서 재화구입량이나 가격이 기준시점에 비하여 평균적으로 얼마나 변화하였는지를 나타내는 지표이다. 지수를 이용하면 소비자의 생활수준이 기준시점에 비해 개선 또는 악화 여부를 평가하는 것이 가능하다.

ⓐ 수량지수 : 평균적인 재화구입량의 변화를 나타내는 지표로 계산방식에 따라 라스파이레스 수량지수와 파셰 수량지수로 구분된다.
- 라스파이레스 수량지수 : 가격이 불변함을 가정하므로 기준연도가격을 가중치로 사용한다. 라스파이레스 수량지수가 1보다 작거나 같으면 후생이 감소한 것이며, 1보다 크면 후생변화를 평가할 수 없다.
- 파셰 수량지수 : 가격변화를 가정하므로 비교연도가격을 가중치로 사용한다. 파셰 수량지수가 1보다 크거나 같으면 후생이 증가한 것이며, 1보다 작으면 후생변화를 평가할 수 없다.

ⓑ 가격지수 : 평균적인 재화가격의 변화를 나타내는 지표로 계산방식에 따라 라스파이레스 가격지수와 파셰 가격지수로 구분된다.
- 라스파이레스 가격지수 : 기준연도수량을 가중치로 사용한다. 라스파이레스 가격지수가 명목지수보다 작거나 같으면 후생이 증가한 것이다.
- 파셰 가격지수 : 비교연도수량을 가중치로 사용한다. 파셰 가격지수가 명목지수보다 크거나 같으면 후생이 감소한 것이다.

구분	수량지수	가격지수
라스파이레스방식	$L_Q = \dfrac{P_0 \cdot Q_1}{P_0 \cdot Q_0}$	$L_P = \dfrac{P_1 \cdot Q_n}{P_0 \cdot Q_0}$
파셰방식	$P_Q = \dfrac{P_1 \cdot Q_1}{P_1 \cdot Q_0}$	$P_P = \dfrac{P_1 \cdot Q_1}{P_0 \cdot Q_1}$

ⓒ 소득지수

• 소득지수란 명목소득의 변화를 나타내는 지표이다.

$$N = \frac{P_1 \cdot Q_1}{P_0 \cdot Q_0} = \frac{\text{비교연도 명목소득}}{\text{기준연도 명목소득}}$$

• 비교연도 명목소득은 비교연도 구입액 $P_1 Q_1$과 같고, 기준연도의 명목소득은 기준연도 구입액 $P_0 Q_0$ 와 동일하므로 소득지수는 명목소득의 변화를 나타낸다.

• 소득지수와 가격지수를 비교하면 생활수준 개선 여부에 대한 평가가 가능하다.

ⓓ 수량지수를 이용한 생활수준의 평가

• 생활수준이 개선된 경우 : 비교연도가격으로 평가할 때 기준연도보다 예산선이 바깥쪽으로 이동하였으므로 P_Q가 1보다 크다.

$$P_Q \geq 1$$

• 생활수준이 악화된 경우 : 기준연도가격으로 평가할 때 예산선이 안쪽으로 이동하였으므로 L_Q가 1보다 작다.

$$L_Q \leq 1$$

• 불분명한 경우 : 기준연도가격으로 평가하면 비교연도 구입액이 더 크고, 비교연도가격으로 평가하면 기준연도 구입액이 더 크므로 생활수준 개선 여부가 불분명하다.

$$L_Q > 1, \ P_Q < 1$$

ⓔ 가격지수에 의한 생활수준 변화의 평가

• 생활수준이 개선된 경우($N \geq L_P$) : 소득증가율이 물가상승률보다 더 크기 때문에 실질소득이 증가한 것으로 볼 수 있다.

• 생활수준이 악화된 경우($N \leq P_P$) : 물가상승률이 소득증가율보다 크므로 실질소득이 감소한 것으로 볼 수 있다.

④ 기대효용이론

　㉠ 불확실성(uncertainty) : 어떤 경제행위를 함에 있어서 필요한 정보가 부족하거나 경제행위를 하고 난 이후의 결과를 확실히 알 수 없는 상태를 의미한다. 경제주체(가계, 기업)들은 불확실성에 직면하며, 불확실성은 위험을 수반하므로 경제주체의 의사결정에 영향을 미친다. 즉, 미래에 실현될 상황이 불확실할 경우의 선택을 불확실성하의 선택(보험가입 여부, 복권구입 및 증권투기 여부 등)이라고 하며, 기대수익과 기대효용 및 위험성에 대한 태도에 따라 선택이 달라진다.

　㉡ 기대치(expected value) : 불확실한 상황에서 예상되는 금액(소득)의 크기를 의미한다. 각 상황이 발생하였을 때 얻는 금액을 그 상황이 발생할 확률로 가중평균하여 계산한다.

$$\text{기대치} = E(w) = \sum \{(\text{각 사건의 확률}) \times (\text{각 사건의 소득})\} = p \times w_1 + (1-p) \times w_2$$
$$[\text{소득 } w_1 \text{ 을 얻을 확률이 p, 소득 } w_2 \text{ 를 얻을 확률이 } (1-p)]$$

　㉢ 기대효용(효용의 기대치) : 불확실한 상황에서 얻을 것으로 예상되는 효용의 기대치를 의미한다. 효용의 기대치이므로 각 상황이 발생하였을 때 얻는 효용을 각 상황이 발생할 확률로 가중평균하여 계산한다.

$$\text{기대효용} = E(U) = \sum \{(\text{각 사건의 확률}) \times (\text{각 사건의 효용})\}$$
$$= p \times U(w_1) + (1-p) \times U(w_2)$$
$$U(w) = \text{확실한 자산 w에 대한 효용}$$

　㉣ 위험에 대한 태도

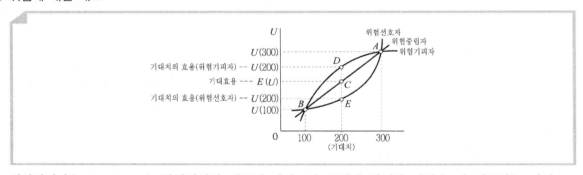

　• 위험기피자(risk-averter) : 불확실성이 내포된 자산보다 동액의 확실한 자산을 더 선호하는 개인으로 효용함수는 아래쪽에서 오목한 형태이다. 효용함수가 아래로 오목한 형태이므로 소득이 증가할 때 효용은 체감적으로 증가한다. 기대효용은 C까지의 높이이나 확실한 200원의 효용은 D까지의 높이이다.

불확실한 상태에서의 기대효용 E(U) < 확실한 소득이 주는 효용 U(w)

- 위험선호자(risk-lover) : 불확실성이 내포된 자산을 동액의 확실한 자산보다 더 선호하는 개인으로 효용함수는 아래쪽에서 볼록한 형태이다. 효용함수가 아래로 볼록한 형태이므로 소득이 증가할 때 효용은 체증적으로 증가한다. 기대효용은 C까지의 높이이나 확실한 200원의 효용은 E까지의 높이이다.

> 불확실한 상태에서의 기대효용 E(U) > 확실한 소득이 주는 효용 U(w)

- 위험중립자(risk-neutral) : 불확실성이 내포된 자산과 동액의 확실한 자산을 무차별하게 평가하는 개인으로 효용함수는 직선의 형태이다. 효용함수가 직선의 형태이므로 소득이 증가할 때 효용도 비례적으로 증가한다. 기대효용은 C까지의 높이이고 확실한 200원의 효용도 C까지의 높이이다.

> 불확실한 상태에서의 기대효용 E(U) = 확실한 소득이 주는 효용 U(w)

ⓜ 확실성등가와 위험프리미엄
- 확실성등가(CE : Certainty Equivalent) : 불확실한 상태에서 기대되는 효용의 기대치인 기대효용과 동일한 효용을 주는 확실한 재산의 크기를 의미한다. 또한 자신의 불확실한 소득과 동일한 가치가 있는 확실한 소득을 의미한다.
- 위험프리미엄(risk-premium : re) : 불확실한 자산을 확실한 자산으로 교환하기 위하여 지불할 용의가 있는 금액이다. 위험기피자의 입장에서 위험부담을 회피하기 위해 지불할 용의가 있는 금액을 의미한다.

> 위험프리미엄 = 기대치[E(w)] − 확실성 등가(CE)

ⓗ 위험에 대한 태도와 위험프리미엄
- 위험기피자의 경우는 기대치가 확실성등가보다 더 크기 때문에 위험프리미엄이 (+)이다.
- 위험선호자의 경우는 기대치가 확실성등가보다 작기 때문에 위험프리미엄이 (−)이다.
- 위험중립자의 경우는 기대치와 확실성등가의 크기가 동일하므로 위험프리미엄이 0이다.

위험기피자	기대치 > 확실성등가 → 위험프리미엄 > 0
위험선호자	기대치 < 확실성등가 → 위험프리미엄 < 0
위험중립자 .	기대치 = 확실성등가 → 위험프리미엄 = 0

⑤ 보험시장의 분석
㉠ 가정 : 어떤 위험기피자가 w_0의 재산을 가지고 있으며, 화재발생확률이 p이고, 보험료 h, 화재시 손실액(보험금)이 l원이라고 가정하면 다음과 같다.

구분	화재발생	화재발생 ×
확률	p	$(1-p)$
재산	$w_0 - l$	w_0

ⓛ 재산의 기대치와 기대효용
- 보험 미가입 시 기대소득(기대치) : $E(w) = p \cdot (w_0 - l) + (1-p) \cdot w_0 = w_0 - p \cdot l$
$$[pl \ : \ 기대손실액]$$
- 보험 미가입 시 기대효용 : $E[U(w)] = p \cdot U(w_0 - l) + (1-p) \cdot U(w_0)$
- 보험 가입 시 기대효용 : 보험 가입 시 위험회피자의 재산은 화재 발생여부에 관계없이 $w_0 - h$로 확실한 금액이 된다.
$$E[U(w)] = p \cdot U(w_0 - h - l + l) + (1-p) \cdot U(w_0 - h) = U(w_0 - h)$$
- 확실성등가($\overline{w}$) : $\overline{w}$ 만큼의 확실한 재산을 갖고 있을 때의 효용($U(\overline{w})$)이 불확실한 상태에서의 효용인 기대효용과 동일하므로 $\overline{w}$가 확실성등가이다.
- 위험프리미엄(π) : 확실성등가의 크기가 $\overline{w}$이므로 위험프리미엄의 크기는 π로 측정된다.

ⓒ 공정한 보험료
- 기대손실액의 크기가 pl이므로 공정한 보험료는 pl이 된다.
- 공정한 보험가입 이후에는 화재발생 여부와 관계없이 재산의 크기가 항상$(w_0 - pl)$이므로 보험가입자의 효용수준은 $U(w_0 - pl)$로 증가한다.
- 공정한 보험을 판매할 때는 보험료 수입액(기대손실액)과 보험금 지급액이 동일하므로 보험회사의 이윤은 0이 된다.

ⓔ 최대 보험료
- 만약 $\overline{w}$(확실성등가)만큼의 확실한 재산이 보장되면 보험가입 이전의 효용수준인 기대효용과 동일한 효용을 얻을 수 있다.
- 손실 전액을 보상해주는 보험이 존재한다면 소비자들이 지불할 용의가 있는 보험료는 $(w_0 - \overline{w})$ = 공정한 보험료 + 위험프리미엄 = $pl + \pi$이다.
- 최대한의 보험료를 내고 보험에 가입하면 화재발생 여부와 관계없이 재산의 크기가 $\overline{w}$(확실성등가)가 되므로 효용수준은 보험가입 이전과 동일하고 보험회사는 위험프리미엄(π)에 해당하는 이윤을 획득한다.
- 일반적으로 실제보험료는 공정한 보험료와 최대한의 보험료 사이의 어느 수준에서 결정된다.

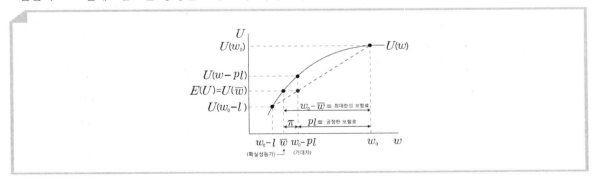

ⓜ 보험가입과 소비자의 효용수준
- 실제보험료(h)가 공정한 보험료와 최대한의 보험료 사이의 어떤 수준에서 결정되었다고 가정하자 $pl < h < pl + \pi$
- h원의 보험료를 내고 손실액 전부를 보상해주는 보험에 가입하면 재산의 크기는 항상 $(w_0 - h)$가 되므로 효용의 크기는 $U(w_0 - h)$이다.
- 한편 보험회사는 평균적인 보험금지불액은 pl만큼이나 보험료수입은 h만큼이므로 $(h - pl)$만큼의 이윤을 획득한다.
- 만약 실제보험료(h)가 상한선(공정한 보험료 + 위험프리미엄)과 하한선(공정한 보험료) 사이에 있다면 보험에 가입함으로써 소비자와 보험회사 모두 이득을 보게 된다.
ⓗ **실제보험료** : 공정보험료와 초대보험료 사이에서 결정되며, 실제보험료가 공정보험료와 동일하다면 보험회사의 이득은 0이므로 최소한 받으려는 금액이 된다.

⑥ **공정복권** : 복권의 기대수익과 같은 수준으로 가격이 매겨진 복권을 의미한다. 위험선호자는 공정복권을 구입하고 위험중립자는 공정복권을 구입할 수도 있다. 위험기피자는 공정복권을 구입하지 않는다.

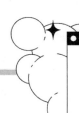
기출문제분석

1 다음 무차별곡선(indifference curve)에 대한 설명 중 바른 것은?

① 두 재화 중에 한 재화가 비재화(bads)일 경우에도 상품조합이 원점에서 멀리 떨어질수록 더 높은 효율수준을 나타낸다.

② 선호체계에 있어서 이행성(transitivity)이 성립한다면, 무차별곡선은 서로 교차할 수 있다.

③ 두 재화가 완전대체재일 경우의 무차별곡선은 원점에 대해서 오목하게 그려진다.

④ 무차별곡선이 원점에 대해서 볼록하게 생겼다는 것은 한계대체율 체감의 법칙이 성립하고 있다는 것을 의미한다.

> **NOTE** 무차별곡선의 특징 : 원점에서 멀리 떨어진 무차별 곡선일수록 높은 만족 수준을 갖는다. 우하향하고, 서로 교차하지 않는다. 또한 원점에 대해 볼록하며, 기울기는 X, Y 두 재화가의 한계대체율이고, 체감한다. 그리고 곡률은 재화의 성질을 나타낸다. 두 개의 무차별곡선이 서로 교차한다면 이행성이 위배된다. 그러므로 선호체계가 이행성을 충족한다면 무차별곡선은 서로 교차할 수 없다. 두 재화가 완전대체재이면 무차별곡선이 원점에 오목한 형태가 아니라 우하향의 직선이다. 두 재화 중 한 재화가 비재화이면 좌상방의 위치에서 상품묶음이거나 우하방에 있는 상품묶음일수록 효용수준이 높다. 그러므로 무조건 원점에서 멀리 떨어진 상품묶음일수록 효율수준이 높은 것은 아니다.

(한국마사회)

2 직장인 K는 거주할 아파트를 결정할 때 직장까지 월별 통근시간의 기회비용과 아파트 월별 임대료만을 고려한다. 통근시간과 임대료가 다음과 같은 경우 K의 최적 선택은? (단, K의 통근 1시간당 기회비용은 1만원이다.)

거주 아파트	월별 통근시간 (단위 : 시간)	월별 임대료 (단위 : 만 원)
A	10	150
B	15	135
C	20	125
D	30	120

① A 아파트

② B 아파트

③ C 아파트

④ D 아파트

📄NOTE K의 통근 1시간 당 기회비용과 월별 임대료를 고려한 총기회비용을 정리하면, 통근시간 1시간의 기회비용이 1만 원이므로 통근시간의 기회비용과 임대표를 합한 총비용은 A 아파트 160만 원, B 아파트 150만 원, C 아파트 145만 원, D 아파트 150만 원이다. 그러므로 직장인 K는 총비용이 가장 낮은 C 아파트를 선택하는 것이 총기회비용을 가장 적게하는 최선의 선택이 된다.

(코스콤)

3 소비자 甲은 X재와 Y재를 소비하고 있다. 甲의 X재에 대한 한계효용은 $\frac{1}{Q_X}$이고, Y재에 대한 한계효용은 $\frac{1}{Q_Y}$이다. X재의 가격과 Y재의 가격이 각각 0.5 및 2로 주어져 있다. 甲의 소득이 120일 때, 효용을 극대화하는 Q_X의 크기는? (단, Q_X와 Q_Y는 각각 X재의 소비량과 Y재의 소비량을 의미한다.)

① 30

② 60

③ 120

④ 240

📄NOTE 소비자 甲이 X재와 Y재를 동시에 소비하는 경우 다음과 같은 한계효용균등의 법칙을 충족해야 한다.

한계효용균등의 원리 $\left(\frac{M_X}{P_X} = \frac{M_Y}{P_Y} \right)$에 의하면 소비자균형에서는 $\frac{\frac{1}{Q_X}}{0.5} = \frac{\frac{1}{Q_Y}}{0.2}$ 가 성립한다.

이를 정리하면 $\frac{2}{Q_X} = \frac{1}{2Q_Y}$, $Q_X = 4Q_Y$이다.

소비자 甲의 예산선은 $\frac{1}{2}Q_X + 2Q_Y = 120$이다.

이를 연립해서 풀면 $Q_X = 120$, $Q_Y = 30$으로 계산된다.

✦Answer. 2.③ 3.③

(한국원자력환경공단)

4 어떤 소비자의 효용함수는 $U(x, y) = 20x^2 - 2x^2 + 4y$이고, 그의 소득은 24이다. 가격이 $P_X = P_Y$ = 2에서, $P_X = 6$, $P_Y = 2$로 변화했다면 가격변화 이전과 이후의 X재와 Y재의 최적 소비량은? (단, x, y는 X재와 Y재의 소비량이다.)

	가격변화 이전	가격변화 이후
①	(x = 2, y = 6)	(x = 2, y = 8)
②	(x = 2, y = 6)	(x = 4, y = 8)
③	(x = 4, y = 8)	(x = 2, y = 6)
④	(x = 4, y = 8)	(x = 4, y = 6)
⑤	(x = 4, y = 8)	(x = 6, y = 2)

📝 NOTE │ 주어진 효용함수를 x와 y로 각각 미분하면 X재와 Y재의 한계효용을 구할 수 있다.

효용함수 X에 대해 미분하면 $M_X = 20 - 4X$이고, Y에 대해 미분하면 $M_Y = 4$이다.

두 재화의 가격이 $P_X = P_Y = 2$일 때, 소비자 균형 조건 $\left(\frac{MU_X}{P_X} = \frac{MU_Y}{P_Y} \right)$이 $\frac{20 - 4X}{2} = \frac{4}{2}$, X = 4이다. 이 결과를 소비자의 예산선에 대입하면 Y재의 최적 소비량을 도출할 수 있다.

X = 4를 예산제약식 2X + 2Y = 24에 대입하면 Y = 8로 계산된다.

이에 따라 가격변화 이전의 $P_X = 6$, $P_Y = 2$로 변화할 때, 소비자 균형 조건이 $\frac{20 - 4X}{2} = \frac{4}{2}$로 바뀌게 되므로 X = 2가 된다. X = 2를 예산제약식 6X + 2Y = 24에 대입하면 Y = 6이 됨을 알 수 있다. 이에 따라 가격변화 이후의 X재와 Y재의 최적 소비량은 (x = 2, y = 6)이 된다.

(한국마사회)

5 어느 소비자에게 X재와 Y재는 완전대체재이며 X재 2개를 늘리는 대신 Y재 1개를 줄이더라도 동일한 효용을 얻는다. X재의 시장가격은 2만 원이고 Y재의 시장가격은 6만 원이다. 소비자가 X재와 Y재에 쓰는 예산은 총 60만 원이다. 이 소비자가 주어진 예산에서 효용을 극대화할 때 소비하는 X재와 Y재의 양은?

	X재(개)	Y재(개)
①	0	10
②	15	5
③	24	2
④	30	0

Answer. 4.③ 5.④

📖NOTE 주어진 조건에 따른 소비자의 한계대체율(MRS_{XY})과 상대가격($\frac{P_X}{P_Y}$)은 다음과 같다.

두 재화가 완전대체재이며, X재 2개와 Y재 1개의 효용이 동일하므로 효용함수가 $U = X + 2Y$이다. 효용함수를 Y에 대해 정리하면 $Y = -\frac{1}{2}X + \frac{1}{2}U$이므로 무차별곡선은 기울기가 $\frac{1}{2}$인 우하향의 직선이다. 한편, X재 가격은 2만 원, Y재 가격은 6만 원이므로 예산선의 기울기 $\frac{P_X}{P_Y} = \frac{1}{3}$이다.

무차별곡선이 우하향의 직선이면서 예산선보다 기울기가 더 크면 소비자균형은 항상 X축에서 이루어진다. 즉, 소비자는 소득 전부를 X재 구입에 지출한다. X재 가격이 2만 원이고, 소득이 60만 원이므로 소비자는 X재 30단위와 Y재 0단위를 구입할 것이다.

(국민연금공단)

6 甲의 효용함수는 $U(x) = \sqrt{x}$로 표현된다. 甲은 현재 소득이 0원이며, $\frac{1}{3}$의 당첨 확률로 상금 100원을 받는 복권을 갖고 있다. 상금의 일부를 포기하는 대신에 당첨될 확률을 $\frac{2}{3}$로 높일 수 있을 때, 甲이 포기할 용의가 있는 최대 금액은? (단, x는 원으로 표시된 소득이다.)

① $\frac{100}{3}$원

② 50원

③ $\frac{200}{3}$원

④ 75원

📖NOTE $\frac{1}{3}$의 당첨 확률로 상금 100원을 받는 복권을 갖고 있을 때의 기대효용은 다음과 같다.

$E(u) = \left(\frac{2}{3} \times \sqrt{0}\right) + \left(\frac{1}{3} \times \sqrt{100}\right) = \frac{10}{3}$이다. 이제 당첨확률이 $\frac{2}{3}$로 높아지는 대신 상금 중 x원을 포기한다면 그 때의 기대효용 $E(u) = \left(\frac{1}{3} \times \sqrt{0}\right) + \left(\frac{2}{3} \times \sqrt{100-x}\right) = \frac{2\sqrt{100-x}}{3}$이다.

이에 따라 만약 $\frac{1}{3}$의 확률로 받을 수 있는 상금 100원의 일부를 포기하는 대신에 당첨될 확률을 $\frac{2}{3}$로 높여도 기대효용이 최소한 작지만 않다면, 甲은 이를 위해 상금의 일정 부분을 포기할 수 있다.

즉, 당첨확률이 높아지는 대신 포기할 용의가 있는 최대금액은 두 경우의 기대효용이 같아지는 수준일 것이므로 $\frac{10}{3} = \frac{2\sqrt{100-x}}{3}$로 두면 x = 72로 계산된다. 이는 당첨확률이 $\frac{2}{3}$로 높아질 때 상금중 75원을 포기하면 그 이전과 기대효용이 같아진다. 그러므로 당첨확률이 높아질 때 甲이 포기할 용의가 있는 최대금액은 75원이 된다.

만약 x값이 75원보다 크다면 기존의 복권을 그대로 유지하는 것이 유리해지므로, 당첨확률을 $\frac{2}{3}$로 높이려 하지 않을 것이다.

😊**Answer.** 6.④

(한국정책금융공사)

7 기업 A의 생산함수 $Q = \min[2L, K]$이다. 고정비용이 0원이고 노동과 자본의 단위당 가격이 각각 2원과 1원이라고 할 때, 기업 A가 100단위의 상품을 생산하기 위한 총비용은? (단, L은 노동투입량, K는 자본투입량이다.)

① 100원 　　　　　　　　　　　② 200원

③ 250원 　　　　　　　　　　　④ 500원

> **NOTE** 주어진 생산함수는 노동과 자본이 항상 1 : 2로 결합되어, 투입되는 이른바 Leontief 생산함수이다.
> 생산함수가 $Q = \min[2L, K]$이므로 100단위의 재화를 생산하려면 노동 50단위, 자본 100단위를 투입해야 한다. 노동의 단위당 가격이 2원, 자본의 단위당 가격이 1원이므로 100단위의 재화를 생산하는데 드는 총비용은
> $TC = P_L \times L + P_K \times K = 2 \times 50 + 1 \times 100 = 100 + 100 = 200$원의 비용이 소요된다.

(한국마사회)

8 어떤 기업의 생산함수는 $Q = \dfrac{1}{2,000}KL^{0.5}$이고 임금은 10, 자본임대료는 20이다. 이 기업이 자본 2,000단위를 사용한다고 가정했을 때, 이 기업의 단기 비용함수는? (단, K는 자본투입량, L은 노동투입량이다.)

① $10Q^2 + 20,000$

② $10Q^2 + 40,000$

③ $20Q^2 + 10,000$

④ $20Q^2 + 20,000$

⑤ $20Q^2 + 40,000$

> **NOTE** 단기를 전제로 했으므로 자본 투입량은 2,000단위로 고정되어 있다.
> 주어진 생산함수 $Q = \dfrac{1}{2,000}K\sqrt{L}$에 K = 2,000을 대입하면 $Q = \sqrt{L}$이다.
> 생산함수의 양변을 제곱하면 $Q = L$, $L = Q^2$이다.
> 이에 따라 임금이 10, 자본임대료는 20으로 주어졌으므로, 이 기업의 단기 총비용함수는
> $C = wL + rK = (10 \times Q^2) + (20 \times 2,000) = 10Q^2 + 40,000$이다.

Answer. 7.② 8.②

(한국수력원자력)

9 A기업의 장기 총비용곡선은 $TC(Q) = 40Q - 10Q^2 + Q^3$ 이다. 규모의 경제와 규모의 비경제가 구분되는 생산규모는?

① $Q = 5$

② $Q = \dfrac{20}{3}$

③ $Q = 10$

④ $Q = \dfrac{40}{3}$

NOTE 규모의 경제와 규모의 비경제는 장기평균비용 최저점에서 구분된다. 즉, 장기평균비용곡선 최소점보다 왼쪽에서는 규모의 경제가 발생하고 장기평균비용곡선 최소점보다 오른쪽에서는 규모의 불경제가 발생한다. 장기 총비용을 Q로 나누어 주면 장기평균비용 $LAC = 40 - 10Q + Q^2$이다.

이때 $\dfrac{dLAC}{d} = -10 + 2Q = 0$ 이 성립할 때, Q = 5이다. 그러므로 규모의 경제와 규모의 불경제가 구분되는 생산규모 Q = 5임을 알 수 있다.

(코스콤)

10 생산함수가 $Q(L, K) = \sqrt{LK}$ 이고 단기적으로 K가 1로 고정된 기업이 있다. 단위 당 임금과 단위 당 자본비용이 각각 1원 및 9원으로 주어져 있다. 단기적으로 이 기업에서 규모의 경제가 나타나는 생산량 Q의 범위는? (단, Q는 생산량, L은 노동투입량, K는 자본투입량이다.)

① $0 \leq Q \leq 3$

② $3 \leq Q \leq 4.5$

③ $4.5 \leq Q \leq 6$

④ $3 \leq Q \leq 6$

NOTE 주어진 조건에 따른 총비용함수는 K=1로 고정되어 있으므로 K=1을 생산함수에 대입하면
$Q = \sqrt{x}$, $L = Q$이다. 그러므로 이 기업의 비용함수는 $C = w \times L + r \times K = (1 \times Q^2) + (9 \times 1) = 9 + Q^2$
규모의 경제가 나타나는 구간은 평균비용곡선이 우하향하는 구간을 의미한다. 즉 AC가 감소하는 구간을 구해야 한다. 이러한 구간은 평균비용의 최소값 수준까지이다.

$AC = \dfrac{9}{Q} + Q \rightarrow$ 평균비용의 최소값은 평균비용을 Q로 미분하여 도출된 도함수의 값이 0이 될 때 구해진다.

$\dfrac{dAC}{dQ} = -\dfrac{9}{Q^2} + 1 = 0$, Q = 3일 때, 평균비용이 최소가 되므로 규모의 경제가 나타나는 구간은 $0 \leq Q \leq 3$이다.

Answer. 9.① 10.①

(국민연금공단)

11 영수는 자신의 노동력(시간)을 투입하여 산삼을 채취하고, 그 산삼을 팔아서 소득을 얻으며 쌀과 산삼, 그리고 여가시간을 소비한다. 만일 쌀 가격은 일정한데 산삼 가격이 상승한다면, 영수가 보일 행동에 관한 설명으로 가장 올바른 것은? (단, 쌀과 산삼, 여가는 모두 정상재이며 산삼 채취량은 노동시간에 비례한다고 가정한다.)

① 노동시간은 늘리고 쌀의 소비는 줄일 것이다.

② 노동시간은 늘리고 산삼의 소비는 줄일 것이다.

③ 노동시간은 늘릴지 줄일지 알 수 없고, 산삼의 소비는 줄일 것이다.

④ 노동시간은 늘릴지 줄일지 알 수 없고, 산삼의 소비도 늘릴지 줄일지 알 수 없다.

> 📖**NOTE** 산삼 가격이 상승할 때, 산삼 채취를 위한 노동시간(또는 여가 선택)의 추이는 대체효과와 소득효과의 상대적 크기를 고려하여 살펴야 한다.
> 영수는 노동을 투입하여 산삼을 채취하므로 산삼 가격이 상승하면 여가의 상대가격이 상승한다. 여가의 상대가격이 상승하면 대체효과에 의해 영수의 여가소비가 감소하므로 노동시간이 증가한다. 한편, 산삼 가격이 상승하면 영수의 실질소득이 증가하게 되는데, 여가가 정상재이므로 실질 소득이 증가하면 여가소비가 증가한다. 이는 소득효과에 의해 노동공급이 감소함을 의미한다. 산삼가격이 상승할 때 대체효과에 의해서는 노동시간이 증가하나 소득효과에 의해서는 노동시간이 감소하므로 영수의 노동시간의 증감여부는 사전적으로 알 수 없다. 이에 따라 산삼 가격의 상승에 따른 노동시간의 증감여부는 대체효과와 소득효과의 상대적 크기에 따라 증가할지 알 수 없게 된다. 한편 산삼 소비의 크기는 산삼 채취 크기에 달려있다. 따라서 산삼 소비의 추이 역시 알 수 없게 된다.

(인천국제공항공사)

12 현시선호이론에 대한 설명으로 올바른 것을 모두 고르면?

> ㉠ 소비자의 선호체계에 이행성이 있다는 것을 전제로 한다.
> ㉡ 어떤 소비자의 선택 행위가 현시선호이론의 공리를 만족시킨다면, 이 소비자의 무차별곡선은 우하향하게 된다.
> ㉢ $P_0 Q_0 \geq P_0 Q_1$ 일 때, 상품묶음 Q_0가 선택되었다면, Q_0가 Q_1보다 현시선호되었다고 말한다. (단, P_0는 가격벡터를 나타낸다.)
> ㉣ 강공리가 만족된다면 언제나 약공리는 만족된다.

① ㉠, ㉡   ② ㉡, ㉢

③ ㉡, ㉣   ④ ㉠, ㉡, ㉢

⑤ ㉡, ㉢, ㉣

> 📖**NOTE** 현시선호이론은 소비자의 주관적인 선택을 전제로 하는 무차별곡선에 대한 고려없이 소비자의 선택 행위를 객관적으로 관찰하여 소비자 행동을 분석하는 이론이다. 현시선호이론에서는 소비자의 선호체계에 대한 가정을 하지 않고 오로지 시장에서 관찰된 결과만으로 소비자의 행동을 설명하므로 ㉠은 바르지 않은 보기이다.

💠**Answer.** 11.④ 12.⑤

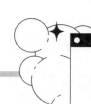
출제예상문제

1 효용에 관한 설명 중 옳지 않은 것은?

① 한계효용이 0이라는 것은 총효용의 증가분이 0이라는 것이고 이는 총효용이 최대에 이르렀음을 의미한다.

② 음의 한계효용도 존재한다.

③ X재 1원어치에 대한 한계효용이 Y재 1원어치에 대한 한계효용보다 클 때, X재를 더 구매하면 효용이 증가할 것이다.

④ 총효용이 증가했다는 것은 한계효용이 증가했다는 것을 의미한다.

圖NOTE ④ 한계효용이 감소하는 경우에도 한계효용이 0보다 크다면 총효용은 증가할 수 있다.

2 재화 X는 가격이 상승할 때 수요량이 증가하는 재화이다. 재화 X에 대한 설명으로 옳은 것은?

① 재화 X는 정상재이다.

② 재화 X의 수요의 소득탄력성은 0보다 크다.

③ 재화 X는 대체효과와 가격효과가 동일한 방향으로 나타난다.

④ 재화 X의 가격 변화에 따른 소득효과는 대체효과보다 크다.

圖NOTE 재화 X는 열등재 중 소득효과가 대체효과보다 커서 가격효과가 음의 방향인 기펜재이다.

3 재화의 성질 및 무차별곡선에 대한 설명으로 옳지 않은 것은?

① 모든 기펜재는 열등재이다.

② 두 재화가 대체재인 경우 두 재화 간 교차탄력성은 양(+)의 값을 가진다.

③ X축에는 공해를, Y축에는 정상재를 나타내는 경우 무차별곡선은 수평이다.

④ 두 재화가 완전대체재인 경우 두 재화의 한계대체율은 일정하다.

圖NOTE ③ 공해는 비재화의 대표적인 예이므로 소비량이 늘어날수록 효용이 줄어든다. 따라서 이러한 경우에는 우상향하는 형태를 가진다.

Answer. 1.④ 2.④ 3.③

4 X재가 중립재이고 Y재가 정상재인 경우의 무차별곡선은?

① $X + Y = 100$

② $Min(X, \; Y) = 100$

③ $X = 100$

④ $Y = 200$

> NOTE ① X재와 Y재가 완전대체재인 경우의 무차별곡선이다.
> ② X재와 Y재가 완전보완재인 경우의 무차별곡선이다.
> ③ Y재가 중립재인 경우로, 효용이 오직 X재의 대소에만 영향을 받는 경우의 무차별곡선이다.
> ④ X재가 중립재인 경우로, 효용이 오직 Y재의 대소에만 영향을 받는 경우의 무차별곡선이다.

5 모든 제품의 가격이 2배 오르고, 소비자의 소득 또한 2배 늘었다. 이 때 예상 가능한 결과는 무엇인지 고르면?

① 기존에 소비하던 제품의 수요는 불변

② 모든 제품의 수요가 감소

③ 소득이 증가할 때 소비가 증가하는 정상재의 소비만 증가

④ 소득이 증가할 때 소비가 빠르게 증가하는 사치재의 소비만 증가

⑤ 모든 제품의 수요가 증가

> NOTE 모든 제품가격이 2배 오르더라도 상대가격은 변화하지 않으며, 소득이 2배 오르더라도 실질소득은 변함이 없다.

Answer. 4.④ 5.①

6 현아의 선호는 효용함수 $U = \min(X,\ Y)$로 표현된다. X재의 가격이 하락할 때, 효용을 극대화하는 재원이의 소비변화에 대한 설명 중 옳은 것은?

① X재의 소비를 증가시킬 것이다. 이때 소득효과만 존재한다.

② X재의 소비를 증가시킬 것이다. 이때 대체효과와 소득효과는 같은 방향으로 작용한다.

③ X재의 소비를 증가시킬 것이다. 이때 대체효과와 소득효과는 반대 방향으로 작용한다.

④ X재의 소비를 변화시키지 않을 것이다. 이때 대체효과와 소득효과는 완전히 상쇄된다.

🖥NOTE 레온티에프 효용함수는 대체효과가 존재하지 않으며 오직 소득효과만이 존재한다.

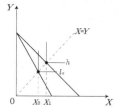

7 어떤 사람의 자산액은 90,000원이다. 화재가 발생할 경우의 손실액은 80,000원이다. 화재가 발생활 확률은 3/8이다. 이 사람의 효용함수는 $U = W^{1/2}$이다(단, W는 자산액). 이 사람의 화재보험 가입과 관련된 다음 설명 중 옳지 않은 것은?

① 이 사람이 전액 보상보험에 지불할 용의가 있는 최대보험료는 30,000이다.

② 화재보험에 가입하지 않을 경우 기대자산가치는 60,000원이다.

③ 화재보험에 가입하지 않을 경우 기대효용은 225이다.

④ 화재시 손실액을 전액 보상해 주는 조건으로 30,000원의 보험료를 지불하는 조건이라면 이 사람은 보험에 가입한다.

🖥NOTE 이 사람의 총 효용함수가 U=W1/2일 때, 한계효용함수 U'= $\frac{1}{2}$ W$^{-1/2}$ >0이고 U''= $\frac{1}{4}$ W$^{-3/2}$ <0이 되어 한계효용이 체감적으로 증가하여 위험기피자가 된다. 그리고 화재보험에 가입하지 않을 경우 기대자산가치는 (5/8 × 90,000) + (3/8 × 10,000) = 60,000이다. 기대효용은 (5/8 × $\sqrt{90,000}$) + (3/8 × $\sqrt{10,000}$)=225가 된다. 자산액이 90,000원이고 기대자산이 60,000이기 때문에 공정한 보험료는 30,000이다. 이 사람이 전액보상보험에 지불할 용의가 있는 최대보험료는 공정한 보험료 + 위험프리미엄 = 30,000+{60,000 − (225)²} = 39,375원이 된다.

🌀Answer. 6.① 7.①

8 X재와 Y재를 소비하는 춘향의 소비량에 따른 한계효용이 다음 표와 같다. X재의 가격이 10, Y재의 가격이 20일 때 효용극대화 조건이 충족되는 춘향의 소비묶음은?

소비량	1	2	3	4	5	6
X재의 한계효용	10	9	8	7	6	5
Y재의 한계효용	10	8	6	5	3	2

① $X=1,\ Y=4$ ② $X=3,\ Y=2$

③ $X=6,\ Y=1$ ④ $X=5,\ Y=3$

📖NOTE 소비자의 효용극대화 조건인 $MRS = \dfrac{P_X}{P_Y} = \dfrac{1}{2}$ 가 되도록 하는 X재와 Y재의 양을 구하면 된다.

9 두 재화만 소비하는 소비자의 소득소비곡선이 우하향한다. 이로부터 추론할 수 있는 것을 모두 고르면?

┌──┐
│ ㉠ 두 재화가 보완재이다.   │
│ ㉡ 두 재화가 모두 정상재이다.   │
│ ㉢ 두 재화 중 한 재화만 열등재이다.   │
│ ㉣ 두 재화 중 한 재화만 엥겔곡선이 우상향한다.   │
└──┘

① ㉠㉡   ② ㉡㉣

③ ㉢㉣   ④ ㉠㉢㉣

📖NOTE 소득소비곡선이 우하향한다는 사실은 소득이 증가함에 따라서 Y축의 재화의 소비수준이 점차적으로 하락하고 X축의 재화의 소비수준이 점차적으로 증가한다는 사실을 의미한다. 이는 두 재화 중 한 재화는 반드시 열등재이고 다른 재화는 정상재가 됨을 의미한다.

😺Answer. 8.③ 9.③

10 자신의 소득을 두 재화 X와 Y에 모두 지출하는 소비자가 있는데, 이 소비자의 소득은 6,000원이고, X재와 Y재의 가격이 각각 200원과 700원일 때 X재 16개와 Y재 4개를 구입했다. 소득은 그대로 6,000원인데 X재와 Y재 가격이 각각 100원과 1,000원으로 바뀌었을 때의 선택 중 현시선호의 이론의 약공리를 위반하는 경우는?

① X재 40개와 Y재 2개를 구입

② X재 30개와 Y재 3개를 구입

③ X재 20개와 Y재 4개를 구입

④ X재 10개와 Y재 5개를 구입

> **NOTE** ④ 주어진 재화묶음 $(X, Y) = (10, 5)$를 원래의 가격체계 하에서 구입하려면 $(10 \times 200) + (5 \times 700) = 5,500$원이 필요하고 이는 주어진 소득인 6,000원으로 구입할 수 있다. 그런데 재화묶음 $(X, Y) = (10, 5)$ 대신에 $(X, Y) = (16, 4)$를 구입하였다는 것은 재화묶음 $(X, Y) = (16, 4)$를 더 현시선호함을 의미한다. 한편 변화한 가격체계 하에서 최초의 재화묶음을 구입하려면 $(X, Y) = (10, 5)$는 6,000원, $(X, Y) = (16, 4)$는 5,600원이 필요하므로 두 재화묶음 모두 구입이 가능하다. 그런데 주어진 재화묶음 $(X, Y) = (10, 5)$를 구입하였으므로 이는 약공리 위반이다.

11 어떤 사람의 초기자산(W)이 1억 원이고, 화재발생시 손실액은 7,500만 원이다. 이 사람의 효용함수가 $U = \sqrt{W}$이고 화재 발생확률이 $\frac{1}{10}$인 경우, 이 사람으로부터 보험사가 얻을 수 있는 최대 위험수당(Risk premium)은?

① 225만 원   ② 550만 원

③ 750만 원   ④ 보험에 가입하지 않는다.

> **NOTE** 위험프리미엄은 기대소득에서 확실성 등가를 뺀 금액이다.
> • 기대소득 : $0.1 \times (10,000 - 7,500) + 0.9 \times 10,000 = 9,250$
> • 확실성 등가 : 기대효용을 달성할 수 있는 금액$= X = 95^2 = 9,025$
> ∴ 위험프리미엄 : $9,250 - 9,025 = 225$

12 다음 중 한계효용체감에 대한 설명으로 옳지 않은 것은?

① 다른 변수는 모두 일정함(c. p.)을 전제로 한다.

② 장기적으로는 기술혁신에 의해서 극복될 수 있다.

③ 자원이 무한하게 부존되어 있는 자유재의 경우에도 성립한다.

④ 보완재 소비량이 일정한 경우에만 성립한다.

> 🖰NOTE │ 한계효용체감은 상품을 소비할 때 발생하는 수요측면의 현상인 반면, ②는 공급에 관계되는 것으로 한계효용체감과 무관하다.

13 대체로 영세민들은 소주 선호도가 매우 높은 경향을 보이고 있다. 만약 정부가 영세민들의 쌀소비를 증가시키기 위하여 현금보조, 현물보조, 가격보조 등의 보조방법을 고려하고 있다면 영세민의 입장에서 볼 때 유리한 순서대로 나열한 것은? (단, 보조금액은 동일함)

① 현금보조 > 현물보조 > 가격보조

② 가격보조 > 현금보조 > 현물보조

③ 현물보조 > 가격보조 > 현금보조

④ 현금보조 > 가격보조 > 현물보조

> 🖰NOTE │ 보조금액이 동일한 경우 영세민의 입장에서 볼 때 가장 유리한 정책은 더 높은 효용을 가져다주는 정책순이므로 현금보조, 현물보조, 가격보조의 순이다.

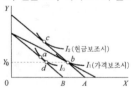

14 甲이 사과에서 얻은 한계효용이 8이고, 배에서 얻은 한계효용이 7이며, 사과의 가격이 200원일 때 甲의 효용이 최대가 될 때 배의 가격은?

① 160원

② 175원

③ 185원

④ 205원

> 🖰NOTE │ 효용극대화가 이루어지기 위해서는 한계효용균등의 법칙이 성립해야 한다$\left(\dfrac{MU_{사과}}{P_{사과}} = \dfrac{MU_{배}}{P_{배}}\right)$. 그러므로 배의 가격이 175원일 때 효용이 극대가 된다.

😊**Answer.** 12.② 13.① 14.②

15 X재 가격은 1만 원, Y재 가격은 2만 원, 소득이 60만 원이라 하자. 소비를 통한 한계효용가치가 도표와 같을 때 효용극대화를 이루는 소비량은?

상품소비량	10	15	20	25	30	35
X재 1단위의 M	14	12	10	8	7	6
Y재 1단위의 M	16	14	12	10	8	6

① 10, 10
② 20, 20
③ 30, 15
④ 35, 35

📝**NOTE** X재를 30단위 소비할 때와 Y재를 15단위 소비할 때 가격단위당 M가 각각 7이다. 이를 소비할 때 총지출액은 60(30 + 15 × 2), 총효용은 14 + 12 + 10 + 8 + 7 + 16 + 14 = 81이다.

16 두 재화 X, Y만이 존재할 때 소비자의 선택문제를 고려하자. 두 재화의 시장가격은 $P_X = 6$, $P_Y = 3$이고, 소비자가 효용을 극대화하고 있는 상태에서 Y재의 한계효용이 4라면 X재의 한계효용은? (단, 무차별곡선은 원점에 대하여 볼록하다)

① 2
② 4
③ 6
④ 8

📝**NOTE** 소비자균형조건 $\left(\dfrac{MU_X}{P_X} = \dfrac{MU_Y}{P_Y}\right)$에 주어진 자료를 대입해 보면 $\dfrac{MU_X}{6} = \dfrac{4}{3}$이다. 따라서 X재의 한계효용은 8임을 알 수 있다.

17 정상적인 재화 X를 소비할 때, 한계효용과 총효용의 개념에 대한 설명으로 옳지 않은 것은?

① 한계효용이 0일 때 총효용이 극대화된다.
② X재 소비량을 증가시킬 때 한계효용이 0보다 크다면 총효용은 증가한다.
③ X재 소비량을 증가시킬 때 총효용이 감소한다면 한계효용은 0보다 작다.
④ X재를 한 단위 더 소비할 때 소비자의 총효용이 감소한다면 한계효용은 0보다 크다.

📝**NOTE** ④ 소비량이 증가할 때 총효용이 감소하면 한계효용은 (−)이다.
　　※ 한계효용과 총효용의 관계
　　　⊙ 한계효용 > 0 → 총효용 증가
　　　ⓛ 한계효용 = 0 → 총효용 극대
　　　ⓒ 한계효용 < 0 → 총효용 감소

Answer. 15.③ 16.④ 17.④

18 X재와 Y재에 대한 공급곡선이 다음과 같을 때 옳지 않은 것은?

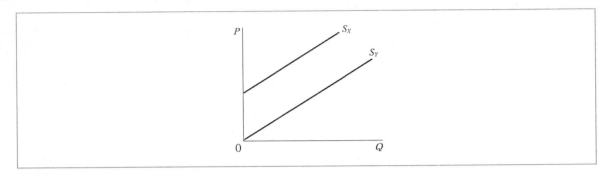

① 동일한 수량을 소비할 때 X재의 한계비용이 Y재의 한계비용보다 크다.

② X재의 시장가격은 Y재의 시장가격보다 높다.

③ 가격이 오를수록 X재와 Y재의 공급량이 늘어난다.

④ 동일한 한계비용을 가정할 때 X재의 공급량이 Y재의 공급량보다 작다.

> 📝NOTE │ 상품의 시장가격은 수요와 공급의 상관관계에 의해서 결정된다. 따라서 공급곡선의 위치만으로는 어떤 상품의 시장가격
> 이 높은지는 알 수 없다. 제시된 그림에서 X재 수요곡선이 Y재 수요곡선보다 높으면 X재 가격이 Y재 가격보다 높다.
> 그러나 Y재 수요곡선이 더 높으면 Y재 가격이 X재 가격보다 높을 수 있다.

19 무차별곡선이 원점을 향하여 볼록한 형태를 취하는 이유는?

① 한계효용이 체감하기 때문에 나타나는 현상이다.

② 상품이 보완재이기 때문에 나타나는 현상이다.

③ 상품이 대체재이기 때문에 나타나는 현상이다.

④ 소비량에 따라 소비자가 느끼는 비중이 다르기 때문에 나타나는 현상이다.

> 📝NOTE │ 소비자는 다양성을 추구한다. 가령 X의 소비량이 적고 Y재의 소비량이 많으면 X재의 소비량을 늘리고 Y재의 소비
> 량을 줄이고자 한다. 그러나 X재의 소비량이 늘어날수록 X재를 소비할 때 느끼는 비중이 떨어진다. 그러므로 Y재를 소
> 비하는 대신 X재를 소비하고 싶은 마음이 줄어든다. 즉, 한계대체율체감의 법칙이 성립한다. 이를 그림으로 그리면 원점
> 에 볼록한 무차별곡선이 나타난다.
> ① 한계효용체감의 법칙은 상품의 특성과 관계없이 항상 성립한다. 즉, 한계효용이 체감할 때 무차별곡선은 우하향하는
> 직선, 수직선, 수평선 등 여러 가지 형태가 될 수 있다.
> ② 상품이 완전보완재이면 무차별곡선은 직각굴절선이 된다.
> ③ 상품이 완전대체재이면 무차별곡선은 우하향하는 직선이 된다.

✿Answer. 18.② 19.④

20 두 상품 A와 B를 소비하는 소영이는 효용을 극대화하는 것을 목표로 하고 있다. 현재 상품 B의 수량으로 나타낸 상품 A의 상대가격이 한계대체율(MRS_{AB})을 초과하고 있다고 한다. 이 경우 다음 중 옳은 것은?

① 소영이는 상품 A의 소비를 줄이고 상품 B의 소비를 증가시킬 것이다.

② 소영이는 상품 A의 소비를 증가시키고 상품 B의 소비를 줄일 것이다.

③ 소영이는 두 상품을 모두 더 소비할 것이다.

④ 소영이는 두 상품의 소비량을 조정하지 않을 것이다.

> 🔖NOTE $MRS_{AB} = \dfrac{MU_A}{MU_B}$ 이므로 $MRS_{AB} < \dfrac{P_A}{P_B}$, $\dfrac{MU_A}{MU_B} < \dfrac{P_A}{P_B}$, $\dfrac{MU_A}{P_A} < \dfrac{MU_B}{P_B}$ 로 바꾸어 쓸 수 있다. 따라서 A재의 소비량을 감소시키고 B재의 소비량을 증가시키는 것이 바람직하다.

21 형규의 무차별곡선이 다음과 같은 형태를 취할 때 옳지 않은 것은?

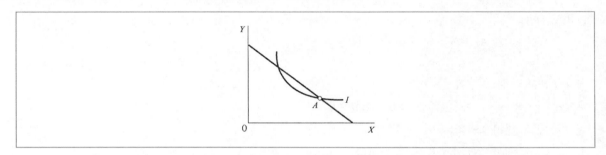

① 형규는 A에서 X재의 구매를 줄이고 Y재의 구매를 늘림으로써 만족을 증가시킬 수 있다.

② A에서는 형규가 주관적으로 평가하는 X재의 가치가 시장에서 실제로 평가되는 X재의 가치보다 크다.

③ X재의 한계효용은 0보다 크다.

④ A에서는 한계대체율$\left(\dfrac{\Delta Y}{\Delta X}\right)$이 두 재화의 상대가격$\left(\dfrac{P_X}{P_Y}\right)$보다 작다.

> 🔖NOTE A에서는 예산선의 기울기$\left(\dfrac{P_X}{P_Y}\right)$가 무차별곡선의 기울기(한계대체율)보다 더 크므로 X재 구입량을 감소시키고 Y재 구입량을 증가시켜 E로 이동하면 소비자의 효용이 증가한다. 한계대체율은 소비자의 주관적인 교환비율을 나타내고, 상대가격은 시장에서 평가되는 두 재화의 객관적인 교환비율이므로 A에서는 형규가 주관적으로 평가하는 X재의 가치보다 시장에서 평가되는 X재의 가치가 더 크다. 무차별곡선은 원점에 대해 볼록한 형태이므로 X재와 Y재의 한계효용은 모두 0보다 크다.
>
>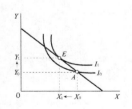

22 X재의 가격소비곡선(PCC)이 수평선으로 주어져 있다고 하자. 다음 설명 중 옳은 것은?

① X재와 Y재는 독립재이다.

② X재와 Y재는 서로 대체관계에 있다.

③ X재와 Y재의 교차탄력성은 0보다 작다.

④ 가격이 하락하면 X재 구입액이 증가한다.

🅑NOTE 가격소비곡선이 수평선이면 X재 가격이 하락하더라도 Y재 구입량이 변하지 않으므로 X재와 X재는 서로 독립재 관계에 있다. 두 재화가 서로 독립재이면 교차탄력성은 0이다. PCC가 수평선이 되는 것은 X재 수요의 가격탄력성이 항상 1일 때이다. 수요의 가격탄력성이 항상 1이 되는 것은 수요곡선이 직각쌍곡선일 때이다. X재 수요곡선이 직각쌍곡선이면 X재 구입액은 항상 일정하다.

23 아래에 제시된 자료에서 밑줄 친 변화로 인해 나타나게 되는 경제 현상으로 옳은 것을 고르면?

> S 마을 사람들은 커피와 치즈 케이크를 꼭 함께 먹는다. 최근 커피 원두 가격이 상승하여 커피의 가격이 상승했다. 단, 위 재화는 모두 수요의 법칙을 따른다.

① 커피의 수요량이 증가한다.

② 커피의 공급 곡선이 우측으로 이동한다.

③ 치즈 케이크의 가격이 상승한다.

④ 치즈 케이크의 수요량이 증가한다.

⑤ 치즈 케이크의 수요 곡선이 좌측으로 이동한다.

🅑NOTE 마을 사람들에게 커피와 치즈 케이크는 보완 관계에 있다. 커피 원두 가격의 상승으로 커피의 공급이 감소하여 커피 가격이 상승하고 커피의 수요량이 감소하므로, 보완재인 치즈 케이크의 수요가 감소하고 치즈 케이크의 가격은 하락하게 된다.

🌀**Answer.** 22.① 23.⑤

24 자신의 총소득 20,000원으로 다음에서와 같이 김밥과 라면을 소비한다고 한다. 효용극대화를 위해서 이 사람이 취해야 할 행동은?

구분	가격	구매량	총효용	한계효용
김밥	1,000원	14	500	30
라면	500원	12	1,000	20

① 김밥을 덜 소비하고 라면을 더 소비해야 한다.
② 김밥을 더 소비하고 라면을 현재와 같이 소비해야 한다.
③ 김밥을 더 소비하고 라면을 덜 소비해야 한다.
④ 현재 효용이 극대화되고 있으므로 소비를 변화시킬 필요 없다.

> 📄 NOTE | 효용극대화가 이루어지려면 한계효용균등의 법칙이 성립해야 한다. 현재는 라면 1원어치의 효용$\left(\dfrac{M_{라면}}{P_{라면}} = \dfrac{20}{500} = 0.04\right)$이 김밥 1원
>
> 어치의 효용$\left(\dfrac{M_{김밥}}{P_{김밥}} = \dfrac{30}{1,000} = 0.03\right)$보다 크므로 효용을 극대화하려면 라면소비량을 증가시키고 김밥소비량을 감소시켜야 한다.

25 정상재인 X재의 가격소비곡선이 우하향하는 경우, X재의 가격이 상승하면 소비자의 X재에 대한 지출은?

① 감소한다.   ② 증가한다.
③ 감소하다가 증가한다.   ④ 증가하다가 감소한다.

> 📄 NOTE | 가격소비곡선이 우하향하는 것은 수요의 가격탄력성이 1보다 클 때이다. 수요의 가격탄력성이 1보다 크면 가격이 상승할 때 이 재화에 대한 소비자의 지출액은 감소한다.

26 다음 중 소득소비곡선(income consumption curve)을 도출할 때의 전제조건은?

① 소비자의 기호는 변화하나 가격은 변화하지 않는다.
② 소득은 변화하나 가격과 소비자의 기호는 변화하지 않는다.
③ 소득과 소비자의 기호는 변화하지 않으나 가격은 변화한다.
④ 소비자의 기호와 소득, 그리고 가격 모두가 변화하지 않는다.

> 📄 NOTE | 소득소비곡선은 소비자의 선호와 재화가격이 일정한 상태에서 소득이 변할 때 소비자균형점의 변화경로를 연결한 선이다.

⟨✦ Answer. 24.① 25.① 26.②

27 재화가격과 소득의 변화에 따라 소비자균형점이 변화하였다. 새로운 균형점에서 소비자의 모든 재화의 한계효용이 원래보다 감소하였다면 다음 설명 중 옳은 것은? (단, 소비자는 두 재화를 소비하고 있으며, 소비자의 선호는 변화하지 않음)

① 소비자의 후생수준은 명백히 전보다 감소하였다.

② 소비자의 후생수준은 명백히 전보다 증가하였다.

③ 재화의 가격이 상승하였거나 소득이 감소하였다.

④ 재화의 가격도 하락하였고 소득도 감소하였다.

> 🔖 **NOTE** 한계효용이 감소하기 위해서는 소비량이 증가해야 한다(한계효용체감의 법칙). 모든 재화의 한계효용이 감소하였다는 것은 모든 재화의 소비량이 전보다 증가하였음을 의미한다. 따라서 소비자의 후생은 이전보다 증가하였을 것이다.

28 20,000원을 가지고 있는 소비자 A는 1,000원짜리 X재를 15단위, 500원짜리 Y재를 10단위 소비한다. 만일 이 소비자가 쓸 수 있는 돈이 40,000원이 되고, X재가 2,000원, 그리고 Y재가 1,000원이 된다면 이 소비자는 몇 단위의 X재와 Y재를 각각 소비하는가? (단, 소비자의 선호체계는 변하지 않았다고 가정)

① X재 15단위, Y재 10단위　　　　② X재 5단위, Y재 20단위

③ X재 10단위, Y재 20단위　　　　④ X재 10단위, Y재 10단위

> 🔖 **NOTE** 소비자 A의 소득이 20,000원이고, X재의 가격이 1,000원, Y재의 가격이 500원일 때 X재의 구입량은 15단위, Y재의 구입량은 10단위였다. 그 이후에 이 소비자의 소득이 40,000원이 되고, X재의 가격과 Y재의 가격이 2배로 올랐다 하더라도 실질소득의 변화가 없으므로(가정에서 선호의 변화는 없음) X재와 Y재의 구매량에는 아무런 변화가 없다.
> 즉, $P_X \cdot X + P_Y \cdot Y = M$에서 가격과 소득이 동일하게 2배로 상승하면 가격선은 $2P_X \cdot X + 2P_Y \cdot Y = 2M$이 되고 소비량은 동일하다.

29 다음 중 어떤 재화가 기펜재(Giffen goods)가 되기 위한 필요조건으로 가장 적절한 것은?

① 밀접한 보완재가 존재하여야 한다.

② 소득 중에서 그 재화에 대한 지출비중이 커야 한다.

③ 대체효과가 매우 크게 나타나야 한다.

④ 그 재화가 정상재이어야 한다.

> 🔖 **NOTE** 기펜재는 가격이 하락할 때 오히려 구입량이 감소하는 재화를 말한다. 구체적으로 기펜재는 열등재이면서 소득효과가 대체효과보다 더 큰 재화이다. 그러므로 어떤 재화가 기펜재가 되기 위해서는 대체효과는 작고 소득효과는 커야 한다. 어떤 재화의 가격이 하락하면 실질소득이 증가하는데 실질소득의 변화폭이 클수록 소득효과가 커진다. 실질소득의 변화가 크려면 소득 중에서 그 재화에 대한 지출비중이 매우 커야 한다. 예를 들어, 소득 100만 원 중에서 A재 구입에 80만 원을 지출하고 있다면 A재 가격이 하락할 때 실질소득은 매우 큰 폭으로 증가할 것이고, 그렇게 되면 소득효과도 크게 나타날 것이다.

✦ Answer. 27.② 28.① 29.②

30 다음 중 가격효과에 대한 설명으로 옳지 않은 것은?

① 두 재화가 완전보완재이면 대체효과는 0이다.
② 정상재의 경우 소득효과와 대체효과는 같은 방향으로 나타난다.
③ 기펜재의 경우 가격이 하락하면 대체효과에 의해서는 구입량이 증가한다.
④ 열등재의 경우 가격이 하락하면 소득효과에 의해서는 구입량이 증가한다.

📝 NOTE 가격이 하락하면 대체효과에 의해서는 재화구입량이 증가한다. 가격하락으로 실질소득이 증가하면 열등재 구입량이 감소한다. 그러므로 열등재의 경우 가격이 하락하면 소득효과에 의해서는 구입량이 감소한다.

31 버터의 가격 $P_X = 6$이고, 마가린의 가격 $P_Y = 3$으로 주어져 있을 때, 버터와 마가린 간의 한계대체율이 $MRS_{XY} = 1.5$라면, 효용극대화를 추구하는 소비자의 행동으로 바람직한 것은?

① 버터의 구입량을 증가시키고 마가린의 구입량을 감소시킨다.
② 버터의 구입량을 감소시키고 마가린의 구입량을 증가시킨다.
③ 버터와 마가린의 구입량을 모두 증가시킨다.
④ 버터와 마가린의 구입량을 모두 현 수준을 유지한다.

📝 NOTE $1.5 = MRS_{XY} = \dfrac{MU_X}{MU_Y} < \dfrac{P_X}{P_Y} = 2$이므로 $\dfrac{MU_X}{P_X} < \dfrac{MU_Y}{P_Y}$이다. 따라서 마가린($Y$재)의 구입량을 증가시키고 버터($X$재)의 구입량을 감소시켜야 한다. 상황($MRS_{XY} < \dfrac{P_X}{P_Y}$)은 그림의 B에 해당한다. 따라서 버터의 구입량을 X_0에서 X_1으로 감소시키고 마가린의 구입량을 Y_0에서 Y_1으로 증가시키면 이 소비자의 효용은 I_0에서 I_1으로 증가한다.

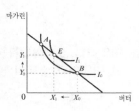

32 정수의 효용함수가 $U = 2X + Y$이고 X재와 Y재의 가격은 모두 30원이다. 다음 중 옳은 것은?

① 소득소비곡선은 Y축과 일치한다.
② X재와 Y재 간의 한계대체율은 체증한다.
③ 정수는 늘 Y재 1단위와 X재 2단위가 동일하다고 평가한다.
④ X재 수요의 소득탄력성은 1이다.

📝 NOTE 효용함수가 선형이므로 무차별곡선은 우하향의 직선이다. 그리고 무차별곡선의 기울기, 즉 한계대체율이 2로 일정하므로 경복이는 X재 1단위와 Y재 2단위를 동일하다고 평가한다. 무차별곡선이 우하향의 직선이면서 기울기가 예산선의 기울기보다 크므로 항상 X재만을 구입하는 것이 최적이다. 소득이 증가하더라도 균형은 항상 X축에서 이루어지므로 소득소비곡선은 X축과 일치한다. 그리고 항상 X재만을 구입하는 것이 최적이므로 소득이 10% 증가하면 X재 구입량도 정확히 10% 증가한다. 즉, X재 수요의 소득탄력성은 1이 된다.

33 소득소비곡선이 다음과 같을 때 성립하는 것은?

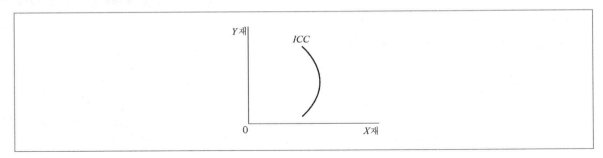

① X재는 정상재이다.
② Y재는 열등재이다.
③ X재는 열등재이고 Y재는 정상재이다.
④ X재와 Y재는 모두 열등재이다.

> 📖 NOTE 소득소비곡선이 좌상향하는 것은 소득이 오를수록 X재 소비량은 감소하고 Y재 소비량이 증가함을 뜻하므로 X재는 열등재이고 Y재는 정상재이다.

34 미연이의 효용함수가 $U = \min[X, 2Y]$로 주어져 있다. X재의 가격은 100원, Y재의 가격은 200원, 그리고 미연이의 소득이 10,000원이라면 미연이는 몇 단위의 X재를 구입할까?

① 10단위   ② 25단위
③ 50단위   ④ 100단위

> 📖 NOTE 주어진 효용함수로 무차별곡선을 그려보면 다음 그림과 같이 L자 형태이면서, X재와 X재의구입량은 $2:1$로 일정하게 유지된다. 그러므로 선영이가 효용을 극대화하려면 X재 50단위와 Y재 25단위를 구입해야 한다.

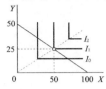

🌟 Answer. 33.③ 34.③

35 소득과 가격이 주어졌을 때, 최초에 진우의 최적 선택점은 다음에서 A였다. X재의 수요가 탄력적일 경우 X재 가격만 하락하였다면, 새로운 최적점은 B, C, D 중 어떤 것인가?

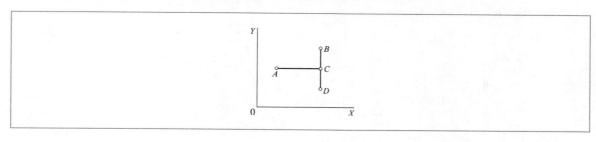

① B

② C

③ D

④ B와 C

> NOTE X재 수요의 가격탄력성이 1보다 크면 가격소비곡선이 우하향하므로 새로운 균형점은 A의 우하방의 한 점에 위치하게 된다. 따라서 X재 가격이 하락할 때 진우의 새로운 균형점으로는 D가 가장 타당하다.

36 다음과 같은 두 예산제약식이 주어질 경우 현시선호이론(revealed preference theory)에 따라 가장 옳은 것은?

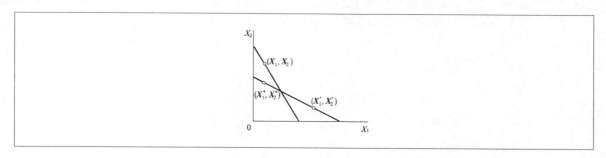

① 상품묶음(X_1, X_2)가 상품묶음(X_1^*, X_2^*)보다 직접적으로 선호되면 상품묶음(X_1, X_2)는 상품묶음(X_1', X_2')보다 간접적으로 선호됨을 현시한다.

② 상품묶음(X_1^*, X_2^*)는 상품묶음(X_1', X_2')보다 직접적으로 선호함을 현시하기 때문에 상품묶음 (X_1^*, X_2^*)는 반드시 상품묶음(X_1, X_2)보다 선호됨을 나타낸다.

③ 상품묶음(X_1', X_2')는 상품묶음(X_1^*, X_2^*)보다 직접적으로 선호됨을 현시하고, 또 상품묶음(X_1, X_2)도 상품묶음(X_1^*, X_2^*)보다 직접적으로 선호됨을 현시한다.

④ $P_1X_1 + P_2X_2 > P_1X_1^* + P_2X_2^*$이라고 해서 $P_1'X_1, P_2'X_2 > P_1'X_1^*, P_2'X_2^*$은 성립할 수 없다(단, P와 P는 서로 다른 가격선임).

> NOTE 현시선호의 약공준 강공준을 이용하면 ①이 정답이다.

⊕ **Answer.** 35.③ 36.①

37 다음은 예산선이 P_A에서 P_B로 변화되었을 때, 소비자의 선택이 P_A에 있는 $\{A_1, A_2, A_3\}$ 중의 어느 한 점에서 P_B에 있는 $\{B_1, B_2, B_3\}$ 중의 어느 한 점으로 이동하는 것을 보여준다. 다음 중 현시선호이론에 의해 정당화될 수 없는 것은?

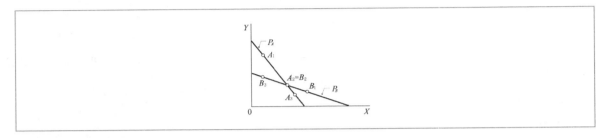

① A_1에서 B_1으로 이동
② A_2에서 B_2로 이동
③ A_3에서 B_1으로 이동
④ A_3에서 B_3로 이동

📝NOTE 예산선이 P_A로 주어졌을 때의 구입점이 A_3라고 하자. 예산선이 P_A일 때는 A_3와 B_3가 모두 구입 가능하다. 그럼에도 불구하고 A_3를 구입하였다는 것은 소비자가 B_3보다 A_3를 더 선호함을 의미한다. 예산선이 P_B로 변하더라도 여전히 A_3와 B_3가 모두 구입 가능하다. 그런데 소비자가 B_3를 구입한다면 소비행위의 일관성이 없으므로 약공리에 위배된다.

38 기준연도 예산선이 A로 주어져 있었고, 지윤이의 구입점이 a였다. 비교연도에는 예산선이 B로 변화하였다. 이때 지윤이의 행동에 대한 설명으로 옳은 것은?

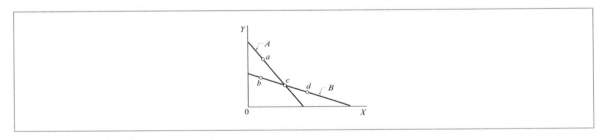

① 지윤이가 합리적이라면 결코 c를 구입하지는 않을 것이다.
② b를 구입했다면 소영이는 비합리적인 소비자이다.
③ 비교연도에 d를 구입하였다면 기준연도보다 효용수준이 높아졌을 것이다.
④ b, c, d는 모두 약공리를 만족하는 점이다.

📝NOTE 비교연도에는 기준연도 구입점인 a가 구입 불가능해졌으므로 b, c, d 중에서 어떤 점을 구입하더라도 약공리를 위배하지 않는다. 그러므로 예산선이 A에서 B로 변하였을 때 소영이의 구입점은 c가 될 수도 있고, b나 d가 될 수도 있다. 비교연도 구입점이 b나 c가 되었다면 기준연도보다 소영이의 효용수준은 명백히 감소했다고 말할 수 있으나, 소영이의 구입점이 d가 되는 경우는 효용의 증감 여부를 판단하는 것이 불가능하다.

⭐Answer. 37.④ 38.④

39 AA는 기준연도 예산선, BB는 비교연도 예산선이고 Q_0와 Q_1은 각각 기준연도 구입점과 비교연도 구입점을 나타낸다. 다음 중 옳은 것은?

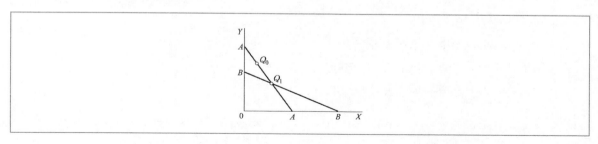

① 라스파이레스 수량지수가 1보다 크다.

② 파세 수량지수가 1보다 크다.

③ 생활수준은 명백히 악화되었다.

④ 소득지수가 파세 가격지수보다 크다.

📄NOTE ①③ Q_0와 Q_1은 모두 기준연도 예산선상에 놓여 있으므로 기준연도가격으로 평가하면 구입액이 동일하다. 기준연도가격으로 평가할 때 구입액이 동일하므로 라스파이레스 수량지수가 1이고 생활수준은 명백히 악화된 경우이다(기준연도 구입점을 지나도록 무차별곡선을 그려보면 비교연도 구입점을 지나는 무차별곡선은 기준연도 구입점을 지나는 무차별곡선보다 명백히 더 안쪽에 위치함을 알 수 있다).
② 기준연도 구입점 Q_0를 지나면서 비교연도 예산선과 평행한 보조선을 그어보면 비교연도 예산선이 기준연도 예산선보다 안쪽에 위치하므로 파세수량지수는 1보다 작음을 알 수 있다.
④ 라스파이레스 수량지수가 1이므로 소득지수와 파세 가격지수는 동일하다.
$$\left(\frac{P_0 \cdot Q_1}{P_0 \cdot Q_0} = 1,\ P_0 \cdot Q_1 = P_0 \cdot Q_0,\ \frac{P_0 \cdot Q_1}{P_1 \cdot Q_1} = \frac{P_0 \cdot Q_0}{P_1 \cdot Q_1},\ \frac{P_1 \cdot Q_1}{P_0 \cdot Q_1} = \frac{P_1 \cdot Q_1}{P_0 \cdot Q_1},\ N = P_P \right)$$

40 다음 중 정부가 제공하는 보조금의 경제적 효과에 관한 설명으로 옳지 않은 것은?

① 소비자에 대한 가격보조는 보조대상 재화의 상대가격을 인하시키는 효과가 있다.

② 현물보조 중 일정량 보조는 항상 보조대상 재화의 소비량을 증가시킨다.

③ 보조금도 조세처럼 후생비용(welfare cost)을 발생시킨다.

④ 일정량 보조는 같은 크기의 현금보조에 비해 후생면에서 언제나 열등한 것은 아니다.

📄NOTE 정부보조는 현금보조와 가격보조, 현물보조로 나눌 수 있는데, 현금보조는 재화의 구입량만큼 현금으로 보조하는 것으로 정부보조 중 가장 큰 효과를 나타내고 있다. 현물보조가 반드시 그 재화의 소비량을 증가시키는 것이 아니라, 열등재인 경우 소비는 오히려 감소할 수 있다.

✦Answer. 39.③ 40.②

41 수량지수를 계산해 본 결과 라스파이레스 수량지수는 1보다 크고, 파셰 수량지수는 1이었다. 다음 설명 중 옳은 것은?

① 선호의 일관성이 없다.

② 기준연도와 후생수준이 동일하다.

③ 기준연도보다 후생수준이 감소하였다.

④ 기준연도보다 후생수준이 증가하였다.

> ⓑNOTE│ 라스파이레스 수량지수가 1보다 크고, 파셰 수량지수가 1인 경우는 기준연도 구입점과 비교연도 구입점이 다음 그림과 같이 주어질 때이다. 이 경우는 약공리가 충족되므로 선호의 일관성이 있다.

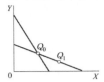

42 무차별곡선에 관한 설명으로 옳지 않은 것은?

① 무차별곡선은 동일한 효용 수준을 제공하는 상품묶음들의 궤적이다.

② 완전대체재 관계인 두 재화에 대한 무차별곡선은 직선의 형태이다.

③ 무차별곡선의 기울기는 한계대체율이며 두 재화의 교환비율이다.

④ 무차별곡선이 원점에 대하여 오목하면 한계대체율은 체감한다.

⑤ 모서리해를 제외하면 무차별곡선과 예산선이 접하는 점이 소비자의 최적점이다.

> ⓑNOTE│ 한계대체율이 체감한다는 것은 무차별곡선이 원점에 대하여 볼록하기 때문이다.

Answer. 41.④ 42.④

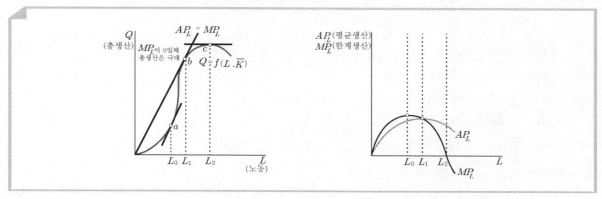

Chapter. 04

생산자선택이론

01 생산자선택이론

(1) 생산이론

① **생산함수의 개념** : 투입물인 생산요소와 산출물 간의 기술적인 관계를 나타내는 함수로서 일정기간 동안 여러 사용 가능한 생산요소 투입량으로부터 그 기간 동안 생산할 수 있는 최대한의 산출량을 의미한다.

　㉠ 단기 : 노동투입량만 변화하며, 자본투입량과 기술수준은 변하지 않는다.

　㉡ 장기 : 노동과 자본투입량 및 기술수준이 모두 변화한다.

　－ 요소대체 : 노동과 자본을 서로 대체하여 생산할 수 있다.

　－ 규모확대 : 노동과 자본을 동시에 늘려가며 생산할 수 있다.

> ・단기생산함수 : $Q = \overline{F}(L, \overline{K})$
>
> [단, Q : 생산량, L : 노동(가변요소), K : 자본(고정요소), F : 기술수준]
>
> ・장기생산함수 : $Q = F(L, K)$
>
> [단, 자본과 기술수준도 변화]

② **단기생산함수** : 고정요소가 존재할 때의 생산함수로 가변요소의 투입량과 산출량 간의 기술적 관계를 나타내는 함수이다. 즉, 단기에는 자본(고정요소)투입은 고정되어 있고, 노동(가변요소) 투입량만 변화한다. 노동 투입만 증가하면 물리적(자연적) 법칙에 따라 수확체감현상이 나타난다.

※ 고정요소와 가변요소

　㉠ 고정요소 : 단기에 고정된 생산요소로, 자본・건물・기계설비 등이 포함된다.

　㉡ 가변요소 : 단기에 가변적인 생산요소로 노동력이 해당한다.

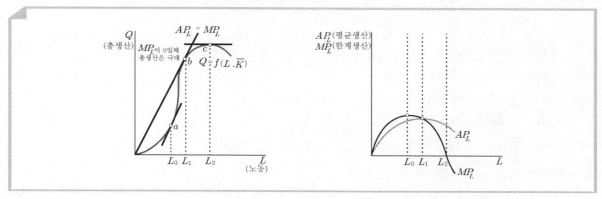

③ 총생산물(TP : Total Product)

　㉠ 각종 요소를 투입하였을 때 생산된 재화의 총량을 의미한다. 즉, 일정기간 동안 투입된 노동량으로 생산할 수 있는 최대한의 산출량을 나타낸다.

　㉡ 가변요소 투입량이 증가하면 처음에는 총생산물이 증가하나 가변요소 투입량이 일정 단위를 넘어서면 오히려 총생산물이 감소한다.

④ 한계생산물(MP : Marginal Product)

　㉠ 가변요소를 추가적으로 1단위 투입하였을 때 총생산물의 증가분을 의미한다. 다른 생산요소의 투입량은 고정된 상태에서 노동의 추가적인 투입에 따른 총생산량 증가분을 의미한다.

$$\bullet \text{노동의 한계생산물} \quad MP_L = \frac{\Delta TP}{\Delta L} \left(단, TP = \sum_{i=1}^{n} MP_{Li} \right)$$

$$\bullet \text{자본의 한계생산물} \quad MP_K = \frac{\Delta TP}{\Delta K} \left(단, TP = \sum_{i=1}^{n} MP_{Ki} \right)$$

　㉡ 한계생산물은 총생산물곡선의 접선의 기울기로 측정된다.

　㉢ 총생산함수를 요소투입량으로 미분값이며, 한계생산물을 모두 더하면 총생산량이 된다.

　㉣ 총생산물과 한계생산물의 관계

　　• $MP_L > 0 \leftrightarrow TP_L$ 증가

　　• $MP_L = 0 \leftrightarrow TP_L$ 극대

　　• $MP_L < 0 \leftrightarrow TP_L$ 감소

⑤ 평균생산물(AP)

　㉠ 평균생산물이란 투입된 생산요소 1단위 당 생산량을 의미한다.

$$\bullet \text{노동의 평균생산물} \quad AP_L = \frac{TP}{L} \left(단, TP = L \cdot AP_L \right)$$

$$\bullet \text{자본의 평균생산물} \quad AP_K = \frac{TP}{K} \left(단, TP = K \cdot AP_K \right)$$

　㉡ 총생산물곡선과 원점을 연결한 직선의 기울기로 측정된다.

　㉢ 평균생산물과 한계생산물의 관계

　　• $MP_L > AP_L \leftrightarrow AP_L$ 증가

　　• $MP_L = AP_L \leftrightarrow AP_L$ 극대

　　• $MP_L < AP_L \leftrightarrow AP_L$ 감소

⑥ 수확체감의 법칙(한계생산물체감의 법칙)

　㉠ 고정요소가 존재하는 단기에 가변요소 투입량을 증가시키면 어떤 단계를 지나고부터는 그 가변요소의 한계생산물이 지속적으로 감소하는 현상을 말한다.

　㉡ 정도의 차이는 있으나 단기에 거의 모든 산업부문에서 나타나는 일반적인 현상이다.

ⓒ 초기에 한계생산물이 체증하는 것은 노동투입이 증가할 때 분업의 이익(전문화 이익)이 발생하기 때문이며, 계속해서 노동투입이 증가하면 자본-노동비율$\left(\dfrac{K}{L}\right)$ 즉, 1인당 자본량이 감소하므로 한계생산물이 체감(수확체감)하게 된다.

(2) 장기생산함수

① 등량곡선(IQ : isoquant curve) : 동일한 양의 재화를 생산할 수 있는 L(노동)과 K(자본)의 조합을 연결한 곡선을 의미한다. 모든 생산요소가 가변요소일 때의 생산함수인 장기생산함수를 그림으로 나타낸 것이다.

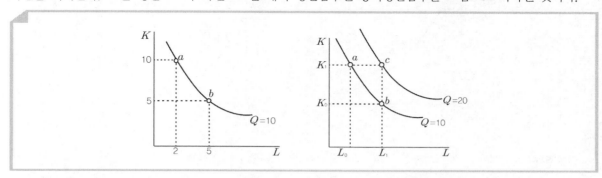

　ⓐ 선상위 모든 점에서 생산량이 10으로 일정하므로 a점과 b점을 연결한 등량곡선이 도출된다.
　ⓑ 등량곡선의 성질
　　• 등량곡선은 우하향의 기울기를 갖는다.
　　• 원점에서 멀리 떨어져 있을수록 높은 산출량을 나타낸다.
　　• 등량곡선은 서로 교차할 수 없다.
　　• 등량곡선은 원점에 대해 볼록한 형태이다(한계기술체감의 법칙).
　　※ 등량선 : 동일한 생산량을 생산할 수 있는 요소투입점들을 연결한 곡선이다. 따라서 등량선은 요소대체생산함수이다.
　ⓒ 무차별곡선과 등량곡선의 차이점
　　• 무차별곡선은 원점에서 멀어질수록 높은 효용수준을 나타낸다(효용의 크기는 서수적으로 표시).
　　• 등량곡선은 요소투입량과 산출량 간의 기술적인 관계를 나타내는 생산함수에서도 도출된다(산출량의 크기는 기수적으로 표시).

② 한계기술대체율(MRTS : 한계기술대체율(Marginal Rate of Technical Subsitition) : 동일한 생산량을 유지하면서 노동을 추가로 1단위 더 고용하기 위하여 감소시켜야 하는 자본의 수량을 의미한다. 등량곡선 접선의 기울기로 측정되며, MP_L과 MP_K의 비율로 나타낼 수 있다.

$$\text{• 한계기술대체율 : } MRTS_{LK} = -\frac{\Delta K}{\Delta L} = \frac{MP_L}{MP_K}$$

㉠ 한계기술대체율체감의 법칙

- 동일한 생산량을 유지하면서 자본을 노동으로 대체해감에 따라 한계기술대체율이 점차 감소하는 현상을 의미한다.
- 노동투입량이 증가하여 A점에서 C점으로 갈수록 한계기술대체율이 감소하며 이는 자본을 노동으로 대체하는 것이 어렵다는 것을 의미한다.

㉡ 등량곡선이 원점에 대하여 볼록하기 때문에 한계기술대체율이 체감한다.

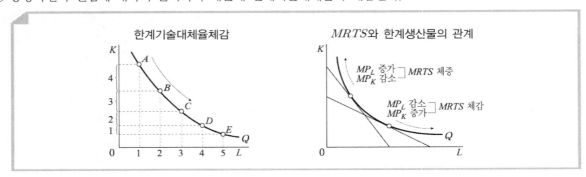

한계기술대체율체감   MRTS와 한계생산물의 관계

(3) 등비용선

① **등비용선의 개념** : 주어진 총비용으로 구입 가능한 생산요소의 조합을 그림으로 나타낸 것을 말한다. 소비자이론의 예산선과 동일한 개념이다.

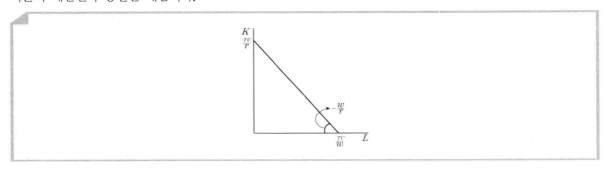

② **등비용선의 형태**

㉠ 총투입비용이 TC(Total Cost)이고, 노동(L)과 자본(K)구입에 비용의 전부를 지출한다면 비용제약은 다음과 같이 나타낼 수 있다.

> • 총비용: $TC = wL + rK$
> (w : 노동 1단위의 가격, L : 노동투입량, r : 자본 1단위의 가격, K : 자본투입량)

ⓛ 비용제약을 K에 대하여 정리하면 다음과 같은 등비용선이 도출된다.

$$K=-\frac{w}{r}L+\frac{TC}{r}$$

ⓒ 등비용선은 우하향의 형태이며 등비용선상의 모든 점은 총비용의 크기가 동일하다.

③ 등비용선의 이동

ⓐ 투입비용의 변화 - 총비용의 변화

• 투입비용이 증가하면 최대로 구입 가능한 L과 K의 수량이 증가하므로 등비용선이 바깥으로 평행이동하고, 투입비용이 감소하면 등비용선이 안쪽으로 평행이동한다.

• 투입비용이 변화하더라도 요소상대가격$\left(\frac{w}{r}\right)$이 불변이므로 등비용선의 기울기는 변하지 않고 평행하게 이동한다.

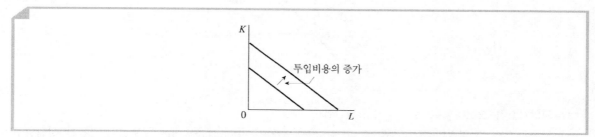

ⓑ 요소가격의 변화 : 임금이 변화하면 구입 가능한 노동의 수량이 변화하므로 Y절편을 축으로 하여 등비용선이 회전이동하고, 자본임대료가 변화하면 구입 가능한 자본의 수량이 변화하므로 X절편을 축으로 하여 등비용선이 회전이동한다.

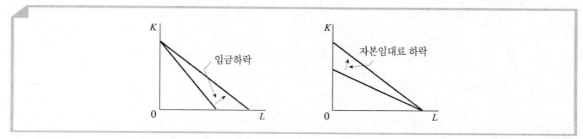

ⓒ 요소가격과 투입비용이 동일한 비율로 변화 : 모든 요소가격과 투입비용이 t배가 되더라도 비용제약은 변하지 않는다. 요소가격과 투입비용이 동일한 비율로 변하면 등비용선은 변하지 않는다.

(4) 특수한 형태의 등량곡선

① 두 생산요소가 완전 보완적인 경우 - 레온티에프 생산함수

ⓐ 노동과 자본을 서로 대체할 수 없으며 일정한 보완비율(요소투입비율 고정)에 따라 투입해야만 하는 생산함수이다.

ⓒ 요소대체가 불가능하므로 등량선은 L자형이 되며, 대체탄력성은 0이다.

ⓒ 한계기술대체율은 수직선 영역에서는 무한대(∞)이며, 수평선 영역에서는 0의 값을 갖는다.

ⓒ 1차 동차생산함수로 규모수익불변의 특징을 갖는다.

> • 완전보완생산함수 : $Q = \min\left[\dfrac{L}{a}, \dfrac{K}{b}\right]$ (단, a : 노동계수, b : 자본계수, 모두 상수)
>
> − 노동 a단위, 자본 b단위 투입할 때 생산량 1개
> − 요소투입비율 L : K = a : b
> − 등량선 : 노동 a, 자본 b 단위 투입점에서 꼭지점을 갖는 L자형

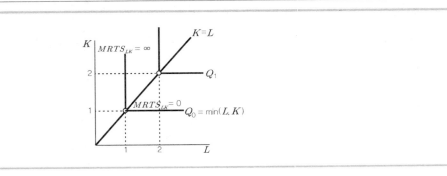

② 두 생산요소가 완전대체적 경우 − 선형생산함수

ⓒ 노동과 자본을 일정한 요소대체비율(한계기술대체율)에 따라 자유롭게 대체투입이 가능한 생산함수이며, 요소의 대체탄력성은 무한대(∞)이다.

ⓒ 한계기술대체율이 일정하므로 등량곡선이 우하향의 직선이다.

ⓒ 한계생산물은 일정하며, 규모 확대시 보수불변인 1차 동차생산함수이다.

> • 완전대체생산함수 : $Q = aL + bK$ (단, a, b : 상수)
>
> • 등량선 : 생산함수를 노동(L)으로 정리하여 도출 $K = \dfrac{Q}{b} - \dfrac{a}{b}L$
>
> [단, $\dfrac{Q}{b}$: 절편, $-\dfrac{a}{b}$: 기울기(상수)]

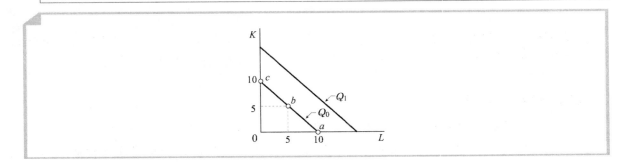

③ 콥(C.W.Cobb)-더글라스(P.H.Douglas) 생산함수 : 단기적으로는 수확체감의 법칙을 만족하는 생산함수이다. 장기적으로는 요소대체 시 한계기술대체율의 체감(등량선 원점에 볼록)하고, 규모 확대 시 규모보수가 불변인 1차 동차생산함수이다.

> • CD(콥-더글라스) 생산함수 : $Q = AL^\alpha K^\beta$
> [단, $\alpha + \beta = 1$, A : 기술상수(총요소생산성), 시간흐름에 따라 증가(기술진보)]
> (Q : 생산량, A : 총요소생산성, L : 노동량, K : 자본량)

㉠ 1차 동차생산함수(규모보수 불변) : 노동과 자본이 동시에 같은 비율로 증가할 때 생산량이 같은 비율로 증가한다.

㉡ 평균생산물과 한계생산물은 자본-노동비율($\frac{K}{L} = k$: 1인당 자본)의 함수이며, 노동과 자본이 같은 비율로 변화하면 평균생산물과 한계생산물은 변화하지 않는다. 따라서, 단기수확체감의 법칙을 만족하는 함수이다.

㉢ 자본을 노동으로 대체할 때 한계기술대체율체감의 법칙을 만족하는 함수이며, 등량선은 원점에 대하여 볼록한 형태를 가진다.

㉣ 생산의 노동탄력도가 α이며, 노동투입이 1% 증가하면 생산이 α% 증가한다. 생산의 자본탄력도가 β이며, 자본투입이 1% 증가하면 생산이 β% 증가한다.

㉤ 요소의 대체탄력성은 1이고, 등량선은 원점에 볼록하며 한계기술대체율이 체감한다.

㉥ 오일러정리는 생산함수가 1차 동차(규모보수 불변)이면 각 요소의 투입량과 한계생산성을 곱한 값을 모두 더하면 총생산량이 된다는 것이다.

> ※ 동차함수
> k차 동차생산함수 : 생산함수 $Q = f(L, K)$에서 생산규모 L과 K를 각각 t배 증가시켰을 때 산출량이 t^k 배 만큼 증가하는 생산기술을 나타내는 함수를 의미한다.
> $t^k Q = f(tL, tK)$

④ CES(constant elasticity substitution) 생산함수

㉠ 요소대체탄력성이 0과 무한대가 아닌 상수 값을 가지는 생산함수이다.

㉡ 요소대체탄력성이 0이나 무한대가 아니므로 등량선은 원점에 볼록하며 한계기술대체율이 체감하는 생산함수이다.

㉢ 요소대체탄력성인 1인 콥-더글라스 생산함수는 CES생산함수의 특수 형태라 볼 수 있다.

㉣ 규모보수가 불변이므로 오일러정리가 성립한다.

(5) 비용함수

① 비용극소화 : 주어진 생산량을 최소비용으로 생산하는 여러 생산요소의 조합을 의미한다. 기업의 생산목표가 비용극소화인 이유는 이윤은 미래 실현적이지만 비용은 생산과 동시에 발생하기 때문이다.

② 생산자균형

　㉠ 등량곡선과 등비용선이 접하는 E에서 생산자의 비용극소화가 달성된다.

$$등량곡선의\ 기울기\,(MRTS_{LK}) = 등비용선의\ 기울기\left(\frac{w}{r}\right)$$

　㉡ $MRTS_{LK} = -\dfrac{\Delta K}{\Delta L} = \dfrac{MP_L}{MP_K}$ 이므로 생산자 균형조건은 다음과 같다.

$$\frac{MP_L}{w} = \frac{MP_K}{r}\,(한계생산물균등의\ 법칙)$$

　㉢ 한계생산물균등의 법칙 : 각 생산요소의 구입에 지출된 1원의 한계생산물이 같도록 생산요소를 투입하여
　　야 비용극소화가 달성됨을 의미한다. 이는 노동구입에 사용된 단위 비용 당 한계생산과 자본구입에 사
　　용된 단위비용 당 한계생산이 같아져야 함을 의미한다.

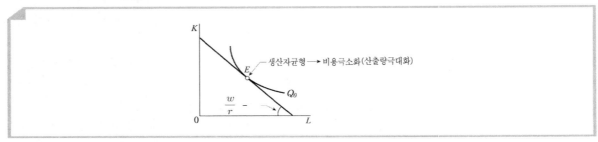

③ 생산자 균형조건이 달성되지 않는 경우

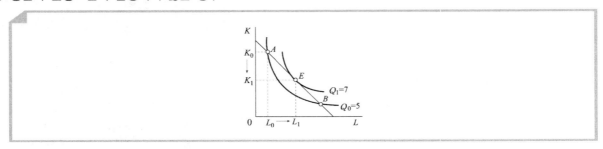

　㉠ A점의 경우 – $MRTS_{LK} > \dfrac{w}{r}$ 라면?

　　• 노동구입에 사용된 단위 비용 당 한계생산이 자본구입에 사용된 단위비용 당 한계생산보다 크므로 노
　　　동을 더 사용하고 자본을 줄여야 한다.

　　• $\dfrac{MP_L}{MP_K} > \dfrac{w}{r} \rightarrow \dfrac{MP_L}{w} > \dfrac{MP_K}{r}$

ⓛ B점의 경우 – $MRTS_{LK} < \dfrac{w}{r}$ 라면?

• 노동구입에 사용된 단위 비용 당 한계생산이 자본구입에 사용된 단위비용 당 한계생산보다 작으므로 자본을 더 사용하고 노동을 줄여야 한다.

• $\dfrac{MP_L}{MP_K} < \dfrac{w}{r} \rightarrow \dfrac{MP_L}{w} < \dfrac{MP_K}{r}$

ⓒ E점의 경우 – $MRTS_{LK} = \dfrac{w}{r}$ 라면?

• E점은 등량곡선과 등비용선이 접하는 점이다.
• E점은 이전보다 생산량 Q_0에서 Q_1으로 증가하게 된다.

(6) 대체탄력성(elasticity of substitution)

① 개념 : 생산과정에서 한 생산요소가 다른 생산요소로 얼마나 쉽게 대체될 수 있는지를 나타내는 지표이다. 생산량을 일정 수준으로 유지할 때 노동과 자본 사이의 대체의 용이성 정도를 나타내는 지표로, 그 크기는 등량곡선의 형태와 밀접한 관련이 있다. 대체탄력성의 크기는 생산의 기술적인 특성에 따라 크게 달라지는 데 산업별로 큰 차이를 보인다.

② 정의

ⓐ 정의 1 : 생산량을 일정 수준으로 유지하면서 한계기술대체율($MRTS_{LK}$)이 1% 변화할 때 자본–노동 결합비율$\left(\dfrac{K}{L}\right)$에는 몇 %의 변화가 생기는지를 나타내는 지표이다.

ⓑ 정의 2 : 생산량을 일정 수준으로 유지하면서 요소상대가격$\left(\dfrac{w}{r}\right)$이 1% 변화할 때 요소집약도$\left(\dfrac{K}{L}\right)$가 얼마나 변화하는지를 나타내는 지표이다.

$$\sigma = \frac{\text{요소집약도의 변화율}}{\text{한계기술대체율의 변화율}} = \frac{\Delta\left(\dfrac{K}{L}\right)/\left(\dfrac{K}{L}\right)}{\Delta MRTS / MRTS}$$
$$= \frac{\Delta\left(\dfrac{K}{L}\right)/\left(\dfrac{K}{L}\right)}{\Delta\left(\dfrac{w}{r}\right)/\left(\dfrac{w}{r}\right)}$$

• 대체탄력성이 커지면 생산요소 간 대체가능성이 높아짐을 의미한다.

③ 대체탄력성의 크기와 등량곡선 – 곡률과의 관계
  ㉠ 대체탄력성이 1보다 작은 경우

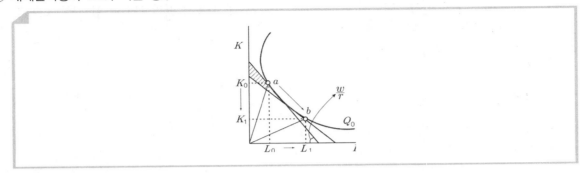

  • 노동의 상대가격$\left(\dfrac{w}{r}\right)$이 작아지는 경우, 즉 상대적으로 임금이 저렴해진 경우 자본에서 노동으로의 전
    환이 어렵다는 것을 의미한다.
  • 요소집약도인 $\dfrac{K}{L}$ (원점에서 나오는 직선의 기울기)의 변화가 작다.

  ㉡ 대체탄력성이 1보다 큰 경우

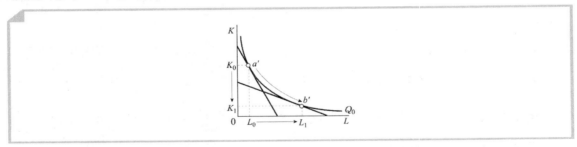

  • 노동의 상대가격$\left(\dfrac{w}{r}\right)$이 작아지는 경우, 즉 상대적으로 임금이 저렴해진 경우 자본에서 노동으로의 전
    환이 쉽다는 것을 의미한다.
  • 요소집약도인 $\dfrac{K}{L}$ (원점에서 나오는 직선의 기울기)의 변화가 크다.

  ㉢ 등량곡선 곡률이 클수록 대체탄력성은 작아지고 등량곡선이 우하향의 직선에 가까울수록 대체탄력성은
    커진다.

④ 생산함수와 대체탄력성의 크기

구분	Leontief 생산함수	Cobb–Douglas 생산함수	선형 생산함수
등량곡선	L자 형태	원점에 대하여 볼록한 완만한 곡선	우하향의 직선
대체탄력성	$\sigma = 0$	$\sigma = 1$	$\sigma = \infty$
결정요인	등량곡선의 곡률이 클수록(등량곡선이 L자에 가까울수록) 대체탄력성은 작아지고, 등량곡선의 곡률이 작을수록(등량곡선이 직선에 가까울수록) 대체탄력성은 커진다.		

⑤ 대체탄력성과 소득분배 : 대체탄력성이 1보다 큰 경우 노동의 상대가격이 1% 하락할 때 상대적인 노동소득분배율이 증가하고 대체탄력성이 1보다 작은 경우 상대적인 노동소득분배율이 감소한다.

(7) 규모에 대한 수익

① 개념 : 모든 생산요소 투입량을 동일한 비율로 변화시킬 때 생산량의 변화를 나타내는 것을 규모에 대한 수익(returns to scale) 혹은 규모에 대한 보수라고 한다. 규모에 대한 수익은 노동투입량과 자본투입량이 동일한 비율로 변화하는 것을 전제로 하고 있으므로 장기에 있어서만 성립하는 개념이다.

② 규모에 대한 수익체증(IRS : Increasing Returns to Scale)
　㉠ 모든 생산요소 투입량에 i배 증가하였을 때 생산량이 i배보다 더 크게 증가하는 경우를 규모에 대한 수익체증(규모에 대한 보수증가)이라고 한다.
　㉡ 규모가 커짐에 따라 분업화와 전문화가 이루어지거나, 보다 정밀한 자본설비의 도입 등으로 생산성 향상이 이루어진다면 규모에 대한 수익체증이 발생한다. 즉, 기술적으로 유리해지며 규모의 경제가 발생한다.

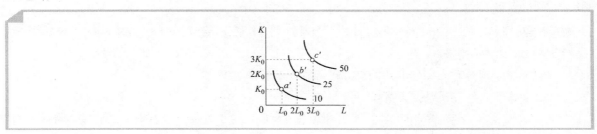

③ 규모에 대한 수익불변(CRS : Constant Returns to Scale)

  ⊙ 모든 생산요소 투입량이 i배 증가하였을 때 생산량이 정확히 i배 증가하는 경우를 규모에 대한 수익불변(규모에 대한 보수불변)이라고 한다.

$$f(iL, tK) = if(L, K) = iQ$$

  ⓒ 1차 동차생산함수는 규모에 대한 수익불변을 나타낸다.

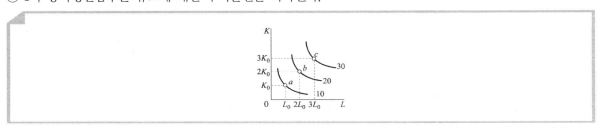

④ 규모에 대한 수익체감(DRS : Decreasing Returns to Scale)

  ⊙ 모든 생산요소의 투입량이 i배 증가하였을 때 생산량이 i배 보다 작게 증가하는 경우를 규모에 대한 수익체감(규모에 대한 보수감소)이라고 한다.

  ⓒ 기업의 규모가 커짐에 따라 경영의 비효율성이 나타난다면 규모에 대한 수익체감현상이 나타난다.

⑤ 규모에 대한 수익과 한계생산 체감과의 관계 : 규모에 대한 수익은 장기에서 성립되는 개념이고, 한계생산체감은 단기에서 성립하는 개념이다. 따라서 한계생산체감의 법칙은 어떤 형태의 규모에 대한 수익과도 양립 가능하다.

(8) 생산자균형의 이동

① 확장경로(expansion path) : 생산요소 가격이 일정할 때 각 생산수준에 대응하는 최소비용점들을 연결한 곡선을 확장경로라고 한다.

  ⊙ 소비자 이론에서의 소득소비곡선(ICC)과 개념상 동일하다.

  ⓒ 요소종류에 따른 확장경로의 형태

    • 두 생산요소가 모두 정상요소이면 투입비용 증가 시 두 요소의 요소구입량이 모두 증가하므로 확장경로는 우상향의 곡선이다.

    • 생산함수가 동조함수이면 확장경로는 원점을 통과하는 직선으로 도출된다.

    • 노동이 열등요소이면 투입비용이 증가할 때 노동구입량이 감소하므로 확장경로는 좌상향의 형태이다.

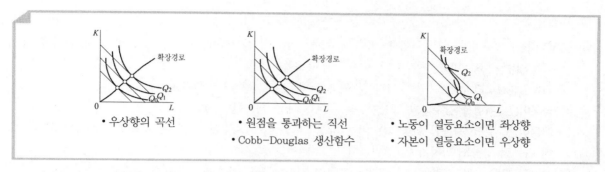

| • 우상향의 곡선 | • 원점을 통과하는 직선
• Cobb-Douglas 생산함수 | • 노동이 열등요소이면 좌상향
• 자본이 열등요소이면 우상향 |

② **기술진보** : 일정한 생산량을 보다 적은 생산요소의 투입으로 생산할 수 있게 하는 기술적 변화를 의미한다. 즉, 기술진보는 요소절약현상이다.

ⓐ 기술진보 이후에는 적은 양의 생산요소를 투입하더라도 동일한 양의 재화를 생산할 수 있게 되므로 등량곡선이 원점쪽으로 이동한다.

ⓑ 기술진보의 유형(Hicks의 분류)

• Hicks는 $\left(\dfrac{w}{r}\right)$ 가 일정하다는 가정하에 기술진보의 유형을 중립적 기술진보, 자본절약적(노동집약적) 기술진보, 노동절약적(자본집약적) 기술진보의 3가지로 분류하였다.

• 실제에 있어서 기술진보는 이 3가지 중 몇 가지가 결합된 형태로 나타내는 것이 일반적이다.

구분	중립적 기술진보	자본집약적 기술진보 (노동절약적 기술진보)	노동집약적 기술진보 (자본절약적 기술진보)
개념	MP_L과 MP_K를 동일한 비율로 증가시키는 기술진보	MP_K이 MP_L보다 더 크게 증가시키는 기술진보	MP_L이 MP_K보다 더 크게 증가시키는 기술진보
그림			
특징	자본과 노동의 투입량을 똑같은 비율로 줄이기 때문에 자본-노동비율	이전보다 노동을 덜 사용하므로 노동절약적이라고 부름	이전보다 자본을 덜 사용하므로 자본절약적이라고 부름
요소집약도$\left(\dfrac{K}{L}\right)$	불변	증가	감소

※ 자본절약적 기술진보에서 요소집약도가 낮아지는 이유 … 자본절약적 기술진보에서는 MP_L이 MP_K보다 더 크게 증가하므로 $\left(\dfrac{w}{r}\right)$ 가 불변이면 기업가들은 자본을 상대적으로 생산성이 더 높아진 노동으로 대체된다. 따라서 자본절약적 기술진보 이후에는 요소집약도$\left(\dfrac{K}{L}\right)$ 가 낮아진다.

(9) 비용이론

① **경제적비용** : 명시적비용(임금, 이자, 지대 등 회계적비용)에 잠재적비용(귀속임대료, 정상이윤)을 더한 것이다.

　ⓐ **회계적비용** : 요소비용, 원자재비 등 명시적 비용

　ⓑ **귀속임대료** : 귀속임금, 귀속 이자 및 귀속 지대, 자기 요소의 기회비용

　ⓒ **정상이윤** : 위험을 감수하고 생산활동을 하는데 대한 최소한의 보상

　ⓓ **매몰비용** : 일단 지출된 다음에는 어떤 방법으로도 다시 회수할 수 없는 비용으로 기업의 의사결정과정에 아무런 영향도 미치지 않는 비용이다.

　ⓔ **개인적 비용** : 개별기업이 재화생산을 위하여 지출한 모든 요소의 기회비용을 의미한다.

　ⓕ **사회적 비용** : 개별기업의 사적비용 뿐만 아니라 외부성에 따른 비용도 포함한다.

　ⓖ **경제적 이윤** = 총수입 − 경제적비용(명시적비용 + 잠재적비용)

　ⓗ **회계적 이윤** = 총수입 − 명시적비용 → 경제적 이윤이 0이면 반드시 회계적 이윤은 0보다 크게 된다.

　ⓘ **정상이윤** : 경제적 이윤이 0인 경우의 회계적 이윤을 의미한다.

　ⓙ **명시적 비용** : 기업의 생산활동과정에서 실제로 지출된 금액을 말한다. 원료구입비 · 임금 · 이자 · 임대료 등이 명시적 비용(회계적 비용)에 포함된다.

　ⓚ **잠재적비용(암묵적비용)** : 일반적으로 자신이 소유한 생산요소에 대한 비용으로 명시적 비용에 포함되지 않는 비용이다. 회계적 비용에는 포함되지 않으나, 경제적 비용에는 포함된다.

② **단기비용함수** : 단기에서 고정투입이 존재하는 상태에서 주어진 산출량을 생산하는 데에 소요되는 최소한의 비용이 얼마인가를 나타내 주는 함수이다. 단기에서는 고정투입과 가변투입이 존재하므로, 비용 역시 고정비용과 가변비용으로 나누어진다. 즉, 단기는 고정요소와 가변요소가 존재하지만, 장기는 가변요소만 존재한다.

　ⓐ **단기총비용** : 주어진 생산시설 하에서 일정 산출량을 최소비용으로 생산하는 비용곡선을 의미한다.

$$STC = TFC(총고정비용) + TVC(총가변비용)$$

　• **총고정비용**(TFC : Total Fixed Cost) : 총고정비용은 생산량의 크기와 무관하게 지출해야 하는 비용을 의미하며, 건물임대료, 보험료 등이 해당된다. 고정요소가 자본 1가지만 존재한다면 총고정비용은 다음과 같이 나타낼 수 있다.

$$TFC = r\overline{K} \ (r : 자본 \ 1단위의 \ 가격, \ \overline{K} : 자본량)$$

생산량이 변화하더라도 고정비용은 일정한 값이므로 TFC 곡선은 수평선이다.

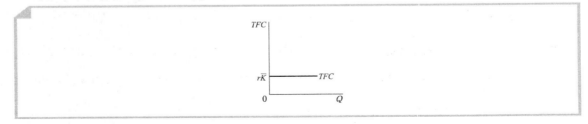

• 총가변비용(TVC : Total Variable Cost) : 생산량에 따라 그 크기가 변화하는 비용을 의미하며, 인건비, 재료구입비 등이 해당된다. 생산량이 증가할 때 총가변비용은 체감적으로 증가하다가 생산량이 일정 단위를 넘어서면 체증적으로 증가하므로 TVC 곡선은 다음 그림과 같은 형태이다.

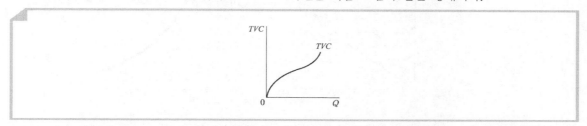

처음에는 노동투입량이 증가할 때 MP_L이 체증하고, 노동투입량이 일정 단위를 넘어서면 MP_L이 체감한다(수확체감의 법칙).

• 총비용(TC : Total Cost) : 총고정비용과 총가변비용의 합으로 총가변비용곡선을 총고정비용만큼 상방으로 이동시키면 총비용곡선이 도출된다.

$$TC = wL + r\overline{K}$$
$$= TVC + TFC$$

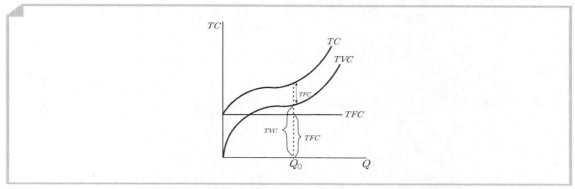

임의의 산출량 수준에서 총비용곡선의 기울기는 항상 총가변비용곡선의 기울기와 동일하다.

ⓒ 단기평균비용

• 평균고정비용(AFC : Average Fixed Cost) : 총고정비용을 생산량으로 나눈 값이므로 다음과 같이 정의된다.

$$AFC = \frac{TFC}{Q}$$

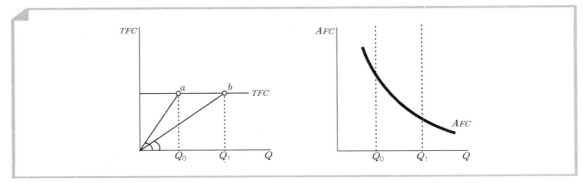

- TFC가 상수이므로 생산량이 증가하면 AFC는 점점 감소한다.
- 평균고정비용곡선은 직각쌍곡선의 형태이며 총고정비용곡선에서 원점으로 연결한 직선의 기울기로 측정된다.
- 평균가변비용(AVC : Average Variable Cost) : 총가변비용을 생산량으로 나눈 값이므로 다음과 같이 정의된다.

$$AVC = \frac{TVC}{Q}$$

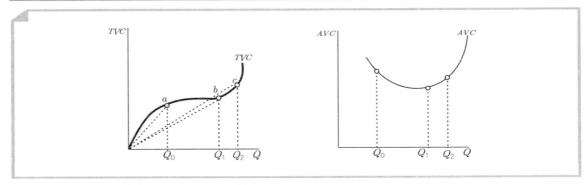

- AVC는 TVC곡선에서 원점에 연결한 직선의 기울기로 측정된다.
- 평균가변비용은 처음에는 체감하다가 나중에는 체증하므로 AVC곡선은 U자 형태로 도출된다.
- 평균비용(AC : Average Cost) : 산출량 1단위당 소요되는 비용으로 총비용을 생산량으로 나눈 값이므로 다음과 같이 정의된다.

$$AC = \frac{TC}{Q} = \frac{TFC}{Q} + \frac{TVC}{Q} = AFC + AVC$$

- 평균비용은 평균고정비용과 평균가변비용의 합으로 계산된다.
- 균가변비용곡선이 U자 형태이므로 평균비용도 U자 형태이다. 이는 낮은 수준의 산출량에서는 평균고정비용이 급격히 감소하는 것에 큰 영향을 받고, 높은 수준의 산출량에서는 평균가변비용이 체증하는 것에 비교적 큰 영향을 받고 있기 때문이다.

- 한계비용(MC : Marginal Cost) : 생산량을 1단위를 증가시킬 때 증가하는 총비용 증가분(총가변비용 증가분)으로 다음과 같이 정의된다.

$$MC = \frac{\Delta TC}{\Delta Q} = \frac{\Delta TFC}{\Delta Q} + \frac{\Delta TVC}{\Delta Q} = \frac{\Delta TVC}{\Delta Q} \ (\text{단}, \ \frac{\Delta TFC}{\Delta Q} = 0)$$

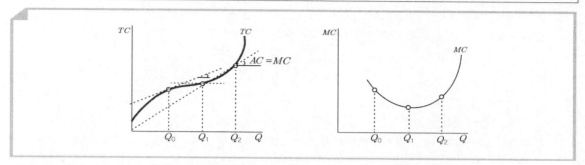

- 한계비용은 각 생산량수준에 대응하는 총비용곡선 혹은 총가변비용 접선의 기울기로 측정된다.
- 생산량이 Q_1 에서 총비용곡선의 접선의 기울기가 가장 작다. 따라서 한계비용(MC)곡선은 Q_1 에서 최저점이 된다. 생산량 Q_2 수준에서는 총비용곡선에서 원점을 통과하는 직선의 기울기와 접선의 기울기가 일치하므로 평균비용과 한계비용이 일치한다. (AC = MC)
- 한계비용곡선은 U자 형태로 도출된다.
ⓒ 단기비용곡선들 사이의 관계
- TC는 TVC를 TFC만큼 상방으로 이동시킨 것이므로 TC와 TVC의 형태는 동일하다.
- AC, AVC, MC는 모두 U자형이다.
- AVC는 항상 AC하방에 위치한다.
- 생산량이 증가함에 따라 AFC는 계속해서 감소하고(직각쌍곡선의 형태), 이에 따라 AVC는 점점 AC에 근접한다.
- AVC의 극소점은 AC의 극소점보다 왼쪽에 위치한다.
- MC는 AVC 및 AC의 최저점을 통과한다.
- MC는 AC가 감소할 때는 AC하방에 위치하고, AC가 증가할 때는 AC상방에 위치한다.

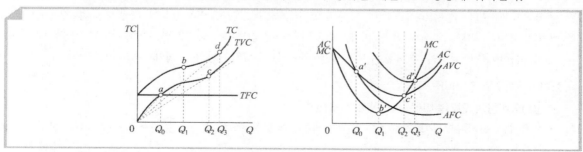

ⓔ 비용과 생산물과의 관계
  • 평균가변비용과 평균생산물의 관계 : 평균가변비용(AVC)은 평균생산물(AP_L)과 역의 관계이다.

$$AVC = \frac{TVC}{Q} = \frac{w \cdot L}{Q} = \frac{w}{\frac{Q}{L}} = \frac{w}{AP_L}$$

  • 한계비용과 한계생산물의 관계 : 한계비용(MC)은 한계생산물(MP_L)과 역의 관계이다.

$$MC = \frac{\triangle TC}{\triangle Q} = \frac{\triangle TVC}{\triangle Q} = \frac{\triangle(w \times L)}{\triangle Q} = \frac{w \times \triangle L}{\triangle Q} = \frac{w}{\frac{\triangle Q}{\triangle L}} = \frac{w}{MP_L}$$

  • 평균생산의 극대점을 한계생산이 통과하며, 평균가변비용의 극소점을 한계비용이 통과한다.
  • 평균생산이 극대일 때 평균가변비용이 극소가 되며, 한계생산이 극대일 때 한계비용이 극소가 된다.

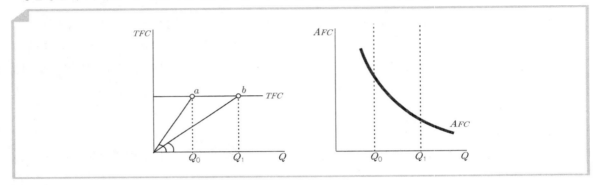

ⓜ 비용곡선의 이동
  • 기술진보 : 기술진보가 이루어지면 MP_L과 MP_K가 증가하므로 MC, AVC, AC곡선이 모두 하방으로 이동한다. 동일 생산량을 더 적은 생산요소의 투입으로 가능하므로 등량곡선의 원점이동을 가져오고 생산성을 향상시킨다.
  • 요소가격의 상승 : 임금이 상승하면 MC와 AVC가 상승하므로 MC, AVC, AC곡선이 모두 상방으로 이동한다. 즉, 요소가격의 변화는 가변비용의 변화를 발생시킴으로 한계비용곡선에 영향을 미친다.
  • 학습효과 : 생산 경험의 축적으로 생산의 효율성을 가져오며, 비용곡선의 하방 이동을 가져온다.
  • 고정비용의 변화 : 임대료, 이자비용, 광고비 등 고정비용이 증가하면 한계비용에는 영향을 미치지 않고 평균비용에 영향을 가져다 주며, 평균비용곡선만 상방이동하고 한계비용곡선은 이동하지 않는다.

③ 장기비용함수와 장기비용곡선
  ⓗ 장기총비용과 단기총비용과의 관계
    • 장기에는 설비규모를 최적수준으로 조정하는 것이 가능하므로 장기총비용은 단기총비용보다 더 낮거나 같다.
    • LTC가 STC보다 낮거나 같으므로 LAC도 SAC보다 더 낮거나 같다.
    • 한계비용곡선은 총비용곡선 기울기이므로 LMC는 SMC보다 클 수도 있고 작을 수도 있다.

ⓛ 규모에 대한 수익과 장기비용

• 규모에 대한 수익불변의 경우(CRS) : 생산량을 2배로 증가시키기 위해서는 생산요소를 2배 투입해야 하므로 비용이 2배로 증가한다. LTC가 직선(원점을 통과하는 직선)이므로 LAC와 LMC는 수평선으로 도출된다.

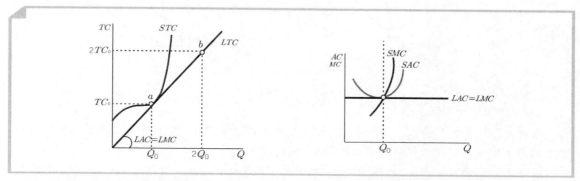

• 규모에 대한 수익체증의 경우(IRS) : 생산량을 2배로 증가시키기 위해서는 생산요소를 2배보다 적게 투입해도 된다. LTC곡선은 체감적으로 증가하는 우상향의 곡선이다. 장기총비용이 체감적으로 증가하므로 LAC와 LMC는 우하향의 형태로 도출된다. 생산규모가 커지면서 장기평균비용이 점차 작아지는데 이 때 규모의 경제가 존재한다고 말한다.

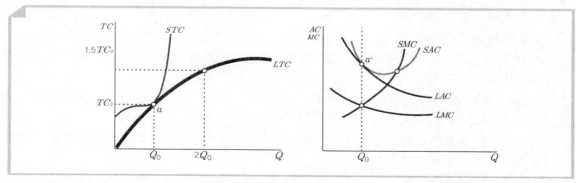

• 규모에 대한 수익체감의 경우(DRS) : 생산량을 2배로 증가시키기 위해서는 생산요소를 2배보다 더 많이 투입해야 한다. LTC곡선은 체증적으로 증가하는 우상향의 곡선이다. 장기총비용이 체증적으로 증가하므로 LAC와 LMC는 우상향의 형태이다. 생산규모가 커지면서 장기평균비용이 점차 커지는데 이 때 규모의 불경제가 존재한다고 말한다.

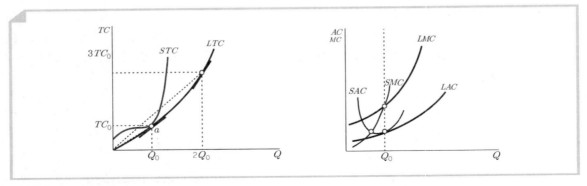

ⓒ 장기비용곡선의 형태

- 설비규모가 아주 작은 수준에서는 생산규모가 커지면 분업, 생산의 전문화 등으로 규모의 경제(규모에 대한 수익체증)가 발생하여 장기평균비용이 하락한다.
- 설비규모가 일정 수준을 넘어서면 경영의 비효율성 등으로 규모의 불경제(규모에 대한 수익체감)가 초래되어 장기평균비용이 상승한다.
- 전형적인 장기총비용곡선은 단기총비용곡선과 거의 유사한 형태로 도출된다. 단지, 한 가지의 차이점은 장기총비용곡선은 원점을 통과한다는 것이다. 단기에서와 달리 고정비용이 없기 때문이다.
- LTC에서 원점으로 연결한 직선의 기울기로 측정되는 장기 평균비용곡선은 U자 형태로 도출된다.

ⓓ 장기비용곡선과 단기비용곡선

- 규모에 대한 수익과 관계없이 단기비용은 장기비용보다 크거나 같기 때문에 STC는 LTC의 상방에, SAC는 LAC의 상방에 위치한다. LMC는 LTC의 기울기이고, SMC는 STC의 기울기이므로 LMC는 SMC보다 클 수도 있고 작을 수도 있다.
- 장기총비용곡선과 단기총비용곡선이 접하는 점에서는 장·단기평균비용곡선도 서로 접하고, SMC와 LMC는 서로 교차한다.
- 장기평균비용곡선은 단기평균비용곡선을 감싸안고 있는 형태이므로 장기평균비용곡선을 단기평균비용의 포락선(envelope curve)이라고 한다.

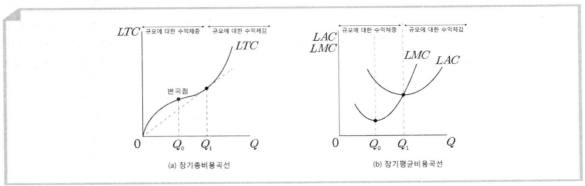

ⓜ 규모의 경제와 규모의 불경제

• 규모의 경제는 생산량과 비용 간의 관계를 나타내는 개념이다.

• 생산량이 증가할 때 장기평균비용이 감소하는 경우 규모의 경제(economies of scale), 그리고 생산량이 증가할 때 장기평균비용이 상승하는 경우를 규모의 불경제(diseconomies of scale)라고 한다.

• 기업의 설비규모가 일정 수준에 도달할 때까지는 장기평균비용이 하락하는 규모의 경제가 발생한다. 그러나 기업의 설비규모가 너무 커지면 장기평균비용이 상승하는 규모의 불경제가 발생한다. 따라서 장기평균비용(LAC)곡선이 U자 형태로 도출된다.

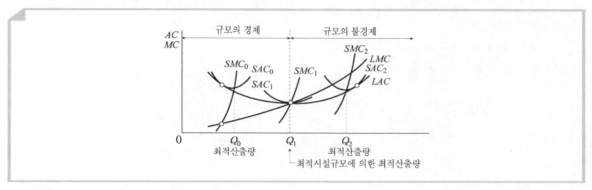

ⓑ L자의 장기평균비용곡선

• 장기평균비용곡선이 L자 형태가 되는 것은 기업규모가 커짐에 따라 발생하는 경영의 비효율성이 규모의 경제에 따라 발생하는 비용하락에 의해 상쇄되기 때문이다.

• LAC곡선이 L자 형태이면 SAC_0 이후의 시설규모는 모두 최적시설규모이다.

• 최적시설규모 중 가장 작은 SAC_0의 시설규모를 최소효율규모(MES)라고 한다.

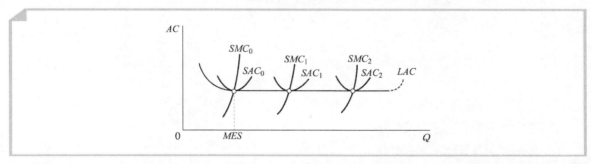

ⓢ 범위의 경제 : 한 기업이 여러 가지 재화를 동시에 생산하는 것이 여러 기업이 각각 한 가지의 재화를 생산할 때보다 생산비용이 적게 소요되는 것을 의미한다.

$$C(X, Y) < C(X) + C(Y)$$

• 발생 이유 : 생산요소를 공동 이용하여 비용을 절감할 수 있다. 기업운영상의 효율성이 발생한다.

• 특징 : 범위의 경제가 발생하면 생산가능곡선이 원점에 대해 오목한 형태로 도출된다. 범위의 경제와 규모의 경제는 아무런 관계가 없다.

기출문제분석

(한국마사회)

1 다음 생산함수 $Q = f(L, K)$에 대해 모든 생산요소를 h배 투입하였을 때 $f(hL, hK) < hf(L, K)$의 관계가 성립한다. 이 생산함수에 대한 설명으로 바른 것은 ? (단, L은 노동, K는 자본이다.)

① 규모에 대한 수익 증가

② 한계생산 체감

③ 규모에 대한 수익 감소

④ 규모에 대한 수익 불변

> **NOTE** $f(hL, hK) < hf(L, K)$ 관계가 성립한다는 것은 모든 생산요소를 h배 투입하였을 때 생산량 $f(hL, hK)$이 기존의 생산량의 h배 $hf(L, K)$보다 작게 나타난다. 모든 생산요소를 h배 투입하였을 때 생산량이 h배보다 작게 증가하는 경우를 규모에 대한 수익체감이라고 한다. 즉, 규모에 대한 수익이 감소한다는 것을 의미한다.

(코스콤)

2 다음 표는 노동과 자본의 다양한 결합으로 얻을 수 있는 생산물의 양을 나타낸다. (예를 들면 노동 1단위와 자본 1단위를 결합하여 생산물 100단위를 얻을 수 있다.) 표에 나타난 생산함수에 대한 설명으로 가장 바르지 않은 것은?

자본량＼노동량	1	2	3
1	100	140	150
2	130	200	240
3	150	230	300

① 규모의 경제(economies of scale)가 성립한다.

② 자본의 한계생산은 체감한다.

③ 노동의 한계생산은 체감한다.

④ 규모에 대한 수익불변이 성립한다.

Answer. 1.③ 2.①

📝NOTE 노동과 자본을 모두 1단위씩 투입하면 100단위의 재화가 생산되고, 노동과 자본을 모두 2단위씩 투입하면 200단위의 재화가 생산되고, 노동과 자본을 모두 3단위씩 투입하면 300단위의 재화가 생산되므로 생산함수가 규모에 대한 수익불변이다. 생산기술이 규모에 대한 수익불변일 때는 장기평균비용곡선이 수평선이므로 규모의 경제가 발생하지 않는다. 생산량 증가에 따라 평균비용이 지속적으로 하락하는 규모의 경제는 자본량과 노동량의 투입비율보다 생산량의 증가비율이 더 크게 나타나는 규모에 대한 수익 증가인 경우에 나타나는 현상이다. 또한 하나의 생산요소 투입을 고정시킨 상태에서 나머지 생산요소 투입량을 증가시키면, 이에 따른 생산량의 증가분(=한계생산)이 체감하고 있다. 그리고 자본량과 노동량을 동일하게 증가시키면 생산량도 동일한 비율로 증가하고 있다.

(한국수력원자력)

3 어느 경제에서 생산량과 기술 및 요소 투입 간에 $Y = AF(L, K)$의 관계가 성립하여 $f(L, K)$는 노동, 자본에 대하여 규모에 대한 수익불변(CRS)의 특징을 가지고 있다. 이에 대한 설명으로 가장 바른 것은? (단, Y, A, L, K는 각각 생산량, 기술수준, 노동, 자본을 나타낸다.)

① 생산요소인 노동과 자본이 각각 2배 증가하고 기술수준이 2배로 높아지면 노동단위 1인당 생산량은 2배 증가한다.

② 생산요소인 자본의 2배 증가하고 기술수준이 2배로 높아지면 노동단위 1인당 생산량은 2배 증가한다.

③ 생산요소인 노동이 2배 증가하면 노동단위 1인당 생산량은 증가한다.

④ 생산요소인 노동과 자본이 각각 2배 증가하면 노동단위 1인당 생산량은 증가한다.

📝NOTE 노동과 자본에 대하여 규모에 대한 수익 불변이라면, 노동과 자본 투입이 2배가 되면 생산량도 2배가 되어 노동단위 1단위당 생산량 역시 불변이 된다. 그러나 동시에 기술수준이 2배로 높아지므로 노동단위 1단위당 생산량은 이에 따라 2배가 된다. 즉, 규모에 대한 수익불변이 1차 동차 콥-더글라스 생산함수 $AP_L = \dfrac{Y}{L} = \dfrac{AL^\alpha K^{1-\alpha}}{L} = A\left(\dfrac{K}{L}\right)^{1-\alpha}$이다. 이를 이용하여 구체적으로 살펴보면,
② 자본이 2배 증가하면 1인당 자본량이 증가로 1인당 생산량이 증가하므로 자본이 2배 증가하는 동시에 기술수준도 2배로 높아지면 1인당 생산량은 2배보다 크게 증가한다.
③ 노동이 2배 증가하면 1인당 자본량이 감소한다.
④ 노동과 자본이 모두 2배 증가하면 1인당 자본량이 불변이므로 1인당 생산량도 변하지 않는다.

✦Answer. 3.①

4 다음 중 한 기업이 여러 제품을 함께 생산하는 경우가 각 제품을 별도의 개별기업이 생산하는 경우보다 생산비용이 더 적게 되는 경우를 설명하는 것은 어느 것인가?

① 규모에 대한 수익체증
② 규모의 경제
③ 비경합적 재화
④ 범위의 경제

📝NOTE 범위의 경제: 개별기업이 각각 한 가지의 재화를 생산하는 것보다 한 기업이 여러 가지 재화를 동시에 생산할 때 비용이 더 적게 소요되는 것을 의미한다.
① 규모에 대한 수익체증: 생산요소들의 투입을 동일한 비율로 증가시켰을 때, 생산량은 그보다 더 큰 비율로 증가하는 경우를 의미한다. 이것은 생산비용 측면에서 규모의 경제와 맞물린다.
② 규모의 경제: 생산규모가 확대할 때 장기평균비용이 지속적으로 하락하는 현상을 의미한다. 이것은 생산 측면에서 규모에 대한 수익체증과 맞물린다.
③ 비경합적 재화: 공공재와 같이 한 재화를 소비할 때 소비 순서와 관계없이 모든 소비자가 동일한 양을 소비할 수 있는 재화를 의미한다.

5 총 노동량과 총 자본량이 각각 12단위인 경제를 가정하자. 완전 보완관계인 노동 1단위와 자본 2단위를 투입하여 X재 한 개를 생산하며, 완전 대체관계인 노동 1단위 혹은 자본 1단위를 투입하여 Y재 한 개를 생산한다. 이 경우 X재 생산량이 6일 때, 생산의 파레토 최적 달성을 위한 Y재 생산량은?

① 3   ② 4
③ 6   ④ 8

📝NOTE X재는 완전 보완관계인 노동 1단위와 자본 2단위를 투입해서 생산되므로 X재 생산함수는 다음과 같은 Leontief 생산함수 형식으로 나타낼 수 있다.
$Q_X = \min[L, 0.5K]$이고, 이에 따라 X재를 6만큼 생산하기 위해서는 L = 6 단위가 K = 12 단위가 투입된다. 그 결과 경제 전체의 생산요소가 L = 12 단위와 K = 12 단위였으므로, 이제 Y재 생산에 투입할 수 있는 생산요소는 L = 6 단위뿐이다.
완전 대체관계인 노동 1단위 혹은 자본 1단위를 투입하여 Y재 한 단위를 생산하므로 Y재 생산함수는 $Q_Y = L + K$이다. 이제 남은 생산요소인 L = 6 단위와 K = 0 단위를 앞의 생산함수에 대입하면 Y재 생산량은 $Q_Y = 6 + 0$이 된다.
X재와 Y재가 모두 6단위 생산되고 있는 상태에서는 한 재화의 생산량을 감소시키지 않고는 다른 재화의 생산량을 증가시키는 것이 불가능하다. 그러므로 두 재화가 모두 6단위 생산되는 상태는 파레토효율적이다.

✦**Answer.** 4.④ 5.③

(한국정책금융공사)

6 어느 기업의 총비용함수가 $TC(Q) = 20Q^2 - 15Q + 4,500$일 때, 평균비용을 최소화하는 생산량은?
(단, Q는 생산량이다.)

① 10

② 15

③ 20

④ 25

> **NOTE** 주어진 총비용함수를 전제로 평균비용(AC)을 구하면, 총비용을 생산량(Q)로 나누면 평균비용 $AC = 20Q - 15 + \dfrac{4,500}{Q}$
> 이다.
> 이러한 평균비용을 최소한하는 생산량 수준은 평균비용의 1차 도함수의 값을 0으로 만드는 크기이다. 즉, 평균비용이 최소가 되는 생산량을 구하기 위해 평균비용함수를 Q에 대해 미분한 후 0으로 두면
> $\dfrac{dAC}{d} = 20 - \dfrac{4,500}{Q^2} = 0$, $Q^2 = 225$, $Q = 15$로 계산된다.

(인천국제공항공사)

7 생산함수가 $Q = L^2K^2$으로 주어져 있다. 이 생산함수에 대한 설명으로 올바른 것을 모두 고른 것은?
(단, Q는 생산량, L은 노동량, K는 자본량이다.)

> ㉠ 2차 동차함수이다.
> ㉡ 규모에 따른 수확체증이 있다.
> ㉢ 주어진 생산량을 최소비용으로 생산하는 균형점에서 생산요소 간 대체탄력성은 1이다.

① ㉠

② ㉡

③ ㉠, ㉢

④ ㉡, ㉢

> **NOTE** 주어진 생산함수는 콥-더글라스 생산함수이다. 이 함수의 기본형은 $Q = AL^\alpha K^\beta$ 이다.
> 콥-더글라스 생산함수는 $(\alpha + \beta)$차 동차생산함수이다.
> 생산함수의 L과 K를 모두 t배하면 $(tL)^2(tK)^2 = t^4L^2K^2 = t^4Q$ 이므로 문제에 주어진 생산함수는 4차 동차 콥-더글라스 생산함수이다. 생산함수가 1차 동차보다 규모에 대한 수확체증 현상이 나타난다. 그리고 콥-더글라스 생산함수는 대체탄력성이 항상 1이다.

Answer. 6.② 7.④

8 비용에 대한 설명으로 가장 올바른 것은?

① 조업을 중단하더라도 남아 있는 계약 기간 동안 지불해야 하는 임대료는 고정비용이지만 매몰비용은 아니다.

② 평균총비용곡선이 U자 모양일 때, 한계비용은 평균총비용의 최저점을 통과하지 않는다.

③ 한계수확체감 현상이 발생하고 있는 경우, 생산량이 증가함에 따라 한계비용은 감소한다.

④ 가변비용과 고정비용이 발생하고 있고 평균총비용곡선과 평균가변비용곡선이 모두 U자 모양일 때, 평균가변비용의 최저점은 평균총비용의 최저점보다 더 낮은 생산량 수준에서 발생한다.

> 📝**NOTE** 가변비용과 고정비용이 발생하고 있고 평균총비용곡선과 평균가변곡선이 모두 U자 모양일 때, 각 비용을 그림으로 나타내면, 다음과 같다.

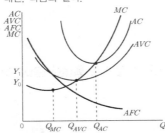

> 한계비용(MC)의 최저점, 평균가변비용(AVC)의 최저점, 평균총비용(AC)의 최저점에서의 생산량에서 $Q_{MC} < Q_{AVC} < Q_{AC}$ 관계가 성립한다. 또한 한계비용은 평균총비용의 최저점을 통과하고 있다.
>
> 조업을 중단하더라도 남아 있는 계약기간 동안 지불해야 하는 임대료는 회수 불가능하므로 매몰비용이다. 평균비용(평균총비용)곡선이 U자 모양일 때 한계비용곡선은 평균비용곡선의 최저점을 통과한다. $MC = \dfrac{w}{MP_L}$ 의 관계가 성립하므로 수확체감 현상으로 MP_L 이 감소하면, 생산량이 증가함에 따라 한계비용(MC)은 증가한다.

9 단기비용함수 $C = 20 + 2Q^2$ 이면 생산량(Q)이 10단위 일 때 평균가변비용은?

① 4
② 20
③ 40
④ 200

> 📝**NOTE** 평균가변비용 $AVC = \dfrac{TVC}{Q} = \dfrac{2Q^2}{Q} = 2Q = 200$ 이다.

> 😊**Answer.** 8.④ 9.④

(한국전력공사)

10 다음 중 단기평균비용에 대한 설명으로 옳지 않은 것은?

① 단기평균비용이 감소할 경우 단기한계비용은 단기평균비용보다 작아야 한다.

② 한계생산체감의 법칙 때문에 궁극적으로 단기평균비용은 상승한다.

③ 단기평균비용이 증가하는 것은 단기한계비용이 단기평균비용을 상회하기 때문이다.

④ 단기평균비용이 감소하는 것은 생산량이 증가함에 따라 규모의 경제가 발생하기 때문이다.

> **NOTE** 단기평균비용곡선이 U자 형태를 취하는 것은 규모의 대한 수익이 아니라 수확체감의 법칙에 기인한다. 그리고 장기평균 비용곡선이 U자 형태를 취하는 것은 규모에 대한 수익 때문이다. 따라서 규모에 대한 수익은 장기적인 개념이다.

출제예상문제

1 자국과 외국은 두 국가 모두 한 가지 재화만을 생산하며, 노동투입량과 노동의 한계생산량의 관계는 다음 표와 같다. 자국과 외국의 현재 노동부존량은 각각 11과 3이고 모두 생산에 투입된다. 국가 간 노동이동이 자유로워지면 세계 총생산량의 변화는?

노동투입량(명)	1	2	3	4	5	6	7	8	9	10	11
노동의 한계생산량(개)	20	19	18	17	16	15	14	13	12	11	10

① 4개 증가
② 8개 증가
③ 12개 증가
④ 16개 증가

> **NOTE** 먼저 자국을 A라 하고, 외국을 B라 했을 시, 총생산량은 한계생산량의 합으로 얻을 수 있다. A국 노동부존량은 11명이기 때문에 노동 1단위에서부터 11단위까지 한계생산량을 더하면 A국 총생산량은 165가 되고, B국 노동부존량은 3명이기 때문에 노동 1단위에서부터 3단위까지의 한계생산량을 더하면 B국 총생산량은 57개가 된다. 그러므로 세계 전체 총생산량은 222개가 된다. 국가 간 노동이동이 자유로워짐에 따라 A국 노동은 큰 실질임금을 지급하게 되는 B국으로 이동하게 되어 균형점에서 A, B국의 노동부존량은 7명으로 동일하게 될 것이다. A, B국의 노동부존량은 7명씩이기 때문에 노동의 1단위에서부터 7단위까지의 한계생산량을 더하면 A, B국의 총생산량은 119개이다. 그러므로 세계 전체 총생산량은 238개이다. 국가 간 노동의 이동이 자유롭게 되면 세계 전체 총생산량은 222개에서 238로 16개 증가하게 된다.

2 자동차 제조업체들이 생산비용을 획기적으로 절감할 수 있는 로봇 기술을 개발하였다. 이 기술개발이 자동차 시장에 미치는 직접적인 파급효과로 옳은 것은?

① 수요곡선이 우측으로 이동하고, 자동차 가격이 상승한다.
② 수요곡선이 우측으로 이동하고, 자동차 가격이 하락한다.
③ 공급곡선이 우측으로 이동하고, 자동차 가격이 상승한다.
④ 공급곡선이 우측으로 이동하고, 자동차 가격이 하락한다.

> **NOTE** 기업 조직에서 생산비용을 줄일 수 있는 새로운 기술의 진보가 나타나게 되면 재화의 공급곡선을 우측으로 움직이게 된다. 이 때 수요곡선이 일정 상태에서 공급곡선이 우측으로 움직이게 될 시에 새로운 균형점에서 시장의 균형거래량은 높아지고, 균형가격은 내려가게 된다.

Answer. 1.④ 2.④

3 생산함수가 $Q = 5L^{0.4}K^{0.6}$일 때, 다음 설명 중 옳은 것은? (단, Q, L, K는 각각 생산량, 노동투입량, 자본투입량, $Q > 0$, $L > 0$, $K > 0$)

① $L = K$일 경우, 노동의 한계생산은 일정하다.

② 노동과 자본의 대체탄력성은 L, K의 값의 크기에 따라 변한다.

③ 등량곡선은 우하향하는 직선 모양을 갖는다.

④ 한계기술대체율은 L, K의 값의 크기와 관계없이 항상 일정하다.

> 📝NOTE ① $L = K$인 경우, K대신에 L을 대입하면 $Q = 5L$이 되므로 자본의 한계생산성은 5로 일정하다.
> ③ 등량곡선은 원점에 대하여 볼록한 우하향하는 곡선 모양을 갖는다.

4 다음 생산함수 중 규모에 대한 수확불변(consistent returns to scale)을 보이지 않는 것은?

① $Q = \min\left(\dfrac{L}{2}, \dfrac{L}{3}\right)$

② $Q = 0.5L^{0.4}K^{0.6}$

③ $Q = 2L + 3K$

④ $Q = L^{0.3}K^{0.8}$

> 📝NOTE ④ $f(\lambda L, \lambda K) = (\lambda L)^{0.3}(\lambda K)^{0.8} = \lambda^{1.1}L^{0.3}K^{0.8} > \lambda L^{0.3}K^{0.8}$이므로 규모에 대한 수익 체증을 보인다.

5 규모의 수익(returns to scale)에 대한 설명 중 옳지 않은 것은?

① 어떤 산업에서의 생산기술이 규모에 대한 수익체증의 성격을 가지는 경우에는 자연독점이 발생할 수 있다.

② 생산기술이 규모에 대한 수익불변의 성격을 갖는다면 장기평균비용곡선은 항상 수평선의 모양을 갖는다.

③ 생산함수가 $Q = 3LK$라면 규모에 대한 수익체증을 나타낸다(단, L=노동, K=자본).

④ 생산함수가 $Q = 5\sqrt{LK}$라면 규모에 대한 수익불변을 나타낸다.

> 📝NOTE 장기평균비용곡선은 규모의 경제와 관련이 있다. 따라서 규모의 경제가 나타난다면 장기평균비용곡선이 수평선의 모양을 갖겠지만, 규모에 대한 수익 불변인 경우에는 항상 성립하는 특성은 아니다.

Answer. 3.① 4.④ 5.②

6 기업의 생산 활동과 생산비용에 대한 설명으로 옳지 않은 것은?

① 평균비용이 증가할 때 한계비용은 평균비용보다 작다.

② 단기에 기업의 총비용은 총고정비용과 총가변비용으로 구분된다.

③ 낮은 생산수준에서 평균비용의 감소추세는 주로 급격한 평균고정비용의 감소에 기인한다.

④ 완전경쟁기업의 경우, 단기에 평균가변비용이 최저가 되는 생산량이 생산중단점에 된다.

🖰NOTE 다음 그림과 같이 평균비용이 증가할 때 한계비용은 평균비용보다 크다.

7 ㈜이모네에서는 팝콘 포장 작업에 노동자를 대신할 로봇의 도입을 검토하고 있다. 로봇의 도입이 기존에 포장을 담당하던 노동자들의 임금과 고용량에 미칠 영향은?

① 임금 상승, 고용량 증가　　　　　　② 임금 상승, 고용량 감소

③ 임금 하락, 고용량 증가　　　　　　④ 임금 하락, 고용량 감소

⑤ 임금 불변, 고용량 증가

🖰NOTE 로봇의 도입은 포장을 담당하는 노동자에 대한 수요곡선을 왼쪽 아래로 이동시키므로, 균형 임금 수준은 하락하고 균형 고용량은 감소한다.

8 어느 생산자는 매일 50단위의 물건을 만들기 위해 공장을 가동하고 있다. 평균가변비용은 19, 한계비용은 20, 그리고 평균비용은 15라고 한다. 이 공장의 총고정비용은?

① 250　　　　　　　　　　　　　　② 350

③ 500　　　　　　　　　　　　　　④ 750

🖰NOTE 현재의 총비용은 평균비용과 현재의 생산량의 곱인 750이 되고 총가변비용은 평균가변비용과 현재의 생산량의 곱인 500이 된다. 따라서 이 둘의 차이인 250이 총고정비용이 된다.

Answer. 6.① 7.④ 8.①

9 제품의 가격이 10원이고, 노동 한 단위의 가격은 5원, 자본 한 단위의 가격은 15원이다. 기업 A의 노동의 한계생산이 3이고, 자본의 한계생산은 1일 때 현재 생산수준에서 비용극소화를 위한 방법으로 옳은 것은?

① 노동의 투입량은 늘리고, 자본의 투입량은 줄일 것이다.

② 노동의 투입량은 줄이고, 자본의 투입량은 늘릴 것이다.

③ 노동과 자본 모두 투입량을 늘릴 것이다.

④ 노동과 자본 모두 투입량을 줄일 것이다.

📖NOTE 문제에서 주어진 상황에서 한계기술대체율은 3, 요소상대가격은 $\frac{1}{3}$으로 나타난다. 비용극소화를 위해서는 한계기술대체율과 요소상대가격이 같아져야 하는데 현재 생산수준에서는 비용극소화를 달성하고 있지 못함을 알 수 있다. 따라서 그림과 같이 주어진 등량곡선 하에서 비용극소화를 달성하기 위해서는 노동의 투입량은 늘리고 자본의 투입량은 줄여야 한다.

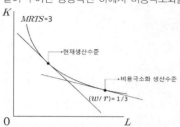

10 기업 A의 비용함수는 $C = \sqrt{Q} + 50$이다. 이 기업이 100개를 생산할 경우, 이윤이 0이 되는 가격은? (단, C는 총비용, Q는 생산량)

① 1

② 0.6

③ 0.3

④ 0.1

📖NOTE 총비용을 도출하기 위해서 현재의 생산수준 $Q = 100$을 비용함수에 대입하여 $C = \sqrt{100} + 50 = 60$이 됨을 알 수 있다. 이윤($\pi = TR - TC$)이 0이 되기 위해서는 총수입과 총비용이 같아져야 하므로 $TR = P \times Q = P \times 100 = 60$, $P = 0.6$이 된다.

😊Answer. 9.① 10.②

11 한 기업이 여러 제품을 함께 생산하는 경우가 각 제품을 별도의 개별기업이 생산하는 경우보다 생산비용이 더 적게 드는 경우를 설명하는 것은?

① 외부비경제   ② 범위의 경제

③ 규모의 경제   ④ 규모에 대한 수확체감

⑤ 규모에 대한 수확체증

> **NOTE** 범위의 경제란 동일한 생산요소를 투입하여 한 기업이 두 종류의 유사한 재화를 생산하는 것이 두 개의 기업이 각각 한 개의 재화를 생산하는 것보다 더 효율적인 생산이 가능한 기술상의 특성을 의미한다.

12 다음 중 규모의 경제와 관련된 현상으로서 옳지 않은 것은?

① 인구가 밀집된 지역에 인터넷이 빨리 보급된다.

② 국제전화 사용 시 여러 전화회사들 중에서 선택할 수 있다.

③ 철도회사들 중에는 국영기업체가 많다.

④ 통신회사들은 독점력을 가지고 있어 정부의 규제를 받는다.

> **NOTE** ② 이는 국제전화시장에 경쟁이 일어나고 있다는 것을 의미할 뿐 규모의 경제와는 관련이 없다.

13 한계생산력이 체감하는 일반적인 생산함수 $Y = F(L, K)$에서 평균생산물(AP)과 한계생산물(MP)의 관계를 옳게 설명한 것은? (Y는 산출량, L은 노동량, K는 자본량이다)

① AP가 MP보다 크면 AP는 계속 증가한다.

② 생산의 제2단계는 MP의 극대점부터 AP의 극대점까지의 구간이다.

③ $MP < 0$이더라도 $AP > 0$인 한, 기업은 생산을 계속한다.

④ 기업의 최적생산은 AP의 극대점부터 $MP = 0$인 구간에서 결정된다.

> **NOTE** 일반적으로 생산은 생산의 2단계(평균생산물이 극대인 점부터 한계생산물이 0인 점까지)에서 이루어진다.

Answer. 11.② 12.② 13.④

14 Cobb–Douglas 생산함수에 대한 설명 중 가장 옳지 않은 것은?

① 생산요소간의 대체탄력성은 항상 1이다.

② 규모에 대한 수익은 항상 증가한다.

③ 동차함수(homogeneous function)이다.

④ 확장경로(expansion path)는 항상 직선이다.

⑤ CES(Constant Elasticity of Substitution) 함수의 일종이다.

> **NOTE** Cobb–Douglas 생산함수 $Q = AL^a K^b$에서 $a+b=1$일 때 1차 동차함수이고, 보수 불변이다. $a+b>1$이면 규모에 대한 보수 증가, $a+b<1$이면 규모에 대한 보수 감소이다.
> 생산함수가 동차함수이면 확장경로는 원점을 통과하는 직선이다.

15 규모에 대한 수익이 불변인 경우, 요소의 한계생산물의 변화는?

① 한계생산물이 체증한다.　　　　　② 한계생산물이 체감한다.

③ 한계생산물이 0이다.　　　　　　④ 한계생산물이 불변이다.

> **NOTE** 규모에 대한 수익불변은 자본과 노동이 동시에 변하는 장기적 상황에서 성립한다. 그러나 자본이 고정되어 있는 단기적 상황에서는 (규모에 대한 보수와 관계없이) 수확체감현상이 발생한다.

16 다음 중 등량곡선에 대한 설명으로 옳지 않은 것은?

① 원점으로부터 멀리 위치한 등량곡선일수록 높은 산출량을 나타낸다.

② 생산요소 간의 대체성이 낮을수록 등량곡선의 형태는 직선에 가깝다.

③ 등량곡선의 기울기를 한계기술대체율(marginal rate of technical substitution)이라 한다.

④ 한계기술대체율체감의 법칙이 적용되지 않을 경우에는 등량곡선이 원점에 대하여 볼록하지 않을 수도 있다.

> **NOTE** ② 요소 간 대체성이 높을수록(대체탄력도가 클수록) 등량곡선은 우하향의 직선에 가까워지고, 대체성이 낮을수록(대체탄력도가 작을수록) 등량곡선이 L자에 가까워진다.

✦ **Answer.** 14.② 15.② 16.②

17 생산함수가 다음과 같다면 다음 중 B에서의 한계생산물은?

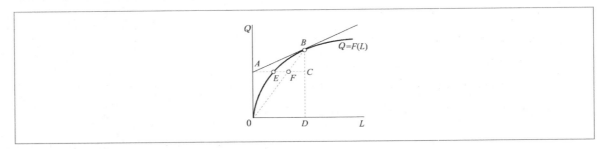

① AB/BC ② BC/AC

③ BD/OD ④ OD/BD

> 📋NOTE 한계생산물은 총생산물곡선의 접선의 기울기로 표시된다. 따라서 B에서 한계생산물은 BC/AC로 나타내어진다. 한편 B에서의 평균생산물은 B와 원점을 연결한 직선의 기울기인 BD/OD이다.

18 노동만이 유일한 가변요소일 때 AP_L(노동의 평균생산물)과 MP_L(노동의 한계생산물)의 관계에 대한 설명으로 옳지 않은 것은?

① AP_L이 증가하는 단계에 있어서는 MP_L이 AP_L보다 크다.

② MP_L이 극대일 때 MP_L과 AP_L은 같다.

③ AP_L이 감소하는 단계에서는 AP_L은 MP_L보다 크다.

④ AP_L이 (+)의 값을 갖는다고 하여 MP_L이 반드시 (+)의 값을 갖는 것은 아니다.

> 📋NOTE AP_L이 증가할 때는 MP_L이 AP_L보다 크고, AP_L이 감소할 때는 AP_L이 MP_L보다 크다. 그리고 AP_L이 극대일 때는 AP_L과 MP_L이 같다.

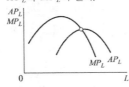

🔸**Answer.** 17.② 18.②

19 자본과 노동의 한계생산물이 각각 5와 9이고, 자본과 노동의 가격이 13과 25라면 이윤극대화를 달성하고자 하는 기업은 각 생산요소의 투입량을 어떻게 조정하여야 하는가?

① 두 요소의 투입량을 모두 변화시키지 않는다.

② 노동의 투입을 감소시키고 자본의 투입을 증가시킨다.

③ 토동의 투입을 증가시키고 자본의 투입을 감소시킨다.

④ 두 요소의 투입을 모두 증가시킨다.

> **NOTE** 이윤극대화 요소고용조건에 따르면 $\frac{MP_L}{w} < \frac{MP_K}{r}$ 이면 노동고용량을 감소시키고 자본투입량을 증가시켜야 하고,
> $\frac{MP_L}{w} > \frac{MP_K}{r}$ 이면 반대로 자본투입량을 감소시키고 노동고용량을 증가시켜야 한다.
> 문제에서는 $\frac{9}{25} = \frac{MP_L}{w} < \frac{MP_K}{r} = \frac{5}{13}$ 이므로 노동고용량을 감소시키고 자본투입량을 증가시켜야 한다.

20 다음 중 생산자균형점에 관한 내용으로 옳지 않은 것은?

① 요소가격당 한계생산물균등의 법칙이 성립한다.

② 주어진 생산량을 최소의 비용으로 생산하는 점이다.

③ 생산요소들 간의 기술적 한계대체율과 생산요소들의 가격의 비가 균등하다.

④ 기술적 효율성을 갖는 요소결합은 모두 생산자균형점을 의미한다.

> **NOTE** 등량곡선상의 모든 점은 생산의 기술적 효율성이 충족되는 점이지만, 생산자균형점은 등량곡선과 등비용선이 접하는 점에서 이루어진다. 생산자균형점은 기술적 효율성이 충족되는 점 중에서 경제적인 효율성도 동시에 충족되는 점이다.

21 생산함수가 $Q = 4KL^{0.5}$ 으로 주어진 경우 $K = 12$, $L = 36$일 때 노동의 한계생산물은?

① 4   ② 6

③ 8   ④ 10

> **NOTE** $MP_L = \frac{dQ}{dL} = 2KL^{0.5} = \frac{2K}{\sqrt{L}} = \frac{2 \times 12}{\sqrt{36}} = \frac{24}{6} = 4$

22 자본과 노동을 투입해서 휴대폰을 생산하는 A전자회사의 생산함수가 다음 식으로 표시된다고 가정하자. 제시된 생산함수에 대한 설명으로 옳지 않은 것은?

$$Q = 5\sqrt{KL} \quad \text{(단, } Q\text{는 모니터 생산량, } K\text{는 자본투입량, } L\text{은 노동투입량)}$$

① 수확체감의 법칙이 적용된다.
② 규모수익불변현상이 나타난다.
③ 한계기술대체율은 일정하다.
④ 생산요소 간 대체탄력성은 1이다.

📝 NOTE ①②④ 제시된 생산함수($Q = 5\sqrt{KL} = 5K^{\frac{1}{2}}L^{\frac{1}{2}}$)는 1차 동차의 Cobb-Douglas 생산함수이다. 따라서 규모에 대한 수익불변이고, 대체탄력성은 1이다. 그리고 노동의 한계생산물은 $MP_L = \frac{5}{2}\frac{K^{\frac{1}{2}}}{L^{\frac{1}{2}}}$이므로 L이 증가하면 MP_L은 작아진다. 즉, 수확체감의 법칙이 적용된다.

③ 한계기술대체율은 $MRTS_{LK} = \frac{MP_L}{MP_K} = \frac{\frac{5}{2}L^{-\frac{1}{2}}K^{\frac{1}{2}}}{\frac{5}{2}L^{\frac{1}{2}}K^{-\frac{1}{2}}} = \frac{K}{L}$이다. 따라서 노동투입량이 증가하고 자본투입량이 감소하면 한계기술대체율은 체감한다. 즉, 등량곡선이 원점에 대하여 볼록한 형태이다.

23 다음 중 기술진보에 대한 설명으로 옳지 않은 것은?

① 기술진보가 이루어지면 평균비용곡선과 한계비용곡선이 모두 하방으로 이동한다.
② 중립적 기술진보란 노동과 자본의 한계생산물이 동일한 비율로 증가하는 기술진보를 말한다.
③ 자본절약적 기술진보가 이루어지면 요소집약도(K/L)가 낮아진다.
④ 노동절약적 기술진보란 노동의 한계생산물을 자본의 한계생산물보다 더 크게 증가시키는 기술진보이다.

📝 NOTE ④ 노동절약적(자본집약적) 기술진보란 자본의 한계생산물(MP_K)이 노동의 한계생산물(MP_L)보다 더 많이 증가하는 기술진보를 말한다. 노동절약적 기술진보 이후에는 기술진보 이전보다 요소집약도$\left(\frac{K}{L}\right)$가 높아지는데, 이는 기술진보 이후에 상대적으로 노동보다 자본을 더 많이 사용함을 의미한다. 기업에서 기술진보 이후에 상대적으로 자본을 더 많이 고용하는 이유는 기술진보 이후에 상대적으로 자본의 한계생산물이 더 높아지기 때문이다.

✦ Answer. 22.③ 23.④

24 다음 중 대체탄력성에 대한 설명으로 옳지 않은 것은?

① 대체탄력성은 요소대체에 관한 기술상 용이함의 정도를 나타낸다.

② CES생산함수란 대체탄력성이 일정한 값을 가지는 생산함수이다.

③ 1차 동차생산함수의 대체탄력성은 1이다.

④ 요소간 완전대체가 가능하다면 대체탄력성이 무한대이다.

> **NOTE** ③ CES생산함수는 1차 동차함수이나 대체탄력성은 $\dfrac{1}{1+\rho}$이다. ρ값에 따라서 $\rho=-1$인 선형생산함수의 대체탄력성은 무한대이고, $\rho=\infty$인 Leontief 생산함수의 대체탄력성은 0이며, $\rho=0$인 Cobb-Douglas 생산함수의 대체탄력성은 1이다. 따라서 1차 동차함수라고 해서 항상 대체탄력성이 1은 아니다.

25 다음 등량곡선과 등비선에 대한 내용으로 옳지 않은 것은?

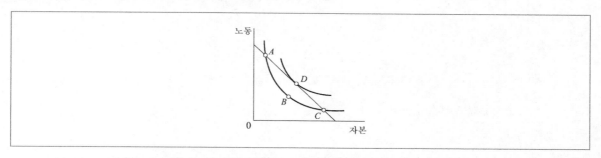

① A와 B는 동일한 생산량을 생산할 수 있는 요소조합점이다.

② A, C는 동일한 비용이 드는 요소조합점이다.

③ A보다 D의 요소조합에서 생산량이 더 많다.

④ C보다 D의 요소조합에서 비용이 더 많이 든다.

> **NOTE** A, B, C는 동일한 등량곡선상의 점이므로 생산량이 모두 동일하다. D는 원점에서 더 멀리 떨어져 있는 등량곡선상의 점이므로 다른 3점보다는 생산량이 더 많은 점이다. A, D, C는 모두 동일한 등비용선상의 점이므로 총비용이 동일한 점이다. B를 지나는 등비선은 보다 안쪽에 위치하므로 나머지 3점보다는 총비용이 더 적게 소요되는 점이다.

Answer. 24.③ 25.④

26 생산량은 불변이면서 노동에 대한 자본의 비율이 증가하면?

① 노동의 한계생산물이 감소한다.　　　　② 자본의 한계생산물이 감소한다.

③ 자본의 한계생산물이 증가한다.　　　　④ 노동의 한계생산물은 불변이다.

> NOTE $MRTS_{LK} = \dfrac{\Delta K}{\Delta L} = \dfrac{MP_L}{MP_K}$ 이고, 자본투입량이 감소하고 노동투입량이 증가할 때 $MRTS_{LK}$는 체감하므로 노동투입비율이 증가할 때는 MP_K는 증가하고 MP_L은 감소함을 알 수 있다. 반대로 자본투입비율이 증가하면 MP_L은 증가하고 MP_K는 감소한다.

27 어떤 기업의 생산함수가 $Q = AL^{\frac{1}{3}}K^{\frac{2}{3}}$ 로 주어져 있고, 임금이 100원, 자본임대료가 200원, 그리고 총 투입비용이 30,000원으로 주어져 있다면 생산자균형점에서의 한계기술대체율은?

① $\dfrac{1}{3}$　　　　　　　　　　　　　② $\dfrac{1}{2}$

③ 1　　　　　　　　　　　　　　　　④ 2

> NOTE 생산자균형에서는 한계기술대체율($MRTS$)과 $\dfrac{w}{r}$ 가 같아진다. 문제에서 $w = 100$, $r = 200$으로 주어져 있으므로 생산자균형에서는 $MRTS = \dfrac{1}{2}$ 이 될 것임을 쉽게 알 수 있다.

28 다음의 한계비용곡선(MC)상의 여러 점들 중에서 생산의 경제적 영역에 속하지 않은 점은?

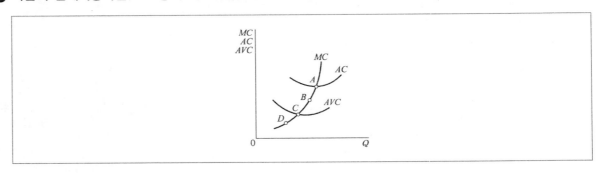

① A　　　　　　　　　　　　　　② B

③ C　　　　　　　　　　　　　　④ D

> NOTE 생산의 경제적 영역은 AVC의 극소점(C)부터 우상향하는 MC곡선이다.

29 등량곡선이 다음의 그림과 같이 주어져 있다. 이에 대한 설명으로 옳은 것은?

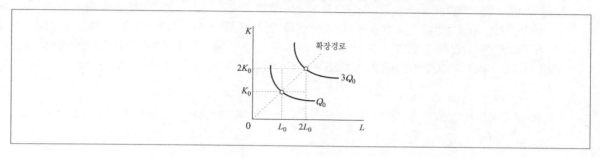

① 규모에 대한 수익이 체감하고 있다.

② 장기평균비용곡선은 수평선의 형태로 도출된다.

③ 장기총비용곡선은 아래쪽에서 볼 때 볼록한 형태이다.

④ 장기평균비용은 장기한계비용보다 높다.

> 📋 **NOTE** 노동과 자본이 모두 2배 투입될 때 생산량은 3배로 증가하므로 규모에 대한 수익체증이 발생하고 있다. 그러므로 LTC는 아래쪽에서 볼 때 오목한 형태이며, LTC에서 원점으로 연결한 직선의 기울기로 측정되는 LAC는 우하향의 형태이다. LAC가 우하향하면 LMC는 LAC의 하방에 위치한다.

30 확장선이 다음과 같이 주어져 있다면 장기평균곡선은 어떤 형태인가?

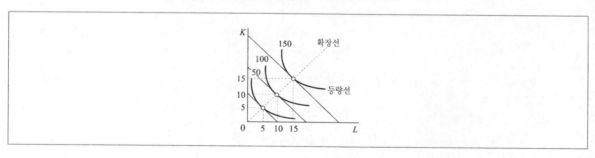

① 수평선   ② U자 형태

③ ＼ 자 형태   ④ ／ 자 형태

> 📋 **NOTE** 제시된 그림을 보면 노동과 자본의 투입량이 모두 2배가 되면 생산량도 2배로 증가하고, 노동과 자본의 투입량이 3배가 되면 생산량도 3배로 증가함을 알 수 있다. 즉, 규모에 대한 수익불변의 경우이다. 규모에 대한 수익불변이면 장기평균비용곡선은 수평선의 형태로 도출된다.

31 정윤이는 케익전문점을 운영하고 있는데, 가게는 어머니 소유이기 때문에 임대료는 내지 않고 있다. 지난달 판매수입은 550만 원이었고, 비용으로는 원재료비 180만 원, 아르바이트생의 급료 90만 원, 공과금 65만 원을 지출하였다. 정윤이가 케익전문점을 열기 전에는 매월 130만 원을 벌고 있었고, 어머니가 가게를 다른 사람에게 임대할 때의 월 임대수입은 110만 원이었다. 정윤이가 케익전문점을 개업하기 위해 투입한 돈은 2,000만 원이고, 이자율은 연 12%로 주어져 있다고 하자. 다음 설명 중 옳지 않은 것은?

① 명시적 비용은 335만 원이다.

② 암묵적 비용은 260만 원이다.

③ 회계적 이윤은 165만 원이다.

④ 경제적 이윤은 70만 원이다.

> **NOTE** 회계적 비용(명시적 비용)은 335만 원이므로 회계적 이윤은 165만 원이나 경제적 비용은 595만 원이므로 경제적 이윤은 45만 원이다.
> ㉠ 명시적 비용 = 원재료비 + 급료 + 공과금 = 180 + 90 + 65 = 335만 원
> ㉡ 암묵적 비용 = 귀속임금 + 귀속지대 + 귀속이자 = 130 + 110 + 20 = 260만 원
> ㉢ 경제적 비용 = 명시적 비용 + 암묵적 비용 = 355 + 260 = 595만 원

32 어떤 기업의 총비용이 $TC = 50,000 + 10Q$ 라고 하자. 만약 이 기업이 100단위의 재화를 생산하고 있다면 평균고정비용과 평균가변비용은?

① 490과 10

② 500과 10

③ 500과 20

④ 510과 10

> **NOTE** $TC = 50,000 + 10Q$이므로 $TFC = 50,000$, $TVC = 10Q$임을 알 수 있다. 따라서 평균고정비용과 평균가변비용은 각각 다음과 같이 계산된다.
> ㉠ 평균고정비용$(AFC) = \dfrac{TFC}{Q} = \dfrac{50,000}{Q} = \dfrac{50,000}{100} = 500$
> ㉡ 평균가변비용$(AVC) = \dfrac{TVC}{Q} = \dfrac{10 \times Q}{Q} = 10$

Answer. 31.④ 32.②

33 비용이론과 관련된 다음 설명 중 옳지 않은 것은?

① 총비용이 증가하더라도 한계비용은 감소할 수 있다.

② 규모의 불경제가 발생할 때 모든 생산요소투입량을 절반으로 줄이면 생산량은 절반 이상 감소한다.

③ 장기총비용곡선은 확장경로로부터 도출될 수 있다.

④ 장기총비용곡선이 원점을 통과하는 직선이면 장기평균비용과 장기한계비용은 항상 일치한다.

NOTE ② 규모의 불경제가 발생할 때는 모든 생산요소를 2배 투입하면 생산량은 2배 미만으로 증가한다. 그러므로 생산요소투입량이 절반으로 감소하더라도 생산량은 절반보다 적게 감소한다.

34 여러 가지 비용곡선에 관한 설명으로 옳지 않은 것은?

① 평균고정비용곡선은 우하향한다.

① 평균비용곡선은 평균가변비용곡선의 위에 위치한다.

③ 평균비용은 평균고정비용에 평균가변비용을 더한 값이다.

④ 총가변비용곡선의 기울기와 총비용곡선의 기울기는 동일하다.

⑤ 평균비용곡선이 상승할 때 한계비용곡선은 평균비용곡선 아래에 있다.

NOTE 평균비용이 상승할 때 평균비용 < 한계비용이 된다. 따라서 한계비용곡선은 평균비용곡선 위에 위치하게 된다.

① 평균고정비용=총고정비용/생산량이므로, 생산량이 증가할 때 평균고정비용은 계속 감소한다.

②. ③ 평균비용=평균고정비용+평균고정비용이다. 따라서 평균비용이 평균가변비용보다 크며 평균비용곡선은 평균가변비용곡선의 위에 위치한다.

④ MC$=\dfrac{dTC}{dQ}=\dfrac{dTVC}{dQ}$ 이므로, 단기에 한계비용은 총가변비용곡선 또는 총비용곡선의 기울기이므로 서로 동일하다.

Chapter.

05 생산자시장이론

01 완전경쟁시장

(1) 단기균형

① 완전경쟁시장의 조건(특징)

㉠ 시장에 다수의 수요자와 공급자가 존재하여 개별 기업은 가격수용자(price taker)로서 행동해야 한다.

㉡ 한 시장의 공급자는 모두 동질적인 상품을 생산·공급해야 한다. 따라서 그 상품의 수요자는 그와 거래하는 상대방 공급자가 누구인지에 대해 개의치 않는다.

㉢ 어떤 산업에 새 기업이 들어오거나 기존의 기업이 이 산업에서 빠져나가는 것이 자유로워야 한다. 즉, 자유로운 진입(entry)과 이탈(exit)이 가능해야 한다.

㉣ 경제주체들이 거래와 관련된 완전한 정보를 갖고 있어야 한다.

㉤ 일물일가(一物一價)의 법칙이 성립하여 어디서나 가격이 동일하다.

② 개별기업의 단기균형

㉠ 가격(P)·평균수입(AR)·한계수입(MR)의 관계

• 수요곡선이 수평선인 경우 가격과 평균수입 및 한계수입이 모두 같아진다.

$$P = AR = MR$$

• 총수입(TR : Total Revenue) : 기업의 매출액이며 가격과 판매량을 곱한 값이다.

• 평균수입(AR : Average Revenue) : 생산물 단위당 수입이며, 총수입을 공급량으로 나눈 값이며, 생산물시장의 형태에 관계없이 항상 시장가격과 같으며, 기업의 평균수입곡선은 그 기업의 수요곡선의 의미를 갖는다.

• 한계수입(MR : Marginal Revenue) : 생산물을 한 단위 추가 생산할 때 증가하는 수입이며, 총수입함수를 공급량으로 미분하여 계산하며, 생산물시장 형태에 따라 시장가격과 다를 수 있다.

㉡ 수요곡선

• 시장전체 : 우하향하는 개별소비자의 수요곡선을 수평으로 합하여 도출한다. 따라서 시장 전체의 수요곡선도 우하향한다(개별수요곡선보다 탄력적).

• 개별기업 : 시장 전체의 수요·공급곡선에 의하여 균형가격이 결정되면 개별기업을 주어진 가격수준에서 원하는 만큼 판매가 가능하다. 따라서 개별기업이 직면하는 수요곡선은 수평선(완전탄력적)의 형태이다.

ⓒ 이윤극대화 생산량

• 이윤극대화의 1계 조건(필요조건)
  – 기업이 한 단위 더 생산함으로 한계수입이 한계비용보다 크다면 추가 이윤이 양(+)임을 의미한다. 이는 이윤이 더 증가함을 나타내므로 생산을 늘려야 한다.
  – 반면 기업이 한 단위 더 생산함으로 한계비용이 한계수입보다 크다면 추가 이윤이 음(-)임을 의미한다. 이는 이윤이 이전보다 더 감소했음을 나타내므로 생산을 감소시켜야 한다.
  – 따라서 한계수입과 한계비용이 일치하는 점에서 이윤극대화 생산량이 결정된다.
• 이윤극대화의 2계 조건(충분조건)
  – $MR = MC$가 성립한다고 해서 항상 이윤극대화가 달성되는 것은 아니다.
  – MC곡선의 우상향하는 부분이 MR곡선과 교차한다(MR곡선의 기울기<MC곡선의 기울기).

③ 완전경쟁기업의 단기공급곡선

ⓐ 단기공급곡선의 도출 : 이윤극대화 생산량은 $P(= MR) = MC$인 점에서 결정된다.
• 가격= P_0일 때 : $P = MC$는 A에서 달성→q_0만큼 생산(A에서는 $P > AC$이므로 초과이윤 발생)
• 가격= P_1일 때 : $P = MC$는 B에서 달성→q_1만큼 생산(B에서는 $P = AC$이므로 정상이윤 발생), 손익분기점(break-even point)이며 이윤이 0이 되는 점을 의미한다.
• 가격= P_2일 때 : $P = MC$는 C에서 달성→q_2만큼 생산
• 가격= P_3일 때 : $P = MC$는 D에서 달성→생산 여부 불분명($P = AVC$이므로 생산할 때와 생산을 하지 않을 때의 손실이 TFC로 동일), 생산중단점(shut-down point)이며 일시 휴업을 하는 경우로 단기에 조업을 중단하면 총고정비용만큼 손실이 발생한다. 즉, 기업의 조업 또는 생산 중단은 기업이 입는 손실이 총고정비용보다 클 때이다. 또는 TVC > TR이면 생산을 중단한다.
• 가격< P_3일 때 : 가변비용도 회수할 수 없으므로 생산 포기

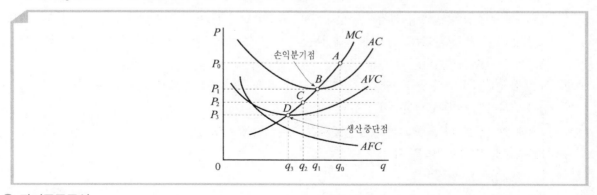

ⓑ 단기공급곡선
• 한계비용곡선이 각각의 가격수준에서 공급하고자 하는 재화의 양을 나타낸다. 그러므로 완전경쟁기업의 단기공급곡선은 AVC곡선의 최저점을 상회하는 우상향의 MC곡선이다.
• 정상이윤만 발생하는 AC곡선의 최저점을 손익분기점, 생산을 하는 것과 생산을 포기할 때의 단위당 손실이 AFC로 같아지는 AVC곡선의 최저점은 생산중단점(조업중단점)이라고 한다.

※ 손익분기점과 생산중단점의 이동요인 : 손익분기점은 AC곡선의 최저점, 생산중단점은 AVC곡선의 최저점이므로 AC 와 AVC가 이동하면 손익분기점과 생산중단점도 이동한다.

구분	AC 및 손익분기점	AVC 및 생산중단점
가변비용상승	상방이동	상방이동
고정비용상승	상방이동	이동 ×
재화가격상승	이동 ×	이동 ×
기술진보	하방이동	하방이동

④ 완전경쟁산업의 단기공급곡선

　㉠ 산업의 단기공급곡선은 요소가격에 변화가 없다면 개별기업의 공급곡선(MC곡선)을 수평으로 합하여 도출한다.

　㉡ 산업의 단기공급곡선은 개별기업 단기공급곡선보다 훨씬 완만하다.

　㉢ 개별기업의 산출량 변화시 요소가격의 변화여부에 따라 다소 달라진다.

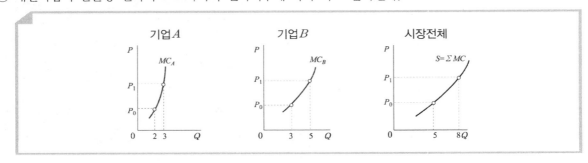

⑤ 완전경쟁의 단기균형

　㉠ 시장 전체의 수요곡선과 공급곡선이 교차하는 점에서 재화가격과 거래량이 각각 P_0, Q_0로 결정된다. 즉, 산업의 수요와 공급이 일치하는 상태에서 산업의 단기균형이 이루어지며 균형가격과 균형거래량이 결정된다. 이때 개별기업은 산업에서 결정된 균형가격수준을 주어진 것으로 보고 이윤을 극대화하기 위해 생산활동을 수행한다.

　㉡ 시장 전체의 수요 – 공급곡선에 의해 재화가격이 P_0로 결정되면 개별기업은 자신의 MR곡선과 MC곡선이 교차하는 q_0에서 생산량이 결정된다.

　㉢ 단기에 완전경쟁기업은 초과이윤을 얻을 수도, 손실을 볼 수도 있다.

　• AC_0 : 손실 발생초과이윤 획득

　• AC_1 : 정상이윤 획득

　• AC_2 : 초과이윤 획득

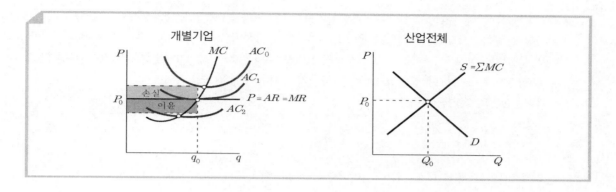

(2) 장기균형

① 개별기업의 장기균형

㉠ 초과이윤이 발생하면 새로운 기업의 진입이 발생하고, 손실이 발생하면 일부 기업이 퇴거하므로 장기에 개별기업은 정상이윤만 획득하게 된다. 또한 장기에서의 균형은 초과이윤이 존재하지 않는 상태에서 달성된다.

㉡ 장기균형은 LAC의 최소점에서 달성되며 다음의 조건이 충족된다. 즉, 장기에서는 어떤 기업도 정상이윤 이상을 얻을 수 없으며 LAC의 최하점에서 생산하므로 재화를 가장 낮은 비용으로 생산한다.

$$P = AR = MR = SMC = SAC = LMC = LAC$$

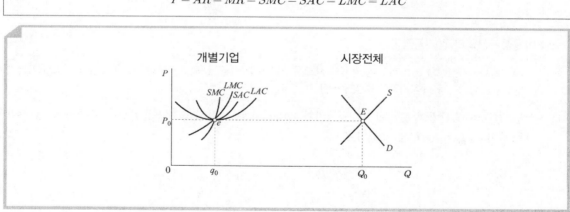

② 산업의 장기공급곡선

㉠ 산업의 단기공급곡선과 장기공급곡선

• 단기공급곡선 : 단기에는 기업 수가 고정되어 있으므로 개별기업의 공급곡선을 수평으로 합하여 도출된다.

- 장기공급곡선 : 장기에는 기업 수가 가변적이므로 개별기업의 공급곡선을 수평으로 합하여 도출되는 것이 불가능하다. 시장의 장기균형점을 연결하여 도출된다. 즉, 장기적으로 수요변화에 따른 개별기업의 반응(시설변화)이나 신규기업의 진입에 따른 기업 수의 변화, 요소가격변화(금전적 외부성) 등의 효과를 종합적으로 도출하며 일반적으로 단기공급곡선보다 완만하다.

ⓛ 비용불변산업의 장기공급곡선

> 수요증대 → 가격상승 → 초과이윤 발생 → 새로운 기업진입 → 공급 증대 → 장기공급곡선 수평

- 산업 전체의 생산량과 상관 없이 생산비용이 일정하므로 산업의 장기공급곡선은 수평선이 된다.
- 비용불변산업의 경우 요소가격이 불변이므로 개별기업의 비용곡선은 이동하지 않는다.
- A에서의 기업 수 < C에서의 기업 수

※ 비용불변산업 : 모든 기업이 생산요소를 더 많이 고용하고자 하는 경우에도 요소가격이 변하지 않으므로 기업의 평균비용가 한계비용에는 아무런 변화가 일어나지 않는 산업을 의미한다.

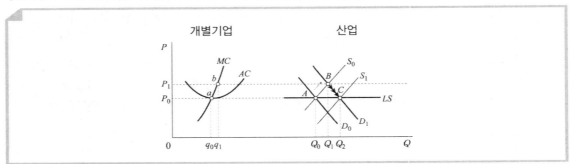

ⓒ 비용증가산업의 장기공급곡선

> 수요증대 → 가격상승 → 초과이윤 발생 → 새로운 기업진입 → 공급 증대 → 생산요소 수요증대 → 요소가격 상승 → 비용곡선 상방이동 → 장기공급곡선 우상향

- 산업 전체의 생산량이 증가할 때 생산비가 상승하므로 산업의 장기공급곡선은 우상향의 형태이다.
- A에서의 기업 수 < C에서의 기업 수

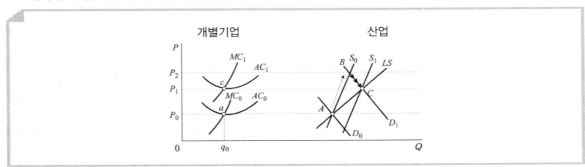

※ 비용체증산업 : 모든 기업들이 생산요소를 더 많이 고용하고자 하는 경우 결국 요소가격이 상승하여 기업의 평균비용과 한계비용이 전반적으로 증가하는 산업을 의미한다.

ⓔ 비용감소산업의 장기공급곡선

> 수요증대 → 가격상승 → 초과이윤 발생 → 새로운 기업진입 → 공급 증대 → 생산요소 수요증대 → 요소가격 하락 → 비용곡선 하방이동 → 장기공급곡선 우하향

- 산업 전체의 생산량이 증가할 때 생산비용이 하락하므로 산업의 장기공급곡선은 우하향의 형태가 된다.
- A에서의 기업 수 < C에서의 기업 수

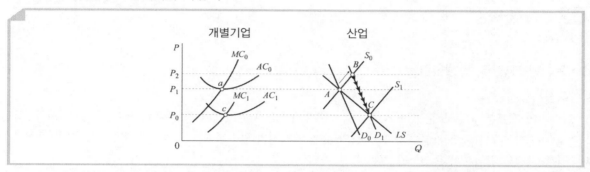

※ 비용체감산업 : 모든 기업들이 생산요소를 더 많이 고용하고자 하는 경우 요소가격이 하락하여 기업의 평균비용과 한계비용이 전반적으로 감소하는 산업을 의미한다.

(3) 완전경쟁시장의 평가

① 장점

ⓐ 효율적인 자원배분($P = MC$)
- 장·단기에 항상 $P = MC$가 성립하므로 사회적인 관점에서 자원배분이 가장 효율적으로 이루어진다.
- 사회후생(소비자잉여+생산자잉여)이 극대화된다.

ⓑ 최적시설규모에서 생산
- 장기균형에서는 $P = MR = SMC = SAC = LMC = LAC$가 성립하며, 개별기업은 LAC의 최소점에서 생산한다.
- 장기에 최적 시설규모에서 최적산출량 만큼의 재화를 생산하므로 생산이 가장 효율적이다.

ⓒ 정상이윤 획득
- 장기균형에서는 $P = LMC = LAC$가 성립하므로 개별기업은 정상이윤만 획득하게 된다.
- 모든 생산요소는 한계생산물 가치, 즉 자신이 생산에 기여한 만큼의 보수를 받게 된다.

ⓓ 의사결정의 분권화 : 의사결정의 분권화가 이루어지고, 모든 경제주체에게 경제적 자유와 균등한 기회가 보장된다. 그러므로 완전경쟁시장은 자유시장경제체제의 이데올로기와 부합된다.

ⓔ 완전경쟁시장에서는 파레토효율적으로 자원을 배분한다.

ⓕ 외부성이 존재하지 않는다면 완전경쟁시장에서 사회적 한계편익과 사회적 한계비용이 일치하므로 기업의 최적생산량은 사회적으로 바람직한 생산량과 일치한다.

② 단점

　　㉠ 비현실성 : 완전경쟁시장의 조건을 모두 충족하는 시장은 현실적으로 존재하지 않는다.

　　㉡ 소득분배측면 : 자원배분의 효율성은 달성되나 소득분배의 공평성은 보장되지 않는다.

02 독점시장

(1) 독점의 개념 및 발생원인

① 독점시장의 개념

　　㉠ 거의 대부분 혹은 모든 재화의 공급이 시장지배력을 갖는 1개의 기업에 의하여 이루어진 시장형태를 의미한다. 즉 하나의 기업이 어떤 상품의 유일한 생산자이며 판매자인 경우를 의미한다.

　　㉡ 대체제의 공급자가 존재하지 않는다.

　　㉢ 독점체제가 장기적으로 지속된다.

　　㉣ 완전한 진입장벽이 존재한다.

② 독점의 특징

　　㉠ 시장지배력 : 독점기업은 시장지배력(market power)을 가지며, 가격설정자(price setter)로 행동한다. 또한 가격차별(price discrimination)이 가능하다. 즉, 독점기업은 공급량을 조정하여 시장가격을 결정할 수 있으므로 가격설정자가 되며 시장지배력을 갖는다.

　　㉡ 우하향의 수요곡선 : 독점기업이 직면하는 수요곡선은 우하향하는 시장 전체의 수요곡선이다. 따라서, 수요곡선이 우하향하므로 판매량을 증가시키기 위해서는 반드시 가격을 인하해야 한다.

　　㉢ 경쟁압력의 부재 : 직접적인 대체재가 존재하지 않고, 경쟁상대가 없으므로 독점기업은 직접적인 경쟁압력을 받지 않는다.

③ 독점발생의 원인

　　㉠ 경제적 · 기술적 요인에 의한 진입장벽

　　　• 생산요소의 독점적 소유(광산 · 토지의 독점소유)

　　　• 규모의 경제로 자연독점 발생(전기, 전화, 철도, 수도사업) : 한 기업이 규모보수 증가를 이룰 경우 그 기업의 평균비용이 감소하여 시장이 독점화된다.

　　　• 작은 시장규모

　　　• 기술혁신

　　㉡ 제도적 · 행정적 요인에 의한 진입장벽

　　　• 특허권

　　　• 정부의 독점권 부여(담배인삼공사)

　　　• 정부의 인 · 허가

ⓒ 특정 기업의 차별화된 상품 공급, 덤핑 등에 의해 독점화 될 수 있다.

ⓔ 특정 기업이 대규모 유휴시설을 보유하는 경우나 흡수·합병(M&A) 등을 통해서도 독점화될 수 있다.

④ 독점도 : 공급자가 어느 정도 시장지배력을 행사할 수 있느냐를 나타내는 양적인 지표를 의미한다.

　ⓐ 러너(A. P. Lerner)의 독점도 지수

　　• 가격이 한계비용을 초과할수록 독점의 정도가 크다는 것을 고려해서 지표를 만들었다. 즉, 가격과 한계비용의 차이가 클수록 독점도가 높다.

　　• 완전경쟁기업의 경우 P = MC 이므로 독점도는 0의 값을 갖게 된다.

　　• 불완전경쟁기업은 가격이 한계비용보다 높으므로 지수가 1보다 커서 독점력을 가진다.

　　• 한계비용이 0인 독점기업은 $I_L = 1$ 이다.

　　• 러너 지수 : $I_L = \dfrac{P - MC}{P}$　(단, $0 < I_L < 1$)

　ⓑ 힉스(J. R. Hicks)의 독점도 지수

　　• 수요의 가격탄력성이 클수록 완전경쟁시장에 가깝다는 사실에 착안하여 독점도를 만들었다. 즉, 수요의 가격탄력도가 클수록 독점도가 낮다.

　　• 완전경쟁기업의 경우 개별기업의 수요곡선이 수평선이므로 수요의 가격탄력성이 무한대가 되며 따라서 힉스의 독점도에 따르면 0의 값을 갖게 된다.

　　• 기업의 수요가 가격 변화에 비탄력적(급한 수요곡선)일수록 독점도가 크다.

　　• 힉스 지수 : $I_H = \dfrac{P - MC}{P} = \dfrac{P - P\left(1 - \dfrac{1}{\varepsilon_{Di}}\right)}{P} = \dfrac{1}{\varepsilon_{Di}}$　(단, $0 < I_H < 1$)

　ⓒ 로스차일드(K. W. Rothchild) 지표

　　• 시장수요곡선과 개별기업곡선의 기울기 차이를 이용하여 독점도를 측정한다. 즉, 시장수요곡선 기울기와 개별기업곡선의 기울기 차이가 클 때 독점도가 낮다.

　　• 독점기업의 수요곡선은 시장수요곡선과 같으므로 독점도가 1이다.

　　• 로스차일드지표 : $I_R = \dfrac{\alpha}{\beta}$

　　(단, $0 < I_R < 1$, α : 기업수요곡선의 기울기, β : 시장수요곡선의 기울기)

(2) 단기균형

① 단기균형의 도출

　ⓐ 독점기업은 $MR = MC$가 충족되는 점에서 생산량과 가격을 결정하므로 가격과 생산량은 각각 (P_0, Q_0)에서 결정된다.

　ⓑ 독점기업은 단기적으로 초과이윤을 얻을 수도 있고, 정상이윤만 얻을 수도 있으며, 손실을 볼 수도 있다.

　ⓒ 이윤극대화 생산량이 결정되면 수요곡선 상에서 독점가격이 결정된다.

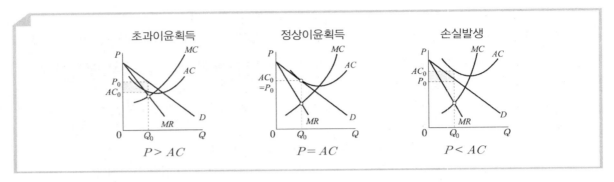

② 단기균형의 특징

    ㉠ $P > MC$이므로 사회적인 후생손실이 발생한다.

    ㉡ 단기균형 하에서 초과이윤, 정상이윤, 손실 모두 경험이 가능하다.

    ㉢ 독점기업은 한계수입이 0보다 작은 점에서 생산하지 않으므로 항상 수요의 가격탄력성이 1보다 큰 구간에서 재화를 생산한다. 왜냐하면 탄력적인 구간에서는 한계수입이 0보다 커서 총수입이 증가하기 때문이다.

    ㉣ 공급곡선이 존재하지 않는다.

      • 완전경쟁과 달리 독점에 있어서는 각각의 가격에서 독점기업이 공급하기를 원하는 재화의 수량이 유일하게 결정되지 않는다.

      • 이는 독점에 대해서는 가격과 공급량 간의 관계를 나타내는 공급곡선의 개념 자체를 적용할 수 없음을 의미한다. 즉, 독점의 경우에는 단기공급곡선이 존재하지 않는다.

      • 왜냐하면 독점기업은 시장수요에 대하여 완전한 정보를 갖고 있기 때문에 수요곡선 상의 한 점을 선택하면 되기 때문이다.

(3) 장기균형

① 장기균형의 도출

    ㉠ 장기균형은 장기한계비용(LMC)과 한계수입(MR)이 일치하는 점에서 이루어지므로 장기에 독점기업은 Q_m만큼 생산하면서 P_m의 가격을 설정하게 된다.

    ㉡ 장기에 독점기업은 ▨A만큼의 초과이윤을 획득하며 SAC_0, SMC_0로 표시되는 시설규모를 보유하게 된다.

    ㉢ 독점기업의 생산량(Q_m)에서 가격이 평균비용보다 크므로 이윤이 발생한다.

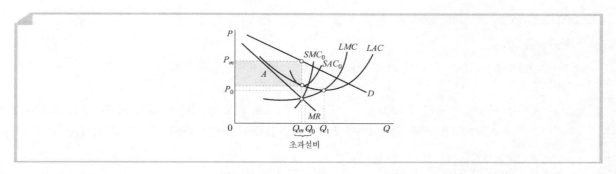

② 장기균형의 특징

　㉠ 초과이윤의 획득

　　• 완전경쟁기업은 장기에 정상이윤만을 얻는데 비하여 독점기업은 장기에도 여전히 초과이윤을 획득한다. 즉, 독점기업은 완전경쟁기업과 달리 장기에 초과이윤이 발생한다. 이는 진입장벽이 존재하기 때문이다. 또한 독점기업의 장기이윤은 0보다 크다.

　　• 장기에는 시설규모를 최적수준으로 조정하는 것이 가능하므로 독점기업의 장기이윤은 단기이윤보다 더 큰 것이 일반적이다.

　㉡ 초과설비의 보유

　　• 최적산출량수준인 단기평균비용 최소점보다 왼쪽에서 이루어지므로 독점기업이 장기에 초과설비(excess capacity)를 보유한다.

　　• 장기균형의 상태에서 독점기업의 생산은 장기평균비용 최소점보다 왼쪽에서 이루어지고 있는데 이는 독점기업이 자신이 보유한 생산시설을 충분히 활용할 수 없다는 것을 의미한다.

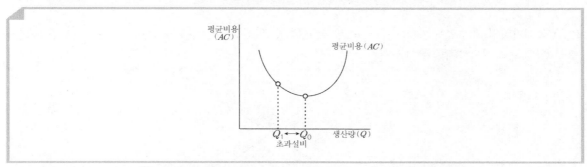

　㉢ $P > MC$: 장기에도 가격이 한계비용을 초과하므로 사회적인 후생손실이 발생한다.

　※ 규모에 대한 보수증가(규모의 경제) : 완전경쟁시장의 장기균형에서는 규모에 대한 보수가 불변하는 반면, 독점시장의 장기균형에서는 규모에 대한 보수가 증가한다. 따라서 독점기업이 규모의 경제를 적극적으로 활용하면 예외적으로 경쟁시장보다 낮은 가격으로 상품을 공급할 수 있다(전기, 수도, 통신 등).

(4) 가격차별(price discrimination)

① 가격차별의 개념

　　㉠ 시장지배력을 가진 기업이 시장별로 서로 다른 가격을 매겨서 이윤(매출액)을 늘리고자 하는 것을 의미한다.

　　㉡ 가격차별은 시장별 수요의 가격탄력도가 현저하게 다르고 시장 간 재판매가 불가능할 경우 가능하다.

　　㉢ 가격차별이 이루어지면 전체 시장거래량이 증가하여 생산자잉여(독점이윤)와 경제적잉여는 증가하고 소비자잉여는 감소한다.

　　㉣ 소비자 잉여가 감소하므로 가격차별은 금지되는 것이 일반적이다.

　　㉤ 피구(A. Pigou)는 독점기업의 가격차별을 개별상품별, 상품그룹별, 시장별로 구분하고 이를 각각 1차 가격차별, 2차 가격차별, 3차 가격차별로 구분하였다.

② 제1차 가격차별(완전가격차별)

　　㉠ 개념

　　　• 각 단위의 재화에 대하여 소비자들이 지불할 용의가 있는 최대금액을 설정하는 것을 말한다. 이러한 형태의 가격차별은 독점기업이 자신의 상품에 대한 소비자의 수요패턴을 완벽하게 파악하고 있어서 각각의 소비자가 각 상품량에 대해 얼마나 높은 가격을 지불할 용의가 있는지를 잘 알고 있는 경우에나 가능하다.

　　　• 제1차 가격차별이 실시되는 경우 모든 재화의 가격은 서로 다르게 설정된다.

　　㉡ 생산량 결정

　　　• 제1차 가격차별의 경우 수요곡선과 한계수입곡선이 일치하므로 생산량은 완전경쟁과 동일한 Q_0 에서 결정된다.

　　　• 독점기업의 총수입은 □$(A + B + C)$ 만큼이 되고, 완전경쟁의 경우에 소비잉여인 △A 는 전부 독점기업의 총수입으로 귀속된다.

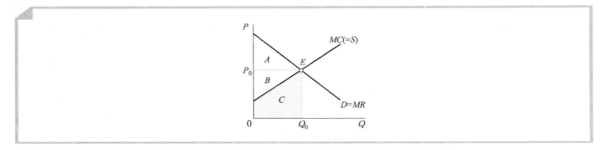

　　㉢ 평가

　　　• 가격차별을 하지 않은 경우보다 생산량이 증가하므로 자원배분의 효율성이 제고된다.

　　　• 소비자 잉여가 전부 독점기업의 이윤으로 귀속된다.

　　　• 현실적으로는 완전가격차별이 성립하는 경우를 찾기 어렵다.

- 소득분배측면에서는 가장 불공평하지만 자원배분측면에서는 효율적이므로 이율배반적인 성격을 갖고 있다.
- 가격차별을 실시하면 소비자 잉여는 완전히 사라지고 모두 생산자 잉여가 된다.

③ 제2차 가격차별

  ㉠ 개념
  - 재화의 구입량에 따라 각각 다른 가격을 설정하는 것을 의미한다.
  - Q_0만큼의 재화를 구입할 때는 P_0의 가격을, Q_1만큼의 재화를 구입하는 경우에는 P_1의 가격을 설정하는 것이 제2차 가격차별에 해당된다.

    예 사용량에 따라 수도요금이나 전기요금을 다르게 설정한다.

  ㉡ 평가
  - 가격차별을 실시하지 않는 경우보다 생산량이 증가한다.
  - 소비자 잉여의 상당부분이 독점기업의 이윤으로 귀속된다.
  - 제2차 가격차별은 제1차 가격차별보다 훨씬 현실적이며, 실제로 현실에서 제2차 가격차별의 사례가 관찰되고 있다.
  - 3차 가격차별에 비하여 시장거래량이 더 많이 증가하므로 생산자 잉여(독점이윤)와 경제적 잉여는 더 많이 증가하고 소비자 잉여는 더욱 감소한다.

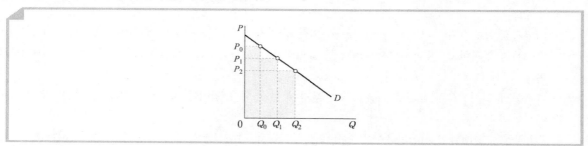

④ 제3차 가격차별

  ㉠ 개념
  - 소비자들의 특징에 따라 시장을 몇 개로 분할하여 각 시장에서 서로 다른 가격을 설정하는 것을 말한다. 따라서 구분된 시장 가운데 동일한 시장에 속하는 소비자는 모든 같은 가격으로 상품을 구입하게 된다.
  - 수요의 가격탄력도가 작은 시장에 높은 가격을 매기면 수요량이 소폭 감소하므로 소비지출액(기업의 매출액, 이윤)이 증가한다. 반대로 가격탄력도가 큰 시장에 낮은 가격을 매기면 소비지출액이 증가한다.

  ㉡ 가격차별의 성립조건
  - 기업이 독점력을 가지고 있어야 한다.
  - 시장의 분리가 가능하여야 한다. 즉 소비자를 특성에 따라 둘 이상의 그룹으로 분리할 수 있어야 한다.
  - 각 시장 수요의 가격탄력성이 서로 달라야 한다.

- 시장 간 재판매가 불가능하여야 한다. 따라서 전화서비스나 전기 같이 소비자가 구입하자마자 소비할 수밖에 없는 상품에 가격차별이 행해지는 것이 보통이다.
- 시장분리비용이 시장분리에 따른 이윤증가분보다 작아야 한다. 즉 가격차별에 따른 비용이 가격차별로 인한 추가적 이득보다 적어야 한다.

ⓒ 이윤극대화를 달성하려면 각 시장에서의 한계수입이 같아지도록 각 시장에서의 판매량을 결정하여야 한다.
- 가격탄력도가 큰 시장(완만한 수요곡선)에 낮은 가격설정을 하고, 가격탄력도가 작은(가파른 수요곡선) 시장에 높은 가격설정을 한다.

$$- \ MR_1 = MC = MR_2 \rightarrow P_1\left(1 - \frac{1}{\varepsilon_{D_1}}\right) = MC = P_2\left(1 - \frac{1}{\varepsilon_{D_2}}\right) \ (단, \ 1, \ 2 : 개별시장)$$

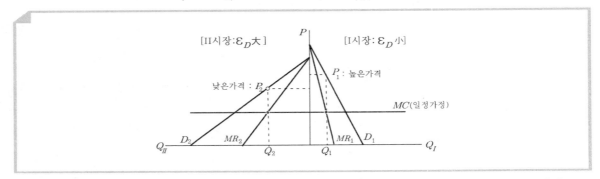

ⓓ **이부가격설정** : 이부가격(two-part tariff)이란 소비자가 재화를 구입할 권리에 대하여 1차로 가격(first tariff)을 부과하고, 재화구입시에 구입량에 따라 다시 가격(second tariff)을 부과하는 가격체계를 의미한다.
- 가격설정 원리 : $P = MC$로 이용요금을 부과하고, 소비자 잉여에 해당하는 만큼을 가입비로 부과한다.
- 예시
  - 회원권을 판매하고 시설이용시에 이용료를 부과하는 경우 : 골프장, 콘도미니엄, 헬스클럽 등
  - 입장료를 징수하고 시설이용시에 이용료를 부과하는 경우 : 놀이공원(서울랜드, 롯데월드 등)
  - 기본요금을 징수하고 사용량에 비례하여 요금을 부과하는 경우 : 전화, 전기, 상수도 등
- 평가
  - 이부가격제를 실시하면 단일가격을 설정할 때보다 독점기업의 이윤이 증가하는 것이 일반적이다.
  - 이부가격이 시행되면 독점균형에 비하여 가격이 내리고 시장거래량은 완전경쟁시장의 거래량 수준으로 증가한다. 그러나 완전경쟁과 다른 점은 개별소비자의 잉여가 모두 생산자 몫이 되어 고정비용에 사용된다. 따라서 독점균형일 때에 비하여 경제적 잉여와 생산자 잉여는 증가하고 소비자 잉여는 감소하여 0이 된다.

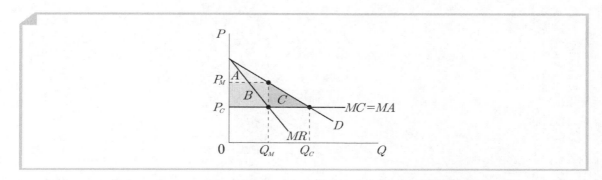

⑤ 다른 형태의 가격차별 : 현실에는 수요의 가격탄력성 차이를 이용하여 다양한 형태의 가격차별이 존재한다.

조조할인 심야할인	학생 등 저소득자의 경우 요금이 소득에서 차지하는 비중이 크므로 수요가 탄력적이다. 따라서 요금을 할인(가격인하)하면 회사의 총수입이 증가한다. 예 : 대학생 조조할인
심야 택시 및 버스요금 할증	심야에는 대체 교통수단이 없으므로 택시나 버스에 대한 수요가 비탄력적이다. 따라서 요금을 할증(가격 인상)하면 회사의 총수입이 증가한다.
백화점 바겐세일	일반적으로 백화점 상품은 사치적 성격을 가지므로 수요가 탄력적이다. 따라서 가격을 할인(가격 인하)하면 백화점 매출액(총수입)이 증가한다.
할인쿠폰 발행	가격이 소득에서 차지하는 비중이 큰 소비자의 경우는 수요가 탄력적이다. 따라서 쿠폰제를 시행하면 회사의 총수입이 증가한다.
주민에 대한 관광입장료 할인	관광지에 대한 현지주민의 수요는 탄력적이다. 따라서 관광지 입장료를 할인하면 회사의 총수입은 증가한다.

⑥ 다수공정독점기업 : 서로 다른 공정에서 생산하는 독점기업을 다수공정 독점기업이라고 한다.

  ㉠ 이 경우 독점기업은 공정별 한계비용곡선을 수평합하여 기업 전체의 한계비용곡선을 도출한 후 기업전체의 이윤극대화 총생산량을 결정한다.

  ㉡ 이윤극대화 총생산량이 결정되면 공정별로 생산량을 할당하며 낮은 한계비용으로 생산할 수 있는 효율적 공정에 더 많은 생산량을 할당한다. 이때 이윤극대화조건에 따르면 한계수입이 공정별로 동일하므로 공정별 한계비용은 서로 같아진다.

  • 기업의 균형조건 : $MR = \sum MC$

  • 공장별 균형조건 : $MR = MC_1 = MC_2$ (단, 1, 2 : 개별공정)

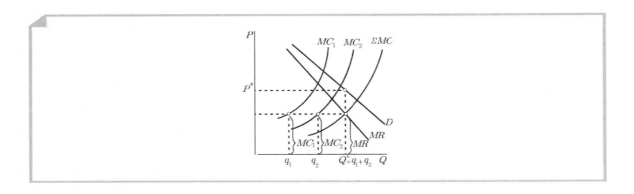

(5) 독점에 대한 평가

① **개념** : 독점의 후생평가로 독점규제의 정당성을 확인할 수 있으며, 독점이 오히려 효율적인 경우는 규모의 경제를 가지며 자연독점화하는 산업이다. 또한 독점이 바람직하지 않다고 말하는 것은 경쟁적인 기업들에 의해서 공급될 수 있는 재화나 서비스가 독점기업에 의해서 공급되는 경우이다.

② **자원배분의 비효율성** : 완전경쟁시장에 비해 가격이 높아지고 생산량이 감소한다. 따라서 사회적인 후생손실을 초래하게 된다(DWL = 사회후생손실의 크기).

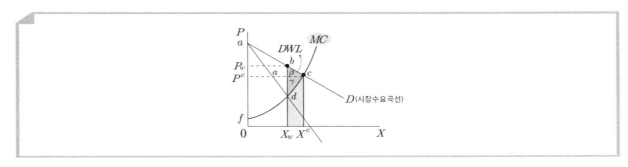

③ 장 · 단점

  ㉠ **장점** : 독점시장에서의 기술혁신 속도가 오히려 경쟁시장에서보다 빠를 수 있다.

  ㉡ **단점**

  • $P > MC$이므로 효율적 생산량보다 과소한 생산량이 나타난다.

  • 경쟁압력의 부재로 인해 X-비효율성이 나타날 수 있다.

  ※ X-비효율성 : 경쟁하는 기업이 없어 가격, 생산 모두 최대한의 능력을 발휘하지 않아 발생하는 비효율성을 말한다.

  • 독점기업은 자신의 독점이윤 유지를 위해 신규경쟁자의 진입을 제한하려고 진입장벽을 유지 · 강화하는 과정에서 자원을 낭비하게 된다.

  • 효율성 측면 뿐 아니라 분배의 공평성 측면에서도 바람직하지 못한 결과를 가져오는 경우가 많다.

(6) 독점규제

① **가격규제** : 정부가 직접 상수도나 전기와 같은 자연독점 산업의 요금을 결정하는 것을 의미한다.

　㉠ **규제방법** : 가격규제는 정부가 일정 가격을 상한으로 설정하고 그보다 높은 가격으로 재화를 판매하는 것을 금지하는 방법으로 일종의 최고가격제에 해당한다. 즉 한계비용가격설정(P = MC. 최고가격제) 방식이란 수요곡선과 MC곡선이 만나는 점에서 형성되는 가격으로 통제하는 방식을 의미한다.

　㉡ **가격규제의 효과**
　　• 수요곡선과 MC곡선이 교차하는 점에서 가격인 P_C를 가격상한으로 설정하면 수요곡선은 P_CAD로, 한계수입곡선은 P_CABC로 변화한다.
　　• 수요곡선이 수평선인 구간에서는 수요곡선과 한계수입곡선이 일치한다.
　　• 가격규제 이후에는 가격은 P_C로 하락하고 생산량은 Q_C로 증가한다.
　　• 가격규제 이후에는 $P = MC$가 달성되므로 완전경쟁과 동일한 결과를 가져온다.
　　• 자원배분 효율성 개선 : 가격하락, 시장수급량 증가(사회후생증가)
　　• 소득분배 공평성 개선 : 독점이윤 감소

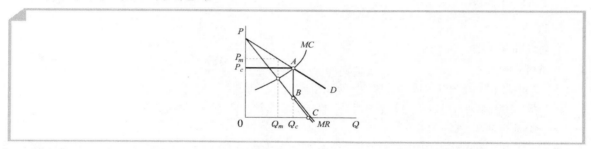

　㉢ **문제점**
　　• 규제당국이 독점기업의 MC를 정확히 파악 · 규제하는 것이 현실적으로 불가능하다.
　　• 정부가 독점기업의 한계비용곡선을 정확하게 알 수 없다.
　　• 자연독점의 경우에는 $P = MC$가 되도록 가격규제를 실시하면 적자가 발생하는 문제점이 있다.

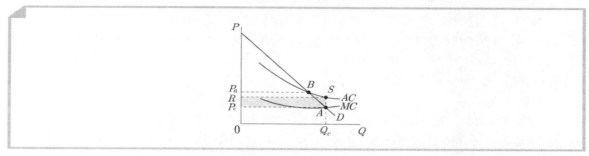

　　• $P = MC$가 되도록 가격규제를 실시하더라도 독점기업은 제품의 품질을 나쁘게 하는 등 다른 방법으로 규제를 회피할 가능성이 있다.

※ 자연독점 : 규모가 증가할 때 고정비가 변동비에 대하여 매우 커지므로 규모의 경제가 발생하여 독점화를 가져오는 것을 의미한다. 또한 자연독점은 평균비용이 계속 하락함과 동시에 최소효율규모가 시장규모보다 클 경우에 발생한다.

※ 자연독점규제의 딜레마
   - 자연독점기업의 경우는 규모보수 증가에 따라 평균비용이 감소하므로 한계비용이 평균비용보다 작다.
   - 한계비용 수준으로 가격을 통제하면 가격이 평균비용보다 낮으므로 손실이 발생한다. 따라서 한계비용가격설정이 불가능하다. 따라서 평균비용 수준으로 가격을 통제(평균비용가격설정)하거나 이중가격제를 시행한다.

※ 이중가격제(two-tier pricing system)
   - 일부 생산물에 대해서는 낮은 가격, 나머지에 대해서는 높은 가격을 설정한다.
   - 낮은 가격설정으로 발생하는 손실을 높은 가격설정으로부터의 이윤으로 보전한다.

㉣ **평균비용가격설정 방식(full cost pricing)**
   • AC곡선과 수요곡선이 만나는 점을 찾아 이 때의 수요곡선 높이에 해당하는 가격을 최고가격으로 설정하는 방식이다.
   • 이 경우 독점기업으로 하여금 최소한 손실을 입지 않게 하면서 가능한 한 많은 상품을 낮은 가격으로 공급할 수 있다.

② 조세부과
   ㉠ **종량세(물품세)**
   • 조세부과방식
     - 종량세(unit tax)란 재화 1단위 당 일정액의 조세를 부과하는 것을 의미한다.
     - 종량세를 부과하면 단위 당 생산비가 상승하므로 AC, MC가 모두 상방으로 이동한다.
   • 종량세 부과의 효과
     - 생산량은 감소하고 가격은 상승한다. 즉 한계비용이 증가하므로 독점균형이 변화하여 가격은 오르고 수급량은 감소한다. 따라서 자원배분의 효율은 오히려 악화된다.
     - 소비자 가격이 상승하였으므로 단위당 조세액의 일부가 소비자에게 전가된다. 그러나 단위당 조세액의 전부가 소비자에게 전가되는 것은 아니다.
   • 평가
     - 조세부과 이전보다 생산량이 감소하므로 자원배분의 효율성이 악화된다.
     - 조세수입을 소비자들에게 재분배한다면 소득분배면에서는 긍정적인 측면이 있다. 물품세액 만큼 독점이윤이 감소한다.
   ㉡ **정액세(lump-sum tax. 총괄세)**
   • 조세부과방식
     - 정액세란 생산량과 관계없이 일정액의 조세를 부과하는 것을 의미한다.
     - 정액세는 고정비용과 동일한 성격을 갖고 있으므로 MC에 영향을 미치지 않는다.
   • 정액세 부과의 효과
     - 생산량과 가격은 조세부과 이전과 동일하다.
     - 재화가격이 불변이므로 소비자에게 전혀 조세전가가 이루어지지 않는다.
     - 조세액만큼 독점기업의 이윤이 감소한다.

- 평가
  - 정액세를 부과하더라도 생산량이 전혀 변하지 않으므로 자원배분의 효율성 증대가 이루어지지 않는다.
  - 소득재분배 측면에서 보면 어느 정도의 긍정적인 효과는 있다. 총괄세액만큼 독점이윤이 감소한다.

© 이윤세
  - 조세부과방식 : 이윤세(profit tax)란 기업의 이윤에 대하여 부과하는 조세를 의미한다.
  - 이윤세부과의 효과 : 생산량과 가격은 변하지 않고 독점기업의 이윤만 감소한다. 분배의 공평성은 개선된다.

③ 국유화 : 철도, 전기, 가스 등 국민생활에 필수적인 상품은 국유화하여 공기업이 생산한다.

④ 경쟁촉진정책
  ㉠ 새로운 기업의 진입을 유도하거나, 기존에 존재하는 독점기업을 몇 개로 분할한 다음 시장구조 자체를 경쟁체제로 바꾸는 정책을 의미한다. 즉 규모의 경제가 큰 자연독점의 경우 규모가 작은 기업으로 나누는 것은 비효율적이나, 제한적으로 경쟁을 유도하는 정책을 사용할 수 있다.
  ㉡ 시장구조가 경쟁체제로 전환되면 독점에 따른 비효율성의 해소가 이루어질 수 있다.
  ㉢ 대표적인 예로는 전화산업 중 장거리 전화부문에 새로운 기업의 진입을 유도하여 경쟁체제로 바꾸는 것이나, 전력산업을 분할하여 발전부문을 전환하는 것 등을 들 수 있다.
  ㉣ 규모의 경제가 현저한 산업의 경우에는 독점기업을 몇 개의 기업으로 분할할 경우 오히려 생산이 비효율적이 되는 문제가 발생하게 된다.

※ 독점규제효과 정리

구분	비용	가격	생산	효율성	이윤	공평성
한계비용가격설정	–	하락	증가	개선(대)	모두 감소	모두 개선
평균비용가격설정	–	하락(소)	증가(소)	개선(소)		
이중가격제	–	일부하락	증가	개선		
정액세(총괄세)	TFC 증가 AC 증가, MC 불변	불변	불변	불변		
종량세	TVC 증가 AC 증가, MC 증가	상승	감소	악화		
이윤세	불변	불변	불변	불변		

▶ 자연독점의 경우 : 한계비용가격설정을 할 수 없으며, 평균비용가격을 설정하거나 이중가격제를 시행한다.

03 독점적 경쟁시장

(1) 독점적 경쟁의 개념 및 특징

① 개념

    ㉠ 독점적 경쟁은 상품차별화를 통해서 독점적 지위를 얻는 시장경쟁을 말한다. 완전경쟁기업이 상품차별화를 이루면 독점적 경쟁시장이 형성된다.

    ㉡ 독점적 경쟁시장은 진입과 퇴거가 대체로 자유롭고, 다수의 기업이 존재하며, 개별기업들은 대체성이 높지만 차별화된 재화를 생산하는 시장이다.

    ㉢ 독점적 경쟁시장은 독점적 요소와 경쟁적인 요소가 동시에 존재한다.

② 특징

    ㉠ **다수의 공급자** : 시장 내에 다수의 기업이 존재하므로 개별기업은 다른 기업들의 행동 및 전략을 고려하지 않고 독립적으로 행동하나, 가격면에서 치열한 가격경쟁을 벌인다.

    ㉡ **상품의 이질성** : 독점적 경쟁기업은 상표, 품질, 포장, 디자인, 기능 등에서 약간씩 차이가 있는 재화를 생산한다(소비자의 다양한 욕구를 충족시킨다). 즉 완전경쟁시장과 달리 다수의 공급자가 공급하는 상품이 모두 이질적이며, 개별기업은 차별화된 상품(이질적 상품)으로 각자 독자적인 시장을 형성한다. 제품차별화의 정도가 클수록 수요곡선은 비탄력적이다.

    ㉢ **자유로운 진입·퇴출** : 진입과 탈퇴가 자유롭기 때문에 초과이윤이 발생하면 새로운 기업의 진입이 이루어지고, 손실이 발생하면 일부 기업이 퇴거한다.

    ㉣ **비가격경쟁이 존재** : 독점적 경쟁기업들은 대체성이 매우 높은 재화를 생산하므로 판매량 증대를 위해 품질개선, 광고 등 다양한 비가격경쟁(non-price competition)을 벌인다. 비가격경쟁은 독점적 경쟁보다 과점의 경우가 훨씬 치열하다.

    ㉤ 시장 내에 다수의 기업이 존재하므로 개별기업은 다른 기업들의 행동 및 전략을 고려하지 않고 독립적으로 행동한다.

③ 우하향하는 개별수요곡선 : 독점적 경쟁시장의 개별수요곡선은 완전경쟁시장에서 수평이던 개별수요곡선이 약간 솟아오른 것에 불과하다. 그 결과 독점적 경쟁기업은 나름대로 가격을 조정할 수 있는 약간의 시장지배력을 가진다.

(2) 단기균형이론과 장기균형이론

① 단기균형(독점의 요소가 크게 나타남)

    ㉠ **단기균형의 도출**

       • 독점적 경쟁기업은 차별화된 재화를 생산하므로 어느 정도 시장지배력을 갖게 되어 직면하는 수요곡선이 우하향의 형태이다.

- 독점적 경쟁의 경우에는 다수의 밀접한 대체재가 존재하므로 독점의 경우보다 수요곡선이 훨씬 탄력적인 형태이다.
- 수요곡선이 다음의 그림과 같이 주어져 있다면 생산량과 가격은 $MR = MC$가 성립하는 점에서 (P_0, Q_0)로 결정된다.
- 평균비용곡선과 수요곡선의 상대적인 위치에 따라 독점적 경쟁기업은 초과이윤을 얻을 수도 있고, 손실을 볼 수도 있다.

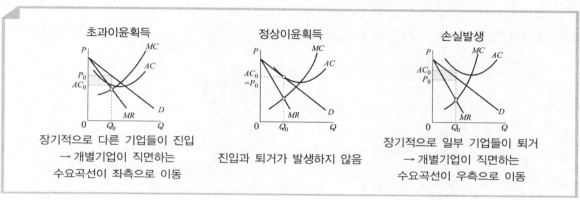

초과이윤획득	정상이윤획득	손실발생
장기적으로 다른 기업들이 진입 → 개별기업이 직면하는 수요곡선이 좌측으로 이동	진입과 퇴거가 발생하지 않음	장기적으로 일부 기업들이 퇴거 → 개별기업이 직면하는 수요곡선이 우측으로 이동

ⓒ 단기균형의 특징
- $P > MC$이므로 생산이 비효율적이다.
- 수요곡선의 탄력적인 구간에서 재화를 생산한다.
- 단기공급곡선이 존재하지 않는다.

② 장기균형(완전경쟁의 요소가 크게 나타남)
　　㉠ 조정과정

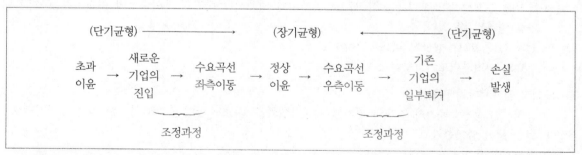

- 독점적 경쟁의 장기균형은 진입장벽이 존재하지 않으므로 완전경쟁의 요소가 크게 나타나 초과이윤이 발생하면 새로운 기업이 진입하여 기업이 직면하는 수요곡선이 하방으로 이동하여 이윤이 감소한다.
- 반면 손실이 발생하면 기존기업이 퇴거하여 수요곡선이 상방으로 이동하여 손실이 줄어들어 결국 장기에는 정상이윤만 얻게 된다.

ⓒ 장기균형
- 독점적 경쟁의 장기균형은 $MR = LMC$인 점에서 이루어지고 균형산출량은 Q_0, 균형가격은 P_0로 결정된다.
- 장기에 독점적 경쟁기업은 정상이윤만을 획득하므로 Q_0산출량 수준인 E에서 LAC곡선과 수요곡선이 서로 접하게 된다.
- 장기균형에서는 $P = LAC = SAC$가 성립한다.
- 장기에 독점기업은 SAC_0로 표시되는 시설규모를 보유하게 되는데, 시설규모가 SAC_0일 때는 최적산출량이 Q_1이므로 장기균형산출량(Q_0)은 최적산출량에 미달한다. 즉, 독점적 경쟁기업은 장기에 초과설비를 보유하게 된다.

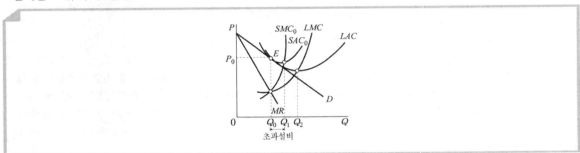

ⓒ 장기균형의 특징
- 이윤이 0이다.
- 우하향하는 개별수요곡선과 LAC곡선이 접하므로 LAC기울기도 우하향한다.
- LAC가 우하향하므로 규모에 대한 보수가 증가한다.
- 초과설비를 보유한다.
- 독점적 경쟁시장이 장기에 보유하는 초과설비에 대해서는 다양한 재화공급이 이루어지는 것에 대한 대가로 평가될 수 있다.
- $P > MC$이므로 생산이 비효율적이다.
- 수요의 가격탄력도가 1보다 크다.

③ 독점적 경쟁시장의 평가
ⓐ 긍정적인 측면 : 독점적 경쟁의 경우는 제품차별화를 통하여 다양한 재화의 생산이 이루어지므로 소비자의 후생이 증가한다.
ⓑ 부정적인 측면
- 자원배분의 비효율성($P > MC$) : 독점적 경쟁의 경우 균형에서 항상 $P > MC$이므로 재화생산이 비효율적인 수준에서 이루어지고 이에 따라 사회적인 후생손실이 초래된다.
- 비가격경쟁에 따른 자원의 낭비 : 독점적 경쟁기업들은 자신의 수요를 증대시키기 위하여 광고 등에 자원을 투입하므로 자원의 낭비가 발생한다.
- 초과설비의 보유 : 독점적 경쟁기업은 장기에 평균비용곡선 최소점의 좌측에서 생산하므로 생산량 수준이 최적산출량에 미달하게 된다. 따라서 초과설비가 존재한다.

04 과점시장

(1) 과점시장의 개념 및 특징

① 과점시장의 개념

   ⊙ 소수의 기업이 시장수요의 대부분을 공급하는 시장형태이다. 과점시장의 예로는 자동차, 냉장고, 세탁기, 맥주시장을 들 수 있다.

   ⓒ 과점시장에서는 기업 수가 소수이므로 개별기업이 시장에서 차지하는 비중이 상당히 높으며, 한 기업의 생산량 변화는 시장가격과 다른 기업이윤에 큰 영향을 미친다.

   ⓒ 공급자가 단 둘뿐인 복점시장(duopoly)도 과점시장에 해당한다.

② 과점시장의 특징

   ⊙ **기업 간의 상호의존성** : 기업의 수가 소수이므로 기업 간 상호의존성이 매우 높다. 즉, 한 기업이 가격을 낮추면 다른 기업도 가격을 낮춘다. 거의 모든 공산품(2차 산업)시장이 과점시장이다.

   ⓒ 과점시장의 가격은 대체로 경직적이다. 일반적으로 한 기업이 가격을 인하하면 다른 기업들도 같이 인하하지만 인상할 때는 같이 인상하지 않는다. 따라서 가격은 현재 수준에서 경직적이다.

   ⓒ **비가격경쟁** : 과점기업들은 시장점유율을 증대시키기 위하여 광고 경쟁, 제품차별화(기능, 디자인 등) 경쟁 및 판매조건 경쟁(AS, 할부, 경품) 등을 통한 치열한 비가격경쟁을 한다.

   ⓔ **비경쟁행위** : 기업이 소수이므로 담합하거나 공동행위를 하고자 하는 유인이 크다.
- 담합 : 기업들이 가격이나 생산량을 서로 합의하여 결정하는 것이다.
- 공동행위 : 카르텔(cartel, 기업연합)과 기업합동(trust)으로 나뉜다. 카르텔은 각 기업의 독립성이 유지되며, 기업합동은 하나의 독점기업처럼 행동한다.

   ⓜ **진입장벽** : 독점보다는 낮지만 과점의 경우에도 상당한 정도의 진입장벽이 존재한다. 즉 기존 기업들은 새로운 기업의 진입을 전략적으로 연합하여 저지한다.

③ 과점시장의 평가

   ⊙ 상대방의 행동에 따라 대응해야 하는 전략적 상황에 직면한다.

   ⓒ 과점기업의 장ㆍ단기균형의 특징은 일반적으로 독점기업과 같다.

(2) 과점시장이론

① 개념 : 다른 시장에서와 같은 일반적인 장ㆍ단기 분석모형은 존재하지 않으며 기업 사이에 상호협조(담합)가 어느 정도로 이루어질 수 있는가에 따라 유형이 나뉘어진다. 또한 단지 제한된 조건 하의 이론인 굴절수요곡선이론, 카르텔이론, 가격선도이론 등이 있고 전략적 상황 하에서 과점의 행동을 연구하는 게임이론이 있다.

② 과점이론의 구분

  ㉠ **독자행동모형**(추측된 변화에 입각한 모형) : 꾸르노모형, 슈타켈버그모형, 베르뜨랑모형, 굴절수요곡선모형

  ㉡ **상호협조모형** : 카르텔이론, 가격선도이론

  ㉢ **기타행동원리** : 비용할증가격설정, 경합시장이론, 진입저지가격설정

(3) 독자적 행동모형

① 꾸르노모형

  ㉠ **가정**

  • 두 기업(복점)만 존재하며, 두 기업 모두 생산비는 0이다. 재화생산의 한계비용은 0으로 일정하다(MC 곡선이 가로축과 일치).

  • 각 기업은 상대방 기업의 생산량이 주어진 것으로 보고 자신의 생산량을 결정한다(각 기업은 추종자로 행동한다). 즉 두 기업의 각각 상대방 기업은 현재 생산량을 변화시키지 않을 것이라는 추측하에서 자신을 독점기업으로 간주하고 이윤극대화생산량을 결정한다.

  ㉡ **꾸르노 균형**

  • 두 기업의 반응곡선이 다음과 같이 주어져 있을 때 기업 A가 q_1^A만큼 생산하면 기업 B는 q_1^B의 생산량을 선택한다.

  • 기업 B가 q_1^B의 생산량을 선택한다면 기업 A의 이윤극대화 생산량은 q_2^A가 되므로 점차 두 기업의 생산량 조정이 이루어진다.

  • 균형은 두 기업의 반응곡선이 교차하는 E에서 이루어지며, 두 기업의 생산량은 모두 20단위로 결정된다.

  • E는 두 기업 모두 상대방의 생산량이 주어졌을 때 자신의 최적생산량 수준이므로 E에 도달하면 더 이상 생산량 조정이 이루어지지 않는다(꾸르노 균형).

  • 꾸르노 균형에서 각 기업은 시장 전체 수요량의 $\frac{1}{3}$인 20단위씩의 재화를 생산하므로 두 기업 전체의 생산량은 시장수요의 $\frac{2}{3}$인 40단위이다.

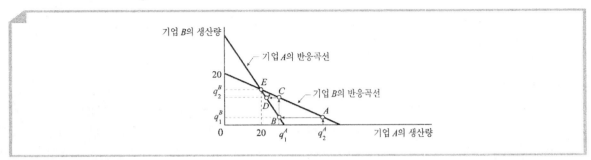

ⓒ 평가
- 각 기업이 자신의 행동이 상대방의 행동에 미치는 영향을 고려하지 못하고 있다는 것은 비현실적이다.
- 과점기업들은 생산량 조정을 통해 경쟁하기보다는 가격을 통한 경쟁이 보다 일반적이다.

② 슈타겔버그모형
ⓐ 개념 : 두 기업 중 하나 또는 둘 모두가 산출량에 대해 선도자의 역할을 하는 모형으로 기업들은 차례로 전략을 선택한다. 즉, 어느 한 기업이 생산량을 결정하면 다른 기업은 그것을 인지한 다음 자신의 생산량을 결정한다.
ⓑ 한 기업이 선도자인 경우 : 선도자는 추종자의 반응곡선을 알고 있고 이에 가장 유리한 선택을 하려고 하며, 추종자는 반응곡선에 따라 수동적인 결정을 한다. 어느 한 기업이 선도자로 행동하면 선도자의 이윤은 증가하는 반면, 추종자는 남아있는 기업의 이윤은 감소한다.
ⓒ 슈타켈버그 불균형 : 두 기업 모두가 선도자로서 행동할 때 슈타겔버그 불균형이 발생한다.

③ 베르뜨랑모형
ⓐ 가정
- 재화생산의 한계비용은 0으로 일정 : $MC = 0$으로 둔 것은 분석의 편의를 위한 가정이다. 즉 가격의 추측된 변화가 0인 모형이다.
- 각 기업은 상대방이 현재의 가격을 그대로 유지할 것으로 보고 자신의 가격을 결정한다. 즉 두 기업은 서로 상대방 공급자가 현재의 가격을 변화시키지 않을 것이라는 가정하에서 자신의 이윤극대화 가격을 결정하는 가격중심의 분석이다.
ⓑ 내용
- 기업 A가 한계비용보다 높은 P_0의 가격을 설정한다면, 기업 B는 P_0보다 약간 낮은 P_1의 가격을 설정하여 모든 소비자를 유인하는 것이 가능하다.
- 그렇게 되면 기업 A는 P_1보다 조금 낮은 P_2의 가격을 설정함으로써 다시 시장수요 전부를 차지하는 것이 가능하다.
- 각 기업이 모두 상대방보다 약간씩 낮은 가격을 설정하려고 하면 결국 가격은 한계비용과 같아지고, 두 기업의 이윤은 모두 0이 된다.
ⓒ 평가
- 베르뜨랑 모형의 균형에서는 $P = MC$이므로 자원배분이 효율적이다(완전경쟁과 동일).
- 두 기업이 생산하는 재화가 완전히 동질적이고, 기업의 비용조건이 동일하다는 비현실적인 가정에 입각하고 있어 현실설명력이 낮다.
- 한계비용이 0일 때 시장가격 : $P = 0$
- 한계비용이 0아닐 때 시장가격 : $P = MC$

④ 굴절수요곡선이론

　　㉠ 굴절수요곡선의 도출

　　　• 최초의 가격이 P_0, 생산량이 Q_0로 주어져 있다고 가정하자(A).

　　　　－ 가격인하 → 경쟁기업도 가격인하 → 판매량 증가 거의 없음 → 비탄력적인 $D_2 D_1{'}$에 직면

　　　　－ 가격인상 → 경쟁기업은 가격인상 않음 → 판매량 대폭 감소 → 탄력적인 $D_2 D_2{'}$에 직면

　　　　→ 즉, 한 기업이 가격을 인하하면 다른 기업도 즉시 인하하므로 가격의 추측된 변화는 1이고, 인상할 때는 인상하지 않으므로 추측된 변화는 0이다.

　　　• 수요곡선은 A에서 굴절된 $D_2 A D_1{'}$으로, 한계수입곡선은 $D_2 BCD$로 도출된다.

　　㉡ 균형가격과 생산량

　　　• MC곡선이 다음 그림에서와 같이 MC_0로 주어져 있다면 MC곡선과 MR곡선은 MR곡선이 불연속적인 BC구간에서 서로 교차한다. 따라서 균형가격과 생산량은 각각 P_0, Q_0로 결정된다.

　　　• 만약 원자재 가격의 변화 등으로 인하여 MC곡선이 MC_1 혹은 MC_2로 이동하더라도 여전히 생산량과 가격은 불변이다. 따라서 굴절수요곡선 모형에서는 재화가격이 경직성을 보이게 된다.

　　㉢ 단점

　　　• 수요곡선 자체가 굴절되어 있다는 것을 증명하기 어렵다.

　　　• 굴절점이 어떻게 결정되는지에 대해서 제대로 설명을 못하고 있다.

　　　• 현실적으로 과점시장에서는 한 기업이 가격을 인상하면 다른 기업들도 가격을 인상하는 경우가 많이 관찰되고 있다.

　　　• 과점시장에서의 가격이 다른 시장에서보다 더 경직적이라는 증거를 현실에서 찾기 어렵다.

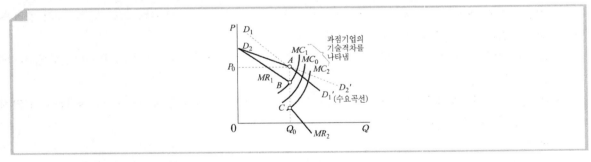

(4) 협조적 과점시장

① 카르텔(cartel) 모형 : 완전한 담합 – OPEC(석유수출국기구)

　　㉠ 개념 : 과점기업들이 담합을 통하여 마치 독점기업과 같이 행동하는 것을 말한다. 과점기업들이 공동이윤을 극대화하기 위해 공식적 담합행위를 하는 것을 의미한다. 즉, 과점기업들이 담합을 통하여 경쟁을 줄여 이윤을 증가시키고 신규기업의 진입을 저지하기 위하여 마치 독점기업처럼 행동하는 것으로 다공장 독점과 같다.

ⓒ 카르텔 형성의 동기(효과)
- 담합을 통하여 경쟁을 줄이게 되면 독점이윤 확보가 가능하다.
- 새로운 기업들의 진입저지가 가능하다.
- 독점기업과 같이 행동하므로 대규모 생산에 따른 비용절감효과가 있다.
- 독점의 폐해인 소득분배측면에서의 불공평성과 후생손실이 발생한다.

ⓒ 카르텔의 불안정성 : 카르텔이 결성되면 이전보다 개별기업의 이윤이 증가하나 카르텔 결성 이후에는 협정을 위반할 경우 초과이윤이 증가할 가능성이 매우 높다. 따라서 카르텔은 항상 붕괴되려는 속성을 지닌다.

ⓔ 위반 여부의 결정요인
• 위반사실을 적발하는 데 소요되는 기간이 길수록, 위반사실이 적발될 확률이 낮을수록 위반유인이 증가한다.
• 위반하였을 때 상대방의 보복강도가 작을수록 위반유인이 증가한다.
• 담합이 복잡하게 이루어질수록 적발될 가능성이 낮아지므로 위반유인이 증가한다.
• 상품이 차별적이어서 가격차이가 품질차이인지를 판단하기 힘들 때
• 시장수요곡선이 비탄력적이어서 가격과 한계비용간의 격차가 커질 때
• 경기가 침체되어 이윤저하가 심각할 때

ⓜ 카르텔의 안정 조건
• 과점기업이 독자적으로 행동하는 경우 예상할 수 있는 이윤보다 많은 이윤을 얻을 수 있도록 카르텔의 이윤이 배분되는 경우
• 과점기업들의 비용구조가 매우 유사한 경우

② 가격선도모형(price leadership model) : 불완전 담합
㉠ 개념 : 선도기업이 가격을 인상 또는 인하하면, 다른 기업들은 선도기업이 설정한 가격을 따르는 현상이다. 일반적으로 선도기업은 시장점유율이 높은 대기업 또는 효율적인 기업이 된다. 즉, 과점기업들이 암묵적 협조를 통해 공동이익을 추구하는 것으로 상정한다. 시장점유율이 가장 높은 기업이 지배적기업이 되어 이윤극대화 가격을 결정하면 나머지 기업은 이 가격에 따라 생산한다. 효율적기업(한계비용이 가장 낮은 기업)이 지배적기업이 될 수 있다.

㉡ 지배적 기업에 의한 가격선도
• 과점시장에 시장수요 거의 대부분을 공급하는 대기업과 몇 개의 군소기업이 존재하는 상황을 가정한다.
• 군소기업의 시장점유율은 미미하므로 대기업은 군소기업들의 공급량을 제외한 나머지인 잔여수요를 자신의 수요로 파악하고 $MR = MC$인 점에서 가격과 생산량을 결정한다.
• 이 경우 군소기업은 대기업이 설정한 가격을 주어진 것으로 보고 자신의 생산량을 결정한다.
• 군소기업은 완전경쟁기업처럼 가격수용자로 행동하나 완전경쟁기업과는 달리 초과이윤을 얻는 것이 일반적이다.
• 정책적 시사점 : 기업을 통제하기 위해서는 지배적 기업을 통제하는 것이 더욱 효율적이다.

ⓒ 효율적인 기업에 의한 가격선도
- 과점시장에 효율적인 기업과 비효율적인 기업이 시장수요의 절반씩을 공급하는 상황을 가정한다.
- 두 기업이 시장수요의 절반씩 공급하고 있으므로 두 기업의 수요곡선과 한계수입곡선은 동일하다.
- 효율적인 기업이 $MR = MC$인 점에서 비효율적인 기업의 이윤이 극대화되는 수준보다 낮은 가격을 정하면 비효율적인 기업은 효율적인 기업이 설정한 가격을 따를 수밖에 없다.
- 만약 비효율적인 기업이 효율적인 기업보다 더 높은 가격을 설정하면 소비자들은 누구도 비효율적인 기업의 재화를 구입하려고 하지 않을 것이다.

(5) 과점기업의 기타 행동원리

① 비용할증 가격설정방식
ⓐ 개념 : 기업들이 재화가격을 설정할 때 단위당 평균비용(생산원가)에 일정률의 이윤을 부가하여 가격을 설정하는 것을 의미한다. 즉, 단위생산비용에 적당한 비율의 마진(margin)을 얹어 가격을 설정하는 방법이며, 비용할증방식은 AC가 가격을 결정하기 때문에 공급측면에서 생산비용의 크기에 의해서 가격이 결정됨을 설명한다.

$$P = AC(1 + m)$$

ⓑ 가격설정방법 : 목표생산량을 결정하고, 목표생산량 수준에서의 평균비용을 계산한 다음 목표이윤율에 해당하는 이윤을 부가하여 가격을 결정한다.
ⓒ 비용할증가격설정을 따르는 이유
- MR과 MC를 정확히 알기 어렵다.
- 새로운 기업의 진입을 저지한다.
ⓓ 가격의 경직성 : 비용할증가격설정에서는 목표생산량 수준에서의 평균비용으로 가격이 산정되므로 시장수요가 변화하더라도 가격변동은 별로 나타나지 않는다. 따라서 시장수요 등 외부여건이 변할 때 이윤극대화원리($MR = MC$)에 의한 가격설정에서보다 가격은 경직적이고 산출량의 변동은 크게 나타난다.

② 경합시장이론
ⓐ 개념 : 경합시장(contestable market)이란 진입장벽과 탈퇴장벽이 전혀 존재하지 않는 시장을 의미한다. 즉, 시장에 있는 기업들이 경쟁기업처럼 행동할 정도로 새로운 기업들의 진입에 의한 경쟁 위협이 충분한 시장이다.
ⓑ 경합시장의 균형은 $P = MC = AC$인 점에서 이루어진다.
ⓒ 특징
- 개별기업은 정상이윤만 획득한다. 즉, 완전경쟁시장의 장기균형과 동일하다.
- 경합시장에서는 $P = MC$이므로 자원배분이 효율적이다.

③ 진입저지가격이론

　㉠ 기존 기업이 새로운 기업의 진입을 억제하기 위하여 자신의 이윤이 극대화되는 가격보다 낮은 가격을 설정하는 것을 진입저지가격(limit price)이라고 한다.

　㉡ 진입저지가격전략은 단기적인 이윤을 희생하더라도 시장지배력을 강화함으로써 장기적으로 높은 시장점유율을 유지하면서 안정적으로 초과이윤을 획득하려는 전략이다.

　㉢ 베인(J.S. Bain), 실로스 – 라비니(Sylos-Labini) 등에 의하여 체계화되었다.

④ 광고

　㉠ 일반적 광고 효과

　　• 다른 기업의 상품을 소비하고 있는 소비자를 자신의 상품을 소비하도록 유인하고 새로운 소비자에 의한 신규 수요를 창출하여 수요 확대가 이루어질 수 있다.

　　• 광고를 통해 소비자에게 상품의 인지도와 친밀도를 높여 자기 상품에 대한 소비자의 가격탄력도를 낮추어 독점력(시장지배력) 강화 효과가 나타날 수 있다.

　㉡ 광고형태별 효과

　　• 홍보적 광고 : 소비자에게 정확한 상품정보를 제공하므로 기존 소비자의 수요가 증가하고 새로운 소비자의 수요가 창출된다. 따라서 시장수요가 증가하고 생산량이 증가한다.

　　• 사실왜곡적 광고 또는 전투적 광고 : 광고비(생산비)와 시장수요가 더 많이 증가한다. 이 경우 평균비용 증가 폭이 수요 증가 폭 보다 더 커서 홍보적 광고에 비하여 시장가격이 더 많이 상승한다. 따라서 홍보적 광고에 비하여 자원배분의 효율성을 해치게 된다.

(6) 과점시장의 평가

① 긍정적인 측면

　㉠ 완전경쟁이나 독점보다 연구개발이 훨씬 활발하게 이루어지므로 기술혁신이 잘 이루어진다.

　㉡ 다양한 재화공급이 이루어져 소비자의 선택 폭이 넓다.

② 부정적인 측면

　㉠ P > MC이므로 과소생산이 이루어지고 그에 따라 효율성 상실이 발생한다.

　㉡ 필요 이상의 광고비 지출 등으로 인해 사회적인 자원의 낭비가 발생한다.

05 게임이론

(1) 게임이론의 개요

① 의의
- ㉠ 과점시장의 상호의존성 때문에 과점기업은 의사결정 시 상대방의 반응까지 고려해야 하는 전략적인 상황에 직면하게 되는데 게임이론은 보다 일반적인 분석틀 안에서 전략적인 상황에서 도달 가능한 균형을 분석하기 위한 이론이다.
- ㉡ 개별 경제주체들의 행위가 서로의 이해에 영향을 미치는 전략적 상황에서 각 경제주체의 행동을 분석하는 이론이다.

② 게임이론의 구성요소
- ㉠ 경기자(player) : 게임에 참여하는 경제주체로 기업이나 개인 등을 말한다.
- ㉡ 보수(pay-off) : 경기자에게 돌아가는 이윤의 몫(물질적 보수, 금전적 보수 등)이다.
- ㉢ 전략(strategy) : 경기자들이 자신의 이윤(효용)극대화를 위하여 선택할 수 있는 대안으로, 과점기업의 경영전략(가격, 수량, 광고, 진입 여부 등)이다.
- ㉣ 규칙 : 경기자들이 준수해야 하는 준칙이다.
- ㉤ 보수행렬 : 모든 보수의 수치를 표에 체계적으로 정리해 놓은 것이다.

③ 게임의 종류
- ㉠ 협조적 게임과 비협조적 게임
  - 협조적 게임 : 경기자들 사이에 협조가 이루어지는, 즉 과점기업의 공동행위(담합, 연합 등), 구속력 있는 협약을 체결할 수 있는 게임
  - 비협조적 게임 : 경기자들 사이에 협조가 이루어지지 않는 게임, 즉 과점기업 간의 경쟁(가격인하, 서비스, 광고 등), 구속력 있는 협약을 체결할 수 없는 게임
- ㉡ 제로섬게임과 비제로섬게임
  - 제로섬게임 : 어떤 전략을 선택하는지에 관계없이 경기자들 보수의 합이 항상 0이 되는 게임
  - 비제로섬게임 : 어떤 전략을 선택하는지에 관계없이 경기자들 보수의 합이 0이 되지 않는 게임
- ㉢ 정합게임과 비정합게임
  - 정합게임 : 경기자들 보수의 합이 항상 일정한 숫자가 되는 경우로서 정합게임의 특수한 경우가 제로섬게임이 된다.
  - 비정합게임 : 경기자들 보수의 합이 항상 일정한 숫자가 되지 않은 게임
- ㉣ 완전정보게임과 불완전정보게임
  - 완전정보게임 : 상대방의 선택을 관찰한 이후에 자신이 선택을 하는 게임, 대신 경기자가 실제로 어떤 전략을 선택할지는 알 수는 없다.
  - 불완전정보게임 : 상대방이 어떤 선택을 했는지 모르는 상태에서 자신이 선택을 해야 하는 게임

ⓜ 일회성게임과 다단계게임
  • 일회성게임 : 각 경기자들이 한 번 전략을 선택한 후 게임이 끝나는 경우
  • 다단계게임 : 동일 게임을 여러 번 반복해서 하는 경우
ⓗ 전략형게임과 확장형게임
  • 전략형게임 : 일회성게임 분석에 적합한 형태로서 게임의 결과로 각 경기자들이 얻는 보수로 구성된다. 이는 전략 중심의 게임형태이다.
  • 확장형게임 : 다단계 게임 분석에 적합한 형태로서 게임의 진행 과정이 표시된다.

(2) 게임의 균형

① 개념

  ㉠ 게임의 균형이란 외부적인 충격이 가해지지 않는 한 모든 경기자들의 전략이 계속 유지되는 상태를 의미한다.

  ㉡ 모든 경기자들이 현재의 결과에 만족하여 더 이상 자신의 전력을 바꿀 유인(incentive)이 없는 상태를 게임의 균형이라고 한다.

② 우월전략균형(지배적 전략 균형 dominant strategy equilibrium)

  ㉠ 개념 : 상대방이 어떤 전략을 선택하든지 상관 없이 자신은 특정 전략을 선택함으로써 다른 전략을 선택할 때 보다 더 큰 이윤을 얻는다면 이를 우월전략(지배전략)이라 하며, 모든 과점기업이 우월전략을 선택하는 상태를 우월전략균형이라 한다.

  ㉡ 평가 : 두 기업 모두 우월전략을 가지고 있다면 상대방 기업의 전략을 고려할 필요 없이 항상 자신의 우월 전략을 선택한다. 이는 과점기업이 의사결정 시에 직면하는 전략적인 상황을 전혀 반영하지 못하고 있음을 의미한다.

| | | 기업 B | |
		b_1	b_2
기업 A	a_1	(10, 10)	(30, 5)
	a_2	(5, 30)	(20, 20)

  • 기업 B가 b_1, b_2의 전략을 선택하는지에 관계없이 기업 A는 a_1을 선택할 때 자신의 보수가 가장 크다.
  • 기업 A의 우월전략은 a_1이고 마찬가지로 기업 B의 우월전략은 b_1이다.
  • 각 경기자가 모두 우월전략을 갖고 있으므로 우월전략균형은 (a_1, b_1)이다.

  ※ 용의자(죄수)의 딜레마
    ㉠ 죄수의 딜레마는 우월전략 게임에서 나타나는 현상이다.
      예 공유지 비극, 가수요, 매점매석 등
    ㉡ 이기심에 기초한 시장경제체제가 비효율적인 결과를 초래할 수도 있다는 것을 보여주는 예이다.
      - 용의자들에게 다음 형량을 제시하고, 용의자들은 이기심에 따라 의사결정함에 모두 자백한다

		B	
		자백	부인
A	자백	(10년, 10년)	(0일, 30년)
	부인	(30년, 0일)	(3일, 3일)

		B의 지배적 전략			지배적전략 균형
A	자백	←	자백시, 10년 / 부인시, 30년	자백	
	부인	←	자백시, 0(즉시 석방) / 부인시, 3일간 조사		A, B 모두 자백

		A의 지배적 전략		
B	자백	←	자백시, 10년 / 부인시, 30년	자백
	부인	←	자백시, 0(즉시 석방) / 부인시, 3일간 조사	

※ 강우월전략과 약우월전략
    ㉠ 강우월전략 : 상대방의 모든 전략에 대해 본인의 전략 가운데 가장 높은 보수를 얻을 수 있는 전략을 의미한다.
    ㉡ 약우월전략 : 상대방의 모든 전략에 대해 본인의 전략이 다른 전략과 비교해 더 높거나 동일한 보수를 얻을 수 있는 전략을 의미한다.

③ 내쉬균형(Nash equilibrium)
    ㉠ 개념 : 각 과점기업이 경쟁자의 전략에 따라 자신에게 유리한 전략을 선택한 결과 아무도 자신의 전략을 바꿀 이유가 없는 상황에 이른 상황을 말한다. 내쉬균형은 자신의 전략이 상대방의 모든 전략에 대해서가 아니라 상대방의 최적전략에 대해서만 최적이면 된다는 성격을 가진다.
    ㉡ 특징
      • 우월전략균형은 내쉬균형에 포함된다.
      • 현재 내쉬균형상태에 있다면 각 경기자는 더 이상 자신의 전략을 변화시킬 유인이 없으므로 내쉬균형은 안정적이다.
      • 내쉬균형이 항상 파레토 효율적인 자원배분을 보장하는 것은 아니다.
      • 혼합전략을 허용하면 모든 게임에 있어서 내쉬균형은 항상 존재한다.
      • 내쉬균형은 복수로 존재할 수 있다.
      • 게임의 순서를 고려하지 않기 때문에 순차게임의 균형을 설명하지 못한다.
    ㉢ 내쉬균형의 경제적 의미
      • 내쉬균형이 하나만 존재하면 과점기업의 전략선택행위를 예측할 수 있다.
      • 내쉬균형이 없거나 둘 이상이면 과점기업의 전략선택행위를 예측할 수 없다.

④ 혼합전략 내쉬균형

　㉠ 개념 : 모든 경기자가 각 순수전략을 사용할 확률(혼합전략)을 더 이상 변경할 유인이 없는 상태를 의미
　　한다.

　　• 순수전략(pure strategy) : 경기자가 여러 가지 전략 중에서 특정한 한 가지의 전략만 사용하는 것을
　　　의미한다.

　　• 혼합전략(mixed strategy) : 각 경기자가 두 가지 이상의 순수전략을 적절한 비율로 혼합하여 사용하는
　　　것을 의미한다.

　㉡ 동전맞추기 게임

　　• 상황 : A와 B가 동전맞추기 게임을 하고 있는데, A와 B는 앞면(H)과 뒷면(T) 중 하나를 선택하고
　　　동시에 상대방에게 보여준다. 선택한 면이 동일하면 B가 A에게, 서로 다르면 A가 B에게 10원을 지
　　　불한다.

구분		개인 B	
		앞면(H)	뒷면(T)
개인 A	앞면(H)	(10, −10)	(−10, 10)
	뒷면(T)	(−10, 10)	(10, −10)

　　• 혼합전략 내쉬균형

　　　• 경기자 A와 B가 모두 $\frac{1}{2}$의 확률로 H와 T를 사용하는 것이 혼합전략 내쉬균형이다.

　　　• 균형에서 A와 B의 기대보수는 모두 0으로 동일하다.

⑤ 최소극대화전략(maximin strategy)

　㉠ 개념 : 각 전략을 선택하였을 때 예상되는 최소의 보수를 비교하여 그 중에서 보수가 가장 큰 전략을 선
　　택하는 것을 의미한다.

　㉡ 평가

　　• 합리적인 전략이라기보다는 위험기피적인 경기자의 보수적인 행태를 반영하는 전략이다.

　　• 최소극대화 전략균형이 게임의 균형과 일치한다는 보장이 없다.

　　• 게임의 우월전략균형 존재시 최소극대화 전략균형은 우월전략균형과 일치한다.

⑥ 반복게임(repeated game)균형

　㉠ 개념 : 동일한 게임을 여러번 또는 무한히 반복하는 게임을 의미한다.

　㉡ 게임이 무한반복될 경우는 상대방이 동해보복전략(눈에는 눈, 이에는 이)을 사용할 것이 분명하므로 경기
　　자들은 처음부터 협조적인 전략을 사용한다. 따라서 용의자의 딜레마와 같은 상황은 발생하지 않는다.

　㉢ 그러나 게임의 유한반복될 경우는 마지막 게임에서 각 경기자는 우월전략을 사용하며 용의자의 딜레마
　　현상이 발생한다.

　㉣ 길게 반복되는 게임일수록 게임의 결과는 협조적으로 나타날 가능성이 크다.

기출문제분석

(인천국제공항공사)

1 다음 표의 특징을 지닌 시장의 장기균형에 대한 설명으로 바른 것은?

특징	응답
비가격경쟁	아니다
가격차별화	아니다
차별화된 상품 생산	아니다
새로운 기업의 자유로운 진입 가능	그렇다
장기이윤이 0보다 작으면 시장에서 이탈	그렇다

① 개별 기업은 시장 가격에 영향을 미칠 수 없다.

② 단골 고객이 존재한다.

③ 규모를 늘려 평균비용을 낮출 수 있다.

④ 시장 참여 기업간 상호 의존성이 매우 크다.

> **NOTE** 동질적인 상품이 거래되며, 일물일가의 법칙이 성립하는 완전경쟁시장에서 나타나는 특성들이다. 즉, 기업들이 판매하는 재화가 동질적이므로 광고경쟁과 같은 비가격경쟁이 존재하지 않고, 가격차별이 불가능하고, 새로운 진입과 기존 기업의 퇴거가 자유로운 시장은 완전경쟁시장이다.

(국민연금공단)

2 다음 상품시장과 경쟁에 대한 설명으로 바르지 않은 것은?

① 자연독점(natural monopoly)은 규모에 경제가 현저해 두 개 이상의 기업이 살아남기 어려워 형성된 독점체계이다.

② 최소효율규모(minimum efficient scale)란 평균비용곡선의 최저점이 나타나는 생산수준이다.

③ 꾸르노 경쟁(Cournot competition)에서는 각 기업이 상대방의 현재가격을 주어진 것으로 보고 자신의 가격을 결정하는 방식으로 경쟁한다.

④ 부당염매행위(predatory pricing)는 일시적 출혈을 감수하면서 가격을 낮춰 경쟁기업을 몰아내는 전략이다.

Answer. 1.① 2.③

⊟ NOTE 꾸르노모형은 가격결정모형이 아니라 생산량 결정모형이다. 즉, 꾸르노 경쟁에서는 각 기업이 상대방의 생산량을 주어진 것으로 보고 자신의 생산량을 결정하는 방식으로 경쟁한다.
약탈적 가격설정(=부당염매행위) : 경쟁기업들을 시장에서 몰아내기 위하여 매우 낮은 가격으로 판매하는 전략을 의미한다.

(코스콤)

3 완전경쟁시장에서 조업하는 동질적인 기업들은 $Q_D = 50 - P$의 시장수요함수를 가지며, $Q_D = 5P - 10$인 시장공급함수를 가진다. 개별 기업들의 평균비용곡선은 $AC(Q) = Q + \dfrac{2}{Q} + 2$일 때 이윤극대화를 위한 개별기업의 생산량은?

① 2

② 3

③ 4

④ 5

⊟ NOTE 주어진 시장수요함수와 시장공급함수를 연립해서 풀면 50 − P = 5P − 10, P = 10이다. 완전경쟁기업은 시장균형가격 수준에서 수평한 수요곡선에 직면하기 때문에 이러한 시장균형가격은 곧 개별기업의 한계수입(MR)이 된다. 즉 완전경쟁 시장에서 시장의 균형가격이 10으로 결정되면 개별기업은 가격을 주어진 것으로 보고 자신의 생산량을 결정하게 된다.

개별기업의 평균비용곡선이 $AC = Q + \dfrac{2}{Q} + 2$이므로, 총비용곡선 $TC = Q^2 + 2Q + 2$이고, 총비용함수를 Q에 대해 미분하면 한계비용 MC = 2Q + 2이다. 이제 P = MC 로 두면 10 = 2Q + 2, Q = 4이다. 이에 따라 이윤극대화 조건 MR(=P) = MC를 만족하는 Q = 4를 구할 수 있다.

(한국마사회)

4 완전경쟁시장에서 활동하는 A기업의 고정비용인 사무실 임대료가 작년보다 30% 상승했다. 단기균형에서 A기업이 제품을 계속 생산하기로 했다면 전년대비 올해의 생산량은? (단, 다른 조건은 불변이다.)

① 30% 감축

② 30% 보다 적게 감축

③ 30% 보다 많이 감축

④ 전년과 동일

⊟ NOTE 완전경쟁기업은 P = MC인 점에서 생산하는데, 고정비용인 사무실 임대료의 상승은 한계비용(MC)과 무관하다. 즉, 고정비용인 사무실 임대료의 상승은 한계비용에 아무런 영향을 미치지 않으므로 생산량도 변하지 않는다. (이윤극대화 조건인 MR = MC는 불변이므로 생산량 역시 변화가 없게 된다.)

🐾 Answer. 3.③ 4.④

5 (한국원자력환경공단)

기업 A는 차별화 된 전통주를 독점적으로 생산하여 판매하고 있다. 이 제품에 대한 수요곡선은 $Q_D = -3P + 480$으로 표현된다. 기업 A가 판매수입을 극대화하기 위해 책정해야 하는 전통주 1병 당 가격은? (단, P는 만 원 단위로 표시된 1병 당 가격이다.)

① 50   ② 60
③ 70   ④ 80

NOTE 주어진 수요곡선이 선형함수이므로 한계수입 곡선은 다음과 같이 도출된다.

$$Q_D = -3P + 480 \rightarrow P = 160 - \frac{1}{3}Q \rightarrow MR = 160 - \frac{2}{3}Q$$

수요함수가 $P = 160 - \frac{1}{3}Q$이므로 우하향의 직선 형태이다. 판매자의 총수입은 수요의 가격탄력성이 1일 때 가장 커지는데, 수요곡선이 우하향의 직선일 때는 중점에서 수요의 가격탄력성이 1이 된다. 총수입(TR)의 극대화는 한계수입(MR)이 0인 수준에서 이루어진다. 이에 따라 Q = 240이 도출된다. (이 결과를 수요함수에 대입하면) 그러므로 기업 A의 판매수입이 극대화되는 P = 80임을 알 수 있다.

6 (한국마사회)

어떤 독점기업이 시장을 A와 B로 나누어 이윤극대화를 위한 가격차별정책을 시행하고자 한다. A시장의 수요함수는 $Q_A = -2P_A + 60$이고, B시장의 수요함수는 $Q_B = -4P_B + 80$이라고 한다(Q_A, Q_B는 각 시장에서 상품의 총수요량, P_A, P_B는 상품의 가격임). 이 기업이 한계비용이 생산량과 관계 없이 2원으로 고정되어 있을 때, A시장과 B시장에 적용될 상품가격은?

	A시장	B시장
①	14	10
②	16	11
③	14	11
④	16	10

NOTE 이윤극대화 조건은 MR = MC 이다. 따라서 두 시장의 한계수입은 모두 $MR_A = MR_B = MC(=2)$가 성립한다.

시장 A의 수요함수가 $P_A = 30 - \frac{1}{2}Q_A$이므로 한계수입 $MR_A = 30 - Q_A$

시장 B의 수요함수가 $P_B = 20 - \frac{1}{4}Q_B$이므로 한계수입 $MR_B = 20 - \frac{1}{2}Q_B$

$MR_A = MC$로 두면 $30 - Q_A = 2, Q_A = 28$이고, 이를 시장 A의 수요함수에 대입하면 $P_A = 16$이 도출된다.

$MR_B = MC$로 두면 $20 - \frac{1}{2}Q_B = 2, Q_B = 36$이고, 이를 시장 B의 수요함수에 대입하면 $P_B = 11$이 도출된다.

Answer. 5.④ 6.②

7 동일한 재화를 두 개의 공장에서 생산하는 기업이 있다. 공장1과 공장2의 비용함수는 각각 $C_1(Q_1) = 6Q_1^2$ 및 $C_2(Q_2) = 4Q_2^2$이다. 이 기업이 총 100단위의 재화를 생산할 때, 이윤을 극대화하는 공장1의 최적 생산량은? (단, Q_1은 공장1의 생산량, Q_2는 공장2의 생산량이다.)

① 20

② 30

③ 40

④ 60

📝NOTE 주어진 문제에 따른 독점기업 A의 이윤극대화 조건은 $MR = MC_1$, $MR = MC_2$를 동시에 충족하는 것이다. 따라서, $MC_1 = MC_2$가 성립해야 하므로, 각 공장의 비용함수를 Q에 대해 미분하면 $MC_1 = 12Q_1$, $MC_2 = 8Q_2$이다. 기업이 여러 개의 공장을 갖고 있는 경우 이윤의 극대화되려면 각 공장의 한계비용이 같아져야 한다.
그러므로 $MC_1 = MC_2$로 두면 $12Q_1 = 8Q_2$이, $1.5Q_1 = Q_2$이 성립한다.
총생산량이 100단위이므로 $Q_1 + Q_2 = 100$이다.
두 식을 연립해서 풀면 공장 1의 최적 생산량은 $Q_1 = 40$, $Q_2 = 60$으로 도출된다.

8 두 기업이 슈타켈버그(Stackelberg) 모형에 따라 행동할 때, 시장수요곡선이 $P = 50 - Q_1 - Q_2$, 개별 기업의 한계비용 0으로 동일하다고 가정하자(단, P는 시장가격, Q_1은 기업1의 산출량, Q_2는 공장2의 생산량). 기업1은 선도자로, 기업2는 추종자로 행동하는 경우 달성되는 슈타켈버그 균형상태에 있을 때, 다음의 설명 중에서 바른 것을 모두 고르면?

> ㉠ 기업1의 생산량은 기업2의 생산량의 2배이다.
> ㉡ 시장 가격은 12.5이다.
> ㉢ 시장 거래량은 2.5보다 크다.
> ㉣ 기업1의 이윤은 기업2의 이윤의 1.5배이다.

① ㉠, ㉢

② ㉡, ㉢

③ ㉠, ㉡, ㉢

④ ㉠, ㉡, ㉣

⑤ ㉠, ㉢, ㉣

📝NOTE 슈타켈버그 모형에서 선도기업인 기업1은 이윤극대화를 위해 시장 전체에서 독점기업처럼 행동할 것이므로 MR($P = 50 - 2Q_1$)과 MC(=0)이 일치하는 수준에서 생산량을 결정한다. 이에 따라 기업1의 생산량은 $Q_1 = 25$가 된다. 또한 추종기업인 기업2는 기업1의 생산량을 제외한 범위에서 독점기업처럼 행동할 것이므로 MR($P = 25 - 2Q_2$과 MC(=0)이 일치하는 수준에서 생산량을 결정한다. 이에 따라 기업 2의 생산량은 $Q_2 = 12.5$가 된다.
이 결과는 기업1의 생산량이 기업 2의 생산량의 2배가 된다는 것을 보여주며, 두 기업에 의해 생산되어 시장에서 거래되는 수량은 Q = 37.5가 된다는 것을 알려준다. 이때의 시장가격은 P = 12.5가 된다. 한편 두 기업 모두 고정비용이 존재하지 않는다면, 기업1의 이윤은 기업2의 이윤의 2배가 된다. 즉 기업1의 생산량이 기업2의 생산량의 2배이므로 기업1의 총수입 및 이윤은 기업2의 2배가 된다.

✦Answer. 7.③ 8.③

9 (국민연금공단)
완전경쟁시장에서 이윤을 극대화하는 어느 기업이 현재 단기적으로 300만 원의 경제적 이윤을 얻고 있다. 이 기업에 대한 설명으로 바른 것은? (단, 이 기업의 한계비용곡선은 U자 형태이다.)

① 장기균형에서도 초과이윤을 얻는 것이 가능하다.

② 현재 단기적으로 한계비용은 평균비용보다 크다.

③ 현재의 생산량을 감소시키면 가격이 상승할 것이다.

④ 현재의 생산량을 증가시키면 평균비용이 감소할 것이다.

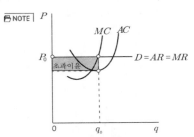

완전경쟁기업이 초과이윤을 얻는 상황은 그림에서 보는 것처럼 초과이윤을 얻는 상황에서는 한계비용이 평균비용보다 더 높다는 것을 알 수 있다. 이 상태에서는 평균비용곡선이 우상향하고 있으므로 생산량을 증가시키면 평균비용이 상승한다.
– 완전경쟁시장은 신규 기업의 진입이 자유롭기 때문에 완전경쟁기업은 장기에서는 정상이윤만 얻을 뿐 초과이윤을 얻을 수는 없다. 즉, 완전경쟁시장은 진입과 퇴거가 자유로우므로 초과이윤이 있으면 장기에는 새로운 기업이 진입하고, 손실이 발생하면 일부 기업이 퇴거한다. 그러므로 완전경쟁기업은 장기에는 항상 정상이윤만을 얻는다.
– 완전경쟁기업은 가격수용자이므로 한 기업이 생산량을 증가시키거나 감소시키더라도 시장가격은 변하지 않는다.
– 현재 경제적 이윤(초과이윤)을 얻고 있다는 것은 $P(=MR) = MC > AC$ 수준에서 생산하고 있다는 의미이다.
– 따라서 현재의 생산 수준은 평균비용이 상승하는 구간에서 이루어지고 있다.
– 결국 현재의 생산량을 증가시키면 평균비용은 상승하게 된다.

Answer. 9.②

(한국원자력환경공단)

10 다음 보수 행렬 표와 같이 경기자 갑은 A와 B, 경기자 을은 C와 D라는 전략을 가지고 있다. 각 전략 조합에서 첫 번째 숫자는 경기자 갑, 두 번째 숫자는 경기자 을의 보수이다. 이 게임에 대한 설명 가운데 가장 바른 것은?

갑　　　　　　　　을	C	D
A	(5, 15)	(10, 12)
B	(−2, 10)	(8, 5)

① 우월전략을 갖지 못한 경기자가 있지만, 내쉬균형은 1개 존재한다.

② 각 경기자 모두 우월전략을 가지므로 죄수의 딜레마 게임이다.

③ 다른 경기자의 선택을 미리 알 경우, 모르고 선택하는 경우와 다른 선택을 하는 경기자가 있다.

④ 내쉬균형은 파레토 효율적이다.

NOTE 경기자 갑은 을의 전략에 관계없이 항상 전략 A를 선택할 때의 보수가 더 크고, 경기자 을의 경우에도 갑의 전략에 관계없이 전략 C를 선택할 때의 보수가 더 크다. 그러므로 경기자 갑의 우월전략은 A, 경기자 을의 우월전략은 C이다. 우월전략이 있는 경우 각 경기자는 항상 우월전략을 선택할 것이므로 (A, C)가 우월전략균형이면서 내쉬균형이 된다.
이것은 두 경기자 모두는 상대방 경기자의 선택을 미리 알고있는지, 모르고 있는지와 관계없이 동일한 선택을 하게 된다는 의미이다. 그런데 경기자 갑이 B를 선택하는 경우 경기자 을은 C를 선택하게 되므로 (B, C) 조합과 (B, D) 조합은 내쉬균형이 될 수 없다. 또한 경기자 을이 D를 선택하는 경우에 경기자 갑은 A를 선택하게 되므로 (A, D) 조합 역시 내쉬균형이 될 수 없다. 결국 내쉬균형은 (A, C)조합 하나만 존재하게 된다. 이 조합에서 어떠한 조합으로의 이동은 필연적으로 다른 경기자의 보수를 작게 만들게 된다. 따라서 이 조합은 파레토 효율적이다. 그런데 죄수의 딜레마 상황은 내쉬균형과 파레토 효율 상황이 불일치하는 경우 발생한다. 이것은 현재 주어진 보수 행렬 상황 아래에서는 죄수의 딜레마 상황이 존재할 수 없음을 보여준다.

출제예상문제

1 현 경제상황이 장기균형에 있다고 가정하자. 최근 현금자동입출금기를 설치하고 운영하는 비용이 더욱 낮아지면서 통화수요가 하락하는 상황이 발생하였다. 이 상황은 장단기균형에 어떠한 영향을 미치는가?

① 단기에는 가격수준과 실질GDP는 증가하지만, 장기에는 영향이 없다.

② 단기에는 가격수준과 실질GDP는 증가하지만, 장기에는 가격수준만 상승할 뿐 실질GDP에 대한 영향은 없다.

③ 단기에는 가격수준과 실질GDP는 하락하지만, 장기에는 영향이 없다.

④ 단기에는 가격수준과 실질GDP는 하락하지만, 장기에는 가격수준만 하락할 뿐 실질GDP에 대한 영향은 없다.

> 📄NOTE ② 현금자동인출기의 설치로 통화수요가 감소하면 현금보유성향이 감소하게 되므로 통화승수의 증가로 통화량이 증가한다. 때문에 LM곡선의 우측이동으로 AD곡선도 우측으로 이동한다. 단기적으로는 총수요증가로 완전고용이상으로 국민소득이 증가하여 물가와 국민소득이 증가하나, 장기적으로는 경기과열로 인한 임금 등의 가격 상승으로 단기총공급곡선이 다시 좌측으로 이동하여 국민소득은 완전고용수준으로 복귀하고 물가만 상승하는 결과를 가져온다.

2 어떤 과점시장에 동일한 재화를 생산하는 두 기업 A와 B만이 존재하고, 각 기업의 생산량을 Q_A와 Q_B라고 하자. 시장수요가 $P = 100 - Q_A - Q_B$이고, 두 기업의 총비용함수가 각각 $C_A = 40Q_A$, $C_B = 40Q_B$로 주어졌을 때, 꾸르노-내쉬(Cournot-Nash) 균형에서 두 기업의 생산량을 합한 총생산량(Q)과 균형가격(P)은?

① $Q = 20$, $P = 80$ 　　　　② $Q = 30$, $P = 70$

③ $Q = 40$, $P = 60$ 　　　　④ $Q = 50$, $P = 50$

> 📄NOTE A, B 두 기업의 총 비용함수가 $40Q$이므로, 두 기업의 한계비용(MC)$= 40$으로 동일하다. 두 기업의 비용조건이 동일한 경우 꾸르노-내쉬 모형의 균형은 완전경쟁 생산량의 $\frac{2}{3}$이다. 완전경쟁의 이윤극대화조건을 대입하면 $P = MC \rightarrow 100 - Q = 40$ 그러므로 $Q = 60$이 된다. 완전경쟁의 경우 꾸르노-내쉬 모형에서 생산량은 완전경쟁의 $\frac{2}{3}$인 40이 된다. 그러므로 $Q = 40$을 수요함수에 대입할 경우 $P = 60$이 된다.

✦Answer. 1.② 2.③

3 다음 글을 읽고 B기업 입장에서 이윤을 극대화시키는 1인당 연회비는?

> A국가의 한 마을에서 B기업이 독점적으로 운영하고 있는 골프장에 대하여 주민 10명으로 구성된 마을의 월별 수요함수는 $P = 21 - Q$이다. B기업의 입장에서 골프 라운드 1회당 발생하는 비용이 1달러라고 할 때, B기업은 이부가격제 전략 하에 개별 이용객들에게 연회비와 골프 라운드 1회당 이용료를 책정하려고 한다. 마을 주민 10명의 골프에 대한 선호도는 동일하고, P와 Q는 각각 골프장 1회 이용료 및 월별 골프 횟수를 나타낸다. 골프장 설립 비용은 국비지원을 받아 B기업 입장에서는 골프장 설립에 대한 고정비용은 없다고 가정한다.

① 120달러   ② 240달러

③ 360달러   ④ 400달러

📖NOTE 이부가격제에서 가입비는 소비자잉여의 크기로 지정하고, 사용료는 한계비용만큼 지정하는 것이 기업의 이윤을 극대화하는 선택점이 된다. 따라서 그림과 같이 나타난다.

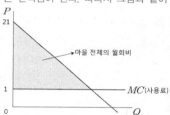

4 독점기업의 가격차별에 관한 설명으로 옳지 않은 것은?

① 독점기업이 시장에서 한계수입보다 높은 수준으로 가격을 책정하는 것은 가격차별전략이다.
② 1급 가격차별 시 사중손실(deadweight loss)이 0이 된다.
③ 2급 가격차별의 대표적인 예로 영화관 조조할인을 들 수 있다.
④ 3급 가격차별 시 수요의 가격탄력성이 상대적으로 작은 시장에서 더 높은 가격이 설정된다.
⑤ 3급 가격차별 시 이윤극대화를 달성하려면 한 시장에서의 한계수입은 다른 시장에서의 한계수입과 같아야 한다.

📖NOTE 영화관 조조할인은 3급 가격차별의 대표적인 예이다. 2급 가격차별의 대표적인 예로는 전기요금, 수도요금 등을 들 수 있다.

✦Answer. 3.② 4.③

5 맥주시장이 기업 1과 기업 2만 존재하는 과점 상태에 있다. 기업 1과 기업 2의 한계수입과 한계비용이 다음과 같을 때, 꾸르노 균형에서 기업 1과 기업 2의 생산량은? (단, Q_1은 기업 1의 생산량, Q_2는 기업 2의 생산량)

① (6, 15)   ② (8, 10)

③ (9, 18)   ④ (12, 6)

> 📝NOTE 이윤극대화 조건 $MR = MC$에 따라 기업 1과 기업 2의 반응함수를 구해보면 다음과 같다.
>
> 기업1의 반응함수: $Q_1 = -\dfrac{1}{2}Q_2 + 13$
>
> 기업2의 반응함수: $Q_2 = -\dfrac{1}{2}Q_1 + 14$
>
> 두 기업의 반응함수를 연립하면 $Q_1^* = 8$, $Q_2^* = 10$이 된다.

6 다음 표는 두 기업이 선택하는 전략에 따라 발생하는 이윤의 조합을 표시하고 있다. 이와 같은 상황에서 두 기업에 선택할 가능성이 높은 이윤의 조합은? (단, 괄호 안의 첫 번째 숫자는 기업 A의 이윤, 두 번째 숫자는 기업 B의 이윤을 나타냄)

구분		기업 B	
		전략 b1	전략 b2
기업 A	전략 a1	(5, 8)	(7, 4)
	전략 a2	(9, 6)	(8, 8)

① (5, 8)   ② (7, 4)

③ (9, 6)   ④ (8, 8)

> 📝NOTE 기업 A에게는 기업 B가 어떤 전략을 선택하든지 관계없이 전략 a2가 우월전략이 된다. 기업 B는 기업 A가 전략 a1을 선택한다면 전략 b1을 선택하는 것이 유리하고 기업 A가 전략 a2를 선택한다면 전략 b2를 선택하는 것이 우월전략이 된다. 따라서 내쉬 균형은 '전략 a2-전략 b2'가 된다.

✦Answer. 5.② 6.④

7 독점적 경쟁시장에 대한 설명으로 옳지 않은 것은?

① 진입장벽이 존재하지 않기 때문에 기업의 진입과 퇴출은 자유롭다.

② 개별 기업은 차별화된 상품을 공급하며, 우하향하는 수요곡선에 직면한다.

③ 개별 기업은 자신의 가격책정이 다른 기업의 가격결정에 영향을 미친다고 생각하면서 행동한다.

④ 개별 기업은 단기에는 초과이윤을 얻을 수 있지만, 장기에는 정상이윤을 얻는다.

📖 NOTE ③ 독점적 경쟁시장에서의 시장에는 다수의 공급자가 존재하기 때문에 어느 한 기업의 의사결정이 타기업이나 시장에 미치는 영향은 미미하므로 이를 고려하지 않아도 된다.

8 다음 중 완전경쟁에 대한 설명으로 옳지 않은 것은?

① 생산중단점에서는 노동의 평균생산물이 극대이다.

② 손실을 보면서도 생산을 하고 있다면 노동의 한계생산물이 평균생산물보다 작다.

③ 손익분기점에서는 노동의 평균생산물과 한계생산물이 일치한다.

④ 초과이윤을 얻고 있다면 노동의 평균생산물이 한계생산물보다 크다.

📖 NOTE 비용과 생산물 간에는 $MC = \dfrac{w}{MP_L}$, $AVC = \dfrac{w}{AP_L}$ 가 성립한다. 평균가변비용곡선 최소점(생산중단점)에서는 $AVC = MC$이므로 노동의 평균생산물과 한계생산물이 일치한다. 손익분기점과 초과이윤을 얻는 상황에서는 $MC > AVC$이므로 노동의 한계생산물이 평균생산물보다 작다.

9 완전경쟁시장에서 모든 기업의 비용조건이 $C = Q^3 - 6Q^2 + 18Q$로 동일한 경우, 이 산업의 장기균형가격은?

① 3   ② 6

③ 9   ④ 12

📖 NOTE 완전경쟁기업은 장기에는 장기평균비용곡선 최소점에서 생산한다. 평균비용은 총비용을 생산량으로 나눈 것이므로 $AC = Q^2 - 6Q + 18$이다. 평균비용이 최소가 되는 생산량을 구하기 위해 평균비용함수를 Q로 미분한 다음 0으로 두면 $\dfrac{dAC}{dQ} = 2Q - 6 = 0$, $Q = 3$을 구할 수 있다. $Q = 3$을 평균비용함수에 대입하면 $AC = 9$이다. 따라서 장기균형가격은 9원이 된다.

10 다음 그림은 완전경쟁시장에서 시장가격이 P_0로 결정된 경우 한 기업이 생산량을 어떻게 결정하는가를 나타내고 있다. 그림에서 음영부분이 나타내는 것은?

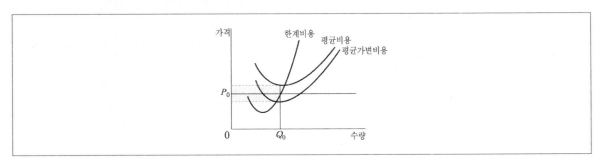

① 정상이윤   ② 초과이윤

③ 총손실   ④ 총고정비용

> NOTE 음영부분은 평균비용과 평균가변비용의 차이인 평균고정비용(AFC)에다 생산량을 곱한 면적이므로 총고정비용을 나타낸다. 문제의 음영부분 중에서 위에 있는 사각형이 총손실의 크기를 나타낸다.

11 어느 한 완전경쟁기업의 생산설비가 설치는 되었으나 가동은 되지 않는다고 하자. 다음 중 이때 발생하는 손실과 동일한 규모의 손실이 나타나는 상황은?

㉠ 가격 = 평균가변비용 = 한계비용	㉡ 가격 = 평균비용 = 한계비용
㉢ 가격 < 평균가변비용	㉣ 평균가변비용 < 시장가격 < 평균비용

① ㉠㉢   ② ㉡㉢

③ ㉡㉣   ④ ㉢㉣

> NOTE ㉠ 가격이 평균가변비용과 같으므로 손실이 총고정비용과 같다.
> ㉡ 가격이 평균비용과 같으므로 손실이 0이다.
> ㉢ 가격이 평균가변비용보다 작으므로 조업이 중단되고 손실이 총고정비용과 같다.
> ㉣ 가격이 평균가변비용보다 높으므로 조업은 하지만 평균비용보다 작으므로 고정비용의 일부만큼 손실을 얻는다.

Answer. 10.④ 11.①

12 완전경쟁시장에서 기업의 비용조건이 총고정비용은 1,000원, 총비용은 3,500원, 한계비용은 1원이다. 이 기업이 3,000개의 상품을 개당 1원에 팔고 있으면?

① 이 기업은 손익분기점에 위치하고 있다.

② 이윤을 증가시키기 위해서 생산을 줄이고 가격을 높여야 한다.

③ 이 기업의 생산량은 균형이며 이윤을 보고 있다.

④ 이 기업은 손해를 보고 있지만 생산은 지속해야 한다.

> 📝 NOTE│완전경쟁시장에서는 한계비용(1원)과 가격이 같으므로 가격은 1원이다.
>
> 평균가변비용 $= \dfrac{\text{총비용} - \text{총고정비용}}{\text{생산량}} = \dfrac{3,500 - 1,000}{3,000} = \dfrac{5}{6}$ 이다.
>
> 평균비용 $= \dfrac{\text{총비용}}{\text{생산량}} = \dfrac{3,500}{3,000} = \dfrac{7}{6}$ 이다.
>
> 경쟁시장에서 가격이 평균가변비용보다 높으면 손해를 보더라도 조업은 지속된다. 가격이 평균비용보다 낮으므로 손해가 발생하지만 평균가변비용보다 높으므로 조업한다.

13 다음 중 산업의 장기공급곡선에 대한 설명으로 옳지 않은 것은?

① 장기공급곡선상의 모든 점에서 기업수는 동일하다.

② 산업의 장기공급곡선은 시장의 장기균형점들의 궤적이다.

③ 비용체감산업의 장기공급곡선은 우하향한다.

④ 산업의 장기공급곡선의 모든 점은 기업의 장기평균비용의 최저점과 대응된다.

> 📝 NOTE│장기공급곡선이 우상향하는 경우 가격의 상승은 공급량의 증가를 가져오는데, 이때 공급량의 증가는 기존기업의 생산량 증대를 통하여 이루어지는 부분도 있겠지만 새로운 기업의 진입으로 생산량이 증가하는 부분도 있다. 따라서 동일한 장기공급곡선이라 하더라도 기업수는 각 점에서 모두 다르다.
>
> ※ 산업의 장기공급곡선
>
> ㉠ 산업의 장기공급곡선 형태
> * 비용불변산업 : 수평선
> * 비용증가산업 : 우상향
> * 비용감소산업 : 우하향
> ㉡ 산업의 장기공급곡선은 시장 전체의 장기균형점의 궤적이다.
> ㉢ 산업의 장기공급곡선상의 모든 점에는 기업수가 서로 상이하다.

14 다음 중 완전경쟁시장에서 단기공급곡선에 대한 설명으로 옳지 않은 것은?

① 한계비용이 평균가변비용보다 큰 경우에는 한계비용곡선이 단기공급곡선이다.
② 한계비용이 손익분기점보다 낮은 경우 단기공급곡선은 $Q=0$이다.
③ 평균가변비용의 최저점보다 생산량이 많아질 경우에 단기공급곡선은 우상향한다.
④ 한계비용이 평균총비용보다 높은 경우에 단기공급곡선상의 점들은 초과이윤을 보장한다.

> 🖉NOTE 완전경쟁기업의 단기공급곡선은 평균가변비용(AVC)의 극소점, 즉 제시된 그림의 B (조업중단점)에서부터 우상향하는 한계비용곡선이다.
> 손익분기점은 MC와 AC의 교차점(A)이다.
> 한계비용이 손익분기점보다 낮은 AB구간에서는 손실이 발생하지만 조업은 중단하지 않는다. 따라서 $Q>0$이 성립한다.

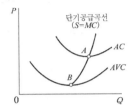

15 어떤 경쟁적 기업이 두 개의 공장을 가지고 있다. 각 공장의 비용함수는 $C_1 = 2Q + Q^2$, $C_2 = 3Q^2$이다. 생산물의 가격이 12일 때 이윤극대화 총생산량은 얼마인가?

① 3   ② 5
③ 7   ④ 10

> 🖉NOTE 첫 번째 공장의 이윤극대화조건은 $MC_1 = P \rightarrow 2 + 2Q = 12$이다. 따라서 $Q = 5$이다. 두 번째 공장의 이윤극대화조건은 $MC_2 = P \rightarrow 6Q = 12$이다. 따라서 $Q = 2$이므로, 이윤극대화 총생산량은 7이 된다.

16 다음 중 내쉬균형에 관한 설명으로 가장 옳지 않은 것은?

① 각각의 경기자가 전략을 변경할 이유가 없는 상태에서 내쉬균형이 성립한다.
② 내쉬균형이론을 이용하면 과점기업의 전략선택 여부를 파악할 수 있다.
③ 우월전략균형은 내쉬균형의 특수한 형태로 내쉬균형에 포함된다.
④ 내쉬균형점에서 파레토효율성이 충족되지 않을 수도 있다.
⑤ 담합이 이루어지면 내쉬균형이 존재하지 않는다.

> 🖉NOTE 내쉬균형은 서로 상대방의 특정전략에 따라 나의 최선의 전략을 찾아 형성된 균형이다.
> 내쉬균형은 우월전략균형이 없을 수도 있고 2개 이상 있을 수도 있다. 따라서 내쉬균형이론을 이용하더라도 과점기업이 어떤 전략을 선택할 것인지를 정확히 파악할 수 없는 경우가 발생할 수 있다.

😺**Answer.** 14.② 15.③ 16.②

17 다음 그림의 *LAC*는 장기평균비용, *LMC*는 장기한계비용, *P*는 가격, *Q*는 수량을 각각 나타낸다. *LAC* 와 *LMC*가 교차하는 점을 *M*이라 할 때 다음 중 *M*과 아무런 관계가 없는 것은?

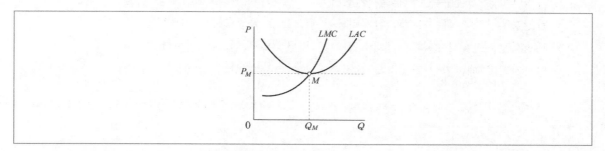

① 자본재의 불가분성으로 인하여 규모의 경제가 발생한다.

② 완전경쟁시장의 장기균형점과 일치한다.

③ 완전한 경합시장이 형성될 때 거래가 이루어지는 점을 말한다.

④ 생산에 있어서 기술적 효율성뿐 아니라 자원배분의 효율성이 충족된다.

> 📝 **NOTE** *M*에서는 규모에 대한 보수가 불변한다.

18 *A*회사가 신제품의 상품가격을 1개당 2,000원으로 책정했다. 이때 신제품의 고정비용이 150만 원이고, 가변비용은 1개당 1,500원이라고 할 때 이 제품에 대한 손익분기점은 몇 개인가?

① 2,000개

② 3,000개

③ 4,000개

④ 5,000개

> 📝 **NOTE** 상품가격이 개당 2,000원이므로 총수입 $TR = 2,000Q$, 상품생산에 소요되는 고정비용이 150만 원, 가변비용이 개당 1,500원이 므로 총비용 $TC = 1,500,000 + 1,500Q$이다.
> 손익분기점에서는 총수입과 총비용이 일치하므로 $2,000Q = 1,500,000 + 1,500Q$, $500Q = 1,500,000$, $Q = 3,000$으로 계산된다.

19 다음 중 독점시장에 관한 내용으로 옳지 않은 것은?

① 가격탄력성이 클수록 독점도는 커진다.

② 완전경쟁시장에서는 가격과 한계비용이 같으므로 독점도는 영(0)이다.

③ 독점시장균형에서 가격과 한계수입의 차가 클수록 독점도는 커진다.

④ 시장진입이 제한된 시장일수록 독점력이 높아지는 경향이 있다.

> **NOTE** ① 독점도는 수요의 가격탄력성의 역수로 나타낼 수도 있으므로 가격탄력성이 클수록 독점도는 낮아진다(러너의 독점도 는 $\frac{P-MC}{P}$, 힉스의 독점도는 $\frac{1}{\epsilon}$).

20 완전경쟁시장과 독점기업의 기본적인 차이는 무엇인가?

① 독점기업은 초과이윤을 얻는 가격을 항상 요구할 수 있는 반면, 경쟁기업은 그런 이윤을 결코 얻지 못한다.

② 경쟁기업은 어떤 주어진 가격으로 그가 원하는 만큼 판매할 수 있는 반면, 독점기업은 가격인하 가 필요하다.

③ 독점기업이 직면하는 수요의 탄력성은 경쟁기업이 직면하는 수요의 탄력성보다 작다.

④ 독점기업이 정하는 가격은 한계비용보다 높은 반면, 완전경쟁시장가격은 한계비용보다 낮다.

> **NOTE** ② 완전경쟁시장의 개별수요곡선은 수평선이므로 경쟁기업은 주어진 가격으로 그가 원하는 만큼 판매할 수 있는 반면, 독점시장의 개별수요곡선은 우하향하므로 주어진 가격을 유지하는 상태에서는 판매량을 늘릴 수 없다.

21 과점이론 중 베르뜨랑 모형에서 시장수요곡선이 Q=200−5P라고 할 경우 균형가격 및 균형산출량은 각 각 얼마인가?(단, 두 개의 기업만 존재하며 한계비용은 0이다)

① P=0, Q=200

② P=5, Q=100

③ P=5, Q=40

④ P=10, Q=40

④ P=10, Q=100

> **NOTE** 베르뜨랑 모형에서는 완전경쟁과 마찬가지로 P=MC가 성립한다. MC=0이므로 균형에서는 P=0이 된다. P=0을 수요함수 에 대입하면 Q=200임을 알 수 있다.

22 비용체감산업에 대한 다음 설명 중 옳지 않은 것은?

① 자본재의 비분할성도 평균비용체감의 원인이 된다.

② 전력, 통신, 지하철 등을 그 대표적 산업으로 들 수 있다.

③ 정부의 개입이 없으면 자연독점화하는 경향이 있다.

④ 독점화되어 있을 때 한계비용 가격설정방식은 적정이윤을 보장한다.

> 📄NOTE 비용체감산업의 경우 한계비용가격정책을 실시하면 $P = MC$가 달성되므로 자원배분이 가장 효율적으로 이루어진다. 그러나 한계비용가격정책의 경우에는 제시된 그림에서 보는 바와 같이 적자가 발생한다.

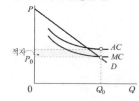

23 다음 중 독점에 관한 설명으로 옳지 않은 것은?

① 독점기업의 공급곡선은 평균가변비용곡선의 최저점보다 위에 있는 한계비용곡선이다.

② 독점의 장기균형을 완전경쟁의 장기균형과 비교하면 독점기업은 완전경쟁기업에 비해 과잉시설을 보유하며 생산에 참여한다.

③ 독점기업은 가격차별이 가능한 경우 상대적으로 더 탄력적 시장에 낮은 가격을 부과함으로써 이윤을 극대화할 수 있다.

④ 독점기업도 이윤을 극대화하기 위하여 한계비용과 한계수입이 일치하는 점에서 생산량을 결정한다.

> 📄NOTE 독점기업의 경우 시장수요가 주어지면 그에 맞추어 이윤극대화 생산량과 가격을 결정하기 때문에 시장수요가 변하면 비용곡선이 이동하지 않더라도 생산량과 가격이 변한다. 그러므로 각각의 가격에서 공급하고자 하는 양이 유일하게 결정되지 않는다. 즉, 공급곡선이 존재하지 않는다.

24 다음 자료를 참조하여 배의 개당 가격은 얼마인지 구하면?

> 병선이는 용돈을 모두 사용하여 감과 배를 소비한다. 예전에는 감 39개와 배 12개를 구입할 수 있었지만 현재 병선이의 용돈이 두 배로 늘어나 감 48개와 배 34개를 구입할 수 있게 되었다. 감의 개당 가격은 900원이다.

① 300원   ② 600원
③ 1,200원   ④ 2,700원
⑤ 3,700원

NOTE 주어진 자료를 토대로 배의 가격을 P_y라 하면,
$(39 \times 900 + 12 \times P_y) \times 2 = (48 \times 900 + 34 \times P_y)$로 나타나게 되며, 이를 풀면 배의 가격은 $P_y = 2,700$이 된다.

25 어느 독점기업의 수요함수가 $Q = 300 - \dfrac{3}{4}P$라 하자. 총수입을 극대화하려면 수량과 가격을 어느 정도에서 정해야 하는가?

① 150, 150   ② 150, 200
③ 200, 150   ④ 200, 200

NOTE $MR = 0$이 되면 총수입(TR)이 극대화된다.

MR은 $TR = P \cdot Q$를 Q로 미분하여 구하므로 우선 TR을 구해야 한다. 그런데 수요함수가 Q로 정리되어 있으므로 이를 P로 정리해야 한다.

$Q = 300 - \dfrac{3}{4}P \rightarrow P = 400 - \dfrac{4}{3}Q \cdots \bigcirc$

$\bigcirc \times Q = TR = P \cdot Q = 400Q - \dfrac{4}{3}Q^2 \rightarrow$ 이를 미분하면 $MR = 400 - \dfrac{8}{3}Q$이다.

$MR = 0$에서 TR이 극대화되므로 $400 - \dfrac{8}{3}Q = 0$에서 $Q = 150$이 도출된다.

$Q = 150$을 수요함수에 대입하면 $300 - \dfrac{3}{4}P = 150$에서 $P = 200$이 도출된다.

Answer. 24.④ 25.②

26 어떤 독점기업이 2개의 공장을 가지고 있는데, 제1공장의 한계비용이 $MC_1 = 20 + Q_1$, 제2공장의 한계비용이 $MC_2 = 30 + 2Q_2$이다. 이 기업의 이윤극대화생산량은 40단위라면 다음 중 옳은 것은?

① 균형에서 각 공장의 한계수입은 30이다.
② 40단위를 전부 공장 1에서 생산하는 것이 최적이다.
③ 균형에서 공장 1의 생산량은 공장 2의 생산량보다 많다.
④ 균형에서 공장 1의 한계비용은 공장 2의 한계비용보다 높다.

> **✐NOTE** 이윤극대화 생산량이 40단위이므로 $Q_1 + Q_2 = 40$이고, 균형에서는 각 공장에서의 한계비용이 동일해야 하므로 $20 + Q_1 = 30 + 2Q_2$가 성립해야 한다. 이 두 식을 연립해서 풀면 공장 1의 생산량은 30단위, 공장 2의 생산량은 10단위임을 알 수 있다. 균형에서 각 공장의 한계비용은 50으로 동일하다. 균형에서는 $MR = MC$이므로 한계수입도 50이 된다.

27 다이어트 식품을 독점공급하고 있는 어느 기업이 당면한 수요함수는 $Q = 100 - P$이고 비용함수는 $C = 94 + 4Q + Q^2$이다. 다음 중 독점이윤을 극대화할 수 있는 가격은?

① 50   ② 52
③ 68   ④ 76

> **✐NOTE** 수요함수를 $P = 100 - Q$로 바꾸면 한계수입 $MR = 100 - 2Q$이다. 총비용함수를 미분하면 한계비용 $MC = 4 + 2Q$로 구해진다. 이제 $MR = MC$로 두면 $100 - 2Q = 4 + 2Q$, $4Q = 96$, $Q = 24$로 계산된다. 이윤극대화 생산량 $Q = 24$를 수요함수에 대입하면 $P = 76$이다.

28 어떤 경쟁적 기업이 두 개의 공장을 가지고 있는데, 각 공장의 비용함수는 C1=4Q+Q², C2=2Q²이다. 생산물의 가격이 12라면 이윤극대화 총생산량은 얼마인가?

① 5   ② 6
③ 7   ④ 8
⑤ 9

> **✐NOTE** 1공장의 이윤극대화조건은 MC, =P이므로, 1공장의 비용함수를 미분하면 MC1=4+2Q.
> 생산물 가격이 12이므로, 1공장 이윤극대화조건은 4+2Q=12가 된다. 따라서 Q=4
> 2공장의 이윤극대화조건도 MC_2=P이므로, MC_2=4Q가 된다. 따라서 4Q=12 ∴Q=3
> 따라서 이 기업의 이윤극대화 총생산량은 이윤극대화 총생산량은 7이 된다.

🐾Answer. 26.③ 27.④ 28.③

29 어떤 독점기업이 동일한 상품을 판매함에 있어서 탄력성이 다른 시장에 직면해 있다. 해외시장의 탄력성이 3이고 국내시장의 탄력성이 2일 경우에 가격차별을 통해 이윤을 극대화시키려 한다고 하자. 이때 국내시장의 판매가격이 1,000원이라면 해외시장에서는 얼마의 가격이 적정가격이 되겠는가? (단, 여타의 거래비용은 없다고 가정한다)

① 250원   ② 450원

③ 600원   ④ 750원

📝**NOTE** 독점기업이 가격차별을 하는 경우 균형에서는 각 시장의 한계수입이 같아야 한다. 국내시장을 시장 1, 해외시장을 시장 2 라고 하면 균형에서는 $MR_1 = MR_2$가 성립하여야 한다.

그런데 $MR = P\left(1 - \dfrac{1}{\epsilon}\right)$이므로 균형에서는 $P_1\left(1 - \dfrac{1}{\epsilon_1}\right) = P_2\left(1 - \dfrac{1}{\epsilon_2}\right)$가 성립한다. 문제에서 주어진 숫자를 대입하면

$1{,}000\left(1 - \dfrac{1}{2}\right) = P_2\left(1 - \dfrac{1}{3}\right)$, $500 = \dfrac{2}{3}P_2$, $P_2 = 750$으로 계산한다.

30 독점시장의 균형상태에서 한계수입과 한계비용 및 시장균형가격의 관계를 옳게 표시한 것은?

① $P > MR > MC$ ② $MR > MC > P$

③ $MR = MC > P$ ④ $P > MR = MC$

📝**NOTE** 독점시장의 균형점에서는 $P > MR$과 $MR = MC$가 성립하므로 $P > MR = MC$가 성립한다. 그 결과 독점가격은 한계비용 (MC)보다 높다.

31 독점시장에 대해서 정부가 가격을 통제하고자 한다. 이때 통제가격이 독점균형가격보다 약간 낮으면 어떤 일이 일어날까?

① 독점자의 공급곡선이 이동한다.   ② 독점자의 한계비용곡선이 이동한다.

③ 공급량이 불변이다.   ④ 공급량이 증가할 수 있다.

📝**NOTE** 독점기업에 대해 가격규제를 하면 일반적으로 가격은 낮아지고 생산량은 증가한다. 다음 그림에서 독점의 균형가격은 P_0이다. 정부에서 가격을 독점의 균형가격보다 낮은 P_1으로 통제하면 P_1보다 더 높은 가격으로는 재화를 판매할 수 없게 된다. 그러므로 독점기업이 직면하는 수요곡선이 P_1가격에서 수평선이 되는 것과 마찬가지이다. 가격이 P_1일 때 소비자들의 수요량이 Q_1이고, 독점기업이 판매량을 Q_1보다 더 증가시키려면 가격을 P_1 이하로 낮추어야 하므로 가격이 P_1보다 낮을 때에는 원래 수요곡선과 일치한다. 그러므로 P_1가격으로 독점가격을 통제하는 경우 수요곡선은 P_1AD가 된다.

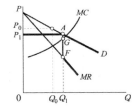

판매량이 Q_1이 될 때까지는 가격이 P_1으로 일정하므로 한계수입도 P_1로 일정하다. 즉, 판매량이 Q_1이 될 때까지는 수요곡선과 한계곡선이 일치한다. 그러므로 P_1에서 가격을 통제할 때의 한계수입곡선은 P_1AFMR이 된다.

가격통제 이후에는 G점에서 $MR = MC$가 성립한다. 그러므로 독점기업의 생산량은 Q_1, 가격은 P_1으로 결정된다.

✦**Answer.** 29.④ 30.④ 31.④

32 어떤 기업이 가격차별을 적용할 수 있는 조건으로 적절하지 못한 것은?

① 두 시장에 공급하는 제품의 생산비가 달라야 한다.

② 공급의 독점력을 가져야 한다.

③ 두 시장에서의 수요의 가격탄력성이 달라야 한다.

④ 한 시장에서 다른 시장으로의 재판매가 불가능해야 한다.

> 🖥 NOTE | ① 동일한 상품에 대한 생산비(MC, AC)는 같다. 다만, 수요의 가격탄력도에 따라 독점공급자가 상이한 가격을 요구할 뿐이다.

33 다음 중 상품차별화에 속하지 않는 것은?

① 수평이던 개별수요곡선이 상승하여 우하향한다.

② 수요자의 다양한 욕구가 충족된다.

③ 개별수요곡선이 시장수요곡선과 일치한다.

④ 단기적으로 초과이윤이 발생한다.

> 🖥 NOTE | 상품차별화 … 간단히 서비스를 제공하는 것을 말한다. 상품차별화가 이루어지면 소비자가 기꺼이 지불하고자 하는 가격 이 오르므로 (완전경쟁시장에서 수평선이던) 개별수요곡선이 상승하여 기울기가 우하향한다.

34 다음 중 초과이윤이 항상 0인 시장은?

㉠ 완전경쟁시장의 단기균형	㉡ 완전경쟁시장의 장기균형
㉢ 독점적 경쟁시장의 단기균형	㉣ 독점적 경쟁시장의 장기균형

① ㉠㉡

② ㉠㉢

③ ㉡㉢

④ ㉡㉣

> 🖥 NOTE | 완전경쟁시장과 독점적 경쟁시장의 장기균형은 초과이윤이 0인 상태에서만 성립한다.

Answer. 32.① 33.③ 34.④

35 다음 중 시장이론에 대한 설명으로 옳은 것을 모두 고르시오.

> ㉠ 완전경쟁기업의 이윤극대화점은 기업의 한계비용곡선이 상승하는 부분에서 한계수입곡선과 교차하는 점이다.
> ㉡ 독점기업이 설정하는 가격은 항상 평균수입과 일치한다.
> ㉢ 쿠르노 모형은 가격을 전략변수로 해서 다른 기업이 결정하는 가격을 주어진 것으로 간주하고 자신의 이윤을 극대화하는 가격을 결정한다.
> ㉣ 독점적 경쟁기업에서 수요곡선이 한계비용곡선에 접할 때 장기균형점에 도달한다.

① ㉠, ㉡   ② ㉡, ㉢

③ ㉢, ㉣   ④ ㉠, ㉢

⑤ ㉠, ㉣

> 📖NOTE | ㉢ 쿠르노 모형은 생산량을 전략변수로 해서 다른 기업이 결정하는 생산량을 주어진 것으로 간주하고 자신의 이윤을 극
> 대화하는 생산량을 결정한다.
> ㉣ 독점적 경쟁기업에서 수요곡선이 평균비용곡선에 접할 때 장기균형점에 도달한다.

36 다음은 독점적 경쟁기업에 대한 설명이다. 옳지 않은 것은?

① 공급곡선이 존재하지 않는다.

② 시장 전체의 수요곡선을 구할 수 없다.

③ 수요곡선의 탄력적인 구간에서 생산한다.

④ 제품차별화의 정도가 클수록 수요는 탄력적이다.

> 📖NOTE | ④ 제품차별화의 정도가 커진다는 것은 제품의 이질성이 높아진다는 의미이다. 제품이 서로 이질적이 되면 대체성이 낮
> 아진다. 대체성이 낮아지면 수요가 보다 비탄력적이 된다.

37 다음 중 독점적 경쟁시장에 대한 설명이 아닌 것은?

① 수요가 비탄력적인 수요곡선상에서도 독점적 균형이 존재할 수 있다.

② 장기평균비용이 일정불변인 기업도 독점력을 행사할 수 있다.

③ 규모의 경제가 있는 산업에서 진입장벽이 없는 한 독점적 경쟁은 필연적으로 발생한다.

④ 경쟁적 시장구조가 독점화되면 독점이윤이 국민에게 전부 환원되더라도 국민복지는 감소한다.

> 📖NOTE | ① 이윤극대화수량은 MR과 MC가 양(+)인 영역에서만 결정될 수 있다. MR이 양(+)인 영역은 ε는 항상 1보다 크다.

🐻 Answer. 35.① 36.④ 37.①

38 독점적 경쟁시장의 장기균형의 상태를 가장 잘 표현한 것은?

① $LMC < MR = AR < LAC$

② $LMC < MR = AR = LAC$

③ $LMC = MR < AR = LAC$

④ $LMC = MR < AR < LAC$

📝NOTE 개별수요곡선($P = AR$)이 LAC곡선과 접할 때 독점적 경쟁시장의 장기균형이 성립
하므로 장기균형에서는 $AR = LAC$가 성립한다(C).
C는 R보다 높으므로 장기균형에서 $LMC = MR < AR = LAC$가 성립한다.
※ 독점적 경쟁시장의 장기균형의 특징
  ㉠ LAC가 우하향하므로 장기균형점에서는 규모에 대한 보수가 증가한다.
  ㉡ 과소생산으로 인하여 과잉설비가 존재하므로 자원의 낭비가 발생한다.
  ㉢ 수요의 가격탄력도는 항상 1보다 크다.

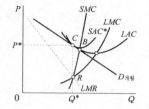

39 어떤 독점적 경쟁기업이 6단위째 상품을 15원에 판매하였는데 이때 $MR = 5$원, $MC = AC = 5$원이었다고
하자. 장기적으로 이 기업과 타경쟁기업이 취할 행동을 가장 정확하게 설명한 것은?

① 타기업들이 진입하여 이 기업의 수요곡선을 우측으로 밀어낼 것이다.

② 타기업들이 진입하여 이 기업의 수요곡선을 좌측으로 밀어낼 것이다.

③ 타기업이 진입할 것이나 이 기업의 수요곡선에는 변화가 없을 것이다.

④ 이 기업이 탈퇴함으로써 자신의 수요곡선을 우측으로 이동시킬 것이다.

📝NOTE 평균비용은 5원에 불과한데 시장가격은 15원이므로 단위당 초과이윤 10원이 발생한다. 이 경우 시장진입으로 기존기업의
수요곡선이 좌측이동한다.

40 다음 중 과점시장에 관한 설명으로 옳은 것은?

① 과점시장에는 무수히 많은 기업들이 자신의 이윤극대화를 위해 경쟁하고 있으며 이들 각각은 가
격수용자이다.

② 신규기업의 진입은 진입장벽이 전혀 없기 때문에 매우 용이하다.

③ 과점시장에 속한 기업들은 동질의 상품만 생산한다.

④ 과점시장에서 각 기업이 책정하는 가격은 서로 다를 수 있다.

📝NOTE 완전경쟁시장, 독점시장 및 독점적 경쟁시장의 가격은 각각 단기균형점, 장기균형점에서 결정되는 균일가격인 반면, 과점
시장은 단기균형이나 장기균형이 없다. 다시 말하면 과점시장에서는 균일가격이 결정되지 않고, 각 기업이 책정하는 가격
이 서로 다를 수 있다.

✦Answer. 38.③ 39.② 40.④

41 과점시장이 다른 형태의 시장과 가장 다른 점은?

① 기업들은 가격에 영향을 미칠 수 없다.

② 기업들은 자유롭게 가격을 설정한다.

③ 특정 기업의 가격결정이 다른 기업들에게 영향을 미친다.

④ 기업들의 가격책정은 그 범위가 굉장히 제한되어 있다.

> **NOTE** 과점시장의 가장 큰 특징은 과점시장에는 소수의 기업들만 존재하기 때문에 기업들 간의 상호의존성이 매우 높다는 점이다.

42 다음은 과점모형에 대한 설명이다. 옳은 것은?

① 베르뜨랑 모형의 경우 각 기업은 초과이윤을 얻는다.

② 굴절수요곡선모형에서 각 기업은 경쟁기업의 가격조정에 민감하게 반응한다.

③ 꾸르노 모형의 균형은 각 기업의 반응곡선이 교차하는 점에서 결정된다.

④ 베르뜨랑 모형에서는 각 기업은 상대방 기업의 생산량이 주어진 것으로 보고 자신의 생산량을 결정한다.

> **NOTE** ① 베르뜨랑 모형의 경우 균형에서는 $P = MC$가 되며, 균형에서 각 기업은 정상이윤만을 얻는다.
> ② 굴절수요곡선모형에서는 각 기업은 경쟁기업의 가격인하에는 민감하게 반응하나 가격인상에는 반응하지 않는다고 가정한다.
> ④ 꾸르노 모형은 생산량 결정모형, 베르뜨랑 모형과 굴절수요곡선 모형은 가격결정모형이다.

43 만약 어떤 시장이 경합시장(contestable market)이라면 다음 중 옳은 것은?

① 이 시장이 비효율적이므로 장기적으로 초과이윤은 최소수준에 머무르게 된다.

② 장기적으로 기업들은 정상이윤만 얻게 된다.

③ 장·단기적으로 초과이윤은 존재하지 않는다.

④ 타기업들의 진입위협으로 인하여 기업들은 효율적으로 생산을 하게 되므로 초과이윤이 존재한다.

> **NOTE** 경합시장에는 진입장벽과 퇴거장벽이 전혀 존재하지 않으므로 초과이윤이 존재할 경우, 즉각적으로 다른 기업들의 진입이 이루어진다. 그러므로 비록 이 시장에 소수의 기업만이 존재한다고 할지라도 이들 기업들은 완전경쟁기업과 같은 행태를 보일 수밖에 없다.

Answer. 41.③ 42.③ 43.②

44 불완전경쟁시장의 공급자들은 이윤극대화를 이루기보다는 기업의 생존을 위하여 대체전략을 추구하는 경우가 많다. 다음 중 이러한 상황에 부합하지 않은 것은?

① 매출액극대화를 목표로 하는 경우 기업은 한계수입이 0이 되는 수준에서 판매량을 정한다.

② 매출액극대화를 목표로 하는 경우 과다, 또는 과소생산이 이루어질 수 있다.

③ 매출액극대화를 이루려면 이윤극대화를 목표로 하는 경우보다 가격을 낮추고 수량을 늘려야 한다.

④ 효용극대화를 목표로 하는 경우 이윤을 낮추고 점유율을 극대화하고자 한다.

> **NOTE** ④ 효용극대화를 목표로 하면 이윤과 점유율을 모두 고려한다.

45 과점이론 중 Bertrand Model에서 시장수요곡선이 $Q = 240 - 10P$라고 할 경우 균형가격 및 균형산출량은 각각 얼마인가? (단, 두 개의 기업만 존재하며 한계비용은 0이다)

① $P = 0$, $Q = 240$

② $P = 10$, $Q = 140$

③ $P = 20$, $Q = 40$

④ $P = 16$, $Q = 80$

> **NOTE** 베르뜨랑 모형에서는 완전경쟁과 마찬가지로 $P = MC$가 성립한다. $MC = 0$이므로 균형에서는 $P = 0$이 된다.
> $P = 0$을 수요함수에 대입하면 $Q = 240$임을 알 수 있다.

46 경제학자들은 카르텔이 사회에 어떤 영향을 미친다고 보는가?

① 대규모생산으로 비용절감의 효과도 있고 독점의 배분적 비효율성도 나타나지 않는다.

② 규모의 경제문제를 기대할 수 있고 X-비효율의 문제를 피할 수 있다.

③ 독점의 배분적 비효율성이 나타나지 않으나 대규모생산에서 발생하는 비용절감의 효과도 없다.

④ 독점의 배분적 비효율성이 나타나고 대규모 생산에서 발생하는 비용절감의 효과도 없다.

> **NOTE** 카르텔이 이루어지면 독점가격이 형성되므로 가격상승에 따라서 거래량이 감소하므로 대규모생산에서 발생하는 비용절감의 효과가 감소한다. 또한 가격이 한계비용보다 높게 책정되므로 배분의 효율성도 낮아진다.

01 생산요소시장이론

(1) 기초개념

① 개념 : 생산요소의 가격결정은 생산요소시장에서의 시장수요곡선과 시장공급곡선의 균형에서 결정되며, 생산요소시장은 생산물시장에 의해 영향을 받는다는 특징이 있다.

② 요소의 공급 : 소비자는 자신이 보유하고 있는 생산요소(노동, 자본, 토지 등)를 공급하여 요소소득(임금, 이자, 지대 등)를 획득한다. 따라서 소비자의 효용극대화선택에 의해 요소공급이 이루어진다.

ㄱ 노동공급
- 주어진 가용시간 제약 하에서 소득과 여가에 대한 효용극대화 소비선택에 따라 결정된다.
- 일반적인 경우 부(−)의 대체효과가 정(+)의 소득효과보다 커서 임금이 상승할 때 개별노동공급자의 노동공급량이 증가하므로 개별노동공급곡선은 우상향한다. 또한 시장노동공급곡선은 개별노동공급곡선의 수평합으로 도출된다.

ㄴ 자본공급(저축)
- 주어진 현재와 미래소득 제약 하에서 현재 소비와 미래 소비에 대한 효율극대화 소비선택에 따라 결정된다.
- 일반적인 경우 부(−)의 대체효과가 정(+)의 소득효과보다 커서 이자율이 상승할 때 자본공급자(저축자)의 자본공급량(저축)이 증가하므로 개별자본공급곡선은 우상향한다. 또한 시장자본공급곡선은 개별자본공급곡선의 수평합으로 도출된다.

③ 요소의 수요

ㄱ 요소수요(고용)
- 기업의 이윤극대화선택에 의해 이루어진다.
- 따라서 요소고용에 따른 수입과 비용을 고려하여 고용한다.
- 생산물 생산의 경우와 마찬가지로 요소고용에 따른 한계비용과 한계수입이 같을 때 이윤극대화고용이 이루어진다.

ㄴ 요소수요(고용)에 따른 비용
- 평균요소비용은 요소투입단위당 비용이다.
- 한계요소비용은 요소를 한 단위 추가 고용할 때 증가하는 총비용이다.
- 요소시장이 완전경쟁일 경우는 요소 시장가격이 한계요소비용이며 평균요소비용이다.

ⓒ 요소수요(고용)에 따른 수입
- 한계수입생산물은 요소를 한 단위 추가 고용할 때 증가하는 총수입이며 한계수입에 요소의 한계생산성을 곱한 것이다.
- 요소투입량이 증가하면 수확체감의 법칙에 따라 한계수입생산량이 감소한다.
- 한계생산물가치는 생산물가격에 요소의 한계생산성을 곱한 것이다.
- 생산물시장이 완전경쟁일 경우는 한계수입생산물과 한계생산물가치가 같다.
- 생산물시장이 불완전경쟁일 때는 한계수입생산물보다 한계생산물가치가 크다.

02 완전경쟁요소시장

(1) 기본 개념

① 한계수입생산(MRP_L) : 노동 한 단위를 더 고용할 때 추가로 얻는 총수입의 증가분을 말한다.

$$MRP_L = \frac{\triangle TR}{\triangle L} = \frac{\triangle Q}{\triangle L} \times \frac{\triangle TR}{\triangle Q} = MP_L \times MR$$

ⓐ 한계수입생산은 한계생산체감의 법칙에 의해 우하향의 형태로 도출된다.
ⓑ 노동 투입 증가시 노동의 한계생산(MP_L)이 체감하므로 한계수입생산(MRP_L)곡선은 우하향의 형태를 갖게 된다.

② 한계생산물가치(VMP_L) : 노동 한 단위를 더 고용할 때 추가로 얻는 생산물의 가치를 말한다.

$$VMP_L = MP_L \times P$$

ⓐ 생산물시장이 완전경쟁이면 MRP_L과 일치하고, 불완전경쟁이면 MRP_L보다 크다.

③ 한계요소비용(MFC_L) : 노동 한 단위를 더 고용할 때 추가로 드는 비용을 말한다.

$$MFC_L = \frac{\triangle TC}{\triangle} = \frac{\triangle Q}{\triangle L} \times \frac{\triangle TC}{\triangle Q} = MP_L \times MC$$

(2) 완전경쟁시장에서의 요소수요곡선

① 개별기업의 요소고용원리
ⓐ MRP_L과 VMP_L의 관계
- 생산물시장이 완전경쟁이면 한계수입은 가격과 일치($P = MR$)하므로 한계수입생산(MRP_L)과 한계생산물가치(VMP_L)가 일치한다.

$$MRP_L = MP_L \times MR = MP_L \times P \ (\because P = MR) = VMP_L$$

- 생산요소시장이 완전경쟁이면 개별기업은 가격수용자이므로 주어진 요소가격으로 원하는 만큼의 생산요소를 고용하는 것이 가능하다. 따라서 한계요소비용(MFC_L)은 요소가격과 일치한다.

© 이윤극대화 요소고용조건
- 생산물시장과 생산요소시장이 모두 완전경쟁일 때의 이윤극대화조건은 다음과 같이 정리될 수 있다.

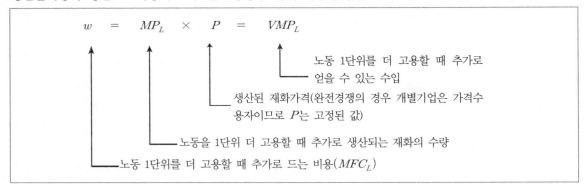

- 현재 노동고용량이 l_1이라면 w_0의 비용을 들여 VMP_L만큼의 총수입증대가 가능하므로 기업들은 노동고용량을 l_0까지 증가시킴으로써 이윤증대가 가능하다. 따라서 이윤극대화 노동고용량은 $w = VMP_L$이 성립하는 점에서 결정된다.

② 개별기업의 노동수요곡선
  ㉠ 우하향의 VMP_L곡선이 개별기업의 생산요소 수요곡선이다.
  ㉡ 장기에는 자본을 노동으로 대체하는 것이 가능하므로 요소수요곡선이 보다 완만한 형태로 도출된다.

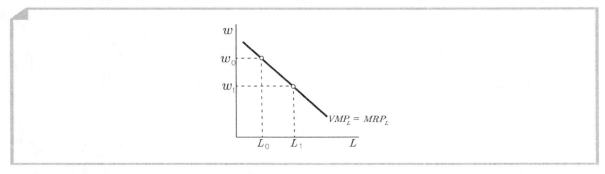

- 이윤극대화 조건은 $MRP_L = MFC_L$이다.
- 생산물시장이 완전경쟁이면 $MRP_L = VMP_L$이고, 생산요소시장이 완전경쟁이면 $MFC_L = w$이다. 따라서 이윤극대화 조건은 $VMP_L = w$

③ 시장 전체의 노동수요곡선

  ㉠ 시장 전체의 노동수요곡선은 개별기업의 노동수요곡선(VMP_L)을 수평으로 합하여 구할 수 있다.

  ㉡ 일반적으로 시장 전체의 노동수요곡선은 개별기업의 노동수요곡선보다 훨씬 탄력적인 형태를 보인다.

④ 요소수요 변화 및 요소수요의 가격탄력성 결정요인

  ㉠ 요소수요의 변화 : 한계생산성 및 가격(한계수입)이 상승하게 되면 다음과 같다.

   • 한계생산물가치(VMP = P × MP) 증가

   • 한계생산물가치곡선(VMP) 상방(우측) 이동

   • 개별기업 요소수요 증가(개별기업 요소수요곡선 우측 이동)

   • 시장요소수요 증가(시장요소수요곡선 우측 이동)

   • 요소가격 상승, 시장 요소고용량 증가

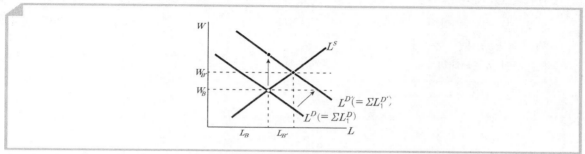

  ㉡ 요소수요의 가격탄력성 결정요인

$$요소수요의\ 가격탄력도 : \varepsilon_{F^D} = \frac{요소수요량변화율}{요소가격변화율} = \frac{dF^D}{dP_F} \times \frac{P_F}{F^D}$$

   • 대체적인 생산요소가 많을수록

   • 생산물수요의 가격탄력성이 클수록

   • 총생산비에서 차지하는 비중이 클수록   요소수요의 가격탄력성이 커진다.

   • 측정기간이 길어질수록

   • 대체탄력성이 클수록

   • 한계생산물이 천천히 체감할수록

(3) 생산요소의 공급

① **노동자 노동공급곡선의 의의** : 생산요소의 공급은 생산요소마다 각기 다른 과정을 통해 결정되어 다양한 형태를 가질 수 있으며, 토지의 경우 토지공급이 완전 비탄력적이어서 공급곡선이 수직선이 되며, 어떤 경우에는 생산요소 공급곡선이 후방굴절의 형태로 나올 수 있다.

② 개별노동자의 노동공급곡선

㉠ 예산선과 무차별곡선

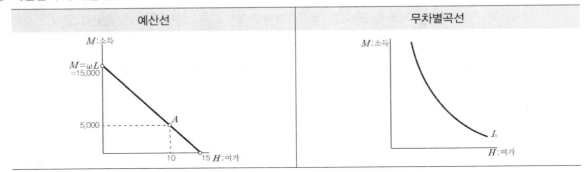

예산선	무차별곡선

- 무차별곡선 : 여가와 소득은 한계효용이 0보다 큰 일반적인 재화이며, 가계가 여가라는 재화를 소비하므로 여가의 소비량이 증가하면 효용이 증가한다. 따라서 가계의 무차별곡선은 우하향이며 원점에 대해 볼록한 형태를 갖는다.

㉡ 노동자의 효용극대화

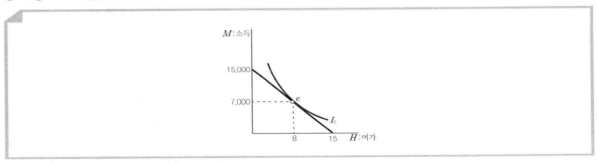

- 노동자의 효용극대화는 예산선과 무차별곡선이 접하는 점에서 달성된다.
- e점에서 효용극대화가 달성되면 15시간의 가용시간중 8시간은 여가활동, 나머지 7시간은 노동을 하며 소득은 7,000이 된다.

> 예산제약식 : $M = (15 - H)w_0 \rightarrow M + w_0H = 15w_0$ (H: 여가, M: 소득, w: 시간당 임금)

- 효용극대화 조건은 $MRS_{H, M} = w$이 된다.

③ 노동공급곡선의 도출

㉠ 처음에는 임금상승 시 노동공급이 증가하나 임금이 매우 높은 수준이 되면 오히려 노동공급이 감소하므로 후방굴절 노동공급곡선이 도출된다.

㉡ 임금이 낮을 때는 임금이 상승하면 노동공급량이 증가하나 임금이 일정 수준 이상이 되면 임금상승 시에 오히려 노동공급량이 감소한다. 따라서 개인의 노동공급곡선은 후방으로 굴절하는 형태가 된다.

㉢ 임금이 상승할 때 노동공급의 증가·감소 여부는 임금상승에 따른 대체효과와 소득효과의 상대적인 크기에 의존한다.

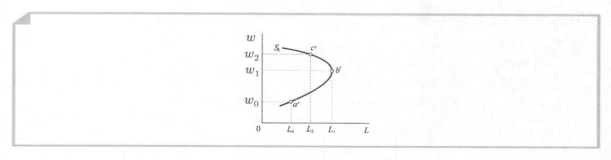

④ 대체효과와 소득효과

  ⑦ 개념 : 임금이 상승하면 예산선의 기울기가 변하는 가격효과가 발생하며, 가격효과는 대체효과와 소득효과로 구분할 수 있다.

  ⓛ 임금상승시 대체효과에 의해서는 노동공급이 증가하나 소득효과에 의해서는 노동공급이 감소한다.

   • 대체효과 : 임금↑ → 여가의 상대가격↑ → 여가소비↓ → 노동공급↑

   • 소득효과 : 임금↑ → 실질소득↑ → 여가소비↑ → 노동공급↓

  ⓒ 대체효과가 소득효과보다 크면 노동공급곡선이 우상향하고 소득효과가 대체효과보다 더 크면 후방으로 굴절하는 형태로 도출된다.

   • 임금상승 → 대체효과 > 소득효과 → 노동공급곡선 우상향

   • 임금상승 → 대체효과 < 소득효과 → 노동공급곡선 후방굴절

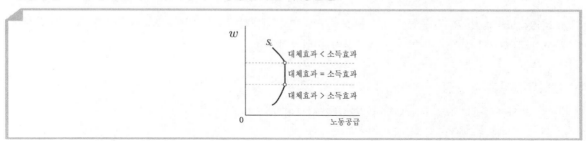

⑤ **여가가 열등재인 경우** : 소득효과도 노동공급을 증가시키므로 노동공급곡선은 항상 우상향한다. 즉, 후방굴절 노동공급곡선이 도출될 수 없다.

※ 근로소득세와 노동공급

$w \rightarrow (1 - t)w$ (w : 실질임금, t : 근로소득세율)

  ⑦ 근로소득세가 부과되면 실질임금이 하락하므로 노동공급이 영향을 받게 되는데, 근로소득세가 부과될 때 노동공급의 증감 여부는 대체효과와 상대효과의 상대적인 크기에 의존한다.

   • 대체효과 : 근로소득세 부과 → 실질임금↓ → 여가의 상대가격↓ → 여가소비↑ → 노동공급↓

   • 소득효과 : 근로소득세 부과 → 실질임금↓ → 실질소득↓ → 여가소비↓ → 노동공급↑

  ⓛ 근로소득세 부과에 따른 대체효과가 소득효과보다 크면 노동공급이 감소하고, 소득효과가 대체효과보다 크면 노동공급이 증가한다.

⑥ 시장 전체의 노동공급곡선

　㉠ 시장노동공급곡선의 도출

　　• 시장노동공급곡선은 개별노동공급곡선을 수평으로 합하여 도출된다.

　　• 개별노동공급곡선은 후방굴절하는 경우가 발생하나 시장 전체의 노동공급곡선은 일반적으로 우상향한다.

　　• 일반적으로 시장노동공급곡선이 개별노동공급곡선보다 더 완만하다.

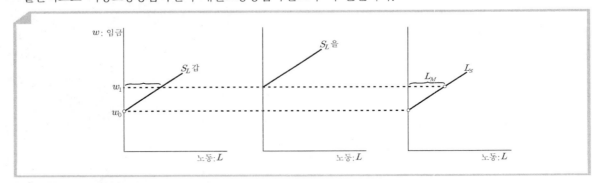

　㉡ 노동공급곡선의 기울기

　　• 노동의 이동가능성이 클수록 시장 전체의 노동공급곡선은 완만한 형태이다.

　　• 부문 간 노동의 이동비용이 낮을수록 시장 전체의 노동공급곡선은 완만한 형태이다.

　　• 측정기간이 길어질수록 시장 전체의 노동공급곡선은 완만한 형태이다.

⑦ 노동공급모형의 한계 : 노동공급곡선을 노동자의 효용극대화에 기초하여 도출하였는데, 노동시간의 조절이 가능하고 노동의 질이 동일하다고 가정하여 비현실적이다.

(4) 생산요소시장의 균형

① 가정 : 생산물시장과 생산요소시장이 완전경쟁시장이라고 가정한다.

② 균형가격과 고용량

　㉠ 시장 전체

　　• 임금과 고용량은 시장 전체의 노동수요곡선과 노동공급곡선이 교차하는 점에서 각각 $(w_0,\ L_0)$로 결정된다.

　　　－ 시장 전체의 노동수요곡선 : 개별기업의 노동수요곡선의 수평합

　　　－ 시장 전체의 노동공급곡선 : 개인들의 노동공급곡선의 수평합

　　• 요소소득총액은 (임금 × 고용량)이므로 □$w_0 O L_0 E$의 면적으로 측정된다.

　㉡ 개별기업

　　• 개별기업은 가격수용자이므로 주어진 임금(w_0)으로 원하는 만큼 고용이 가능하다. 그러므로 개별기업이 직면하는 노동공급곡선은 w_0에서 수평선이다.

– 개별기업의 노동수요곡선 : $VMP_L = MP_L \times P$

– 개별기업의 노동공급곡선 : $AFC_L = MFC_L(w_0$에서 수평$)$

- 개별기업은 시장에서 결정된 w_0의 임금으로 l_0만큼의 노동을 고용한다. 따라서 생산물시장과 생산요소 시장이 모두 완전경쟁이면 각 생산요소는 자신이 기업의 수입에 기여한 가치만큼의 보수를 받게 된다 $(w = VMP_L)$.

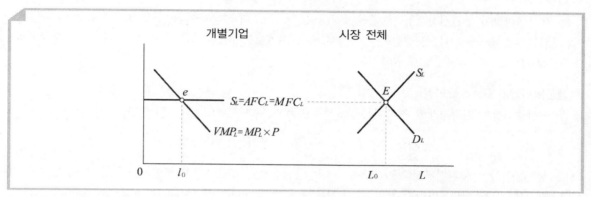

③ 요소소득의 변화

  ㉠ 요소수요의 증가 : 생산요소 수요가 증가하면 요소가격이 상승하고 요소 고용량도 증가하므로 총요소 소득이 증가한다.

  ㉡ 요소공급의 증가

  - 생산요소 공급이 증가하면 요소가격은 하락하고 요소 고용량은 증가한다.

  - 생산요소 공급이 증가할 때 총요소 소득의 증감 여부는 요소수요의 가격탄력성에 의존한다.

  – 노동수요가 탄력적 : 임금하락률 < 고용량증가율→총노동소득↑

  – 노동수요가 비탄력적 : 임금하락률 > 고용량증가율→총노동소득↓

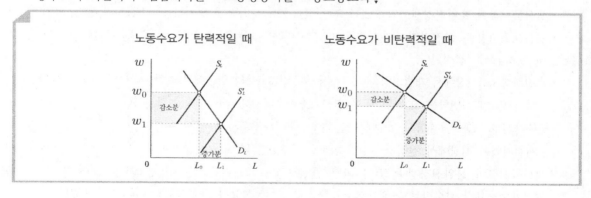

03 불완전경쟁요소시장

(1) 불완전경쟁 생산물시장 · 완전경쟁 요소시장

① 한계수입생산(MRP_L)

ⓘ 생산물시장이 불완전경쟁일 때 기업이 노동을 한 단위 더 고용하여 추가로 얻는 수입을 의미한다.

ⓛ 불완전경쟁시장에서는 생산량이 증가함에 따라 한계수입(MR)도 점점 작아지기 때문에 노동증가에 따라 MRP_L곡선은 우하향하게 된다.

② 생산물시장과 요소수요곡선

ⓘ 생산물시장이 완전경쟁인 경우 생산요소수요곡선은 우하향의 VMP_L곡선이다.

$$VMP_L = MP_L \times P \ \leftarrow \ \text{완전경쟁기업은 가격수용자이므로 일정}$$

ⓛ 생산물시장이 불완전경쟁(독점)으로 바뀌면 완전경쟁일 때보다 생산량이 감소하므로 이에 따라 생산요소수요도 감소한다. 따라서 요소수요곡선은 VMP_L보다 하방에 존재하는 MRP_L로 변하게 된다.

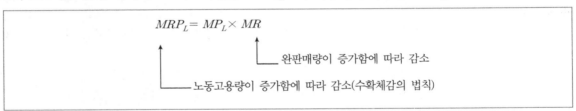

③ 균형가격과 고용량의 결정

ⓘ 균형가격과 고용량

- 생산물시장이 불완전경쟁이면 요소수요곡선은 VMP_L하방에 위치하는 MRP_L이 된다.
- 생산요소시장은 완전경쟁이므로 임금과 고용량은 시장 전체의 요소수요와 공급이 일치하는 F에서 $(w_1,\ L_1)$으로 결정된다.
- 완전경쟁요소시장에서 개별기업은 가격수용자이므로 w_1의 임금에서 원하는 만큼의 요소고용이 가능하다.
  - 개별기업이 직면하는 요소공급곡선(평균요소비용곡선)은 w_1에서 수평선이다.
  - 추가적인 노동고용비용도 w_1에서 일정하므로 MFC_L도 w_1에서 수평선이다.
  - 개별기업은 시장에서 결정된 w_1의 임금으로 l_1만큼의 노동을 고용한다.
- 생산물시장이 불완전경쟁(독점)이 되면 완전경쟁일 때보다 생산량이 감소하고 그에 따라 파생수요인 생산요소수요가 감소하므로 생산요소고용량도 생산물시장이 완전경쟁일 때보다 감소한다.

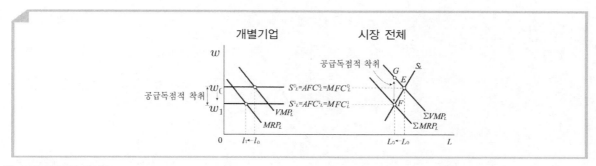

ⓛ 공급독점적 착취
- 생산물시장이 완전경쟁일 때 임금은 한계생산물가치와 일치한다$(w_0 = VMP_L)$.
- 생산물시장이 불완전경쟁이면 요소수요가 VMP_L에서 MRP_L로 변하므로 고용량이 L_1으로 감소하고 임금은 w_1으로 하락한다.
- 생산물시장이 독점이 되면 임금이 하락하게 되는데 그 차이인$(w_0 - w_1)$을 공급독점적 착취라고 한다.

(2) 생산요소시장이 수요독점인 경우

① 수요독점의 의미 : 생산요소공급자가 공급하는 생산요소를 오직 하나의 기업만이 수요하는 시장형태를 의미한다.

② 수요독점의 발생원인

지역적 여건	특정지역에 생산요소를 수요하는 기업이 유일하고 생산요소의 이동성이 낮은 경우
전문성	생산요소가 전문화되어 있어 특정기업만이 그 생산요소를 고용하는 경우

㉠ 요소시장이 완전경쟁일 때
- 요소시장이 완전경쟁이면 개별기업은 주어진 요소가격으로 원하는 만큼의 생산요소고용이 가능하므로 개별기업이 직면하는 요소공급곡선은 주어진 요소가격수준에서 수평선이다.
- 개별기업이 직면하는 요소공급곡선(평균요소비용곡선 : AFC)이 수평선이면 생산요소를 추가적으로 1단위 고용하는데 드는 비용인 한계요소비용이 일정하므로 개별기업의 한계요소비용곡선(MFC)도 수평선이다. 즉, 생산요소시장이 완전경쟁이면 개별기업이 직면하는 요소공급곡선과 한계요소비용곡선이 일치한다.

㉡ 요소시장이 수요독점일 때
- 요소시장이 수요독점이면 개별기업이 직면하는 요소공급곡선은 우상향의 시장전체 요소공급곡선이다.
- 직면하는 요소공급곡선이 우상향이면 고용량을 증가시키기 위해서는 이전보다 높은 임금을 지급해야 한다.
- 수요독점의 경우에는 한계요소비용곡선(MFC)은 요소공급곡선(평균요소비용곡선 : AFC)의 상방에 존재한다.
- 수요독점기업의 경우 요소수요곡선이 존재하지 않는다.

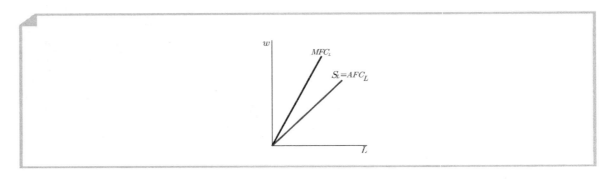

③ 요소가격과 고용량의 결정

㉠ 수요독점기업은 MRP_L곡선과 MFC_L곡선이 교차하는 a에서 고용량을 L_1으로 결정한다.

- 생산요소시장이 수요독점이면 생산물시장도 불완전경쟁이 될 수밖에 없으므로 일반적으로 수요독점을 분석할 때는 생산물시장을 불완전경쟁으로 가정한다.

㉡ L_1 만큼의 노동을 고용할 때 최소한 지급해야 하는 금액은 노동공급곡선상의 b이므로 수요독점기업은 w_1의 임금을 지급한다. 따라서 요소공급자의 총요소소득은 $w_1 L_1 = \square A$부분의 면적($\square\ Ow_1 bL_1$)이다.

㉢ L_1 만큼의 노동을 고용할 때의 MRP_L(마지막 단위의 노동을 고용할 때 추가적으로 얻는 수입)은 a까지의 높이이나 수요독점기업은 이보다 훨씬 낮은 w_1의 임금을 지급한다.

- MRP_L가 임금의 차이인 $(a-b)$를 수요독점적 착취로 정의하기도 한다.

  ※ 수요독점적 착취 : 생산요소시장이 수요독점시장으로 바뀜에 따라 생산요소공급자가 적게 받게되는 소득의 크기를 수요독점적 착취라 한다.

㉣ 수요독점에 따라 $\triangle(D+E)$ 만큼의 사회적인 후생손실이 초래된다.

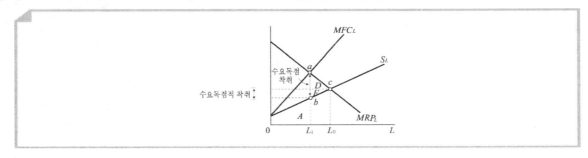

(3) 수요독점과 최저임금제

① 개념 : 일반적으로 최저임금제를 실시하면 미숙련노동자의 실업이 발생할 수 있다. 그러나 실증연구에 의하면 최저임금제도의 실시가 오히려 미숙련노동자들의 고용을 증진시킬 수도 있음을 밝혔는데, 이는 생산요소시장이 수요독점인 경우 그러한 결과를 도출할 수 있다.

② 노동의 고용량에 따른 총노동소득의 변화

노동의 고용량이 불변인 경우	노동의 고용량이 증가하는 경우	노동의 고용량이 감소하는 경우
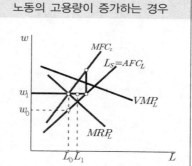	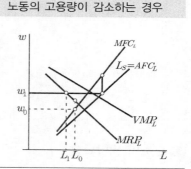	
최저임금을 $MRP_L = MFC_L$이 만나는 점에서 설정 : 노동의 고용량이 불변 노동자의 총노동소득 증가	최저임금을 $MRP_L = MFC_L$이 만나는 점보다 낮은 점에서 설정 : 노동의 고용량이 증가 노동자의 총노동소득 증가	최저임금을 $MRP_L = MFC_L$이 만나는 점보다 높은 점에서 설정 : 노동의 고용량이 감소 노동자의 총노동소득이 증가할지는 불확실

(4) 생산요소시장이 공급독점인 경우

① 의미

ㄱ 생산요소 공급독점자의 입장에서 보면 생산요소가 자신의 생산물이므로 생산물시장에서의 독점기업과 같이 $MR = MC$인 점에서 공급독점자의 이윤극대화가 달성된다.

ㄴ 노동조합이 독점적으로 노동을 공급하는 경우를 가정하고 분석한다.

ㄷ 노동시장의 공급독점자는 노동조합이며 이는 노동시장이 수요독점인 상태에서 형성된다. 따라서 실제로 공급독점시장은 존재하지 않는다.

② 요소가격과 고용량

ㄱ 일반적인 경우[노동조합이 이윤극대화를 추구할 때(A)] : 노동조합이 이윤극대화를 추구한다면 $MR = MC$인 점에서 임금과 노동고용량의 크기를 결정한다. 따라서 노동조합이 이윤극대화를 추구하면 임금과 고용량은 각각 w_0, L_0에서 결정된다.

ㄴ 노동조합이 노동자들의 총임금극대화를 추구할 때(B) : 노동조합이 판매자인 노동자들의 총임금극대화를 추구한다면 $MR = 0$인 점에서 노동고용량을 결정한다. 따라서 노동조합이 노동자들의 총임금극대화를 추구하면 임금은 w_1, 고용량은 L_1에서 결정된다.

ㄷ MR = 0인 점(수요의 가격탄력성이 1인 점)에서 판매자의 총수입이 극대화된다.

ㄹ 노동조합이 고용량극대화를 추구할 때(C) : 노동수요곡선과 노동공급곡선이 교차하는 점에서 고용량이 극대화된다. 따라서 고용량극대화를 추구할 경우에는 임금은 w_2, 고용량은 L_2에서 결정된다.

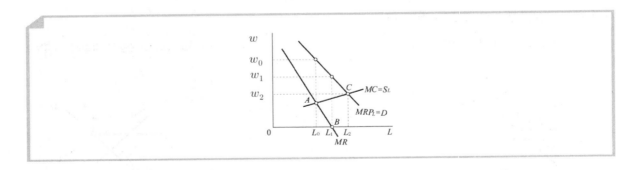

(5) 요소의 쌍방독점

① 의의

㉠ 쌍방독점(bilateral monopoly)이란 생산요소의 수요와 공급이 모두 독점인 경우를 의미한다. 즉 생산요소시장의 수요자와 공급자가 모두 독점화되어 있는 경우를 말한다. 현실에서는 그리 많지 않다.

㉡ 생산요소시장이 쌍방독점이면 요소가격과 고용량은 수요독점자와 공급독점자의 협상에 의하여 결정된다 (요소시장의 균형점이 유일하게 결정되지 않는다).

② 요소고용량과 가격의 결정 – 쌍방독점시장에서의 균형

㉠ **공급독점자** : 이윤극대화를 위하여 $MR = MC$가 성립하는 점에서 요소가격과 요소공급을 결정하고자 한다. 즉, 공급독점자는 w_s의 높은 임금으로 L_s 만큼의 노동공급을 하기를 원한다.

㉡ **수요독점자** : $MRP = MFC$인 점에서 낮은 요소가격으로 요소를 수요하고자 한다. 즉, 수요독점자는 w_d의 낮은 임금으로 L_d 만큼의 노동고용을 원한다.

㉢ **균형임금과 균형고용량**

• 요소수요자와 요소공급자가 각각 1명이고 양자의 의견이 서로 다르기 때문에 유일한 균형점이 결정되지 않는다.

• 요소고용량과 가격은 수요자와 공급자의 협상에 의하여 결정된다.

• 요소공급자의 협상력이 클수록 임금은 w_s에 가까워지고, 요소수요자의 협상력이 클수록 임금은 w_d에 가까워진다.

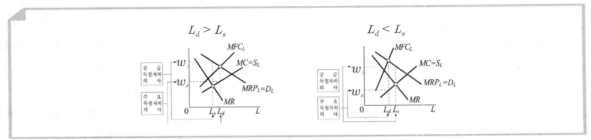

㉣ **공동이윤의 극대화**

• 생산요소 수요자와 공급자가 서로 협조해 공동의 이익을 극대화할 수 있다.

• 공동이윤을 극대화하는 생산수준은 $MRP_L = MC$ 가 만나는 생산량이 된다.

04 소득분배이론

(1) 지대(rent)이론

① 지대의 개념
  ㉠ 지대란 토지와 같이 공급이 완전히 고정된 생산요소가 생산과정에서 제공한 서비스에 대한 대가로 지불되는 보수를 의미한다.
  ㉡ 지대는 반드시 토지뿐만 아니라 공급이 고정된 요소에 대한 보수를 통칭하는 개념이다.

② 지대의 결정
  ㉠ 생산요소가 완전히 고정되면 생산요소공급곡선이 수직선이 되므로 지대는 수요측 원인에 의하여 결정된다.
  ㉡ 토지에 대하여 조세를 부과하면 토지소유자가 조세를 전부 부담할 수 없다는 헨리조지의 토지단일세론의 근거가 된다.

③ 차액지대론과 절대지대론

차액지대론 (D. Ricardo)	• 토지의 비옥도, 위치와 수확체감의 법칙으로 인한 생산의 차이에서 지대가 발생한다는 학설이다. • 이때 열등지에 대한 우량지의 초과이윤만큼 지대로 지급되므로 최열등지에는 지대가 발생하지 않는다.
절대지대론 (K. Marx)	• 모든 토지가 사유화되어 있는 자본주의 사회에서는 최열등지라 할지라도 지대를 강요하기 때문에 토지의 생산성에 관계없이 사적 소유에 지대가 존재한다는 학설이다. • 이는 어떠한 토지에 대해서도 지급되므로 일반지대 또는 한계지대라고도 한다.

(2) 이전수입(전용수입)과 경제지대

① 이전수입(transfer earnings) 또는 전용수입 : 어떤 생산요소의 공급이 이루어지도록 하기 위해 사용해야 하는 최소한의 금액이다. 또는 생산요소의 기회비용을 의미한다.

② 경제지대(economic rent)
  ㉠ 생산요소가 얻는 소득 중에서 기회비용을 초과하는 부분으로 생산요소공급자의 잉여에 해당된다. 이는 공무원, 전문자격소지자, 예체능인 등 특별한 능력을 제공하는 노동자에게 지급된다.
  ㉡ 생산요소의 공급이 가격에 대해 비탄력적이기 때문에 추가로 발생하는 소득을 의미한다.

③ 생산요소공급의 탄력성와 경제지대
  ㉠ 요소공급이 완전탄력적이면 요소소득 전부가 이전수입이고, 요소공급이 비탄력적이면 요소소득 전부가 경제지대이다.
  ㉡ 요소공급이 탄력적일수록 경제지대가 차지하는 비중이 커진다. 이는 경제지대란 요소공급이 어느 정도 비탄력적이기 때문에 생산요소가 추가적으로 얻는 소득임을 의미한다.

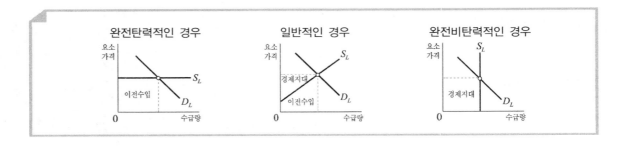

(3) 지대추구행위(rent-seeking behavior)

① 고정된 생산요소로부터 발생하는 경제지대를 얻거나 지키려고 노력하는 것을 의미한다.

② 정부의 각종 규제가 많을수록 지대추구행위도 활발해진다.

③ 비생산적인 활동에 희소한 자원을 사용하는 것이므로 사회적인 후생손실을 초래한다.

(4) 준지대(quasi-rent) – 마샬(A. Marshall)

① 준지대란 공장시설처럼 단기적으로 공급이 고정된 생산요소(자본)에 지급되는 보수이다.

> 준지대 = 총수입(TR) − 총가변비용(TVC) = 총고정비용 + 초과이윤(혹은 손실)

② 장기에는 고정요소가 없으므로 준지대가 발생하지 않는다.

③ 준지대의 크기 : 준지대는 총고정비용보다 클 수도 있고 작을 수도 있다.

> $$\pi = (TR - TVC) - TFC \quad (TR - TVC는\ 준지대)$$
> • $\pi > 0 \rightarrow$ 준지대 > 총고정비용 : 초과이윤, 장기적으로 요소공급 증가
> • $\pi = 0 \rightarrow$ 준지대 = 총고정비용
> • $\pi < 0 \rightarrow$ 준지대 < 총고정비용 : 손실, 장기적으로 요소공급 감소

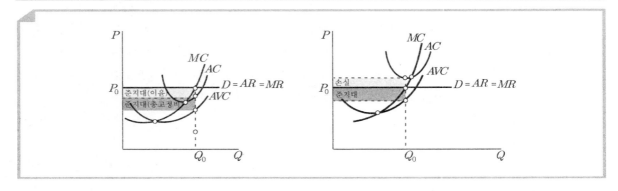

(5) 계층별 소득분배

① 개념 : 계층별 소득분배(size distribution of income)란 소득의 원천에 상관없이 고소득층과 저소득층 간의 소득분배를 의미한다.

② 계층별 소득분배의 측정방법

   ㉠ 10분위 분배율(deciles distribution ratio : D_{10})

- 최하위 40%의 소득점유율을 최상위 20%의 소득점유율로 나눈 값이다.
- 측정치
  - 소득분배가 균등할수록 2에, 불균등할수록 0에 가까워진다.
  - 십분위분배율은 0과 2사이의 값이며 그 값이 클수록 소득분배가 평등하다.

> - $D_{10} = \dfrac{\text{최하위}\,40\%\,\text{소득계층소득(점유율)}}{\text{최상위}\,20\%\,\text{소득계층소득(점유율)}}$
> - 완전균등일 때 $D_{10} = 2$
> - 완전불균등일 때 $D_5 = 0$
> - $D_{10} = 0 \sim 2 \rightarrow$ 클수록 균등분배, 작을수록 불균등분배

   ㉡ 5분위 분배율(D_5)

- 상위 20%의 소득점유율을 하위 20%의 소득점유율로 나눈 값이다.
- 측정치
  - 소득이 완전균등분배될 때 5분위배율은 1이고, 완전불균등일 때는 ∞ 이다.
  - 5분위 분배율은 1과 ∞ 사이의 값이며, 그 값이 작을수록 소득분배가 평등하다.

> - $D_5 = \dfrac{\text{상위}\,20\%\,\text{소득계층소득(점유율)}}{\text{하위}\,20\%\,\text{소득계층소득(점유율)}}$
> - 완전균등일 때 $D_5 = 1$
> - 완전불균등일 때 $D_5 = \infty$
> - $D_5 = 1 \sim \infty \rightarrow$ 작을수록 균등분배, 클수록 불균등분배

   ㉢ 로렌츠곡선(Lorenz curve)

- 개념 : 계층별 소득분포자료에서 인구의 누적점유율과 소득의 누적점유율 사이의 대응관계를 나타낸 것이다.
- 측정치 : 소득분배가 분명할수록 로렌츠곡선은 대각선에 가까워진다.
  - 로렌츠곡선이 대각선이면 소득분배가 완전균등 함을 뜻한다.
  - 로렌츠곡선이 직각굴절선이면 소득분배가 완전불균등 함을 뜻한다.

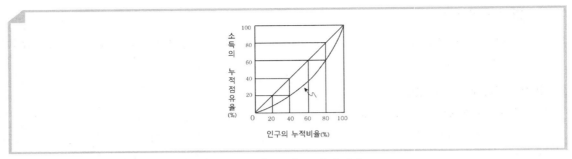

– 소득분배가 완전균등하면 로렌츠곡선은 $O \sim O'$를 잇는 직선이다.
– 소득분배가 완전불균형하면 로렌츠곡선은 직각굴절선이다(OTO').
– 소득분배가 균등할수록 로렌츠곡선은 직선에 가까워진다.
– 소득분배가 불균등할수록 로렌츠곡선은 직각굴절선에 가까워진다.

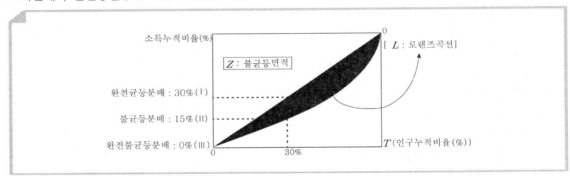

▶ Ⅰ : 30% 인구, 30% 소득분배 / Ⅱ : 15% 인구, 15% 소득분배
   Ⅲ : 30% 인구, 0% 소득분배

ㄹ **지니계수**(Gini coefficient : G)

• 개념 : 로렌츠곡선이 나타내는 소득분배상태를 하나의 숫자로 나타낸 것이다. 즉, 로렌츠곡선 그림에서 대각선과 로렌츠곡선이 이루는 면적(Z. 불균등면적)을 대각선 아래 삼각형 면적으로 나눈 것이다.

• 측정치 : 0과 1 사이의 값이며 그 값이 작을수록 소득분배가 평등하다.
  – α의 면적 = 0, 지니계수 = 0 : 소득분배는 완전평등하다.
  – β의 면적 = 0, 지니계수 = 1 : 소득분배는 완전불평등하다.

> • 지니계수(G) = $\dfrac{Z\text{면적}(\text{대각선과 로렌츠곡선 사이 면적})}{\triangle OTO' \text{의 면적}(\text{대각선 아래 삼각형 면적})} = \dfrac{\alpha}{\alpha + \beta}$
> • 완전균등일 때 $Z = 0$, $G = 0$
> • 완전불균등일 때 $Z = 0$, $G = 1$
> • $G = 0 \sim 1 \rightarrow$ 작을수록 균등분배, 클수록 불균등분배

• 로렌츠곡선이 교차하는 경우에는 전체 소득분배균등도를 평가할 수 없다.

ⓜ 애킨슨지수(A. Atkinson index) : 소득분배균등 정도를 주관적으로 평가하는 지수이다.

- 개념 : 현재의 평균소득과 균등분배대등소득을 이용하여 다음과 같이 소득분배상태를 측정한다.
- 측정치 : 애킨슨지수의 값은 0과 1사이이며, 그 값이 작을수록 소득분배가 평등하다. 클수록 불균등하다고 평가한다.
  - $Y_{EDE} = \mu \to A = 0$: 현재 소득분배를 완전균등 상태로 평가
  - $Y_{EDE} = 0 \to A = 1$: 현재 소득분배를 완전불균등 상태로 평가

> • 애킨슨지수(A) : $A = 1 - \dfrac{Y_{EDE}}{\mu}$ (단, Y_{EDE} : 균등분배대등소득, μ : 현재의 1인당 평균소득)

※ 균등분배대등소득(Y_{EDE} : equally distributed equivalent income) : 현재와 동일한 사회후생을 얻을 수 있는 완전히 평등한 소득분배상태에서의 평균소득(μ)을 의미한다. 소득분배가 불균등하다고 느낄수록 균등분배대등소득이 작아진다.

(6) 소득재분배를 위한 정책수단

① 누진세제

㉠ 소득이 증가할수록 점점 높은 세율로 과세하는 누진세제는 고소득층과 저소득층 간의 소득격차를 축소하는 기능을 갖고 있다. 그러나 저소득층에게 직접적으로 어떤 도움을 주는 것이 아니므로 빈곤문제해소에는 큰 도움이 되지 못한다.

㉡ 현실에서는 소득세, 상속세 등을 제외하면 오히려 그 부담이 역진적인 조세가 많으므로 실질적으로 조세제도의 누진성은 그리 크지 않은 것으로 평가된다.

② 부의 소득세제(negative income tax)

㉠ 일정 소득 이상의 소득자에 대해서는 정상적으로 과세하지만, 일정 소득에 미달한 소득자에 대해서는 부(−)의 세율을 적용하여 계산한 금액을 지원하는 제도이다.

> $$T = -\alpha + tY$$
> (단, T : 납세액, α : 정액보조금, t : 한계세율)

㉡ 부의 소득세제하에서는 소득이 일정 수준에 미달하면 보조금이 지급되므로 자격심사 등이 필요하지 않다.

㉢ 노동자의 근로의욕을 저해할 수 있는 단점이 있다.

③ 사회보장제도

㉠ 사회보장제도에는 국민연금, 의료보험, 고용보험과 같이 보험원리에 따라 운영되는 사회보험과, 빈곤층에 대해 직접적인 보조금을 지급하는 공공부조로 구성된다.

㉡ 사회보험은 보험원리에 따라 운용되기 때문에 소득재분배 효과가 그리 크지 않으나, 공공부조는 직접 저소득층에게 생계비 등을 지원하므로 재분배 효과가 상당히 크다.

④ 최저임금제

　㉠ 최저임금제가 도입되면 소득이 낮은 근로자들이 최소한 일정한 소득을 얻을 수 있게 되나 최저임금제로 임금이 상승하면 고용량이 감소하는 문제가 발생한다.

　㉡ 최저임금제로 더 높은 소득을 얻게 된 노동자의 생활수준은 개선될 수 있으나 해고된 노동자들은 오히려 불리해지므로 최저임금제가 반드시 저소득층에게 도움이 되는지는 명확하지 않다.

⑤ 쿠츠네츠의 U자 가설

　㉠ 개념

　　• 경제발전단계와 소득분배균등도 사이의 관계를 나타내는 가설이다.

　　• 쿠츠네츠가 실증분석을 한 결과이다.

　㉡ U자의 의미

　　• 세로축에 소득분배균등도, 가로축에는 경제발전단계를 표시하면 소득분배상태의 변화가 U자 모양이 되므로 'U자 가설'이라고 한다.

　　• 세로축을 소득분배불균등도로 바꾸면 U자를 엎어놓은 모양이 되므로 '역 U자 가설'이라고도 한다.

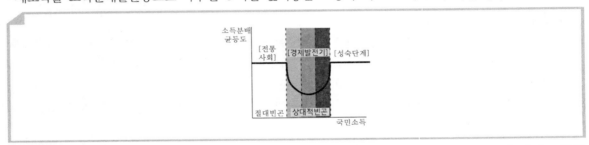

　　• 경제발전(국민소득 증가)에 따라 소득분배균등도가 악화되다가 개선되며 고소득 선진국이 되면 소득분배가 균형한 상태로 변화한다.

　　　– 전통적사회(저소득) : 높은 균등도, 절대적 빈곤

　　　– 경제발전기(소득 증가) : 낮은 균등도, 상대적 빈곤

　　　– 경제성숙기(고소득) : 높은 균등도

기출문제분석

(한국마사회)

1 다음 소득 불평등 지표에 대한 설명으로 바르지 않은 것은?

① 로렌츠곡선이 대각선과 일치할 경우 지니계수는 0이다.

② 지니계수가 $\frac{1}{2}$ 이면 소득분배가 완전히 균등하다.

③ 지니계수의 값이 커질수록 더 불평등한 분배 상태를 나타낸다.

④ 십분위배율의 값이 커질수록 더 평등한 분배 상태를 나타낸다.

> **✎ NOTE** 지니계수는 로렌츠 곡선을 전제로 해서 소득 분배의 평등도를 기수적으로 평가한 지표이며, 여기서 로렌츠 곡선은 대각선에서 멀어질수록 불균등의 정도가 크다는 것을 의미한다.
> 지니계수는 0과 1사이의 값이며, 그 값이 작을수록 소득분배가 균등함을 의미한다. 그러므로 소득분배가 완전히 균등하면 지니계수는 $\frac{1}{2}$ 이 아니라 0이 된다. 즉 로렌츠 곡선이 완전평등선을 의미하는 대각선과 겹치는 경우 지니계수는 0의 값을 갖게 되고 완전 평등한 소득분배를 보이게 된다.

(한국수력원자력)

2 최근 소득불평등에 대한 사회적 관심이 커지고 있다. 소득불평등 측정과 관련한 다음의 설명 중 바른 것은?

① 완전 균등한 소득분배의 경우 앳킨슨 지수 값은 0이다.

② 로렌츠 곡선이 대각선에 가까워질수록 소득분배는 불평등하다.

③ 10분위 분배율의 값이 커질수록 소득분배가 불평등하다는 것을 의미한다.

④ 지니계수의 값이 클수록 소득분배는 평등하다는 것을 의미한다.

> **✎ NOTE** ② 로렌츠곡선이 대각선에 가까울수록 소득분배가 평등하다.
> ③ 10분위 분배율은 0과 2사이의 값이며, 그 값이 클수록 소득분배가 평등하다는 것을 나타난다.
> ④ 지니계수는 0과 1사이의 값이며, 그 값이 작을수록 소득분배가 평등함을 나타낸다.
> ※ 5분위 분배율 : 1과 ∞사이의 값이며, 그 값이 작을수록 소득분배가 평등하다는 것을 나타난다.

Answer. 1.② 2.①

(국민연금공단)

3 노동시장의 수요와 공급에 대한 조사 결과가 다음 표와 같다고 하자.

시간당 임금(원)	6	7	8
수요량(개)	40	30	20
공급량(개)	20	30	40

시간당 최저임금을 8원으로 할 경우 발생하는 비자발적 실업의 규모는 ㉠이고, 이때 실업을 완전히 없애기 위한 보조금으로 소요되는 필요 예산이 ㉡이다. 이 때 ㉠과 ㉡을 순서대로 바르게 나열한 것은?

	㉠	㉡
①	10,	20
②	10,	40
③	20,	40
④	20,	80

📋**NOTE** 주어진 표와 조건에 필요한 내용을 다음과 같은 그림으로 나타내면,

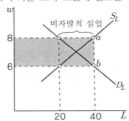

시간당 임금이 8원일 때 노동공급량은 40이나 노동수요량이 20이므로 20만큼 초과공급(=비자발적 실업)이 발생한다. 그러므로 시간당 최저임금을 8원으로 설정하면 20만큼의 실업이 발생하게 된다. 시간당 최저임금을 8로 설정할 때 노동공급량이 40이므로 이들이 모두 고용되도록 하려면 단위당 일정액의 보조금을 지급해야 한다. 즉, 노동수요자(=기업)에게 노동 1단위 당 보조금을 지급하면 노동수요곡선은 상방으로 보조금의 크기만큼 상방으로 평행이동하게 된다. 따라서 비자발적 실업을 완전히 없애기 위해서는 노동 1단위 당 2만큼의 보조금 지급이 필요하다. 이는 먼저 단위당 2원의 보조금을 노동수요자에게 지급하면 노동수요곡선이 2원만큼 상방으로 이동하여 노동시장의 균형이 그림의 a점에서 이루어지므로 40단위의 노동이 모두 고용된다. 이 경우 단위당 보조금의 크기가 2원이고, 보조금 지급이후의 고용량이 40단위이므로 정부가 지급해야 할 보조금의 크기는 그림에서 사각형의 면적인 80원이 된다.

😊**Answer.** 3.④

4 (코스콤)

A산업부문의 노동시장에서 균형 임금의 상승이 예상되는 상황만을 모두 고르면? (단, 노동수요곡선은 우하향하는 직선이고, 노동공급곡선은 우상향하는 직선이다.)

> ⊙ A산업부문의 노동자에게 다른 산업 부문으로의 취업기회가 확대되고, 노동자의 생산성이 증대되었다.
> ⓛ A산업부문의 노동자를 대체하는 생산기술이 도입되었고, A 산업 부문으로의 신규 취업 선호가 증대되었다.
> ⓒ A산업부문에서 생산되는 재화의 가격이 하락하고, 노동자 실업보험의 보장성이 약화되었다.

① ⊙

② ⓛ

③ ⊙, ⓒ

④ ⓛ, ⓒ

☞NOTE 노동시장에서 균형임금은 노동수요와 노동공급이 일치하는 수준에서 결정된다.

A산업부문 노동자에게 다른 산업부문으로 취업기회가 증대되면 A산업 부분의 노동공급이 감소하고, 노동자의 생산성이 증대되면, 노동수요가 증가한다. A산업의 노동공급이 감소하고, 노동수요가 증가하면 균형임금이 상승한다.

A산업부문 노동자를 대체하는 생산기술이 도입되면 A산업의 노동수요가 감소하고, A산업 부분으로의 신규 취업 선호가 증대되면, 노동공급이 증가한다. 노동수요가 감소하고, 노동공급이 증가하면 균형임금은 하락하게 된다.

A산업부문에서 생산되는 재화의 가격이 하락하면 파생수요인 노동수요가 감소한다. 그리고 A산업부문 노동자에 대한 실업보험의 보장성이 약화되면, A산업에 근무하는 노동자 중 일부가 다른 산업으로 이동할 것이므로 노동공급이 감소한다. 노동수요와 노동공급이 모두 감소하면 노동수요곡선과 노동공급곡선의 상대적인 이동폭에 따라 균형임금은 상승할 수도 있고, 하락할 수도 있다.

5 (한국마사회)

사람들의 선호체계가 변화하여 막걸리 수요가 증가하고 가격이 상승했다고 하자. 이와 같은 막걸리 가격 상승이 막걸리를 생산하는 인부의 균형고용량과 균형임금에 미치는 효과에 대한 설명으로 가장 바른 것은? (단, 막걸리를 생산하는 인부의 노동시장은 완전경쟁적이다.)

① 노동의 한계생산가치는 증가하여 고용량은 증가하고 임금은 증가한다.

② 노동의 한계생산가치는 증가하여 고용량은 감소하고 임금은 증가한다.

③ 노동의 한계생산가치는 감소하여 고용량은 증가하고 임금은 감소한다.

④ 노동의 한계생산가치는 감소하여 고용량은 감소하고 임금은 감소한다.

☞NOTE 노동의 한계생산가치는 상품가격과 한계생산물의 곱으로 이루어진다.

즉, 막걸리 수요 증가가 막걸리 가격(P)이 상승하면 노동의 한계생산물가치 $VMP_L = MP_L \times P$가 증가한다. VMP_L곡선이 노동수요곡선이므로 재화가격이 상승하면 노동수요곡선이 오른쪽으로 이동한다. 노동수요곡선이 오른쪽으로 이동하면 고용량이 증가하고 임금은 상승하게 된다.

✦Answer. 4.① 5.①

(인천국제공항공사)

6 완전경쟁적인 노동시장에서 노동의 한계생산(marginal product of labor)을 증가시키는 기술진보와 함께 보다 많은 노동자들이 노동시장에 참여하는 변화가 발생하였다. 노동시장에서 일어나게 되는 변화에 대한 설명으로 가장 바른 것은? (단, 다른 외부조건들은 일정하다.)

① 균형노동고용량은 반드시 증가하지만 균형임금의 변화는 불명확하다.

② 균형임금은 반드시 상승하지만 균형노동고용량의 변화는 불명확하다.

③ 임금과 균형노동고용량 모두 반드시 증가한다.

④ 임금과 균형노동고용량의 변화는 모두 불명확하다.

🖉NOTE 노동의 한계생산을 증가시키는 기술진보는 노동시장에서 노동에 대한 수요를 증가시키고, 이것은 균형임금을 상승시키는 힘으로 작용한다. 또한 보다 많은 노동자들이 노동시장에 참여하게 되면 노동시장에서 노동에 대한 공급을 증가시키고, 이것은 균형임금을 하락시키는 힘으로 작용한다.

즉, 완전경쟁적인 노동시장에서는 노동수요곡선이 $VMP_L = MP_L \times P$이므로, 노동의 한계생산을 증가시키는 기술진보가 발생하면 노동수요곡선이 오른쪽으로 이동한다. 한편, 보다 많은 노동자들이 노동시장에 참여하면 노동공급곡선도 오른쪽으로 이동한다. 노동수요곡선과 노동공급곡선이 모두 오른쪽으로 이동하면 균형고용량은 증가하나 균형임금은 노동수요곡선과 노동공급곡선의 이동폭에 따라 상승할 수도 있고 하락할 수도 있다.

(한국수력원자력)

7 다음 중 소득불평등도를 분석하는 방법에 대한 설명으로 옳지 않은 것은?

① 로렌츠곡선이 대각선에 가까울수록 평등한 소득분배에 접근하게 된다.

② 로렌츠곡선은 서로 교차하지 않는다.

③ 로렌츠곡선은 서수적 평가방법이고 지니계수는 기수적 평가방법이다.

④ 로렌츠곡선은 저소득자로부터 누적가계들이 전체 소득의 몇 %를 차지하는가를 나타내는 곡선이다.

🖉NOTE 서로 다른 집단의 로렌츠곡선은 서로 교차할 수 있다.

로렌츠곡선 : 계층별 소득분포 자료에서 인구의 누적점유율과 소득의 누적점유율 사이의 대응 관계를 나타낸 것이다. 소득분배가 분명할수록 로렌츠곡선은 대각선에 가까워진다.

Answer. 6.① 7.②

(한국마사회)

8 다음 계층별 소득분배이론에 관한 내용 중 바르지 않은 것은?

① 지니계수는 로렌츠곡선을 이용하여 계산한다.

② 소득분배가 평등할수록 지니계수는 작아진다.

③ 로렌츠곡선이 대각선에 가까울수록 소득분배가 공평함을 의미한다.

④ 10분위 분배율이 클수록 평등한 소득분배를 의미한다.

⑤ 지니계수가 같은 두 경제단위의 소득분포 상태는 동일하다.

📝 NOTE 지니계수의 값이 같으면, 두 경제단위의 소득분포 상태는 동일할 수도 있고, 상이할 수도 있다. 즉, 지니계수의 값이 같다고 하여 두 경제단위의 소득분포가 동일하다고 말할 수 없다.

(예금보험공사)

9 다음은 에로우(K. Arrow)의 불가능정리에서 사회후생함수가 갖추어야 할 조건들이다. 임의의 두 사회상태 X와 Y에 대한 사회적 선호는 제3의 사회상태 Z에 대한 개인들의 선호와는 관계없이 오직 X와 Y에 대한 개인들의 선호에 의하여 결정되어야 한다는 조건은 무엇인가?

① 비독재성

② 이행성

③ 비제한성

④ 파레토원칙

⑤ 무관한 선택 대상으로부터의 독립성

📝 NOTE 독립성은 사회상태 X, Y에 관한 사회우선순위는 개인들의 우선순위에만 기초를 두어야 하며, 기수적 선호의 강도가 고려되어서는 안 됨을 의미한다.

😊 Answer. 8.⑤ 9.⑤

출제예상문제

1 다음 중 불완전 경쟁이 일어나는 생산물 시장에 대한 설명으로 타당하지 않은 것은?

① 독점적 경쟁의 장기균형에서는 초과설비가 관측된다.
② 굴절수요곡선은 과점가격의 경직성을 설명한다.
③ 평균비용에 근거한 가격책정이 일반적이다.
④ 독점균형은 수요곡선의 가격탄력적인 곳에서 이루어진다.

🔖 NOTE ③ 평균비용에 근거하여 가격을 책정하는 경우는 비용할증가격설정이 대표적이며, 대부분의 불완전경쟁기업은 이윤극대화
조건인 한계수입과 한계비용이 같아지는 점에서 산출량은 결정하고 시장가격을 결정하는 것이 일반적이다.

2 완전 경쟁 시장에서 조업하는 어떤 기업이 직면하고 있는 시장가격은 9이고, 이 기업의 평균비용곡선은 $AC(Q) = \dfrac{7}{Q} + 1 + Q\,(Q > 0)$으로 주어져 있다. 이윤을 극대화하는 이 기업의 산출량 Q는?

① 4   ② 5
③ 6   ④ 7

🔖 NOTE 평균비용곡선이 $AC(Q) = \dfrac{7}{Q} + 1 + Q$ 이므로 총비용 $TC = AC \times Q = 7 + Q + Q^2$ 이 된다. 총비용을 산출량으로 미분하면
한계비용 $MC = 1 + 2Q$가 된다. 완전경쟁시장에서 이윤극대화조건은 $P = 1 + 2Q$이다. 따라서 $Q = 4$가 된다.

⭐ Answer. 1.③ 2.①

3 노동시장에서 수요독점자로 행동하는 기업의 생산함수는 $Q = 2L$로 주어져 있다. 이 기업의 제품가격은 개당 1,000원이고 노동의 공급곡선은 $w = 200 + 3L$이다. 이 수요독점기업의 이윤을 극대화하는 임금수준은? (단, Q = 생산량, L = 노동량, w = 임금)

① 1,100원

② 1,400원

③ 1,700원

④ 2,000원

> **NOTE** 수요독점인 경우 기업은 시장의 노동공급곡선을 모두 자신이 직면한 노동공급으로 인식한 가운데 $MRP_L = MFC$인 지점에서 노동고용량을 결정한다.
>
> 노동의 한계수입생산은 기업의 생산함수 $Q = 2L$을 통해 구할 수 있는데 $MRP_L = \dfrac{dTR}{dL} = \dfrac{d(PQ)}{dL} = \dfrac{1,000 \times 2L}{dL} = 2,000$
>
> 이다. 노동의 한계요소비용은 노동공급곡선을 통해 구할 수 있는데 $MFC = \dfrac{dTFC}{dL} = \dfrac{d(wL)}{dL} = \dfrac{d(200L + 3L^2)}{dL} = 200 + 6L$이
>
> 다. 따라서 이윤을 극대화하는 고용량은
>
> $2,000 = 200 + 6L$ 즉, $L^* = 300$이 된다. 최적 노동고용량을 노동공급곡선에 대입하면
>
> $w^* = 200 + 3 \times 300 = 1,100$이 된다.
>
> 그림으로 나타내면 다음과 같다.

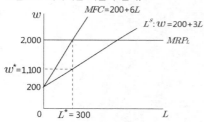

4 노동시장에서 쌍방독점이 존재할 때, 다음 중 옳지 않은 것은?

① 임금이 유일한 균형점에 의해 결정되지 않는다.

② 수요독점자는 한계요소비용곡선과 한계수입생산곡선이 일치하는 점에서 노동수요량을 결정하려고 한다.

③ 노동공급자는 노동수요곡선에서 도출된 한계수입곡선과 노동공급의 한계비용의 곡선이 일치하는 점에서 노동공급량을 결정하려고 한다.

④ 완전경쟁 노동시장에서 결정되는 임금보다 낮은 수준으로 임금이 결정되면, 고용은 완전경쟁 노동시장의 고용보다 증가한다.

> **NOTE** 완전경쟁 노동시장에서 결정되는 임금보다 낮은 수준으로 임금이 결정된다고 하여 고용이 완전경쟁시장에 비해 증가하는 것이 아니다. 고용수준은 완전경쟁시장에서 가장 극대화될 수 있다.

Answer. 3.① 4.④

5 노동과 여가의 선택에 관한 설명으로 옳지 않은 것은? (단, 여가는 정상재이다)

① 시간당 임금은 여가 한 시간의 기회비용이다.

② 시간당 임금이 상승할 경우, 소득효과만 고려하면 노동공급이 감소한다.

③ 시간당 임금에 대해 근로소득세율이 상승할 경우, 노동공급이 항상 감소한다.

④ 시간당 임금이 상승할 경우, 대체효과만 고려하면 노동공급이 항상 증가한다.

> 🅱NOTE ③ 근로소득세율이 부과되는 경우, 시간당 세후 임금이 하락하게 된다. 시간당 세후 임금의 하락은 대체효과에 의해서는 여가의 소비를 증가(노동공급을 감소)시키고, 소득효과에 의해서는 여가의 소비를 감소(노동공급을 증가)시킨다. 따라서 노동공급의 변화방향을 일률적으로 판단할 수 없다.

6 다음 그림은 노동자 甲의 노동공급곡선이다. A점에서 B점으로의 변화에 관한 설명으로 옳은 것은?

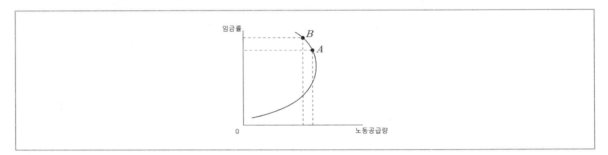

① 임금률이 상승할 때 소득효과가 대체효과보다 크기 때문에 나타나는 현상이다.

② 여가가 기펜재이기 때문에 나타나는 현상이다.

③ 자본과 노동의 보완관계 때문에 나타나는 현상이다.

④ 임금률이 상승할 때 노동공급량이 증가하는 현상이다.

> 🅱NOTE 후방굴절노동공급곡선에서 임금률이 오름에도 불구하고 노동공급량이 감소하는 이유는 소득효과가 대체효과보다 크기 때문이다. 주로 고소득층으로 갈수록 많이 나타나는 현상이다.

✦Answer. 5.③ 6.①

7 경제지대(economic rent)에 관한 다음 설명 중 옳지 않은 것은?

① 경제지대를 추구하는 행위로 인한 자원의 낭비가 유발된다.

② 요소의 공급이 비탄력적일수록 경제지대는 작아진다.

③ 이전수입이 커지면 경제지대는 감소한다.

④ 인기 연예인이 높은 수익을 받는 것은 경제지대의 한 예이다.

> **NOTE** ① 지대추구행위는 공급을 비탄력적으로 만들어 한계비용보다 높은 가격을 받으려는 행위를 일컫는다. 지대추구행위가 일어나게 되면 효율적인 자원배분이 이루어지지 못하고 거래량이 줄어드는 문제가 발생한다.
> ② 일반적으로 공급이 비탄력적일수록 경제적 지대는 커진다.
> ③ 한 요소가 현재의 용도에 쓰이도록 묶어 두는데 지불되는 비용을 전용수입이라 한다. 경제지대는 해당요소에게 지불되는 총비용에서 전용수입을 뺀 것을 의미하므로, 다른 저간이 일정하다면 이전수입이 클수록 경제지대는 작아진다.
> ④ 인기 연예인은 수가 한정되어 있으며 그 사람을 대체할 수 있는 사람이 별로 없으므로 공급이 매우 비탄력적이고 그들이 창출하는 것에 대하여 한계비용보다 높은 수익을 보장받게 된다. 이는 경제지대의 한 예로 볼 수 있다.

8 다음 중 우리 경제의 총수요를 증가시키는 요인으로 가장 적절한 것은?

① 소득세율 인상

② 미국의 경기 침체

③ 국제원유가격 인상

④ 파업으로 인한 조업 단축

⑤ 지방 정부의 재정지출 확대

> **NOTE** 국제원유가격 인상, 파업으로 인한 조업 단축은 경제의 총공급을 감소시키는 요인으로 작용한다. 한편 소득세율 인상, 미국의 경기 침체는 총수요를 감소시키는 요인으로 작용하는 반면, 지방 정부의 재정지출 확대는 총수요를 증가시키는 요인으로 작용한다.

Answer. 7.② 8.⑤

9 다음의 소득분배에 관련된 설명 중 가장 옳지 않은 것은?

① 십분위분배율의 값이 클수록 소득분배가 더 불균등하다는 것을 의미한다.
② 지니계수가 높을수록 소득분배가 더 불균등하다는 것을 의미한다.
③ 소득분배의 불균등도가 높을수록 로렌츠곡선은 대각선의 아래로 더 늘어지는 형태가 된다.
④ 애킨슨지수가 높을수록 소득분배가 더 불균등하다는 것을 의미한다.

> **NOTE** ① 십분위분배율은 0에서 2 사이의 값을 가지는데 평등한 소득분배일수록 2에 가까워진다.

10 인구 수 1,000만 명인 국가 A에서 국민의 절반은 개인소득이 100달러이고, 나머지 절반은 개인소득이 200달러이다. 이 국가의 10분위분배율은?

① 0.25   ② 0.50
③ 1.00   ④ 2.00

> **NOTE** 10분위분배율은 $\dfrac{\text{하위 40\% 소득계층의 소득}}{\text{상위 20\% 소득계층의 소득}}$ 이므로 $\dfrac{100달러 \times 400만\ 명}{200달러 \times 200만\ 명} = 1$ 이 된다.

11 소득분배에 관한 다음 설명 중 옳은 것을 모두 고르면?

ㄱ 로렌츠곡선이 대각선에 가까울수록 소득분배가 평등하다.
ㄴ 지니계수가 0에 가까울수록 소득분배가 평등하다
ㄷ 지니계수와 로렌츠곡선은 서로 독립된 별개의 소득분배 지수이다.

---

① ㄱ   ② ㄱㄴ
③ ㄴㄷ   ④ ㄱㄴㄷ

> **NOTE** ㄷ 로렌츠곡선과 지니계수는 각각 다른 학자에 의해 개발된 것이지만, 지니계수는 로렌츠곡선으로부터 지니계수를 측정할 수 있는 방법을 고안해 낸 것이다. 따라서 로렌츠 곡선과 지니계수는 완전히 별개의 지수라고 볼 수는 없다.

Answer. 9.① 10.③ 11.②

12 완전경쟁시장에서 기업의 단기 이윤극대화에 대한 설명으로 옳지 않은 것은?

① 개별기업의 수요곡선은 수평이며 한계수입곡선이다.

② 이윤극대화를 위해서는 한계수입과 한계비용이 같아야 한다.

③ 고정비용이 전부 매몰비용일 경우 생산중단점은 평균비용의 최저점이 된다.

④ 투입요소들의 가격이 불변일 경우 시장전체의 공급곡선은 개별기업의 공급곡선을 수평으로 더하여 구할 수 있다.

> 📑NOTE ① 완전경쟁시장에서는 개별기업들이 가격수용자로 행동하므로 직면하는 수요곡선이 수평이며 이는 곧 한계수입곡선과 일치한다.
> ② 완전경쟁시장에서 개별기업들은 단기에 $P = MR = MC$인 점에서 이윤을 극대화한다.
> ③ 고정비용이 전부 매몰비용일 경우 생산중단점은 평균가변비용의 최저점이다. 평균비용의 최저점이 생산중단점이 되기 위해서는 고정비용이 전부 회수가능한 비매몰비용이어야 한다.
> ④ 시장전체의 공급곡선은 개별기업들의 공급곡선의 수평 합이다.

13 노동시장과 자본시장에서 기업이 완전경쟁기업일 때 기업의 총이윤을 극대화하는 조건으로서 옳은 것은? (여기에서 MRP는 한계수입생산물이고 P는 요소가격, L은 노동, K는 자본을 나타낸다)

① $MRP_L < P_L,\ MRP_K > P_K$ 　　　　② $MRP_L < P_L,\ MRP_K < P_K$

③ $MRP_L > P_L,\ MRP_K > P_K$ 　　　　④ $MRP_L = P_L,\ MRP_K = P_K$

> 📑NOTE 요소시장의 이윤극대화조건은 요소의 한계수입생산물(MRP_L)=한계요소비용(MFC)이다. 그런데 요소시장이 완전경쟁상태에 있으면 $MFC = P_f$(요소가격)이 성립하므로 이윤극대화조건은 $MRP_f = P_f$이다.

14 노동의 한계생산물이 10, 한계비용이 0.5, 한계수입이 1일 때 기업이 합리적으로 행동한다면? (단, 기업은 이윤극대화를 추구한다고 가정하자)

① 현재보다 고용량을 늘린다. 　　　　② 현재보다 고용량을 줄인다.

③ 현재의 고용수준을 유지시킨다. 　　　④ 매출액을 늘린다.

> 📑NOTE 주어진 정보를 이용하여 MRP와 MFC를 구할 수 있다.
> $$MRP_F\left(\frac{dTR}{dF}\right) = MP_F\left(\frac{dQ}{dF}\right) \times MR\left(\frac{dTR}{dQ}\right) = 10 \times 1 = 10$$
> $$MFC\left(\frac{dTC}{dF}\right) = MR_F\left(\frac{dQ}{dF}\right) \times MC\left(\frac{dTC}{dQ}\right) = 10 \times 0.5 = 5$$
> MRP_F가 MFC보다 크면 고용량이 늘어날수록 이윤이 증대된다.

Answer. 12.③ 13.④ 14.①

15 다음 중 경제적 지대에 대한 내용으로 가장 바르지 않은 것은?

① 경제적 지대는 공급량이 제한될 경우에 발생하게 된다.

② 어떠한 생산요소의 경제적 지대가 0이면 그 요소는 기존의 용도에 사용되지 않는다.

③ 경제적 지대는 전용수입을 초과하는 요소수입이다.

④ 경제적 지대는 생산자 잉여를 구성한다.

⑤ 정부가 인허가를 통해서 특정 기업에 독점영업권을 부여하는 경우, 비생산적인 지대추구 행위를 유발할 수 있다.

> NOTE 경제적 지대가 0일 경우 그 생산요소의 소득은 전부 전용수입이 된다. 이때 전용수입이란 어떠한 생산요소가 타 용도로 전용되지 않고 현재의 용도에 계속적으로 사용되도록 하기 위해 지급되어야 하는 최소한의 지급액이므로 요소 소득이 모두 전용수입이라면 그 요소는 기존의 용도에 사용될 것이다.

16 생산물시장과 요소시장이 각각 완전경쟁상태에 있을 때만 요소시장의 균형점에서 항상 성립하는 것은? (단, 기업은 이윤극대화를 목표로 한다)

> ⊙ 한계수입 = 한계비용
> ⓒ 한계수입생산물 = 한계요소비용
> ⓒ 임금 = 한계요소비용
> ⓔ 한계수입생산물 = 한계생산물가치

① ⊙ⓒ

② ⊙ⓒ

③ ⓒⓒ

④ ⓒⓔ

> NOTE ⊙ 요소수요곡선상의 모든 점에서 항상 성립하므로 시장형태에 관계없이 항상 성립한다.
> ⓒ 이윤극대화 고용량결정조건이므로 균형점에서는 항상 성립한다.
> ⓒ 요소시장이 완전경쟁상태에 있을 때만 항상 성립한다.
> ⓔ 생산물시장이 완전경쟁상태에 있을 때만 항상 성립한다.

Answer. 15.② 16.④

17 소득 불평등 지표에 대한 설명으로 옳지 않은 것은?

① 앳킨슨지수는 값이 클수록 소득분배가 평등하다

② 로렌츠곡선이 대각선과 일치할 경우 지니계수는 0이다.

③ 로렌츠 곡선이 대각선에 가까워질수록 소득분배는 평등하다.

④ 십분위분배율의 값이 커질수록 더 평등한 분배 상태를 나타낸다.

⑤ 지니계수의 값이 클수록 소득분배는 불평등하다는 것을 나타낸다.

> **NOTE** 앳킨슨지수는 그 사회의 소득분배가 얼마나 공평한가는 그 사회 구성원들이 분배상태에 대해 얼마나 만족하고 있는가에 의해 결정하는 주관적인 개념이라고 보고 이를 측정하는 지수이다.
>
> $$앳킨슨지수(A) = 1 - \left(\frac{균등분배대등소득}{실제평균소득}\right)$$ 로 0과 1사이의 값을 가지며, 값이 클수록 소득분배가 불평등하다.

18 복합재 및 여가를 소비하는 소비자를 생각하자. 모든 재화가 정상재인 경우 개인의 노동공급 의사결정에 관한 다음 설명 중 옳은 것은?

① 노동의 공급곡선의 기울기는 반드시 양(+)이다.

② 임금변화에 따르는 대체효과 및 소득효과의 영향은 항상 반대이다.

③ 재산소득이 증가하면 노동의 공급은 증가한다.

④ 여가의 수준에 상관없이 여가와 복합재의 한계대체율이 임금보다 작은 경우 노동의 공급은 영 (0)이 된다.

> **NOTE** 제시된 경우 모든 재화가 정상재로 주어져 있으므로 대체효과와 소득효과는 항상 반대방향으로 작용한다. 대체효과와 소득효과의 방향이 정반대이므로 임금이 상승할 때 노동공급의 증감 여부는 대체효과와 소득효과의 상대적인 크기에 달려있다. 즉, 대체효과가 소득효과보다 큰 경우에는 노동공급곡선이 우상향하나, 소득효과가 대체효과보다 큰 경우에는 노동공급곡선이 후방으로 굴절한다. 재산소득이 증가하면 소득효과만 발생하므로 노동공급이 감소한다.

19 노동의 한계수입생산은 경쟁기업보다 독점기업에서 훨씬 빨리 감소한다. 그 이유는?

① 경쟁기업보다 독점기업에서 노동생산성이 더 낮아지기 때문이다.

② 독점기업의 생산요소수요가 비탄력적이기 때문이다.

③ 독점기업의 생산요소수요가 탄력적이기 때문이다.

④ 독점기업의 한계수입곡선은 우하향하지만, 경쟁기업의 한계수입곡선은 수평이기 때문이다.

> 🖉NOTE 노동의 한계수입생산은 $MRP_L = MP_L \times MR$로 나타낼 수 있다. 완전경쟁기업의 경우는 직면하는 수요곡선이 수평선이므로 판매량이 1단위 증가할 때 추가적으로 얻는 한계수입은 일정하다. 즉, 완전경쟁의 경우에는 MR이 일정하다. 그렇지만 독점기업의 경우는 판매량이 증가하면 한계수입(MR)이 점점 낮아진다. 따라서 독점기업의 한계수입생산은 완전경쟁일 때보다 훨씬 빠른 속도로 감소한다.

20 이윤극대화를 추구하는 수요독점기업이 다음과 같은 노동의 공급곡선(S_L)과 노동의 한계수입생산 (MRP)곡선에 직면하고 있다면 다음 중 옳은 것은?

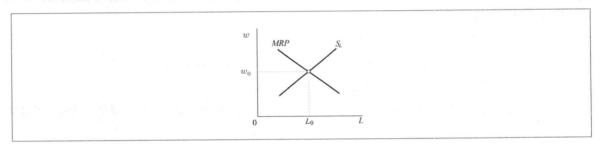

① 임금은 w_0에서 결정된다.

② 임금은 w_0보다 높은 수준에서 결정된다.

③ 노동고용량의 균형수준은 L_0가 된다.

④ 임금은 w_0보다 낮은 수준에서 결정된다.

> 🖉NOTE 노동공급곡선이 우상향하므로 노동시장은 수요독점시장임을 알 수 있다. S_L이 우상향하면 MFC는 이보다 위에서 우상향한다.
> B에서 $MRP = MFC$가 성립하므로 L_1이 이윤극대화고용량이고 임금은 노동공급곡선상의 C에서 w_1이 지급된다($w_1 < w_0$).

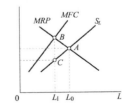

21 생산물시장에서 독점인 어떤 기업이 완전경쟁인 요소시장에서 활동하고 있다면 이 기업에 대한 다음 내용 중 옳은 것은?

① 한계수입생산물(MRP)보다 높은 요소가격을 지불한다.

② 한계수입생산물(MRP)보다 낮은 요소가격을 지불한다.

③ 한계생산물가치(VMP)보다 높은 요소가격을 지불한다.

④ 한계생산물가치(VMP)보다 낮은 요소가격을 지불한다.

> 📝 NOTE | 생산물시장이 불완전경쟁인 경우 요소수요곡선은 한계수입생산(MRP)곡선이다. 요소시장이 완전경쟁이므로 요소가격은 시장 전체의 요소수요곡선과 요소공급곡선이 교차하는 점에서 결정된다. 그러므로 이 기업이 지불하는 요소가격은 한계수입생산(MRP)과 일치한다. 생산물시장이 독점인 경우 $MR < P$이므로 이 기업이 지불하는 요소가격은 한계생산물가치(VMP)보다는 낮다.

22 다음은 독점기업이 요소수요를 독점하는 경우이다. 옳은 것은?

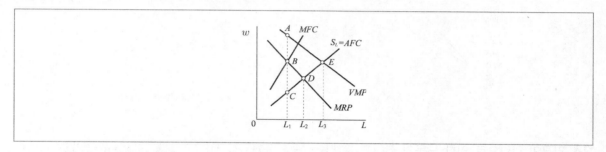

① 이윤극대화고용량은 B를 기준으로 정해지므로 L_1이다.

② 이윤극대화고용량은 D를 기준으로 정해지므로 L_2이다.

③ 이윤극대화고용량은 E를 기준으로 정해지므로 L_3이다.

④ 임금은 D를 기준으로 정해진다.

> 📝 NOTE | 이윤극대화고용량이 결정되려면 $MRP = MFC$가 성립해야 한다. 이는 B에서 성립하므로 이윤극대화고용량은 L_1이다. 임금은 노동공급곡선상의 C를 기준으로 정해진다.

23 수요독점의 경우에 *MFC*(한계요소비용)곡선이 그 생산요소의 공급곡선보다 기울기가 큰 이유는? (단, 생산요소가 노동이라고 가정한다)

① 생산요소에 대한 수요곡선과 공급곡선이 교차하는 데서 수요독점자의 이윤을 극대화시키기 위한 고용량과 임금률이 결정되기 때문이다.

② 높아진 새로운 임금률이 그 한계요소에 집중적으로 적용되기 때문이다.

③ 노동공급이 증가함에 따라 노동에 대한 초과수요가 상대적으로 감소하기 때문이다.

④ 한계요소에 적용되는 더 높은 임금률이 그 이전에 고용된 노동에도 적용되기 때문이다.

📌NOTE┃ 수요독점기업이 직면하는 요소공급곡선이 우상향하므로 생산요소의 고용량을 증가시키려면 더 높은 요소가격을 지불하여야 한다. 그러므로 *MFC*는 요소가격보다 더 높게 된다. 예를 들어, 노동을 1단위 고용할 때는 600원의 임금만 지급하면 되나 노동고용량을 1단위 더 증가시키려면 700원의 임금을 지급해야 한다고 하자. 원래 1단위의 노동을 고용하고 있었으나 고용량을 1단위 증가시킬 때 이미 고용되어 있는 노동에 대해서는 600원의 임금만 지불하고 2번째로 고용되는 노동에 대해서는 700원의 임금을 지급하는 것이 불가능하다. 따라서 이 경우에는 이미 고용되어 있는 노동의 임금도 700원으로 올려줘야 하기 때문에 한계요소비용은 700원이 아니라 800원이 된다. 따라서 한계요소비용곡선은 요소공급곡선의 상방에 위치하게 된다.

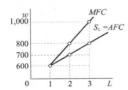

24 임금의 하락으로 인한 노동의 상대적 분배율이 증가하기 위해서는 어떻게 되어야 하는가?

① 노동시장이 완전경쟁적이어야 한다.

② 노동수요의 임금탄력성이 1보다 작아야 한다.

③ 생산요소간 대체탄력성이 1보다 커야 한다.

④ 생산요소간 대체탄력성이 1보다 작아야 한다.

📌NOTE┃ 생산요소간 대체탄력성이 1보다 크면 임금이 하락할 때 상대적인 임금하락률보다 고용량증가율이 더 크기 때문에 노동소득분배비율이 증가한다.

$\sigma > 1 \rightarrow \left(\dfrac{w}{r}\right)$가 1% 하락하면 $\left(\dfrac{L}{K}\right)$이 1%보다 더 크게 증가 $\rightarrow \left(\dfrac{wL}{rK}\right)$가 증가

✦Answer. 23.④ 24.③

25 다음 중 소득불평등도를 분석하는 방법에 대한 설명으로 옳지 않은 것은?

① 로렌츠곡선이 대각선에 가까울수록 평등한 소득분배에 접근하게 된다.
② 로렌츠곡선은 서로 교차하지 않는다.
③ 로렌츠곡선은 서수적 평가방법이고 지니계수는 기수적 평가방법이다.
④ 로렌츠곡선은 저소득자로부터 누적가계들이 전체 소득의 몇 %를 차지하는가를 나타내는 곡선이다.

🄑NOTE ② 서로 다른 집단의 로렌츠곡선은 서로 교차할 수 있다.

26 다음 중 소득분배에 관련된 내용으로 옳지 않은 것은?

① 십분위분배율의 값이 클수록 소득분배가 더 불균등하다는 것을 의미한다.
② 소득분배의 불균등도가 높을수록 로렌츠곡선은 대각선의 아래로 더 늘어지는 형태가 된다.
③ 지니계수는 기수적인 평가방법이다.
④ 애킨슨지수가 높을수록 소득분배가 더 불균등하다는 것을 의미한다.

🄑NOTE ① 십분위분배율은 최하위 40%의 소득을 최상위 20%의 소득으로 나눈 값으로 0과 2 사이이며, 그 값이 클수록 소득분배가 균등함을 나타낸다.

27 노동의 평균생산물이 100, 노동의 한계생산물이 60, 노동과 자본투입량이 각각 10이라 하자. 시장은 완전경쟁상태에 있고 1차 동차 생산함수를 가정한다면 노동소득과 자본소득의 분배비율은 얼마인가?

① 1   ② 1.5
③ 3   ④ 6

🄑NOTE 총생산물 = 노동의 평균생산물(100) × 노동투입량(10) = 1,000. 노동소득 = 노동투입량(10) × 노동의 시장가격, 자본소득 = 자본투입량(10) × 자본의 시장가격이다. 완전경쟁시장에서는 생산요소의 보수가 요소의 한계생산물과 같으며, 요소소득의 합은 총소득과 일치한다. 따라서 노동소득은 10 × 60 = 600이고 자본소득은 1,000 − 600 = 400이다. 그러므로 노동소득과 자본소득의 분배비율은 600 / 400 = 1.5가 된다.

일반균형이론과 공공경제이론

01 일반균형이론과 자원배분의 효율성

(1) 일반균형이론

① **부분균형**

ㄱ 한 시장이 독립적으로 균형을 이루는 상태이며, 외부로부터의 여건변화만을 고려하여 분석한다.

ㄴ 다른 시장의 여건이 일정한 상태에서 개별 시장의 균형을 부분균형이라 한다.

② **일반균형의 개념**

ㄱ 모든 생산물시장과 생산요소시장이 동시에 균형을 이룬 상태를 의미한다.

ㄴ 일반균형상태하에서는 다음의 3가지 조건이 모두 충족된다.

- 모든 소비자는 예산제약하의 효용극대화가 달성되도록 재화수요량과 생산수요공급량을 결정한다.
- 모든 기업은 이윤극대화가 달성되는 수준에서 재화공급량과 생산요소수요량을 결정한다.
- 주어진 가격체계하에서 모든 재화시장과 생산요소시장에서 수요량과 공급량이 일치한다.

ㄷ 일반균형상태에 도달하면 모든 시장에서 수요·공급이 일치하므로 외부에서 어떤 교란요인이 발생하지 않는 한 계속해서 균형이 유지된다.

③ **왈라스의 법칙(Walras' Law)**

ㄱ 어떤 가격체계가 주어진다고 하더라도 경제 전체의 초과수요의 가치는 항상 영(0)이 된다는 것을 말한다.

ㄴ n개의 시장 중 $n-1$개의 시장이 균형이면 n번째 시장은 반드시 균형이다.

ㄷ 일반균형 상태일 때는 모든 개별시장이 동시 균형을 이루고 있으며, 경제 전체에도 초과수요나 초과공급은 존재할 수 없다.

ㄹ 일반균형이 아닐 경우에는 개별시장에는 초과수요나 초과공급이 존재할 수 있으나 경제전체로는 초과수요나 초과공급이 존재할 수 없다.

※ 세이의 법칙 : 재화의 공급은 스스로의 수요를 창조한다는 법칙으로 항상 저축(S)이 투자(I)로 연결된다는 것이다. 고전학파의 이론체계의 중심을 이루고 있으며 공급의 중요성을 강조한다.

④ **일반균형의 한계**

ㄱ 상품의 절대가격을 도출하지 못하고 상대가격을 대상으로 할 뿐이다.

ㄴ 일반균형이 이루어지더라도 (계층별) 소득분배의 공평성이 충족되지는 않는다.

(2) 파레토효율성과 자원배분

① 파레토개선(par성과 eto improvement)

　　㉠ 구성원 누구의 후생도 감소하지 않으면서 최소한 한 사람의 후생이 증가하였다는 것을 말한다.

　　㉡ A의 상황을 B의 상황보다 더 선호한다면 A의 상황을 파레토 우위라 하고 B의 상황을 파레토 열위라 하며 B의 상황에서 A의 상황으로 이동하는 것을 파레토 개선이라 한다.

② 파레토우위(pareto superior) : 배분상태 A에서 파레토개선이 이루어져서 배분상태 B로 변하는 경우 B의 상태를 말한다.

③ 파레토효율성(pareto efficiency, 파레토최적)

　　㉠ 자원배분의 효율성을 판단하기 위한 가장 객관적인 기준이며, 사회후생을 판단하기 위한 필요조건이다.

　　㉡ 어느 한 사람의 효용증가를 위해서는 반드시 다른 사람의 효용감소를 유발할 수밖에 없는 상태를 의미한다.

　　㉢ 더 이상 파레토개선이 불가능한 배분상태, 즉 자원배분이 가장 효율적으로 이루어지고 있는 상태이다.

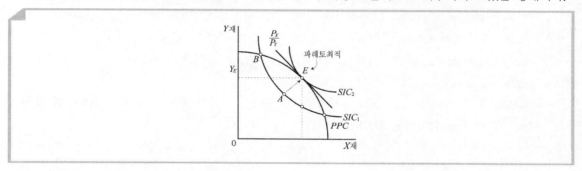

- A와 B에서 파레토최적소비
- B와 E에서 파레토최적생산
- B보다 E에서 효용수준이 높다.
- E에서 파레토최적이 성립한다.
- E에서 PPC와 SIC가 접한다.
- E에서 X재 시장과 Y재 시장의 균형이 동시에 이루어진다. 즉, 파레토최적이 이루어지면 일반균형이 이루어져서 자원의 효율적 배분이 이루어진다.
  - ※ 부존(endowment) : 특정 시점에서 경제내에 존재하는 생산물과 생산요소의 수량이며, 부존은 한 경제의 제약조건(실현가능성)을 의미하므로 부존을 초과하는 배분은 불가능하다.

④ 소비(교환)에 있어서의 파레토효율성(생산물의 최적배분)

　　㉠ 개념

- 소비의 파레토효율성이란 어느 한 소비자의 후생을 낮추지 않고는 다른 개인의 후생을 증가시킬 수 없는 상태를 의미한다.
- 교환경제에서 효용을 극대화하기 위한 재화의 최적 배분을 의미한다.

ⓛ 소비의 파레토효율성 조건

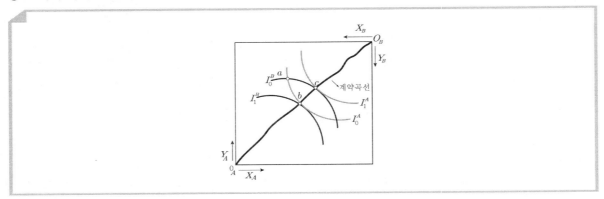

- 에지워스 박스 : 생산의 파레토 효율성 조건 하에서 X, Y재가 생산되면 X, Y재 생산량 내에서 2명의 개인인 A, B가 생산량을 소비하게 된다. 네모박스를 에지워스 상자라고 하는데, 에지워스 상자는 사회 전체의 재화 부존량을 나타내는 사각형이다.
- 소비의 파레토 효율성이 되기 위한 조건으로는 무차별곡선이 접하는 경우임을 알 수 있다.
- 무차별곡선이 접하게 되면 무차별곡선의 기울기인 한계대체율이 일치하게 된다.

  $MRS_{XY}^A = MRS_{XY}^B$ 반면 A점에서는 $MRS_{XY}^A \neq MRS_{XY}^B$ 이므로 파레토 효율성이 아니다.

ⓒ 계약곡선(contract curve)

- 에지워드 상자 안에서 두 사람의 무차별곡선의 접점을 연결한 선이다. 따라서 계약곡선 상의 모든 점에서 두 사람의 한계대체율(MRS_{XY})이 같다.
- 계약곡선상에서는 파레토 효율성 조건을 만족시키고 있으나 소득분배의 공평성을 만족시키지 못하고 있다.

ⓔ 효용가능곡선(utility possibility curve)

- 재화공간의 계약 곡선을 효용공간으로 옮기게 되면 우하향하는 곡선을 그릴 수 있는데 이것을 효용가능곡선이라 한다.
- 생산요소와 재화가 주어져 있을 때 효율적 배분에 의하여 경제주체들이 얻을 수 있는 최대한의 효용수준의 조합을 연결한 곡선을 의미한다.

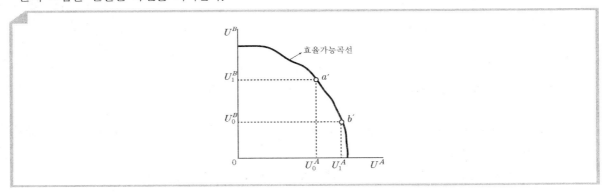

– 효용가능곡선이 매끄러운 형태를 갖지 않는 이유는 효용의 서수적 성질 때문이며, 생산가능곡선이 매끄러운 이유는 생산의 기수적 성질 때문이다.

⑤ 생산에 있어서의 파레토효율성(생산요소의 최적배분)

㉠ 개념

- 생산의 파레토효율성이란 한 재화의 생산을 감소시키지 않고서는 다른 재화의 생산을 증가시킬 수 없는 상태를 의미한다.
- 생산경제에서 재화를 생산하기 위해 사용된 생산요소의 조합의 효율성을 의미한다.

㉡ 생산의 파레토효율성 조건

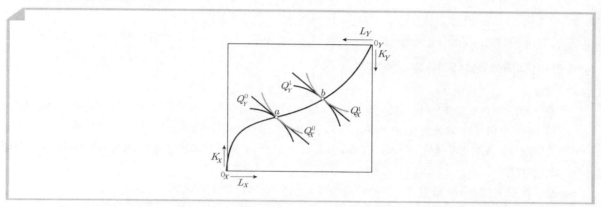

- a점에서 b점으로 이동한다면 X재의 생산을 증가시키기 위해서 Y재의 생산을 반드시 감소시켜야 하므로 a점은 파레토 효율적인 상태이다.
- b점에서 a점으로 이동한다면 Y재의 생산을 증가시키기 위해서 X재의 생산을 반드시 감소시켜야 하므로 b점은 파레토 효율적인 상태이다.
- 따라서 X재와 Y재의 등량곡선의 기울기가 일치할 때 생산의 파레토 효율성을 만족시킨다. 즉, $MRS_{LK}^{X} = MRS_{LK}^{Y}$

㉢ 생산의 계약곡선 : 생산의 파레토효율적인 점들을 연결한 선을 말하며, 계약곡선상에서 생산요소의 조합의 효율성이 달성된다.

㉣ 생산가능곡선(PPC)의 도출

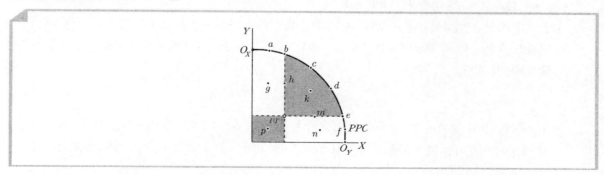

- 요소공간의 계약곡선을 재화공간으로 옮기면 우하향하고 원점에 대하여 오목한 생산가능곡선이 도출된다.
- PPC가 원점에 대하여 오목한 것은 기회비용이 체증함을 반영한다.
- PPC상의 모든 점은 생산이 파레토효율적으로 이루어지는 점이다.
- 생산이 파레토효율적 일 때 재화의 조합들을 X–Y평면으로 옮겨 놓은 것이 생산가능곡선이다.
- 한계변화율(MRT)
  - 한계변화율이란 X재의 생산량을 1단위 증가시키기 위하여 감소시켜야 하는 Y재의 수량으로 다음과 같이 정의된다.

$$MRT_{XY} = -\frac{\Delta Y}{\Delta Y} = \frac{MC_X}{MC_Y}$$

  - 한계변화율은 생산가능곡선 접선의 기울기로 측정되며, X재 생산의 기회비용을 의미한다.

⑥ 종합적인 파레토효율성(산출물구성의 최적배분)
  ㉠ 개념
  - 종합적인 파레토효율성이란 생산과 교환이 모두 파레토효율적으로 이루어지면서 생산점을 바꾸더라도 더 이상 소비자의 효용을 증가시키는 것이 불가능한 상태를 의미한다.
  - 즉 생산과 교환경제에서 생산의 파레토효율성과 소비의 파레토효율성이 동시에 만족되는 배분상태를 의미한다.
  ㉡ 생산과 교환(소비)의 종합적인 파레토효율성조건은 다음과 같이 나타낼 수 있다.

$$MRS_{XY} = MRT_{XY}$$

  ㉢ 이론구조
  - 생산의 파레토효율성
    - 생산가능곡선상의 한 점에서 재화의 생산이 이루어지고 있다면 생산의 파레토효율성이 달성된다.
    - 만약 생산점이 생산가능곡선상의 E로 주어지면 X재와 Y재의 생산량은 각각$(X_0,\ Y_0)$로 결정된다.
  - 교환(소비)의 파레토효율성
    - X재와 Y재의 생산량이$(X_0,\ Y_0)$로 결정되면 교환(소비)에 있어서의 에지워스상자의 크기가 결정된다.
    - 교환(소비)의 파레토효율성은 두 사람의 무차별곡선이 접하는 계약곡선으로 표시된다.
  - 생산과 교환(소비)의 종합적인 파레토효율성
    - E에서 생산이 이루어지면 생산이 파레토효율적이고, 계약곡선상의 임의의 점에서 교환(소비)이 이루어지면 교환(소비)이 파레토효율적이므로 종합적인 파레토효율성이 달성되기 위해서는 다음의 조건이 충족되어야 한다.

$$MRS_{XY}{}^A = MRS_{XY}{}^B = MRT_{XY}$$

    - $a,\ b,\ c$는 교환 자체는 모두 파레토효율적이나 $MRS_{XY} = MRT_{XY}$가 성립하는 점은 b뿐이므로 E에서 생산이 이루어질 때는 b에서 교환(소비)되어야만 종합적인 파레토효율성조건이 충족된다.

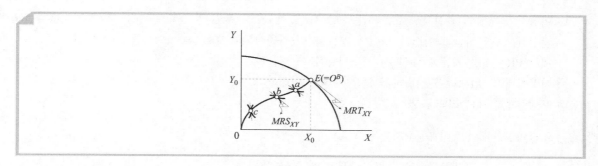

⑦ 파레토효율성의 한계

㉠ 현실적이지 못하다.

㉢ 자원배적으로 파레토효율성조건을 충족하는 점은 무수히 존재하는데, 그 중에서 어떤 점이 사회적으로 가장 바람직한지에 대해서는 판단할 수 없는 문제점이 존재한다.

㉡ 파레토효율성은 자원배분의 효율성만을 판단하는 기준이며 소득분배의 공평성에 대해서는 전혀 고려하지 분의 효율성은 평가할 수 있으나 소득분배의 공평성은 평가할 수 없다.

㉣ 사회적효용함수(사회적무차별곡선)을 이론적으로 도출할 수 없다.

㉤ 가치판단과 무관한 개념으로 사회후생극대화를 위한 필요조건이다.

02 후생경제학

(1) 기본사항

① 후생경제학의 개념

㉠ 어떤 경제상태에서의 사회후생과 다른 경제상태에서의 사회후생을 비교하여 우열을 가려내는 이론체계이다.

㉡ 후생경제학은 한 사회의 경제적 후생이 극대화되는 조건을 도출하는 것을 핵심으로 한다. 이는 자원의 효율적 배분과 공평한 소득분배가 이루어질 때 성립한다.

② 후생경제학의 제1정리

㉠ 시장구조가 완전경쟁적이고 외부성·공공재 등의 시장실패요인이 존재하지 않는다면 일반경쟁균형(왈라스균형)의 자원배분은 파레토효율적이다.

• 즉, 소비자의 선호체계가 강단조적이고, 외부효과나 공공재 및 불확실성(시장실패)이 존재하지 않으며, 일반경쟁균형(모든 생산물과 생산요소 완전경쟁시장)이면 파레토최적이다.

※ 강단조성 : 한 변수가 증가할 때 다른 변수도 증가할 경우 강단조성을 갖는다고 하며, 선호가 강단조성을 가지면 소비가량이 증가할 때 총효용이 증가한다. 따라서 한계효용은 정(+), 이는 소비자가 합리적으로 소비한다는 것을 의미한다.

ⓛ 이상적인 시장인 완전경쟁시장에서는 개별경제주체들이 사익을 추구하는 과정에서 자원배분의 효율성을 달성한다. 즉 아담 스미스의 '보이지 않는 손'이 자원배분의 효율성을 보장해줌을 의미한다.

- 제1정리는 시장 기능에 대한 신뢰를 정당화하고 있다.
- 시장실패란 제1정리가 성립하지 않은 상태를 의미한다.

ⓒ 후생경제학 제1정리의 증명

- 교환의 최적성 : 소비자균형조건은 $MRS_{XY} = \dfrac{P_X}{P_Y}$

  생산물시장이 완전경쟁일 때 일물일가

  $\therefore) \ MRS_{XY}^A = \dfrac{P_X}{P_Y} = MRS_{XY}^B$ (단, A와 B에게 $\dfrac{P_X}{P_Y}$ 동일)

- 생산의 최적성 : 생산자균형조건은 $MRS_{LK} = \dfrac{W}{r}$

  요소시장이 완전경쟁일 때 일물일가

  $\therefore) \ MRS_{LK}^X = \dfrac{W}{r} = MRS_{LK}^Y$ (단, X재와 Y재 생산에 $\dfrac{W}{r}$ 동일)

- 생산물구성의 최적성 : 생산물시장이 완전경쟁일 때 (P = MC)

  소비자균형조건은 $MRS_{XY}^{(S)} = \dfrac{P_X}{P_Y} = \dfrac{MC_X}{MC_Y}$

  결합생산균형조건은 $MRT_{XY} = \dfrac{MC_X}{MC_Y}$

  $\therefore) \ MRS_{XY}^{(S)} = \dfrac{MC_X}{MC_Y} = MRT_{XY}$

ⓔ 한계

- 현실 세계에서는 이상적인 시장제도는 존재하지 않는다.
- 파레토 효율적인 자원배분은 공평성의 기준을 만족하지 못하며, 자원배분은 무수히 많으므로 후생경제의 제1정리로 최선의 배분을 선택하기는 어렵다.

③ 후생경제학 제2정리

ⓒ 모든 개인들의 선호가 볼록성을 충족하면 초기부존자원의 재분배를 통하여 임의의 파레토효율적인 자원배분을 달성할 수 있다.

ⓛ 정부의 적절한 개입을 통해 공평성을 달성할 수 있으며, 공평성 달성을 위해 효율성을 희생할 필요가 없음을 의미한다.

ⓒ 초기부존자원이 적절하게 배분된 상태에서, 모든 소비자의 선호가 연속적이고 강단조적이며, 볼록성을 가지면 파레토 최적인 배분은 일반경쟁균형(완전경쟁 가격체계)이 된다.

ⓔ 정책적 시사점 : 자원배분의 효율성을 해치지 않는 재분배정책이 가능하다.

※ 소득재분배정책 : 자원배분의 효율성을 저해하는 것이 일반적이지만 현금이전을 통한 재분배는 자원배분의 효율성을 해치지 않는다. 따라서 재분배정책은 현금 이전에 국한하고 나머지는 시장의 가격기능에 맡겨야 한다. 이중가격제, 가격보조, 현물보조 등 가격체계를 교란하는 재분배정책은 자원배분의 비효율성을 초래한다.

④ 효용가능경계(UPF : Utility Possibility Frontier)

㉠ 경제 내의 모든 자원을 가장 효율적으로 배분하였을 때의 개인 A와 B의 효용조합을 의미한다.

㉡ 파레토최적에서 얻을 수 있는 효용의 상한선을 연결하여 도출한 선이다

㉢ 효용가능곡선의 포락선으로 도출된다.

㉣ 효용가능경계의 모든 점에서 효율적 배분이 이루어진다.

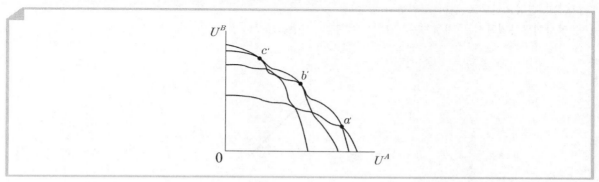

(2) 사회후생함수

① 사회후생함수와 사회무차별곡선

㉠ 사회후생함수(SWF : Social Welfare Function)

• 사회후생함수란 사회구성원들이 선호를 집약하여 사회선호로 나타내어 주는 함수를 의미한다.

• 개인 A, B만 존재한다면 사회후생함수는 다음과 같이 나타낼 수 있다.

$$SW = f(U_A,\ U_B)$$

(f : 사회 전체의 후생수준, U^A : A의 효용, U^B : B의 효용)

• 가장 평균적인 선호를 가지는 소비자의 무차별곡선을 사회적무차별곡선으로 간주하거나, 분배의 공평성에 대한 가치판단에 따라 그 형태가 결정된다.

• 사회구성원들의 가치판단을 반영한다는데 중요성을 가진다.

㉡ 사회무차별곡선(SIC : Social Indifference Curve)

• 사회무차별곡선이란 동일한 사회후생수준을 나타내는 U^A와 U^B의 조합이다.

• 어떤 가치판단에 근거하여 각 개인의 효용을 평가하느냐에 따라 사회무차별곡선의 형태가 달라진다.

• 사회적으로 동일한 효용을 가져다 주는 사회구성원들의 효용의 조합을 연결한 선을 사회무차별곡선이라 한다.

② 여러 가지 사회후생함수
　㉠ 공리주의 사회후생함수
　　• 각 개인의 효용을 합하여 사회후생으로 나타내는 함수이다.

$$SW = U_A + U_B \text{ 또는 } SW = \alpha U_A + \beta U_B$$
(단, U_A, U_β : 개인 A, B의 효용, α, β : 상수(가중치), $\alpha + \beta = 1$)

　　• 공리주의 사회후생함수는 '최대다수의 최대행복'을 주장한 공리주의 철학자인 벤담(J. Bentham)의 이름을 따서 벤담의 사회후생함수라고도 한다.
　　• 사회후생이 소득분배와는 관계없이 개인의 효용의 합에 의해서만 결정된다. 즉, 소득분배를 사회후생의 결정요인으로 전혀 고려하지 않는다.
　　• 사회무차별곡선은 기울기가 −1인 우하향의 직선으로 도출된다.

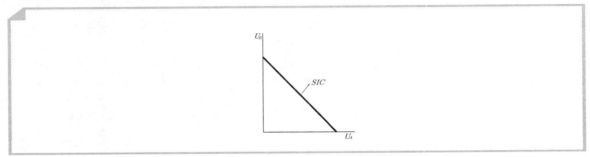

　　• 사회구성원인 A, B가 고소득자든 저소득자든 가중치는 1로 동일한 비중을 둔다.
　㉡ 롤스의 사회후생함수
　　• 사회구성원 중 가난한 계층의 효용에 의하여 사회후생이 결정된다고 보는 함수이다.

$$SW = \min[U_A, U_B]$$

　　• 가장 가난한 계층의 후생이 극대화되어야 사회후생의 극대화가 달성되므로 최소극대화원칙(maximin principle)이 적용된다. 즉, 고소득층으로부터 저소득층으로 소득을 재분배하면 사회후생이 증가한다. 즉, 이는 누구든지 극빈층으로 전락될 수 있기 때문에 극빈층의 효용을 증가시키기 위해 사회안전망을 구축해야 함을 의미한다.
　　• 사회무차별곡선은 L자 형태로 도출된다.

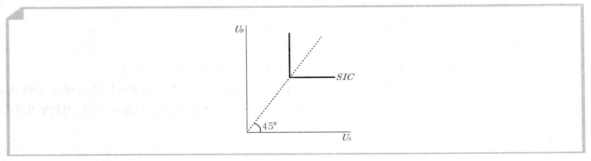

© 평등주의 사회후생함수

• 저소득층에 대해서는 보다 높은 가중치를, 그리고 고소득층에 대해서는 보다 낮은 가중치를 부여하는 일반적인 사회후생함수이다.

$$SW = \alpha U_A + \beta U_B \text{ (만약 } U_A > U_B \text{이면 } \alpha < \beta)$$

• 사회무차별곡선은 우하향하며 원점에 대하여 볼록한 형태이다.

• 원점에 대하여 볼록한 정도가 커질수록 평등주의적인 경향이 커지며, 극단적인 경우에는 L자 형태이다.

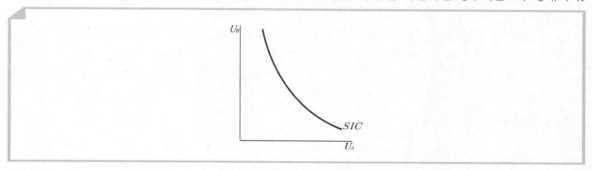

③ 사회후생의 극대화

㉠ 효용가능경계(UPF)는 경제 내의 모든 자원을 가장 효율적으로 배분하였을 때 사회구성원 A와 B가 얻을 수 있는 효용조합으로 UPF상의 모든 점들은 자원배분이 파레토효율적이다.

㉡ 사회무차별곡선은 동일한 사회후생을 나타내는 개인 A와 B의 효용수준의 조합이며, 원점에서 멀리 떨어진 사회무차별곡선일수록 보다 높은 효용수준을 나타낸다.

㉢ 효용가능경계와 사회무차별곡선이 접하는 E에서 사회후생의 극대화가 달성된다.

㉣ 파레토효율성은 임의의 배분점 중에서 자원배분이 효율적인 점을 선별하는 역할을 하고, 사회무차별곡선(사회후생함수)은 파레토효율성에 의하여 선별된 점 중에서 사회후생이 극대화되는 E를 선별하는 역할을 한다.

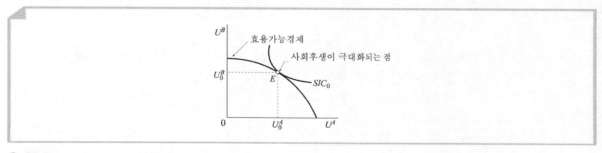

㉤ 한계

• 사회후생함수를 도출하지 못하면 사회후생극대점을 구할 수 없다.

• 사회후생함수는 주관적 가치판단에 의하여 다양한 형태를 가지게 되므로 사회후생극대점들이 가치판단에 따라 다르게 도출된다.

④ Arrow의 불가능성 정리

　㉠ 이상적인 사회후생함수의 조건
　　• 완비성과 이행성, 즉 집합적 합리성을 갖추어야 한다.
　　• 선호가 비제한적이어야 한다.
　　• 파레토원칙을 지켜야 한다.
　　• 무관한 선택대안으로부터의 독립적이어야 한다.
　　• 비독재적이어야 한다.

　㉡ 불가능성 정리
　　• 이상적인 조건을 모두 갖춘 사회후생함수가 존재하지 않음을 증명한 것을 의미한다.
　　• Arrow는 나머지 4가지 조건을 갖춘 사회후생함수는 독재적이 될 수 밖에 없음을 증명했다.

　㉢ 결론 : 개인들의 의사를 집약하여 사회적 선호로 나타낼 수 있는 민주적인 의사결정 방식이 존재하지 않음을 의미한다.

⑤ 차선의 정리

　㉠ 개념
　　• 모든 파레토 효율성 조건이 충족되지 않는 상태에서는 그 중 더 많은 효율성 조건을 충족한다고 해서 사회적으로 더 바람직한 상태가 되는 것은 아니라는 것을 말한다.
　　• 립시와 랭카스터는 파레토 효율성 조건이 모두 만족되자 못하는 상태에서 효율성 조건을 가능한 한 만족하는 것이 차선의 방안이 아니라는 것을 증명하였다.

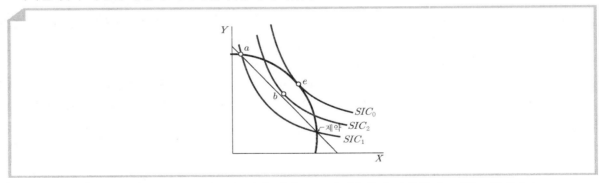

　　• 현재 e점에서 사회후생함수와 생산가능곡선이 접하므로 사회후생이 극대화되고 있는 상태이다.
　　• 사회 내의 제약이 존재하여 e점을 선택하지 못하면 a점을 선택할 수 있다.
　　• a점의 경우 생산의 파레토 효율성 조건을 만족하는 점인데 차라리 b점을 선택하는 것이 사회후생이 증가할 수 있다.
　　• 모든 조건을 만족시키지 못할 때 생산의 파레토 효율성 조건을 포기하는 것이 사회후생의 증가를 유발할 수 있다.

　㉡ 의미 : 점진적인 제도개혁이 이루어지더라도 사회후생이 증가한다는 보장이 없으며, 오히려 추진과정에서의 부작용이 발생할 수 있음을 의미한다. 즉 시장실패를 치유하기 위한 정부의 점진적인 정책은 사회후생의 악화를 초래할 수 있다.

03 시장실패와 공공경제이론

(1) 시장실패(market failure)

① 개념

㉠ 협의
- 가격기구의 조절작용으로 자원의 효율적 배분이 이루어질 수 없는 상태이다.
- 시장경제가 파레토 최적의 자원배분을 달성하지 못하는 상태를 의미한다.

㉡ 광의
- 자원의 효율적 배분이 이루어지더라도 소득분배가 불공평한 상태이다.
- 즉, 시장기구가 소득분배의 공정성측면과 경제의 안정측면에서 그 역할을 감당하지 못하는 상태를 의미한다.

② 시장실패의 원인과 유형

현실의 시장은 불완전경쟁시장	• 생산물시장이 불완전경쟁이면 자원배분의 비효율이 나타난다. (독점의 비효율) • 생산물시장이 완전경쟁인 경우에도 평균비용이 계속 감소하고 규모의 경제가 나타날 경우에는 불완전경쟁시장으로 변한다.
시장의 불완전성과 불완비성	• 생산물시장이 완전경쟁이더라도 시장기능만으로 해결할 수 없는 문제가 존재한다. • 외부효과, 공공재, 불확실성과 정보의 비대칭성 등에 따른 문제가 이에 해당된다.
불균등한 소득분배	• 자본주의경제에서는 모든 시장이 완전경쟁이더라도 균등한 소득분배는 이루어지지 않는다. • 생산물시장과 요소시장이 불완전경쟁일 경우에는 소득분배가 더욱 불균등해진다.

(2) 정부실패(government failure)

① 개념

㉠ 정부실패란 시장실패를 교정하기 위한 정부의 시장개입이 오히려 바람직스럽지 못한 결과를 초래하는 것을 의미한다.

㉡ 시장실패가 발생하면 정부의 적절한 개입을 통하여 효율성을 재고시킬 수 있다.

㉢ 정부개입으로 인해 자원배분이 그 이전보다 더 비효율적이 되거나 소득분배불공평이 심화되는 현상을 의미한다.

㉣ 시장실패의 존재는 정부개입의 필요조건이 된다.

② 발생원인

㉠ 정보의 부족(불완전한 정보) : 정보가 부족한 상황에서 정부개입은 의도하지 않은 결과를 가져올 가능성이 있다. 즉, 정보의 경우도 정책을 수립하고 시행하기 위하여 정보가 필요한데 정부의 정보수집능력이나 비용지출에 한계가 있기 때문에 정보의 제한에 의한 정부실패가 발생할 수 있다.

ⓛ 관료제도의 문제 : 정부정책을 집행하는 관료가 진정으로 국민을 위하는 방향으로 정책을 집행한다는 보장이 없다.

ⓒ 정치과정의 문제(분배적 불공평) : 정책시행과정에서 이행당사자 간의 주고받기식 타협이 이루어진다면 정책이 의도하지 않았던 방향으로 흘러갈 수 있다. 즉, 정책이 정책결정자나 집행자에 의해 결정된다면 그 과정에서 부정과 비리가 행해지거나 또는 특수이익집단의 로비에 의해 다른 결정이 내려질 수 있다.

ⓔ 민간부문반응의 변화(민간부문에 대한 통제불가능성) : 정부정책을 민간부문이 사전에 예견하고 행동을 변화시킨다면 의도하지 않았던 결과가 나타날 수도 있다.

ⓜ 수입과 비용의 분리 : 조세는 정부의 주된 수입인데 이는 공공서비스를 생산하는데 소요되는 비용과 직접적으로 연계되어 있지 않은 것이 보통이다. 따라서 공공부문의 수입과 비용의 분리는 공공서비스의 생산과정에서 비효율성 발생의 원천이 된다.

(3) 외부성(externality) – 외부효과(external effect)

① 개념

ⓐ 외부성이란 어떤 경제주체의 생산 혹은 소비활동이 다른 경제주체에게 의도하지 않는 혜택이나 손해를 주면서도 이에 대한 보상이 이루어지지 않는 현상을 말한다.

ⓑ 다른 경제주체에게 유리한 영향을 미치는 경우를 외부경제, 불리한 영향을 미치는 경우를 외부불경제라고 한다.

ⓒ 외부성이 존재하지 않는 경우에는 사적인 비용(편익)과 사회적인 비용(편익)이 일치하나, 외부성이 발생하면 사적인 비용(편익)과 사회적인 비용(편익)이 달라지게 된다.

ⓓ 사회적인 관점에서는 어떤 성격의 외부성이든 간에 모두 바람직하지 않은 결과를 초래한다.

② 외부성과 자원배분

ⓐ 외부불경제의 경우

• 가정
  - 생산에 있어서 외부불경제가 발생한다(공해).
  - 재화생산량이 증가할수록 외부한계비용(EMC : External Marginal Cost)이 증가한다.

• 시장의 가격기구에 의한 생산량 : 기업들은 재화생산에 있어서 발생하는 외부불경제를 고려하지 않는다. 수요곡선과 공급곡선이 일치하는 점에서 생산량이 Q_0로 결정된다.

• 사회적으로 바람직한 생산량 : 사회 전체적으로 볼 때 재화생산에 따른 한계비용은 기업의 사적인 한계비용(PMC)과 재화생산에 따른 외부한계비용(EMC)을 합한 것이다. 따라서 사회 전체적으로 볼 때 바람직한 생산량은 사회적인 한계비용(SMC)과 수요곡선이 교차하는 Q^*이다.

• 과잉생산에 따른 사회적인 후생손실 : 외부불경제의 경우 시장의 가격기구에 의한 생산량(Q_0)은 사회적인 최적 생산량(Q^*)을 초과하므로 Q^*Q_0만큼의 과잉생산이 이루어진다. 이때 과잉생산에 따른 사회적인 후생손실은 $\triangle A$부분이다.

ⓛ 외부경제의 경우

- 가정
  - 재화소비에 있어서 외부경제가 발생한다.
  - 재화소비량이 증가할수록 외부한계편익(EMB : External Marginal Benefit)이 감소한다.
- 시장의 가격기구에 의한 생산량 : 기업들은 재화생산에 있어서의 외부효과를 고려하지 않는다. 따라서 수요곡선과 공급곡선이 일치하는 점에서 생산량이 Q_0로 결정된다.
- 사회적으로 바람직한 생산량 : 사회 전체적으로 볼 때 재화소비에 따른 편익은 사적인 한계편익 (PMB)과 재화소비에 따른 외부한계편익(EMB)을 합한 것이다. 따라서 사회전체적으로 볼 때 바람직한 생산량은 사회적인 한계편익 (SMB)과 공급곡선이 교차하는 Q^*이다.
- 과소생산에 따른 사회적인 후생손실 : 외부경제의 경우 시장의 가격기구에 의한 생산량(Q_0)은 사회적인 최적생산량(Q^*)에 미달하므로 Q_0Q^*만큼의 과소생산이 이루어진다. 이때 과소생산에 따른 사회적인 후생손실은 $\triangle A$부분이다.

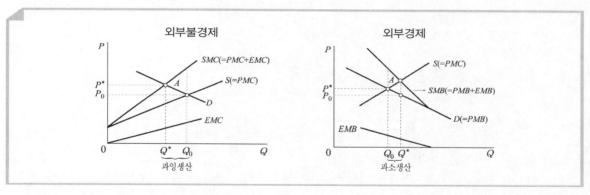

③ 외부성의 사적인 해결방안 – 민간부문의 대응

ⓐ 합병
- 합병이란 외부효과를 유발하는 기업과 외부효과로 인하여 피해(혹은 이익)를 보는 기업을 합병함으로써 외부효과를 내부화하는 방안이다.
- 합병의 경우 가해자와 피해자가 소수인 경우에만 효과적일 수 있다.
  ※ 외부성의 내부화 : 사회적 비용과 사적비용의 괴리를 제거하는 것을 의미한다.

ⓑ 코즈의 정리(Coase theorem) – 협상에 의한 해결
- 소유권(재산권)이 명확히 설정되어 있고 거래비용(협상비용)이 무시할 정도로 작다면 외부성에 관한 재산권이 누구에게 귀속되는지에 관계 없이 당사자 간 협상을 통하여 효율적인 자원배분을 달성할 수 있다.
- 외부성의 문제를 법적, 제도적 측면에서 접근하였다는 의미가 있다.
- 정부의 개입방식이 직접적 개입보다 민간주체의 자율성보장과 시장기능을 강조하는 간접적 보상을 전환되어야 함을 시사한다.

- 현실적용상의 문제점
  - 협상비용(거래비용)의 과다
  - 외부성 측정의 어려움
  - 이해당사자의 모호성
  - 정보의 비대칭성
  - 협상능력의 차이

④ **외부성의 공적인 해결방안** – 정부의 개입

  ㉠ **공해세(피구세)의 부과**

    • 피구세란 외부비용을 가격체계에 내부화하기 위해 부과하는 조세를 의미한다.

    • 피구세 부과를 간접통제 또는 가격통제라고도 한다.

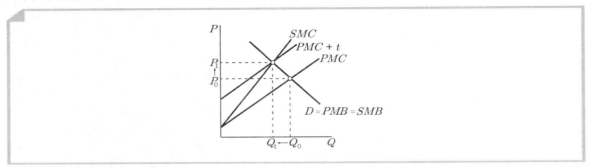

    • 기업의 최적생산량은 PMC + t와 PMB에서 만나는 점에서 결정되며, 기업의 최적생산량과 사회적으로 바람직한 생산량과 일치하게 된다.

    • 조세부과의 효과 : PMC곡선이 단위당 조세액만큼 상방으로 이동하고, 생산량은 사회적인 최적생산량 수준으로 감소하고 가격은 상승한다.

  ㉡ **보조금의 지급** : 생산의 외부경제가 발생하고 있다. (PMC>SMC)

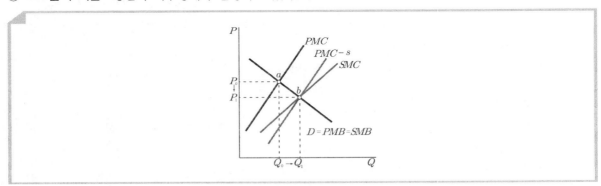

    • 정부는 기업에게 단위당 보조금 s를 지급하면 기업의 사적 한계비용이 하락한다. PMC곡선이 PMC − s로 하방 이동하면 기업의 생산량이 사회적 적정생산량과 일치하게 된다.

- 보조금지급의 효과 : PMC곡선이 단위당 보조금 액수만큼 하방으로 이동하고, 생산량이 사회적인 최적생산량 수준으로 증가한다.

  ※ 현실적인 문제
    - 어떤 활동이 외부불경제 혹은 외부경제를 유발하는지 정확히 알기 어렵다.
    - 외부한계비용과 외부한계편익의 크기를 측정하기 어렵다.
    - 어떤 오염물질이 피해를 유발하는지 정확히 알기가 어렵다.

ⓒ **직접규제** : 경제주체의 선택의 범위를 조정함으로써 직접적으로 경제주체의 의사결정에 영향을 미치는 방법이다.

- 방법
  - 환경오염물질 배출량을 일정 수준으로 정해 오염물질배출을 규제한다.
  - 환경기준을 설정하고 기준량 이상의 오염물질배출을 규제한다.
- 문제점
  - 직접규제 하에서는 오염물질 배출자는 행정 당국으로부터 제시된 규정이나 지침에 따라 오염감소기술을 채택하거나 배출량을 억제하는 것 외에는 선택의 여지가 없다.
  - 직접규제하에서는 사회 전체적으로 볼 때 오염감소를 위한 비용이 크게 소요된다.

ⓔ **오염배출권제도(오염허가제)** : 정부가 최적오염배출량을 설정하고 각 기업이 오염을 배출할 때는 오염배출권을 구입하도록 하거나 각 기업들에게 무료로 오염배출권을 배부하고 오염배출권이 시장에서 자유롭게 거래되도록 하는 방법을 말한다.

- 공해 문제를 시장을 통해 해결할 수 있는 가장 바람직한 제도로 평가되고 있다.
- 오염배출권이 시장에서 자유롭게 거래되면 오염배출에 따른 한계편익이 가장 큰 기업들이 오염배출권을 구입하므로 자원배분의 효율성이 달성된다.

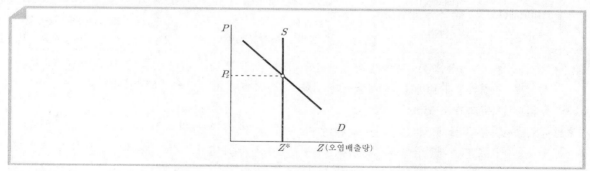

- 정부가 오염배출량을 Z^*로 결정하고, 오염배출권을 배부하면 오염배출권의 공급곡선은 S가 된다. 또한 오염배출권의 수요가 D라면 오염배출권의 가격은 P_Z가 된다.
- 결국 오염배출권제도는 시장경쟁을 통하여 정화기술개발을 촉진하고 정화비용을 전반적으로 낮추는 가장 효율적인 공해관리수단이라고 볼 수 있다.

(4) 공공재(public goods)

① 개념

- ㉠ 공공재란 비경합성과 비배제성의 특성을 갖는 재화와 서비스를 의미한다. 대부분의 공공재는 국가, 지방자치단체 등에 의하여 공급되나, 모든 공공재가 정부에 의해서 공급되는 것은 아니다.
- ㉡ 생산되는 즉시 그 집단의 모든 성원에 의해 소비의 혜택이 공유될 수 있는 재화 및 서비스이다.
- ㉢ 과거와 같이 오직 정부에 의해서 공급되어야 하는 재화라기 보다는 사람들이 어떤 방법으로든 그 효율적인 공급방법을 찾아야 하는 특별한 성격의 재화를 의미한다.

② 공공재의 특성

- ㉠ 비경합성(non-rivalry)
  - 어떤 개인의 공공재 소비가 다른 개인의 소비가능성을 감소시키지 않으므로 공공재를 소비하기 위하여 서로 경쟁할 필요가 없다(공동소비가 가능).
  - 한계비용이 0이므로 가격을 설정하는 것이 바람직하지 않다.
- ㉡ 비배제성(non-excludability)
  - 일단 공공재의 공급이 이루어지고 나면 생산비를 부담하지 않은 개인이라고 할지라도 소비에서 배제할 수 없다.
  - 따라서 무임승차자의 문제가 발생하고 가격을 설정하는 것이 불가능하다.

		비경합성	
		불완전(경합성)	완전
비배제성	불완전 (배제성)	사적재(private goods) 예 일반적 재화	(대가 지불하지 않는 소비 금지 가능) 예 교육, 전철, 고속도로, 케이블 방송
	완전	공유자원(공유지) 예 고래 등 어족자원, 공공 낚시터	(순수)공공재(public goods) 예 치안, 국방, 국도, 공중파 방송

  - (순수)공공재 : 비경합성과 비배제성이 완전한 재화. 시장적 배분 불가능, 시장실패 발생 등
  - 사적재 : 비경합성과 비배제성이불완전한 재화. 시장적 배분이 가능한 일반적 재화 등
- ㉢ 무임승차자문제(free-rider's problem)
  - 무임승차자문제란 개인들은 공공재 생산비는 부담하지 않으면서 생산이 이루어지면 최대한 이용하려는 행태를 의미한다. 개인들이 공공재 생산비는 부담하지 않으면서 생산이 이루어지면 최대한 이용하려고 하므로 공공재의 과소공급현상이 발생한다.
  - 무임승차자문제 발생의 근본적인 원인은 소비에 있어서의 비배제성 때문이다. 왜냐하면 공공재의 특성상 사용대가를 내지 않더라도 사용을 못하도록 규제하지 못하기 때문이다.

③ 공공재의 적정공급

- ㉠ 공공재의 경우 개인의 선호가 시장에 정확히 표출되지 않는다. 왜냐하면 비용을 지불하지 않더라도 공공재를 사용할 수 있기 때문이다.
- ㉡ 공공재 소비에 따르는 사회적인 한계편익은 개인들의 한계편익곡선(수요곡선)을 수직으로 합하여 도출

되며 최적생산량은 사회적인 한계편익과 한계비용이 일치하는 E에서 Q^*로 결정된다.

© Q^*의 공공재가 공급되면 모든 개인은 Q^*의 공공재를 소비하면서 자신의 한계편익에 해당하는 가격을 지불하는 것이 바람직하다.

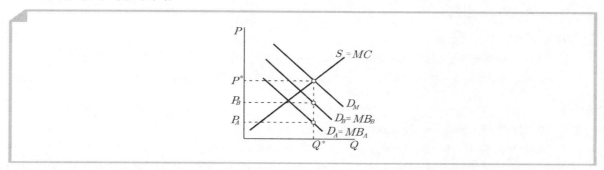

② 공공재의 경우 사용재와 달리 시장수요곡선은 개별수요곡선의 수직합으로 도출한다. 왜냐하면 공공재는 경제주체의 소비량이 동일하기 때문이다.

(5) 공유재

① 개념 : 사적 소유권이 존재하지 않아 그 누구도 대가를 치르지 않고 소비할 수 있는 재화 또는 자원을 말하며 공유자원이라고도 한다.

예 마을의 공동목초지, 공동 우물

② 공공재와의 비교 : 공공재는 경합이 발생하지 않지만 공유재는 경합이 발생한다.

※ 경합발생 : 특정 소비자의 소비행위가 다른 소비자에게 해로운 외부성을 유발하는 것이다.

③ 공유지의 비극(Tragedy of the commons)

 ⊙ 개념 : 공유자원 이용에 있어 효율적인 이용수준보다 과도한 이용이 나타나 결국에는 모두에게 바람직하지 않은 결과가 발생하는 것을 말한다.

 ⊙ 해결방안 : 소유권을 확립하거나 사용한도를 제한하는 면허를 발급한다.

04 정보경제학

(1) 정보경제학

① 개념 : 정보가 완비되지 않은 상황에서 발생할 수 있는 여러 현상들을 분석하는 학문으로 주로 정보가 비대칭적인 상황에 대해 관심을 갖고 있으며, 경제주체사이에 정보의 비대칭성이 존재하는 상황에서 발생하는 각종 현상들을 분석하는 경제학의 한 분야를 의미한다.

② **중요성** : 정보도 희소성의 법칙이 적용되므로 사람들이 더 많이 정보를 얻기 위해 상당한 대가를 지불하고 정보는 불확실한 상태 가운데 어떤 상태가 실현될 것인가를 정확하게 예측하도록 도움을 줄 때 의미가 있다.

(2) 비대칭적 정보의 상황

① 정보의 비대칭성

㉠ 경제적인 이해관계가 있는 당사자들 사이에 정보수준의 차이가 존재하는 상황을 의미한다.

㉡ 정보비대칭성에 따른 도덕적 해이나 역선택이 발생할 경우엔 완벽한 조건부 거래시장이 존재할 수 없다.

② 구분

㉠ **감추어진 특성**(hidden characteristic)**의 상황**

• 거래당사자 중에서 일방이 상대방의 특성(혹은 거래되는 재화의 품질)에 대하여 잘 모르고 있는 상황, 즉 거래당사자들 사이에 정보수준의 차이가 있는 경우이다. 생명보험에서 보험가입자는 보험회사보다 자신의 건강상태를 더 잘 알고 있다.

• 감추어진 특성의 상황에서는 역선택이 발생한다. 감추어진 특성은 거래(계약) 이전에 재화의 품질(특성)을 거래당사자 중 한 쪽만 알고 있는 경우를 의미한다.

㉡ **감추어진 행동**(hidden action)**의 상황**

• 거래당사자 모두에게 영향을 미치는 어느 일방의 행동을 상대방이 관찰할 수 없거나 통제 불가능한 상황을 의미한다. 화재보험 가입 이후에 보험가입자가 화재예방 노력을 게을리한다.

• 감추어진 행동의 상황에서는 도덕적 해이와 주인-대리인 문제가 발생한다. 감추어진 행동은 거래(계약) 이후에 거래당사자 중 한 쪽의 행동을 상대방이 관찰할 수 없는 경우를 의미한다.

(3) 역선택(adverse selection)

① 역선택의 개념

㉠ 역선택이란 감추어진 특성의 상황에서 정보 수준이 낮은 측이 사전적으로 바람직하지 못한 상대방과 거래(낮은 품질의 재화를 구입)할 가능성이 높아지는 현상을 의미한다.

㉡ 현실에 있어서 역선택은 중고차시장, 보험시장, 금융시장 등 다양한 경우에 발생하고 있다.

㉢ 역선택은 감추어진 특성 때문에 발생하며, 계약체결 전 비대칭 현상이다.

② 역선택의 구체적인 예

㉠ 중고차시장(레몬시장)에서의 역선택 : 중고차시장에서 거래되는 자동차의 품질에 대한 정보의 비대칭성이 존재하는 경우 나쁜 품질의 중고차만 거래되는 현상을 의미한다.

• 정보가 비대칭적일 때

‑ 수요자는 품질을 고려한 기대가격(평균적 품질의 중고차가격)으로 구매하고자 한다.

‑ 이때, 중고차 수요가격(기대가격, 평균적 품질의 중고차가격) 〈 좋은 중고차 공급가격

‑ 따라서 좋은 차는 시장에 공급되지 않는다.

‑ 수요자는 이러한 사실을 알고 있으므로 나쁜 중고차에 대한 수요가격만을 지불하고자 한다.

- 결국 시장에는 나쁜 중고차만 남아서 나쁜 차의 수요가격과 공급가격 사이에서 거래된다.
- 정보가 대칭적일 때
- 수요자가 품질을 정확히 알고 있으므로 중고차 품질별로 시장 거래가 된다.
- 따라서 시장실패는 발생하지 않는다.
ⓛ **보험시장에서의 역선택** : 보험회사에서 평균적인 사고발생확률을 근거로 보험료를 책정하면 사고위험이 높은 그룹이 주로 보험에 가입하는 현상이다.
- 해결방안
- 탄력적인 보험료 제도의 도입 : 보험료에 차등을 두게되면 사고가능성이 큰 보험가입자는 가입을 기피하게 된다.
- 단체보험 제도 : 한 직장에 근무하는 모든 사원들에게 보험을 들도록 강제하면 사고의 위험성이 낮은 사원들도 보험에 가입하므로 모두에게 좋은 결과를 가져오게 된다. 이는 역선택이 존재하는 상황에서 선택가능성을 제한하므로 파레토 개선을 가져올 수 있다는 것이다. 차선의 이론의 한 예로 볼 수 있다.
ⓒ **금융시장에서의 역선택** : 금융기관이 대출이자율을 인상하면 위험이 높은 사업에 투자하려는 기업들만 자금을 차입하려고 하는 현상이다.

③ **역선택의 해결방안**
㉠ **선별(screening)** : 정보를 갖지 못한 측에서 불충분하지만 주어진 자료를 이용하여 상대방의 특성을 파악하려고 하는 것을 의미한다.
㉡ **신호발송(signaling)**
- 정보를 갖고 있는 측에서 적극적으로 정보를 알리려고 노력하는 것을 의미한다.
- 신호란 감추어진 특성에 대해 알 수 있는 지표를 의미한다.
㉢ **정부의 역할**
- 강제집행(가입의 의무화) : 정부가 모든 당사자들을 강제적으로 거래에 참가하도록 하는 것을 의미한다 (의료보험, 국민연금, 자동차보험 등).
- 정보정책(information polycy) : 정부는 정보흐름을 촉진할 수 있는 각종 정책(허위·과장광고의 규제, 표준설정, 성능표시 의무화, 정보공시 의무화, 기업의 재무제표공시 의무화 등)을 통하여 정보의 비대칭성을 완화할 수 있다.
㉣ **평판과 표준화** : 판매자와 구매자 사이에 재화의 품질에 관한 정보의 비대칭성이 존재하는 상황에서, 고품질의 재화를 판매하는 판매자가 자신은 항상 고품질의 재화만을 판매한다는 것을 소비자에게 확신시켜 소비자들로부터 그 사실을 널리 인정받음으로써 역선택의 해소가 가능하다.
- 평판(reputation)을 통하여 역선택을 해소하는 예로는 가격은 비싸지만 고품질의 한우고기만을 사용하는 음식점, 항상 진품만을 취급하는 고서점 등이 있다.
- 표준화(standardization)를 통하여 역선택을 해소하는 예로는 체인화된 각종 음식점(맥도날드, 버거킹, 롯데리아 등)이 대표적이다.
- 신용할당(credit rationing) : 대부자금시장에서 대부자금에 대한 초과수요가 존재함에도 불구하고 은행이 대출이자율을 인상하지 않고 주어진 자금을 기업들에게 배분하는 현상을 의미한다.

ⓜ **효율적 임금** : 기업이 우수한 노동자를 채용하기 위하여 시장의 균형임금보다 높은 임금 수준을 의미한다. 시장의 균형임금보다 높은 임금 수준을 기업이 제시하면 우수한 노동자를 채용할 수 있기 때문에 노동시장의 역선택을 해결할 수 있다.

(4) 도덕적 해이(moral hazard)

① 도덕적 해이의 개념

ⓐ 도덕적 해이란 감추어진 행동의 상황에서 어떤 계약(거래)이 이루어진 이후에 정보를 가진 측이 바람직하지 못한 행동을 하는 현상을 의미한다.

ⓑ 도덕적 해이는 보험시장을 비롯하여 금융시장, 재화시장 등에서 다양한 경우에 발생한다.

ⓒ 정보수준이 높은 자의 행동이 정보수준이 낮은 자의 관점에서 보면 바람직하지 않은 행동이 나타나는 경우를 의미한다.

ⓓ 따라서 도덕적 해이는 사후적이고 고의성이 없는, 감추어진 행동에 따라 발생하는 현상이다.

② 보험시장에서의 도덕적 해이

ⓐ **개념** : 보험가입 이후에 보험가입자의 태도가 바뀌어 사고발생확률이 높아지는 현상이다.

ⓑ **해결방안**
- 공동보험(co-insurance)제도 : 화재손실액 혹은 병원비의 일정 비율만 보상해 주는 방식이다.
- 기초공제(deduction)제도 : 손실액 혹은 진료비 중 일정액 이하는 본인이 부담하고 일정액을 초과하는 금액만 보험회사에서 보상해 주는 방식이다.
- 도입효과 : 공동보험제도나 기초공제제도를 도입하면 보험가입자의 사고예방노력이 증가한다. 그러나 현실적으로 도덕적해이의 완전한 해소는 불가능하다.

③ 금융시장에서의 도덕적 해이

ⓐ **개념** : 자금을 차입한 이후에 보다 위험이 높은 프로젝트에 투자를 하는 현상을 말한다.

ⓑ **해결방안**
- 담보 : 은행이 대출시 담보를 설정하면 파산 시 차입자도 손해를 보게 되므로 위험이 높은 투자안에 투자를 하지 않게 된다.
- 감시 : 대출자(금융기관)들이 기업들의 행동을 주기적으로 감시(monitor)하는 방법이다.

④ 노동시장에서의 도덕적 해이

ⓐ **개념** : 직장에 취업을 하고 나서 직무를 태만하게 하는 현상이다.

ⓑ **해결방안**
- 승진제도 : 직무에 충실한 사원만 승진이 가능하도록 하는 방법이다.
- 포상과 징계 : 직무에 충실한 사원에게는 추가적인 성과급을 지급하고, 직무를 태만히 하는 직원에 대해서는 감봉 등의 징계조치를 취하는 방법이다.
- 효율성임금 지급 : 평소에 높은 임금 즉, 효율성임금을 지급한다면 계속해서 그 직장에 근무하기 위하여 각 개인들이 열심히 일을 하게 된다.

⑤ 주인-대리인 문제(principal-agent problem)
  ㉠ 개념 : 감추어진 행동이 문제가 되는 상황에서 주인의 입장에서 볼 때 대리인이 바람직스럽지 못한 행동을 하는 현상이다.
  ㉡ 사례
    • 주주와 경영자 : 최고경영자가 선임되고 나면 굳이 주주의 목표인 이윤극대화를 위하여 노력하지 않으며, 매출액극대화를 위해 노력하게 되는 현상이 발생한다. 왜냐하면 매출액극대화는 기업의 규모를 의미하기 때문에 나중에 계약기간이 지난 후 다른 기업으로 갈 경우에 경영자에게 유리하게 작용하기 때문이다.
    • 국민과 정치인 : 국민은 국회의원을 선출하기 때문에 본인의 위치에 있고, 국회의원으로 당선된 이후에 국민의 이익을 위하여 노력하지 않고, 자신의 이익을 위하여 노력한다.
    • 의뢰인과 변호사 : 변호사 선임 이후에 의뢰인의 이익을 위하여 노력하지 않는 현상이다.
    • 사장과 종업원 : 종업원이 취직 이후에 태만하게 되는 현상이다.
  ㉢ 발생원인 : 대리인이 주인의 목적을 달성하기 위하여 노력할 유인(incentive)이 없기 때문이다.
  ㉣ 해결방안
    • 감시감독 강화(비용증가) : 감시란 본인이 대가를 지불하고 대리인의 행동에 관한 정보를 획득하는 것을 의미하며, 감시제도는 본인인 주주가 경영평가단을 두기 때문에 경영자의 도덕적 해이를 방지할 수 있다.
    • 유인설계 : 대리인이 본인의 이익을 위해서 행동하도록 유도하는 장치를 의미한다.
    • 스톡옵션 : 경영자가 경영을 잘하면 기업의 이윤을 증가시켜 주가가 상승하게 된다. 주가상승으로 경영자가 스톡옵션을 행사하면 경영자 자신의 보수를 증가시켜 본인-대리인 문제를 해결할 수 있다.
    • 효율적 임금 : 기업이 노동자의 근무태만을 막아 기업의 이윤을 크게 만드는 임금수준을 의미한다. 효율적 임금이 다른 직장보다 높다면 노동자의 근무태만으로 인한 해고는 노동자 자신의 손해를 유발한다. 따라서 노동자는 해고의 위험 때문에 최선을 다해 일을 할 것이다.
    • 승자진출전 : 본인인 주주가 대리인을 여러 명 두어 이들 간의 경쟁과 성과로 경영자를 임명하는 것을 의미한다.

(5) 지식(정보재) 경제학과 인터넷경제학

① 지식경제학 : 체계화 된 정보를 지식 또는 정보재라고 한다. 새로운 지식이 추가되는 것도 기술진보의 한 가지 형태이다. 지식산업은 공공재와 마찬가지로 비경합성과 비배제성을 갖지만 효율성을 가질 수 있다.
  ㉠ 지식의 비경합성 : 새로운 지식의 개발과 축적에는 초기에 막대한 비용이 들어가지만 한 번 지식 축적이 이루어지면 그 지식의 소비량이 증가하더라도 추가 비용이 들지 않거나 아주 작으므로 지식 사용에 따른 평균비용이 감소한다. 따라서 새로운 지식 개발을 위한 연구, 개발에는 규모의 경제가 존재한다.
  ㉡ 지식의 비배제성 : 특허권, 저작권 등과 같이 지식의 독점적 사용권을 인정하는 경우는 배제성을 갖는다. 그러나 기초과학에 대한 지식이나 유효기간이 지난 지식은 비배제성을 갖는다.

ⓒ 지식산업의 특징
- 일반적으로 가격이 한계비용보다 높으면 자원배분의 비효율성이 나타난다고 본다.
- 새로운 지식의 발명과 발견에 대해서는 지적재산권 등을 통해 일정기간 동안 지식에 대한 가격이 한계비용보다 높은 것을 허용한다.
- 막대한 연구, 개발비를 들여 새로운 지식을 발명하고자 하는 것은 그에 따른 초과이윤을 얻기 위해서이며 이를 통해 자본주의 경제가 발전하였다.

② 인터넷산업 : 지식은 주로 인터넷을 통하여 거래된다. 인터넷 산업은 정보통신산업의 발달, 전자상거래 확대 등을 특징으로 한다.
ⓐ 특징
- 시간적, 장소적 제약의 해소
- 규모의 경제
- 네트워크 외부효과 : 정보재의 사용자 숫자가 증가할수록 그 정보재의 가치가 증가하는 현상
- 잠김효과 : 기존 정보재를 소비하던 소비자는 다른 정보재로 소비를 변경하기 어렵다. 잠김효과가 클 경우 다른 정보재로 바꾸는데 들어가는 이전비용이 크므로, 기존에 소비하던 정보재를 계속 소비할 수밖에 없다. 따라서 인터넷산업은 독과점시장이 될 가능성이 크다.
ⓑ 전망
- 인터넷시장은 수요자와 공급자가 많고 진퇴가 자유로우므로 경쟁시장의 특징을 가진다.
- 새로운 상품과 기업이 등장함에 따라 대규모 혁신이 나타날 수 있다.
- 규모의 경제, 네트워크 외부효과, 잠김효과 등에 따라 독과점화 될 가능성도 크다.

기출문제분석

(인천국제공항공사)

1 다음 시장실패(market failure)에 대한 설명으로 올바른 것을 모두 고른 것은?

> ㉠ 사회적으로 효율적인 자원배분이 이루어지지 않는 경우이다.
> ㉡ 공공재와 달리 외부성은 비배제성과 비경합성의 문제로부터 발생하는 시장실패이다.
> ㉢ 각 경제주체가 자신의 이익을 위해서만 행동한다면 시장실패는 사회전체의 후생을 감소시키지 않는다.

① ㉠

② ㉡

③ ㉠, ㉢

④ ㉡, ㉢

> 🖉NOTE 시장실패란 시장기구에 의해 효율적인 자원배분이 이루어지지 못하거나 공평한 소득분배가 이루어지지 못하는 것을 의미
> 한다. 비배제성과 비경합성의 문제로부터 발생하는 시장실패는 외부성이 아닌 공공공재와 관련된다. 또한 시장실패의 주
> 요 원인은 각 경제주체들이 사회 전체의 이익이 아닌 자신의 이익을 위해서만 행동하는 데서 비롯된 것이고, 이로 인해
> 사회후생을 감소시키는 결과를 초래하게 된다.

(한국마사회)

2 다음 외부효과(external effect)에 대한 설명 중 바르지 않은 것은?

① 내가 만든 정원이 다른 사람에게 즐거움을 주면 외부경제이다.

② 학교 주변에 고가도로가 건설되어 학교 수업이 방해를 받으면 외부불경제이다.

③ 노숙자들에 대한 자원봉사로 노숙자들의 상황이 좋아졌다면 외부경제이다.

④ 노후 경유차로 인하여 미세먼지가 증가하였다면 외부불경제이다.

> 🖉NOTE 외부성은 어떤 경제주체의 소비 혹은 생산 활동이 제3자에게 의도하지 않은 혜택을 주거나 손해를 끼치는 것을 의미한
> 다. 노숙자들에 자원봉사는 노숙자들의 상황을 개선시키고자 하는 의도적인 행동이다. 따라서 이로 인해 발생하는 결과는
> 의도된 결과이기 때문에 의도하지 않은 결과를 의미하는 외부효과에 해당하지 않는다.

Answer. 1.① 2.③

(한국수력원자력)

3 다음 역선택 문제에 대한 대책으로 올바른 것은?

① 감염병 예방주사 무료 접종

② 의료보험 가입 시 신체검사를 통한 의료보험료 차등화

③ 교통사고 시 자동차 보험료 할증

④ 피고용인의 급여에 성과급적 요소 도입

> **NOTE** 역선택(adverse selection)이란 정보수준이 낮은 측이 사전적으로 바람직하지 않은 상대방과 거래할 가능성이 높아지는 현상을 의미한다. 보험 가입자의 건강상태에 정확한 정보를 갖고 있지 못하는 보험회사에서는 보험 가입자의 신체검사를 통해 가입자의 건강에 대한 정보를 얻을 수 있게 된다. 따라서 신체검사는 역선택을 피할 수 있는 일종의 식별의 기능을 수행한다. ①, ③, ④는 도덕적 해이를 막기 위한 방법이다.

(국민연금공단)

4 다음 경매이론(Auction theory)에 대한 설명으로 올바른 것은?

① 수입등가정리(Revenue equivalence theorem)는 일정한 가정하에서 영국식 경매, 네덜란드식 경매, 비공개 최고가 경매, 비공개 차가 경매의 판매자 기대수입이 모두 같을 수 있다는 것을 의미한다.

② 비공개 차가 경매(Second price sealed bid auction)에서는 구매자가 자신이 평가하는 가치보다 낮게 입찰하는 것이 우월전략이다.

③ 영국식 경매(English auction)의 입찰전략은 비공개 차가 경매의 입찰전략보다는 비공개 최고가 경매(First price sealed bid auction)의 입찰전략과 더 비슷하다.

④ 네덜란드식 경매(Dutch auction)는 입찰자가 경매를 멈출 때까지 가격을 높이는 공개호가식 경매(Open outcry auction)이다.

Answer. 3.② 4.①

📄 NOTE 경매방식은 참가자가 모두 모인 자리에서 이루어지는 공개경매와 각 참가자가 자신이 지불할 용의가 있는 금액을 봉투에 넣어서 제출하는 입찰제로 나누어진다.

구 분		내 용
공개경매	영국식 경매 (English auction)	구매자들이 점점 더 높은 가격을 부르도록 유도하여 가장 높은 금액을 제시한 사람에게 낙찰되는 방식
	네덜란드식 경매 (Dutch auction)	경매인이 높은 가격에서 시작하여 가격을 점점 낮추어가다가 어떤 가격수준에서 살 사람이 나타나면 그 사람에게 낙찰되는 방식
입찰제	최고가격 입찰제	입찰에 참가한 사람 중 가장 높은 가격을 써 낸 사람에게 낙찰이 되며, 낙찰자는 자신이 써 낸 금액을 지불하도록 하는 방식
	제2가격 입찰제 (비공개 차가 경매)	입찰에 참가한 사람 중 가장 높은 가격을 써 낸 사람에게 낙찰이 되나, 낙찰자는 자신이 써 낸 금액이 아니라 그 다음으로 높은 금액을 써 낸 금액을 지불하도록 하는 방식

※ 동등수입정리가 성립하기 하기 위해 필요한 가정
 ㉠ 경매에 참여하는 사람들이 경매 대상의 가치에 대해 갖고 있는 정보는 다른 사람들이 갖고 있는 정보와 독립적이다.
 ㉡ 경매에 참여하는 사람들은 모두 위험중립적이다.
 ㉢ 경매에 참여하는 사람들은 모두 동질적이다.
 ㉣ 경매에 이긴 사람들이 지불하는 금액은 사람들이 부른 금액만의 함수이다.
  동등수입정리은 위 필요한 가정(㉠~㉣)이 충족되는 경우, 영국식 경매, 네덜란드식 경매, 비공개 최고가 경매, 비공개 차기 경매의 판매자 기대수입이 모두 같을 수 있다는 것을 의미한다.

(인천국제공항공사)

5 한 기업의 사적 생산비용 $TC = 0.5Q^2 + 10Q$이다. 그러나 이 기업은 생산과정에서 공해물질을 배출하고 있으며, 공해 물질 배출에 따른 외부비경제를 비용으로 추산하면 추가로 20Q의 사회적 비용이 발생한다. 이 제품에 대한 시장수요가 Q = 30-0.5P일 때 사회적 관점에서 최적의 생산량은? (단, Q는 생산량, P는 가격이다.)

① 7

② 10

③ 17

④ 20

📄 NOTE 주어진 기업의 사전 생산비용함수 $TC = 0.5Q^2 + 10Q$를 Q에 대해 미분하면 사적 한계비용 PMC = Q + 10이고, 총외부비용 TEC = 20Q에 대해 미분하면 외부한계비용 EMC = 20이므로, 이 둘을 합한 사회적 한계비용 SMC = Q + 30이다.
사회적 관점에서 최적 생산량은 시장수요곡선과 사회적 한계비용곡선이 일치하는 수준에서 결정된다.
즉 사회적인 최적생산량은 수요곡선과 SMC곡선이 교차하는 점에서 결정되므로 수요곡선 P = 60 - 2Q와 SMC = Q + 30을 연립해서 풀면, 60 - 2Q = Q + 30, Q = 10으로 계산된다.

✨ **Answer.** 5.②

(한국정책금융공사)

6 두 명의 주민이 사는 어느 마을에서 가로등에 대한 개별 주민의 수요함수는 $P = 10 - Q$로 표현되며, 주민 간에 동일하다. 가로등 설치에 따르는 한계비용이 6일 때, 이 마을에 설치할 가로등의 적정 수량은? (단, Q는 가로등의 수량이다.)

① 4   ② 5

③ 6   ④ 7

> **⊟NOTE** 가로등은 대표적인 공공재이다. 공공재의 최적 생산량은 개별 수요자의 수요곡선을 수직적으로 합하여 도출한 시장 수요 곡선을 전제로 $P = MC$ 조건을 만족하는 수준에 결정된다.
> 개별주민의 공공재 수요함수가 $P = 10 - Q$이고, 주민 수가 2명이므로 시장수요함수 $P = 20 - 2Q$이다. 최적생산량을 구하기 위해 $P = MC$로 두면, $20 - 2Q = 6$ 식으로 풀면, 가로동의 적정 수량인 $Q = 7$로 계산된다.

(한국가스기술공사)

7 원점에 대해 오목한 생산가능곡선에 대한 설명으로 바르지 않은 것은?

① 원점에 대해 볼록한 사회무차별곡선이 주어진다면 생산가능곡선 선상의 한 점에서 최적의 생산 수준이 결정된다.

② 생산가능곡선의 외부에 위치하는 점은 비효율적인 생산점인 반면, 내부에 위치하는 점은 실현이 불가능한 생산점이다.

③ 기술진보가 이루어지면 생산가능곡선은 원점으로부터 바깥쪽으로 이동한다.

④ 생산가능곡선이 원점에 대해 오목한 것은 재화 생산의 증가에 따른 기회비용이 체증하기 때문이다.

> **⊟NOTE** 생산가능곡선 외부에 위치하는 점은 현재의 기술수준으로는 도달불가능한 점이고, 생산가능곡선 내부의 점은 생산이 비효율적으로 이루어지는 점이다. 즉, 생산가능곡선의 내부에 위치하는 점은 생산은 가능하지만 유휴생산 설비나 실업이 존재하는 비효율적인 생산점인 반면, 외부에 위치하는 점은 현재 주어진 부존자원과 기술수준으로는 생산 자체가 불가능한 점을 의미한다.

Answer. 6.④ 7.②

8 외부불경제를 초래하는 독점기업을 고려하자. 외부불경제의 크기는 이 기업의 생산량 Q에 비례하는 kQ이다. 이 기업의 총비용은 $50 + 0.5Q^2$ 이고, 이 시장의 수요량은 가격 P의 함수 Q = 200 − 2P로 주어진다. 다음 중 가장 바르지 않은 것은?

① k = 25일 때 시장의 거래량은 사회적 후생을 극대화하고 있다.

② 이 기업은 이윤극대화를 위해 가격을 75로 설정할 것이다.

③ 이 기업의 이윤극대화 산출량은 50이다.

④ k = 20일 때 사회적 후생 극대화를 위해서는 독점기업에 kQ의 조세를 부과하면 된다.

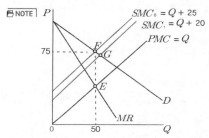

주어진 조건에 따른 사적 한계비용(PMC), 외부 한계비용(EMC), 사회적 한계비용(SMC), 한계수입(MR) 구하면,
사적 한계비용(PMC) = Q, 외부 한계비용(EMC) = k,
사회적 한계비용(SMC) = PMC + EMC = Q + k, 한계수입(MR) = 100 − Q

수요함수가 $P = 100 - \frac{1}{2}Q$이므로 한계수입(MR) = 100 − Q이고, 총비용함수를 Q에 대해 미분하면 한계비용 MC = Q 이다. MR = MC로 두면 100 − Q = Q이므로 이윤극대화 생산량 Q = 50이다.(E점), Q = 50을 수요함수에 대입하면 독점기업이 설정하는 가격 P = 75로 계산된다.

그런데, 만약 k = 25라면 이윤극대화를 위한 거래량 Q = 50 수준에서 사회적 한계비용(SMC)은 75가 되어 이윤극대화를 위한 가격 수준인 P = 75와 같아진다. 따라서 사회적 최적 생산량 산출 조건인 P = SMC를 만족하게 되어 사회적 후생을 극대화할 수 있게 된다. 한편 외부불경제가 발생하는 경우 사회적 후생 극대화를 위해서는 외부 한계비용(EMC)에 해당하는 만큼의 조세를 부과하면 된다. 따라서 이때 필요한 조세의 크기는 외부 한계비용(EMC)인 k = 20이 된다. 즉 k = 20일 때는 독점기업의 생산량이 사회적인 최적수준에 미달하므로 생산량을 사회적인 최적수준으로 증가시키려면 단위당 일정액의 보조금을 지급해야 한다.

(한국수력원자력)

9 어떤 마을에 오염 물질을 배출하는 기업이 총 3개 있다. 오염물 배출에 대한 규제가 도입되기 이전에 각 기업이 배출하는 오염배출량과 그 배출량을 한 단위 감축하는 데 소요되는 비용은 아래 표와 같다.

기업	배출량(단위)	배출량 단위당 감축 비용(만 원)
A	50	20
B	60	30
C	70	40

정부는 오염배출량을 150단위로 제한하고자 한다. 그래서 각 기업에게 50단위의 오염배출권을 부여하였다. 또한 이 배출권을 기업들이 자유롭게 판매/구매할 수 있다. 다음 중 가장 올바른 것은? (단, 오염배출권 한 개당 배출 가능한 오염물의 양은 1단위이다.)

① 기업 A가 기업 C에게 20단위의 오염배출권을 판매하고, 이때 가격은 30만 원에서 40만 원 사이에서 형성된다.

② 기업 A가 기업 B에게 10단위의 오염배출권을 판매하고, 기업 B는 기업 C에게 20단위의 오염배출권을 판매한다. 이때 가격은 20만 원에서 40만 원 사이에서 형성된다.

③ 기업 B가 기업 C에게 20단위의 오염배출권을 판매하고, 이때 가격은 30만 원에서 40만 원 사이에서 형성된다.

④ 기업 A가 기업 B와 기업 C에게 오염배출권을 각각 10단위와 20단위 판매하고, 이 때 가격은 20만 원에서 30만 원 사이에 형성된다.

✎NOTE│ 각 기업은 오염배출권 가격과 감축비용을 비교하여 전자가 클 경우에는 자신에게 부여된 오염배출권을 판매하려고 하고, 후자가 클 경우에는 오염배출권을 구매하려고 할 것이다. 오염배출권 가격 범위에 따라 각 기업이 하게 되는 선택을 표로 나타내면,

배출권 가격(만 원)	선 택		
	기업 A	기업 B	기업 C
20 ~ 30	판매 50	구매 10	구매 20
30 ~ 40	판매 50	판매 50	구매 20
20 ~ 40	판매 50	알 수 없음	구매 20

오염배출권 가격이 20만 원 초과 ~ 30만 원 미만일 때 기업 A는 50장을 매각하려 하는 반면 기업 B는 10장, 기업 C는 20장을 매입하려 할 것이므로 여전히 초과공급이 발생하고, 오염배출권 가격은 더 하락하게 된다. 그러므로 오염배출권의 균형가격은 결국 20만 원에서 결정될 것이다.

오염배출권 가격이 20만 원으로 결정되면 기업 A는 오염배출권 보유한도까지 오염을 배출하는 것과 오염배출권을 매각하는 것과 오염을 직접 감축하는 것이 무차별하므로 오염배출권 공급량은 0에서 50까지 될 수 있다. 오염배출권 가격이 20만 원일 때 기업 B는 10장, 기업 C는 20장을 매입하려 하려 할 것이므로 균형에서 기업 A는 30장의 오염배출권을 매각할 것이다.

오염배출권 가격이 30만 원 초과 ~ 40만 원 미만일 때는 기업 A와 기업 B는 오염배출권 50장씩을 매각하려고 하는 반면 기업 C는 20장을 매입하려고 할 것이므로 오염배출권의 초과공급이 발생하고, 그에 따라 가격이 하락하게 된다.

Answer. 9.④

10 정보의 비대칭성에 대한 설명으로 올바른 것은?

① 사고가 날 확률이 높은 사람일수록 이 사고에 대한 보험에 가입할 가능성이 큰 것은 도덕적 해이의 한 예이다.

② 신호(signaling)는 정보를 보유하지 못한 측이 역선택 문제를 해결하기 위해 사용할 수 있는 수단 중 하나이다.

③ 정보의 비대칭성이 존재하면 항상 역선택과 도덕적 해이의 문제가 발생한다.

④ 통신사가 서로 다른 유형의 이용자들로 하여금 자신이 원하는 요금제도를 선택하도록 하는 것은 선별(screening)의 한 예이다.

⑤ 공동균형(pooling equilibrium)에서도 서로 다른 선호체계를 갖고 있는 경제주체들은 다른 선택을 할 수 있다.

> **NOTE** 정보의 비대칭성이 존재하면 역선택이나 도덕적 해이가 발생할 가능성이 있으나 항상 발생하는 것은 아니다. 통신사가 여러 가지 요금제도를 제시하고 소비자가 자신에게 맞는 요금제도를 선택하도록 하는 것은 정보수준이 부족한 측이 상대방을 구분하고자 하는 것이므로 선택의 사례에 속한다.
>
> ① 사고가 날 확률이 높은 사람일수록 보험에 가입할 가능성이 큰 것은 도덕적 해이가 아니라 역선택의 사례이다.
>
> ② 신호(signaling)는 정보를 가진 측이 역선택 문제를 해결하기 위해 적극적으로 정보를 알리려고 노력하는 것을 의미한다.
>
> ③ 정보의 비대칭성이 존재한다고 하더라도 선별이나 유인설계를 통해 역선택이나 도덕적 해이를 방지할 수 있다.
>
> ⑤ 공동균형(pooling equilibrium)이란 동질적인 상품을 공급하는 경우에 달성할 수 있는 균형을 의미한다. 따라서 경제주체들은 서로 다른 선호체계를 갖고 있다고 하더라도 다른 선택을 할 여지가 없게 된다.

Answer. 10.④

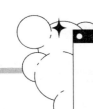

출제예상문제

1 일반균형분석 및 공공재에 관련된 다음 서술 중 옳은 것은?

① 시장기구는 공공재에 대한 가격을 결정해주지 못한다.

② 파레토 우위란 두 사람의 후생이 모두 최고 만족수준에 도달한 상태를 말한다.

③ 공공재에 대한 시장수요곡선은 한계효용 개념으로부터 유도될 수 없다.

④ 에지워드 상자의 소비계약곡선상에 있는 점에서는 두 재화의 한계기술대체율($MRTS$)과 같다.

> **NOTE** ① 공공재는 시장실패를 유발하는 대표적인 요인으로, 시장기구에 의해 효율적인 자연배분이 달성된다는 후생경제학 제1
> 정리가 성립하지 않는다.
> ② 파레토개선이 가능한 상태를 파레토 열위라 하고 개선된 상태를 파레토 우위라고 한다. 두 사람의 후생이 모두 최고
> 만족수준에 도달한 상태는 파레토효율적인 상태로 더 이상 파레토 개선이 일어날 수 없는 상태를 말한다.
> ③ 공공재에 대한 시장수요곡선 역시 한계효용의 개념으로 도출할 수 있다. 다만 사적재와 달리 개인의 수요곡선을 수평
> 합하는 것이 아니라 수직합함으로써 시장수요곡선을 도출한다는 점에서 차이를 보인다.
> ④ 에지워드 상자의 소비계약곡선상에 있는 점들은 개인들의 한계대체율(MRS)이 동일한 점들이다.

2 효율적 자원배분 및 후생에 대한 설명으로 옳은 것은?

① 후생경제학 제1정리는 효율적 자원배분이 독점시장인 경우에도 달성할 수 있음을 보여준다.

② 후생경제학 제2정리는 소비와 생산에 있어 규모의 경제가 있으면 완전경쟁을 통해 효율적 자원
배분을 달성할 수 있음을 보여준다.

③ 차선의 이론(theory of the second best)에 따르면 효율적 자원배분을 위해 필요한 조건을 모
두 충족하지 못한 경우, 더 많은 조건을 충족하면 할수록 더 효율적인 자원배분이다.

④ 롤즈(J. Rawls)의 주장에 따르면 사회가 A, B 두 사람으로 구성되고 각각의 효용을 U_A, U_B라
할 때, 사회후생함수(SW)는 $SW = \min(U_A, U_B)$로 표현된다.

> **NOTE** ② 후생경제학 제2정리는 생산과 소비의 볼록성이 충족되고 초기자원이 적절히 배분된 경우 모든 파레토효율적인 자원배
> 분은 일반경쟁균형임을 의미한다. 주어진 진술은 후생경제학 제2정리와 무관하다.
> ④ 롤즈는 "그 사회의 가장 가난한 사람의 후생이 개선된 경우에 비로소 사회의 후생이 개선되었다고 판단할 수 있다"고
> 주장한 바 있다. 즉 그에 따르면 사회후생은 그 사회의 가장 가난한 사람의 후생에 의해 설정된다고 할 수 있으므로,
> 그의 주장을 담은 사회후생함수는 $SW = \min(U_A, U_B)$로 나타낼 수 있다.

Answer. 1.① 2.④

3 다음 중 시장실패로 볼 수 있는 것을 모두 고르면?

> ㉠ 공공장소의 흡연으로 인해 주위 사람들이 고통을 받고 있다.
> ㉡ 지나치게 까다롭고 복합한 수출입 통관절차로 기업의 물류비용이 증가한다.
> ㉢ 과점시장에 참여하고 있는 기업들은 가격, 판매지역 등과 관련하여 담합한다.
> ㉣ 도로, 전기, 통신 등의 생산을 시장에 맡겨 두면 충분한 양의 공급이 이루어지지 않는다.

① ㉠, ㉡
② ㉠, ㉢
③ ㉠, ㉡, ㉢
④ ㉠, ㉢, ㉣
⑤ ㉡, ㉢, ㉣

📝 **NOTE** ㉠ 부정적(−) 외부효과, ㉡ 정부실패(비관세장벽), ㉢ 과점기업 담합 분배, ㉣ 공공재 문제로 볼 수 있다. ㉡은 정부가 시장에 지나치게 간섭하여 나타나는 정부실패의 원인으로 볼 수 있다. 따라서 정답은 ④번이다.

4 공공재 시장수요곡선은 공공재 개별수요곡선의 수직 합으로 나타나는데 이는 공공재의 어떤 특징 때문인가?

① 경합성
② 비경합성
③ 배제성
④ 비배제성
⑤ 무임승차

📝 **NOTE** 공공재 시장수요곡선은 공공재 개별수요곡선의 수직 합으로 나타나는데 이는 공공재의 비경합성 특징에 기인한다.

✦ **Answer.** 3.④ 4.②

5 정보의 비대칭성의 원인, 문제, 사례 및 해결책이 바르게 연결 된 것은?

	원인	문제	사례	해결책
①	숨겨진 특징	역선택	신규차 시장	성과급
②	숨겨진 특징	도덕적 해이	중고차 시장	강제보험
③	숨겨진 특징	도덕적 해이	통신시장	선택요금
④	숨겨진 행위	역선택	노동시장	최저임금
⑤	숨겨진 행위	도덕적 해이	주인과 대리인	유인설계

> **NOTE** 비대칭적 정보 하에서 감추어진 사전적 특성은 역선택, 감추어진 사후적 행동은 도덕적 해이를 유발한다. 주인-대리인 문제는 대표적인 도덕적 해이의 문제이다. 이를 해결하는 방법으로 유인설계, 성과급제도, 감시 강화 등을 들 수 있다.

6 외부효과(externality)에 관한 설명으로 옳지 않은 것은?

① 외부효과가 존재할 경우 시장은 자원을 비효율적으로 배분한다.

② 부정적 외부효과가 존재할 경우 사회적비용은 사적비용보다 크다.

③ 부정적 외부효과를 시정하기 위해 고안된 세금을 피구세(Pigouvian tax)라고 한다.

④ 긍정적 외부효과가 존재할 경우 시장생산량은 사회적으로 바람직한 생산량보다 많다.

⑤ 거래비용 없이 협상할 수 있다면, 당사자들이 자발적으로 외부효과로 인한 비효율성을 줄일 수 있다.

> **NOTE** 생산에 긍정적 외부효과가 존재할 경우 시장생산량은 사회적으로 바람직한 생산량보다 적다. 반면 부정적 외부효과가 존재할 경우 시장생산량은 사회적으로 바람직한 생산량보다 많다.

Answer. 5.⑤ 6.④

7 다음 사례에서 마을 전체를 고려하지 않고 개인의 이익만을 고려한 경우의 어업 종사자 수와 마을 주민 전체의 소득을 극대화하는 어업 종사자 수의 조합으로 옳은 것은?

> 호숫가 어느 마을에 100명의 주민이 살고 있다. 주민들은 어업에 종사하거나 이 지방의 전통 공예품을 만들어서 소득을 올릴 수 있다. 호수에 사는 물고기 수는 한정되어 있으므로, 어업에 종사하는 주민들이 많을수록 주민 당 어획량은 줄어든다. 어업에 종사하는 주민의 수를 n이라고 할 때, 어업에 종사하는 주민 1인당 1년 소득(R)은 $R = 120 - 2n$이다. 한편 전통 공예품을 만드는 주민 1인당 1년 소득은 20원이다.

개인의 이익만을 고려한 어업 종사자 수	마을 전체의 이익을 고려한 어업 종사자 수
① 25	50
② 50	50
③ 50	25
④ 0	100

📝**NOTE** 어업에 종사하는 경우의 기회비용은 공예품을 만들었을 때의 소득인 20원이다. 따라서 기회비용을 한계비용으로 보고 어업 종사자의 수를 n으로 하여 수입과 한계비용을 그림으로 나타내면 다음과 같다.

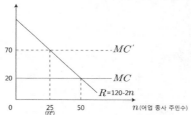

따라서 개인의 이익을 극대화하는 어업 종사자 수는 한계수입과 한계비용이 같아지는 점인 $n = 50$에서 결정된다. 따라서 어업 종사자 수는 50명이 된다.

한편, 마을 전체의 이윤은 어업 총소득인 $n(120 - 2n)$과 공예품의 총소득인 $(100 - n) \cdot 20$을 더한

$n(120 - 2n) + (100 - n) \cdot 20$ 이윤을 극대화하는 어업 종사자 수를 구하기 위해 일계조건을 사용하면

$\dfrac{d[n(120 - 2n) + (100 - n) \cdot 20]}{dn} = 120 - 4n - 20 = 0$이고 $n^* = 25$가 되어 어업 종사자 수는 25명이 된다.

8 공공재와 공유재에 관한 설명으로 옳지 않은 것은? (단, 공공재는 순수공공재로 가정)

① 공공재는 공공의 쓰임을 위하여 생산되는 재화를 의미하여, 시장수요곡선은 개별적인 수요곡선을 수직합하여 도출한다.

② 공공재와 공유재는 모두 비경합성과 비배제성을 그 특징으로 한다.

③ 공공재와 공유재가 시장실패의 원인이 되는 가장 큰 이유는 비배제성이다.

④ 공유재가 시장실패의 원인이 되는 경우로 '공유지의 비극'이 있다.

> 🄑NOTE ② 공공재는 비경합성과 비배제성을 갖지만, 공유재는 경합성과 비배제성을 특징으로 한다는 점에서 차이가 있다.
>   ③ 공공재의 경우 비배제성을 갖기 때문에 무임승차자의 문제를 야기하며, 공유재의 경우에도 비배제성과 경합성으로 인해 '공유지의 비극'이 발생한다.

9 A와 B는 사무실을 공유하고 있다. A는 사무실에서 흡연을 원하며 이를 통해 20,000원 가치의 효용을 얻는다. 반면 B는 사무실에서의 금연을 통해 상쾌한 공기를 원하며 이를 통해 10,000원의 효용을 얻는다. 코즈의 정리(Coase Theorem)와 부합하는 결과로 옳은 것은?

① B는 A에게 20,000원을 주고 사무실에서 금연을 제안하고, A는 제안을 받아들인다.

② B는 A에게 15,000원을 주고 사무실에서 금연을 제안하고, A는 제안을 받아들인다.

③ A는 B에게 11,000원을 주고 사무실에서 흡연을 허용할 것을 제안하고, B는 제안을 받아들인다.

④ A는 B에게 9,000원을 주고 사무실에서 흡연을 허용할 것을 제안하고, B는 제안을 받아들인다.

> 🄑NOTE 오염배출권 거래제도의 사고구조를 요하는 문제이다. 거래가 성립되려면 상대가 포기해야 하는 것을 통해 얻을 수 있는 효용 이상을 보상해주어야 한다. 따라서 A가 B에게 보상금을 주는 협상에서는 B가 상쾌한 공기를 포기하는 대가로 B에게 10,000원 이상을 주어야 하며, B가 A에게 보상금을 주는 협상에서는 A가 흡연을 포기하는 대가로 A에게 20,000원 이상을 주어야 한다. 이에 합당한 것은 ③번뿐이다.

10 역선택에 관한 설명으로 옳지 않은 것은?

① 역선택은 정보를 가지고 있는 자의 자기선택 과정에서 생기는 현상이다.

② 교육수준이 능력에 관한 신호를 보내는 역할을 하는 경우 역선택의 문제가 완화된다.

③ 정부에 의한 품질인증은 역선택의 문제를 완화시킨다.

④ 역선택 현상이 존재하는 상황에서 강제적인 보험프로그램의 도입은 후생을 악화시킨다.

　📖NOTE │ ②③ 교육수준과 정부에 의한 품질인증은 신호발송으로서 역선택의 문제를 완화시킨다.
④ 보험시장에서의 역선택은 보험회사 입장에서 병에 걸릴 확률이 높은 환자와 낮은 환자를 가리기 어려워서 생기는 경우가 대부분이다. 이러한 경우 국가 차원에서의 의료보험 실시와 같은 강제적인 보험프로그램의 실시는 사회후생을 증진한다.

11 다음 중 왈라스의 법칙에 대한 내용으로 옳지 않은 것은?

① 각 재화에 대한 초과수요의 시장가치의 총합계는 어떤 가격체계하에서도 항상 0이다.

② n개 시장 중 $n-1$개 시장이 균형상태에 있으면 나머지 한 시장은 자동적으로 균형상태에 있다.

③ 모든 시장에서 균형을 가져오는 가격체계에서만 각 재화에 대한 초과수요의 시장가치의 총합계는 0이 된다.

④ 한 재화의 시장에서 초과수요의 시장가치가 0보다 크다면 반드시 다른 재화의 시장에서는 초과수요의 시장가치가 0보다 작아야 한다.

　📖NOTE │ 왈라스 법칙은 모든 시장의 초과수요의 합이 0임을 뜻한다. 이는 일반균형이 성립하는 가격체계에서뿐만 아니라 일반균형이 성립하지 않는 가격체계에서도 성립한다.

🌟Answer. 　10.④　11.③

12 다음 중 파레토효율성에 대한 설명으로 옳지 않은 것은?

① 모든 파레토효율적인 배분상태는 모든 파레토 비효율적인 배분상태에 대해 모든 사람에게 선호된다.

② 경쟁시장에서 달성된 균형가격은 파레토효율성을 만족한다.

③ 파레토효율성은 소득분배공평성과는 무관한 개념이다.

④ 파레토효율성이 달성된 자원배분이 반드시 사회적으로 가장 바람직한 상태는 아니다.

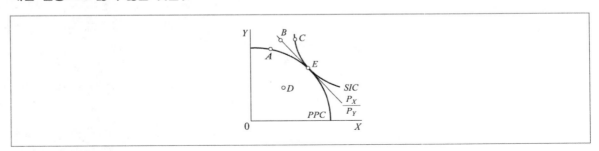

NOTE 현재 효용가능경계 내부의 E에 있다면 자원배분이 비효율적인 상태이다. E에서 효용가능경계상의 점으로 옮겨가면 자원배분이 파레토효율적이 된다. E에서 BC구간으로 옮겨가는 것은 자원배분도 파레토효율적이 되면서 개인 A와 B 모두에게 더 선호된다. 그러나 AB구간으로 옮겨가면 자원배분이 효율적이 되나 개인 A가 반대한다. 그리고 CD구간으로 옮겨가면 자원배분은 효율적이 되지만 개인 B가 반대한다. 따라서 모든 파레토효율적인 사태가 모든 파레토 비효율적인 상태보다 모든 사람에게 선호되는 것은 아니다.

13 생산가능곡선(PPC)과 사회무차별곡선(SIC) 및 가격선(P_X/P_Y)이 그림과 같이 나타날 때 각각의 점에 대한 설명으로 옳지 않은 것은?

① A에서는 기술적 효율성이 충족된다.

② B는 주어진 자원과 기술로는 생산이 불가능한 영역에 속한다.

③ C에서는 경제적 효율성이 충족된다.

④ D에서는 생산자의 합의에 의해서 생산량을 늘릴 수 있다.

NOTE ③ 소비자균형점(E)에서만 경제적 효율성이 충족된다.

Answer. 12.① 13.③

14 참외와 귤이 각각 25개씩 있는데, 이를 두 명의 개인 A, B에게 배분하는 방법을 생각해 보자. 다음 설명 중 옳지 않은 것은? (단, 두 사람의 무차별곡선은 원점에 대해 볼록한 일반적인 형태이다)

① 개인 A에게 참외와 귤을 모두 주는 것은 파레토효율적 배분이 아니다.

② 개인 A에게 참외 25개, 개인 B에게는 귤 25개를 주었다면 두 사람은 교환을 하려고 할 것이다.

③ 개인 A에게 참외 25개, 개인 B에게 귤 25개를 주는 것은 실현 가능한 배분이다.

④ 개인 B에게 참외와 귤을 모두 주었다면 더 이상의 파레토개선은 불가능할 것이다.

> 🗒 NOTE | 개인 A가 참외와 귤을 모두 25개씩 갖고 있고, 개인 B는 참외와 귤을 전혀 갖지 못한 상태에서 개인 A의 효용을 감소시키지 않고는 개인 B의 효용을 증가시킬 수가 없다. 즉, 더 이상의 파레토개선은 불가능하다. 그러므로 개인 A에게 참외와 귤을 모두 주는 것은 소득분배측면에서 보면 불공평할 수 있으나 파레토효율적인 배분방법 중의 하나이다.

15 다음은 소비에서의 에지워스-보울리의 상형도이다. 가장 적절하지 않은 것은? (단, X와 Y는 재화, A와 B는 소비자를 나타낸다)

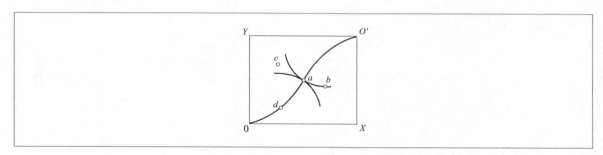

① A와 B의 무차별곡선이 접하는 a는 A의 한계대체율과 B의 한계대체율이 동일한 파레토효율적인 배분상태이다.

② b와 c는 파레토효율성의 기준으로는 우열을 판단할 수 없다.

③ d에서 a로 이동하는 것은 파레토개선이라 할 수 없다.

④ 완전경쟁시장에서는 a에서와 같은 조건들이 만족되어 결국 사회후생이 극대화된다.

> 🗒 NOTE | ② b에서 c로 이동하면 소비자의 A의 효용은 하락한다. 그러나 소비자 B의 효용은 증가할 수도 있고 하락할 수도 있다.
> ④ 완전경쟁시장에서는 a의 조건이 충족되므로 파레토최적소비가 이루어진다. 그러나 사회후생이 극대화되려면 분배의 공평성이 성립해야 하는데 이는 완전경쟁시장이라 하더라도 반드시 성립한다는 보장이 없다.

⭐Answer. 14.① 15.④

16 다음 그림은 사회후생함수 $w(U^A, U^B)$의 세 가지 형태의 사회무차별곡선을 나타낸 것이다. 사회무차별곡선 SIC_C에 대한 설명으로 가장 옳은 것은?

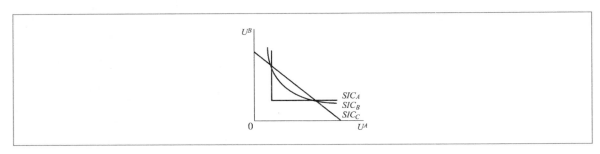

① 평등주의적 사고를 반영하고 있다.
② 각 개인의 후생을 합하면 사회 전체의 후생을 구할 수 있다.
③ SIC_C가 직선이므로 사회후생함수는 $W(U^A, U^B) = \alpha U^A + \beta U^B$의 형태이다.
④ 사회 전체의 소득이 일정할 때 소득분배가 균등할수록 사회후생은 증가한다.

📄NOTE SIC_C는 공리주의적 사회후생함수, SIC_B는 평등주의적 사회후생함수, SIC_A는 롤스의 사회후생함수를 나타내고 있다.

구분	공리주의적 사회후생함수	평등주의적 사회후생함수	롤스의 사회후생함수
함수형태	$W(U^A, U^B) = U^A + U^B$	$W(U^A, B^B) = \alpha U^A + \beta U^B$	$W(U^A, U^B) = \min[U^A, U^B]$
특징	• 개인들의 후생을 합하면 사회후생이 됨 • 소득분배문제는 전혀 고려하지 않고 있음 • 최대다수의 최대행복이라는 공리주의적 입장을 반영	• 가난한 계층의 후생에 보다 높은 가중치를 부여 • 소득분배문제를 어느 정도 고려 • 가장 일반적인 사회후생함수	• 소득이 가장 낮은 계층의 후생이 사회후생이 됨 • 극단적인 평등주의 • 소득분배가 완전히 균등할 때 사회후생이 극대화

17 외부성에 관한 코즈(Coase)정리의 설명으로 옳지 않은 것은?

① 거래비용의 중요성을 강조하고 있다.
② 시장실패를 교정하기 위해 정부가 반드시 개입할 필요는 없음을 시사한다.
③ 거래비용이 없다면 재산권을 누구에게 귀속시키는가에 따라 자원배분의 효율성이 달라진다.
④ 협상을 통해서 외부성을 내부화시킬 수 있다.

📄NOTE 코즈정리에 의하면 재산권이 부여되면 당사자 간의 자발적인 협의에 의하여 외부성문제가 해결될 수 있다. 이때 재산권이 누구에게 부여되는지는 효율성과는 무관하며, 소득분배에만 영향을 미친다.

✦Answer. 16.② 17.③

18 다음 중 사회후생함수에 관한 설명으로 옳지 않은 것은?

① 그 사회의 양식이나 가치관을 반영한다.

② 개인들의 선호를 사회적 선호로 집약한 것이다.

③ 모든 사회후생함수는 파레토효율이란 기준을 반영한다.

④ 개인들의 선호를 사회선호로 완전하게 변화하기란 불가능하다.

> **NOTE** 사회후생함수는 각 개인의 효용을 토대로 하여 사회적 후생(사회적 효용)수준을 함수값으로 나타낸 것을 말한다. 현실적으로는 각 개인의 효용함수가 서로 다르고 객관적으로 정확히 파악하는 것이 불가능하지만 이론적으로는 전지전능한 존재가 있음을 가정하고 이러한 존재가 각 개인의 선호구조(효용함수)를 모두 알고 있으므로 이를 토대로 하여 사회전반적인 선호구조(사회후생함수)를 도출해낼 수 있다. 한편 사회후생함수는 사회무차별곡선으로 나타나는데 이는 동일한 사회 효용수준을 하나의 선으로 그려낸 것으로서 동일한 사회무차별곡선상에서는 파레토개선이 나타나지 않지만 원점에서 멀리 떨어질수록 파레토개선이 나타난다.

19 다음 중 시장실패와 정부실패에 관한 설명으로 옳지 않은 것은?

① 시장실패를 치유하려는 목적으로 정부가 개입한다고 해서 반드시 사회후생이 증대되는 것은 아니다.

② 위험과 불확실성의 존재와 정부의 부족 등도 시장실패를 유발한다.

③ 상이한 시장실패가 여러가지 존재할 때는 일부 시장실패만 치유하더라도 항상 후생증대를 가져온다.

④ 민간부문과 공공부문으로 구성되어 있는 혼합경제체제에서 정부의 기능과 역할에 관한 이론적 근거를 제공한다.

> **NOTE** ③ 차선의 정리에 의하면 여러 시장에서 시장실패가 존재하는 경우 하나의 시장에서만 시장실패가 교정된다고 해서 사회적인 후생증대가 이루어지는 것은 아니며, 경우에 따라서는 오히려 사회후생의 감소가 초래될 가능성도 있다.

20 외부효과란 경제활동과정에서 제3자에게 의도하지 않은 혜택이나 손해를 끼치면서도 그에 대한 대가를 서로 치르지 않는 것을 의미한다. 다음 중 외부효과에 대한 내용으로 옳은 것은?

① 생산의 외부경제가 발생하면 생산물이 사회적으로 바람직한 수준보다 과잉 생산된다.
② 생산의 외부불경제가 발생하면 사적 한계비용이 사회적 한계비용보다 커진다.
③ 소비의 외부경제가 발생하면 사적 한계편익이 사회적 한계편익보다 커진다.
④ 소비의 외부불경제가 발생하면 생산물이 사회적으로 바람직한 수준보다 과잉 소비된다.

> 🖻NOTE | 환경오염 등 외부불경제가 발생하면 기업이 이를 제거하는 데 필요한 비용을 부담하지 않으므로 사회적 적정수량보다 많이 생산하여 그 결과 과다소비가 이루어진다.

21 외부효과가 발생할 때 파레토최적과 일반균형의 상관관계가 옳은 것은?

> ㉠ 일반균형이면 반드시 파레토최적이다.
> ㉡ 파레토최적이라도 일반균형이 아닐 수 있다.
> ㉢ 파레토최적이면 반드시 일반균형이다.
> ㉣ 일반균형이라도 파레토최적이 아닐 수 있다.

① ㉠㉡   ② ㉡㉢
③ ㉡㉣   ④ ㉢㉣

> 🖻NOTE | 후생경제학의 제1정리와 제2정리
>
> | 일반균형성립 | 제1정리 : 외부효과없음 ——→ ←—— 제2정리 : 볼록성조건충족 | 파레토최적성립 |
>
> ㉠ 일반균형이라도 외부효과가 발생하지 않아야 파레토최적이 된다.
> ㉡ 파레토최적이라도 무차별곡선이 볼록성을 충족시켜야 일반균형이 성립한다.

😊Answer. 20.④ 21.①

22 생산과정에서 공해와 같은 외부불경제(external diseconomy)가 발생한다고 가정하자. 만약 완전경쟁 기업이 산출량을 결정할 때 이 비용을 고려하지 않는다면 균형산출량 수준에서는 다음의 어떤 관계가 성립되는가? (P : 제품가격, PMC : 사적 한계비용, SMC : 사회적 한계비용)

① $P = PMC = SMC$

② $P = PMC < SMC$

③ $P = PMC > SMC$

④ $P = SMC > PMC$

> 🖱NOTE 외부불경제의 비용은 이를 발생시키는 개인공급자가 부담하는 것이 아니라, 사회 전체가 부담한다. 따라서 가격은 개인의 한계비용과 같고($P = PMC$) 사회적 한계비용(SMC)은 이보다 높다.

23 A기업의 생산활동이 B기업의 생산활동에 나쁜 영향을 주는 생산의 외부성이 존재한다. 생산의 가격과 사적 한계비용이 같은 점에서 이루어진다. 다음 중 옳은 것은? (단, 소비의 외부성은 배제한다)

① A기업의 사적 한계비용은 사회적 한계편익보다 크다.

② A기업은 사회적으로 바람직한 수준보다 많이 생산하게 된다.

③ A기업의 사적 한계편익은 사회적 한계편익보다 작다.

④ A기업의 생산을 한 단위 줄이면 사회순편익은 감소한다.

> 🖱NOTE 외부비경제를 유발시키는 기업은 정화비용을 부담하지 않으므로 적정수량보다 과다생산한다.

24 생산과정에서 공해와 같은 외부불경제가 발생하는 경우에 대한 설명으로 옳지 않은 것은?

① 코즈(Coase)는 재산권을 확실하게 함으로써 외부성의 문제를 해결할 수 있음을 주장하였다.

② 완전경쟁기업의 균형산출량 수준에서 사회적 한계비용이 사적 한계비용을 초과한다.

③ 완전경쟁기업의 균형산출량 수준에서 제품가격이 사적 한계비용을 초과한다.

④ 공해방지시설에 대한 정부보조금 지급에 의해 공해발생량을 줄일 수 있다.

> 🖱NOTE ③ 완전경쟁시장에서는 수요곡선과 공급곡선(사적 한계비용곡선)이 교차하는 점에서 가격이 결정되므로 균형산출량 수준에서는 제품가격과 사적 한계비용이 같다.

Answer. 22.② 23.② 24.③

25 코즈에 의하면 민간의 자발적 협상으로 외부효과의 부작용을 극복할 수 있다. 다음 중 이러한 이론과 관련이 없는 것은?

① 정부의 기능은 오직 해당 지역에 대한 귀속권을 부여하는 것뿐이다.

② 외부효과가 발생하는 이유는 경제주체의 이기심 때문이다.

③ 민간의 자발적 협상은 무임승차자로 인하여 결렬될 수 있다.

④ 민간의 자발적 협상이 이루어지면 사회후생이 증대된다.

> **NOTE** 이기심은 시장거래가 이루어질 수 있는 기본조건이다. 외부효과가 발생하는 이유는 해당 지역의 귀속권이 불분명하기 때문이다.

26 다음 중 재화의 배제가능성과 경합성에 관한 설명으로 옳지 않은 것은?

① 광화문 사거리 건물옥상에 설치된 대형화면으로 중계되는 월드컵 축구중계는 배제가능성과 경합성이 없다.

② 지하철 구내 소규모 공중화장실은 배제가능성과 경합성이 없다.

③ 붐비지 않는 유료 고속도로는 배제가능성은 있으나 경합성은 없다.

④ 인터넷에 무료로 공개된 폭탄제조법은 배제가능성과 경합성이 없다.

> **NOTE** ② 지하철 구내 소규모 공중화장실은 승차권을 구입하지 않은 사람은 사용할 수 없으므로 배제가능성이 있고, 사람들이 많아질 경우 혼잡이 발생하므로 경합성이 있다.

27 비대칭적 정보상황하의 생명보험시장에서 발생하는 역선택을 줄일 수 있는 방안이 아닌 것은?

① 보험회사측에서 기초공제제도를 도입한다.

② 보험회사측에서 보험가입 희망자의 과거병력을 조사한다.

③ 단체보험상품을 개발하여 단체소속원 모두가 강제 가입하게 한다.

④ 보험가입 희망자의 건강상태에 따라 보험료를 차별적으로 부과한다.

> **NOTE** 기초공제제도(initial deduction) … 가령 환자가 의사를 방문할 때마다 환자가 기본요금을 부담하게 하고 이를 초과하는 금액만 보험회사가 부담하는 제도로서 (보험가입 이후의 상황이므로) 도덕적 해이를 방지하기 위한 것이다.
> ② 정보가 부족한 보험회사가 각종 질병에 걸릴 확률이 높은 사람만 보험에 가입하는 것을 막기 위한 것이므로 선별(screening)의 한 예이다.
> ④ 건강상태가 양호한 사람에게는 낮은 보험료를 부과하고, 건강상태가 나쁜 사람에게는 높은 보험료를 부과하여 사전적으로 건강상태가 나쁜 사람만 보험에 가입하는 현상을 줄이려는 것이므로 역선택을 줄이기 위한 방법의 하나로 볼 수 있다.

Answer. 25.② 26.② 27.①

28 공해를 배출하는 기업에 대하여 옳지 않은 것은?

① 정부의 개입이 공해문제해결에 도움이 될 수 있다.

② 사회적으로 적절한 양보다 많은 양의 제품을 생산한다.

③ 그 기업이 생산한 제품의 시장가격은 사회적으로 적정한 가격보다 높다.

④ 그 기업의 생산활동에 대하여 그 기업이 부담하는 비용보다 사회 전체가 부담하는 비용이 더 크다.

> **NOTE** 외부불경제가 있는 경우에는 SMC가 PMC보다 더 크기 때문에 과잉생산이 이루어진다. 다음 그림에서 수요곡선과 SMC가 교차하는 점에서의 생산량인 Q^*가 최적생산량이고, 사회적으로 보면 적정가격은 P^*이다. 그런데 시장기구에 의해서는 수요곡선과 공급곡선(PMC)이 교차하는 점에서 Q_0만큼 생산이 이루어지고, 시장가격은 P_0로 결정된다. 그러므로 외부불경제가 있는 경우에는 생산량은 사회적인 최적수준보다 많고, 가격은 사회적인 최적수준보다 낮음을 알 수 있다.

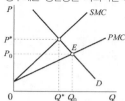

29 공공재에 대한 개인의 수요함수가 $P = 100 - 0.01Q$ 라 하자. 이러한 수요함수를 가진 수요자가 시장 전체에 100명 있다면 시장수요함수는 얼마인가?

① $P = 1 - 0.01Q$

② $P = 100 - Q$

③ $P = 10,000 - 0.01Q$

④ $P = 10,000 - Q$

> **NOTE** 공공재의 시장수요함수는 개인의 수요함수를 수직으로 합하여 도출한다. 문제에서 수요자가 100명이므로 개인의 수요함수 $P = 100 - 0.01$에 100을 곱하여 시장수요함수를 도출한다. 따라서 시장수요함수는 $P = 10,000 - Q$이다.

Answer. 28.③ 29.④

PART

02

거시경제학

Chapter. 01

국민소득결정이론

01 거시경제이론

(1) 경제의 순환

① 경제의 순환구조

  ⊙ 가계는 노동, 자본, 토지 등의 생산요소공급을 통해 얻은 소득으로 기업으로부터 생산물을 구입하고, 기업은 생산물을 판매해서 얻은 수입으로 생산요소를 구입하여 재화와 서비스를 생산한다.

  ⓒ 재화와 서비스가 생산·판매되면 그 수입은 요소소득으로 분배되고, 가계의 소득은 다시 재화와 서비스에 대한 지출로 나타나며, 이는 다시 판매자의 수입으로 귀속된다. 이와 같은 경제의 순환은 지속적으로 이루어지는데, 내부적인 그리고 외부적인 요인에 따라서 경제의 순환규모는 커지기도 하고 작아지기도 한다.

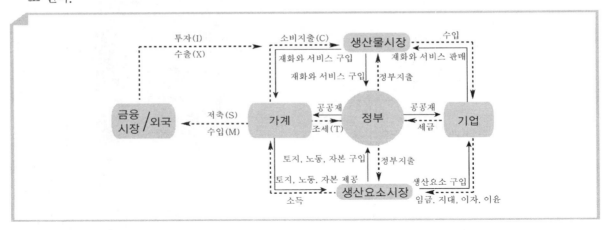

② 주입과 누출

주입	누출
• 주입이란 경제순환의 외부로부터 유입되어 새로운 소득을 창출하는 지출을 말한다. • (예) 투자, 정부소비지출, 수출 등 • 주입이 증가하면 경제 전체 생산물수요가 증가하므로 생산량(국민소득)이 증가한다.	• 누출이란 경제순환에서 유출부분으로 소득의 처분과정에서 그 크기가 결정된다. • (예) 저축, 조세, 수입 등 • 누출이 증가하면 경제전체 생산물수요가 감소하므로 생산량(국민소득)이 감소한다.

※ 주입과 누출의 관계

  ⊙ 주입(injection) : 국민소득 순환과정에서 재화나 서비스를 구입하는 것으로 투자, 정부 지출, 수출이 이에 해당된다. 즉, 국민소득의 흐름으로 새로이 들어오는 것으로 국민소득의 흐름을 증가시켜 주는 것이 해당된다.

ⓒ 누출(leakage) : 가계의 소득 중 재화나 서비스를 구입하지 않는 것으로 저축, 조세, 수입이 이에 해당한다. 즉,
　국민소득의 흐름에서 빠져나가는 것으로 국민소득의 감소를 가져다는 것이 해당된다.
－ 주입 > 누출→경제 전체 생산물수요 증가→생산량 증가→소득순환 증대
－ 주입 = 누출 → 경제 전체 생산물수요 불변→생산량 불변→소득순환 균형
－ 주입 < 누출→경제 전체 생산물수요 감소→생산량 감소→소득순환 감소

(2) 국민소득지표

① 국내총생산(GDP : $Gross\ Domestic\ Product$)

　㉠ 개념 : 모든 재화와 서비스의 생산량을 합하여 경제 전체 생산량의 크기를 나타내는 것으로 여러 가지
　　거시경제지표 중 가장 중요한 지표로 인식되고 있다. 일정 기간 중 국내에서 생산된 최종생산물의 시장
　　가치이다.

　　※ 국민총생산(GNP : Gross National Product) : 일정 기간 동안 한 나라의 국민이 국내외에서 생산한 최종재의 시
　　　장가치이다.

> • GNP = GDP + (자국요소 국외생산물 – 외국요소 국내생산물)
> 　　　 = GDP + (국외수취요소소득 – 국외지급요소소득)
> 　　　 = GDP + 국외순수취요소소득　(단, 요소소득 : 임금, 이자, 이윤)
> • 국외수취요소소득 : 자국생산요소 국외생산물 시장가치
> • 국외지급요소소득 : 외국생산요소 국내생산물 시장가치
> • GDP = GNP – 국외순수취요소소득 (= 국외수취요소소득 – 국외지급요소소득)
> 　　　 = GNP – 국외수취요소소득 + 국외지급요소소득
> • 국외수취요소소득 ＞ 국외지급요소소득 ⟺ GDP 〈 GNP
> • 국외수취요소소득 〈 국외지급요소소득 ⟺ GDP 〉 GNP

　ⓒ 평가방법에 따른 GDP의 구분

　　－ 명목 GDP와 실질 GDP

명목 GDP	실질 GDP
• 그 해의 생산물에 당해 연도 가격을 곱하여 계산한 GDP 　명목$GDP = \sum$당해연도(t) 가격 × 당해연도(t) 생산량 　　　　 $= \sum P \times Q$(단, i: 최종생산물)	• 그 해의 생산물에 기준연도가격을 곱하여 계산한 GDP 　실질$GDP = \sum$당해연도(0) 가격 × 당해연도(t) 생산량 　　　　 $= \sum P_{i0} \times Q$
• 물가가 상승하면 명목 GDP는 증가	• 실질 GDP는 물가의 영향을 받지 않음
• 경제활동규모와 산업구조변화 등을 분석할 때 사용	• 경제성장, 경기변동 등을 분석할 때 사용
	• 생산량이 증가할 때 당해연도 실질 GDP가 증가한다.

　※ GDP 디플레이터 : 일종의 물가지수(파세지수 : 비교연도의 상품묶음을 가중치 지수)이다.

$$GDP\ deplator = \frac{\text{명목}\ GDP}{\text{실질}\ GDP} \times 100$$

㉠ 올해 물가가 상승하면 명목GDP의 값은 증가하지만 실질GDP의 값은 변하지 않으므로 GDP 디플레이터
　의 값이 상승한다.

ⓛ 기준연도에는 명목GDP와 실질GDP가 동일한 값을 갖기 때문에 물가지수는 100의 값을 갖게 된다.

- 실제 GDP와 잠재 GDP

실제 GDP(actual GDP)	잠재 GDP(potential GDP)
한 나라 국경 안에서 실제로 생산된 모든 최종생산물의 시장가치를 의미	한 나라에 존재하는 노동과 자본 등의 모든 생산요소를 정상적으로 고용할 경우 달성할 수 있는 최대의 GDP

  - GDP갭 : 실제 GDP와 잠재 GDP의 차이이다.

$$GDP갭 = 잠재 \ GDP - 실제 \ GDP$$

  - 실제 GDP가 잠재 GDP를 초과하면 경기가 과열상태이고, 실제 GDP가 잠재 GDP에 미달하면 경기가 침체상태인 것으로 판단할 수 있다.
- GDP갭 $> 0 \rightarrow$ 실업존재 $\rightarrow$ 총수요 증대정책 필요
- GDP갭 $< 0 \rightarrow$ 경기과열 $\rightarrow$ 총수요 억제정책 필요

ⓒ GDP의 측정
- 국민소득 3면 등가의 법칙 : GDP는 일정기간 동안 생산된 최종재의 시장가치의 합이므로 생산측면에서 측정된 것이다. 생산된 것은 생산에 참여한 생산요소의 소득으로 분배가 되므로 분배측면으로 측정할 수 있다. 또한 생산요소 공급자의 입장에서는 분배된 소득을 가지고 생산된 재화와 서비스를 구입할 수 있으므로 지출측면으로 측정할 수도 있다.

> • 3면 등가의 법칙
> - 생산국민소득 = 지출국민소득 = 분배국민소득
> - 국내총생산(GDP) = 국내총지출(GDE) = 국내총소득(GDI)

- 국내총생산(GDP) : 생산측면에서 GDP는 모든 최종생산물의 시장가치를 합하여 계산할 수도 있고, 각 생산단계에서의 부가가치와 고정자본소모를 합하여 계산할 수도 있다.

$$GDP = 최종생산물의 \ 시장가치의 \ 합계 = 부가가치 + 고정자본소모$$

- 국내총지출(GDE ; Gross Domestic Expenditure)

$$GDE = 민간소비지출(C) + 국내총투자(I) + 정부소비지출(G) + 순수출(X-M)$$

  - 민간소비지출(C) : 소비자들이 재화와 서비스에 대하여 지출한 것을 의미한다.
  - 국내총투자(I) : 자본재의 구입을 말하며 기업의 투자지출과 정부의 투자지출이 포함되며, 주식, 채권 등을 구입하는 것을 말하는 것이 아니라 다른 재화의 생산에 투입되는 재화인 기계나 공장설비 등의 구입을 의미한다. 또한 가계의 신축 주택 구입에 대한 지출도 포함된다.
  - 정부소비지출(G) : 정보가 재화와 서비스를 구입하는 것을 의미한다.
  - 순수출($X-M$) : 수출에서 수입을 차감한 금액이며, 수입을 차감하는 이유는 소비지출과 투자지출 그리고 정부지출에 수입재를 구입하는 것이 포함되어 있기 때문이다.

- 국내총소득(GDI ; Gross Demestic Income)

> GDI = 임금 + 지대 + 이자 + 이윤 + 순간접세 + 고정자본소모 + 피용자보수 + 영업이익 + 순간접세
>   + 고정자본소모
>   = 소비지출(C) + 저축(S) + 조세(T)

② 국민총소득(GNI : Gross National Income)

㉠ 국민들이 생산활동을 통해 획득한 소득의 구매력을 나타내는 지표로 일정기간 동안 한 나라 국민이 소유하고 있는 생산요소를 국내외에 제공한 대가로 벌어들인 소득이다.

㉡ GDP가 한 나라의 생산활동을 나타내는 생산지표인 것에 비하여, GNI는 국민들의 생활수준(후생수준)을 측정하기 위한 소득지표이다.

㉢ GDP와 GNI의 관계

> GNI = GDP + 교역조건변화에 따른 실질무역손익 + (국외수취요소소득 − 국외지급요소소득)
>   = GDP + 교역조건변화에 따른 실질무역손익 + 국외순수취요소소득
>   = GDI + 국외순수취요소소득

- 국외순수취요소소득
  - 국외수취요소소득 : 우리나라 국민이 외국에서 벌어들인 소득
  - 국외지급요소소득 : 외국인이 우리나라에서 벌어들인 소득
- 교역조건이란 수출상품 1단위와 교환되는 수입상품의 수량이다.
- 환율이 상승하면 수출재 외환표시 가격이 하락하므로 교역조건이 악화된다. 따라서 환율과 교역조건은 역관계이다.

③ 국민순소득(NNI) : 한 나라 국민이 순수하게 벌어들인 소득으로 GNI에서 고정자본소모를 차감한 것을 말한다.

> NNI = GNI − 고정자본소모
>   = 모든 부가가치의 합계
>   = $C + I_n + G + (X - M)$ (I_n : 신투자)

02   고전학파의 국민소득결정이론

(1) 기본가정

① 세이의 법칙이 성립하므로 유효수요 부족이 발생하지 않는다.

② 모든 가격변수(물가 · 명목임금 · 명목이자율)가 완전 신축적이다.

③ 노동에 대한 수요와 공급은 실질임금의 함수이다.

④ 모든 시장은 완전경쟁시장이다.

⑤ 세이의 법칙(Say's law)
　㉠ 정의 : 공급은 스스로 수요를 창출한다(Supply creates its own demand).
　㉡ 내용
　　• 공급된 재화는 모두 판매되므로 일반적인 공급과잉이 존재하지 않는다.
　　• 생산된 생산물은 대부자금시장(실물자본시장, 생산물시장)에서 결정되는 실물적 이자율의 완전신축적
　　　조정에 의해 모두 수요된다.
　　　※ 대부자금설 : 저축자와 차입자간에 대부자금의 수요와 공급에 의하여 실질이자율이 결정된다. 균형실질이자율은
　　　　　　　　　저축곡선과 투자곡선이 만나는 점에서 결정된다. 즉, 대부자금시장에서 경제전체의 총저축과 총투자
　　　　　　　　　가 일치하면 누출과 주입이 일치하므로 생산물 시장의 균형이 발생한다. 따라서 금융시장과 생산물
　　　　　　　　　시장의 동시균형이 달성된다.

(2) 노동시장에 대한 견해

① 노동에 대한 수요
　㉠ 개별기업은 이윤극대화를 위하여 한계생산물가치(VMP_L)와 임금(w)이 일치하는 수준까지 노동을 고용
　　한다.
　　$$w = MP_L \times P = VMP_L$$
　㉡ 실질임금의 함수로 나타내면 우하향의 MP_L곡선이 개별기업의 노동수요곡선이다.

　　$$\frac{w}{P} = MP_L \cdots 개별기업의 노동수요곡선$$

　㉢ 경제 전체의 노동수요곡선은 개별기업의 노동수요곡선의 수평적 합으로 도출되며 개별기업의 노동수요
　　곡선보다 훨씬 더 완만(탄력적)한 형태이다.

　　$$L^D = L^D \left(\frac{w}{P}\right) \cdots 실질임금의 감소함수$$

② 노동에 대한 공급
　㉠ 개별노동공급곡선은 후방굴절할 수도 있으나 일반적으로 실질임금의 증가함수이다.
　㉡ 경제 전체의 노동공급곡선은 개별노동자의 노동공급곡선의 수평적 합으로 도출되며 개별노동자의 노동
　　공급곡선보다 훨씬 더 완만(탄력적)한 형태이다.

　　$$L^S = L^S \left(\frac{w}{P}\right) \cdots 실질임금의 증가함수$$

③ 노동시장의 균형
　㉠ 노동의 수요와 공급이 일치하는 E에서 균형고용량과 균형실질임금이 결정된다.
　㉡ 물가가 P_1으로 상승하면 노동시장에서 초과가 발생하여 명목임금이 상승하므로 즉각적으로 균형이 회
　　복된다.

ⓒ 균형고용량 L_0는 균형실질임금 수준에서 일하고자 하는 모든 사람이 정상적으로 고용된 상태이므로 완전고용수준(L_f)이다. 따라서 비자발적 실업은 존재하지 않으며, 실업은 기본적으로 일시적 현상이다.

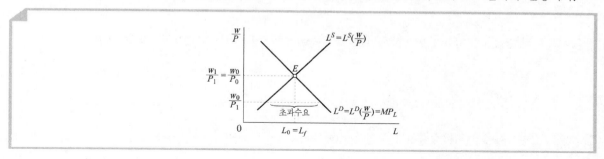

(3) 생산물시장에 대한 견해

① 실질 GDP 결정 … 노동시장과 총생산함수에 의해 실질 GDP가 결정된다.

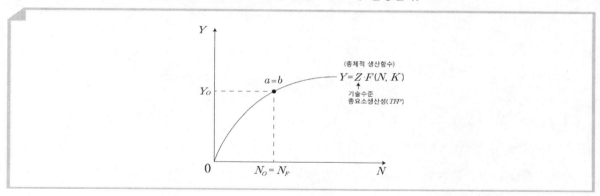

② 총공급곡선은 완전고용산출량(잠재 GDP) 수준에서 수직선이다.

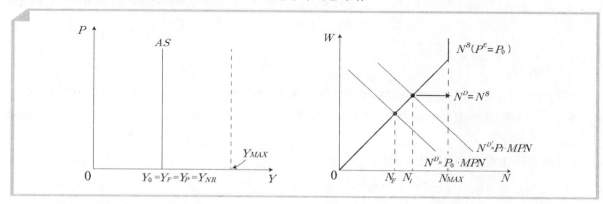

③ 노동시장 혹은 총생산함수 등 공급측면의 변화에 의해서만 실질 GDP가 결정되며, 수요측면은 실질 GDP 결정에 전혀 영향을 미칠 수 없다(수직의 총공급곡선 때문).

(4) 물가수준의 결정

① 화폐수량방정식

$$MV = PY$$

- V : 화폐유통속도(한 단위의 재화를 생산하는 데 한 단위의 화폐가 몇 번 쓰였는지를 나타내는 지표)
- M : 통화량
- P : 물가
- Y : 실질 GDP

② 화폐수량방정식에서 직각쌍곡선의 고전학파 총수요곡선이 도출된다. $\rightarrow P = \dfrac{MV}{Y}$

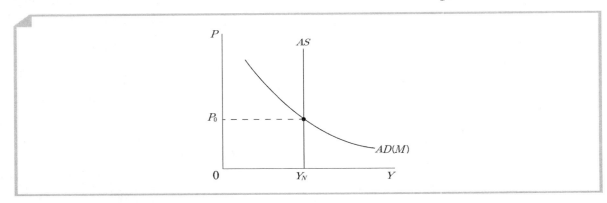

③ 즉, 통화량이 증가하면 비례적으로 물가수준이 상승한다.

④ **화폐의 중립성** : 통화량의 변화는 생산물시장에 아무런 영향을 미치지 못하고 물가수준만을 상승시킨다. 이를 화폐의 중립성이라 한다.

⑤ **고전적 이분성** : 고전학파는 상품시장, 노동시장, 증권시장 등을 포함하는 실물부문과 화폐시장을 의미하는 화폐부문이 완전히 분리되어 있다고 생각하였는데 이를 고전적 이분성이라고 한다.

(5) 대부자금시장

① 대부자금시장에서 대부자금의 수요와 공급에 의해 실질이자율이 결정되며, 이자율의 신축적인 조정에 의해 투자와 저축이 항상 일치한다. 즉, 고전학파 모형에서는 이자율의 신축적인 조정으로 생산물시장에 균형에 도달하게 된다.

    ㉠ **대부자금의 공급** : S_P(민간의 저축)

    ㉡ **대부자금의 수요** : $(G - T) + I^P$(정부의 재정적자 + 민간의 투자)

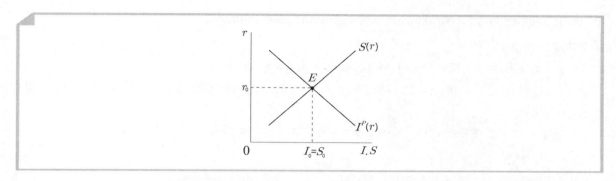

② 피셔효과에 의해서 명목이자율이 결정된다.

$$R = r + \pi^e \,(\text{명목이자율} = \text{실질이자율} + \text{예상인플레이션율})$$

(6) 고전학파 모형의 특징 및 평가

① 공급측 요인에 의해서만 국민소득이 결정되므로 국민소득을 증대시키기 위해서는 공급능력의 확충이 이루어져야 한다.

② 자본설비 증대를 통한 공급능력 확충을 위해서는 투자가 이루어져야 하므로 투자재원조달을 위한 저축이 필요하다.

③ 세이의 법칙을 가정하고 있으므로 수요부족이 발생하지 않는다.

④ 고전학파는 항상 완전고용이 이루어지는 것으로 가정하고 있으나 이는 비현실적이다.

03 케인즈 단순모형(소득 – 지출모형)

(1) 가정

① 경제에 잉여생산능력이 존재한다.

② 충분한 잉여생산능력을 보유하고 있으므로 수요가 증가하더라도 물가는 고정되어 있다고 가정한다.

③ 소비는 소득의 함수이며, 한계소비성향은 0과 1사이이다.

④ 기업의 투자지출, 정부지출, 순수출이 모두 외생적으로 주어진다.
  ※ 케인즈 – 1930년대 대공항의 원인과 대책 (미국의 "뉴딜"정책)
    ㉠ 공황의 원인 : 장기적 정체성에 따른 유효수요 부족
    – 국민소득이 증가할 때 소비와 투자가 감소하여 만성적 수요부족 발생
    – 총수요 감소 : 재고 증가에 따라 생산 및 고용 감소, 국민소득 감소, 총수요 더욱 감소
    ㉡ 공황의 대책 : 정부개입에 의한 유효수요 증대

(2) 총지출(Aggregate Expenditure) − 총수요(aggregate demand)

① 총지출(유효수요)

　　㉠ 총지출이란 경제 전체의 재화와 서비스에 대한 지출액을 의미한다.

　　㉡ 총지출은 가계의 소비지출(C), 기업의 투자지출(I), 정부지출(G), 그리고 순수출($X-M$)의 합으로 구성된다.

　　　• 가계와 기업만 존재한다면 총지출은 소비지출과 투자지출의 합으로 나타낼 수 있다.

② 소비수요(지출)

　　㉠ 소비함수 : 일정기간 동안의 소비는 현재의 가처분소득에 의하여 결정된다.

　　　• 기초소비(절대소비)를 C_0, 한계소비성향을 c라고 하면 소비함수는 다음과 같다.

$$C = C_0 + cY \ (C_0 > 0, \ 0 < c < 1, \ Y: \text{가처분소득})$$

　　※ 기초소비(절대소비) : 생존을 위해 필요한 최소한의 소비로 소득이 0일 때의 소비를 말한다. 따라서 소비는 소득의 증가함수이다.

　　　• 총소득에서 소비가 차지하는 비중을 평균소비성향(APC), 소득이 1단위 증가할 때 소비가 증가하는 비중을 한계소비성향(MPC)이라고 한다.

　　　　− 한계소비성향(MPC) : 소비의 증가분을 가처분소득의 증가분으로 나눈 값

$$MPC = \frac{\triangle C}{\triangle Y}$$

　　　　− 한계저축성향(MPC) : 저축의 증가분을 처분 가능 소득의 증가분으로 나눈 값

$$MPS = \frac{\triangle S}{\triangle Y}$$

　　㉡ 저축함수 : 소득은 소비와 저축의 합이므로 저축은 소득의 증가함수이다.

$$S = -C_0 + (1-c)Y \ (C_0 : \text{기초소비, } c : \text{한계소비성향, } (1-c) : \text{한계저축성향, } Y : \text{처분가능소득})$$

③ 투자수요

　　㉠ 투자는 독립투자와 유발투자로 구분되는데 여기서는 독립투자만 존재하는 것으로 가정한다.

　　㉡ 독립투자란 소득, 이자율 등과 무관하게 결정되는 투자를 말한다.

$$I^D = I_0 \ (I_0 \text{는 상수})$$

　　　• 즉, 독립투자란 이자율, 국민소득 등 시장의 상황과 무관한 투자이고 유발투자란 소득변화 혹은 소비변화에 의해 결정되는 투자를 의미한다.

(3) 균형국민소득의 결정

① 총지출과 총공급에 의한 균형국민소득의 결정

㉠ 총지출

- 가계와 기업만 존재하는 경우 총지출은 소비지출과 투자지출의 합이므로 다음과 같이 나타낼 수 있다.

$$AE = C + I = C_0 + cY + I_0 = C_0 + I_0 + cY$$
$$(C_0 : 기초소비, \ I_0 : 독립투자, \ Y : 처분가능소득)$$

- 총지출선은 소비함수를 투자의 크기만큼 상방으로 이동한 선이므로 총지출선의 기울기는 한계소비성향과 일치한다.

㉡ 총공급(45°선)

- 수요가 있으면 즉각 공급이 이루어지므로 45°선이 총공급을 나타낸다.
- 수평선에 표시된 총공급은 이등변 삼각형의 성질에 의하여 45°선 상에 나타나게 된다.

㉢ 균형국민소득

- 총공급 : $Y = C + S$
- 총지출 : $AE = C + I$ ⟶ 균형조건 : $Y = AE$

- 총공급과 총지출이 일치하지 않으면 의도하지 않은 재고변화가 발생한다.

 - $Y_2 > C + I$ ⟶ 재고증가 ⟶ 산출량 감소
 - $Y_1 < C + I$ ⟶ 재고감소 ⟶ 산출량 증가
 - $Y_e = C + I$ ⟶ 재고불변 ⟶ 산출량 불변(균형산출량)

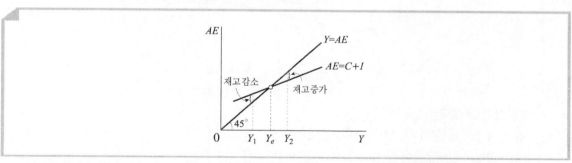

 - 재고는 기업들에게 생산량을 증가시킬 것인가 현 수준을 유지할 것인가, 혹은 감소시킬 것인가를 알려 주는 신호의 역할을 한다.

※ 정부와 외국이 존재하는 경우의 총지출

 ㉠ 케인즈 모형에서 균형국민소득은 총지출에 의해 결정된다.
 ㉡ 따라서 정부와 외국이 존재한다면 정부지출, 순수출에 의해 총지출이 증가하게 되고, 균형국민소득도 증가한다.

② 저축과 투자에 의한 균형국민소득의 결정

 ㉠ 총공급(Y) = 총지출(AE)일 때 균형국민소득이 달성되므로 주입(투자)과 누출(저축)이 같아지는 점에서 균형국민소득이 달성된다.

- $AE = C + I = Y = C + S \rightarrow I = S$

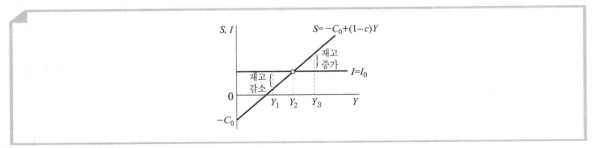

ⓛ 사후적으로는 의도하지 않은 재고변화분도 투자에 포함되므로 저축과 투자는 항상 일치한다.

(4) 정부부문과 해외부문이 있는 경우의 균형국민소득

① 정부부문이 있는 경우

ㄱ 정부지출은 정부의 정책변수이므로 국민소득과 관계없이 일정하게 주어진 값이다.

ⓛ 정부지출은 총지출의 구성요소이므로 정부부문이 포함되면 총지출은 정부지출(G)의 크기만큼 증가한다.

- $AE = C + I + G$
- 정부부문이 없는 경우보다 균형국민소득이 $(Y_1 - Y_0)$만큼 증가한다.

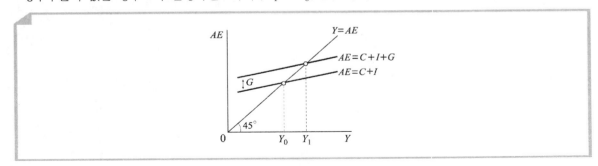

② 해외부문이 있는 경우

ㄱ 수출 > 수입 : 해외부문이 없을 경우보다 균형국민소득 증가

ⓛ 수출 < 수입 : 해외부문이 없을 경우보다 균형국민소득 감소

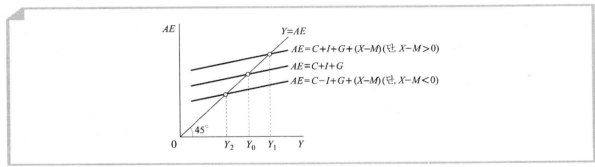

(5) 디플레이션 갭과 인플레이션 갭

① 디플레인션 갭(deflationary gap)

　　㉠ 개념 : 완전고용상태의 국민소득수준, 즉 잠재적 GDP 수준에서 총수요가 총공급에 미치지 못할 때 존재한다.

> 디플레이션 갭 = Y_f 수준만큼의 유효수요 − 실제의 유효수요
> = Y_f 수준에서의 유효수요 부족분

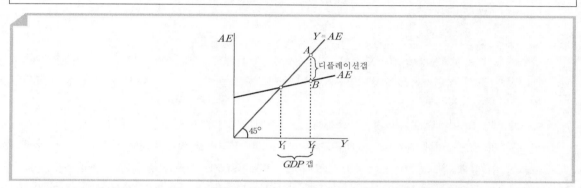

　　㉡ 완전고용 수준의 공급능력보다 유효수요가 적을 경우 GDP 갭(완전고용국민소득 − 실제 국민소득)이 발생한다. 이 유효수요부족분을 경기침체 갭(디플레이션 갭)이라고 한다.

　　　　• 유효수요가 AE이면 완전고용국민소득(Y_f)이 균형국민소득(Y_1)보다 크다.

　　　　• 완전고용국민소득에 도달하기 위해서는 AB만큼의 유효수요가 필요하다.

　　㉢ 경기침체 갭만큼 유효수요가 증가하면 승수배만큼 국민소득이 증가하여 GDP 갭이 해소된다.

　　㉣ **효과** : 디플레이션 갭이 존재하면 경제의 가용자원이 모두 이용되고 있지 못하기 때문에 일반적으로 실업이 유발된다.

② 인플레이션 갭(inflationary gap)

　　㉠ 개념 : 완전고용상태의 국민소득수준에서 총수요가 총공급을 초과할 때 존재한다.

> 인플레이션 갭 = 실제의 유효수요 − Y_f 수준만큼의 유효수요
> = Y_f 수준에서의 유효수요 초과분

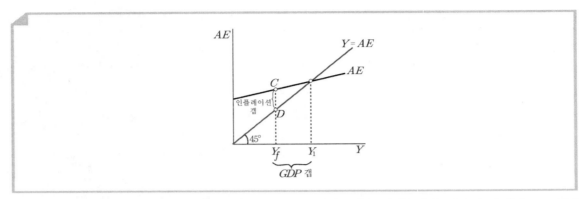

ⓛ 유효수요가 완전고용산출량(잠재GDP, 자연산출량)보다 많을 경우 생산능력에 제약이 존재하므로 실제 총생산과 균형 국민소득은 완전고용 수준 이상으로 증가할 수 없다. 따라서 물가만 상승하고 경상수지 적자가 발생한다.

• 유효수요가 AE라면 완전고용국민소득 수준(Y_f)에서 총지출이 총공급을 초과한다.

• 이 경제의 생산능력에 제한이 없다면 균형국민소득은 Y_1가 될 것이나 현실적으로 완전고용국민소득을 초과할 수 없으므로 Y_1가 Y_f수준으로 회복하려면 총수요가 CD만큼 감소해야 한다.

ⓒ 유효수요과잉분을 인플레이션 갭(거품)이라고 하며, 인플레이션 갭만큼 총수요가 감소하면 물가상승 압력과 경상수지 적자가 해소된다.

ⓔ **효과** : 인플레이션 갭이 존재하는 상황에서 완전고용수준을 초과하게 되면, 결국 생산물가격이 상승할 수 밖에 없기 때문에 인플레이션이 발생하기 쉽다.

(6) 절약의 역설(저축의 역설, 소비가 미덕)

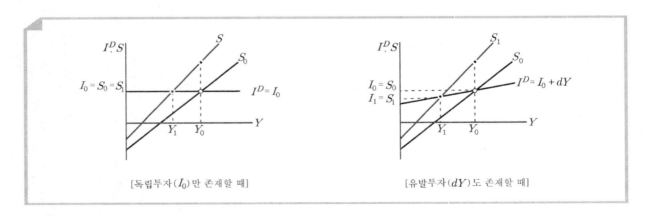

[독립투자(I_0)만 존재할 때]　　　　　　　[유발투자(dY)도 존재할 때]

① 개념 : 모든 개인이 저축을 증대시키려는 행위가 결과적으로 저축은 증대시키지 못하고 국민소득만 감소시키는 것을 의미한다.

　　㉠ 독립투자만 존재할 경우 : 소비절약(기초소비 감소 또는 한계저축성향 증가)

　　　• 저축(누출) 증가(저축곡선 상방 이동), 총수요 감소

　　　• 국민소득 감소, 저축과 투자는 불변

　　㉡ 유발투자도 존재할 경우 : 소비절약(기초소비 감소 또는 한계저축성향 증가)

　　　• 저축(누출) 증가(저축곡선 상방 이동), 총수요 감소

　　　• 국민소득 감소, 유발투자 감소

　　　• 국민소득 더욱 감소 → 저축과 투자가 원래 수준보다 감소

② 내용

　　㉠ 저축이 증가하더라도 투자로 연결되지 않는 경우에 성립한다.

　　㉡ 투자기회가 부족한 선진국의 경우에만 성립하는 것이며, 개발도상국에서와 같이 투자할 곳이 많지만 투자재원이 모자라 투자가 이루어지지 않는 경우에는 저축이 미덕이다.

04　투자승수이론

(1) 승수의 개념 및 도출

① 개념 : 독립지출의 변화에 따라 균형국민소득이 얼마나 변화하는지를 나타내는 척도이다.

② 기본가정

　　㉠ 케인즈의 승수이론은 불완전고용을 전제한다.

　　㉡ 완전고용에서는 승수효과가 발생하지 않는다.

　　㉢ 생산능력이 충분하여 물가가 고정되어 있다.

　　㉣ 한계소비성향이 일정한다.

③ 투자의 승수효과

　　㉠ 투자가 증가하면 유효수요가 증가하므로 생산과 소득이 증가한다.

　　㉡ 투자가 100만큼 증가하면 생산과 소득은 (100 × 승수)만큼 증가한다.

④ 정부지출의 승수효과

　　㉠ 케인즈의 승수이론에 의하면 투자증가와 정부지출증가는 동일한 승수효과를 가져온다.

　　㉡ 투자가 부진하면 정부가 확대재정정책을 실시함으로써 확대효과를 얻을 수 있다.

⑤ 승수효과 개념
  ㉠ 정부지출이 약간만 증가하더라도 '소득증가 → 소비증가 → 소득증가 → 소비증가 …'의 연쇄적인 과정을 통해 최종적으로는 국민소득이 훨씬 크게 증가하는 효과이다.
  ㉡ 독립지출이 증가한 시점에서 모두 발생한 것이 아니라 무한대로 경과하였을 때 총효과를 합한 것이다.

⑥ 승수효과 원인 : 소비가 증가하여 다시 국민소득(생산)이 증가하기 때문이다.

⑦ 승수효과 등식
  ㉠ 투자증가분 × 투자승수 = 소득증가분
  ㉡ 디플레이션갭(ΔI) × 투자승수 = GDP갭(소득증가분)
  ㉢ 정부지출증가분(디플레이션갭) × 정부지출승수 = 소득증가분(GDP 갭)

⑧ 승수과정의 한계
  ㉠ 승수과정이 일어나고 있는 도중에 경제주체들의 한계소비성향(c)이 변화하는 경우에는 실제 승수를 정확히 측정할 수 있다.
  ㉡ 유효수요가 증가하더라도 공급애로(자본, 노동 및 원자재 부족 등)가 존재할 경우에는 생산이 증가할 수 없으므로 국민소득이 승수배 증가할 수 없다.
  ㉢ 총수요가 증가하더라도 불황이 극심할 경우에는 기업이 재고만 처분하고 생산을 늘리지 않을 수 있으며, 이 경우에는 소득이 승수배만큼 증가할 수 없다.

(2) 정액세만 존재할 때($T = T_0$)

① 균형국민소득과 승수의 계산
  ㉠ 국내총생산(Y)과 총지출($AE = C + I + G$)이 일치할 때 국민경제가 균형에 도달하므로 균형조건은 $Y = C + I + G$로 나타낼 수 있다.
  ㉡ 소비는 가처분소득의 함수이고, 투자, 정부지출, 그리고 조세의 크기가 일정하게 주어져 있다면 거시경제모형은 다음과 같다.

$$
\begin{aligned}
Y &= C + I + G \\
C &= C_0 + c Y_d \quad (Y_d : \text{가처분소득}) \\
Y_d &= Y - T \\
T &= T_0 \\
I &= I_0 \\
G &= G_0
\end{aligned}
$$

  ㉢ 위의 모형에서 균형조건($Y = C + I + G$)에 소비, 투자, 정부지출, 조세의 결정요인을 대입하면 균형국민소득은 다음과 같이 계산된다.

$$Y = C_0 + c(Y - T_0) + I_0 + G_0$$

$$Y = \frac{1}{1-c}(C_0 - cT_0 + I_0 + G_0)$$

② 승수는 독립지출이 변할 때 국민소득 변화분을 나타내는 것이므로 특정한 독립지출을 변수로 보고 미분하면 각각의 승수를 구할 수 있게 된다.

- 정부지출승수 : $\dfrac{dY}{dG} = \dfrac{1}{1-c}$

- 조세승수 : $\dfrac{dY}{dT} = -\dfrac{c}{1-c}$

- 투자승수 : $\dfrac{dY}{dI} = \dfrac{1}{1-c}$

- 투자승수와 정부지출승수는 항상 동일하다.

② 정부지출승수와 조세승수

  ㉠ 정부지출승수와 조세승수(절댓값)를 비교해보면 정부지출승수가 조세승수보다 더 크다.
  ㉡ 이는 정부지출증가가 조세감면보다 더 팽창적인 효과가 있음을 의미한다.

(3) 정액세와 비례세가 모두 존재할 때

① 정액세와 비례세가 모두 존재하는 경우의 거시경제모형은 다음과 같다.

$$Y = C + I + G$$
$$C = C_0 + cY_d$$
$$Y_d = Y - T$$
$$T = T_0 + tY \quad (t : 세율, \ t > 0)$$
$$I = I_0$$
$$G = G_0$$

② 균형국민소득과 승수는 다음과 같이 계산된다.

$$\begin{aligned} Y &= C + I + G \\ &= C_0 + c(Y - T_0 - tY) + I_0 + G_0 \\ &= \frac{1}{1 - c(1-t)}(C_0 - cT_0 + I_0 + G_0) \end{aligned}$$

㉠ 정부지출승수 : $\dfrac{dY}{dG} = \dfrac{1}{1 - c(1-t)}$

㉡ 조세승수 : $\dfrac{dY}{dT} = \dfrac{-c}{1 - c(1-t)}$

ⓒ 투자승수 : $\dfrac{dY}{dI} = \dfrac{1}{1-c(1-t)}$

- 비례세가 존재하는 경우는 승수의 크기가 정액세만 존재하는 경우보다 감소한다.

(4) 균형재정승수

① 개념

㉠ 균형재정승수란 정부지출과 조세가 동액만큼 증가할 때의 승수를 말한다.

㉡ 정부지출과 조세가 동액만큼 증가하면 정부의 재정상태는 변화하지 않기 때문에 균형예산승수라고도 한다.

② 크기

구분	정액세의 경우	비례세의 경우
정부지출승수	$\dfrac{dY}{dG} = \dfrac{1}{1-c}$	$\dfrac{dY}{dG} = \dfrac{1}{1-c(1-t)}$
조세승수	$\dfrac{dY}{dT} = \dfrac{-c}{1-c}$	$\dfrac{dY}{dT} = \dfrac{-c}{1-c(1-t)}$
균형재정승수	$\dfrac{dY}{dG} + \dfrac{dY}{dT} = \dfrac{1-c}{1-c} = 1$	$\dfrac{dY}{dG} + \dfrac{dY}{dT} = \dfrac{1-c}{1-c(1-t)} < 1$

※ 의미(정액세의 경우)

㉠ 정부지출을 ΔA원 증가시키면 국민소득은 $\dfrac{1}{1-c}\Delta A$만큼 증가하고, 조세를 ΔA원 증가시키면 국민소득은 $\dfrac{c}{1-c}\Delta A$만큼 감소한다. 따라서 '국민소득증가액 = 정부지출증가액 = 조세증가액'이 된다.

㉡ 균형재정승수가 0이 아니라 1이 되는 이유는 정부지출승수가 조세승수보다 크기 때문이다.

㉢ 정부지출승수가 조세승수보다 큰 이유는 정부지출이 ΔA원 증가하면 총수요가 직접적으로 ΔA원 증가하나 조세가 ΔA원 증가하면 가처분소득의 감소를 통하여 총수요가 $c \cdot \Delta A$원만큼 감소하기 때문이다.

(5) 해외부문을 포함하는 경우

① 해외부분이 존재할 때의 총지출 $AE = C + I + G + (X - M)$이므로 거시경제모형은 다음과 같다. 수출은 외국인이 우리나라 재화를 구입하는 것이므로 주어진 것으로 가정하는데 비해, 국민소득이 증가하면 원자재 등의 수입량이 증가하므로 수입은 통상적으로 소득의 증가함수로 가정한다.

$$Y = C + I + G + X - M$$
$$C = C_0 + c Y_d$$
$$Y_d = Y - T$$
$$T = T_0 + t Y$$
$$I = I_0$$
$$G = G_0$$
$$X = X_0$$
$$M = M_0 + m Y \quad (m : \text{한계수입성향}, \, m > 0)$$

② 균형국민소득과 승수

$$Y = C + I + G + X - M$$
$$= C_0 + c(Y - T_0 - tY) + I_0 + G_0 + X_0 - M_0 - mY$$
$$Y = \frac{1}{1 - c(1-t) + m}(C_0 - cT_0 + I_0 + G_0 + X_0 - M_0)$$

정부지출승수 : $\dfrac{dY}{dG} = \dfrac{1}{1 - c(1-t) + m}$

조세승수 : $\dfrac{dY}{dT} = \dfrac{-c}{1 - c(1-t) + m}$

투자승수 : $\dfrac{dY}{dI} = \dfrac{1}{1 - c(1-t) + m}$

③ 승수의 결정요인 : 한계소비성향이 클수록, 한계저축성향, 세율 그리고 한계수입성향이 작을수록 승수가 커진다.

(6) 이전지출승수

① 개념

㉠ 정부에서 저소득층에게 사회보장정책의 일환으로 지급하는 생계비·보조금 등이 이전지출에 해당한다. 즉, 정부의 이전지출은 정부가 생산활동과 무관한 사람에게 반대급부 없이 지급하는 것으로 실업수당, 저소득층에게 최저생계비 지급 등이 해당된다.

㉡ 이전지출의 증가는 가계의 가처분소득을 증가시켜 국민소득이 증가하는 효과가 있다.

② 모형(정액세만 존재할 때)

㉠ 조세를 ΔA 원 증가시켜 정부지출을 ΔA 원 증가시키면 국민소득은 ΔA 원 증가 : 균형재정승수는 1이다.

㉡ 조세를 ΔA 원 증가시켜 이전지출을 ΔA 원 증가시키면 국민소득은 불변 : 조세승수와 이전지출승수는 부호만 반대이고 절댓값은 동일하다.

기출문제분석

(국민연금공단)

1 국내총생산(Gross Domestic Product)에 포함되지 않는 것은?

① 외국기업이 국내 공장에서 생산하여 제3국에 수출한 재화의 양

② 외국기업이 국내 공장에서 생산하여 국내 소비자에게 판매한 재화의 양

③ 자국기업이 해외 공장에서 생산하여 국내 들여온 재화의 양

④ 자국기업이 국내 공장에서 생산하여 외국 지사에 중간재로 보낸 재화의 양

ⓝNOTE 국내총생산(GDP : Gross Domestic Product)는 생산 주체의 국적과 관계없이 생산자가 국내인 것만을 측정의 대상으로 한다. 즉, GDP는 일정기간 동안 한 나라 안에서 생산된 모든 최종생산물의 시장가치이다. 그러므로 자국기업이 해외 공장에서 생산하여 국내에 들여온 재화는 국내에서 생산된 것이 아니므로 GDP에 포함되지 않는다. 자국기업이 중간재를 생산하여 외국지사에 보낸 것은 우리나라 입장에서 보면 최종생산물이므로 우리나라의 GDP에 포함된다.

(코스콤)

2 자본이동이 완전한 소규모 개방경제가 있다. 정부재정이 균형예산이고 상품수지(무역수지)가 균형일 때 a값은?

• $Y = C + I + G + NX$
• $C = 250 + 0.75(Y - T)$, $T = aY$, $I = 750$, $Y = 5,000$

---

① 0.1

② 0.2

③ 0.3

④ 0.4

ⓝNOTE 정부재정이 균형예산이므로, $G = T$ 가 성립하여 $G = aT$가 되고, 상품수지(무역수지)가 균형이므로 $NX = 0$이 성립한다는 것이다. 유효수요(AE)는 다음과 같이 정리하면,

$AE = C + I + G + NX = 250 + 0.75(Y - aY) + 750 + aY$
$\qquad = 1,000 + 0.75Y + 0.25aY$

국민소득 균형식 $Y = AE$로 두고, $Y = 5,000$을 대입하면,
$5,000 = 1,000 + 3,750 + 1,250a$, $1,250a = 250$, $a = 0.2$로 계산된다.
그러므로 재정수지와 경상수지 균형이 이루어지는 비례세의 세율 $a = 0.2$임을 알 수 있다.

Answer. 1.③ 2.②

3 다음은 가계, 기업, 정부로 구성된 케인즈 모형이다. 이때 투자지출은 120으로, 정부지출은 220으로, 조세수입은 250으로 각각 증가할 경우 균형국민소득의 변화는?

- 소비함수 : C = 0.75(Y − T) + 200
- 투자지출 : I = 100
- 정부지출 : G = 200
- 조세수입 : T = 200

---

① 10 감소   ② 10 증가

③ 20 감소   ④ 20 증가

NOTE 주어진 조건에 따른 투자승수, 정부지출승수, 조세승수를 구하면,

한계소비성향(MPC) = 0.75, 정액세만 존재하므로 정부지출승수 및 투자승수 모두 $\frac{dY}{dG} = \frac{dY}{dI}$

- 투자지출승수 = 정부지출승수 = $\frac{1}{1 - MPC} = \frac{1}{1 - 0.75} = \frac{1}{0.25} = 4$

- 조세승수 = $\frac{- MPC}{1 - MPC} = \frac{- 0.75}{1 - 0.75} = \frac{- 0.75}{0.25} = -3$

이에 따라 투자지출, 정부지출, 조세수입의 변화에 따른 국민소득 변화를 구하면, 정부지출과 투자지출이 모두 20만큼 증가하면 국민소득이 160만큼 증가하고, 조세수입이 50만큼 증가하면 국민소득이 150만큼 감소한다. 그러므로 전체적으로 보면 국민소득이 10만큼 증가한다.

즉, 국민소득 변화분 = 20 × 4 + 20 × 4 − 50 × 3 = 160 − 150 = 10

Answer. 3.②

(한국수력원자력)

4 정부의 총수요 확대 정책 수단에는 정부지출 확대 및 조세 감면 정책이 있다. 균형 국민소득결정 모형에서 2,000억 원의 정부지출 확대와 2,000억 원의 조세 감면의 효과에 대한 설명으로 바른 것은?

① 정부지출 확대는 6,000억 원, 조세 감면은 6,000억 원의 총수요 확대 효과가 있다.
② 정부지출 확대는 6,000억 원, 조세 감면은 8,000억 원의 총수요 확대 효과가 있다.
③ 정부지출 확대는 8,000억 원, 조세 감면은 6,000억 원의 총수요 확대 효과가 있다.
④ 정부지출 확대는 8,000억 원, 조세 감면은 8,000억 원의 총수요 확대 효과가 있다.

📓NOTE 밀어내기 효과는 없다고 했으므로 독립지출은 승수 배만큼의 총수요를 증가시키는 힘으로 작용한다.

한계소비성향(MPC) $= \frac{3}{4} = 0.75$이므로,

- 정부지출승수 $= \frac{1}{1-MPC} = \frac{1}{1-0.75} = \frac{1}{0.25} = 4$
- 조세승수 $= \frac{-MPC}{1-MPC} = \frac{-0.75}{1-0.75} = \frac{-0.75}{0.25} = -3$
- 감세승수 $= \frac{MPC}{1-MPC} = \frac{0.75}{1-0.75} = \frac{0.75}{0.25} = 3$

그러므로 정부지출이 2,000억 원 증가하면 국민소득이 8,000억 원 증가하고, 조세가 2,000억 원 감면되면 국민소득이 6,000억 원 증가한다.

(한국전력공사)

5 절약의 역설(paradox of thrift)에 대한 설명 중 올바른 것을 모두 고르면?

> ㉠ 경기침체가 심한 상황에서는 절약의 역설이 발생하지 않는다.
> ㉡ 투자가 이자율 변동의 영향을 적게 받을수록 절약의 역설이 발생할 가능성이 크다.
> ㉢ 고전학파 경제학에서 주장하는 내용이다.
> ㉣ 임금이 경직적이면 절약의 역설이 발생하지 않는다.

① ㉠   ② ㉡
③ ㉠, ㉢   ④ ㉡, ㉣
⑤ ㉡, ㉢, ㉣

📓NOTE 절약의 역설(paradox of thrift) : 경기가 매우 침체한 상태에서는 대규모의 유휴설비가 존재하므로 저축이 증가해도 증가한 저축이 투자로 연결되지 않는다. 저축의 증가는 민간소비의 감소를 의미한다. 민간소비가 감소하면 재고가 누적되므로 기업의 생산이 감소하고, 그에 따라 국민소득이 감소한다. 즉, 저축이 증가해도 사후적으로 보면 저축이 증가하지 않거나 오히려 감소하는 것을 의미한다.
㉠ 총수요 부족으로 나타나는 경기침체 시에 절약의 역설은 매우 설득력을 갖게 된다.
㉢ 절약의 역설은 총수요의 부족으로 경기에 침체에 빠진다고 주장하는 케인스 학파의 주요 논거이다.
㉣ 케인스 학파는 임금을 포함한 가격변수가 단기에서 만큼은 경직적이라고 주장한다.

😊Answer. 4.③ 5.②

(국민연금공단)

6 케인스(J. M. Keynes)의 단순 국민소득 결정모형(소득–지출 모형)에 대한 설명으로 가장 바르지 않은 것은?

① 정부지출 증가액과 조세감면액이 동일하다면 정부지출 증가가 조세감면보다 국민소득 증가에 미치는 영향이 더 크다.

② 한계저축성향이 클수록 투자의 승수효과는 작아진다.

③ 디플레이션 갭(deflation gap)이 존재하면 일반적으로 실업이 유발된다.

④ 임의의 국민소득 수준에서 총수요가 총공급에 미치지 못할 때, 그 국민소득 수준에서 디플레이션 갭이 존재한다고 한다.

> **NOTE** 디플레이션 갭(deflation gap) : 완전고용국민소득 수준에서의 총수요 부족분을 의미한다. 즉 완전고용국민소득 수준에서 측정하는 개념이다.
> 케인스의 단순모형은 화폐시장을 제외하고 생산물 시장만을 대상으로 분석하는 국민소득 결정모형이다. 이에 따라 이자율은 일정하다는 가정하에서 승수효과를 분석하게 된다. 여기서 디플레이션 갭(deflation gap)은 국민소득이 완전고용 수준에 도달하기 위해 필요한 총수요에 현실의 총수요가 부족한 경우, 그 부족한 크기를 의미한다.

(코스콤)

7 단순 케이지안모형에서 승수(multipier)는 $\dfrac{1}{1-b}$ 이다. 그러나 현실 경제에서 승수는 이렇게 크지 않다. 그 이유로 가장 옳지 않은 것은? (단, b는 한계소비성향이다.)

① 투자가 소득의 증가함수이기 때문이다.

② 조세가 소득의 증가함수이기 때문이다.

③ 수입(import)이 소득의 증가함수이기 때문이다.

④ 화폐수요가 이자율의 감소함수이기 때문이다.

> **NOTE** · 승수 $= \dfrac{1}{1-b(1-t)-i+m}$ (b : 한계소비성향, t : 소득세율(비례세율), I : 유발투자계수, m : 한계수입성향)
> 단순 케이지안 모형에서 승수효과가 나타나는 이유는 독립지출의 증가로 유효수요가 증가하면 국민소득이 증가하고, 국민소득이 증가하면 민간의 소비지출 증가로 유효수요가 또다시 증가하는 과정이 지속되기 때문이다. 그런데 현실에서는 독립적인 지출이 증가하더라도 단순 케인지안 모형이 설명하는 것만큼 국민소득이 증가하지는 않는다.
> – 조세와 수입의 존재는 국민소득의 크기를 작게 하는 누출 요인으로 작용하여, 국민소득 증가를 축소시키는 기능을 하게 된다.
> – 화폐수요가 이자율의 감소함수이면 LM곡선은 우상향하는 기울기를 갖는다.
> – 화폐수요의 이자율탄력성이 무한대가 되는 LM곡선이 수평인 경우 완벽하게 나타나게 된다.

Answer. 6.④ 7.①

(한국수력원자력)
8 다음과 같이 X재와 Y재의 두 가지 재화만 생산하는 국민경제에서 비교연도의 GDP디플레이터는 기준연도에 비하여 어떻게 변하였는가?

재화	기준연도		비교연도	
	수량	시장가격	수량	시장가격
X	3	20	5	20
Y	4	25	3	20

① 10% 상승

② 10% 하락

③ 20% 하락

④ 변동없음

> **NOTE** GDP디플레이터 $= \dfrac{\text{비교연도의 } GDP}{\text{기준연도의 } GDP} \times 100 = \dfrac{5 \times 20 \times 3 \times 20}{3 \times 20 \times 4 \times 25} \times 100 = 100$이므로 변동이 없다.

(한국수력원자력)
9 한계저축성향이 0.2이고 소득세율이 0.25일 때 독립투자가 100만큼 증가한다면 저축의 변화는?

① 25

② 50

③ 100

④ 250

> **NOTE** 투자에 따른 저축의 변화를 알기 위해서는 우선 투자승수를 알아야 한다.
>
> 투자승수 $= \dfrac{dY}{dI} = \dfrac{1}{1 - c(1 - t)} = \dfrac{1}{1 - 0.8(1 - 0.25)} = 2.5$이므로 투자가 100만큼 증가하면 국민소득은 250만큼 증가하게 된다. 따라서 저축의 변화 $\triangle S = s \times \triangle Y = 0.2 \times 250 = 50$이 된다.

Answer. 8.④ 9.②

(인천국제공항공사)

10 어떤 폐쇄경제의 기초소비는 100, 투자는 40, 정부지출은 100이다. 또 이 경제의 가처분소득에 대한 한계소비성향은 0.8, 한계조세율은 0.5이고 세금은 모두 비례소득세이며, 이 경제의 완전고용소득은 500이다. 이 경제의 인플레이션 갭 혹은 디플레이션 갭은 얼마인가?

① 디플레이션 갭 40

② 인플레이션 갭 40

③ 디플레이션 갭 60

④ 인플레이션 갭 60

📝NOTE 디플레이션 갭 : 완전고용국민소득보다 낮은 균형소득 아래서 완전고용국민소득의 달성에 필요한 총수요(유효수요)의 부족분이다. 따라서 디플레이션 갭만큼 총수요를 증가시키면 완전고용이 달성된다.

Y(국민소득) = C(소비) + I(투자) + G(지출) = 100 + 0.8(Y − 0.5Y) + 40 + 100

0.6Y = 240 → ∴ Y = 400

균형국민소득(Y) = 400과 완전고용국민소득 = 500사이의 현재 100만큼의 GNP갭이 발생하였다.

그러나 정부 지출 승수를 구해보면 다음과 같다.

정부지출승수 $= \dfrac{dY}{dG} = \dfrac{1}{1 - c(1 - t)} = \dfrac{1}{1 - 0.8(1 - 0.5)} = \dfrac{5}{3}$

따라서 산출량을 100만큼 증가시키기 위해서는 정부지출을 60만큼 증가시켜야 한다. 그러므로 현재는 60만큼의 디플레이션 갭이 존재하고 있다.

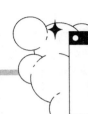
1 근로자의 실업수당이 현재 GDP에 미치는 영향으로 올바른 것은?

① 실업수당은 일종의 소득이기 때문에 GDP에 포함된다.

② 실업수당은 과거 소득의 일부이므로 GDP에 포함되지 않는다.

③ 실업수당은 부가가치를 발생하므로 GDP에 포함된다.

④ 실업수당은 이전지출이기 때문에 GDP에 포함되지 않는다.

> 📑NOTE ④ 실업수당은 사회보장제도의 일환으로 정부의 이전지출이기 때문에 GDP에 포함되지 않는다.

2 A국의 2012년도 명목 GDP가 200억 달러였다. 그 후 일 년 동안 명목 GDP는 3% 증가하였고, 같은 기간 동안의 인플레이션율은 3%였다. 2012년을 기준 연도로 할 때, A국의 2013년도 실질 GDP는?

① 200억 달러   ② 203억 달러

③ 206억 달러   ④ 209억 달러

> 📑NOTE 명목GDP는 비교연도 생산량과 가격의 두 배로 2013년 인플레이션이 3% 증가하였고 명목 GDP도 3% 증가하였으므로 2013년의 명목GDP의 증가는 물가상승에 의한 것으로 볼 수 있다. 그러므로 기준연도 가격으로 측정한 실질GDP는 기준연도와 동일한 200억 달러가 된다.

Answer. 1.④ 2.①

3 고전학파의 주장으로 옳지 않은 것은?

① 실질이자율은 화폐공급과 화폐수요에 의해 결정된다.
② 노동시장의 균형은 노동고용량보다는 실질임금에 의해 결정된다.
③ 통화량의 변화는 고용량, 산출량 등 실물변수에 영향을 미치지 않는다.
④ 모든 가격변수가 완전 신축적이므로 생산요소시장과 생산물시장은 항상 연속적으로 청산된다.

> **NOTE** ① 보기의 내용은 케인즈 학파의 유동성선호이론의 내용이다. 고전학파의 주장에 따르면 실질이자율은 화폐시장과 관계 없이 대부시장에서 결정된다.

4 주어진 케인즈 단순모형에서 독립투자수요를 얼마만큼 증가시키면 완전고용국민소득수준(Y^F)를 달성할 수 있는가?

> - $Y^D = C + I^D$(총수요), $C = 200 + 0.9Y$(소비수요)
> - $I^D = 150$(투자수요)
> - $Y^D = Y$(균형조건), $Y^F = 4,500$(완전고용국민소득)

① 50
② 100
③ 150
④ 200

> **NOTE** 균형수준의 국민소득을 도출하면 $Y = Y^D = 200 + 0.9Y + 150$이 된다. 따라서 $Y = 3,500$이 된다. 완전고용국민소득이 4,500이므로 1,000만큼 국민소득 증가가 이루어져야 함을 알 수 있다. 독립투자의 승수는 $\frac{1}{1-c}$(단, c는 한계소비성향) 이므로 주어진 모형에서 독립투자 승수는 $\frac{1}{1-0.9} = \frac{1}{0.1} = 10$이 된다. 따라서 Y가 1,000만큼 증가하기 위해서는 독립투자는 100만큼 증가하여야 한다.

5 다음과 같은 케인즈의 경제모형을 가정할 때, 정부지출승수, 투자승수, 정액조세승수를 순서대로 바르게 배열한 것은?

- $Y = C + I + G$
- $C = 0.75(Y - T) + 200$
- $I = 200$
- $G = 200$
- $T = 200$

(단, Y는 국민소득, C는 소비지출, I는 투자지출, G는 정부지출, T는 정액조세를 나타낸다)

① 3, 3, -3   ② 3, 4, -2
③ 4, 3, -2   ④ 4, 4, -3

🖹NOTE 균형국민소득을 나타내는 식 $Y = C + I + G = 0.75(Y - \overline{T}) + \overline{I} + \overline{G}$을 Y에 관한 식으로 정리하면

$Y = \dfrac{1}{0.25}(200 - 0.75\overline{T} + \overline{I} + \overline{G})$가 도출된다. 이를 통해 정부지출승수, 투자승수, 정액조세승수를 각각 구하면,

$\dfrac{dY}{dG} = \dfrac{1}{0.25} = 4$, $\dfrac{dY}{dI} = \dfrac{1}{0.25} = 4$, $\dfrac{dY}{dT} = -\dfrac{0.75}{0.25} = -3$이 된다. 따라서 정답은 ④이다.

6 다음 중 GDP 디플레이터의 계산 산식으로 옳은 것은?

① GDP 디플레이터는 당해연도의 명목 GDP에서 실질 GDP를 차감한 값이다.
② GDP 디플레이터는 당해연도의 명목 GDP를 실질 GDP로 나눈 값에 100을 곱한 값이다.
③ GDP 디플레이터는 당해연도의 실질 GDP에서 명목 GDP를 차감한 값이다.
④ GDP 디플레이터는 당해연도의 실질 GDP를 명목 GDP로 나눈 값에 100을 곱한 값이다.
⑤ GDP 디플레이터는 실질 GDP에서 명목 국외순수취요소소득을 더한 값이다.

🖹NOTE GDP 디플레이터는 당해연도의 명목 GDP를 실질 GDP로 나눈 값이다.

7 다음 중 국내총생산(GDP)에 관한 내용으로 옳지 않은 것은?

① GDP는 한 경제에서 생산되어 시장에서 판매된 모든 품목(합법 또는 불법적으로 생산된)을 포함하는 포괄적인 지표이다.

② GDP에는 가시적인 물건(음식, 의복, 자동차 등)은 물론 보이지 않는 서비스(이발, 청소, 의사의 진료 등)도 포함된다.

③ 식당에서 판매하는 식사는 GDP에 포함되지만, 아내가 가족을 위해 제공하는 식사는 GDP에 포함되지 않는다.

④ GDP에는 그 해에 생산된 재화와 서비스만 포함되어 과거에 생산된 물건의 거래는 포함되지 않는다.

⑤ 그 해에 생산된 중간재가 생산된 해에 사용되지 않고 장래의 판매나 생산을 위해 보관되는 경우에는 최종재로 간주되어 GDP에 포함된다.

📖NOTE 불법적인 거래는 공식적인 통계로 집계되지 않기 때문에 지하경제부문에서 생산된 것은 GDP 집계에 포함되지 않는다.

8 다음 중 국내총생산(GDP)에 관한 내용으로 옳지 않은 것은?

① GDP에는 가시적인 물건(음식, 의복, 자동차 등)은 물론 보이지 않는 서비스(이발, 청소, 의사의 진료 등)도 포함된다.

② GDP에는 그 해에 생산된 재화와 서비스만 포함되어 과거에 생산된 물건의 거래는 포함되지 않는다.

③ GDP는 한 경제에서 생산되어 시장에서 판매된 모든 품목(합법 또는 불법적으로 생산된)을 포함하는 포괄적인 지표이다.

④ 그 해에 생산된 중간재가 생산된 해에 사용되지 않고 장래의 판매나 생산을 위해 보관되는 경우에는 최종재로 간주되어 GDP에 포함된다.

📖NOTE ③ 불법적인 거래는 공식적인 통계로 집계되지 않기 때문에 지하경제부문에서 생산된 것은 GDP집계에 포함되지 않는다.

Answer. 7.① 8.③

9 A는 자신의 여비서와 결혼하였다. A의 부인은 결혼 후에도 무보수로 남편의 비서업무를 계속한다. 결혼 전 이 여자의 연봉은 1,000만 원이었고 다른 조건이 불변이라면, 이 결혼에 의해 GDP는 어떻게 변하는가?

① GDP는 1,000만 원 감소한다.

② GDP는 1,000만 원 증가한다.

③ GDP는 변하지 않는다.

④ GDP는 감소하나, 감소액은 1,000만 원보다 작다.

> 📝NOTE│ 결혼 후 무보수로 근무하더라도 기업이 생산한 재화와 서비스의 가치는 변하지 않는다. 그러므로 결혼 후에도 GDP의 크기는 변하지 않는다. 단지 요소소득측면에서 보면 임금이 1,000만 원 감소하고 기업의 이윤은 1,000만 원 증가한다.

10 국민소득결정이론에 대한 다음 설명 중 옳지 않은 것은?

① 모든 국민소득수준에서 실현된 투자와 저축은 항상 일치한다.

② 가계가 계획하는 저축이 기업이 계획하는 투자보다 클 때 국민소득은 감소한다.

③ 실현된 저축과 실현된 투자의 차이가 재고변동이다.

④ 가계가 계획하는 저축과 기업이 계획하는 투자가 일치할 때 국민소득의 균형이 달성된다.

> 📝NOTE│ ① 생산물시장이 균형을 이루지 못하면 재고투자가 변동하여 (사후적으로) 실현된 투자와 저축이 일치한다.
> ② 저축이 투자보다 크다는 말은 (생산물시장의) 수요가 부족하다는 말과 같다. 이 경우 생산과 소득은 감소한다.
> ③ 실현된 저축과 실현된 투자는 (재고투자의 변동을 통하여) 항상 균형을 이루므로 차이가 없다.
> ④ 균형국민소득에서 계획한 저축과 투자가 일치한다.

11 다음은 국민소득지표의 관계에 대한 설명이다. 옳지 않은 것은?

① 국민순소득은 국민총소득에서 고정자본소모분을 차감한 것이다.

② 교역조건이 개선되면 실질국내총소득은 증가한다.

③ 명목국내총생산과 명목국내총소득은 동일하다.

④ 실질국내순생산에 국외순수취요소소득을 합하면 실질국민순소득이 된다.

> 📝NOTE│ 실질 NDP는 실질 GDP에서 고정자본소모분을 차감한 것이고, 실질 NNI는 실질 GNI에서 고정자본소모분을 차감한 것이므로 실질 NNI를 구하기 위해서는 실질 NDP에 교역조건변화에 따른 실질무역손익과 국외순수취요소소득을 합해주어야 한다.

🔆 **Answer.** 9.③ 10.③ 11.④

12 케인즈 단순모형에서 모든 사람들이 저축을 증가시킬 경우 다음 중 옳지 않은 것은?

① 실업이 증가한다.

② 일시적으로 의도하지 않은 재고가 발생한다.

③ 균형국민소득이 감소한다.

④ 사후적으로 보면 저축이 감소하고 저축률도 낮아진다.

> **NOTE** 케인즈 단순모형에서 모든 사람들이 저축을 증가시키면 소비감소로 의도하지 않은 재고가 발생한다. 의도하지 않은 재고가 발생하면 기업들은 생산량을 줄이게 되므로 사후적으로 보면 국민소득은 감소하고, 실제 저축액은 증가하지 않거나 오히려 감소한다(절약의 역설). 그리고 국민소득이 감소하면 실업은 증가한다. 한편 실제 저축액(S)은 불변이거나 혹은 감소하지만 국민소득(Y)의 감소폭이 더 크기 때문에 저축률$\left(\dfrac{S}{Y}\right)$은 오히려 이전보다 높아진다.

13 다음 중 4부문 경제에서 균형국민소득이 달성되기 위한 조건은?

① 저축 = 투자 + (정부지출 − 조세수입) − (수출 − 수입)

② 저축 = 투자 + (정부지출 − 조세수입) + (수출 − 수입)

③ 저축 = 투자 + (정부지출 − 조세수입) + (수입 − 수출)

④ 저축 = 투자 + (조세수입 − 정부지출) + (수출 − 수입)

> **NOTE** 균형국민소득은 투자 + 정부지출 + 수출 = 저축 + 조세 + 수입이 성립하는 수준에서 결정된다.

14 정부가 조세를 징수하여 이전지출에 전부 충당한다면 균형국민소득은?

① 조세증가분만큼 증가한다.

② 조세증가분만큼 감소한다.

③ 변하지 않는다.

④ 조세 및 이전지출의 증가분보다 더 크게 증가한다.

> **NOTE** 조세승수 $\left(-\dfrac{b}{1-b}\right)$와 이전지출승수 $\left(\dfrac{b}{1-b}\right)$는 크기가 같고 부호가 반대이므로 조세와 이전지출이 같은 정도로 증가하면 소득감소분과 소득증가분이 같으므로 국민소득은 불변한다.

Answer. 12.④ 13.② 14.③

15 $C = 400 + 0.8\,Y_D,\ Y_D = Y - T,\ I = 100,\ G = 200,\ T = 200$일 때 균형국민소득은? (단, C : 소비, T : 조세, I : 투자, G : 정부지출)

① 2,000
② 2,200
③ 2,700
④ 3,000

> 📄 NOTE 정부를 포함한 3부문경제에서 균형국민소득은 $Y = C + I + G$에서 성립한다.
> $Y = 400 + 0.8\,(Y - 200) + 100 + 200 = 540 + 0.8\,Y$
> $0.2\,Y = 540$
> $Y = 2,700$

16 한계소비성향이 0.75이고 한계조세성향(소득세율)은 0.2이며, 투자는 독립투자뿐인 3부문 경제를 생각해 보자. 정부가 정액세를 100만큼 증가시키는 동시에 정부지출도 100만큼 증가시켰다면 균형국민소득은 어떻게 변화하는가?

① 불변이다.
② 100만큼 증가한다.
③ 증가하되 100보다 적게 증가한다.
④ 증가하되 100보다 많이 증가한다.

> 📄 NOTE 비례세가 존재할 때는 균형재정승수가 1보다 작은 값이다. 따라서 정부지출과 조세가 모두 100만큼 증가하면 국민소득은 증가하나 100보다는 적게 증가한다. 한계소비성향이 0.75이고, 세율이 0.2이므로 정부지출승수와 조세승수의 크기는 각각 다음과 같다.
> ㉠ 정부지출승수 : $\dfrac{dY}{dG} = \dfrac{1}{1 - c(1 - t)} = \dfrac{1}{1 - 0.75(1 - 0.2)} = 2.5$
> ㉡ 조세승수 : $\dfrac{dY}{dT} = \dfrac{-c}{1 - c(1 - t)} = \dfrac{-0.75}{1 - 0.75(1 - 0.2)} = -1.875$
> 따라서 정부지출이 100만큼 증가하면 국민소득이 187.5만큼 감소하므로 정부지출과 조세가 모두 100만큼 증가하면 국민소득은 62.5만큼 증가한다.

17 국민총생산은 수출수요에 큰 영향을 받는다. 한계소비성향이 0.7이고 한계수입성향이 0.1이라면 수출이 10억 불 감소할 때 GNP는?

① 20억 불 증가
② 20억 불 감소
③ 25억 불 증가
④ 25억 불 감소

> 📄 NOTE 수출승수가 $\dfrac{1}{1 - 0.7 + 0.1} = 2.5$ 이므로 수출이 10억 불 감소할 때 승수효과는 수출감소분(-10억 불) × 2.5 = 소득감소분 (-25억 불)

🔹 Answer. 15.③ 16.③ 17.④

18 현재의 소득수준이 400조 원이고 완전고용상태에 해당되는 소득은 500조 원이다. 조세는 소득과 상관없이 일정하게 부과된다고 할 때, 완전고용수준에 도달하기 위해서는 조세를 얼마나 감면시켜줘야 하나? (단, 한계저축성향은 0.2라 하자)

① 16조 원

② 20조 원

③ 25조 원

④ 30조 원

📝 NOTE　한계소비성향이 0.8이므로 조세승수 $\left(\dfrac{dY}{dT}\right) = \dfrac{-c}{1-c} = \dfrac{-0.8}{1-0.8} = -4$ 이다. 현재의 균형국민소득이 400조 원이고, 완전고용국민소득이 500조 원이므로 완전고용국민소득에 도달하기 위해서는 100조 원만큼 국민소득을 증가시켜야 한다. 조세승수가 −4이므로 국민소득을 100조 원 증가시키려면 조세는 25조 원만큼 감소시켜야 한다.

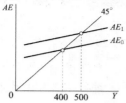

✦ **Answer.** 18.③

소비함수와 투자함수

01 소비함수이론

(1) 소비함수론

① 소비와 소비에 영향을 미치는 변수(주로 소득)들 간의 관계를 분석하는 이론이다.

② 소비는 총지출의 구성항목 중 가장 큰 비중을 차지고 있어 균형국민소득 및 고용량의 결정에 있어서 매우 중요한 역할을 한다.

$$\text{총지출} : AE = C + I + G$$

③ 소비는 총지출에서 차지하는 비중이 크기는 하나 투자나 정부지출보다는 매우 안정적인 추세를 보인다.

(2) 한계소비성향과 한계저축성향

① **한계소비성향**(MPC) : 소비의 증가분을 가처분소득의 증가분으로 나눈 값이다. 케인즈에 의하면 0과 1사이라고 가정한다.

② **한계저축성향**(MPS) : 저축의 변화분을 소득의 변화분으로 나눈 값이다.

③ **MPC와 MPS의 관계**

　㉠ MPC와 MPS의 합이 항상 1이므로 한계소비성향이 증가하면 한계저축성향이 감소한다. 또한 MPC가 감소하면 MPS가 증가한다.

　㉡ MPC와 MPS의 값의 범위는 모두 0과 1사이 이다.

(3) 평균소비성향과 평균저축성향

① **평균소비성향**(APC) : 총가처분소득 중에서 소비가 차지하는 비중을 의미한다.

② **평균저축성향**(APS) : 총가처분소득 중에서 저축이 차지하는 비중을 의미한다.

③ **APC와 APS의 관계**

　㉠ APC와 APS의 합이 항상 1이므로 평균소비성향이 증가하면 평균저축성향이 감소한다. 또한 APC가 감소하면 APS가 증가한다.

　㉡ APC와 APS의 값의 범위는 모두 0과 1사이 이다.

(4) 케인즈(J.M. Keynes)의 절대소득가설(absolute income hypothesis)

① 견해

  ㉠ 케인즈 : 총수요구성 항목 가운데 가장 중요한 것은 소비수요와 투자수요라고 생각했다. 그런데 이 두 가지 수요를 결정하는 요인이 서로 다르기 때문에 소비수요에 대해 독립적인 연구가 필요하다고 하였다.

  ㉡ 소비에 대한 고전학파 : 국민소득은 완전고용산출량에서 고정되어 있고, 저축은 실질이자율의 증가함수라고 주장한다. 다른 조건이 일정할 때 실질이자율이 상승하면 저축이 증가하므로 소비는 감소한다. 따라서 소비는 실질이자율의 감소함수이다.

② 가정

  ㉠ 소비의 독립성 : 특정 개인의 소비는 자신의 소득에 의해서만 결정되며, 타인의 소비행위와는 독립적이다.

  ㉡ 소비의 가역성 : 소비지출이 소득수준에 따라 자유롭게 변화한다.

③ 내용

  ㉠ 소비함수 : $C = C_o + cYd$

  ㉡ 한계소비성향은 0과 1사이 : 소득이 증가하면 소비도 증가하나 증가된 소득의 일부만 소비된다.

  ㉢ 소비함수가 소비축을 통과하므로 소득이 증가할수록 소비함수에서 원점으로 연결한 직선의 기울기로 측정되는 평균소비성향이 감소한다($APC > MPC$).

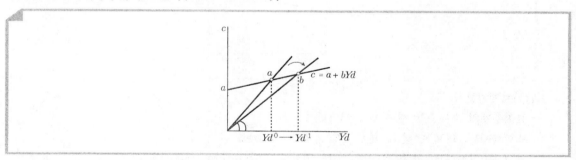

  ㉣ 고소득자(Y_d^1)가 저소득자(Y_d^0)보다 평균소비성향이 낮고 평균저축성향이 높다.

④ 케인즈의 효과적인 재정정책이론 – 시사점

  ㉠ 조세의 변동은 소비에 직접적인 영향을 준다.

   • 세율↓ → 가처분소득↑ → 소비↑ → 총수요↑ → 산출량↑

   • 세율↑ → 가처분소득↓ → 소비↓ → 총수요↓ → 산출량↓

  ㉡ 소비가 현재의 가처분소득에 의존하므로 재량적인 재정정책은 매우 효과적이다.

⑤ 한계 : 단기에 있어서 소득과 소비와의 관계를 잘 설명해 주고 있으나 장기시계열분석이 가능하지 않다. 또한 미래예상소득이 현재소비에 미치는 역할을 고려하지 않으며, 경제주체의 자산 또는 부가 현재소비에 미치는 영향을 고려하지 않는다.

(5) 쿠츠네츠(S. Kuznets)의 시계열자료(time-series date) 실증분석

① 실증분석결과

　　㉠ **횡단면분석** : 동일시점에서 상이한 경제주체를 대상으로 한다.

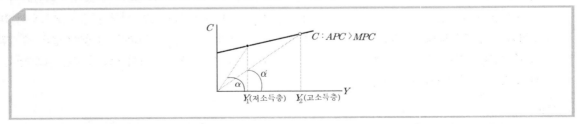

　　• 고소득층일수록 저축성향이 높기 때문에 고소득층의 평균소비성향(APC)은 낮고 저소득층의 평균소비
　　　성향(APC)은 높다.
　　• 따라서 평균소비성향(APC)이 한계소비성향(MPC)보다 크다. (APC > MPC)

　　㉡ **시계열분석** : 상이한 시점에서의 동일한 경제주체를 대상으로 한다.

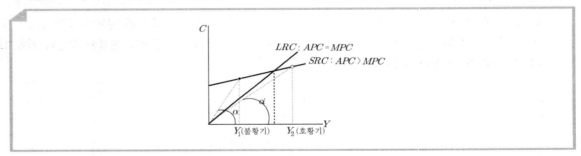

　　• 단기시계열분석
　　　– 특정주체의 소득증가 시 APC가 하락한다.
　　　– 호황기에는 APC가 낮고, 불황기에는 APC가 높다.
　　　– 평균소비성향(APC)가 한계소비성향(MPC)보다 크다. (APM > MPC)
　　• 장기시계열분석
　　　– 소득변화에도 불구하고 평균소비성향(APC)이 일정하다.
　　　– 평균소비성향(APC)과 한계소비성향(MPC)가 일치한다. (APM = MPC)

② 의미

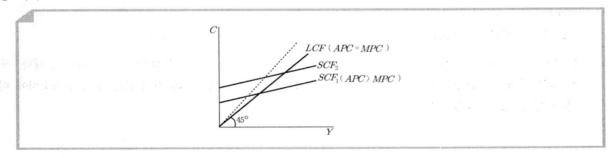

ⓙ 단기에 있어서 $APC > MPC$라는 것은 단기소비함수가 소비축을 통과하는 직선의 형태임을 의미한다.

ⓛ 장기에는 $APC = MPC$이므로 장기소비함수는 원점을 통과하는 직선의 형태이다.

ⓒ 소득이 증가함에 따라 단기소비함수가 상방으로 이동한다.

(6) 뒤젠베리(J. Duesenberry)의 상대소득가설

① 개념

ⓙ 소비는 현재소득뿐 아니라 자신의 과거소득 및 타인의 소득 수준에 의해서도 영향을 받는다.

ⓛ 사람들은 현재의 절대 소득뿐만 아니라 현재까지의 최고소득을 고려하여 소비와 저축을 결정한다.

② 가정

소비의 비가역성	• 소비는 습관성이 있으므로 일단 소비가 증가하면 소득이 감소하더라도 소비를 다시 줄이기가 어렵다. • 소비의 비가역성 때문에 톱니효과가 발생한다.
소비의 상호의존성	• 특정 개인의 소비는 자신의 소득뿐만 아니라 동류집단의 소비행위의 영향을 받는다. • 소비의 상호의존성 때문에 전시효과가 발생한다.

③ 전시효과(demonstration effect)

ⓙ 소비자는 자신이 속한 사회계층(소득집단)의 소비형태에 영향을 받으며 이를 전시효과라 한다.

ⓛ 저소득층은 자신보다 평균소득이 높은 계층의 소비형태를 따라 소비한다.

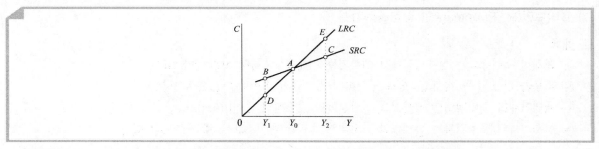

• 동류집단의 평균소득이 Y_0일 때 자신의 소득도 Y_0이면 소비점은 A가 된다.

• 자신의 소득이 평균소득에 미달하는 Y_1인 경우도 동류집단과 비슷한 소비수준을 유지하려고 하므로 (전시효과) 소비점은 SRC상의 B가 된다.

• 자신의 소득이 Y_2이면 소비를 별로 증가시키지 않더라도 체면유지가 가능하므로 소비점은 SRC상의 C가 된다. 따라서 소득수준이 높아질수록 평균소비성향이 낮아진다.

④ 톱니효과(ratchet effect)

ⓙ 소비는 자신의 과거 최고소득 수준에 의해 영향을 받는다.

ⓛ 자신의 평균소득 수준이 감소할 때 소비는 시차를 가지고 감소하며 소비경로가 톱니바퀴모양이 된다.

ⓒ 평균소득 수준이 증가할 때 소비가 직접적으로 증가한다.

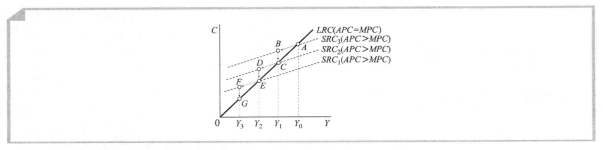

- 자신의 최고소득이 Y_0이고 이때의 소비점이 A라고 가정한다.
- 경기침체로 소득이 Y_1으로 감소하면 소비는 LRC를 따라서 C로 감소하는 것이 아니라 소비의 비가역성 때문에 SRC_3를 따라 B로 감소한다.
- Y_1의 소득수준이 지속되면 B의 높은 소비수준을 유지할 수 없으므로 장기적으로는 소비점이 C로 이동한다.
- 소득이 Y_2로 감소할 때에도 소비의 비가역성 때문에 단기적으로는 D로 이동하고 장기적으로는 E로 이동한다.
- 단기소비함수는 소비축을 통과하는 직선의 형태이다($APC > MPC$).
- 장기소비함수는 장기적으로 보면 소비는 소득의 일정 비율이므로 장기소비함수는 원점을 통과하는 직선의 형태이다($APC = MPC$).

(7) 프리드만(M. Friedman)의 항상소득가설

① 개요

㉠ 현재의 소비수요는 현재시점에서 예상되는 미래예상소득에 따라 결정된다.

㉡ 소득을 항상 소득 임시소득으로 구분하여 장·단기 소비함수를 설명한다.

㉢ 개별가계의 소비행위를 경험적으로 관찰하여 발전시킨 소비이론이다.

㉣ 현재소득의 움직임과는 관계없이 안정적인 소비를 하고 있다는데 주목하고 있다.

② 항상소득(permanent income)과 임시소득(tansitory income)

㉠ 항상소득(Y_p)

- 정상적인 소득흐름으로 볼 때 확실하게 기대할 수 있는 장기적인 기대소득으로 어떤 개인이 자신의 인적 자산과 금융자산에서 매기마다 발생하리라고 예상하는 평균수입을 의미한다.
- 일반적으로 현재 및 과거의 소득을 가중평균하여 구한다(적응적 기대).
- 소비자가 자신의 인적자산과 금융자산으로 매기마다 발생하리라고 예상하는 평균수입을 의미하며, 미래 총소득의 현재가치의 일정 부분에 해당한다.

$$Y_P = \alpha \times (\text{미래총소득의 현재가치}) = \alpha \sum_{t=0}^{n} \frac{Y^t}{(1+r)^t}$$

ⓛ 임시소득(Y_t)
- 비정상적인 소득으로 예측 불가능한 일시적인 소득이다.
- 단기적으로는 (+) 혹은 (−)이나 장기적으로는 평균이 0이다.
- 실제로 측정된 소득이 항상 소득과 일치되지 못하는 차액을 의미한다.
- 확률적 오차와 같은 것이며, 기댓값은 0으로 간주한다.

③ 소비의 결정요인 : 실제소비는 주로 항상소득(Y_p)에 의하여 결정되며, 임시소득(Y_t)은 소비에 별로 영향을 미치지 않는다. 그러므로 임시소득의 변화는 저축에 큰 영향을 미친다.

④ 장·단기소비함수
  ㉠ 단기소비함수

$$APC = \frac{C}{Y} = k\left(1 - \frac{Y_t}{Y}\right)$$

- 호황기 : 임시소득증가 → 총소득증가, 항상소득불변 → 소비불변 → 평균소비성향 하락
- 불황기 : 임소소득하락 → 총소득감소, 항상소득불변 → 소비불변 → 평균소비성향 상승
  ㉡ 장기소비함수
- Y_P와 C_P가 같은 속도로 증가한다. 따라서 $APC = MPC$이다.
- 장기소비함수는 원점을 통과하는 직선이다($APC = k$로 일정).

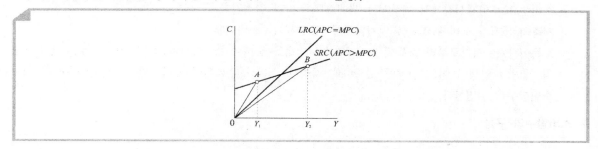

⑤ 시사점 및 한계
  ㉠ 케인즈가 주장한 일시적인 조세정책(재정정책)은 임시소득을 변화시킬 뿐이므로 효과가 무력하다.
  ㉡ 상대소득가설의 문제점인 소비함수의 비대칭성 문제를 해결하였다.
  ㉢ 실제소득을 항상소득과 임시소득으로 구분하는 것이 어렵다.

(8) 랜덤워크(Random Walk) 가설(불규칙 보행가설)

① 개요
  ㉠ 항상소득가설에 합리적 기대를 도입한 소비함수이론이다.
  ㉡ 정보가 불확실한 상황에서 소비주체가 합리적인 소비행동을 한다면, 전기의 소비만이 현재 소비를 예측하는데 도움이 된다고 한다.

② 소비함수

  ㉠ t기 : Y_t^P(t기에서의 항상 소득) 예상 → C_t(t기에서의 소비) 결정

  ㉡ C_t에는 이용 가능한 모든 정보가 고려되었으므로 예측된 정책은 t+1기에 가서 C_{t+1}을 변화시키지 못한다($C_{t+1} = C_t$).

  ㉢ 그러나 예상하지 못한 충격이 발생하면 $C_{t+1} \neq C_t$가 된다.

$$C_{t+1} = C_t + \epsilon_{t+1} \quad (\epsilon_{t+1} : \text{예상하지 못한 충격})$$

③ 시사점

  ㉠ 전통적인 소비함수이론과 달리 미래의 소비를 예측하기 위해서는 전기의 소비만 알면 된다.

  ㉡ 예상하지 못한 충격은 합리적 기대를 이용하더라도 예측이 불가능하므로 소비의 정확한 예측이 불가능하다(소비함수무용론).

  ㉢ 예상된 정책은 소비의 변화에 아무런 영향을 미칠 수 없으며, 예상되지 못한 정책만이 소비를 변화시킬 수 있다.

(9) 안도(A. Ando)와 모딜리아니(F. Modigliani)의 평생소득가설(생애주기가설)

① 개요

  ㉠ 소비수요는 현재시점에서 예상되는 생애소득에 따라 결정된다.

  ㉡ 저축의 동기가 소비에 영향을 미치는지를 중요시하는 소비이론이다.

  ㉢ 소득이 높은 시기로부터 소득이 낮은 시기로 저축을 통하여 소득이 이동하게 된다는 것을 강조한다.

  ㉣ 각 개인이 일생의 어느 단계에 있느냐에 따라서 소득과 소비행태가 다르다는 점을 이용하여 장·단기 소비함수를 설명한다.

② 소비함수의 구성

$$C_t = aY_t + bA_t$$
(Y_t : 노동소득, a : 노동소득의 한계소비성향, A_t : 자산소득, b : 자산소득의 한계소비성향)

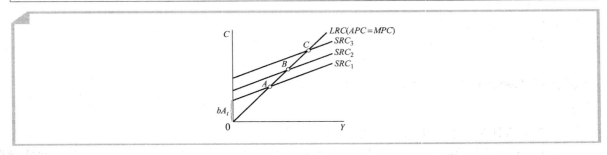

③ 단기소비함수

　　㉠ 단기에는 자산소득이 A_t로 고정되어 있으므로 Y_t가 0일 때 bA_t만큼의 소비가 가능하다.(단기소비함수의 절편은 자산소득에 의하여 결정된다.)

　　㉡ 노동소득(Y_t)이 커지면 이에 따라 소비가 증가하므로 단기소비함수는 우상향의 형태를 띤다. 따라서 단기적으로 $APC > MPC$가 성립한다.

③ 장기소비함수

　　㉠ 장기적으로 보면 자산소득이 증가하므로 단기소비함수가 상방으로 이동한다.

　　㉡ 장기에는 자산소득뿐만 아니라 노동소득도 증가하므로 소비점은 $A \rightarrow B \rightarrow C$로 이동한다.

　　㉢ A, B, C를 연결하면 원점을 통과하는 장기소비함수가 도출된다. 따라서 장기에 $APC = MPC$가 성립된다.

④ 특징 및 시사점

　　㉠ 소비의 설명변수로 자산을 명백히 포함시켰다.

　　㉡ 항상소득개념의 모호성을 극복하였다.

　　㉢ 단기적인 조세정책은 평생소득에 큰 영향을 미치지 못하므로 효과가 미약하다.

⑤ 문제점

　　㉠ 개인이 사망하기 전에 축적한 부를 모두 사용한다고 가정하고 있지만 현실에서는 사망시점에 상당한 부가 남아있는 사람들이 많다. 그 이유로는 예방적 저축을 들 수 있는데, 이는 불확실성에 대비하여 소비를 줄이고 저축을 늘리는 것을 의미한다.

　　㉡ 경제주체가 노년기에 자손들로부터의 존경을 유지하기 위해 저축을 모두 소비하지 않고 상당한 부를 보유하는 전략적 유산을 그 이유로 들고 있다.

02　투자함수론

(1) 투자함수이론의 개요

① 개요 : 투자는 총수요에서 차지하는 비중은 10% ~ 30% 정도에 불과하나 그 변동성이 매우 크기 때문에 경기변동의 가장 중요한 요인이며, 총수요의 구성요인 일뿐만 아니라 생산능력을 증대시키는 효과가 있으므로 장기적인 경제성장도 밀접하게 관련되어 있다.

② 현재가치(present value) : 미래의 금액을 얻기 위하여 필요한 현재 금액을 현재이자율로 계산하는 방법이다.

③ 미래가치(future value) : 현재금액을 미래에 얻을 수 있는 금액으로 현재이자율로 계산하는 방법이다.

④ 할인(discounting) : 미래 금액의 현재가치는 이자율 때문에 미래금액보다 작아지게 되는데 이를 할인이라고 하며, 이자율이 상승할수록 미래금액의 현재가치는 작아지게 된다.

(2) 현재가치법(Fisher)

① 개요

㉠ 현재가치법이란 투자비용과 투자로부터 얻을 수 있는 수입의 현재가치를 비교하여 투자 여부를 결정한 다는 이론이다.

㉡ 고전학파의 투자결정이론이다.

② 투자의 현재가치와 순현재가치

㉠ 투자비용은 현재시점에서 소요되나 투자로부터 얻게 되는 수입은 미래에 회수되므로 투자수입의 현재가 치계산이 필요하다.

㉡ 투자에 따른 미래수입의 현재가치와 순현재가치는 다음과 같이 계산한다.

> • 기대수익흐름의 현재가치(PV) : $PV = \dfrac{R_1}{1+r} + \dfrac{R_2}{(1+r)^2} + \cdots + \dfrac{R_n}{(1+r)^n}$
>
> (단, r : 이자율, $R_1, R_2, \cdots, R_n$: 기(期)별 기대수익, n : 존속기간년수)
>
> • 기대수익흐름의 순현재가치(NPV : Net Present Value) : $NPV = PV - C$ (단, I : 투자액)

③ 투자결정원리

㉠ $PV > C \leftrightarrow NPV > 0$: 투자 ○ → 투자증가 (투자의 현재가치가 투자비용보다 크면 투자의 순현재가치 가 0보다 크므로 투자한다.)

㉡ $PV < C \leftrightarrow NPV < 0$: 투자 × → 투자감소

㉢ $PV = C \leftrightarrow NPV = 0$: 무차별 → 투자중단

④ 이자율과 투자

㉠ 기존의 어떤 투자안이 $PV > C$라고 가정하자

㉡ r 이 상승하면 현재가치의 감소로 인해 $PV < C$가 되는 경우가 발생한다.

㉢ 이런 투자안의 경우 이자율 상승 이후에는 투자가 이루어지지 않는다. 따라서 투자는 이자율의 감소함 수이다. $[I = I(r), \ \dfrac{\triangle I}{\triangle r} \langle 0]$

(3) 내부수익률법(J.M. Keynes)

① 개요

㉠ 내부수익률법이란 내부수익률(투자의 한계효율)과 이자율을 비교하여 투자를 결정한다는 이론이다.

㉡ 케인즈의 투자결정이론이다.

㉢ 투자는 이자율보다는 기업의 내부수익률(예상수익율)에 따라 결정된다. 내부수익률은 투자순수익이 0이 될 것으로 예상되는 수익률이다. 따라서 내부수익률이 이자율보다 높으면 투자시 순수익이 예상되므로 투자한다.

② **투자의 한계효율**(MEI : marginal efficiency of investment)

  ㉠ 투자비용과 투자로부터 얻게 되는 수입의 현재가치가 같아지는 할인율로 다음의 식을 만족하는 m값을 의미한다.

  • 투자수익이 0이 될 것으로 예상되는 수익률이며, 내부수익률이라고도 한다.

> • 투자의 한계효율 : 내부수익률, 예상수익률
> • 기대수익흐름 현재가치와 투자액을 일치시키는 할인율
> • $C = PV = \dfrac{R_1}{1+m} + \dfrac{R_2}{(1+m)^2} + \cdots + \dfrac{R_n}{(1+m)^n}$ (단, m : 내부수익률)
> • 경제적 의미 : 투자에 따른 기대수익과 투자액이 주어져 있을 때, 순수익률이 0이 될 것으로 예상되는 수익률

  ㉡ 투자비용 C는 객관적으로 주어진 값이므로 투자의 한계효율(m)의 크기는 예상수입($R_1, R_2, \cdots, R_n$)에 의존한다.

  ㉢ 예상수입의 크기는 기업가의 장래에 대한 기대에 의존하므로 m값은 기업가의 예상에 의하여 결정된다.

③ **투자결정원리** : 투자의 한계효율과 이자율을 비교하여 투자여부를 결정한다.

  ㉠ $m > r \leftrightarrow NPV > 0$: 투자 ○ → 투자증가 [시장이자율이 투자의 한계효율보다 낮으면 순현재가치가 0보다 크므로 투자가 이루어진다.]

  ㉡ $m < r \leftrightarrow NPV < 0$: 투자 × → 투자감소

  ㉢ $m = r \leftrightarrow NPV = 0$: 무차별 → 투자중단

④ **이자율과 투자**

  ㉠ 기존의 어떤 투자안이 $m > r$라고 가정하자

  ㉡ r이 상승하면 $m < r$가 되는 경우가 발생한다.

  ㉢ 이런 투자안의 경우 이자율이 상승 이후에는 투자가 이루어지지 않는다. 따라서 투자는 이자율의 감소함수이다. $[I = I(r),\ \dfrac{\triangle I}{\triangle r} < 0]$

⑤ **내부수익율법의 문제점**

  ㉠ 투자수익이 n기에 걸쳐 발생할 때 내부수익률은 n차 방정식의 해이므로 유일한 내부수익률을 도출할 수 없다.

  ㉡ 3기 이상에 걸친 투자계획이나 투자규모가 서로 다른 투자계획의 우선순위를 평가할 때 오류의 가능성이 있다.

  ㉢ 실제 투자결정은 현재가치법에 의해 결정되지만, 내부수익률법은 기업의 심리적요인(투자마인드)이 투자결정에 보다 중요한 역할을 한다는 것을 강조한다.

※ 현재가치법과 내부수익률법

구분	현재가치법	내부수익률법
공통점	• 기대수익률에 의하여 투자가 결정된다. • 투자는 이자율의 감소함수이다.	
차이점	• 객관적인 시장이자율을 이용하여 투자안을 평가한다. • 투자는 이자율에 대해 탄력적이다.	• 주관적인 내부수익률을 이용하여 투자안을 평가한다. • 투자는 이자율에 대해 비탄력적이다.
평가	이론적으로 볼 때 내부수익률법보다 우월한 것으로 평가된다.	내부수익률(m)은 계산된 값이므로 다수의 내부수익률이 존재할 가능성이 있다.

(4) 새고전학파 투자이론

① 개념 : 자본의 사용자비용과 자본의 한계생산물가치에 의해 적정자본량이 결정되는 이론이다.

② 자본의 사용자비용(user cost of capital) : 자본 한 단위를 투자할 때 생기는 비용

$$C = P_K \cdot R + P_K \cdot \delta - P_K \cdot \pi^e = P_K(R + \delta - \pi^e) = P_K(r + \delta)$$

(R : 명목이자율, δ : 감가상각율, π^e : 예상 물가상승률, $R - \pi^e$: 실질이자율, P_K : 자본재 1단위 가격)

  ㉠ 보유하지 않고 임대했을 때 임대수익 $R - \pi^e$과 자본재 감가상각비용 δ만큼이 기회비용이다.

  ㉡ 따라서 투자자는 자본재 1원어치 당 적어도 $R - \pi^e + \delta$ 만큼의 수익이 발생할 것을 기대한다.

③ 투자결정원리
  ㉠ 자본의 한계생산물가치(VMP_K)

$$VMP_K = P \times MP_k$$

  • 기업은 자본의 한계생산물가치와 자본의 사용자 비용을 비교하여 투자여부를 결정하게 된다.
  ㉡ 최적 자본투자량의 결정

$$P_K(r + \delta) = P \times MP_k$$

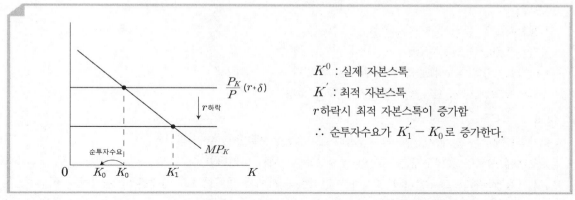

K^0 : 실제 자본스톡

$K^{'}$: 최적 자본스톡

r하락시 최적 자본스톡이 증가함

∴ 순투자수요가 $K_1^{'} - K_0$로 증가한다.

- 실질이자율이 상승하면 자본의 사용자 비용이 상승하므로 기업의 최적자본량은 감소한다.
- 예상 인플레이션율이 상승하면 자본의 사용자 비용이 감소하므로 기업의 최적자본량은 증가한다.

(5) 가속도 원리

① 개념

㉠ 소득이 증가하여 투자가 증가하는 것을 의미한다.

㉡ 유발투자를 가정하여 소득 혹은 소비변화가 발생할 때 투자가 훨씬 더 급속히 변화하는 경우를 설명하는 이론이다.(※ 유발투자 : 기업의 투자는 국민소득 수준에 따라 영향을 받는다.)

② 모형

㉠ 투자는 소비변화에서 유발되고 소비변화는 소득변화에 의해 발생하므로 이를 모형화하면 다음과 같다.

$$
\begin{aligned}
I_t &= \beta \cdot \Delta C_t && (\beta : \text{고전적 가속도계수}, \beta > 1) \\
&= \beta(C_t - C_{t-1}) \\
&= \beta(\alpha Y_{t-1} - \alpha Y_{t-2}) && (C_t = \alpha Y_{t-1}\text{이라고 가정}, 0 < \alpha < 1) \\
&= \alpha\beta(Y_{t-1} - Y_{t-2}) && (\alpha\beta : \text{현대적 가속도계수}, \alpha\beta < \beta)
\end{aligned}
$$

㉡ 가속도원리에 따르면 투자의 크기는 소득변화분($Y_{t-1} - Y_{t-2}$), 가속도계수(β), 한계소비성향(α)에 의해 결정된다.

③ 투자결정이론

㉠ 한계소비성향이 클수록 유발투자는 커진다.

㉡ 소득증가분이 클수록 유발투자는 커진다.

④ 장단점

㉠ 장점 : 소비변화율 혹은 소득변화율보다 투자의 변화율이 훨씬 더 큰 현상을 잘 설명하고 있다.

ⓛ 단점
  • 생산시설의 완전가동을 전제한다.
  • 가속도계수가 일정하다고 가정한다.
  • 이자율, 자본재가격 등을 고려하지 않고 있다.
  • 투자에 소요되는 시차를 고려하지 못하고 있다.

⑤ 한계
  ㉠ 가속도계수는 경제상황에 따라 변화하므로 정확한 측정이 곤란하다.
  ㉡ 모형에 따르면 유발투자는 자본의 완전고용상태에서 나타난다.
  ㉢ 실제유발투자는 유휴설비가 존재하는 경기침체 하에서 경기회복이 기대될 때 활발하게 이루어지는 것이 일반적이다.

(6) 신축적 가속도원리(자본스톡조정모형) – Koyck

① 개요 : 기존의 자본량과 적정 자본량(K^*) 사이의 갭을 채워 가는 과정에서 투자가 이루어진다고 보는 이론이다.

② 투자결정원리
  ㉠ 이번기의 자본량(K_t)과 전기 자본량(K_{t-1})의 차이가 투자이다.
  ㉡ 적정 자본량을 K^*라고 하면 K^*와 전기 자본량 사이의 격차를 채워 가는 것이 투자이다.
  ㉢ 일시적으로 K^*와 K_{t-1}의 차이를 채우기 위해서는 높은 조정비용이 소요된다. 따라서 기업은 매기마다 ($K^* - K_{t-1}$)의 일정 비율(λ)만큼의 투자를 하게 된다.
  ㉣ 조정비용이 커질수록 λ가 작아진다.

$$I_t = \lambda(K^* - K_{t-1}) \quad (0 < \lambda < 1, \lambda : 조정속도 = 신축적\ 가속도계수)$$

③ 투자의 결정요인 : 목표생산량 증가, 이자율과 자본재가격의 하락 등은 최적자본량을 증가시키므로 투자가 증가한다.

④ 장단점
  ㉠ 장점 : 단순한 가속도 이론보다는 훨씬 더 현실적이다.
  ㉡ 단점
    • 조정계수 λ가 어떻게 결정되는지 설명하지 못하고 있다.
    • K^*가 어떻게 결정되는지에 대한 설명이 미흡하다.

⑤ 자본스톡조정모형
  ㉠ 자본의 실질임대료가 하락하거나 국민소득이 증가하여 목표생산량이 증가하면 적정자본스톡이 증가한다.
  ㉡ 적정자본스톡이 증가하면 투자수요가 증가한다.

(7) 토빈(J. Tobin)의 q이론

① 개요 : q이론은 주식시장에서 평가된 기업의 가치와 실물자본의 대체비용을 비교하여 투자를 설명하는 이론이다.

   ㉠ 투자에 따른 자본의 실질순한계생산성($MP_K - (r - \pi + \delta)$)이 증가하면 투자수요가 증가한다.

   ㉡ 실질순한계생산성은 자본의 한계생산성(MP_K)에서 자본의 실질임대료($r - \pi + \delta$)를 뺀 것이며, 투자에 따른 실질순수익을 의미한다.

   ㉢ 자본의 한계생산성이 증가하거나 자본의 실질임대료가 감소하면 자본의 실질순한계생산성(실질순수익)이 증가하므로 투자가 증가한다.

② 투자결정원리

   ㉠ q값의 정의

   > • 토빈의 q : $q = \dfrac{MP_K - (r - \pi + \delta)}{r - \pi} + 1 = \dfrac{MP_K - \delta}{r - \pi}$
   >
   > (단, $MP_K - \delta$: 감가상각을 고려한 자본의 순한계생산성, $r - \pi$: 물가상승을 고려한 자본의 실질이자율)
   >
   > • 투자수요함수 : $I^D = I(q)$
   > - q > 1 : 투자 시, 수익 발생
   > - q < 1 : 투자 시, 손실 발생
   >
   > • 토빈의 q의 경제적 의미 : $q = \dfrac{\text{주식시장에서 평가된 기업의 시장가치}}{\text{기업의 실물자본 대체비용}} = \dfrac{\text{자본재의 시장가치}}{\text{자본재의 구입가격}}$

   ㉡ 투자결정

   • $q > 1$: (주식시장에서 평가된 기업의 시장가치) > (기업의 실물자본의 대체비용) → 투자증가
   • $q = 1$: (주식시장에서 평가된 기업의 시장가치) = (기업의 실물자본의 대체비용) → 투자불변
   • $q < 1$: (주식시장에서 평가된 기업의 시장가치) < (기업의 실물자본의 대체비용) → 투자감소

③ 장단점

   ㉠ 장점

   • 종래의 투자함수에서 사용하던 설명변수인 이자율이 전달해 줄 수 없는 투자유인에 관한 포괄적인 정보를 q가 내포하고 있다.
   • q이론에서는 현 시점뿐만 아니라 미래시점의 자본의 수익성도 투자에 영향을 미친다는 점을 명시적으로 보여준다.
   • q이론은 주식시장의 국민경제적 역할을 잘 보여준다.

   ㉡ 단점

   • 투자가 결정된 후 이를 집행하는 데 커다란 시차가 존재하므로 그 기간 동안 주가가 큰 폭으로 변할 가능성이 있다.
   • 주식시장이 비효율적이면 q값 자체는 의미가 없다.

⑧ 투자옵션모형

① 내용

　　㉠ **투자옵션** : 기업에게는 "투자 시행과 투자 보류"의 두 가지 옵션이 존재한다.

　　㉡ **실물투자의 비가역성** : 투자를 실행하고 나면 그 이전상태로 되돌리기가 어려워지는 것을 말한다.

　　㉢ 경제 내의 불확실성이 커지는 경우, "투자 시행" 옵션을 선택할 때의 기회비용이 높아지므로 기업들은 "투자 보류" 옵션을 선택하게 되고, 이에 따라 투자가 감소한다.

② **의의** : 불확실성이 투자에 미치는 영향을 잘 보여주는 이론이다.

기출문제분석

(한국수력원자력)

1 A국의 2016년 처분가능소득(disposable income)과 소비가 각각 100만 달러와 70만 달러였다. 2017년에 A국의 처분가능소득과 소비가 각각 101만 달러와 70만 7천 달러로 증가하였다면 A국의 한계저축성향은 얼마인가?

① 0.3   ② 0.5

③ 0.7   ④ 0.8

> **⑤NOTE** 처분가능소득이 10,000달러가 증가하고, 소비가 7,000달러 증가했으므로 저축은 3,000달러만큼 증가했다.
>
> 한계소비성향 $= \dfrac{\triangle C}{\triangle Y} = \dfrac{7,000}{10,000} = 0.7$, 한계저축성향($MPS$) $= \dfrac{\triangle C}{\triangle Y} = \dfrac{3,000}{10,000} = 0.3$
>
> 즉, 한계소비성향과 한계저축성향의 합은 항상 1이므로 한계소비성향이 0.7이면 한계저축성향은 0.3이다.

(국민연금공단)

2 프리드먼(M. Friedman)의 항상소득이론에 대한 설명으로 가장 바르지 않은 것은?

① 불황기의 평균소비성향은 호황기에 비해 감소한다.

② 소비는 미래소득의 영향을 받는다.

③ 소비자들은 소비를 일정한 수준에서 유지하고자 한다.

④ 일시적 소득세 감면이 지속적인 감면보다 소비지출 증대효과가 작다.

> **⑤NOTE**
> - $APC = \dfrac{C}{Y_P + Y_T} \rightarrow APC$
> - $APC_{불황} = \dfrac{C}{Y_P + Y_T \downarrow} \rightarrow APC \uparrow$
>
>   항상소득가설에 의하면 경기불황으로 임시소득이 감소하더라도 소비는 별로 감소하지 않으므로 평균소비성향이 높아진다.
> - $APC_{호황} = \dfrac{C}{Y_P + Y_T \uparrow} \rightarrow APC \downarrow$
>
>   경기호황으로 임시소득이 증가하더라도 소비는 거의 증가하지 않으므로 평균소비성향이 낮아진다. 그러므로 불황기의 평균소비성향은 호황기보다 높다.

Answer. 1.① 2.①

3 (코스콤)
다음은 소득과 소비의 관계에 대한 두 의견이다. 이에 대한 설명으로 올바른 것은?

> (개) 소비는 처분가능소득에 가장 큰 영향을 받는다. 처분가능소득이 증가하면 소비는 증가한다.
> (내) 사람들은 현재의 소득이 아니라 일생 동안의 소득을 고려하여 소비 수준을 결정한다. 사람들은 전 생에 걸쳐 안정적 소비 패턴을 유지하려고 하므로 소비는 그때의 소득에 민감하게 반응하지 않는다.

① (개)에 따르면 소액 복권에 당첨된 사람은 소비를 늘리지 않을 것이다.
② (개)에 따르면 경기 상승으로 회사 영업실적이 좋아져 받은 특별 상여금은 모두 저축될 것이다.
③ (내)에 따르면 일시적 실업자는 소비를 크게 줄일 것이다.
④ (내)에 따르면 장기간의 소득세 감면은 경기 활성화에 도움이 될 것이다.

> 🔖NOTE (개)는 현재소득의 절대적인 크기에 의해 현재소비가 영향을 받는다는 케인스의 절대소득가설에 대한 내용이다. 즉, 처분가능소득에 의해 소비가 결정되므로 소액 복권에 당첨되거나 특별 상여금을 받음에 따라 처분가능소득이 증가하면 곧바로 증가하게 된다.
> (내)는 전 생애의 평균적인 소득의 흐름에 의해 현재소비가 영향을 받는다는 생애주기가설에 대한 내용이다. 즉, 소비는 일생 동안의 소득에 의해 결정되므로 일시적으로 실업상태에 놓이더라도 소비는 거의 변하지 않는다. 이에 비해 장기간의 소득세 감면이 이루어지면 일생 동안의 소득이 증가하므로 민간의 소비가 증가하여 경제가 활성화된다.

4 (한국전력공사)
투자이론에 대한 다음 설명 중 바르지 않은 것은?

① 신고전학파에 따르면 실질이자율 하락은 자본의 한계편익을 증가시켜 투자의 증가를 가져온다.
② 투자는 토빈(Tobin) q의 증가함수이다.
③ 자본의 한계생산이 증가하면 토빈(Tobin) q값이 커진다.
④ 투자옵션모형에 따르면, 상품가격이 정상이윤을 얻을 수 있는 수준으로 상승하더라도 기업이 바로 시장에 진입하여 투자하지 못하는 이유는 실물부문의 투자가 비가역성을 갖고 있기 때문이다.
⑤ 재고투자모형은 수요량 변화에 따른 불확실성의 증가가 재고투자를 증가시킬 수도 있다는 점을 설명한다.

> 🔖NOTE 신고전학파 투자모형에 따르면 실질이자율이 하락하면 자본의 사용자 비용이 낮아지므로 적정 자본량이 증가하고, 그에 따라 투자가 증가한다. 그러나 실질이자율의 변화가 자본의 한계생산성에는 영향을 미치지는 않는다. 한편 전통적인 투자이론들은 투자의 가역성을 전제하고 있다. 일단 투자가 이루어진 후에 제품 수요가 예상에 미치지 못할 경우에는 자본량을 줄이고 원래의 투자금액을 회수할 수 있음을 가정한다. 그러나 현실적으로 대부분의 자본재는 고유의 용도를 가지고 있기 때문에 투자는 어느 정도 비가역성을 가질 수 밖에 없다.

Answer. 3.④ 4.①

(한국마사회)

5 **케인즈 소비함수에 관한 설명으로 바르지 않은 것은?**

① 소비는 현재 소득의 함수이다.

② 소득이 증가할수록 평균소비성향은 증가한다.

③ 한계소비성향은 0보다 크고 1보다 작다.

④ 소득이 없어도 기본적인 소비는 있다.

⑤ 소득과 소비의 장기적 관계를 설명할 수 없다.

> **NOTE** 케인즈 소비함수의 절대소득가설에 의하면 소득증가 시, 한계소비성향(MPC)은 일정하지만, 평균소비성향(APC)은 감소한다. 장단기 구분없이 항상 APC > MPC 이다.
> ※ 쿠즈네츠 시계열분석
> - 단기 : APC > MPC, 장기 : APC < MPC
> - 케인즈 모형은 시계열분석에서 나타나는 단기와 장기 현상을 설명할 수 없다.

(국민연금공단)

6 **소비이론에 관한 설명으로 옳은 것은?**

① 한계저축성향과 평균저축성향의 합은 언제나 1이다.

② 케인즈의 소비함수에서는 소비가 미래에 예상되는 소득에 영향을 받는다.

③ 절대소득가설에 따르면, 소비는 현재의 처분가능소득으로 결정된다.

④ 항상소득가설에 따르면, 호황기에 일시적으로 소득이 증가할 때 소비가 늘지 않지만 불황기에 일시적으로 소득이 감소할 때 종전보다 소비가 줄어든다.

⑤ 생애주기가설에 따르면, 소비는 일생동안의 소득을 염두해 두고 결정되는 것은 아니다.

> **NOTE** ① 한계저축성향가 평균저축성향의 합은 1이 될 수 없다.
> ② 케인즈의 소비함수(절대소득가설)에서는 현재소비가 현재소득에 따라 결정된다.
> ④ 항상소득가설에 따르면, 일시적 소득(임시소득)이 변화할 때 소비는 불변이다.
> ⑤ 생애주기가설에 따르면, 소비는 일생동안의 미래소득에 따라 결정된다.

Answer. 5.② 6.③

7 (코스콤) 어느 기업의 자본의 한계생산물(MP_K)이 50 − 0.1K라고 하자. 자본재 가격은 단위당 10,000원, 감가 상각률은 5%로 일정하며, 생산물 가격은 단위당 200원으로 일정하다. 실질이자율이 초기 10%에서 5% 로 하락하였을 때, 이 기업의 초기 자본량(K_0)과 바람직한 투자수준(I)은? (단, K는 자본량이다.)

① $K_0 = 375$, $I = 25$ ② $K_0 = 375$, $I = 50$

③ $K_0 = 425$, $I = 25$ ④ $K_0 = 425$, $I = 50$

📙 NOTE 신고전학파의 투자결정이론 – 적정자본량 수준

$(i + d - \pi) \cdot P_K = MP_K \cdot P$(단, i : 명목이자율, d : 감가상각률, π : 인플레이션율, r : 실질이자율, P_K : 자본재 가격, MP_K : 자본의 한계생산성, P : 생산물 가격)

자본의 한계생산물 $MP_K = 50 - 0.1$K이고, 생산물 가격 P = 200이므로 자본의 한계생산물가격 $VMP_K = 10,000 - 20$K 이다.

자본재가격 $P_K = 10,000$, 감가상각률 d = 0.05, 실질이자율 r = 0.1 이면 자본의 사용자 비용 $C = (r + d)P_K = (0.1 + 0.05) \times 10,000 = 1,500$이다.

초기의 적정자본량을 구하기 위해 $C = VMP_K$로 두면 1,500 = 10,000 − 20K, K = 425

실질이자율이 10%에서 5%로 하락하면, 자본의 사용자비용 C = (0.05 + 0.05) × 10,000 = 1,000으로 하락한다.

실질이자율이 5%일 때의 적정자본량을 구해보면, 1,000 = 10,000 − 20K, K = 450이다.

그러므로, 실질이자율이 10%에서 5%로 하락하였을 때의 적정자본량(K = 450)에 비해 초기 자본량(K = 425)이 25만큼 부족하게 되어, 바람직한 투자수준 I = 25가 된다.

8 (한국마사회) 사람들의 소비행태 이론들에 대한 설명으로 옳지 않은 것은?

① 생애주기가설에 따르면 개인의 저축은 나이에 따라 U자형으로 나타날 가능성이 크다.

② 항상소득가설에 따르면 길에서 우연히 주운 돈과 안정된 직장에서 발생하는 소득에 대하여 다른 소비성향을 보인다.

③ 항상소득가설에 따르면 사람들은 비교적 일정한 수준에서 소비를 유지하고 싶어한다.

④ 생애주기가설에 따르면 사람들은 일생에 걸친 소득의 변화 양상을 염두에 두고 적절한 소비수준 을 결정한다.

📙 NOTE 일생에 걸친 소득의 변화 양상을 염두에 두고 적절한 소비수준을 결정한다는 생애주기가설에 따르면 청년기와 노년기에 는 소득에 비해 소비가 더 커서 (−)저축을 하게 되고, 장년기에는 소득이 소비에 비해 커서 (+)저축을 하게 된다. 따라서, 시간의 흐름을 가로축에 저축의 크기를 세로축에 놓으면 개인의 저축은 나이에 따라 역 U자형으로 나타나게 된다.

항상소득가설에 따르면 안정된 직장에서 발생하는 항상소득은 주로 소비에 지출되며, 길에서 우연히 주운 돈과 같은 것 은 임시소득으로 대부분 저축을 하게 된다.

🐻➤ **Answer.** 7.③ 8.①

9 다른 모든 조건이 일정할 때 다음 중 토빈(Tobin)의 q를 증가시키는 요인은?

① 법인세율의 인상

② 주가상승

③ 자본재의 대체비용 상승

④ 통화공급의 감소

> NOTE 토빈의 q는 주식시장에서 평가된 기업의 시장가치를 실물자본의 대체비용으로 나눈 값이며, 설비투자의 동향을 설명하거나 기업의 가치평가에 이용된다. 따라서 주가가 상승하면 q값은 커지고 자본재의 대체비용이 커지면 q값은 하락한다.

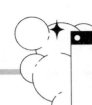

출제예상문제

1 다음 소비함수 중 케인즈의 절대소득가설을 충족시키는 것은? (단, $C=$소비, $Y_d=$가처분소득, $i=$이자율)

① $C=100+0.7Y_d$

② $C=50+0.8Y_d-2.5i$

③ $C=100+1.2Y_d$

④ $C=-10+0.4Y_d$

> **NOTE** 케인즈의 절대소득가설에 따르면 소비는 가처분소득의 함수이며 이자율의 영향을 받지 않는다. 또한 $\overline{C}>0$, $0<c<1$ ($\overline{C}$는 기초소비, c는 한계소비성향)을 충족시켜야 한다.

2 다음 중 소비함수 이론에 대한 설명으로 옳지 않은 것은?

① 절대소득가설에 따르면 소비의 독립성과 소비의 가역성을 가정한다.

② 쿠즈네츠 실증분석에 따르면 단기 시계열분석 결과 한계소비성향이 평균소비성향보다 크다.

③ 생애주기가설에 따르면 단기적인 조세정책은 평생소득에 큰 영향을 미치지 못하므로 효과가 미약하다.

④ 상대소득가설에 따르면 소비의 상호의존성에 따라 전시효과가 발생하며, 소비의 비가역성에 따라 톱니효과가 발생한다.

⑤ 항상소득가설에 따르면 항상소득은 현재 및 과거의 소득을 가중평균하여 구한다.

> **NOTE** 쿠즈네츠 실증분석에 따르면 단기 시계열분석 결과 평균소비성향이 한계소비성향보다 크다.

Answer. 1.① 2.②

3 피셔(Fisher)의 최적소비선택모형에서 제1기에 소득이 소비보다 큰 소비자에 관한 설명으로 옳은 것을 모두 고른 것은? (단, 기간별 소비는 모두 정상재이며, 차입제약은 존재하지 않음을 가정)

> ㉠ 제1기의 소득증가는 제1기의 소비를 증가시킨다.
> ㉡ 제2기의 소득증가는 제2기의 소비를 감소시킨다.
> ㉢ 실질이자율이 상승하면 제2기의 소비는 증가한다.
> ㉣ 실질이자율이 상승하면 제1기의 소비는 감소한다.

① ㉠㉡

② ㉠㉡㉣

③ ㉡㉣

④ ㉠㉢

📝NOTE | ㉠㉡ 제1기와 제2기의 소득증가는 소득효과로 인해 어느 한 가지만 증가하여도 제1기와 제2기의 소비를 모두 증가시킨다.
㉢㉣ 문제의 상황에서 소비자는 저축자에 해당한다. 따라서 실질이자율이 상승함에 따라 제1기와 제2기의 소비는 모두 증가한다. 이를 그림으로 나타내면 다음과 같다.

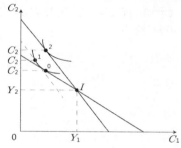

4 투자이론에 대한 다음 설명 중 가장 옳지 않은 것은?

① 신고전학파의 투자이론에 의하면 자본의 한계생산성이 투자의 주요 결정요인이다.
② 토빈의 q이론에 의하면 주식시장에서 평가된 어느 기업의 시장가치가 그 기업의 실물자본 대체비용보다 큰 경우, 이 기업의 투자는 감소한다.
③ 딕싯의 투자옵션모형에 의하면 투자는 불확실성의 감소함수이다.
④ 가속도원리에 의하면 투자는 소득변화의 증가함수이다.

📝NOTE | ② 토빈의 q이론에 따르면 주식시장에서 평가된 어느 기업의 시장가치가 그 기업의 실물자본 대체비용보다 큰 경우, 즉 토빈의 q가 1보다 큰 경우 투자는 증가한다.

5 소비이론에 관한 설명으로 옳은 것은?

① 소비자들의 미래전망적이고 합리적인 소비를 가정하는 경우, 정부지출을 변화시키지 않은 채 시행되는 국채 발행을 통한 조세 감면은 현재소비의 증가를 가져오지 않는다.

② 항상소득가설에 따르면 평균소비성향은 현재소득에 대한 항상소득의 비율에 의존한다.

③ 케인즈의 소비함수는 쿠즈네츠의 횡단면 분석과 시계열 분석의 결과를 모두 충족한다.

④ 생애주기가설은 케인즈의 절대소득가설과 달리 소비 선택의 요인으로 자산 효과를 고려한다.

> 📝NOTE ① 리카도 등가정리에 의하면 미래전망적인 소비자들은 정부가 현재의 국채를 미래의 증세를 통해 갚을 것을 미리 예측하고 국채를 전부 저축하여 현재의 소비에는 변화를 일으키지 않는다.
> ③ 케인즈의 소비함수는 횡단면 분석과 단기 시계열 분석은 충족하지만, 장기 시계열 분석의 결과는 충족하지 않는다.
> ④ 생애주기가설에서는 소비함수를 자산과 노동수입의 두 부분으로 구성된다고 봄으로써 자산효과를 추가하였다.

6 정부부문이 존재하지 않는 폐쇄경제에서 소비함수가 C=100+0.8Y이고 독립투자가 200이라고 하자. 완전고용 국민소득이 1,700이라면 디플레이션 갭은 얼마인가?

① 20

② 40

③ 100

④ 200

⑤ 400

> 📝NOTE Y=100+0.8Y+200에서 Y=1,500 따라서, 1,700-1,500=200, 승수가 5이므로 디플레이션갭은 200÷5=40 이다.

7 한계소비성향(MPC)에 대한 설명으로 옳지 않은 것은?

① 소득증가분에 대한 소비증가분의 비율을 말한다.

② 장기소비성향에 대한 쿠즈네츠의 분석에 의하면 APC가 MPC보다 크다.

③ 케인즈는 MPC가 일정하다고 가정하고 유효수요이론을 전개하였다.

④ 소득이 변동함에 따라 소비가 얼마만큼 변동하는가를 나타낸다.

> 📝NOTE ② 장기소비성향에 대한 쿠즈네츠의 분석에 의하면 APC는 일정하며, $APC=MPC$이다. APC가 일정한 값이 된다는 것은, 장기소비함수의 임의의 점에서 원점으로 직선을 그었을 때 그 기울기가 일정함을 의미한다. 따라서 장기소비함수는 원점을 통과하는 직선이고 $APC=MPC$가 성립한다.

😊**Answer.** 5.① 6.② 7.②

8 다음 중 케인즈의 소비함수에 대한 내용으로 옳지 않은 것은?

① 현재의 가처분소득에 가장 크게 의존한다.

② 평균소비성향은 소득이 증가함에 따라 감소한다.

③ 평균소비성향이 한계소비성향보다 작다.

④ 가처분소득이 증가하면 소비는 소득의 증가분보다 적게 증가한다.

> **NOTE** 케인즈의 소비함수는 소비축을 통과하는 우상향의 직선이므로 소비함수의 기울기(한계소비성향)보다 소비함수에 원점으로 연결한 직선의 기울기(평균소비성향)가 더 크다.

9 다음 중 소비함수에 대한 설명으로 옳지 않은 것은?

① 상대소득가설에 따르면 소비의 비가역성 때문에 톱니효과가 생긴다.

② 항상소득가설에 따르면 사람들의 임시소득에 대한 소비성향은 항상소득에 대한 소비성향보다 높다.

③ 항상소득가설에 따르면 저소득층보다 고소득층의 경우에 평균소비성향이 낮다.

④ 평생소득가설에 따르면 세율의 일시적인 변동 혹은 정부지출의 일시적인 변동은 소비에 별다른 영향을 주지 못한다.

> **NOTE** ② 항상소득가설에 따르면 임시소득이 증가하더라도 소비는 크게 변화하지 않는다. 따라서 임시소득의 평균소비성향은 항상소득에 대한 소비성향보다 낮다.

10 다음은 항상소득이론(pemanent income theory)과 관련된 설명이다. 옳은 것을 모두 모아 놓은 것은?

> ㉠ 임시소득과 임시소비와는 관계가 없다.
> ㉡ 단기에서 MPC(한계소비성향)가 APC보다 크다.
> ㉢ 장기적으로 APC(평균소비성향)는 일정하다.
> ㉣ 항상소득이론은 사람들은 소비를 일정하게 유지하고 싶어 한다는 것을 전제로 한다.

① ㉠㉡㉢   ② ㉠㉡㉣

③ ㉠㉢㉣   ④ ㉡㉢㉣

> **NOTE** 항상소득이론에 의하면 단기소비함수는 소비축을 통과하고, 장기소비함수는 원점을 통과하는 직선이다. 그러므로 단기에는 $APC > MPC$이고, 장기에는 $APC = MPC$가 성립한다.

Answer. 8.③ 9.② 10.③

11 다음 중 케인즈의 절대소득가설에 대한 설명으로 옳지 않은 것은?

① 한계소비성향은 0보다 크고 1보다 작다.

② 일시적으로 소득이 증가하면 소비는 증가한다.

③ 소비의 독립성을 전제로 한다.

④ 불황기보다 호황기의 평균소비성향이 크다.

NOTE ④ 평균소비성향은 소비함수에서 원점으로 연결한 직선의 기울기로 측정된다. 절대소득가설에 따르면 소비함수는 소비축을 통과하므로 불황일 때는 APC가 높아지고, 호황일 때는 APC가 낮아진다.

12 소비함수와 관련된 다음 설명 중 옳지 않은 것은?

① 케인즈의 소비함수에 따르면 일시적인 세율인하는 소비에 큰 영향을 미친다.

② 생애주기가설에 따르면 장년층의 평균소비성향은 노년층보다 높다.

③ 항상소득가설에 따르면 당첨금이 1,000만 원인 복권에 당첨되면 저축률이 높아진다.

④ 상대소득가설에 따르면 전시효과는 소비의 상호의존성 때문에 나타나는 현상이다.

NOTE ② 장년층은 소득 중에서 많은 부분을 저축하기 때문에 저축률이 높지만, 노년층은 소득에 비해 소비를 많이 하기 때문에 저축률이 낮다. 그러므로 장년층의 평균소비성향은 노년층의 평균소비성향보다 낮다.

13 케인즈(Keynes)에 의한 자본의 한계효율(MEC)에 대한 정의로 옳은 것은?

① 절대적인 예상소득과 자본재의 구입가격을 동일하게 만드는 할인율

② 예상소득의 현재가치를 자본재가격과 동일하게 만드는 할인율

③ 예상소득을 시장이자율로 할인한 값과 자본재 구입가격의 비율

④ 자본재의 구입가격을 시장이자율로 할인한 값

NOTE 자본의 한계효율(Marginal Efficiency of Capital)은 자본재 가격과 그 자본재를 구입하였을 때 얻을 수 있는 수입의 현재가치가 같아지는 할인율을 말한다. 예를 들어, 기계구입가격이 100만 원이고, 그 기계를 구입하였을 때 미래에 얻을 수 있는 수입의 현재가치가 100만 원이 되도록 만들어주는 할인율이 7%라면 자본의 한계효율은 7%가 된다.

Answer. 11.④ 12.② 13.②

14 다음 중 투자와 관련된 설명으로 옳지 않은 것은?

① 투자세액공제는 기업의 투자를 촉진시키는 효과를 가져온다.

② 재고의 변화는 자본스톡에는 영향을 주지 못하기 때문에 투자로 간주되지 않는다.

③ 투자는 변동성이 심하여 경기변동을 초래하는 중요한 요인으로 간주된다.

④ 토빈(Tobin)의 q값이 1보다 크다면 기업은 투자를 늘려 자본스톡을 증가시키는 것이 유리하다.

📝**NOTE** ② 국내총투자는 고정투자(국내총자본형성)와 재고투자의 합으로 정의되므로 재고증가분도 투자로 간주된다. 재고증가가 투자에 포함되기는 하지만 경제 전체의 자본스톡의 크기에는 영향을 미치지 않는다.

15 소비이론에 관한 설명으로 옳은 것은?

① 항상소득가설에 따르면, 호황기에 일시적으로 소득이 증가할 때 소비가 늘지 않지만 불황기에 일시적으로 소득이 감소할 때 종전보다 소비가 줄어든다.

② 생애주기가설에 따르면, 소비는 일생동안 소득을 염두에 두고 결정 되는 것은 아니다.

③ 한계저축성향과 평균저축성향의 합은 언제나 1이다.

④ 케인즈의 소비함수에서는 소비가 미래에 예상되는 소득에 영향을 받는다.

⑤ 절대소득가설에 따르면, 소비는 현재의 처분가능소득으로 결정된다.

📝**NOTE** 케인즈의 절대소득가설에 의하면 소비는 현재의 처분가능소득에 기반을 두고 결정된다.
① 프리드만의 항상소득가설에 의하면 호황기에 일시적인 소득증가는 임시소득이 증가 로 간주되어 항상소득에는 아무런 영향이 없게 되어 소비에 아무런 영향을 미치지 못한다. 마찬가지로 불황기에 일시적인 소득감소도 임시소득의 감소 로 간주되어 항상소득에는 아무런 영향이 없는 경우에는 소비로 연결되지 못한다.
② 모딜리아니, 블룸버그, 엔도의 생애주기가설에 의하면 소비는 일생동안의 소득의 흐름에 의해서 결정된다.
③ 한계소비성향과 한계저축성향의 합은 1이고, 평균소비성향과 평균저축성향의 합도 1이다. 한계저축성향과 평균저축성 향은 1이 될 수도 있고 되지 않을 수도 있다.
④ 케인즈의 소비함수에서는 소비는 현재의 절대소득수준에 의해서만 영향을 받게 되지, 미래에 예상되는 소득에는 아무 런 영향을 받지 않는다.

Chapter.
03 화폐금융론

01 화폐와 금융

(1) 화폐

① 화폐의 기능 : 통화의 네 가지 기능

본원적 기능	일반적 교환수단 (교환의 매개수단)	상품거래, 채권채무관계의 청산 등(일상 거래에 사용)
	회계의 단위	상품의 가격을 정함(가치의 척도)
파생적 기능	지불수단(장래지불표준)	외상거래를 해결할 때 지불수단 (외상매입금, 차입금 등의 변제수단)
	가치저장수단	소득의 가치를 화폐에 저장함(금융자산의 기능)

② 통화의 종류 및 역사(발달)

물품화폐	상품화폐라고도 하는데, 물물교환을 위해 화폐로 쓰기로 한 것으로 소금, 비단, 담배 등이 있다.
금속화폐	여러 가지 물품 중에서 오래사용 가능하고 동질적이며, 휴대성이 편리한 금 또는 은과 같은 귀금속을 화폐로 사용한 것을 의미한다.[칭량화폐, 주조화폐(금화, 은화)]
지폐	법으로 정한 화폐로 금속화폐와는 달리 명목가치와 소재가치가 다르다는 특징을 갖고 있으며, 각국 정부는 지폐를 발행함으로써 주조 차익을 얻을 수 있다.[태환 지폐, 불태환 지폐]
예금화폐	금융 기간에 예치한 예금을 기초로 발행되는 수표 등을 의미한다.
전자화폐 (신용화폐)	전자매체에 가치를 저장하여 지불수단으로 사용하는 것을 의미한다.[신용화폐 – 어음 등]

※ 그레샴의 법칙 : 악화가 양화를 구축한다는 의미로 영국의 토머스 그레샴이 16세기에 제창한 학설이다. 한 사회에서 악화(소재가 나쁜 화폐)와 양화(소재가 좋은 화폐)가 동일한 가치를 갖고 함께 유통할 경우 악화만이 그 명목가치로 유통하고 양화에는 그 소재가치가 있기 때문에 사람들이 가지고 내놓지 않아 유통에서 없어지고 만다는 것이다.

③ 통화량과 통화지표

㉠ 통화량
- 통화량이란 일정 시점에서 시중에 유통되고 있는 화폐의 양을 의미한다.
- 통화량이 너무 많으면 인플레이션이 발생할 수 있고, 너무 적으면 거래가 위축될 수 있으므로 통화량을 적정수준으로 유지하는 것이 매우 중요하다.

ⓛ **통화지표** : 우리나라에서는 금융기관이 취급하는 금융상품의 유동성에 따라 $M1$, $M2$의 통화지표를 편제하고 있다.

- 협의통화($M1$)는 화폐의 지급결제기능을 중시하는 통화지표이다.
- 광의통화($M2$)는 화폐의 거래적 기능뿐만 아니라 가치저당수단으로서의 기능까지 포괄하고 있다.
- 금융기관유동성(Lf)은 전체 금융기관의 자금상황을 나타내는 지표로 과거 통화지표 중 $M3$의 명칭을 변경하였으나 구성항목은 그대로 유지된다.
- 광의유동성(L)은 한 국가의 경제가 보유하고 있는 전체 유동성의 크기를 측정하기 위한 지표이다.

- 협의통화($M1$) = 현금통화(민간보유현금) + 요구불예금 + 수시입출식 저축성예금
- 광의통화($M2$) = $M1$ + 기간물 정기 예·적금 + 시장형 상품 + 실적배당형 상품 + 금융채 + 기타(투신사 증권저축, 종금사 발행어음) [단, 장기(만기 2년 이상)금융상품 제외]
- 금융기관유동성(Lf) = $M2$ + $M2$ 포함 금융상품 중 만기 2년 이상 정기예적금 및 금융채 등 + 한국증권금융(주)의 예수금 + 생명보험회사(우체국보험 포함)의 보험계약준비금 + 농협 국민생명공제의 예수금 등)
- 광의유동성(L) = Lf + 정부 및 기업 등이 발행한 유동성 시장금융상품(증권회사 RP, 여신전문기관의 채권, 예금보험공사채, 자산관리공사채, 자산유동화전문회사의 자산유동화증권, 국채, 지방채, 기업어음, 회사채 등)

---

(2) 금융

① **개념** : 재화나 서비스가 개입되지 않고 화폐 자체의 수요·공급에 의하여 이루어지는 자금의 융통을 의미한다.

② **직접금융과 간접금융**

　　㉠ **직접금융** : 자금의 수요자와 공급자가 직접 자금을 거래하는 것이다.

　　ⓛ **간접금융** : 금융기관을 매개로 하여 자금의 수요와 공급이 이루어지는 것이다. 은행을 통한 거래가 대표적이다.

③ **금융시장** : 자금의 수요자와 공급자 사이에 지속적으로 자금거래가 이루어지는 추상적인 조직을 의미한다.

기준	구분	내용	사례
기간	단기금융시장 (화폐시장)	단기자금의 수요자와 공급자 간 수급불균형을 조절하기 위하여 통상 만기 1년 미만의 금융자산이 거래되는 시장	콜시장, CP시장, CD시장, RP시장
	장기금융시장 (자본시장)	기업의 시설자금이나 장기운전자금 조달을 목적으로 발행되는 채권 및 주식 등 만기 1년 이상의 증권이 거래되는 시장	주식시장, 채권시장
참여자	직접금융시장	자금의 최종 수요자와 공급자가 직접 자금을 대차하는 시장	주식시장, 채권시장
	간접금융시장	금융중개기관이 개입하여 자금의 수요자와 공급자를 연결시켜 주는 시장	예금시장

※ **콜 시장(Call Market)** : 금융기관 상호 간에 일시적인 자금과 부족을 조절하는 최단기 금융시장이다.

④ 금융기관의 분류

구분	내용	종류
통화금융기관	통화를 공급하거나 창조하는 기관	한국은행, 예금은행(일반은행, 특수은행)
비통화금융기관	통화금융기관을 제외한 금융기관	개발기관(한국산업은행, 한국수출입은행) 투자기관, 저축기관, 보험기관

02 화폐의 수요

(1) 고전학파의 화폐수요이론

① 고전학파의 화폐수량설

ㄱ) 교환방정식 : 일정 기간 동안의 총거래액(PT)과 일정 기간 동안의 총지출액(MV)은 항상 일치한다. 따라서 교환방정식은 항등식이다.

$$MV = PT$$
[M : 명목 통화 공급량, V : 유통속도, P : 물가, T : 거래량(총산출량)]

ㄴ) 일반적인 교환방정식 : 거래량(T)은 국민소득(Y)에 비례하므로 원래의 교환방정식의 T를 Y로 대체하면 다음과 같이 나타낼 수 있다.

$$MV = PY$$
[M : 명목 통화 공급량, V : 유통속도, P : 물가, Y : 실질국민소득]

ㄷ) 화폐수요 : 암묵적으로 화폐수요를 설명한다.

• 교환방정식에서 통화량(M)은 통화공급을 의미한다.
• 통화시장이 균형일 때 통화공급량과 통화수요량이 일치할 것이므로 교환방정식은 명목통화수요함수를 의미한다.

• 명목통화수요 : $M = \dfrac{1}{V}PY$

• 실질통화수요 : $\dfrac{M}{P} = \dfrac{1}{V}Y$

• 교환방정식은 화폐수요이론으로 해석하는 것이 가능하고, 교환방정식에서 중요시되는 화폐의 기능은 교환의 매개수단으로서의 기능이다.

ㄹ) 물가이론

• 교환방정식에서 Y와 V가 일정하므로 M이 증가하면 P가 정비례하여 상승한다.
• 단기에서 통화량과 물가수준사이에 비례적인 관계가 있음을 주장하는 물가이론이라 볼 수 있다.

② 신고전학파의 현금잔고수량설

ㄱ 현금잔고방정식 : 소득의 일부를 화폐로 보유하는 것을 등식으로 표시한 것이다.

$[L = k \cdot PY$ (단, k: 마샬의 k. 통화보유성향. 상수)]

ㄴ 화폐수요함수 : 물가 및 실질국민소득과 비례한다.

• 개인들은 대체로 명목국민소득의 일정비율(k)만큼 화폐를 보유하려고 하므로 화폐수요함수는 다음과 같이 나타낼 수 있다.

$$M^d = kPY, \frac{M^d}{P} = kY$$

(M^d : 명목화폐수요, $\frac{M^d}{P}$: 실질화폐수요, k는 화폐보유비율, P : 물가수준, Y : 실질소득)

ㄷ 화폐수요의 동기

구분	내용
거래적 동기의 화폐수요	• 일상적인 지출을 위한 화폐수요 • 소득의 증가함수(고전학파의 견해를 그대로 수용)
예비적 동기의 화폐수요	• 예상하지 못한 지출에 대비하기 위한 화폐수요 • 소득의 증가함수
투기적 동기의 화폐수요	• 장래수입을 극대화하기 위한 화폐수요 • 케인즈의 화폐수요이론에서 가장 중요한 역할 • 이자율의 감소함수

ㄹ 화폐수요의 탄력성

• 소득탄력성과 물가탄력성

– 현금잔고수량설 $M^d = kPY$에서는 명목화폐수요가 명목소득(PY)과 정비례하므로 명목화폐수요의 명목소득탄력성은 1이다.

– 명목화폐수요는 물가에 정비례하므로 명목화폐수요의 물가탄력성은 1이다.

(2) 케인즈의 화폐수요이론

① 거래적 동기 및 예비적 동기 화폐수요

ㄱ 거래적 화폐수요 : 소득의 획득시점과 지불시점이 일치하지 않기 때문이라고 보며, 소득의 크기와 비례한다.

ㄴ 예비적 화폐수요 : 미래의 불확실한 위험에 대비하기 위하여 보유하는 화폐를 의미하며, 소득의 증가함수이다.

② 투기적 동기의 화폐수요

ㄱ 가정

• 자산은 화폐와 채권 2가지만 존재한다.

- 개인들은 포트폴리오를 구성하는 것이 아니라 수익률에 따라서 전부 화폐 혹은 전부 채권으로 보유한다(위험중립자).
- 개인들은 장래의 이자율 수준을 확실히 예상하나 각 개인들의 예상수준은 모두 상이하다.
- 채권은 영구채로서 매년 1원씩의 이자가 지급된다.

ⓛ 발생원인

- 화폐에 대한 투기적 수요는 미래의 이자율이 불확실하기 때문에 존재한다고 하였다.
- 사회 전체적으로 미래 이자율이 일률적으로 결정되지 못하여 확실하게 예측할 수 없다는 것을 의미한다.

ⓒ 개인의 화폐수요

- 채권의 수익률
  - 채권 보유시의 수익은 이자수익(r)과 자본이득(g)으로 구성된다.
  - 현재의 이자율이 r, 장래의 예상이자율이 r^e라면 채권보유에 따른 수익률은 다음과 같이 계산된다.

> - 자본이득률 : $g = \dfrac{\text{예상가격} - \text{현재가격}}{\text{현재가격}} = \dfrac{\dfrac{1}{r^e} - \dfrac{1}{r}}{\dfrac{1}{r}} = \dfrac{r}{r^e} - 1$
>
> - 채권보유에 따른 수익률 : $r + g = r + \dfrac{r}{r^e} - 1$
>
> (r : 이자율, $\dfrac{\dfrac{1}{r^e} - \dfrac{1}{r}}{\dfrac{1}{r}}$: 예산자본이득률, $\dfrac{1}{r^e}$: 채권의 예상가격, $\dfrac{1}{r}$: 현재의 채권가격)

- 개인의 의사결정
  - 개인들은 화폐와 채권의 수익률을 비교하여 채권의 수익률이 높으면 전부 채권, 화폐의 수익률이 높으면 전부 화폐를 보유한다.

> $r + \dfrac{r}{r^e} - 1 > 0 \rightarrow r + \dfrac{r}{r^e} > 1 \rightarrow r > \dfrac{r^e}{r^e + 1}$ ——→ 전부 채권
>
> $r + \dfrac{r}{r^e} - 1 < 0 \rightarrow r + \dfrac{r}{r^e} < 1 \rightarrow r < \dfrac{r^e}{r^e + 1}$ ——→ 전부 화폐

  - 개인의 화폐수요곡선은 임계이자율($r_e = \dfrac{r^e}{r^e + 1}$)을 기준으로 보면 계단형태로 도출된다.

ⓔ 사회 전체의 투기적 화폐수요곡선

- 개인들은 장래이자율에 대하여 확실한 예상을 하나 예상수준이 모두 서로 다르므로 개인들의 화폐수요곡선은 다음 그림과 같이 계단형태가 된다.
- 사회 전체의 화폐수요곡선은 개인들의 화폐수요곡선의 수평적 합으로 도출된다.
- 사회 전체에 다수의 개인들이 존재한다면 사회 전체의 화폐수요곡선은 완만한 이자율의 감소함수형태가 된다.

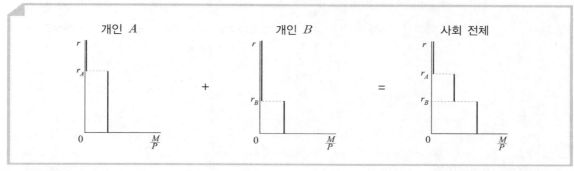

ⓜ 유동성함정(liquidity trap)

 • 이자율이 매우 낮은 수준(채권가격이 매우 높은 수준)이 되면 개인들의 화폐수요곡선이 수평선이 되는 구간(화폐수요의 이자율탄력성 = ∞)이 도출되는데 이를 유동성함정이라고 한다.

 • 유동성함정은 대체로 경기가 극심한 침체상태일 때 발생한다.

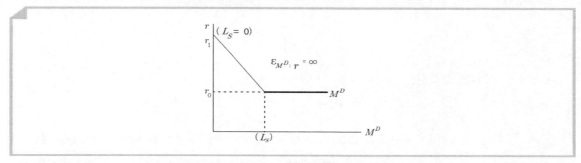

 • r_1 : 최고이자율(최저 채권가격), 전액 채권구입 → 투기적 화폐보유량은 0

 • r_0 : 최저이자율(최고 채권ㄱ격), 보유채권 모두 매각 → 금융자산 전액을 투기적 통화로 보유

③ 케인즈의 화폐수요곡선

 ㉠ 화폐수요곡선의 도출 : 거래적 · 예비적 동기의 화폐의 수요는 소득의 증가함수이다.

 • 소득의 크기가 Y_0로 결정되면 화폐수요의 크기도 $\dfrac{M_0}{P_0}$로 결정된다.

 • 투기적 동기의 화폐수요곡선을 $\dfrac{M_0}{P_0}$만큼 오른쪽으로 이동시킴으로써 사회전체적인 화폐수요곡선이 도출된다.

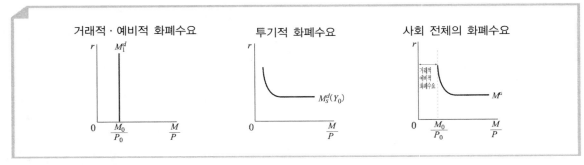

ⓛ 화폐수요곡선의 이동
- 소득이 변화하면 화폐수요곡선이 좌측 또는 우측으로 이동한다.
- 이자율이 변화하면 화폐수요곡선상에서의 이동이 발생한다.

ⓒ 방정식
- 케인즈에 의하면 실질화폐수요는 실질소득과 명목이자율의 함수이다.

$$\frac{M^d}{P} = f\left(\overset{\oplus}{Y}, \overset{\ominus}{r}\right)$$

- 케인즈의 화폐수요함수는 다음과 같이 나타낼 수 있다.

$$\frac{M^d}{P} = kY - hr \quad (k > 0, \ h > 0)$$

(kY : 거래적 동기의 화폐수요, hr : 투기적 동기의 화폐수요, h : 화폐수요의 이자율탄력성)

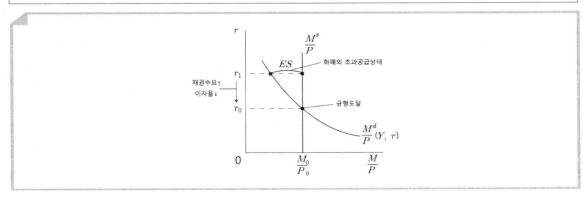

(3) 케인즈 화폐수요이론의 발전

① 보몰(W.J. Baumol)의 재고이론 : 보몰은 화폐를 일종의 재고로 간주하고 개인들은 화폐보유로 얻을 수 있는 편익과 화폐보유의 비용을 비교하여 적정 화폐보유규모를 결정한다는 이론을 제시하였다.

ⓐ 화폐보유에 따른 비용
- 화폐보유에 따른 비용은 화폐보유의 기회비용(이자손실액)과 거래비용의 2가지이다.

- 화폐보유의 기회비용 = 평균화폐보유액 $\times r = \dfrac{M}{2}r$

- 거래비용 = 거래횟수 $\times P_b = \dfrac{P^2 bY}{M}$

• 화폐보유의 총비용은 다음의 식으로 나타낸다.

$$TC = \frac{P^2 Y}{M}b + \frac{M}{2}r$$

ⓒ 화폐수요의 결정

• 최적인출액(M^*) : 화폐보유의 총비용을 최소화하는 M값을 구하기 위하여 총비용을 M에 대하여 미분하여 0으로 두면 최적인출액 M^*는 다음과 같이 계산된다.

$$M^* = P\sqrt{\frac{2bY}{r}}$$

• 화폐수요 : 매번 M원 만큼 인출하여 균등하게 지출한다면 일정 시점에서 평균화폐보유액은 $\dfrac{M}{2}$이므로 화폐수요함수는 다음과 같이 도출된다.

$$M^d = P\frac{\sqrt{bY}}{2r} \quad 또는 \quad \frac{M^d}{P} = \frac{\sqrt{bY}}{2r} \quad (b : 실질거래비용, y : 실질소득)$$

ⓒ 시사점

• 화폐수요는 소득의 증가함수이다.

• 소득이 2배로 증가하더라도 화폐수요는 2배보다 작게 증가한다. 즉, 화폐수요에도 규모의 경제가 작용한다. (화폐수요의 실질소득탄력성은 $\dfrac{1}{2}$)

• 이자율이 상승하면 기회비용이 증가하므로 화폐수요가 감소한다.

• 거래비용(b)이 증가하면 화폐수요가 증가한다.

• 물가가 상승하면 거래규모가 커지므로 명목화폐수요가 증가한다.

• 총소득이 일정할 때 소득분배가 균등해지면 화폐수요가 증가한다.

② **토빈의 자산선택이론**(포트폴리오 이론) : 토빈은 각 개인들이 장래수익의 확률분포만을 알고 있다는 가정 하에 각 개인이 효용을 극대화되는 포트폴리오를 구성하는 과정에서 화폐수요가 결정된다고 본다.

ⓐ 이자율이 상승할 때 화폐수요의 증가·감소 여부는 대체효과와 소득효과의 상대적인 크기에 의존한다.

• 대체효과 : $r\uparrow \rightarrow$ 화폐보유의 기회비용$\uparrow \rightarrow$ 화폐보유$\downarrow$ (채권보유$\uparrow$)

• 소득효과 : $r\uparrow \rightarrow$ 실질소득$\uparrow \rightarrow$ 화폐보유$\uparrow$ (채권보유$\downarrow$)

ⓑ 이자율이 상승할 때 대체효과가 소득효과보다 크면 화폐수요가 감소하나, 소득효과가 대체효과보다 크면 오히려 화폐수요가 증가한다.

• 대체효과 > 소득효과 : 채권보유$\uparrow \rightarrow$ 화폐보유$\downarrow$

• 대체효과 < 소득효과 : 채권보유$\downarrow \rightarrow$ 화폐보유$\uparrow$

ⓒ 일반적으로는 대체효과가 소득효과보다 더 크기 때문에 투기적 화폐수요는 이자율의 감소함수이다.

(4) 신화폐수량설 – 프리드먼(M. Friedman)의 통화수요함수

① 개요

  ㉠ 기본적으로 교환수단으로서의 화폐가 아니라 자산으로서의 화폐에 대한 수요를 분석하는 일종의 자산선택이론이다.

  ㉡ 기본적으로 고전학파의 화폐수량설에 기반하되 케인즈에 의해 강조된 화폐수요함수의 특징을 고려하였다.

  ㉢ 프리드먼은 화폐수요의 결정요인으로 케인즈가 고려한 이자율 등 자산수익률을 화폐수요함수에 명백히 포함시켰다.

② 화폐수요의 결정요인

  ㉠ 개인이 보유한 부(wealth)의 크기 : 모든 자원의 총칭으로 예산제약조건에 해당하며, 다른 조건이 일정하다면 부(wealth)가 크면 클수록 화폐수요도 커질 것이다.

  ㉡ 화폐 : 화폐에 대한 명목수익률은 현금에 대한 수익률과 동일하게 0이다.

  ㉢ 화폐의 대체자산과 인적자산의 비중

  ㉣ 예상인플레이션율 : 화폐보유의 편익에 관한 가장 중요한 요소이다.

③ 화폐수요함수

  ㉠ 화폐수요함수를 일반적인 형태로 나타내면 다음과 같다.

$$\frac{M^d}{P} = f(W, h, r_e, r_b, \pi^e, t)$$

  • 프리드만에 의하면 화폐보유자에게 궁극적으로 중요한 것은 실질화폐량이라고 한다. 왜냐하면 개인은 주어진 상황에서 일정한 실질화폐량(실질잔고)을 보유하고자 하기 때문이다.

  ㉡ W와 h를 Y_P로 대체하고 각종 자산의 수익률을 가중평균하여 r로 나타내는 화폐수요함수는 다음과 같이 단순화할 수 있게 된다.

$$\frac{M^d}{P} = k(Y_P, r, \pi^e)$$

  • Y_P : W와 h로부터 발생하는 소득이므로 W와 h를 Y_P로 대체
  • r_e, r_b : 가중평균한 r로 나타낼 수 있다.
  • t : 고정되어 있다고 가정

  ㉢ 화폐수요의 항상소득탄력성이 1이라면 Y_P는 함수 바깥으로 끌어낼 수 있으므로 화폐수요함수는 다음과 같이 나타낼 수 있다.

$$\frac{M^d}{P} = k(r,\ \pi^e) \cdot Y_P$$

$$= \frac{1}{V(r,\ p^e)} \cdot Y_P \cdots \text{현대적 화폐수량설}$$

④ 프리드만의 주장

    ㉠ 유통속도가 $r,\ \pi^e$ 등의 영향을 받은 함수이기는 하나 그 정도는 매우 미미하다.

       • 화폐수요의 이자율탄력성이 낮다.

       • LM곡선이 급경사이다.

       • 금융정책이 매우 효과적이다.

    ㉡ k값이 매우 안정적이므로 화폐수요함수도 매우 안정적이다.

    ㉢ 화폐공급의 변화는 소득수준에 직접적으로 영향을 미치게 된다.

⑤ 고전적 화폐수량설과의 차이점

    ㉠ 고전학파는 유통속도가 상수인 것으로 가정하나, 프리드만은 유통속도가 이자율의 영향을 받는다는 점을 인정한다. 그러나 이자율이 유통속도에 미치는 영향이 크지 않기 때문에 유통속도가 안정적이고, 예측가능하다고 주장한다.

    ㉡ 고전적 화폐수량설은 화폐의 수요측면을 간접적으로만 규명하고 있고 공급이론적인 측면이 크나, 신화폐수량설은 자산선택이론이므로 명백한 화폐수요이론이다.

구분	고전적 화폐수량설	신화폐수량설
방정식	$\dfrac{M_d}{P} = \dfrac{1}{V} Y$	$\dfrac{M_d}{P} = \dfrac{1}{V(r,\pi^e)} Y_P$
실질화폐수요의 결정요인	실질소득(Y)	항상소득(Y_P)
유통속도	지불관습에 의해 고정되어 있는 상수 $\to \overline{V}$	r, π^e 등의 영향을 받는 함수 $\to V = f(r, \pi^e)$
유통속도의 안정성	유통속도 V는 상수값이므로 안정적	유통속도가 r, π^e 등의 영향을 받지만 영향이 아주 미미하여 안정적

(5) 이자율 결정이론

① 고전학파의 실물적 이자론

    ㉠ 고전학파에 의하면 실물변수인 저축과 투자에 의하여 이자율이 결정된다.

    ㉡ 투자와 저축의 변화

       • 투자가 증가하면 투자곡선이 우측으로 이동하고 새로운 균형점에서 이자율이 하락한다.

       • 저축이 증가하면 저축곡선이 우측으로 이동하고 새로운 균형점에서 이자율이 하락한다.

    ㉢ 통화시장에서는 통화량에 따라 물가만 결정한다.(고전학파의 통화중립성)

② 케인즈의 유동성선호설

    ㉠ 케인즈에 의하면 화폐시장에서 화폐의 수요와 공급에 의하여 이자율이 결정된다.

    ㉡ 화폐의 수요와 공급의 변화

      • 화폐수요가 증가하면 화폐수요곡선이 우측으로 이동하고 이자율이 증가한다.

      • 화폐공급이 증가하면 화폐공급곡선이 우측으로 이동하고 이자율이 하락한다.

③ 대부자금설

    ㉠ 대부자금의 수요와 공급에 의하여 이자율이 결정된다.

    ㉡ 대부자금의 수요

$$L^D = I + \frac{\Delta M^d}{P} \text{(이자율의 감소함수)}$$

    ㉢ 대부자금의 공급

$$L^S = S + (T - G) + \frac{\Delta M^s}{P} \text{(이자율의 증가함수)}$$

    ㉣ 고전학파의 실물적 이자론과 케인즈의 유동성선호설을 포괄하고 있는 보다 일반적인 이론이다.

03 화폐의 공급

(1) 본원통화

① 개념

    ㉠ 중앙은행의 창구를 통하여 시중에 나온 현금으로, 예금은행의 예금통화창조의 토대가 된다.

    ㉡ 본원통화가 1단위 공급되면 통화량은 본원통화 공급량보다 훨씬 크게 증가하므로 본원통화를 고성능화폐라고도 한다.

    ㉢ 본원통화는 중앙은행의 통화성부채에 속한다.

② 구성내역

    ㉠ 본원통화는 민간이 보유한 현금통화와 은행이 고객의 인출에 대비하여 보유하는 지급준비금으로 구성된다.

    ㉡ 은행은 지급준비금의 일부는 고객의 인출에 대비하여 시재금으로 보유하고, 일부는 중앙은행에 예치하는데 이를 지급준비예치금이라고 한다.

    ㉢ 본원통화 중 다시 중앙은행으로 환류된 지급준비예치금을 제외한 현금통화와 시재금을 합하여 화폐발행액이라고 한다.

본원통화		
현금통화	지급준비금	
현금통화	시재금	중앙은행 지급준비예치금
화폐발행액		중앙은행 지급준비예치금

③ 본원통화의 공급경로

   ㉠ **정부부문** : 정부대출 증가 – 재정수지 적자시→본원통화↑

   ㉡ **금융부문** : 은행대출 증가 – (어음재할인율 인하)예금은행의 차입↑→본원통화↑

   ㉢ **국외부문** : 국제수지 흑자, 차관도입→외환유입→원화로 교환→본원통화↑

   ㉣ **기타부문** : 기타자산 매입 – (공개시장 국고채 매입) 중앙은행의 유가증권구입, 건물구입→본원통화↑

④ 국제수지개선(흑자) 요인

   ㉠ **경상수지 개선(흑자)** : 재화와 용역의 수출액 > 재화와 용역의 수입액

   ㉡ **자본수지 개선(흑자)** : 자본유입액 > 자본유출액

     ※ 자본수지 : 세가지 자본투자에 의한 자본의 유출입

     – 직접투자 : 국내외 직접투자를 위한 자본유출입

     – 증권투자 : 국내외 증권투자를 위한 자본유출입

     – 기타투자 : 외국과의 차입과 상환

(2) 예금통화창조

① 개요

   ㉠ 은행은 예금액 중 법정지급준비금을 제외한 나머지를 전부 대출하고, 대출받은 개인은 전액을 다시 은행에 예금한다. 이 과정이 끝없이 계속되었을 때 예금통화창조액은 다음과 같이 계산된다.

   ㉡ 예금과 대출이 반복되면서 통화량은 본원적 예금액보다 훨씬 크게 증가한다.

> • 총예금창조액 $= S + (1 - z_l) \cdot S + (1 - z_l)^2 \cdot S + \cdots$
> $$= [1 + (1 - z_l) + (1 - z_l)^2 + \cdots] \cdot S$$
> $$= \frac{1}{z_l} \cdot S$$
> (S : 본원적 예금, r : 법정지급준비율)
> • 법정지급준비율 : 예금액 대비 법정지급준비금의 비율을 의미한다.

※ 본원적 예금 : 예금은행 조직 밖에서 최초로 은행조직 내부로 유입된 예금을 의미한다.

※ 파생적 예금 : 은행조직의 신용창조과정에서 창출된 예금을 의미한다.

② 총예금창조액과 순예금창조액

    ㉠ **총예금창조액**(D^G) : 본원적 예금이 유입되었을 때 예금은행조직이 창출한 요구불예금 총액을 말한다.

      • 신용승수 : 본원적 예금이 몇 배의 예금통화를 창출할 수 있는가를 보여주는 것으로 $\frac{1}{r}$의 값을 의미한다.

    ㉡ **순예금창조액**(D^N) : 본원적 예금에 의해 추가로 창출된 예금인 파생적 예금총액을 말한다.

      • 순신용승수 : 본원적 예금이 얼마나 통화와 요구불예금을 증가시켰는가 하는 배수를 의미한다.

    ㉢ 의미

      • 총예금창조액과 순예금창조액은 이론적으로 가능한 최대액을 의미한다.

      • 실제로는 예금은행들은 초과지급준비금을 보유하며 유가증권도 구입하므로 예금통화창조액은 더 적은 것이 일반적이다.

      • 신용창조가 이루어지면 경제 전체의 유동성은 증가하나 경제 전체의 부가 증가하는 것은 아니다.

③ **결론** : 은행의 신용창조는 통화량이 늘어나기 때문에 경제의 유동성이 증가하지만 경제의 부(富)가 증가하는 것은 아니다. 왜냐하면 차입자들이 대출을 받았기 때문에 재화와 서비스를 구입할 수 있는 능력인 구매력이 커졌지만 부채도 커졌기 때문이다.

(3) 통화승수

① 통화승수란 본원통화 1단위가 이의 몇 배에 달하는 통화를 창출하였는가를 나타내는 지표로 통화량을 본원통화로 나누어 산출한다. 예를 들어, 본원통화가 10조 원이고, 통화량이 30조 원이라면 통화승수는 3으로 계산한다.

$$m = \frac{M}{H} \quad (m : \text{통화승수}, \ M : \text{통화량}, \ H : \text{본원통화})$$
$$\rightarrow \text{통화량} : \text{M} = \text{mH}$$

② 통화승수의 도출

    ㉠ 현금통화비율($c = \frac{C}{M}$)이 주어져 있을 때의 통화승수

$$m = \frac{1}{c + z(1-c)} \cdots \text{통화승수}$$
$$M^S = \frac{1}{c + z(1-c)} \times H \cdots \text{통화공급방정식}$$
$$(c : \text{현금통화율}, \ z : \text{실제지급준비율})$$

ⓛ 현금-예금비율($k = \dfrac{C}{D}$)이 주어져 있을 때의 통화승수 [C : 현금통화, M : 통화량]

$$m = \frac{M}{H} = \frac{k+1}{k+2} \cdots \text{통화승수}$$

$$M^S = \frac{(k+1)}{(k+2)} \times H \cdots \text{통화공급방정식}$$

③ 통화공급방정식

　ⓐ 방정식

$$M^S = mH = \frac{1}{c + z(1-c)} H$$

　ⓛ **통화공급량의 결정** : 통화공급량은 민간부문, 예금은행, 중앙은행이 함께 결정한다. 일반적으로 민간부문의 현금통화비율과 예금은행의 초과지급준비율은 매우 안정적이므로 통화량은 주로 중앙은행에 의하여 결정된다.

　ⓒ **통화승수의 변화요인**

- 현금통화비율(c) $\downarrow \rightarrow m \uparrow \rightarrow M^S \uparrow$
- 지급준비율(z) $\downarrow \rightarrow m \uparrow \rightarrow M^S \uparrow$

(4) 금융정책

① **개념**

　ⓐ 통화량을 조절하여 금융시장의 균형을 이룬다.

　ⓛ 중앙은행이 각종 금융정책수단을 이용하여 자금의 흐름을 순조롭게 함으로써 생산과 고용을 확대시키고, 다른 편으로는 통화가치를 안정시키고 완전고용·물가안정·경제성장 및 국제수지균형 등의 정책목표를 달성하려는 경제정책을 말한다.

② **금융정책의 수단**

　ⓐ **일반적인 금융정책수단**(간접규제수단)

- 공개시장조작정책 : 공개시장에서 국공채를 매입·매각함으로써 통화량과 이자율을 조정하는 것을 말한다. 통화량 조절수단 중 가장 빈번하게 이용되는 정책수단이다.
  - 국공채매입 → 본원통화↑ → 통화량↑ → 이자율↓
  - 국공채매각 → 본원통화↓ → 통화량↓ → 이자율↑
- 재할인율정책 : 예금은행이 중앙은행으로부터 차입할 때 적용받는 이자율인 재할인율을 조정함으로써 통화량과 이자율을 조정하는 정책이다. 재할인율정책이 효과적이 되기 위해서는 예금은행의 중앙은행에 대한 자금의존도가 높아야 한다.
  - 재할인율↓ → 예금은행차입↑ → 본원통화↑ → 통화량↑ → 이자율↓
  - 재할인율↑ → 예금은행 차입↓ → 본원통화↓ → 통화량↓ → 이자율↑

- 지급준비율정책 : 법정지급준비율을 변화시킴으로써 통화승수의 변화를 통하여 통화량과 이자율을 조절하는 정책이다.
    - 지준율↓→통화승수↑→통화량↑→이자율↓
    - 지준율↑→통화승수↓→통화량↓→이자율↑

ⓛ 선별적인 정책수단(직접규제수단)
- 대출한도제 : 직접적으로 중앙은행과 예금은행의 대출한도를 제한하거나 자산을 규제함으로써 금융기관의 대출한도를 제한하는 것이다.
- 이자율규제 : 은행의 예금금리와 대출금리를 직접규제하는 것이다.
- 창구 규제, 도의적 설득

③ 물가안정목표제
ⓐ 개념 : 사전에 정해진 기간 내에 달성하고자 하는 인플레이션 목표를 설정한 후 원칙적으로 중간목표 없이 공개시장조작정책·재할인율정책 등의 정책수단을 이용하여 인플레이션 목표를 직접 달성하는 통화정책 운용체계를 말한다.
ⓑ 운용방식
- 물가안정목표제에서는 정책시행에 있어 통화량뿐만 아니라 금리, 환율, 자산가격 등 다양한 정보변수가 활용된다.
- 정책을 집행함에 있어 각 국에서는 초단기금리가 운용목표로 사용되고 있는데, 우리나라에서도 금융기관간 초단기 자금거래에 적용되는 콜 금리를 일정 수준으로 유지하는 방식으로 운용되고 있다.
ⓒ 기대효과
- 중앙은행의 목표가 '물가안정'으로 단일화됨에 따라 중앙은행 통화정책에 대한 신뢰도가 높아질 것으로 보인다.
- 물가안정목표제 도입으로 중앙은행이 무엇보다 물가안정을 중시하게 됨에 따라 인플레이션율이 낮아질 것으로 전망된다.

④ 금융정책의 파급경로
ⓐ 금리경로(이자율경로) : 통화량이 증가하면 이자율이 하락하고, 그에 따라 투자 및 소비가 증가하는 경로이다.
ⓑ 자산가격경로 : 통화량의 변화가 주식, 부동산 등의 자산가격에 영향을 주어 실물부문에 영향을 미치는 경로이다. 통화량이 상승할 경우 물가가 상승하여 자산의 실질가격을 상승시키고 그에 따라 소비가 증가한다.
ⓒ 환율경로 : 통화량이 증가하면 이자율이 하락하므로 자본유출이 발생하고, 그에 따른 환율 변화가 실물부문에 영향을 미치는 경로이다. 이자율 하락으로 자본유출이 발생하면 환율이 상승하므로 순수출이 증가하게 된다.
ⓓ 신용경로 : 통화량의 변화가 은행이 대출하는 자금의 양에 영향을 주는 경로이다. 중앙은행이 통화량을 증가시키면 그 동안 대출을 받기 어려웠던 가계나 기업의 대출이 이루어져 소비와 투자가 증가하는 경로이다.

기출문제분석

(한국마사회)

1 유동성 함정(liquidity trap)에 대한 설명 중 가장 바르지 않은 것은?

① 화폐수요곡선이 우상향한다.

② 추가되는 화폐공급이 모두 투기적 수요로 흡수된다.

③ 채권의 가격이 매우 높아서 더 이상 높아지지 않으리라 예상한다.

④ 통화정책이 효과가 없다.

> **ℹ️NOTE** 유동성 함정에서는 화폐수요곡선이 수평선이므로 화폐수요의 이자율 탄력성이 무한대이다. 즉, 채권 가격이 매우 높아 더
> 이상 높아지지 않으리라 예상되는 경우, 이자율이 매우 낮아 더 이상 낮아지지 않으리라 예상하는 경우 유동성 함정 구
> 간에서는 화폐수요의 이자율 탄력성이 무한대가 되어 화폐수요곡선은 수평의 모습을 보인다. 유동성 함정에서는 통화 공
> 급이 증가하더라도 증가한 통화량이 모두 투기적 화폐수요로 흡수되므로 이자율이 더 이상 낮아지지 않는다. 결국 이자
> 율 변화를 통해 총수요에 영향을 주고자하는 통화정책은 무력해진다.

(국민연금공단)

2 자산가격이 그 자산의 가치에 관한 모든 공개된 정보를 반영한다는 이론은?

① 공개정보 가설

② 자산시장 가설

③ 위험프리미엄 가설

④ 효율적 시장 가설

> **ℹ️NOTE** 효율적 시장가설(Efficient Market Hypothesis : EMH) : 자본시장에서 금융자산의 가격은 이용가능한 모든 정보를 충분히
> 반영하여 결정된다고 보는 이론이다. 즉, 주식시장이 효율적이면 주식가격에는 그 기업이 갖는 내재가치를 정확히 반영한
> 다. 이에 따라 어떤 기업의 내재가치에 대한 새로운 정보가 창출되면 주식시장에서는 이러한 정보가 그 기업 주식에 즉
> 각 반영된다는 것이다. 이 가설은 반영되는 정보의 범위에 따라 약형, 준강형, 강형으로 구분된다.

약형	• 과거의 정보를 이용해서 주가를 분석하는 것은 아무런 의미가 없다. • 현재의 금융자산 가격은 이용가능한 모든 과거 정보
준강형	• 과거뿐만 아니라 현재 이용 가능하게 공개된 모든 정보도 미래의 주가를 예측하는데 도움이 안 된다. • 모든 공개된 정보
강형	• 현재의 주가는 누구든지 이용 가능한 공개된 정보뿐만 아니라 내부자들에게만 공개된 이른바 내부정보 까지도 모두 반영된다. • 비공개 정보를 포함한 모든 정보

✦Answer. 1.① 2.④

(코스콤)

3 A국가의 통화량이 5,000억 원, 명목 GDP가 10조 원, 실질GDP가 5조 원이라면, 화폐수량설이 성립하는 A국가의 화폐유통속도는?

① 10

② 15

③ 20

④ 25

> **NOTE** 피셔의 화폐수량설인 거래수량설에 따른 교환방정식은 M × V = P × Y
> (단, M : 통화량, V : 화폐유통속도, P : 통화수준, Y : 실질GDP, P × Y = 명목GDP)
> 이에 따라, 통화량 M = 0.5조 원, 명목GDP = P × Y = 10조 원을 교환방정식에 대입하면,
> 화폐유통속도는 5,000억 원 × V = 10조원 → V = 20으로 계산된다.

(한국전력공사)

4 A국 시중은행의 지급준비율이 0.2이며, 본원통화는 100억 달러이다. A국의 통화승수와 통화량은 얼마인가? (단, 현금−통화비율은 0이다.)

	통화승수	통화량
①	0.2	500억 달러
②	5	500억 달러
③	0.2	100억 달러
④	5	100억 달러

> **NOTE** 지급준비율(z)과 현금−통화비율(c)로 이루어진 통화승수 공식을 활용하면 다음과 같다.
> 지급준비율(z) = 0.2, 현금−통화비율(c) = 0, 통화승수 = $\dfrac{1}{c + z(1 - c)} = \dfrac{1}{0 + 0.2(1 - 0)} = 5$가 된다.
> 통화승수가 5이므로 본원통화가 100억 달러 증가하면, 통화량은 500억 달러만큼 증가하게 된다.

Answer. 3.③ 4.②

(한국수력원자력)
5 다음은 어느 은행의 대차대조표이다. 이 은행이 초과지급준비금을 전부 대출할 때, 은행시스템 전체를 통해 최대로 증가할 수 있는 통화량의 크기는? (단, 법정지급준비율은 20%이며, 현금-통화비율은 0% 이다.)

자산(억 원)		부채(억 원)	
지급준비금	600	예금	2,000
대출	1,400		

① 120억 원

② 400억 원

③ 1,000억 원

④ 2,000억 원

⊟NOTE 법정지급준비율이 20%이므로 2,000억 원의 예금에 대한 법정지급준비금은 400억 원이다.

현재 이 은행의 지급준비금이 600억 원이므로, 초과지급준비금이 200억 원임을 알 수 있다.

현금-통화비율이 0%이므로, 200억 원의 초과지급준비금을 대출하면 대출과 예금이 반복되는 신용창조 과정을 통해 신용 승수(m)배 만큼의 새로운 통화량을 창출할 수 있다.

- 신용승수(m) = 실제지급준비율의 역수 = $\dfrac{1}{실제지급준비율}$ = $\dfrac{1}{0.2}$ = 5

은행이 초과지급준비금을 모두 대출하면 그 돈이 다시 예금되고 대출되는 과정을 거쳐 최대로 증가할 수 있는 예금통화 의 크기는 1,000억 원(= 200억 × 5)이다.

따라서 은행시스템 전체를 통해 최대로 증가할 수 있는 통화량은 1,000억 원이 된다.

(한국마사회)
6 본원통화량이 불변인 경우, 통화량을 증가시키는 요인만을 모두 고르면? (단, 시중은행의 지급준비금은 요구불예금보다 적다.)

㉠ 시중은행의 요구불예금 대비 초과지급준비금이 낮아졌다.

㉡ 사람들이 지불수단으로 요구불예금보다 현금을 더 선호하게 되었다.

㉢ 시중은행이 준수해야 할 요구불예금 대비 법정지급준비금이 낮아졌다.

---

① ㉠, ㉡

② ㉠, ㉢

③ ㉡, ㉢

④ ㉠, ㉡, ㉢

⊟NOTE · 통화공급량 = 통화승수 × 본원통화 $\left(M^S = \dfrac{1}{c + z(1-c)} \times H \right)$ (z : 실제지급준비율, c : 현금통화비율)

본원통화량이 불변인 경우, 초과지급준비율이 낮을수록, 현금을 보다 덜 선호하여 민간의 현금보유비율이 낮을수록, 법정 지급준비율이 낮을수록 통화량은 이전에 비해 증가하게 된다. 즉, 초과지급준비율이나 법정지급준비율이 낮아지면 실제지 급준비율이 낮아져 통화승수가 커지므로 통화량이 증가한다. 그러나 현금통화비율이 상승하면 통화승수가 커지므로 통화 량이 감소하게 된다.

⊕Answer. 5.③ 6.②

(한국수력원자력)

7 중앙은행이 국공채시장에서 국공채를 매입하는 공개시장 조작 정책을 수행하기로 결정하였다. 이 정책이 통화량, 국공채 가격 및 국공채 수익률에 미치는 영향으로 가장 바른 것은?

① 통화량 증가, 국공채 가격 하락, 국공채 수익률 상승

② 통화량 감소, 국공채 가격 상승, 국공채 수익률 상승

③ 통화량 증가, 국공채 가격 상승, 국공채 수익률 상승

④ 통화량 증가, 국공채 가격 상승, 국공채 수익률 하락

> **⏷NOTE** 중앙은행이 국공채를 매입하면(매입대금만큼의) 중앙은행의 창구를 통해 본원통화가 공급되므로 통화량이 증가한다. 또한 채권시장에서 중앙은행이 국공채를 매입하면 국공채에 대한 수요가 증가하므로 국공채 가격이 상승한다. 이에 따라 국공채 수익률은 하락하게 된다. 채권가격과 수익률은 역의 관계가 있으므로 국공채 가격이 상승하면 국공채의 수익률은 낮아진다.

(한국마사회)

8 공개시장조작을 통한 중앙은행의 국채매입이 본원통화와 통화량에 미치는 영향에 대한 설명으로 옳은 것은?

① 본원통화와 통화량 모두 증가한다.

② 본원통화와 통화량 모두 감소한다.

③ 본원통화는 증가하고 통화량은 감소한다.

④ 본원통화는 감소하고 통화량은 증가한다.

> **⏷NOTE** 중앙은행이 공개시장조작을 통해 국채를 매입하면, 국채매입 대금만큼 본원통화가 증가한다. 본원통화가 증가하면 통화량도 증가하게 된다. 즉 통화량은 본원통화에 통화승수를 곱한 만큼 증가하게 된다.

Answer. 7.④ 8.①

(국민연금공단)

9 최근 A는 비상금으로 숨겨두었던 현금 5천만 원을 은행에 요구불예금으로 예치하였다고 한다. 현재 이 경제의 법정지급준비율은 20%라고 할 때, 예금 창조에 대한 설명 중 옳은 것을 모두 고르면?

ⓐ A의 예금으로 인해 이 경제의 통화량은 최대 2억 5천만 원까지 증가할 수 있다.

ⓑ 시중은행의 초과지급준비율이 낮을수록, A의 예금으로 인해 경제의 통화량이 더 많이 늘어날 수 있다.

ⓒ 전체 통화량 가운데 민간이 현금으로 보유하는 비율이 낮을수록, A의 예금으로 인행 경제의 통화량이 더 많이 늘어날 수 있다.

ⓓ 다른 조건이 일정한 상황에서 법정지급준비율이 25%로 인상되면, 인상전보다 A의 예금으로 인해 경제의 통화량이 더 많이 늘어날 수 있다.

---

① ㉠, ㉡

② ㉡, ㉢

③ ㉠, ㉡, ㉢

④ ㉠, ㉢, ㉣

NOTE 비상금을 요구불 예금으로 예치하는 경우, 이를 전제로 법정지급준비율에 따라 새롭게 증가하는 통화량을 구해 보면,

· 통화량의 크기 $D^G = \dfrac{1}{z_l} \times S$ (단, z_l : 법정지급준비율, S : 예금(저축))

법정지급준비율이 20%이므로 개인 A가 5천만 원을 은행에 예금하면 신용창조를 통하여 최대로 증가할 수 있는 통화량의 크기 $D^G = \dfrac{1}{0.2} \times 5천만 원 = 2억 5천만 원이다.$

개인 A가 5천만 원을 예금하면 예금통화는 최대 2억 5천만 원까지 증가할 수 있으나, 현금통화가 5천만 원 감소하므로 최대로 증가할 수 있는 통화량의 크기는 2억 원이다.

· 통화승수 $m = \dfrac{1}{c + z(1-c)}$ (단, c : 현금통화율, z : 실제지급준비율)

현금통화율이 낮아지거나 실제지급준비율이 낮아지면 통화승수가 커지므로 본원적 예금이 이루어질 때 통화량이 더 많이 늘어난다. 다른 조건이 일정할 때 법정지급준비율이 인상되면 실제지급준비율이 높아져 통화승수가 작아지므로 통화량이 더 적게 늘어난다. 즉 비상금을 현금으로 보유하지 않고 요구불 예금으로 예치할수록, 민간이 현금을 보유하는 비율을 줄일수록 통화량은 증가하게 된다.

출제예상문제

1 통화와 관련된 설명으로 옳지 않은 것은?

① 현금 보유비율이 높은 경제에서는 통화승수의 값이 크다.

② 한국은행이 통화안정증권을 매입하면 통화량이 증가한다.

③ 법정지급비율을 낮추면 신용창출이 활발해진다.

④ 본원통화는 그 여러 배에 해당하는 예금통화를 창출한다.

> 🖰NOTE ① 통화승수는 $m = \dfrac{cr+1}{cr+rr}$ (cr은 현금예금비율, rr은 지급준비율)로 결정된다. cr이 상승하게 되면 분모와 분자가 모두 증가하지만 분모의 증가율이 분자의 증가율을 상회하므로 통화승수는 감소하게 된다.

2 다음 ㉠~㉣에 들어갈 말로 알맞은 것은?

> 케인즈는 화폐수요를 거래적 동기, 예비적 동기 그리고 투기적 동기로 분류하면서 거래적 동기 및 예비적 동기는 (㉠)에 의존하고, 투기적 동기는 (㉡)에 의존한다고 주장했다. 특히 (㉡)이 낮을 때 채권가격이 (㉢), 투자자의 채권 투자 의욕이 낮은 상황에서 투기적 동기에 따른 화폐 수요가 (㉣)고 하였다.

	㉠	㉡	㉢	㉣
①	소득	이자율	높고	작다
②	소득	이자율	높고	크다
③	이자율	소득	높고	크다
④	이자율	소득	낮고	작다

> 🖰NOTE ② 케인즈는 화폐수요를 거래적 동기, 예비적 동기, 투기적 동기로 분류하면서 거래적 동기와 예비적 동기가 소득에 비례하는 것으로 보았고, 투기적 동기는 이자율의 감소함수라고 주장하였다. 이자율과 채권가격은 역의 관계이므로 이자율이 낮을 때의 채권 가격은 높고, 채권 가격이 높으므로 투자자의 채권투자 의욕이 낮은 상황에서는 투기적 동기에 따른 화폐수요가 크다(증가한다).

 Answer. 1.① 2.②

3 통화승수에 대한 설명으로 옳은 것은?

① 요구불예금에 대한 정부 예금 비율이 상승하면 통화승수는 증가한다.

② 지급준비율이 낮아지면 통화승수는 감소한다.

③ 통화승수란 통화량에 본원통화를 곱한 값으로 통화량이 본원통화의 몇 배인가를 보여주는 지표이다.

④ 민간의 현금통화비율이 상승하면 통화승수는 감소한다.

> **NOTE** ① 정부예금비율이 상승하면 시중에 풀리는 통화량이 줄어들어 통화승수는 작아지게 된다.
>
> ② 통화승수 $m = \dfrac{cr+1}{cr+rr}$ 에서 지급준비율 rr 이 하락하면 통화승수는 증가함을 알 수 있다.
>
> ③ 통화승수는 통화량에 본원통화를 곱한 것이 아니라 통화량을 본원통화로 나눈 것이다.
>
> ④ 통화승수 $m = \dfrac{cr+1}{cr+rr}$ 에서 민간의 현금통화비율 cr 이 상승하면 통화승수는 감소함을 알 수 있다.

4 화폐공급량은 민간의 현금보유량과 금융기관이 발행하는 예금화폐의 합계이고, 본원통화는 민간의 현금보유량과 금융기관의 지불준비금의 합계이다. 민간의 예금 대비 현금보유 비율이 0.2이고 금융기관의 지불준비율이 0.1인 경우, 화폐승수는?

① 2.0   ② 3.0

③ 4.0   ④ 5.0

> **NOTE** 민간의 예금 대비 현금보유 비율이 0.2, 금융기관의 지불준비율이 0.1이라고 하였으므로, cr=0.2, rr=0.1을 화폐승수 식
>
> $m = \dfrac{cr+1}{cr+rr}$ 에 대입하면 $m = \dfrac{1.2}{0.3} = 4$ 로 구할 수 있다.

✦ **Answer.** 3.④ 4.③

5 A국 경제에서 화폐의 유통속도는 일정하다. 실질 경제성장률이 3%이고 물가상승률도 3%이다. 이때 A국의 통화공급의 증가율은 얼마일 것으로 예상되는가?

① 3% ② 4%

③ 5% ④ 6%

> 📋NOTE 고전학파의 화폐수량설 식 $MV = PY$을 양변에 자연로그를 취하고 이를 시간에 대하여 미분하면 다음 식이 도출된다.
> $\frac{\dot{M}}{M} + \frac{\dot{V}}{V} = \frac{\dot{P}}{P} + \frac{\dot{Y}}{Y}$ 문제에서 실질 경제성장률, 즉 $\frac{\dot{Y}}{Y}$이 3%, 물가상승률, 즉 $\frac{\dot{P}}{P}$이 3%로 주어져있고, 화폐유통속도는 일정하므로 ($\frac{\dot{V}}{V} = 0$) 통화공급의 증가율($\frac{\dot{M}}{M}$)은 6%로 구할 수 있다.

6 화폐수요에 대한 설명으로 옳지 않은 것은?

① 화폐는 다른 금융자산에 비해 교환수단으로는 우등하나, 가치저장수단으로는 열등하다.

② 보몰–토빈의 거래적 화폐수요이론에 따르면, 다른 조건이 일정할 때 소득이 2배 증가하면 화폐수요는 2배보다 더 많이 증가한다.

③ 프리드만의 화폐수요모델은 케인즈의 화폐수요모델에 비해 화폐유통속도가 안정적인 것을 전제한다.

④ 피셔의 거래수량설에서 강조된 것은 화폐의 교환수단 기능이다.

> 📋NOTE ② 보몰–토빈의 거래적 화폐수요에 의하면 개인들의 화폐보유에 따른 비용을 극소화하는 은행방문횟수를 정하게 되고 이러한 최적의 은행방문 횟수에서 화폐수요를 도출한다. 이에 의하면 화폐수요는 $M^d = \sqrt{\frac{Yi}{2b}}$ (i는 명목 이자율, Y는 총소득, b는 은행방문비용)으로 결정된다. 이러한 화폐수요에 의하면 화폐수요의 소득탄력성은 0.5가 된다. 따라서 소득이 2배 증가할 때 화폐수요는 2배보다 더 적게 증가한다.

😊 **Answer.** 5.④ 6.②

7 이자율이 하락할 경우, 보몰-토빈의 화폐수요 이론에 따른 화폐의 소득 유통속도는?

① 상승한다.　　　　　　　　　　　　② 하락한다.

③ 영향을 받지 않는다.　　　　　　　④ 알 수 없다.

> **NOTE** 화폐수량방정식에 의하면 화폐유통속도 V는 $\frac{P}{M} \cdot Y$이다. 보몰-토빈 이론에 따르면 화폐수요는 $M^d = \sqrt{\frac{Yi}{2b}}$ 인데 이를 위의 식에 대입하면 $V = \sqrt{\frac{2b}{Yi}} PY$이 되고 여기서 명목이자율이 상승하면 화폐의 유통속도는 하락한다.

8 은행의 지급준비율이 20%일 때, 신규예금 1억 원으로 신용창출과정을 통하여 만들어질 수 있는 최대예금 통화의 양은? (단, 신규예금을 포함)

① 1억 원　　　　　　　　　　　　　② 2억 원

③ 5억 원　　　　　　　　　　　　　④ 10억 원

> **NOTE** 신규 1억 원의 예금 중 지급준비율 20%에 해당하는 0.2억을 제외한 0.8억이 대출된다. 이렇게 대출된 금액이 전액 다시 예금의 형태로 은행에 비치되면 이 중 다시 20%를 제외한 $(0.8)^2$억이 대출된다. 이러한 과정이 이루어지면, 다음과 같은 예금통화가 발생하게 된다.
>
> $1 + 0.8 + (0.8)^2 + \cdots = \frac{1}{1-0.8} = 5$억

9 통화정책의 파급경로를 설명하기 위한 요소 중 이자율의 경직성을 내포하고 있는 개념은?

① 환율변동　　　　　　　　　　　　② 신용할당

③ q이론　　　　　　　　　　　　　④ 부의 효과

> **NOTE** ② 신용할당은 은행이 금리를 통해서 시장의 수급을 조정하는 것이 아니라, 비시장적 요소인 신용을 이용해서 인위적으로 초과수요를 유발하여 역선택의 문제를 해소하는 것을 의미한다. 이러한 신용할당은 통화정책의 파급경로 중 신용경로와 연관되어 있다.

Answer. 7.② 8.③ 9.②

10 피셔(Fisher) 효과는 무엇을 의미하는가?

① 화폐수요 효과
② 현금잔고 효과
③ 물가기대 효과
④ 유통속도 효과
⑤ 자금대출 효과

> NOTE | 피셔효과는 물가기대 효과에 의해서 명목이자율이 오른다는 것이다.

11 전통적 화폐수량설에 근거한 화폐의 중립성이 성립할 경우 다음 설명 중 옳지 않은 것은?

① 통화량 증가율을 증가시키면 명목이자율이 상승한다.
② 통화량 증가율을 상승시키면 인플레이션율이 상승한다.
③ 통화량을 증가시켜도 실질 국민소득수준은 변화하지 않는다.
④ 통화량을 증가시키면 실업률은 하락한다.

> NOTE | ④ 고전학파의 화폐수량설에 의하면 통화량과 실질국민소득수준은 무관하므로 실업률은 변화 없이 일정하게 유지된다.

12 법정지급준비율이 20%인 상황하에서 A가 중앙은행으로부터 받은 현금 100만 원을 은행에 요구불예금으로 예치할 경우에, 이로 인해 나타나게 되는 경제의 통화량은 얼마나 증가하게 되는가? (단, 은행은 요구불 예금 및 대출만으로 자금을 조달 및 운용하며, 초과지급준비금 및 민간 보유 현금은 모두 0이다.)

① 140만 원   ② 270만 원
③ 330만 원   ④ 480만 원
⑤ 500만 원

> NOTE | 경제의 통화량은 초기 예금증가분, 즉 본원통화의 증가분에 통화승수를 곱한 만큼 증가하게 되며, 이때 통화승수는 법정지급준비율의 역수로 결정된다. 법정지급준비율이 20%이므로, 통화승수는 5(=1/0.2)이며, 따라서 경제의 통화량은 500(=100×5)만 원만큼 증가하게 된다.

Answer. 10.③ 11.④ 12.⑤

13 케인즈 경제학에서 상정하는 전형적인 화폐수요함수에 대한 설명으로 옳지 않은 것은?

① 실질소득이 커지면 실질화폐에 대한 수요도 커진다.

② 인플레이션율이 높아지면 실질화폐에 대한 수요는 작아진다.

③ 실질화폐에 대한 수요는 실질소득과 실질이자율의 함수라고 본다.

④ 화폐수요에서 보다 중요한 것은 명목화폐에 대한 수요가 아니라 실질화폐에 대한 수요이다.

📝NOTE ③ 케인즈학파는 실질화폐에 대한 수요의 크기는 실질소득과 명목이자율의 함수로 본다.

14 다음 중 화폐수요이론에 대한 설명으로 옳지 않은 것은?

① 화폐수량설에서는 단기적으로 유통속도가 일정하다고 가정했다.

② 통화주의자들은 유통속도가 이자율에 영향을 받지 않는다고 주장했다.

③ Keynes는 화폐수요는 유동성에 대한 사람들의 선호에서 비롯된다고 주장했다.

④ 일반적으로 금융수단이 발전하면 궁극적으로 화폐(M_1)의 유통속도는 증가한다.

📝NOTE ② 통화주의자들은 유통속도가 여러 가지 자산의 수익률과 물가상승률 등의 영향을 받는다고 본다. 그러나 그 효과의 크기는 미미하다고 주장한다.

15 화폐수량설에 따르면 제Ⅱ년도의 물가수준은?

구분	제Ⅰ년도	제Ⅱ년도
통화량	250	300
실질 GDP	100	120
물가수준	10	?

① 7.5

② 8.0

③ 10.0

④ 12.0

📝NOTE $MV = PY$이고 제Ⅰ년도의 실질 GDP가 100, 물가수준이 10, 통화량이 250이므로 이를 화폐수량설에 대입하면 $250V = 10 \times 100$, $V = 4$임을 알 수 있다. 이제 제Ⅱ년도의 통화량과 실질 GDP를 화폐수량설에 대입하면 $300 \times 4 = 120P$이므로 $P = 10$임을 알 수 있다.

16 피셔효과가 성립하고 다른 모든 조건이 일정하다고 가정하자. 중앙은행이 공개시장조작을 통해 국채를 매입했을 때 경제에 나타나는 현상으로 가장 적절한 것은?

① 화폐의 가치 불변과 명목이자율 불변
② 화폐의 가치 상승과 명목이자율 하락
③ 화폐의 가치 상승과 명목이자율 상승
④ 화폐의 가치 하락과 명목이자율 하락
⑤ 화폐의 가치 하락과 명목이자율 상승

🔖 NOTE | 국채를 매입하면 시중의 화폐공급이 많아져 화폐의 가치가 감소하고 명목이자율도 하락한다. 피셔효과는 시중의 명목금리는 실질금리와 예상 인플레이션율의 합계와 같다는 것을 의미한다.

17 국민소득이 감소하는 경우 대부자금설의 예측 중 옳은 것은?

① 총저축은 감소하고 이자율은 올라간다.
② 총저축은 감소하고 이자율은 내려간다.
③ 총저축은 증가하고 이자율은 내려간다.
④ 총저축은 증가하고 이자율은 올라간다.

🔖 NOTE | 국민소득이 감소하면 총저축은 감소한다. 대부자금설에 의하면 저축이 감소할수록 (대부자금의 공급이 감소하므로) 대부자금시장의 가격, 즉 이자율이 오른다.

18 본원통화 및 예금은행이 공급하는 통화와 관련된 설명으로 옳지 않은 것은?

① 본원통화는 단지 한국은행의 대차대조표만 보면 완벽하게 그 크기를 알 수 있다.
② 본원통화는 민간보유현금과 은행의 지급준비금의 합계이다.
③ 은행본점의 금고 속에 보관되어 있는 1만 원권 지폐는 광의통화($M2$)에 포함된다.
④ 은행이 지급준비 목적으로 한국은행에 예치한 액수는 협의통화($M1$), 광의통화($M2$)에 모두 포함되지 않는다.

🔖 NOTE | ③ $M1$과 $M2$에 포함되는 민간보유현금에 중앙은행 및 예금은행이 보유하고 있는 현금은 제외된다. 따라서 은행본점 금고 속에 보관되어 있는 1만 원권 지폐는 $M1$, $M2$ 어디에도 포함되지 않는다.

⁺Answer. 16.④ 17.① 18.③

19 다음 중 본원통화에 관한 설명으로 옳은 것은?

① 본원통화는 은행(중앙은행과 그외 시중은행) 밖에 존재하는 모든 현금과 시중은행의 지불준비금을 합한 것이다.

② 본원통화는 은행(중앙은행과 그외 시중은행) 밖에 존재하는 모든 현금과 시중은행이 중앙은행에 예치한 예금을 합한 것이다.

③ 본원통화는 은행(중앙은행과 그외 시중은행) 밖에 존재하는 모든 현금과 시중은행의 금고에 있는 금액을 합한 것이다.

④ 본원통화는 시중은행 밖에 존재하는 모든 현금과 시중은행이 중앙은행에 예치한 예금을 합한 것이다.

📓NOTE 본원통화 … 중앙은행의 창구를 통하여 시중에 나온 현금으로, 예금은행의 예금통화창조의 토대가 된다. 본원통화가 1단위 공급되면 통화량은 본원통화공급량보다 훨씬 크게 증가하므로 본원통화를 고성능화폐라고도 한다.

20 통화량의 본원통화에 대한 비율을 통화승수라 한다. 통화승수에 대한 내용으로 옳은 것은?

① 통화승수가 1보다 큰 것은 예금은행의 신용창조 때문이다.

② 지급준비율이 100%일 때는 통화승수가 1보다 작다.

③ 현금 / 통화량이 높을수록 통화승수는 커진다.

④ 예금은행이 초과지급준비금을 많이 보유할수록 통화승수는 커진다.

📓NOTE 통화승수 $m = \dfrac{1}{c + z(1-c)}$ 로 나타낼 수 있는데, 지급준비율이 100%라면 현금통화비율(c)은 0이고, $z=1$이므로 통화승수는 $m-1$이 된다. 보통의 경우에는 통화승수가 1보다 큰데, 그 이유는 은행의 신용창조가 이루어지기 때문이다. 본원통화는 통화승수에는 영향을 미치지 않는다. 현금통화비율(c)이 높아지거나 지급준비율(z)이 높아지면 통화승수는 작아진다.

21 요구불예금만 존재하며, 예금은행 조직 밖으로의 현금누출은 없다고 가정하자. 이때 본원적 예금이 1,000원, 법정지급준비율 10%라면 은행조직 전체의 대출총액은 최대 얼마까지 가능한가?

① 1,000원　　　　　　　　　　　　② 5,000원

③ 9,000원　　　　　　　　　　　　④ 10,000원

> **NOTE** K원의 본원적 예금이 은행조직으로 유입되었을 때 은행의 대출총액은 순예금창조액과 일치한다. 따라서 1,000원의 본원적 예금이 입금되었을 때, 은행조직 전체로 보면 가능한 대출총액은 다음과 같이 계산된다.
>
> $$D^N = \frac{1-z_l}{z_l}K = \frac{1-0.1}{0.1} \times 1,000 = 9,000 \quad (\text{단, } z_l \text{은 법정지급준비율})$$
>
> 은행조직 전체로 볼 때 가능한 대출총액이 순예금창조액과 동일하게 된다는 것을 구체적으로 설명하면 다음과 같다. 최초에 A은행에 1,000원이 입금되면 A은행은 법정지급준비금을 제외한 900원을 대출하고, B은행에 900원이 입금되면 B은행은 다시 법정지급준비금을 제외한 810원을 대출하고, 이는 다시 C은행에 입금된다. 이러한 예금·대출되는 과정이 무한히 반복되면서 대출총액은 다음과 같이 계산된다.
> 대출총액= $900 + 810 + 729 + \cdots$
> $$= (1-z_l)K + (1-z_l)^2 K + (1-z_l)^3 K + \cdots$$
> $$= [(1-z_l)(1-z_l)^2 + (1-z_l)^3 + 1 \cdots] \cdot S = \frac{1-z_l}{z_l}K = \frac{1-0.1}{0.1} \times 1,000 = 9,000 \text{원}$$

22 외부에서 충격이 발생하자 어느 나라의 통화량은 12% 증가하고 화폐의 유통속도는 4% 감소하였다고 한다. 또한 이 충격으로 물가수준은 5% 상승하였다. 이 경우 이 나라 실질 GDP의 증가율은 몇 %인가?

① 3%　　　　　　　　　　　　② 5%

③ 7%　　　　　　　　　　　　④ 9%

> **NOTE** 통화량증가율(12%) = 물가상승률(5%) + 실질 GDP증가율(?) − 유통속도감소율(4%)
> 따라서 실질 GDP증가율은 3%이다.

23 중앙은행이 취할 수 있는 다음 여러 가지 통화정책의 조합 중에서 가장 긴축성이 강한 것은?

① 공개시장매출, 지급준비율 인상, 재할인율 인상

② 공개시장매출, 지급준비율 인하, 재할인율 인하

③ 공개시장매입, 지급준비율 인상, 재할인율 인상

④ 공개시장매입, 지급준비율 인하, 재할인율 인하

> **NOTE** 긴축적인 통화정책을 하는 방법에는 공개시장에서의 국공채 매각·지급준비율 인상·재할인율 인상이 있다. 이 3가지 수단이 동시에 실시될 때 긴축성이 가장 클 것이다.

Answer. 21.③　22.①　23.①

24 통화량(M)은 은행 외부에서 유통되는 현금총액(C)과 은행의 예금총액(D)의 합계로 정의되고 본원통화는 C와 은행 보유의 지급준비총액(R)으로 구성된다고 하자. 한편 민간의 현금통화비율(C/M)이 0.20이고 총지급준비율(R/D)이 0.25라고 전제할 경우 1단위의 본원통화의 증가는 몇 단위의 통화량이 증가를 낳게 되는가?

① 1.25

② 2.22

③ 2.5

④ 5

NOTE $H \times \dfrac{1}{c+z(1-c)} = M$($H$: 본원통화, c : 현금통화비율, z : 실제지급준비율, M : 통화량)에 $H=1$, $c=0.25$, $z=0.2$를 대입하면

$\dfrac{1}{c+z(1-c)} = \dfrac{1}{0.25+0.2(1-0.25)} = 2.5$이다.

따라서 본원통화가 1단위 증가하면 통화량은 2.5단위 증가한다.

25 다음 설명 중 옳지 않은 것은?

① 중앙은행이 민간보유 국채를 매입할 때 신용창조가 이루어진다.

② 신용승수는 통화승수보다 크다.

③ S은행의 예금액이 200억 원일 때 법정지급준비율이 20%에서 10%로 낮아지면 S은행의 대출여력이 20억 원 증가한다.

④ 예금은행의 중앙은행에 대한 자금의존도가 낮다면 재할인율정책의 실효성은 크지 않을 것이다.

NOTE 은행조직 밖에서 처음 은행에 유입된 돈을 본원적 예금이라고 한다. 본원적 예금이 유입되면 은행은 그 중 일부를 대출할 것이고, 대출된 돈의 일부는 다시 은행에 예금되는 과정을 거쳐 총예금액(예금통화)이 본원적 예금액보다 훨씬 크게 증가하게 되는데, 이를 신용창조라고 한다. 이와 같은 신용창조를 통해 은행은 통화량에 영향을 미치게 된다.

① 중앙은행이 민간보유 국채를 매입하면 신용창조가 이루어지는 것이 아니라 본원통화가 증가한다. 본원통화가 예금은행으로 유입되면 예금은행조직을 통해 신용창조가 일어나게 되고, 통화량은 애초의 증가분보다 훨씬 크게 증가한다. 신용창조는 중앙은행의 기능이 아니라 예금은행의 기능이다.

Answer. 24.③ 25.①

출제예상문제 **391**

26 중앙은행에 의한 통화량 변화가 실물부문에 미치는 경로에 대한 설명으로 올바른 것을 모두 고르면?

> ㉠ 통화량이 증가하면 이자율이 하락하고 투자와 소비가 증가한다.
> ㉡ 통화량이 증가하면 주식 및 부동산 가격이 하락하여 민간의 부가 감소한다.
> ㉢ 통화량이 감소하면 자본이 유입되어 환율이 하락하고 순수출이 감소한다.
> ㉣ 통화량이 감소하면 토빈의 q가 증가하고 투자가 감소한다.

① ㉠, ㉡

② ㉠, ㉢

③ ㉡, ㉢

④ ㉡, ㉣

⑤ ㉢, ㉣

NOTE | ㉡ 통화량이 증가하면 주식 및 부동산 가격이 상승하여 민간의 부가 증가한다.
㉣ 통화량이 감소하면 토빈의 q가 감소하고 투자가 감소한다.

Answer. 26.②

Chapter.

04 총수요–총공급이론

01 IS – SM모형

(1) IS곡선

① 개념 : 생산물시장의 균형(총수요와 총공급이 일치, 주입과 누출이 일치)을 나타내는 이자율과 국민소득의 조합을 나타낸다.

> • 이자율 : $r = -\dfrac{1-c(1-t)}{b}Y + \dfrac{1}{b}(C_0 - cT_0 + I_0 + G_0)$ (폐쇄경제일 때)
>
> (b : 투자의 이자율 탄력성, c : 한계소비성향, t : 세율)

※ IS곡선의 도출 : 이자율 하락 → 총수요 증가(민간투자 및 소비수요 증가) → 국민소득 증가, 따라서 IS곡선 우하향

[IS 곡선의 도출]

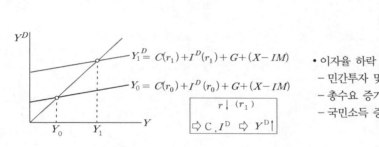

• 이자율 하락
 – 민간투자 및 소비수요 증가
 – 총수요 증가
 – 국민소득 증가

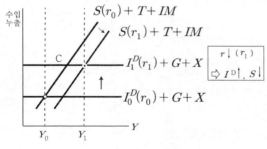

• 이자율 하락
 – 수입(투자수요) 증가, 누출(저축) 감소, 소비수요 증가
 – 총수요 증가
 – 국민소득 증가

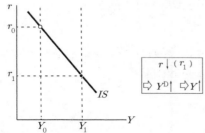

• 이자율 하락
 – 민간투자 및 소비수요 증가
 – 총수요 증가
 – 국민소득 증가

② *IS*곡선의 기울기(대개 우하향)

  ㉠ 투자의 이자율탄력성이 클수록 *IS*곡선이 완만하다.

  ㉡ 경기가 침체하면 *IS*곡선이 가파르고, 경기가 상승하면 *IS*곡선이 완만하다.

  ㉢ 한계소비성향, 유발투자계수가 크고 비례세율, 한계수입성향이 작을수록 완만하다.

③ 생산물시장의 균형과 불균형 : *IS*곡선 상의 점들은 모두 생산물시장의 균형이 이루어지는 점들이고, *IS*곡선보다 상방에서는 생산물시장 공급초과, 밑에서는 수요초과가 발생한다.

④ *IS*곡선의 이동

  ㉠ 우측이동 : 소비, 투자, 정부지출, 순수출의 증가

  ㉡ 좌측이동 : 저축, 조세, 수입의 증가

(2) *LM*곡선

① 개념 : 화폐(금융)시장의 균형(화폐수요와 화폐공급이 일치)을 나타내는 이자율과 국민소득의 조합을 나타낸다.

$$R = \frac{h}{k} Y - \frac{1}{h} \cdot \frac{M}{P}$$

$(h$: 화폐수요의 이자율 탄력성, k : 화폐수요의 소득 탄력성$)$

※ LM곡선의 도출 : 국민소득 증가 → (거래적) 통화수요 증가 → 이자율 상승, 따라서 LM곡선 우상향

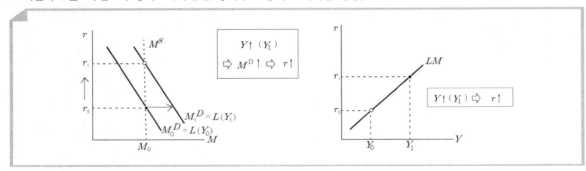

② *LM*곡선의 기울기(대개 우상향)

  ㉠ 화폐수요의 이자율탄력도가 클수록 *LM*곡선이 완만하다.

  ㉡ 경기가 침체하면 *LM*곡선이 완만하고 경기가 상승하면 *LM*곡선이 가파르다

  ㉢ 유동성함정에서는 *LM*곡선이 수평이다.

③ 화폐(금융)시장의 균형과 불균형 : *LM*곡선 상의 점들은 모두 화폐(금융)시장의 균형이 이루어지는 점들이고, *LM*곡선 상방에서는 공급초과, 하방에서는 수요초과가 발생한다.

④ LM곡선의 이동 : 통화량이 증가하면 LM곡선은 우측으로, 화폐수요가 증가하거나 물가상승으로 인한 실질 통화량이 감소하면 좌측으로 이동한다.

(3) 생산물시장과 화폐시장의 동시균형

① 균형국민소득과 균형이자율 결정

　　㉠ IS곡선과 LM곡선의 교차점에서 생산물시장과 금융시장이 동시에 균형을 이룬다.

　　㉡ 교차점에서의 국민소득을 균형국민소득이라 한다.

② 불균형의 조정

　　㉠ 생산물시장 : 불균형이 발생하면 생산량이 변화하므로 좌우로 조정이 이루어진다.

　　㉡ 화폐시장 : 불균형이 발생하면 이자율이 변하므로 상하로 조정이 이루어진다.

③ 학파별 $IS-LM$모형

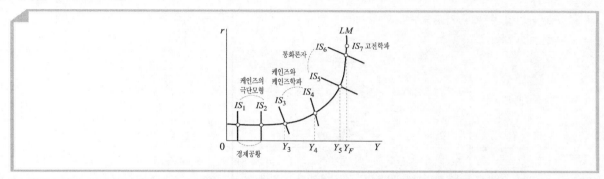

학파	시대적 상황	$IS-LM$곡선의 기울기
케인즈	1930년대 경제공황	$\epsilon_{1,r}=0 \rightarrow IS$곡선은 수직선 $\epsilon_{L,r}=\infty \rightarrow LM$곡선은 수평선
케인즈학파	1940 / 50년대 경기상승 / 불완전고용	$\epsilon_{1,r}=$小$\rightarrow IS$곡선은 가파름 $\epsilon_{L,r}=$大$\rightarrow LM$곡선은 완만함
통화론자	1960년대 완전고용	$\epsilon_{1,r}=$大$\rightarrow IS$곡선은 완만함 $\epsilon_{L,r}=$小$\rightarrow LM$곡선은 가파름
고전학파	19세기~20세기 초 완전고용	$\epsilon_{1,r}=\infty \rightarrow IS$곡선은 Y_F상의 한 점 $\epsilon_{L,r}=0 \rightarrow LM$곡선은 Y_F에서 수직선

※ 투자의 이자탄력도 $= \epsilon_{1,r}$, 화폐수요의 이자율탄력도 $= \epsilon_{L,r}$

02 재정정책과 금융정책

(1) 재정정책

① 개념 : 정부지출과 조세를 변화시켜 경제성장, 물가안정, 완전고용 등의 정책목표를 달성하려는 경제정책이다.

② 확대적인 재정정책

ㄱ 확대재정정책의 실시로 정부지출이 증가하면 IS곡선이 우측으로 이동하므로 균형국민소득은 증가하고 이자율은 상승한다.

ㄴ 재정정책의 경우에는 이자율이 상승함에 따라 민간투자가 감소하는 구축효과가 발생한다.

③ 재정정책의 상대적 유효성

ㄱ IS곡선이 수직에 가까울수록(투자의 이자율탄력성이 작을수록) 재정정책의 효과는 커진다.

ㄴ LM곡선이 수평에 가까울수록(화폐수요의 이자율탄력성이 클수록) 재정정책의 효과는 커진다.

※ 구축효과와 구입효과

구분	구축효과	구입효과
개념	정부지출증가가 이자율을 상승시켜 민간투자를 감소시키는 효과	정부지출증가가 국민소득을 증가시켜 유발투자가 증가하는 효과
발생경로	$G\uparrow \rightarrow IS$우측이동$\rightarrow r\uparrow \rightarrow I\downarrow$	$G\uparrow \rightarrow AE\uparrow \rightarrow Y\uparrow \rightarrow I\uparrow$
크기	투자의 이자율탄력성이 클수록, 화폐수요의 이자율탄력성이 작을수록 구축효과가 커진다.	유발투자계수가 클수록 구입효과가 커진다.
주장학파	통화주의학파	케인즈학파

④ 경기변동과 재정제도

ㄱ 자동안정화장치 : 경기변동에 따라 자동적으로 정부지출 또는 조세수입이 변화하여 경기의 진폭을 완화시키는 재정제도이다.

- 누진세제도
- 실업보험
- 각종 사회보장제도

ㄴ 재정적 견인 : 완전고용국민소득 달성을 위한 총수요증가가 조세증가 때문에 억제되는 현상을 의미한다.

ㄷ 정책함정 : 경기가 불황일 때 균형재정을 추구함으로써 경기가 더욱 더 불황에 빠지는 현상을 의미한다.

⑤ 리카도(D. Ricardo)의 등가정리

ㄱ 정부지출재원을 조세를 통해서 조달하든 국채발행(민간차입)을 통해서 조달하든 그 효과는 근본적으로 동일하다.

ㄴ 정부지출재원 조달방식의 변경은 경제의 실질변수에는 아무런 영향을 미칠 수 없다.

ⓒ 케인즈학파의 견해 : 정부지출을 고정시킨 상태에서 조세를 감면하고 국채발행으로 재원조달방식을 변경하면 팽창적인 효과가 발생한다.

ⓔ 새고전학파의 견해 : 합리적인 개별경제주체들은 국채가 발행되면 미래의 조세증가를 예상하고 이에 대비하여 저축을 증가시키므로 국채발행의 경우에도 마찬가지로 소비감소효과가 발생한다. 그러므로 조세에서 국채발행으로 변경하더라도 경제의 실질변수에는 아무런 효과도 발생하지 않는다.

ⓜ 등가정리가 성립하기 어려운 경우 : 유동성제약(차입제약), 근시안적 의사결정, 경제활동인구의 변화

   ※ 대부자금 시장
     – 국공채발행을 통한 확대재정정책은 정부저축을 감소시키지만 민간저축의 증가로 국내총저축은 변화하지 않는다.
     – 정부의 국채발행을 통한 재정정책은 이자율 수준을 바꾸지 못하므로 총수요에 아무런 영향을 주지 못한다는 것이다.

(2) 금융정책

① 개념 : 중앙은행이 각종 금융정책수단을 이용하여 물가안정, 완전고용, 경제성장, 국제수지균형 등의 정책목표를 달성하려는 경제정책이다.

② 수단 : 중앙은행의 창구를 통해 공급되는 일차적인 통화 공급만을 조절한다.

   ㉠ 공개시장조작정책 : 중앙은행이 공개시장에서 금융기관을 상대로 채권으로 사고파는 방식으로 본원통화에 영향을 주는 정책수단이며, 통화량 조절수단 중 가장 빈번하게 이용되는 정책수단다. 또한 증권시장이 발단된 국가에서 사용할 수 있는 정책수단이다.
   • 국공채 매입 → 본원통화 증가 → 통화량 증가
   • 국공채 매각 → 본원통화 감소 → 통화량 감소

   ㉡ 재할인율정책 : 예금은행이 중앙은행으로부터 차입할 때 적용받는 이자율이 재할인율을 조정함으로써 본원통화에 영향을 주는 방식이다. 예금은행이 풍부한 유동성(초과지급준비금)을 보유하고 있다면 재할인율 정책은 효과가 없다. 따라서 재할인율 정책이 효과적이기 위해서는 예금은행의 중앙은행에 대한 자금의존도가 높아야 한다.
   • 재할인율 인하 → 본원통화 증가 → 통화량 증가
   • 재할인율 인상 → 본원통화 감소 → 통화량 감소

   ㉢ 지급준비율정책 : 법정지급준비율을 변화시킴으로써 통화승수의 변화를 통하여 통화량과 이자율을 조정하는 정책이며, 공개시장 조작정책 및 재할인율 정책과는 달리 본원통화의 양은 불변이다.
   • 지급준비율 인하 → 통화승수 증가 → 통화량 증가
   • 지급준비율 인상 → 통화승수 감소 → 통화량 감소

③ 금융정책의 효과

   ㉠ 확대적인 금융정책
   • 확대금융정책 실시로 통화량이 증가하면 LM곡선이 하방(우측)으로 이동하고 이에 따라 이자율이 하락한다.

- 이자율이 하락하면 민간투자증가로 유효수요가 증가하므로 국민소득이 증가한다.
- 금융정책의 경우는 이자율이 하락하므로 구축효과가 발생하지 않는다.
- ⓛ 금융정책의 상대적 유효성
  - IS곡선이 수평에 가까울수록(투자의 이자율탄력성이 클수록) 금융정책의 효과는 커진다.
  - LM곡선이 수직에 가까울수록(화폐수요의 이자율탄력성이 작을수록) 금융정책의 효과는 커진다.

(3) 재정정책과 금융정책의 시차

① 정책당국이 문제의 심각성을 인식한 후 확대재정정책을 실시하려면 관료조직의 승인절차를 거쳐야 하므로 실행시차가 비교적 길다. 반면에 확대금융정책은 공개시장조작이 매우 신속하게 수행되므로 비교적 짧다.

② 확대재정정책을 실시하면 즉각적으로 생산과 고용증대효과가 발생하므로 외부시차가 비교적 짧다. 반면에 확대금융정책을 실시하면 이자율은 즉각적으로 하락하지만 투자가 증가하기까지 비교적 오랜 시간이 소요되므로 외부시차가 비교적 길다.

③ 일반적으로 내부시차는 금융정책이 더 짧고, 외부시차는 재정정책이 더 짧다. 따라서 내부시차와 외부시차를 합한 전체적인 시차는 어떤 것이 더 짧은지 말하기 어렵다.

④ 피구효과
  - ⓚ 개념
    - 소비함수에 자산효과가 도입되면 물가의 하락에 따라 실질자산이 증가하고 이것이 소비증가를 통해 IS 곡선을 우측으로 이동시켜 국민소득증가를 가져오는 효과를 의미한다.
    - 경기침체로 인한 실업은 시장기능에 의해서 자율적으로 해소될 수 있다.
    - 경제가 극심한 불황일 경우에는 정부가 개입하여 확대적인 재정정책을 실시해야만 한다고 보는 케인즈의 주장에 대한 고전학파의 반론이다.
    - 유동성 함정의 상황에서도 화폐금융정책이 유효하다는 의미를 갖고 있기도 하다.
  - ⓛ 피구효과 발생과정 : 경기침체 → 물가하락 → 실질소득증가 → 소비증가 → 경기회복 → 실업구제
  - ⓒ 비판 : 현실적으로 실현가능성이 희박하다.
    - 경기가 하락하더라도 물가는 하방경직적이므로 실질소득이 증가하지 않는다.
    - 물가가 하락하면 당분간 소비를 보류하고 물가가 더욱 하락하기를 기다린다.
    - 물가가 하락하면 소득의 실질가치뿐만 아니라 부채의 실질가치도 늘어나므로 채무자는 소비를 줄인다. 그 결과 사회 전체적으로 소비가 반드시 늘어난다는 보장이 없다.

03 총수요 – 총공급

(1) 총수요(AD : aggregate demand)

① 개념 : 물가와 유효수요(총수요)의 관계이며, 총수요곡선을 이용하여 분석한다.

② 물가 변화와 총수요량의 변화 : 물가가 상승하면 다음 세 가지 효과에 따라 총수요량이 감소(총수요곡선 우하향)한다.

이자율 효과	물가상승 → 실질통화공급 감소(또는 명목통화수요 증가) → 이자율 상승 → 민간소비와 투자수요량 감소
실질잔고효과	물가상승 → 실질통화(실질잔고, 실질금융자산(부)) 감소 → 민간소비수요량 감소
경상수지효과	물가상승 → 수출 감소, 수입증가, : 순수출량 감소

③ 총수요곡선 도출

    ㉠ 개념 : 각각의 물가수준에서 총수요의 크기를 나타내는 곡선으로 $IS-LM$모형에서의 균형국민소득이 바로 총수요를 의미하므로 $IS-LM$곡선으로부터 AD곡선이 도출된다.

    ㉡ 유효수요모형에 의한 도출

    • 물가상승 → 실질통화공급 감소(또는 명목통화수요 증가), 이자율 상승 → 민간투자수요량 및 수요량 감소 : 총수요량 감소(총수요곡선 우하향)

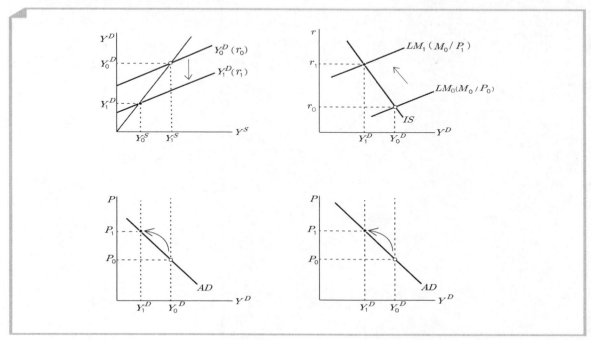

ⓒ IS-LM 모형에 의한 도출
- 물가상승 → 실질통화공급 감소(LM곡선 좌측 이동) → 이자율 상승, 총수요량이 감소하므로 우하향하는 총수요곡선 도출
ⓔ 총수요곡선 기울기

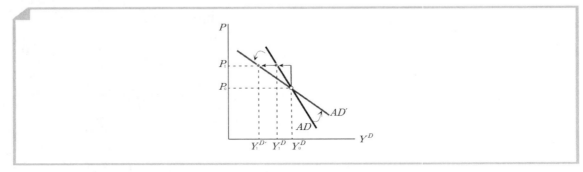

- 통화수요이자율탄력도 작고, 투자수요이자율탄력도 클 때(통화주의학파)
  물가상승 → 이자율 대폭 상승, 총수요량 대폭 감소 → 완만한 총수요곡선
- 실질잔고효과와 경상수지효과 고려
  물가상승 → 민간소비 감소, 순수출 감소 → 총수요량 대폭 감소 → 완만한 총수요곡선

④ 총수요 변화
ⓐ 생산물시장의 여건 변화
- 물가가 고정된 상태에서 민간부문에서 총수요가 증가하거나 확대재정정책이 시행되면 총수요가 증가한다.
- 총수요가 증가하면 총수요곡선이 우측으로 이동한다.

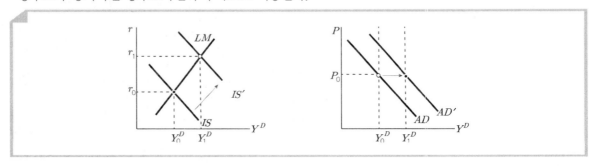

ⓛ 통화시장의 여건 변화

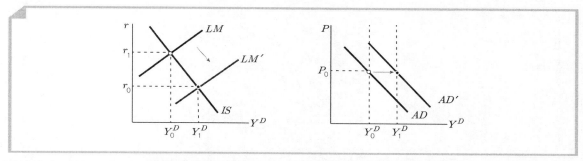

- 물가가 고정된 상태에서 확대통화정책 등에 의해 통화공급이 증가하거나, 통화수요의 소득탄력도가 감소하여 통화수요가 감소하면 이자율이 하락한다.
- 이자율이 내리면 투자와 소비가 증가하므로 총수요가 증가한다.
- 총수요가 증가하면 총수요곡선이 우측으로 이동한다.

(2) **총공급(AS : aggregate demand)**

① 개념 : 물가와 총생산 관계이며, 총공급곡선을 이용하여 분석한다.

② 형태

  ㉠ 물가가 상승할 때 고용량이 증가하므로 총공급곡선은 우상향의 형태로 도출된다.

  ⓛ 물가와 명목임금의 신축성에 따라 상이한 형태의 총공급곡선이 도출된다.

  ⓒ 물가와 명목임금이 신축적일수록 총공급곡선이 가파른 기울기를 가지며, 완전신축적이면 수직선이 되며 완전비신축적이면 수평선이 된다.

  ⓔ 물가와 명목임금의 신축적 조정 여부는 근로자의 물가변동에 대한 불완전정보에 따라 근로자의 물가예상착오에 따라 결정되며, 물가예상착오가 클수록 물가와 명목임금이 비신축적으로 조정되어 총공급곡선이 완만하게 된다.

  ⓜ 정부와 기업의 형태 등에 의해서도 물가, 임금의 신축성 여부가 달라질 수 있다.

③ 총공급곡선 도출

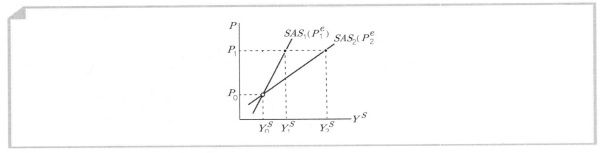

ⓐ 물가상승 → 예상물가상승률만큼 노동공급곡선 상방 이동(노동공급 감소)

　　　　　→ 실제물가상승률만큼 노동수요곡선 상방 이동(노동수요 증가)

　　　　　→ 이때, 예상물가상승률 < 실제물가상승률

　　　　　→ 공급곡선 상방이동폭 < 수요곡선 상방이동폭

　　　　　→ 명목임금 상승, 노동투입량 증가

　　　　　→ 총공급량 증가, 따라서 총공급곡선 우상향

ⓑ 물가상승 시 실제 물가가 예상 물가보다 높으므로 실질임금은 감소하고 이에 따라 고용과 총생산량이 증가한다.

④ 총공급곡선의 기울기

　ⓐ 국민소득이 낮은 수준 : AS곡선 완만

　ⓑ 국민수준이 높은 수준 : AS곡선 급경사

　ⓒ 모든 요소가 완전고용 : AS곡선 수직선

　ⓓ 물가의 변화할 때 물가예상이 정확할수록 명목임금이 신축적으로 조정되어 총공급곡선이 가파른 기울기를 갖는다.

⑤ 총공급 변화

　ⓐ 예상물가 하락, 이자율 상승, 근로의욕 증가, 인구 증가

　　• 노동공급 증가(노동공급곡선 우측이동), 고용 증가

　　• 총공급 증가(총공급곡선 우측 이동)

　ⓑ 자본–노동비율 증가, 기술진보 : 총생산함수 상방 이동

　　• 노동한계생산성 증가(노동수요 증가), 고용 증가

　　• 총공급 증가(총공급곡선 우측 이동)

(3) 총수요-총공급 균형

① 통화시장과 생산물시장의 동시균형(IS - LM균형)을 통해 총수요량이 결정되고, 노동시장 균형과 단기총생산함수에 의해 총공급량이 결정된다.

② 생산물시장과 통화시장 및 노동시장이 모두 균형을 이루며 물가, 이자율, 명목임금, 고용 및 실질국민소득이 동시에 결정된다.

(4) $IS-LM$과 $AD-AS$

① $IS-LM$모형

   ⊙ 총수요만 대상으로 할 뿐 총공급은 분석대상에서 제외된다.

   ⓛ 확대정책이 소득과 이자율에 미치는 영향을 분석할 뿐 물가에 미치는 영향은 제외된다.

② $IS-LM$모형과 $AD-AS$모형

구분	$IS-LM$모형	$AD-AS$모형
기준	가로축은 국민소득(Y), 세로축은 이자율(r)을 기준으로 함	가로축은 국민소득(Y), 세로축은 물가(P)를 기준으로 함
대상	총수요(AD)만을 대상으로 함	총수요(AD)와 총공급(AS)을 대상으로 함
핵심	확대정책을 실시할 때 승수효과가 구축효과에 의해서 상쇄되는 정도를 분석함	확대정책이 국민소득과 물가에 미치는 영향을 분석함
물가	물가상승이 국민경제에 미치는 영향을 분석할 수 없음	물가상승이 국민경제에 미치는 영향을 분석할 수 있음

③ 그림 … $IS-LM$모형은 세로축이 이자율인 반면, $AD-AS$모형은 세로축이 물가를 나타낸다.

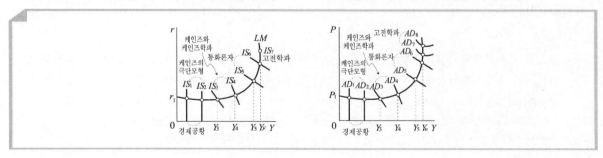

(5) 고전학파의 $AD-AS$모형

① AD곡선은 우하향하는 직각쌍곡선이다.

② AS곡선은 완전고용국민소득에서 수직선으로 도출된다.

③ 확대재정정책을 실시하면 AD곡선과 AS곡선이 모두 불변한다. 그 결과 생산·소득·물가 등이 모두 불변한다.

- 일반적으로 확대재정정책을 실시하는 과정에서 중앙은행으로부터 정부부문을 통해서 본원통화가 공급된다. 그 결과 통화량이 증가하므로 물가가 오른다.

④ 확대금융정책을 실시하면 AS곡선은 불변하고, AD곡선이 우측이동한다. 그 결과 물가만 오른다.

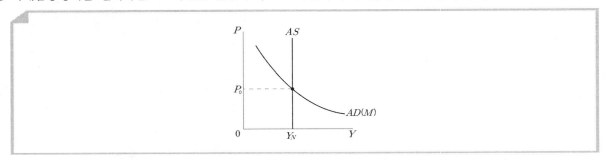

(6) 케인즈의 $AD-AS$모형

① AD곡선

    ㉠ 일반적인 경우 : 물가가 하락할수록 총수요(AD)가 늘어나기 때문에 대게 우하향한다.
- 부(wealth)의 효과 : 물가하락 → 소득과 부의 실질가치증가 → 소비증가 → 총수요증가
- 이자율효과 : 물가하락 → 화폐수요감소 → 이자율하락 → C, I 증가 → 총수요증가
- 무역수지효과
    · 물가하락 → 수출품의 상대가격하락 → 수출증가 → 총수요증가
    · 물가하락 → 수입품의 상대가격상승 → 수입감소 → 총수요증가

    ㉡ 경기가 극도로 침체하면 AD곡선은 수직선이 된다. 이는 물가가 하락해도 총수요가 늘어나지 않는 것을 의미한다.

② AS곡선

    ㉠ 고정물가 - 고정화폐임금모형 : 물가가 일정 수준에서 고정되었을 때 총공급곡선(AS)은 수평선이다.
    ㉡ 변동물가 - 고정화폐임금모형 : 물가가 상승하면 총공급곡선(AS)은 우상향한다.

    ※ 화폐환상과 총공급곡선(AS)의 기울기
    ㉠ 고전학파 : 물가상승 때 노동공급에 화폐환상이 발생하지 않으면 AS곡선은 수직선이다.
    ㉡ 케인즈 : 물가상승 때 노동공급에 화폐환상이 발생하면 AS곡선은 우상향한다.

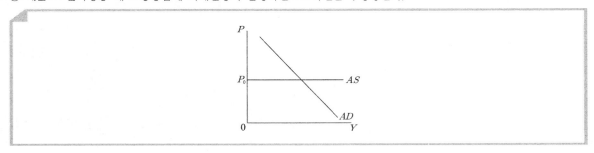

(7) 일반적인 총공급곡선

① 모형마다 강조하는 내용은 차이가 있으나 종합해서 다음의 식으로 나타낼 수 있다.

$$Y = Y_N + a(P - P^e), (a > 0)$$

② 장기에는 예측오류가 사라져 예상물가가 실제물가와 일치하므로 총공급곡선은 수직선이 된다.

③ 단기에는 실제물가가 예상물가와 다른 경우에는 산출량이 자연산출량에서 이탈하므로 총공급곡선이 우상향의 형태로 도출된다.

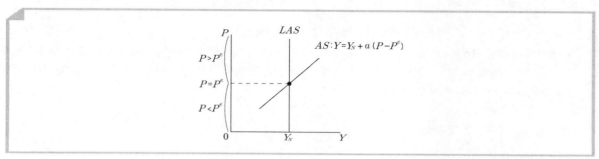

04 안정화정책

(1) 고전학파모형

① **총수요 변화** : 생산물시장 변화는 총수요를 변화시킬 수 없다.
 ㉠ 확대재정정책 : 완전구축효과, 총수요 불변, 실질국민소득 불변
 ㉡ 확대통화정책 : 총수요가 증가하지만 물가만 오르고 실질국민소득 불변

② **총공급 변화** : 총공급 증가시 완전고용국민소득은 증가한다.

(2) 케인즈모형

① **총수요 변화** : 통화시장 이자율 변화는 유효수요를 변화시킬 수 없다.
 ㉠ 확대재정정책 : 실질국민소득 승수배 증가, 구축효과 0
 ㉡ 확대통화정책 : 이자율 하락, 총수요와 실질국민소득은 불변

② **총공급 변화** : 극심한 경기침체 상태이므로 총공급이 증가해도 국민소득 불변이다.

(3) **통화론자의 안정화정책**

① $IS-LM$모형은 IS곡선이 완만하고 LM곡선이 가파른 것이 특징이다. 따라서 확대재정정책을 실시하면 구축효과가 크게 나타나므로 확대효과가 비교적 작다.

② $AD-AS$모형에서 확대정책을 실시하면 AD곡선은 우측으로 이동하므로 물가상승을 고려하면 확대효과가 더욱 축소된다.

③ 총수요관리정책은 경제를 불안정하게 한다.

④ 확대금융정책의 확대효과는 시차를 두고 발생하므로 경기변동을 더 크게 한다.

⑤ 시장기능을 신뢰하여 정부는 시장에 개입하지 말아야 한다.

※ 금융정책에 대한 통화론자의 견해 : 금융정책의 확대효과는 비교적 크지만 이는 시차(time-lag)를 두고 나타나기 때문에 경기상승국면에서 확대효과가 발생하면 인플레이션을 조장할 우려가 있다. 그러므로 단기적 안정화정책의 수단으로 확대금융정책을 실시하지 않는 것이 바람직하다.

(4) **물가상승에 대한 기대가설**

① **적응적 기대가설**
   ㉠ 통화론자 : 확대정책은 단기효과를 얻지만 장기효과는 사라지고 물가상승만 부추긴다.
   ㉡ 케인즈학파 : 단기적 확대효과를 얻기 위해서 확대정책을 실시해야 한다.

② **합리적 기대가설과 정책무력성의 명제**
   ㉠ 물가상승에 대하여 합리적 기대가 형성되면 단기적 확대효과도 발생하지 않는다.
   ㉡ 새 고전학파는 이를 정책무력성의 명제로 주장했다.
   ㉢ 새 케인즈학파는 합리적 기대가설은 수용하지만 정책무력성명제는 수용하지 않는다. 왜냐하면 정보가 완전하지 않고, 가격이 경직적이기 때문이다.
   ㉣ 새 케인즈학파는 총수요관리정책을 실시해서 생산과 고용을 올릴 것을 주장했다.

③ **공급중시경제학**
   ㉠ 스태그플레이션 상황 하에서 확대정책을 실시하면 물가만 오르고 소득은 오르지 않으므로 총수요확대정책이 실효를 거두지 못했다. 이에 공급중시경제학파는 공급을 늘림으로써 물가를 안정시키고 생산과 고용을 확대시킬 것을 주장하였다.
   ㉡ 정책수단
   • 세율을 낮춰서 비용부담을 줄이면 생산과 공급이 증가한다.
   • 소득재분배제도를 축소, 철폐함으로써 비용부담을 줄이고 노동의욕을 높인다.
   ※ 조세유인

이자소득세 감면	→ 저축(투자) 증가	→ 자본스톡 증가	→ 총공급 증가
법인세 감면	→ 투자 증가		(총공급곡선 우측 이동)
근로소득세 감면	→ 근로의욕 증가	→ 노동공급 증가	

© 래퍼곡선(Laffer curve) : 래퍼(A. LAffer)에 의하면 조세수입이 극대화되는 세율이 t^*일 때 세율이 이 보다 높으면(저축과 투자 및 근로의욕이 낮아져서) 조세수입이 감소한다. 세율이 t^* 이상인 영역은 금지 영역(prohibited zone)이며 이 상황에서는 세율을 낮출수록 생산과 조세수입이 오른다. 이를 선으로 나 타낸 것을 래퍼곡선이라 한다.

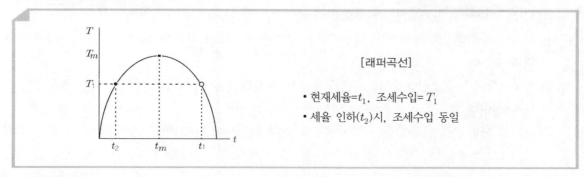

[래퍼곡선]

• 현재세율=t_1, 조세수입= T_1
• 세율 인하(t_2)시, 조세수입 동일

② 의의와 한계
• 조세감면 정책을 통해 총수요뿐 아니라 총공급도 증가시켜 물가상승없이 국민소득을 대폭 증가시킬 수 있다.
• 공급중시이론이 설득력을 가지려면 단기적으로 세율변화에 대하여 저축과 투자 및 근로의욕이 민감하 게 반응하여야 한다.
• 그러나 이론적으로나 현실적으로 세율 인하에 의해 저축, 투자 및 근로의욕이 크게 증가할 것으로 기 대하기 어렵다.
• 투자는 케인즈이론에서 본 바와 같이 이자율 변화에 대해서 비탄력적이다.

기출문제분석

(국민연금공단)

1 **리카도의 대등정리(Ricardian equivalence theorem)에 대한 설명으로 바르지 않은 것은?**

① 리카도의 대등정리에 따르면 재정적자는 장기뿐만 아니라 단기에서조차 아무런 경기팽창 효과를 내지 못한다.

② 정부지출의 재원조달 방식이 조세든 국채든 상관없이 경제에 미치는 영향에 아무런 차이가 없다는 이론이다.

③ 정부지출의 규모가 동일하게 유지되면서 조세감면이 이루어지면 합리적 경제주체들은 가처분소득의 증가분을 모두 저축하여 미리에 납부할 조세의 증가를 대비한다는 이론이다.

④ 현실적으로 대부분의 소비자들이 유동성제약(liquidity constraint)에 직면하기 때문에 리카도의 대등정리는 현실 설명력이 매우 큰 이론으로 평가된다.

> 📑NOTE | 리카도의 대등정리(Ricardian equivalence theorem) : 현재와 미래 사이에 차입과 대부가 자유롭게 이루어진다는 것을 가정한다. 대부분의 소비자달이 유동성제약에 직면해 있다면 국채가 발행되고 조세가 감면되어 민간의 가처분소득이 증가하면 곧바로 소비가 증가하므로 리카도의 대등정리가 성립하지 않는다.

(한국전력공사)

2 **IS–LM 모형에서, IS곡선이 Y = 1,200 − 60r, 화폐수요곡선은 $\frac{M^D}{P} = Y - 60r$, 통화량은 800, 물가는 2이다. 통화량이 1,200으로 상승하면, Y는 얼마나 증가하는가? (단, Y는 국민소득, r은 실질이자율, P는 물가이다.)**

① 50 ② 100

③ 150 ④ 200

> 📑NOTE | 화폐공급 $M^S = M_0$로 두고, LM곡선식을 구해 보면, $\frac{M^D}{P} = \frac{M^S}{P}$로 두면, $Y - 60r = \frac{M_0}{2}$, $Y = \frac{M_0}{2} + 60r$ 이다.
> 통화량이 800일 때 LM곡선식 Y = 400 + 60r, 이를 주어진 IS곡선과 연립해서 풀면, 균형국민소득 Y = 800이 도출된다.
> 통화량이 1,200일 때 LM곡선식 Y = 600 + 60r, 이를 주어진 IS곡선과 연립해서 풀면, 균형국민소득 Y = 900이 도출된다.
> 따라서 통화량이 800에서 1,200으로 상승하면 균형국민소득(Y)은 800에서 900으로 100만큼 증가한다는 것을 알 수 있다.

🐻**Answer.** 1.④ 2.②

3 (인천국제공항공사) 경기부양을 위해 재정정책과 통화정책의 사용을 고려한다고 하자. 이와 관련한 서술로 가장 옳지 않은 것은?

① 두 정책이 이자율에 미치는 영향은 동일하다.

② 이자율에 미치는 영향을 줄이고자 한다면 두 정책을 함께 사용할 수 있다.

③ 두 정책 간의 선택에는 재정적자와 누적이나 인플레이션 중 상대적으로 어느 것이 더 심각한 문제일지에 대한 고려가 필요하다.

④ 두 정책의 상대적 효과는 소비와 투자 등 민간지출의 이자율탄력성 크기와 관련이 있다.

> 📝NOTE IS곡선을 오른쪽으로 이동시키는 확장적 재정정책을 사용하는 경우에는 이자율이 상승하고, LM곡선을 오른쪽으로 이동시키는 확장적 금융정책을 사용하는 경우에는 이자율은 하락한다. 즉, 소비와 투자의 이자율탄력성이 커지면 IS곡선이 완만해지므로 재정정책은 효과가 작아지고, 금융정책의 효과가 커지게 된다. 확대적인 재정정책을 실시하면 IS곡선이 오른쪽으로 이동하므로 이자율이 상승하는 반면, 확대적인 금융정책을 시행하면 LM곡선이 오른쪽으로 이동하므로 이자율이 하락한다. 그러므로 두 정책이 이자율에 미치는 영향은 정반대이다. 확대적인 재정정책과 확대적인 금융정책을 동시에 실시하면 IS곡선과 LM곡선이 모두 오른쪽으로 이동하므로 이자율의 변화가 별로 나타나지 않는다.
> 재정적자의 누적이 심각한 문제라면 확대적인 재정정책보다 확대적인 금융정책을 실시하는 것이 바람직하다.
> 인플레이션이 우려된다면 통화량 증가를 유발하는 금융정책보다 재정정책을 실시하는 것이 더 바람직하다.

4 (코스콤) 투자수요함수가 $I = \bar{I} - dr$, 실질화폐수요함수 $\frac{M}{P} = kY - hr$일 때, 금융정책이 총수요에 미치는 영향으로 올바른 것은?

① d가 작을수록 h가 클수록 금융정책이 상대적으로 강력해진다.

② d가 클수록 h가 클수록 금융정책이 상대적으로 강력해진다.

③ d와 h는 영향을 미치지 못한다.

④ d가 작을수록 h가 작을수록 금융정책이 상대적으로 강력해진다.

⑤ d가 클수록 h가 작을수록 금융정책이 상대적으로 강력해진다.

> 📝NOTE 금융정책은 IS곡선의 기울기가 완만할수록, LM곡선의 기울기가 가파를수록 상대적으로 유력해진다. 즉, 통화량이 증가하면 이자율이 하락하게 되는데, 화폐수요의 이자율탄력성(h)이 작을수록 화폐수요곡선이 급경사이므로 이자율이 큰 폭으로 하락한다. 이자율이 하락하면 투자가 증가하게 되는데, 투자의 이자율탄력성(d)이 클수록 투자가 큰 폭으로 증가하므로 총수요가 크게 증가한다. 그러므로 d가 클수록, h가 작을수록 금융정책의 효과가 커진다.

✦Answer. 3.① 4.⑤

(한국수력원자력)

5 어떤 경제의 완전고용국민소득이 400조 원이며, 중앙은행이 결정하는 이 경제의 총화폐공급은 현재 30조 원이다. 다음 표는 이 경제의 이자율에 따른 총화폐수요, 총투자, 실질국민소득의 변화를 나타낸 것이다. 이 경제에 대한 설명으로 가장 올바른 것은?

이자율(%)	총화폐수요(조 원)	총투자(조 원)	실질국민소득(조 원)
1	70	120	440
2	60	110	420
3	50	100	400
4	40	80	360
5	30	50	320

① 현재 이 경제의 실질국민소득은 완전고용수준보다 40조 원만큼 작다.

② 중앙은행이 총화폐공급을 지금보다 30조 원만큼 증가시키면 균형이자율은 1%가 된다.

③ 현재 이 경제의 균형이자율은 4%이다.

④ 실질국민소득이 완전고용수준과 같아지려면 중앙은행은 총화폐공급을 20조 원만큼 증가시켜야 한다.

> **NOTE** 균형이자율은 화폐의 수요와 공급이 일치하는 수준에서 결정된다. 실질국민소득이 완전고용국민소득인 400조 원이 되기 위해 필요한 이자율 수준은 3%이다. 그런데 이 수준에서 총화폐수요는 50조 원이고, 현재 총화폐공급은 30조 원에 불과하다. 따라서 이자율이 3%가 되기 위해 필요한 총화폐수요 50조 원을 충족시키기 위해서는 20조 원만큼의 추가적이 화폐공급이 필요해진다. 만약 중앙은행이 화폐공급을 30조 원만큼 증가시키면 통화공급이 60조 원이 된다. 화폐수요가 60조 원일 때는 화폐의 수요와 공급이 일치하는 이자율이 2%이므로 통화공급을 30조 원 증가시키면 균형이자율이 2%가 된다.

Answer. 5.④

6 (코스콤)
총수요곡선 및 총공급곡선에 대한 설명으로 옳은 것을 모두 고르면?

> ㉠ IT 기술의 발전은 장기 총공급곡선을 우측으로 이동시킨다.
> ㉡ 기업들이 향후 물가가 하락하여 실질임금이 상승할 것으로 예상하는 경우 총공급곡선이 우측으로 이동한다.
> ㉢ 주식 가격의 상승은 총수요곡선을 우측으로 이동시킨다.
> ㉣ 물가의 하락은 총수요곡선을 좌측으로 이동시킨다.

① ㉠, ㉡
② ㉢, ㉣
③ ㉠, ㉡, ㉢
④ ㉠, ㉡, ㉣
⑤ ㉡, ㉢, ㉣

🖉NOTE 물가가 하락하는 경제에서 총수요곡선은 이동하지 않고, 총수요의 크기가 총수요곡선을 따라 우하향하게 된다. 즉, IT기술이 발전하면 경제의 생산능력이 커지므로 장기총공급곡선이 오른쪽으로 이동한다. 향후 물가가 하락하여 실질임금이 상승할 것으로 예상되면 기업들은 그 이전에 생산량을 증가시키고자 할 것이므로 총공급곡선이 오른쪽으로 이동한다.

7 (한국마사회)
다음 그래프는 어느 경제의 장단기 총공급곡선과 총수요곡선이다. 이 경제의 장기균형에 대한 설명으로 가장 올바른 것은?

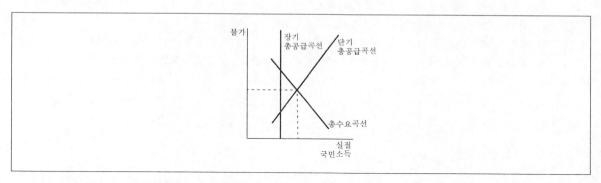

① 확장적 재정정책을 사용하지 않는다면 이 경제는 경기침체에 머무르게 된다.
② 이 경제는 현재 장기균형상태에 있다.
③ 장기 총공급곡선이 오른쪽으로 움직이며 장기균형을 달성하게 된다.
④ 임금이 상승함에 따라 단기 총공급곡선이 왼쪽으로 움직이며 장기균형을 달성하게 된다.

🖉NOTE 현재 이 경제는 장기에 달성되는 완전고용국민소득 수준을 상회하는 경기호황 국면에 있다. 단기총공급곡선과 총수요곡선이 교차하는 점에서의 생산량이 잠재GDP를 초과하므로 이 경제는 현재 경기과열 상태에 있다. 실제GDP가 잠재GDP를 초과하는 경우에는 노동력이 부족한 상태이므로 임금이 상승한다. 임금이 상승하면 비용인상이 발생하므로 단기총공급곡선이 점차 왼쪽으로 이동하여 장기균형에 도달하게 된다.

✦Answer. 6.③ 7.④

(국민연금공단)
8 경기침체에 대한 대응책으로 재정정책을 택했을 때, 이자율에 대한 투자수요와 화폐수요의 조합 중 재정정책의 효과가 가장 큰 경우는?

① 투자수요는 비탄력적이고, 화폐수요는 탄력적인 경우

② 투자수요는 탄력적이고, 화폐수요는 비탄력적인 경우

③ 투자수요는 비탄력적이고, 화폐수요도 비탄력적인 경우

④ 투자수요는 탄력적이고, 화폐수요도 탄력적인 경우

> NOTE 확대적인 재정정책을 실시할 때 그 효과가 가장 크게 나타나는 경우
> – IS곡선이 급경사 일 때 : 투자의 이자율탄력성이 낮아야 한다.
> – LM곡선이 완만할 때 : 화폐수요의 이자율탄력성이 커야 한다.
> 즉 IS곡선의 기울기는 투자수요가 이자율에 대해 비탄력적일수록 가파르게 되고, LM곡선의 기울기는 화폐수요가 이자율에 대해 탄력적일수록 완만해진다.

(한국마사회)
9 IS–LM 모형에 대한 설명으로 옳은 것을 모두 고르면?

> ㉠ 투자의 이자율탄력성이 클수록 IS곡선과 총수요곡선은 완만한 기울기를 갖는다.
> ㉡ 소비자들의 저축성향 감소는 IS곡선을 왼쪽으로 이동시키며, 총수요곡선도 왼쪽으로 이동시킨다.
> ㉢ 화폐수요의 이자율 탄력성이 클수록 LM곡선과 총수요곡선은 완만한 기울기를 갖는다.
> ㉣ 물가수준의 상승은 LM곡선을 왼쪽으로 이동시키지만 총수요곡선을 이동시키지는 못한다.
> ㉤ 통화량의 증가는 LM곡선을 오른쪽으로 이동시키며 총수요곡선도 오른쪽으로 이동시킨다.

① ㉠, ㉢, ㉣   ② ㉠, ㉣, ㉤

③ ㉡, ㉢, ㉤   ④ ㉡, ㉣, ㉤

⑤ ㉠, ㉡, ㉢, ㉤

> NOTE IS곡선이 완만할수록 총수요곡선이 완만해지고, LM곡선이 완만할수록 총수요곡선이 급경사가 된다. 그러므로 투자의 이자율탄력성이 크면 IS곡선이 완만하므로 총수요곡선이 완만해진다. 물가수준이 상승하면 LM곡선이 왼쪽으로 이동하나 총수요곡선은 이동하지 않는다. 물가수준이 상승하면 총수요곡선 상에서 좌상방의 점으로 이동하게 된다. 한편, 물가수준이 주어져 있을 때 통화량이 증가하면 LM곡선과 총수요곡선이 모두 오른쪽으로 이동한다.
> ㉡ 소비자들의 저축성향 감소는 소비증가를 통해 IS곡선을 오른쪽으로 이동시키며, 총수요곡선도 역시 오른쪽으로 이동시킨다.
> ㉢ 화폐수요의 이자율 탄력성이 클수록 LM곡선은 완만한 기울기를 가지지만, 총수요곡선의 기울기는 보다 가파르게 된다.

Answer. 8.① 9.②

(한국수력원자력)

10 어떤 경제의 총수요곡선은 $P_t = -Y_t + 2$, 총공급곡선은 $P_t = P_t^e + (Y_t - 1)$이다. 이 경제가 현재 $P = \dfrac{3}{2}$, $Y = \dfrac{1}{2}$에서 균형을 이루고 있다고 할 때, 다음 중 옳은 것은? (단, P_t^e는 예상물가이다.)

① 이 경제는 장기균형 상태에 있다.

② 현재 상태에서 P_t^e는 $\dfrac{1}{2}$이다.

③ 현재 상태에서 P_t^e는 $\dfrac{3}{2}$이다.

④ 개인들이 합리적 기대를 한다면 P_t^e는 1이다.

⑤ 개인들이 합리적 기대를 한다면 P_t^e는 2이다.

📝NOTE • 총공급곡선 $P = P^e + \beta(Y - Y_n)$ (단, P : 실제물가, P^e : 예상물가, β : 양(+)의 상수, Y : 실제산출량, Y_n : 자연산출량)

장기에는 실제물가와 예상물가가 같아지므로 $P = P^e$를 총공급곡선 식에 대입하면, 잠재GDP $Y = 1$ → 총수요곡선 식에 대입하면, 장기의 균형물가 $P = 1$임을 알 수 있다. 즉 장기균형에서 달성되는 자연산출량은 $Y_n = 1$이 되며, 장기총공급곡선(LAS)은 자연산출량 수준 $Y_n = 1$에서 수직의 모습을 보인다.

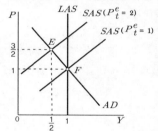

그런데 현재의 균형국민소득 $Y = \dfrac{1}{2}$이므로 실제GDP가 잠재GDP에 미달하는 상태이다.

$Y = \dfrac{1}{2}$, $P = \dfrac{3}{2}$을 총공급곡선 $P_t = P_t^e + (Y_t - 1)$ 식에 대입하면, 현재 상태의 예상물가 $P_t^e = 2$임을 알 수 있다.

• 단기총공급곡선(SAS) : $P_t = Y_t + 1$

현재는 실제GDP가 잠재GDP에 미달하는 상태이므로 장기에는 임금이 하락하게 된다. 임금이 하락하면 단기총공급곡선이 오른쪽으로 이동하므로 장기에는 실제GDP가 잠재GDP와 동일한 1이 되고, 물가수준도 장기균형 수준인 1이 된다. 만약 개인들이 합리적 기대를 한다면 장기의 균형물가수준을 정확히 예상할 것이므로 $P_t^e = 1$이 될 것이다.

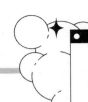

기출문제분석

1 다음과 같이 생산물시장과 화폐시장이 주어졌을 때, $G = 100$, $M^s = 500$, $P = 1$이고 균형재정일 경우, 균형국민소득(Y)과 균형이자율(r)은?

- $Y = C + I + G$
- $C = 100 + 0.8(Y - T)$
- $I = 80 - 10r$
- $\dfrac{M^d}{P} = Y - 50r$

(단, C는 소비, I는 투자, G는 정부지출, T는 조세, M^s는 명목화폐공급, M^d는 명목화폐수요, P는 물가를 나타내고, 해외부문과 총공급부문은 고려하지 않는다)

① $Y = 750$, $r = 5$ ② $Y = 750$, $r = 15$

③ $Y = 250$, $r = 5$ ④ $Y = 25$, $r = 15$

🅱NOTE 자주 등장하는 문제 유형으로 $IS - LM$ 모형을 이용해서 풀어야 한다. $Y = C + I + G$이므로 주어진 항목들을 대입하면, $IS : Y = 100 + 0.8(Y - T) + 80 - 10r + G = 180 + 0.8Y - 0.8T - 10r + G$이고, $LM : Y = -50r + \dfrac{M^d}{P}$이다. IS와 LM이 만나는 점에서 생산물시장과 화폐시장의 균형이 동시에 달성된다. 계산해보면 $Y^* = 25$이고 $r^* = 15$가 도출된다.

2 화폐수요의 이자율 탄력성이 무한대일 경우에 대한 설명으로 옳은 것은?

① 통화량을 증가시켜도 이자율은 하락하지 않는다.

② 국민소득에 미치는 재정정책의 효과가 미미하다.

③ 국민소득에 미치는 통화정책의 효과가 매우 크다.

④ 공개시장조작으로 통화량을 조절할 수 없다.

🅱NOTE 유동성함정에 빠진 경우로 이때는 통화량을 증가시켜도 이자율은 하락하지 않으며 통화정책과 재정정책이 모두 무력해진다. 공개시장조작으로 통화량은 조절할 수 있으나 무한히 높은 화폐수요에 흡수된다.

Answer. 1.④ 2.①

3 다음과 같은 $IS-LM$모형에서의 균형이자율(r)은?

- $Y = C + I + G$
- $C = 200 + 0.8(Y - T)$
- $I = 1,600 - 100r$
- $G = T = 1,000$
- $M^s = 5,000, \ P = 2$
- $\dfrac{M^d}{P} = 0.5Y - 250r + 500$

(단, Y는 국민소득, C는 소비, I는 투자, T는 조세, G는 정부지출, r은 이자율, P는 물가수준, M_s는 화폐공급, M_d는 화폐수요를 의미한다.)

---

① 5   ② 6

③ 7   ④ 8

📝 NOTE │ IS곡선과 LM곡선을 구하고 연립해서 풀면 균형이자율과 균형소득을 도출할 수 있다.

$IS : Y = 200 + 0.8(Y - T) + 1,600 - 100r + 1,000$

$LM : Y = 500r + 4,000$

$5r + 40 = -5r + 100$

$10r = 60$

$r = 6$

4 이자율이 고정되어 있고 물가수준이 일정한 폐쇄경제를 가정하면, 총수요곡선을 가장 큰 폭으로 변화시키는 순서대로 나열한 것 중 옳은 것은?

- ㉠ 한계소비성향이 0.5이며 가계가 독립적 소비지출을 500억 원 증가시킨다.
- ㉡ 한계저축성향이 0.25이며 기업들이 투자지출을 200억 원 증가시킨다.
- ㉢ 한계소비성향이 0.6이며 정부가 세금을 500억 원 감소시킨다.

---

① ㉠ > ㉡ > ㉢   ② ㉠ > ㉢ > ㉡

③ ㉡ > ㉠ > ㉢   ④ ㉡ > ㉢ > ㉠

📝 NOTE │ 승수효과를 반영하여 총수요곡선의 이동폭을 계산하면 ㉠>㉡>㉢ 순서로 이동 폭이 큼을 알 수 있다.

🐻 **Answer.** 3.② 4.①

5 폐쇄경제 하에서 IS–LM 곡선에 대한 설명으로 옳지 않은 것은?

① 유동성 함정에서 LM 곡선은 수직이 된다.

② 민간수요가 줄어들면 IS 곡선은 좌측으로 이동한다.

③ 정부가 재정지출을 늘리면 IS 곡선은 우측으로 이동한다.

④ LM 곡선의 이동은 거래적 화폐수요에 의하여 영향을 받는다.

> 📝 NOTE ① 유동성 함정에서 이자율이 최저수준에서 일정하게 되므로 LM곡선과 화폐수요곡선은 수평선의 형태가 되며, AD 곡선은 수직선이 된다.

6 다음 중 총수요곡선이 우하향하는 이유가 아닌 것은?

① 물가가 하락함에 따라 소비자들의 실질 구매력이 증가하여 소비지출을 증가시킨다.

② 물가 하락과 함께 이자율도 하락하여 투자지출을 증가시킨다.

③ 물가 하락과 함께 이자율이 하락하여 수입을 감소시킨다.

④ 물가 하락 시에는 가격이 하락하는 상품이 많아 이들 상품에 대한 수요가 증가한다.

> 📝 NOTE ④ 물가의 하락과 상품 가격의 하락은 별개의 개념이다. 물가가 하락하여 상품들의 가격이 하락을 통한 소비증대를 연결 짓는 것은 타당하지 못하다.

7 폐쇄경제의 총수요-총공급 모형을 이용하여 신용경색과 부동산가격 하락이 단기적으로 거시경제에 미치는 영향을 분석한 것 중 옳지 않은 것은?

① 소비가 감소한다.

② 물가수준이 상승한다.

③ 고용이 감소한다.

④ 기업 대출이 감소한다.

> 📝 NOTE ② 신용경색과 부동산가격 하락은 총수요를 위축시킨다. 총수요곡선이 좌측이동하면 물가수준이 하락한다.

✦ Answer. 5.① 6.④ 7.②

8 다음 중 *LM*곡선의 설명으로 옳지 않은 것은?

① *LM*곡선이 수직인 것은 화폐수요의 이자율탄력도가 0이기 때문이다.
② *LM*곡선은 금융시장의 균형을 이루는 이자율과 소득의 조합을 연결한 선이다.
③ *LM*곡선이 우상향하는 것은 이자율이 오를 때 투기적 동기의 화폐수요가 감소하기 때문이다.
④ *LM*곡선이 우상향하는 것은 이자율이 오를 때 거래적 동기의 화폐수요가 증가하기 때문이다.

🖎NOTE 이자율이 오르면 투기적 동기의 화폐수요가 감소한다.

9 투자가 명목이자율이 아닌 실질이자율의 감소함수라고 할 때 예상된 인플레이션이 상승하는 경우 다음 그림에서 발생하는 현상으로 옳은 것은?

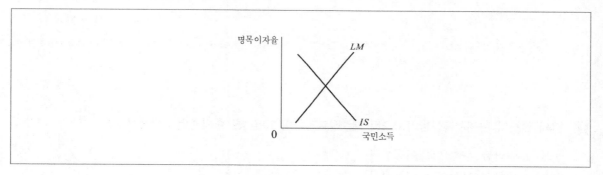

① *IS*곡선만 좌로 이동한다.
② *LM*곡선만 좌로 이동한다.
③ *IS*곡선과 *LM*곡선 중 어느 것도 변화가 없다.
④ *IS*곡선과 *LM*곡선이 모두 우측으로 이동한다.

🖎NOTE 예상인플레이션율이 오르면(피셔효과에 의해서) 명목이자율이 오르고 실질이자율은 불변한다(피셔효과: 실질이자율 + 예상인플레이션율 = 명목이자율). 실질이자율이 불변하면 투자가 불변하므로 *IS*곡선도 불변한다. 반면에 물가가 오르면 통화량의 실질가치가 하락하므로 *LM*곡선은 좌로 이동한다.

✦ Answer. 8.④ 9.②

10 어떤 경제의 *IS*곡선과 *LM*곡선이 다음 그림과 같이 나타났다고 하자. 투자가 저축보다 큰 상태인 것을 나타내는 것은?

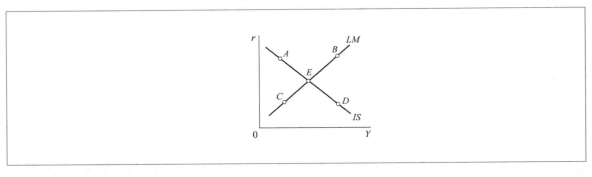

① *A* ② *B*

③ *C* ④ *D*

> 📄 NOTE │ 투자가 저축보다 크면 생산물시장의 수요초과가 발생한다. 이는 *IS*곡선보다 아랫부분에서 나타난다(이자율하락 → 투자증가 → 투자 > 저축 → 수요초과).

11 경제 전체의 한계저축성향이 0.2일 때, 정부지출이 10억 원 증가하면 *LM*곡선은?

① 2억 원만큼 우측으로 이동한다.

② 2억 원만큼 좌측으로 이동한다.

③ 이동하지 않는다.

④ 50억 원만큼 우측으로 이동한다.

> 📄 NOTE │ 정부지출의 변화는 *IS*곡선의 우측이동요인이며, *LM*곡선의 이동과는 관계없다. 즉, 정부지출이 증가하더라도 *LM*곡선은 이동하지 않는다. 정부지출이 증가하면 *IS*곡선은 (정부지출증가분 × 승수)만큼 우측으로 이동한다. 한계소비성향이 0.8이므로 정부지출승수의 크기는 5이다. 그러므로 정부지출이 10억 원 증가하면 *IS*곡선이 50억 원만큼 우측으로 이동한다.

12 다음 중 *IS* – *LM*모형에 대한 설명으로 옳지 않은 것은? (단, 투자는 이자율의 감소함수, 저축은 소득의 증가함수라 하자)

① *IS*곡선은 폐쇄경제하에서보다 개방체제하에서 더 완만하게 우하향한다.

② 한계저축성향과 한계수입성향이 작을수록 *IS*곡선은 완만하게 우하향한다.

③ 투자의 이자율탄력도가 클수록 *IS*곡선은 완만하게 우하향한다.

④ 경기가 오를수록 *LM*곡선은 가파르게 우상향한다.

> **NOTE** ① 폐쇄경제와 개방경제의 투자승수를 비교하면, (폐쇄경제)$\frac{1}{s}$ > $\frac{1}{s+m}$ (개방경제)(s : 한계저축성향, m : 한계수입성향)이다. 개방체제하에서는 수입으로 인한 누출이 발생하므로 투자승수가 작고, 투자의 승수효과도 작다. 따라서 *IS*곡선은 가파르게 우하향한다.

13 재정정책의 구축효과가 가장 크게 나타나는 경우는?

㉠ 경제가 완전고용상태에 있을 때
㉡ 투자의 이자율탄력성이 있을 때
㉢ 투자의 이자율탄력성이 0일 때
㉣ 경제가 공황상태에 있을 때

---

① ㉠㉡ ② ㉠㉢

③ ㉡㉣ ④ ㉢㉣

> **NOTE** 구축효과는 완전고용상태에서 가장 크게 나타난다. 또한 투자가 이자율변화에 완전탄력적이면 이자율이 조금만 높아져도 투자가 크게 감소하므로 구축효과가 매우 크게 나타난다.

14 다음 중 총공급곡선에 대한 설명으로 옳지 않은 것은?

① 총공급곡선은 노동시장과 생산함수로부터 도출된다.

② 명목임금의 상·하방 신축성을 전제로 한 고전학파의 총공급곡선은 명목임금이 상승하면 좌측으로 이동한다.

③ 케인즈학파의 총공급곡선에서 명목임금의 최저수준이 증가하면 산출량은 감소하고 물가는 상승한다.

④ 노동시장이 완전경쟁적이라면 실질임금은 물가변화에 영향을 받지 않기 때문에 총공급곡선은 물가와 무관하다.

📑 NOTE | ② 고전학파의 총공급은 명목임금에 관계없이 완전고용국민소득에서 불변한다.

15 다음 중 총수요곡선이 우하향하는 이유는?

① 물가상승이 화폐수요를 감소시키기 때문에

② 물가가 상승하면 항상 소득이 감소하기 때문에

③ 물가가 상승하면 투자의 한계효율이 감소하기 때문에

④ 물가하락이 화폐의 구매력을 증가시키기 때문에

📑 NOTE | 총수요곡선이 우하향하는 것은 물가가 하락할수록 총수요가 증가함을 보여주는데, 이는 물가가 하락하면 화폐의 실질가치가 커지면서 구매력이 증가하기 때문이다.

16 다음 중 IS 곡선의 기울기에 영향을 미치지 않는 것은?

① 한계수입성향

② 한계소비성향

③ 한계소득세율

④ 투자의 이자율탄력도

⑤ 화폐수요의 이자율탄력도

📑 NOTE | 화폐수요의 이자율탄력도는 LM곡선의 기울기에 영향을 미친다.

Answer. 14.② 15.④ 16.⑤

17 한 나라의 경제상황이 다음과 같이 주어져 있을 때, 국민소득을 증가시키기 위하여 가장 효과적인 정책은?

> • 한계소비성향이 매우 작다.
> • 투자의 이자율탄력성이 매우 작다.
> • 화폐수요의 소득탄력성이 매우 작다.
> • 화폐수요의 이자율탄력성이 매우 크다.

① 중앙은행 법정지급준비율의 인하
② 중앙은행 재할인율의 인상
③ 중앙은행의 채권매입
④ 정부지출의 증가

📙NOTE 한계소비성향과 투자의 이자율탄력성이 작으면 IS곡선은 가파르게 우하향하며, 화폐수요의 소득탄력성이 작고 이자율탄력성이 크면 LM곡선은 완만하게 우상향한다.
이러한 상황에서는 확대재정정책이 국민소득증대에 가장 바람직하다.

18 재정정책과 금융정책의 시차에 관한 다음 설명 중 옳은 것은?

① 금융정책이 재정정책보다 조정하기는 쉽지만 시행하는 데는 더 오랜 시간이 소요된다.
② 금융정책과 재정정책이 시행된 후 경제에 영향을 미치는 데 걸리는 시간은 비슷하다.
③ 금융정책이 재정정책보다 빨리 시행할 수 있으나 경제에 영향을 미치는 데는 더 오랜 시간이 소요된다.
④ 금융정책이 재정정책보다 시행하는 데 시간이 더 걸리나 경제에 미치는 효과는 더 빨리 나타난다.

📙NOTE 재정정책과 금융정책의 시차
㉠ 재정정책 : 실행시차는 길고 외부시차가 짧다.
㉡ 금융정책 : 실행시차는 짧고 외부시차가 길다.

19 재정정책의 효율성을 결정하는 요인 중 옳은 것은?

① 총공급곡선의 가격탄력성이 작을수록 재정정책의 효율성이 크다.

② 화폐수요의 소득탄력성이 클수록 재정정책의 효율성이 크다.

③ 화폐수요의 금리탄력성이 작을수록 재정정책의 효율성이 작다.

④ 금리상승으로 인한 구축효과가 클수록 재정정책의 효과가 크다.

> **NOTE** ③ 화폐수요의 금리탄력성이 작으면 LM곡선이 가파르게 우상향한다. 이때 재정정책을 실시하면 구축효과가 크게 나타나서 재정정책의 효율성이 작다.
>
> ※ 확대재정정책의 효과
> ㉠ A에서 $IS-LM$곡선이 교차함
> ㉡ 확대재정정책 실시($IS_1 \rightarrow IS_2$)
> • 승수효과 : $A \rightarrow B$
> • 구축효과 : $B \rightarrow C$
> • 확대효과 : $A \rightarrow C$
> ㉢ 의미 : LM곡선이 가파르므로 확대효과가 작음

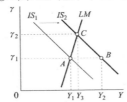

20 동일한 규모의 정부지출증가가 $IS-LM$모형과 총수요 – 총공급모형하에서 국민소득에 미치는 영향을 비교한 것으로 옳은 것은?

① $IS-LM$모형하의 국민소득의 증가가 총수요 – 총공급모형하의 국민소득의 증가보다 크거나 같다.

② $IS-LM$모형하의 국민소득의 증가가 총수요 – 총공급모형하의 국민소득의 증가보다 작거나 같다.

③ $IS-LM$모형하의 국민소득의 증가가 총수요 – 총공급모형하의 국민소득의 증가보다 크다.

④ $IS-LM$모형하의 국민소득의 증가가 총수요 – 총공급모형하의 국민소득의 증가보다 작다.

> **NOTE** 정부지출이 증가할 때 발생하는 효과
> ㉠ $IS-LM$모형 : 확대효과 = 승수효과 – 구축효과
> ㉡ $AD-AS$모형 : 확대효과 = 구축효과 – 물가상승효과 → 확대효과가 축소됨
> 정부지출이 증가하면 $IS-LM$모형에서는 구축효과만 고려하는 반면, $AD-AS$모형에서는 구축효과와 더불어 물가상승까지 고려하므로 $IS-LM$모형보다 국민소득증가폭이 작다.

Answer. 19.③ 20.①

21 다음 중 고전학파의 이론체계가 아닌 것은?

① 노동수요와 노동공급은 각각 실질임금의 함수이다.

② 화폐의 공급은 고용량, 총산출량 등에 아무런 영향을 미치지 않는다.

③ 이자율은 화폐수요와 화폐공급의 함수이다.

④ 모든 가격변수가 완전신축적이며 생산요소의 완전고용이 이루어진다.

🔖 NOTE | ③ 고전학파의 이자율은 투자와 저축(실물경제)의 함수이다.

22 다음 중 표준적인 $IS-LM$ 모형에서 도출되는 총수요곡선의 이동과 기울기에 관한 설명으로 옳지 않은 것은?

① 화폐수요의 이자율탄력성이 클수록 LM 곡선의 기울기가 완만하고, 총수요곡선의 기울기도 완만하다.

② 정부지출의 증가는 IS 곡선을 오른쪽으로 이동시키며, 총수요곡선도 오른쪽으로 이동시킨다.

③ 공개시장매입조작은 LM 곡선을 이동시키며, 총수요곡선도 오른쪽으로 이동시킨다.

④ 투자지출의 이자율탄력성이 클수록 IS 곡선의 기울기가 완만하고, 총수요곡선의 기울기도 완만하다.

🔖 NOTE | ① 화폐수요의 이자율탄력성이 클수록 LM 곡선은 완만하고 AD 곡선은 가파르다.
　　　 ※ AD 곡선의 이동과 기울기
　　　　 ㉠ IS 곡선 우하향, LM 곡선 우상향 → AD 곡선 우하향
　　　　 ㉡ IS 곡선 수직선, LM 곡선 수평선 → AD 곡선 수직선
　　　　 ㉢ IS 곡선이 가파르고, LM 곡선이 완만할수록 AD 곡선은 수직선에 가깝다. 즉, 투자의 이자율탄력도가 작고 화폐수요의 이자율탄력도가 클수록 AD 곡선은 가파르다.

✦ Answer. 　 21.③ 　 22.①

23 고전학파 세계에서 확대재정정책의 효과는? (단, 통화량은 불변하며 투자는 이자율에 탄력적으로 반응한다고 했을 경우)

① 이자율상승, 국민소득일정, 물가일정
② 이자율상승, 국민소득일정, 물가상승
③ 이자율상승, 국민소득증가, 물가상승
④ 이자율일정, 국민소득일정, 물가상승

> **NOTE** 고전학파의 세계에서 확대재정정책을 실시하면 이자율이 오르고 구축효과가 발생하여 확대효과를 완전 상쇄한다. 그 결과 소득은 변하지 않는다. 통화량이 불변하므로 물가도 불변한다.

24 케인즈학파의 확대금융정책과 관련된 다음 설명 중 옳지 않은 것은?

① 화폐수요의 이자율탄력성이 작기 때문에 효과적이지 않다.
② 투자수요의 이자율탄력성이 작기 때문에 효과적이지 않다.
③ LM곡선의 기울기가 완만하기 때문에 효과적이지 않다.
④ IS곡선의 기울기가 가파르기 때문에 효과적이지 않다.

> **NOTE** 케인즈학파에 의하면 화폐수요의 이자율탄력성은 매우 크다. 따라서 확대금융정책을 실시하여 이자율이 내리면 (투기적 동기의) 화폐수요가 탄력적으로 늘어나서 통화량증가분은 금융시장의 순환에서 대부분 빠져나간다. 그 결과 이자율은 소폭으로 하락하고 투자는 소폭으로 증가한다.

Answer. 23.① 24.①

424 PART 02 거시경제학

25 케인즈의 소득-지출분석에 의한 국민소득결정이론은 다음의 그림에 의하여 설명할 수 있다. 그림에서 Y_F는 완전고용국민소득수준을 나타낸다. 현재의 국민소득을 Y_0라고 할 때 어떤 현상이 일어나는가?

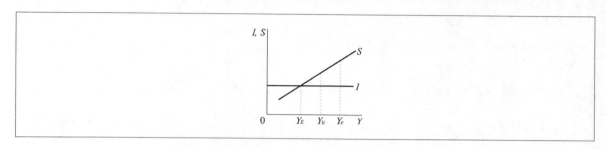

① 물가상승   ② 물가하락

③ 이자율상승   ④ 재고증가

📖NOTE Y_0에서는 저축이 투자보다 커서 공급초과가 발생한다. 공급초과분은 기업이 사전에 계획하지 않은 재고의 증가를 가져온다.

26 케인즈학파가 제기하는 총수요관리정책의 핵심은 경기변동에 대한 반주기효과를 유발시키는 것이다. 이는 다음과 같은 그림으로 표현할 수 있다. 다음 중 이러한 정책의 내용과 부합하지 않은 것은?

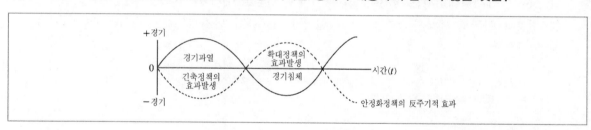

① 재량적 재정정책   ② 승수효과

③ 재정의 자동안정화장치   ④ 정책혼합

📖NOTE 케인즈학파는 재정의 자동안정화장치에 대해서 재정적 견인(fiscal drag)의 부작용을 우려하여 반대한다. 이를 정리하면 다음과 같다.
     ㉠ 고전학파(재정의 자동안정화장치): 경기침체 → 실업증가 → 실업수당지급증가 → 가처분소득안정 → 경기안정
     ㉡ 케인즈학파의 비판(재정적 견인): 경기침체 → 확대재정정책(소득증가) → 소득세증가 → 가처분소득감소 → 경기침체
     ㉢ 케인즈학파의 정책(확대재정정책): 경기침체 → 확대재정정책 → 총수요증가 → 소득증가
     ㉣ 고전학파계열의 주장으로서 케인즈학파의 총수요관리정책과는 상관이 없다.

Answer. 25.④ 26.③

27 총공급곡선(AS)이 수평이고 총수요곡선(AD)이 수직일 때 케인즈형 확대재정정책의 효과를 옳게 비교한 것은?

① IS모형 $= IS-LM$모형 $= AD-AS$모형

② $IS-LM$모형 $> AD-AS$모형 $>$ 승수이론

③ $AD-AS$모형 $>$ 승수이론 $> IS-LM$모형

④ 승수이론 $> AD-AS$모형 $> IS-LM$모형

> 🄱NOTE IS모형, $IS-LM$모형, $AD-AS$모형에서 확대재정정책의 효과를 비교하면 IS모형 $> IS-LM$모형 $> AD-AS$모형이다. 이러한 차이가 발생하는 이유는 구축효과와 물가상승 때문이다. AD가 수직이면 구축효과가 발생하지 않으며, AS가 수평이면 물가가 오르지 않는다. 따라서 AS곡선이 수평이고 AD곡선이 수직일 때 확대재정정책을 실시하면 이 세 가지 모형에 있어서 확대효과는 동일하게 나타난다(확대효과 = 100% 승수효과).

28 새고전학파의 경제학자들이 주장하는 정책무력성의 정리에 관한 설명으로 옳지 않은 것은?

① 노동자들은 합리적 기대를 통해 단기에도 물가를 평균적으로 정확하게 예상한다.

② 총수요관리를 통한 정부를 안정화정책은 효과를 거둘 수 없다.

③ 정부의 재정확대정책은 장기적으로 물가에도 영향을 주지 않는다.

④ 정부가 아무도 예상치 못한 정책을 실시할 경우에만 단기적으로 안정화정책이 효과를 거둘 수 있다.

> 🄱NOTE ③ 새고전학파의 경제학자들은 정부의 재정확대정책이 장기적으로 물가만 상승시킬 뿐이지 GNP(국민소득)에는 아무런 영향을 미치지 못한다고 보았다.

29 다음 중 정부의 재정지출 확대정책으로 인해 구축효과가 크게 나타나지 않는 경우는?

① 투기적 화폐수요의 이자율 탄력도가 상당히 큰 경우

② 고전학파의 화폐수량설에 의거하는 경우

③ 소비함수가 이자율에 대하여 상당히 탄력적인 경우

④ 통화주의자의 신화폐수량설이 성립되는 경우

⑤ 민간투자의 이자율 탄력도가 매우 크게 나타나는 경우

> 🄱NOTE 투기적 화폐수요의 이자율 탄력도가 상당히 크면 LM곡선이 매우 완만해지며 이러한 경우에 확대적인 재정정책으로 인해 IS곡선이 오른쪽으로 이동한다 하더라도 이자율이 별로 상승하지 않게 된다. 즉 구축효과가 별로 나타나지 않게 된다.

✦ Answer. 27.① 28.③ 29.①

30 통화주의학파의 입장에서 보는 경제상태에 대한 기본가정 및 확대재정정책의 효과로 옳지 않은 것은?

① 통화주의이론은 풍부한 유휴자원의 존재를 전제로 한다.

② 확대재정정책으로 인하여 통화의 유통속도가 빨라진다.

③ 확대재정정책은 민간투자를 감소시키는 구축효과를 일으킨다.

④ 확대재정정책은 물가상승에 비해 실질국민소득을 미약하게 증가시킨다.

🖉 NOTE 통화론자의 시대는 1950~60년대로서 서구경제가 완전고용에 이른 시대였다. 즉, 유휴자원은 거의 없고 약간의 자발적 실업만 존재하는 상태였다. 이러한 상태에서는 정부가 확대정책을 실시하면 (단기적 효과가 있기는 하지만) 장기적으로는 소득은 거의 증가하지 않고 물가만 오른다.

31 다음 중 공급중시경제학자들의 주장과 부합하는 것은?

① 저축은 세율과 관련이 없다.

② 노동의 공급은 납세 후 명목임금수준에 의존한다.

③ 정부는 적극적인 총수요정책을 실시해야 한다.

④ 투자의 주요결정요인은 납세 후 이익률이다.

🖉 NOTE 공급중시학파에 의하면 기업은 납세 후 이익률을 기준으로 투자를 결정한다.

Chapter. 05 인플레이션과 실업

01 물가

(1) 물가지수의 개념 및 용도

① 물가 : 시장에서 거래되는 모든 재화와 서비스의 가격을 일정한 기준으로 평균한 종합적인 가격 수준이다.

② 물가지수 : 물가의 움직임을 구체적으로 측정하기 위하여 작성되는 지수이다.

③ 물가지수의 용도

ㄱ 화폐의 구매력 측정 : 화폐의 구매력 $= \dfrac{1}{물가지수} \times 100$

ㄴ 경기판단지표로 활용

ㄷ 실질가치계산에 이용

ㄹ 상품의 전반적인 수급동향판단

(2) 물가지수의 작성방식

① 라스파이레스방식

ㄱ 기준연도의 거래량을 가중치로 사용하여 물가지수를 계산한다.

$$L_P = \frac{\Sigma P_t \cdot Q_0}{\Sigma P_0 \cdot Q_0} \times 100$$

ㄴ 소비자물가지수(CPI), 생산자물가지수(PPI) 등의 계산에 이용된다.

ㄷ 기준연도의 상품구입량이 가중치로 고정되어 있어 구입하는 상품들이 변화하는 경우 물가의 움직임을 잘 나타내지 못할 가능성이 있다.

② 파셰방식

ㄱ 비교연도의 거래량을 가중치로 사용하여 물가지수를 계산한다.

$$P_P = \frac{\Sigma P_t \cdot Q_t}{\Sigma P_0 \cdot Q_t} \times 100$$

ㄴ GDP 디플레이터 계산에 이용된다.

ㄷ 가중치가 매년 바뀌어 현실의 물가동향을 정확히 반영할 수 있는 장점이 있으나 비교연도의 대상품목과 가중치를 매번 조사해야 하는 번거로움이 있다.

(3) 물가지수의 종류

① 생산자물가지수(PPI)

  ㉠ 국내시장의 제1차 거래단계에서 기업상호 간에 거래되는 모든 재화와 서비스의 평균적인 가격변동을 측정하기 위하여 작성된다.

  ㉡ 대상품목의 포괄범위가 넓어 전반적인 상품의 수급동향이 반영된 물가수준의 변동을 측정할 수 있으므로 일반목적의 물가지수이다.

  ㉢ 생산자 물가지수는 생산자 출하가격(공장도 가격)을 조사하여 작성한다.

  ㉣ 한국은행에서 작성(라스파이레스방식)한다.

② 소비자물가지수(CPI)

  ㉠ 일반도시가구가 소비생활을 영위하기 위하여 구입하는 재화의 가격과 서비스 요금의 변동을 종합적으로 측정하기 위하여 작성된다.

  ㉡ 최종소비자 구입단계에서 물가변동을 파악하여 일반도시가구의 평균적인 생계비 내지 소비자 구매력을 측정하기 위한 특수목적 지수이다.

  ㉢ 소비자 물가지수는 소비자 구입가격을 조사하여 작성한다.

  ㉣ 통계청에서 작성(라스파이레스방식)한다.

③ 수출입물가지수

  ㉠ 수출입상품의 가격변동을 파악하고 그 가격변동이 국내물가에 미치는 영향을 사전에 측정하기 위해 작성되는 지수이다.

  ㉡ 수출채산성변동, 수입원가부담, 교역조건 등을 측정하는 데 이용된다.

  ㉢ 한국은행에서 작성(라스파이레스방식)한다.

④ GDP 디플레이터

$$GDP \text{ 디플레이터} = \frac{\text{명목}GDP}{\text{실질}GDP} \times 100$$

  ㉠ GDP를 추계하는 과정에서 산출된다.

  ㉡ GDP추계에 포함되는 모든 재화와 서비스의 가격이 포함(가장 포괄적인 물가지수)된다.

  ㉢ GDP디플레이터는 가격변동을 직접 조사하여 작성하는 것이 아니라 명목GDP를 실질GDP로 나누어서 산출하므로 엄밀한 의미의 물가지수라고 볼 수는 없다.

  ㉣ 한국은행에서 작성(파셰방식)한다.

02 인플레이션(inflation)

(1) 인플레이션의 개념

① 화폐가치가 하락하여 일반물가수준이 지속적으로 오르는 것을 말한다. 즉 물가가 일반적으로 상승하여 각종 물가지수가 지속적으로 상승하는 현상이다.

② 인플레이션이 발생하면 화폐의 실질구매력이 감소한다.

　　※ 인플레이션의 발생원인

　　　　㉠ 통화량의 과다증가로 화폐가치가 하락한다.

　　　　㉡ (과소비 등으로) 생산물 수요가 늘어나서 수요초과가 발생한다.

　　　　㉢ 임금, 이자율 등 요소가격과 에너지비용 등이 상승하므로 생산비용이 오른다.

　　　　㉣ 시장의 독점화로 인하여 독점가격이 설정된다.

(2) 인플레이션의 유형

① 수요견인 인플레이션 : 총수요가 초과하여 발생하는 인플레이션이다. (총수요곡선 우측 이동)

　　㉠ 고전학파와 통화주의학파의 견해

　　　• 원인 : 통화량증가 → 물가상승

　　　• 대책 : 통화량안정 → 물가안정

　　　－ 인플레이션의 원인은 과도한 통화 공급 때문이므로 통화량을 적절히 조절하면 인플레이션의 방지가 가능하다고 주장한다.

　　　－ 통화론자들은 통화량증가율을 경제성장률에 맞추어 매년 일정하게 유지하는 준칙에 입각한 금융정책을 주장한다.

　　　　※ 준칙주의와 재량주의

　　　　　－ 준칙주의 : 통화 공급을 일정비율로 유지시키는 방법이다.

　　　　　－ 재량주의 : 경제상황의 변화에 따라 정책당국이 재량적으로 신축적인 정책을 펴는 방법이다.

　　㉡ 케인즈학파의 견해

　　　• 원인 : 총수요증가 → 물가상승

　　　• 대책 : 긴축정책 → 총수요감소 → 물가안정

　　　－ 산출량수준이 매우 낮다면 실업문제를 해소하기 위해서는 어느 정도의 인플레이션은 불가피하다. 그러나 완전고용산출량에 가까워져 물가가 급격히 상승한다면 인플레이션을 해소하기 위해서는 총수요의 억제가 필요하다.

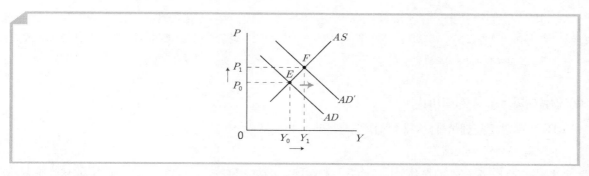

② 비용인상 인플레이션 : (총공급 감소) 생산비용이 증가하여 발생하는 인플레이션이다. (총공급곡선 좌측 이동)

　㉠ 케인즈학파의 견해

　　• 원인 : 요소가격상승 → 물가상승

　　– 임금인상, 이윤인상, 석유파동 등과 같은 공급충격으로 생산비용이 상승하면 AS곡선이 좌상방으로 이동하고 인플레이션이 발생한다. 이 경우에는 인플레이션과 함께 산출량도 감소하는 스태그플레이션이 발생한다.

　　　※ 스태그플레이션(stagflation) : 경기침체와 더불어 인플레이션이 발생하는 경우를 의미한다.

　　• 대책 : 요소가격안정(소득정책) → 물가안정

　　– 정부가 기업과 노동자들을 설득하여 이윤 및 임금인상을 억제시킴으로 총공급곡선을 원래 위치로 이동시키고자 하는 정책을 의미한다.

　　– 단기적으로는 어느 정도 효과가 있으나 장기적으로는 별로 효과가 없는 것으로 판명되었다.

　㉡ 통화주의학파의 견해

　　• 공급요인으로 지속적인 물가상승은 나타나지 않는다고 본다.

　　• 비용 인상설을 부정하여 통화량 증가 없는 인플레이션은 불가능하다고 본다.

　㉢ 공급중시경제학파 : 세율인상 → 생산비용증가 → 물가상승

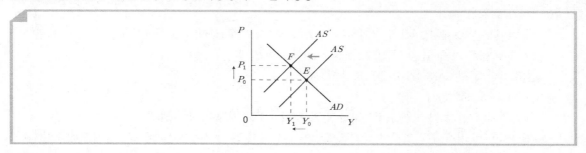

③ 혼합형 인플레이션

　㉠ 총수요측요인과 총공급측요인이 동시에 작용하여 발생하는 물가상승을 의미한다.

　㉡ 총수요증가와 총공급감소가 동시에 이루어지면 물가가 대폭 상승하게 된다. 그러므로 AD곡선과 AS곡선의 이동 폭에 따라 국민소득은 증가할 수도 있고 감소할 수도 있다.

ⓒ 평가 : 임금과 물가의 동반상승의 악순환은 정부의 예산제약으로 인하여 지속적인 정부지출 증가로는 불
가능하며, 지속적인 통화량 증가에 의해서만 가능하다. 따라서 인플레이션을 화폐적인 현상으로 보고있
는 통화주의자의 입장을 강화한다.

(3) 인플레이션의 사회적 비용

① 예상치 못한 인플레이션 : 경제주체들의 사전적 대응이 불가능
  ㉠ 부와 소득의 재분배
    • 인플레이션은 화폐가치가 지속적으로 하락하는 것을 뜻하므로 채권자(현금보유자, 봉급생활자, 연금수
      혜자 등)의 실질소득이 감소한다.
    • 채무자(중앙은행, 기업, 정부 등)에게는 유리하다.
  ㉡ 생산과 고용 : 가계가 적응적 기대를 하므로 생산과 소득 및 고용이 단기적으로 증가하나, 장기적으로는
    고용확대효과가 사라진다.
  ㉢ 경제의 불확실성 증대 : 장기계약과 거래의 회피, 장기채권에 대한 수요감소, 단기성 위주의 자금대출을
    야기시켜 사회적인 후생손실을 초래한다.

② 예상된 인플레이션
  ㉠ 부와 소득의 재분배 : 채권자(현금보유자, 봉급생활자, 연금수혜자 등)가 명목임금, 이자율 등을 올리므
    로 소득의 재분배가 발생하지 않는다.
  ㉡ 생산과 고용 : 가계가 합리적 기대를 하므로 생산과 소득 및 고용이 증가하지 않는다.
    ※ 피셔가설 : 예상 인플레이션율 만큼 명목이자율 상승, 실질이자율 불변
      – 명목이자율 = 실질이자율 + 예상 인플레이션율
      – 실질이자율 = 명목이자율 – 예상 인플레이션율

③ 예상유무와 관계없이 발생하는 인플레이션
  ㉠ 경제의 효율성 저하
    • 인플레이션은 화폐에 대하여 부과하는 일종의 조세이므로 사람들은 화폐보유를 기피하게 된다.
      – 은행에 자주 가게 되는 비용(shoe-leather cost) 발생
      – 실물자산의 선호로 화폐경제의 효율성 저하
    • 메뉴비용(menu cost) 발생
      – 물가변화에 따라 가격을 조정하려면 가격표 작성비용(메뉴비용)이 발생
      – 메뉴비용이 커서 가격조정이 즉각적으로 이루어지지 않는 경우에는 재화의 상대가격이 변화하고 이에
        따라 자원배분의 비효율성이 초래
  ㉡ 경제성장저해 : 인플레이션 → 실물자산선호↑→ 금융저축↓→ 투자↑→ 경제성장↓
  ㉢ 조세부담 : 일반적으로 조세는 명목소득에 대하여 부과되므로 실질소득이 불변이라도 인플레이션에 따라
    명목소득이 증가하면 조세부담이 증가 – 조세의 왜곡
  ㉣ 국제수지 : 인플레이션 → 국산품의 상대가격↑→ 수출↓, 수입↑→ 경상수지 악화

※ 다비효과(Darby effect) : 예상된 인플레이션이 상승으로 채권자의 조세부담은 증가하므로 채권자가 실질이자율에 예상인플레이션을 합한 것보다 명목이자율을 높게 설정하는 것을 의미한다.

(4) 디플레이션(deflation)

① 개념 : 물가수준이 지속적으로 하락하는 현상을 의미한다.

② 긍정적 효과

총공급측면의 디플레이션	기술진보 등에 의하여 총공급곡선이 우측으로 이동하면 물가하락과 더불어 국민소득이 증가한다.
자산효과	물가의 하락은 실질적인 부의 증가를 가져오므로 소비지출을 증가시킨다.
실질통화량의 증가	물가의 하락은 실질통화량을 증가시켜 이자율을 하락시킨다.

③ 부정적 효과

총수요측면의 디플레이션	투자감소, 통화공급의 감소에 의해 총수요곡선이 좌측으로 이동하면 물가하락과 함께 국민소득이 감소한다.
민간의 실질부채 증가에 따른 소비위축	예상치 못한 디플레이션은 채무자의 부담을 증가시키므로 대부분의 가계가 채무를 지고 있음을 감안해 볼 때 경기를 큰 폭으로 악화시킬 수 있다.
투자 위축	• 기대인플레이션의 하락 시 기대인플레이션의 변화가 명목이자율 변화로 반영되지 못하여 실질이자율이 상승하게 된다. • 실질이자율의 상승은 투자를 감소시켜 경제성장 등에 부정적인 영향을 미친다.

03 실업

(1) 실업의 개념

① 실업이란 일할 의사와 능력을 가진 사람이 직업을 갖지 않거나 갖지 못한 상태를 의미한다. 즉 현재 임금수준에서 일할 능력을 가진 자가 스스로 일자리를 갖지 않거나(자발적 실업) 갖지 못한 상태(비자발적 실업)이다.

② 실업의 측정
  ㉠ 경제활동인구 : 15세 이상 인구 중에서 취업자와 적극적으로 구직활동을 한 실업자를 의미한다.
  ㉡ 비경제활동인구 : 15세 이상의 인구 중에서 취업할 의사가 없는 주부·학생, 일할 능력이 없는 환자·고령자 그리고 군복무자·교도소 수감자와 실업자 중에서 구직활동을 포기한 실망노동자를 의미한다.

ⓒ **경제활동참가율** : 15세 이상의 인구 중에서 경제활동인구가 차지하는 비율을 의미한다.

$$경제활동참가율 = \frac{경제활동인구}{15세 \ 이상의 \ 인구} \times 100$$
$$= \frac{경제활동인구}{경제활동인구 + 비경제활동인구} \times 100$$

ⓔ **실업률** : 경제활동인구 중에서 실업자가 차지하는 비율을 의미한다.

$$실업률 = \frac{실업자 \ 수}{경제활동인구} \times 100$$
$$= \frac{실업자 \ 수}{취업자 \ 수 + 실업자 \ 수} \times 100$$

ⓜ **고용률** : 15세 이상의 인구 중에서 취업자가 차지하는 비율을 의미한다.

$$고용률 = \frac{취업자 \ 수}{15세 \ 이상의 \ 인구} \times 100$$

ⓗ **인구의 구분**

인구구분			내용
15세 이상의 인구	경제활동인구	취업자	• 수입을 목적으로 1주일에 1시간 이상 일하는 경우 • 가족이 경영하는 사업체에서 1주일에 18시간 이상 일하는 경우
		실업자	• 적극적으로 구직활동을 하고 있으며, 일이 주어지면 즉각 할 수 있는 사람 • 일시적인 질병, 일기불순, 구직결과의 대기, 자영업 준비 등의 사유로 구직활동을 하지 못한 사람
	비경제활동인구		• 15세 이상의 인구 중 취업할 의사가 없는 사람 • 주부, 학생, 환자, 고령자, 실망노동자 등이 포함

③ **공식적인 실업률 통계가 실제 실업을 과소평가하는 이유**

$$고용률 = \frac{취업자}{15세 \ 이상 \ 인구} = \frac{경제활동인구 \ 수 - 실업자}{15세 \ 이상 \ 인구} = \frac{\frac{경제활동인구 - 실업자}{경제활동인구}}{\frac{15세 \ 이상 \ 인구}{경제활동인구}}$$
$$= \frac{1 - 실업률}{\frac{15세 \ 이상 \ 인구}{경제활동인구}} = \frac{경제활동인구}{15세 \ 이상 \ 인구} \cdot (1 - 실업률) = 경제활동참가율 \cdot (1 - 실업률)$$

㉠ 우리나라는 실업률이 상대적으로 낮을 뿐 아니라 고용률도 낮게 나타난다.

㉡ 이는 경제활동참가율이 낮기 때문이다.

㉢ 경제활동참가율이 낮게 나타나는 이유는 구직기간이 길어짐에 따라 구직활동 자체를 포기한 실망실업자의 수가 늘어나는 추세이고, 여성 취업률이 상대적으로 낮기 때문이다.

(2) 실업의 유형

① 자발적 실업

   ㉠ 개념 : 일할 능력은 갖고 있으나 현재의 임금수준에서 일할 의사가 없어 실업상태에 있는 것

   ㉡ 유형

- 마찰적 실업 : 일시적으로 직장을 옮기는 과정에서 실업상태에 있는 것
- 탐색적 실업 : 보다 나은 직장을 찾기 위해 실업상태에 있는 것

   ㉢ 대책 : 직업정보의 흐름을 원활하게 하는 것이다.

② 비자발적 실업

   ㉠ 개념 : 일할 의사와 능력은 갖고 있으나 현재의 임금수준에서 일자리를 구하지 못하여 실업상태에 있는 것

   ㉡ 유형

- 경기적 실업(케인즈적 실업) : 경기침체로 인해 발생하는 대량의 실업
- 구조적 실업 : 일부 산업의 급속한 사양화 등으로 일부 산업에서의 노동공급과잉으로 발생하는 실업

   ㉢ 대책

- 경기적 실업
  - 케인즈학파 계통 : 재량적인 재정·금융정책
  - 고전학파 계통 : 재량적인 정책실시 반대(자연실업률 가설)
- 구조적 실업 : 직업훈련 등의 대책(인력정책)이 필요

(3) 실업의 원인과 대책

① 케인즈와 케인즈학파의 견해

   ㉠ 케인즈

- 원인 : 유효수요 부족 → 실업발생
- 대책 : 확대재정정책 → 유효수용증가 → 고용창출, 실업구제

   ㉡ 케인즈학파

- 원인 : 유효수요 부족 → 실업발생
- 대책 : 정책혼합 → 유효수요 증가 → 고용창출, 실업구제
  - 확대정책으로 유효수요가 증가하면 물가가 상승한다.
  - 물가상승은 노동수요곡선을 우측으로 이동시켜 실업을 해소한다.

   ㉢ 새 케인즈학파의 견해

- 원인 : 유효수요 부족 → 실업발생
- 대책 : 총수요확대정책 → 실업구제

② 통화주의 학파와 새 고전학파(자연실업률 가설)

   ㉠ 통화주의 학파

- 원인 : 자발적 실업이며 자연발생적임

- 대책 : 확대금융정책 → 단기적으로 실업률을 감소시킬 수 있으나 장기적으로 인플레이션만 상승

ⓒ 자연실업률 가설
- 개념 : 마찰적 실업과 구조적 실업만 존재할 때의 실업률을 자연실업률이라고 한다. 또는 노동시장이 균형을 이루고 있어 취업자와 실업자의 수가 변하지 않는 상태에서의 실업률을 자연실업률로 정의하기도 한다. 새 케인즈 학파에서는 인플레이션을 가속화시키지 않는 최저의 실업률이라는 의미로 쓰기도 한다.
- 결정요인
  - 산업구조가 변화하면 구조적 실업이 증가하여 자연실업률이 높아진다.
  - 탐색비용이 높을수록 자연실업률도 높게 나타난다.
  - 노동의 이동가능성이 낮고 이동비용이 높은 경우 자연실업률이 높게 나타난다.
  - 실업보험, 최저임금제, 노동조합 등의 제도적인 요인이 자연실업률에 영향을 미친다.
- 자연실업률을 낮추기 위한 방안
  - 직업훈련과 인력재배치에 대해 지원한다.
  - 노동시장의 유연성 제고해야 한다.
  - 실업보험제도를 개편하여 근로자들이 적극적으로 구직활동을 할 수 있게 한다.
  - 탐색비용을 낮출 수 있는 방안을 마련한다.

ⓒ 새 고전학파
  - 원인 : 마찰적 실업이며, 노동시장에 대한 정보부족
  - 대책 : 노동시장에 대한 정보제공 및 실업수당 축소 → 실업구제

04 필립스곡선

(1) 개념

① 우하향의 필립스곡선은 인플레이션율(π)과 실업률(u) 사이에 존재하는 역의 관계(trade-off)를 나타내므로 다음의 식으로 표시한다.

> - 필립스곡선 : $\pi = -\alpha(u - u_N)$
>
>   (π : 실제인플레이션율, α : 반응계수, u : 실제실업률, u_N : 자연실업률)
>   - 실제실업률 〈 자연실업률 : 인플레이션율 〉 0
>   - 실제실업률 〉 자연실업률 : 인플레이션율 〈 0
> - 희생률 : 인플레이션율을 1%포인트 낮출 때 실질GDP 감소율 = $\dfrac{실질 GDP 감소율}{인플레이션 하락률}$
> - 필립스곡선 기울기가 가파를수록 희생률이 작다.

② 필립스곡선이 우하향하므로 실업률과 인플레이션율 간에는 상충관계(trade-off)가 존재한다. 그러므로 물가안정과 완전고용을 동시에 달성하는 것은 불가능하다.

$$\text{필립스곡선의 우하향} \to \begin{cases} \text{실업률} \downarrow \to \text{인플레이션} \uparrow \\ \text{인플레이션} \downarrow \to \text{실업률} \uparrow \end{cases}$$

(2) 필립스곡선과 총공급곡선

① 우하향의 필립스곡선은 우상향의 총공급곡선과 밀접한 관계에 있다.

$$A \to B \begin{cases} \text{산출량 증가}(Y_0 \to Y_1) \to \text{실업률 하락} \\ \text{물가 상승}(P_0 \to P_1) \to \text{물가상승률 상승} \end{cases}$$

② 총공급곡선상에서 $(A \to B)$으로의 이동은 필립스곡선상에서 $(a \to b)$의 이동에 대응한다.

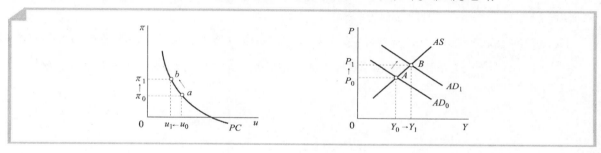

(3) 필립스곡선의 이동

① 스태그플레이션과 필립스곡선의 이동 : 스태그플레이션이 발생하면 인플레이션과 실업률이 모두 상승하므로 필립스곡선 자체가 우상방으로 이동한다.

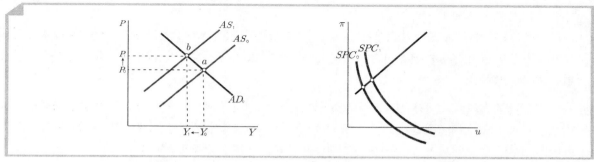

㉠ 1970년대 오일쇼크는 총공급곡선을 좌측 이동시킨다.
㉡ 총공급곡선의 좌측이동은 물가수준의 상승과 산출량 하락을 유발한다.

ⓒ 이러한 상황은 필립스곡선의 우측이동을 가져와 우상향하는 필립스곡선이 도출되는데, 필립스곡선이 안정적이라고 주장하던 기존의 케인즈학파의 견해가 비판받게 되었다.

② 비용인상 인플레이션과 필립스곡선의 이동 : 비용인상 인플레이션이 발생하면 총공급곡선이 좌상방으로 이동하므로 필립스곡선은 우상방으로 이동한다.

(4) 기대부가 필립스곡선과 자연실업률 가설

① 개요 : 통화주의 학파는 단기에 인플레이션과 실업률 간에 역의 관계가 존재하지만 장기에는 노동자들이 물가상승을 예상하여 임금인상을 요구하므로 인플레이션율과 실업률 간에 역의 관계가 존재하지 않는다고 주장하였다. 즉, 장기에는 인플레이션율이 상승하더라도 실업률은 자연실업률 수준에서 유지된다고 설명하였다. → 노동자들의 물가예상을 반영한 기대부가 필립스곡선을 도입하였다.

> 기대부가 필립스곡선 : $\pi = \pi^e - a(u - u_N),\ (a > 0)$

② 통화주의 학파는 적응적 기대를 가정하였다.

③ 내용 : 단기에 노동자들의 기대인플레이션율이 주어져있으므로 인플레이션과 실업률 간에 역의 상관관계가 존재하여 필립스곡선이 우하향하며 장기에는 노동자들의 물가예상이 정확해져($\pi = \pi^e$) 필립스곡선이 수직선으로 도출된다.

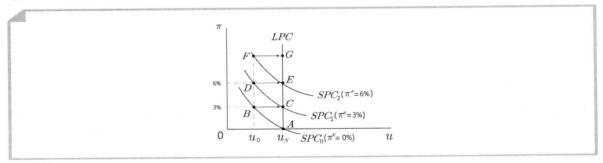

④ 의의 : 장기에는 필립스곡선이 수직선이므로 실업률을 낮추기 위해 확대적인 정책을 사용하더라도 실업률은 낮아지지 않고 물가만 상승한다. 이는 실업률을 자연실업률 이하로 낮추기 위한 재량적인 정책은 바람직하지 않음을 의미한다.

⑤ 새 고전학파의 합리적 기대가 적용된 필립스곡선 : 합리적 기대 하에서는 단기적으로 예상이 정확할 가능성이 있으므로 단기 필립스곡선이 수직이 될 가능성이 있다. 따라서 예상된 정책의 경우에는 단기에도 실업률에는 아무런 영향을 미칠 수 없으며 물가상승만 초래하게 된다(정책무력성 명제).

기출문제분석

(인천국제공항공사)

1 물가지수에 대한 설명으로 가장 바른 것은?

① 파셰지수(Paasche index)는 고정된 가중치를 적용해 가격의 평균적 동향을 파악하는 방식으로 구한 물가지수이다.

② GDP 디플레이터(deflator)는 어떤 한 해 실질국내총생산을 명목국내총생산으로 나누어 얻은 값에 100을 곱하여 구한다.

③ 라스파이레스지수(Laspeyres index)는 해마다 다른 가중치를 적용해 가격의 평균적 동향을 파악하는 방식으로 구한 물가지수이다.

④ GDP 디플레이터(deflator)는 파셰지수(Paasche index)의 일종이다.

> 🖉 NOTE • 파셰지수(Paasche index)는 비교년도 거래량을 통해 해마다 서로 다른 가중치를 적용해 가격의 평균적 동향을 파악하는 방식으로 구한 물가지수이다. 이를 통해 집계되는 것이 GDP 디플레이터(deflator)이다.
> • 라스파이레스지수(Laspeyres index)는 기준연도 구입량을 가중치로 사용하므로 고정된 가중치를 적용하여 물가지수를 계산한다.
> • GDP 디플레이터(deflator)는 명목GDP를 실질GDP로 나눈 값에 100을 곱하여 구한다.

(한국전력공사)

2 실업률과 고용률에 대한 설명으로 바르지 않은 것은?

① 실망실업자는 실업자에 포함되지 않는다.

② 경제활동참가율과 실업률이 주어지면 고용률을 알 수 있다.

③ 경제활동참가율이 일정할 때 실업률이 높아지면 고용률이 낮아진다.

④ 18시간 이상 일한 무급 가족종사자는 실업자에 포함된다.

> 🖉 NOTE 실업 통계가 조사되는 기간 동안 보수를 받지 않더라도 가족이 경영하는 사업체에서 18시간 이상 일하는 경우에는 취업자로 분류된다. 한편 실망실업자(=구직포기자)는 비경제활동인구로 분류되므로, 경제활동인구로 분류되는 실업자와 구분된다.
>
> $$* \text{고용률} = \frac{\text{취업자}}{\text{생산가능인구}} = \frac{\text{취업자}}{\text{경제활동인구} + \text{비경제활동인구}}$$
> $$= \text{경제활동참가율} - \text{경제활동참가율} \times \text{실업률}$$
> $$= \text{경제활동참가율} \times (1 - \text{실업률})$$
>
> 즉, 경제활동참가율이 일정할 때 실업률이 높아지면 고용률이 낮아진다는 것이다.

⟨Answer.⟩ 1.④ 2.④

3

(코스콤)

3 우리나라 고용통계에서 고용률이 높아지는 경우로 가장 올바른 것은?

① 주당 10시간 일하던 비정규직 근로자가 정규직으로 전환된 경우

② 전업 주부가 주당 10시간 마트에서 일하는 아르바이를 시작한 경우

③ 구직활동을 하던 실업자가 구직단념자가 되는 경우

④ 부모님 농장에서 무급으로 주당 18시간 일하던 아들이 회사에 취직한 경우

> 📋NOTE │ * 고용률 = $\dfrac{취업자}{생산가능인구}$
>
> 고용률은 생산가능인구(15세 이상의 인구)중에서 취업자가 차지하는 비율이므로 고용률이 상승하려면 취업자의 수가 증가해야 한다. 비경제활동인구에 속하던 전업주부가 마트에서 주당 10시간 아르바이트를 하면 취업자가 되므로 고용률이 높아진다.
>
> ① 주당 10시간 일하던 비정규직 근로자는 취업자이므로 비정규직 근로자가 정규직으로 전환되어도 취업자 수는 불변이다.
>
> ③ 구직활동을 하던 실업자가 구직단념자가 되면 실업자에서 비경제활동인구로 바뀔 뿐이므로 취업자의 수는 변하지 않는다.
>
> ④ 가족이 경영하는 사업체에서 주당 18시간 이상 일하는 사람은 보수를 받지 않더라도 취업자로 분류되므로 부모님 농장에서 주당 18시간 일하던 아들이 회사에 취직해도 마찬가지로 취업자의 수는 변하지 않는다.

(국민연금공단)

4 어느 나라의 생산가능 인구는 100명이다. 이들 중 70명은 취업자이고 비경제활동 인구는 20명일 때, 이 나라의 실업자의 수는?

① 0명   ② 10명

③ 20명   ④ 30명

> 📋NOTE │ 주어진 조건을 통해, 생산가능 인구 100명 중 비경제활동인구가 20명이므로 경제활동인구는 80명이다. 경제활동인구 80명중 취업자가 70명이므로 실업자는 10명임을 알 수 있다. 이를 표로 살펴보면,

생산가능인구(100명)	경제활동인구(80명)	취업자(70명)
		실업자(10명)
	비경제활동인구(20명)	

* 생산가능인구 = 경제활동인구(=취업자 + 실업자) + 비경제활동인구

🔹Answer. 3.② 4.②

(한국마사회)

5 A국가의 생산가능인구는 1,600만 명이고, 실업자가 100만 명일 때, 경제활동참가율이 75%라면 실업률은? (단, 소수점 둘째 자리까지만 계산)

① 6.25%

② 8.33%

③ 9.10%

④ 18.75%

📒NOTE
• 경제활동참가율 = $\dfrac{경제활동인구}{생산가능인구}$

생산가능인구가 1,600만 명이고, 경제활동참가율이 75%이면 경제활동인구(= 취업자 +실업자)는 1,200만 명이다.

• 실업률 = $\dfrac{실업자}{경제활동인구}$

경제활동인구가 1,200만 명이고, 실업자가 100만 명이면 경제활동인구에서 실업자가 차지하는 비율인 실업율은 $\dfrac{100}{1,200} \times 100 = 8.33\%$ 로 계산된다.

생산가능인구(1,600만 명)	경제활동인구(1,200만 명)	취업자(1,100만 명)
		실업자(100만 명)
	비경제활동인구(400만 명)	

(인천국제공항공사)

6 어느 한 국가의 기대를 반영한 필립스곡선이 다음과 같을 때 가장 올바른 것은? (단, π는 실제 인플레이션율, π^e는 기대 인플레이션율, u는 실업률이다.)

$$\pi = \pi^e - 0.5u + 2.2$$

① 기대 인플레이션이 상승하면 장기 필립스곡선이 오른쪽으로 이동한다.

② 잠재 GDP에 해당하는 실업률은 4.4%이다.

③ 실제 실업률이 5%이면 실제 인플레이션은 기대 인플레이션율보다 높다.

④ 기대 인플레이션율의 변화없이 실제 인플레이션율이 전기에 비하여 1%p 감소하면 실업률이 7.2%가 된다.

📒NOTE 기대를 반영한 필립스 곡선 $\pi = \pi^e - \alpha(u + u_N)$(단, π : 실제 인플레이션율, π^e : 기대 인플레이션율, u : 실업률, u_N : 자연실업률)

주어진 필립스 곡선을 정리하면, $\pi = \pi^e - 0.5u + 2.2 \rightarrow \pi = \pi^e - 0.5(u - 4.4)$ 또는 $\pi - \pi^e = -0.5(u - 4.4)$

잠재 GDP에 해당하는 실업률이 곧 자연실업률이므로, 그 크기가 4.4%임을 알 수 있다.

① 기대 인플레이션율이 상승할 때 오른쪽으로 이동하는 것은 단기 필립스 곡선이다.

③ u = 5%를 필립스곡선식에 대입하면, $\pi = \pi^e - 0.3$ 이므로 실제 실업이 5%이면 실제 인플레이션율이 기대 인플레이션율보다 0.3% 포인트 낮음을 알 수 있다.

④ 기대 인플레이션율의 변화없이 실제 인플레이션율이 전기에 비하여 1%p 감소하면 실업률은 2%p만큼 감소한다.

🐨Answer. 5.② 6.②

(한국수력원자력)

7 인플레이션은 사전에 예상된 부분과 예상하지 못한 부분으로 구분할 수 있다. 그리고 예상하지 못한 인플레이션은 여러 가지 경로로 사회에 부정적 영향을 미친다. 예상하지 못한 인플레이션으로 인한 부정적 영향에 대한 설명으로 가장 바르지 않은 것은?

① 투기가 성행하게 된다.

② 소득재분배 효과가 발생한다.

③ 피셔(Fisher) 가설이 성립하게 된다.

④ 장기계약이 만들어지기 어렵게 된다.

> **NOTE** 피셔(Fisher) 가설이란 명목이자율 = 실질이자율 + 예상인플레이션율의 관계를 의미한다.
> 예상하지 못한 인플레이션은 오히려 이를 역이용하기 위한 투기행위를 조장하고, 미래의 물가를 정확히 예측하지 못하는 이유로 장기계약에 나서는 것을 꺼리게 만든다. 채권자에게 불리한 소득재분배를 초래한다. 만약 인플레이션을 예상하면 채권자는 원하는 실질이자율을 확보하기 위하여 실질이자율에 예상인플레이션율만큼 더한 명목이자율을 요구함으로써 인플레이션으로 인한 손실을 막을 수 있다. 그런데 예상되지 못한 인플레이션의 경우에는 인플레이션이 발생하더라도 사람들의 예상인플레이션율이 높아지지 않으므로 실질이자율이 하락한다. 즉, 피셔가설이 성립하지 않는다.

(한국마사회)

8 필립스곡선에 대한 설명으로 가장 옳지 않은 것은?

① 단기 필립스곡선의 기울기가 급할수록 총수요-총공급 모형에서의 단기 총공급곡선의 기울기도 급해진다.

② 예상인플레이션율의 상승은 단기 필립스곡선을 위쪽으로 이동시킨다.

③ 부의 공급충격이 발생하면 단기 필립스곡선은 위쪽으로 이동하고 스태그플레이션이 발생한다.

④ 단기 필립스곡선의 기울기가 급할수록 인플레이션율 1% 포인트를 낮추기 위해 필요한 GDP의 % 포인트 감소분으로 표시되는 희생비율이 높아진다.

> **NOTE** 단기필립스곡선이 급경사일수록 인플레이션율을 1% 포인트 낮출 때 실업률의 증가폭이 작아지므로 GDP 감소분도 작아진다. 그러므로 필립스곡선이 급경사일수록 희생비율이 낮아진다.
> 단기필립스곡선은 예상인플레이션율의 변화에 의해 이동하게 된다. 만약 부(-)의 공급 충격의 발생으로 예상 물가가 상승하게 되면, 단기 총공급곡선은 위쪽으로 이동하게 되고, 이에 따라 예상인플레이션율의 상승으로 단기필립스곡선 역시 상방으로 이동하게 되어 인플레이션율 상승과 실업률 증가가 동시에 나타나는 스태그플레이션이 나타나게 된다.

Answer. 7.③ 8.④

9 실업과 인플레이션 및 이들의 관계를 나타내는 필립스 곡선에 대한 다음 설명 중 가장 올바른 것은?

① 총공급곡선이 우상향하는 경우 재정확대 정책은 필립스 곡선을 좌측으로 이동시킨다.

② 총공급 측면에서의 충격은 실업과 인플레이션 사이의 상충관계를 가져온다.

③ 미래 인플레이션에 대한 합리적 기대하에서는 예상하지 못한 확장적 통화정책도 단기적으로 실제 실업률을 자연 실업률보다 낮은 수준으로 하락시킬 수 없다.

④ 프리드만(M. Friedman)과 펠프스(E. Phelps)의 기대가 부가된 필립스 곡선에서 인플레이션에 대한 예측은 적응적 기대 방식으로 이루어진다.

> **NOTE** 프리드만(M. Friedman)과 펠프스(E. Phelps)의 기대가 부가된 필립스 곡선은 물가에 대한 적응적 기대를 전제로 도출된다. 불리한 공급 충격으로 총공급곡선이 왼쪽으로 이동하면 실질GDP가 감소하므로 실업률이 상승하고 물가수준도 상승한다.
> ① 총공급곡선이 우상향할 때 확대적인 재정정책을 실시함에 따라 총수요곡선이 오른쪽으로 이동하면 물가가 상승하고 실질GDP가 증가하므로 실업률이 낮아진다. 확대적인 재정정책으로 물가가 상승하고 실업률이 낮아지면 필립스곡선이 이동하는 것이 아니라 필립스곡선 상에서 좌상방의 점으로 이동하게 된다.
> ② 총공급 측면에서의 충격은 실업률과 인플레이션 사이의 상충관계를 가져오는 것이 아니라 실업률과 인플레이션율을 동일한 방향으로 변화시킨다.
> ③ 합리적 기대 하에서도 예상하지 못한 확장적 통화정책을 실시하면 실질GDP가 증가하므로 단기적으로 실제 실업률이 자연실업률보다 낮아질 수 있다.

10 다음 중 필립스 곡선에 관한 설명 중 가장 바르지 않은 것은?

① 전통적인 필립스 곡선은 케인즈의 이론을 뒷받침한다.

② 장기 필립스 곡선은 수직인 모습을 보인다.

③ 단기 필립스 곡선은 우하향하는 모습을 보인다.

④ 우하향의 필립스 곡선은 물가안정과 완전고용을 동시에 달성할 수 없음을 의미한다.

⑤ 필립스 곡선은 인플레이션과 실질 이자율 사이의 관계를 그래프로 나타낸 것이다.

> **NOTE** 필립스 곡선은 인플레이션과 실업률 사이의 관계를 나타낸 그래프이다. 장기 필립스 곡선은 수직인 모습을 보이지만, 단기 필립스 곡선은 우하향하는 모습을 보인다. (단기에는 인플레이션이 증가하면 실업률은 감소). 즉, 단기에는 인플레이션이 높으면 실업률은 감소하는 모습을 보인다.

Answer. 9.④ 10.⑤

기출문제분석

1 대부분의 나라에서 구직 단념자는 비경제활동인구로 분류하고 있다. 만약 구직 단념자를 실업자로 간주한다면 경제활동참가율, 실업률, 고용률은 각각 어떻게 되겠는가?

① 경제활동참가율 – 상승, 실업률 – 상승, 고용률 – 불변

② 경제활동참가율 – 상승, 실업률 – 하락, 고용률 – 상승

③ 경제활동참가율 – 불변, 실업률 – 상승, 고용률 – 상승

④ 경제활동참가율 – 불변, 실업률 – 하락, 고용률 – 하락

> **NOTE**
> • 경제활동참가율 $= \dfrac{경제활동인구}{노동가능인구} \times 100 = \dfrac{경제활동인구}{경제활동인구 + 비경제활동인구} \times 100$
>
> 구직단념자가 실업자가 되면 경제활동인구가 커지므로 경제활동참가율은 상승한다.
>
> • 실업률 $= \dfrac{실업자수}{경제활동인구} \times 100 = \dfrac{실업자수}{취업자수 + 실업자수} \times 100$
>
> 구직단념자가 실업자가 되면 실업자수가 커지므로 실업률은 상승한다.
>
> • 고용률 $= \dfrac{취업자수}{15세 이상의 인구} \times 100$
>
> 구직단념자가 실업자가 되는 경우 비경제활동인구가 경제활동인구가 될 뿐 고용률은 불변한다.

2 실업에 관한 주장으로 옳지 않은 것은?

① 실업급여의 확대는 탐색적 실업을 증가시킨다.

② 전업주부가 직장을 가지면 경제활동참가율과 실업률은 모두 낮아진다.

③ 취업자가 존재하는 상황에서 구직포기자의 증가는 실업률을 감소시킨다.

④ 정부는 구조적 실업을 줄이기 위하여 취업정보의 제공을 증가시켜야 한다.

⑤ 정부는 경기적 실업을 줄이기 위하여 기업의 설비투자를 증가시켜야 한다.

> **NOTE** 전업주부가 직장을 가지면 경제활동참가율은 높아지고 실업률은 낮아진다.
> ③ 취업자가 존재하는 상황에서 구직포기자의 증가는 실업자가 비경제활동인구가 되므로 실업률을 감소시킨다.

Answer. 1.① 2.②

3 적응적 기대가설에 기초한 필립스곡선에 관한 설명으로 옳지 않은 것은?

① 정부지출이 증가하면 단기적으로 경제의 균형은 필립스곡선을 따라 실업률이 더 낮고 인플레이션율이 더 높은 점으로 옮겨간다.

② 통화량이 증가하면 장기적으로 경제의 균형은 필립스곡선을 따라 실업률은 변하지 않고 인플레이션율만 높은 점으로 옮겨간다.

③ 유가상승과 같은 공급충격은 단기적으로 필립스곡선을 왼쪽으로 이동시켜 경제의 균형은 실업률과 인플레이션이 모두 낮은 점으로 옮겨간다.

④ 예상인플레이션율이 더 높을수록 단기 필립스곡선은 더 높은 곳에 위치한다.

> 📖 NOTE ③ 유가상승은 경제의 총공급곡선을 좌측 이동시켜 인플레이션율과 실업률을 동시에 높인다. 즉 단기필립스곡선은 우상방 이동한다.

4 현재 우리나라 15세 이상 인구는 4,000만 명, 비경제활동인구는 1,500만 명, 실업률이 4%라고 할 때, 이에 대한 설명으로 옳은 것은?

① 현재 상태에서 실업자는 60만 명이다.

② 현재 상태에서 경제활동참가율은 61.5%이다.

③ 현재 상태에서 고용률은 최대 2.5%포인트 증가할 수 있다.

④ 현재 상태에서 최대한 달성할 수 있는 고용률은 61.5%이다.

> 📖 NOTE
> • 실업률 = $\dfrac{\text{실업자의 수}}{\text{취업자의 수} + \text{실업자의 수}} \times 100 = \dfrac{100}{2,500} = 4\%$ 가 되므로 실업자의 수는 100만 명이 된다.
>
> • 경제활동의 참가율 = $\dfrac{\text{경제활동인구}}{\text{15세 이상의 인구}} \times 100 = \dfrac{2,500}{4,000} \times 100 = 62.5$ 가된다.
>
> • 고용률 = $\dfrac{\text{취업자의 수}}{\text{15세 이상의 인구}} \times 100 = \dfrac{2,400}{4,000} \times 100 = 60\%$ 가 되며, 만약에 실업자들 전체가 취업이 될 경우에 취업자의 수는 2,500만 명까지 높아질 수 있기 때문에 달성할 수 있는 최대한의 고용률은 62.5%가 된다. 그러므로 고용률은 현 상태에서 최대 2.5% 포인트 증가할 수 있다.

5 정부가 마찰적 실업을 감소시키기 위해 실시할 수 있는 대책으로 가장 적절한 것은?

① 노동시장에 대한 정보 제공 활동을 강화한다.
② 기업의 투자를 촉진시킨다.
③ 정부의 연구개발비를 확대한다.
④ 임금 상승을 노동생산성 향상 수준 이하로 억제한다.

> 🔖NOTE 마찰적 실업이란 근로자의 자발적 선택에 의해 일시적으로 나타나는 실업이므로 탐색기간을 줄여주면 마찰적 실업이 줄 어들 것이다.

6 합리적기대론자에 따르면 단기 필립스곡선의 형태는 어떻게 나타나는가?

① 우상향한다.
② 우하향한다.
③ 수평이다.
④ 수직이다.
⑤ 직각쌍곡선이다.

> 🔖NOTE 합리적 기대론자의 필립스곡선은 단기와 장기 모두 자연실업률 수준에서 수직이다.

7 다음 중 물가에 관한 설명으로 옳은 것은?

① 물가지수는 대상품목가격의 상대적 중요성을 감안해서 가중평균하여 계산한다.
② 물가가 지속적으로 내려가는 것을 연착륙(soft landing)이라 한다.
③ 물가가 오르면 모든 상품의 가격은 상승한다.
④ 소비자물가지수는 소비자보호원에서, 생산자물가지수는 상공회의소에서 작성한다.

> 🔖NOTE ② 물가가 하락하는 것을 디플레이션(deflation)이라고 한다.
> ③ 물가가 10% 상승했다고 해서 모든 재화의 가격이 모두 10% 상승하는 것은 아니다. 물가상승기에도 재화마다 상승률은 다른 것이 일반적이다. 그리고 경제 전반의 물가가 상승하는 경우에도 일부 품목은 오히려 가격이 하락할 수도 있다.
> ④ 소비자물가지수는 통계청에서, 생산자물가지수와 GDP디플레이터는 한국은행에서 작성한다.

Answer. 5.① 6.④ 7.①

8 다음 중 물가를 측정하는 지표에 관한 설명으로 옳지 않은 것은?

① 소비자물가지수는 소비재를 기준으로 측정하는 반면, 생산자물가지수는 원자재나 자본재 등을 기준으로 측정한다.

② GDP디플레이터는 기준연도의 거래량을 가중치로 삼는 라스파이레스(Laspeyres)지수이다.

③ 소비자물가지수는 물가상승기에 실제 물가상승 정도를 과대평가하는 경향이 있다.

④ 소비자물가지수는 신제품의 개발과 같은 여건의 변화를 제대로 반영하지 못한다.

> **NOTE** ② GDP디플레이터는 비교연도의 거래량을 가중치로 하는 파세지수이다. 소비자물가지수는 라스파이레스 방식을 계산되는데, 라스파이레스 방식은 물가상승기에 물가변화를 과대평가하는 경향이 있다. 소비자물가지수는 구입량이 기준연도 구입량으로 고정된 것으로 보고 물가변화를 측정하므로 기준연도가 조정되기 전까지는 새로이 개발된 제품가격은 물가지수에 반영되지 않는다.

9 다음의 빈 칸 (㉮)와 (㉯)에 들어갈 용어들이 올바르게 짝지어진 것은?

> 필립스 곡선은 (㉮)와 (㉯) 사이의 단기 상충관계를 보여주는 곡선이다.

① ㉮인플레이션율, ㉯고용률
② ㉮인플레이션율, ㉯실업률
③ ㉮인플레이션율, ㉯경제성장률
④ ㉮경제성장률, ㉯고용률
⑤ ㉮경제성장률, ㉯실업률

> **NOTE** 필립스 곡선은 인플레이션율과 실업률 사이의 단기 상충관계를 보여주는 곡선이다.

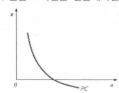

10 다음 중 물가지수에 관한 설명으로 옳지 않은 것은?

① 도매물가지수는 기업 간의 제1차 거래단계에서 형성되는 모든 상품가격의 평균적인 변동상황을 측정하기 위해 작성된다.

② GNP디플레이터는 국내외에서 생산되는 재화의 가격변동을 포착한다.

③ 소비자물가지수는 기준연도의 거래량을 기준으로 측정된다.

④ 물가지수는 물가현상의 구체적인 척도이기 때문에 화폐가치의 척도가 된다.

> **NOTE** ② GNP디플레이터는 GNP에 포함되는 재화의 가격변동을 포착한다. 그런데 GNP에는 수입품이 포함되지 않으므로 GNP디플레이터에도 수입품의 가격변동은 제외된다.

11 다음 중 인플레이션에 대한 설명으로 옳지 않은 것은?

① 총수요가 증가하여 발생한 물가상승을 수요견인 인플레이션이라 한다.

② 70년대의 석유파동 등과 같은 물가상승을 비용인상 인플레이션이라 한다.

③ 안정적이고 예측 가능한 인플레이션은 사회적 비용을 발생시키지 않는다.

④ 인플레이션은 상대가격을 변화시키고 자원배분을 왜곡시킨다.

> **NOTE** ③ 인플레이션이 예측 가능하다고 하더라도 인플레이션으로 인하여 재화의 상대가격이 변하면 자원배분의 왜곡이 발생한다.

12 다음 설명 중 옳지 않은 것은?

① 장기적으로 보면 인플레이션의 가장 중요한 요인은 과다한 통화공급이다.

② 고전학파에 의하면 통화량이 2배로 증가하면 물가와 실질임금도 2배 상승한다.

③ 새고전학파의 대표적인 가정은 합리적 기대와 시장청산(market clearing)이다.

④ 새케인즈학파는 시장청산이 성립하지 않는 것이 일반적이라고 본다.

> **NOTE** ② 고전학파에 의하면 통화량이 2배로 증가하면 물가와 명목임금이 모두 2배로 상승한다. 물가와 명목임금이 모두 2배로 상승하면 실질임금은 변하지 않는다.

Answer. 10.② 11.③ 12.②

13 다음 중 인플레이션갭이 발생할 때 가장 바람직한 안정화정책은?

① 정부사업을 축소시키는 대신 이전지출을 증가시킨다.
② 정부사업을 축소하고 누진세율을 강화한다.
③ 정부사업을 축소하고 세율을 인하한다.
④ 공채발행을 통하여 정부지출증가를 부담한다.

🖊NOTE 인플레이션갭이 발생하면 정부사업축소, 누진세율강화 등 긴축정책이 필요하다.

14 다음 중 디플레이션 상황에서 나타날 수 있는 현상은?

① 국제수지가 악화된다.
② 봉급생활자나 연금수혜자에게 불리한 소득재분배가 이루어진다.
③ 노동수요측면에서 화폐환상이 발생한다.
④ 자산가치를 화폐의 형태로 보유하려는 성향이 커진다.

🖊NOTE 디플레이션 → 물가하락 → 화폐의 실질구매력 증가 → 화폐보유성향 증가

15 인플레이션의 사회적 비용에 대한 설명으로 옳지 않은 것은?

① 예상치 못한 인플레이션이 발생하면 채권자는 불리해지고 채무자는 유리해진다.
② 인플레이션이 발생하면 경제의 불확실성이 증대되므로 장기계약과 거래가 이루어지지 않는다.
③ 물가변화에 따라 가격을 조정하는 데 드는 메뉴비용이 발생한다.
④ 인플레이션이 발생하면 사람들은 실물자산보다는 화폐를 선호하게 된다.

🖊NOTE 인플레이션이 발생하면 사람들은 화폐보다 실물자산을 선호한다. 그리고 인플레이션이 발생하면 명목이자율이 상승하므로 화폐보유의 기회비용 즉, 화폐를 보유할 때의 이자손실이 증가한다. 이자손실을 극소화하기 위해서 사람들은 거래적 동기로 보유하는 화폐도 가능하면 은행에 예금해 놓고 필요시마다 인출하려고 할 것이다. 따라서 인플레이션이 발생하면 그렇지 않을 때보다 사람들은 금융기관을 자주 방문하게 될 것이므로 거래비용(shoe-leather cost)이 커지게 된다.

Answer. 13.② 14.④ 15.④

16 다음 중 통화량과 인플레이션에 관한 설명으로 옳은 것은?

① 인플레이션율이 높아지면 인플레이션의 변동성은 줄어든다.

② 피셔(Fisher)가설에 따르면 인플레이션율이 상승할 경우 실질이자율도 같은 증가율로 상승한다.

③ 인플레이션에 직면한 경제주체들이 현금보유를 줄이는 과정에서 거래비용이 발생한다.

④ 실질변수가 통화량의 변동과 무관하게 결정되는 것은 화폐의 유동성이라 한다.

> NOTE 피셔가설에 따르면 명목이자율은 실질이자율과 예상인플레이션의 합으로 나타낼 수 있으므로 인플레이션율이 상승하면 실질이자율이 아니라 명목이자율이 상승한다. 실질변수가 통화량과 무관하게 결정되는 것을 화폐의 중립성(neturality of money)이라고 한다.

17 다음 중 실업에 대한 설명으로 옳지 않은 것은?

① 정부가 실업대책으로 재정금융정책을 사용한다해도 일정한 수준의 실업이 존재한다.

② 가계와 기업이 합리적인 예상을 한다면 예견된 정부의 재정·금융정책은 실업률에 아무런 영향을 미치지 못한다.

③ 물가안정과 완전고용은 동시에 달성하기 어려운 정책목표이다.

④ 정부가 지출하는 실업대책비는 유휴의 노동력을 활용하는 것이기 때문에 기회비용이 0이다.

> NOTE ① 자발적 실업의 존재를 설명하고 있다.
> ② 새고전학파가 주장하는 합리적 기대가설의 정책무력성의 명제이다.
> ③ 필립스곡선이 우하향하는 형태로 나타난다.
> ④ 가계, 기업, 정부가 지출하는 모든 비용은 기회비용을 수반한다.

18 다음 중 실업과 관련된 설명으로 옳지 않은 것은?

① 잠재실업자의 한계생산성은 0에 가깝다.

② 소비구조의 변화는 구조적 실업의 원인이 될 수 없다.

③ 구조적 실업을 해소하려면 노동자에 대한 재교육이 필요하다.

④ 마찰적 실업을 감소시키려면 노동시장의 정보부족을 해소해야 한다.

> NOTE ② 소비구조가 변화하면 그에 맞추어 산업구조가 변화할 것이므로 소비구조의 변화는 구조적 실업의 중요한 한 원인이 될 수 있다.

Answer. 16.③ 17.④ 18.②

19 케인즈(Keynes)는 실업의 원인을 어디에서 찾았는가?

① 공급량의 부족   ② 통화량의 과잉

③ 생산기술의 변화   ④ 산업구조의 변화

⑤ 유효수요의 부족

> 🄱NOTE│ 케인즈는 유효수요의 부족이 실업과 경기침체의 원인이 된다고 보았다.

20 다음 중 프리드만 – 펠프스의 자연실업률가설과 부합되지 않은 것은?

① 필립스곡선은 단기에는 우하향하지만 장기에는 수직이 된다.

② 자연실업률 이하로 실업을 감소시키고자 하는 것은 바람직스럽지 않다.

③ 경기조정을 위하여 정부는 적극적인 재정·금융정책을 체계적으로 실시해야 한다.

④ 자연실업률은 '0'의 예상물가상승률과 조화될 수 있는 실업률이다.

> 🄱NOTE│ ③ 자연실업률가설에 의하면 정부는 적극적인 재정·금융정책은 단기적인 효과를 가질 수는 있으나 장기적으로는 그 효과가 없어지고 물가상승만 부추길 뿐이다.

21 다음은 인플레이션의 발생 배경과 그 영향에 대한 설명으로 올바르지 못한 것은?

① 예상 못한 인플레이션은 경제의 불확실성을 증대시킨다.

② 예상 못한 인플레이션의 경우 채권자와 채무자 사이에 '소득 재분배' 효과가 발생한다.

③ 예상된 인플레이션의 경우 '메뉴비용(menu cost)'이 발생할 수 있다.

④ 예상 못한 인플레이션의 경우 은행에 가서 현금을 인출하는 횟수가 빈번해지는 '구두창 비용 (shoe leather cost)'이 발생한다.

⑤ 생산비 상승으로 인한 비용인상 인플레이션의 경우 '스태그플레이션(stagflation)'이 발생할 수 있다.

> 🄱NOTE│ 구두창 비용(Shoe leather cost)은 인플레이션으로 인해서 은행계좌로 받은 예금의 가치가 하락하기에 은행을 왕래하면서 구두창이 닳는 비용을 말한다. 인플레이션이 예상되면 명목이자율이 상승하므로 구두창비용은 예상된 인플레이션의 경우에 크게 발생한다.

Answer. 19.⑤ 20.③ 21.④

22 다른 조건이 일정할 때 예상인플레이션율이 높아지면 개인들의 최적탐색기간과 경제 전체의 실업률은?

① 최적탐색기간이 증가하므로 경제 전체의 실업률이 높아진다.

② 개인들의 최적탐색기간은 증가하나, 실업률은 오히려 낮아진다.

③ 최적탐색기간이 감소하므로 경제 전체의 실업률이 낮아진다.

④ 개인들의 최적탐색기간은 감소하나 실업률은 오히려 높아진다.

> 🅑NOTE | C는 현재 실업상태로 직장을 찾고 있는데 C의 예상인플레이션율이 0%라고 가정하자. 이때 C는 100만 원의 월급이 보장되면 취업할 예정으로 있다고 하자. 그런데 C의 예상인플레이션율이 0%에서 15%로 높아지면 물가상승이 예상되므로 C가 받아야겠다고 생각하는 임금수준(노동자들의 유보임금수준)이 115만 원으로 상승하게 될 것이다. 그런데 경제 전체적으로 115만 원의 임금을 지급할 수 있는 일자리는 더 적을 것이므로 C의 최적탐색기간은 길어질 것이다. 개인들의 최적탐색기간이 길어지면 경제 전체의 실업률은 상승한다.

23 다음 중 필립스곡선에 대한 설명으로 옳지 않은 것은?

① 일반물가와 명목임금이 일정할 때 고용이 증진되면 필립스곡선은 우하향한다.

② 물가가 오르고 명목임금이 일정할 때 고용이 증진되면 필립스곡선은 우하향한다.

③ 20세기 중반 서구경제의 필립스곡선은 대개 우하향하였다.

④ 스태그플레이션이 발생할 때 필립스곡선은 상방으로 이동한다.

> 🅑NOTE | 일반물가와 명목임금이 일정할 때 고용이 증진되면 총공급곡선이 수평선이다. 이는 케인즈의 총공급곡선에 해당한다. 총공급곡선이 수평선이면 물가가 오르지 않은 채 생산·공급이 늘어나서 실업이 감소하므로 필립스곡선도 수평선이다.
> ㉠ 케인즈 : 변동물가 + 고정화폐임금 → 총공급곡선은 우상향
> ㉡ 고전학파 : 확대재정, 확대금융 → 국민소득불변, 물가상승

24 다음 설명 중 가장 옳지 않은 것은?

① 필립스곡선은 실업과 인플레이션의 역상관관계를 보여주나 그 관계가 불안정하다.

② 스태그플레이션은 필립스곡선의 존재를 확인해 준다.

③ 사람들이 합리적으로 기대를 형성할 경우 예상된 정책은 그 효과가 작다.

④ 자연실업률가설에 따르면 장기필립스곡선은 수직선 모양을 갖는다.

> 🅑NOTE | ② 스태그플레이션(stagflation)은 생산정체 + 물가상승을 뜻하므로 실업이 감소하지 않은 상태에서 물가가 오른다. 따라서 필립스곡선의 존재를 확인할 수 없다.

😊**Answer.** 22.① 23.① 24.②

25 다음 중 필립스곡선에 대한 설명으로 옳은 것은?

① 장기노동계약자의 비중이 높을수록 단기필립스곡선이 가파른 기울기를 가진다.

② 예상물가상승률이 증가하면 필립스곡선이 하향 이동한다.

③ 단기필립스곡선이 장기필립스곡선보다 더 가파른 기울기를 가진다.

④ 물가연동제를 실시하는 노동계약의 비중이 클수록 단기필립스곡선은 더 가파른 기울기를 가진다.

> **NOTE** 필립스곡선 기울기는 총공급곡선 기울기와 밀접한 관련이 있다. 총공급곡선이 급경사면 산출량이 약간 증가(실업률이 약간 하락)할 때 물가는 크게 상승하므로 필립스곡선은 급경사가 된다. 반면 총공급곡선이 매우 완만하면 산출량이 많이 증가(실업률이 크게 하락)하더라도 물가는 별로 상승하지 않기 때문에 필립스곡선도 완만하게 그려진다.

26 다음 중 자연실업률가설에 대한 설명으로 옳지 않은 것은?

① 현재의 실업률은 자연실업률 이하로 내리려면 어느 정도의 인플레이션을 감수해야 한다.

② 재량적 재정정책이나 통화정책이 경제를 안정시키는 데는 시장메커니즘보다 더 효과적이다.

③ 자연실업률이란 실제인플레이션율이 예상인플레이션과 같을 때의 실업률이다.

④ 실제인플레이션과 예상인플레이션이 같게 되면 물가수준은 변동하지 않는다.

> **NOTE** ② 자연실업률가설에 의하면 재량적 재정정책이나 통화정책은 경제를 불안하게 한다.

27 경제주체들이 앞으로 인플레이션이 더욱 심화될 것으로 예상되게 되는 경우 장·단기필립스곡선에 미치는 영향을 옳게 설명한 것은?

① 장기필립스곡선은 우측으로 단기필립스곡선은 위쪽으로 이동한다.

② 장기필립스곡선은 좌측으로 단기필립스곡선은 위쪽으로 이동한다.

③ 장기필립스곡선은 이동하지 않고 단기필립스곡선만 위쪽으로 이동한다.

④ 장·단기필립스곡선은 모두 이동하지 않고 단기필립스곡선상에서 이동한다.

> **NOTE** 기대부가 필립스곡선은 $\pi = \pi^e + \alpha(u - u_N)$으로 나타낼 수 있다. 사람들의 기대인플레이션율이 높아지면 필립스곡선의 절편이 커지므로 단기필립스곡선은 우상방으로 이동한다. 그러나 장기에는 $\pi = \pi^e$가 성립하므로 물가수준과 관계없이 실업률은 자연실업률 수준에서 고정된 값을 갖는다. 그러므로 경제주체들의 기대인플레이션율이 높아지더라도 장기필립스곡선은 이동하지 않는다.

Answer. 25.④ 26.② 27.③

Chapter.

06

경기변동 · 경제발전 · 경제성장

01 경기변동이론

(1) 경기변동

① 개념

    ㉠ 경기가 일정 기간을 주기로 규칙성을 갖고 변하는 것을 말한다. 경기순환(business cycle)이라고도 한다.

    ㉡ 총체적인 경제활동 수준이 주기적으로 상승과 하강을 반복하는 현상을 의미한다.

    ㉢ 일반적으로 기본순환 지표로는 국민소득이 사용되며, 이 국민소득 수준이 증가하면 경기호황, 감소하면 경기불황이라고 한다.

② 경기변동의 특징

    ㉠ **총체적 현상** : 경기변동은 경제 전반의 총체적인 변화로, 특정 경제변수 만의 변동을 의미하는 것이 아니다.

    ㉡ **공행성** : 경기변동은 몇몇 산업부문 혹은 몇 개의 변수들에만 국한되는 것이 아니라 확장국면, 수축국면이 거의 모든 부문 및 변수에서 동시적으로 발생한다.

    ㉢ **확장국면과 수축국면으로 구성** : 경기변동은 크게 확장국면과 수축국면으로 이루어지는데, 이는 경기전환점을 예측하고자 하는 것이다.

    ㉣ **지속성** : 확장국면 혹은 수축국면이 한 번 시작되면 상당기간 동안 지속적으로 나타난다.

    ㉤ **보편성** : 경기변동은 특정 국가 혹은 특정 시기에만 나타나는 현상이 아니라 자본주의 경제체제를 채택하고 있는 모든 국가에서 공통적으로 나타나는 현상이다.

    ㉥ **반복성** : 반드시 일정 간격으로 나타나지는 않지만 수축국면과 확장국면이 반복되는 패턴을 가지고 있다.

③ 경기변동의 국면

    ㉠ 경기변동은 일반적으로 호황 – 후퇴 – 불황 – 회복의 4국면으로 구분된다.

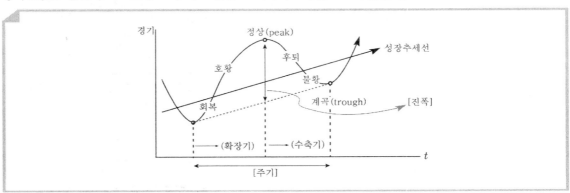

- 경기가 가장 나쁜 상태를 계곡, 가장 좋은 상태를 정상이라고 한다.
- 계곡에서 정상까지를 확장국면, 정상에서 계곡까지를 수축국면이라 한다.

ⓛ 경기변동은 확장국면(상승기)과 수축국면(하강기)으로 구분한다.

- 확장국면과 수축국면 사이에는 정점이 있다.
- 수축국면과 확장국면 사이에는 저점이 있다.

④ 경기변동의 주기

종류	주기	발생원인	비고
키친파동	40개월	재고투자	소순환, 단기파동
쥬글러파동	9 ~ 10년	설비투자	주순환, 중기파동
건축순환	17 ~ 18년	건축투자	
쿠즈네츠파동	20 ~ 25년	경제성장률 변화	
콘드라티에프파동	40 ~ 60년	기술혁신, 전쟁	장기파동

⑤ 경기지수

ⓛ 경기동향(확산)지수(DI : Diffusion Index)

$$= \frac{\text{전기에 비하여 확장 중에 있는 경제지표의 수}}{\text{전체구성지표수}} \times 100 (\%)$$

ⓛ 기업실사지수(BSI : Business Surveying Index)

$$= \frac{\text{증가표시 기업체 수} - \text{감소표시 기업체 수}}{\text{조사한 기업체 수}} \times 100 + 100$$

ⓛ 경기종합지수(CI : Composit Index)

- 선행지수 : 앞으로의 경기변동을 예측한다(주가 등).
- 동행지수 : 현재의 경기변동을 나타낸다(물가 등).
- 후행지수 : 현재의 경기를 사후적으로 확인해 주는 지수이다(금리 등).

※ 우리나라의 경기종합지수 구성지표

경기선행지수	경기동행지수	경기후행지수
• 기계건설수주액 • 자본재수입액 • 구인구직비율 • 소비자 기대지수(CEI) • 금융기관 유동성(Lf) • 재고순환지표 • 기업실시지수(BSI) • 종합주가지수 • 장단기금리차 • 순상품 교역조건	• 광공업 생산지수 • 제조업 가동률지수 • 건설기성액 • 서비스업 생산지수 • 내수 출하지수 • 도소매업 판매액지수 • 수입액 • 비농가 취업자수	• 상용 및 임시근로자 수 • 생산자 제품재고지수 • 도시가계 소비지출 • 소비재수입액 • 3년 만기회사채 유통수익률

(2) 현대적 경기변동이론

① **사무엘슨의 동태적 경기변동이론** : 독립투자가 변하면 승수효과에 따라서 국민소득이 변화하고, 국민소득이 변하면 이에 따라 유발투자가 발생하는 등의 상호작용으로 경기변동이 발생한다.

② **순환제약이론(J.R. Hicks)** : 사무엘슨의 모형 중 발산형을 현실적인 것으로 채택하고 상한과 하한을 설정하여 상하한의 범위 내에서 승수와 가속도원리가 작용하여 경기변동이 일어나는 모형을 정립하였다.

③ **정치적 경기변동이론(Nordhaus)** : 선거에 따라 주기적으로 통화량을 증감시키면 주기적으로 경기가 상승과 하강국면을 반복하는 경기변동이 초래된다.

(3) 새 고전학파와 새 케인즈학파의 경기변동이론

① **새 고전학파의 균형경기변동이론(MBC)**
  ㉠ **충격의 종류** : 예상치 못한 통화량 변화로 나타난다.
  ㉡ **가정** : 경기주체들의 합리적 기대를 가정한다.
  ㉢ **내용** : 예상치 못한 통화량 증가→경제주체들의 물가인식에 대한 오류 발생→노동공급 증가→산출량 증가→개별생산자가 자신이 생산하는 재화의 상대가격 상승이 아니라 전반적인 물가상승을 인식하면 산출량이 감소하고 경기변동이 끝난다.
  ㉣ **의의** : 중앙은행은 예측 가능하도록 통화정책을 운용함으로써 물가착오에 따른 후생비용을 줄일 수 있음을 시사한다.
  ㉤ **한계** : 경기변동은 일시적인 현상이고 경제주체들의 기대가 조정됨과 동시에 잠재산출량 수준으로 회귀하므로 경기변동의 지속성을 설명할 수 없다.
  ㉥ **학자** : 루카스(Lucas)

② **새 고전학파의 실물경기변동이론(RBC)**
  ㉠ **충격의 종류** : 기술수준 향상, 생산성 변화 등 실물적 충격(공급측 충격)으로 인하여 나타난다.
  ㉡ **가정** : 화폐의 중립성, 노동의 기간간 대체, 건설기간(time to build)의 존재를 가정한다.
  ㉢ **내용** : 유리한 공급충격(기술수준 향상)→생산함수 상방이동→노동수요 증가→생산량 증가
  ㉣ **의의** : 경기변동의 지속성을 잘 설명할 수 있다.
  ㉤ **학자** : Kydland, Prescott 등

※ 실물적 경기변동이론

노동생산성 증가	급격한 기술진보 등에 의해 노동생산성 증가 - 총생산함수(총생산함수 상방 이동)와 노동수요가 증가하여 고용증가 → 총공급 증가 - 노동공급곡선의 기울기가 완만할수록 고용이 대폭 증가하므로 국민소득이 대폭 증가 (경기변동효과 大)
이자율 상승	기간 대체에 따라 노동공급이 증가하여 고용 증가 - 총공급 증가, 이때 노동공급곡선의 기울기가 완만할수록 고용이 대폭 증가하여 국민 소득이 대폭 증가 (경기변동효과 大)
불리한 공급충격	원자재 가격파동, 노사분규임금 상승, 천재지변 등 - 총공급을 감소시켜 국민소득 감소 (경기침체)

③ 새 케인즈학파의 경기변동이론

㉠ 새 케인즈학파의 경기변동요인에 대한 견해 : 총수요측면의 충격이 발생하면 IS곡선 혹은 LM곡선이 이동하고 이에 따라 산출량이 변동하여 경기변동이 발생한다는 것이다.

- IS곡선에 영향을 미치는 충격 : 정부지출의 변화, 한계생산물 변화에 따른 투자의 변화, 소비자들의 장래에 대한 기대변화에 따른 저축의 변화 등
- LM곡선에 영향을 미치는 충격 : 화폐수요의 변화, 통화공급의 변화 등

㉡ 경기변동과정

- 외부적인 충격으로 총수요가 감소하면 AD곡선이 좌측으로 이동하고 단기균형점도 좌측으로 이동하므로 경기침체가 발생한다.
- 새 케인즈학파에 의하면 가격조정이 즉각적으로 이루어지지 않기 때문에 완전고용산출량 수준으로 복귀하는 데는 시간이 소요되고, 경제는 상당기간 동안 침체상태에 있게 된다.
- 경기진폭을 완화하기 위한 정부개입이 필요하다.
- 새 케인즈학파는 경기침체와 경기호황은 실제산출량이 균형수준에서 미달하거나 균형수준을 초과하는 불균형상태라고 본다.

㉢ 메뉴비용과 조정실패 모형

- 메뉴비용과 경기변동 : 통화량 감소와 같은 총수요를 감소시키는 외부충격으로 각 기업이 생산하는 재화에 대한 수요가 감소할 때 메뉴비용(가격변화로 인해 생기는 비용)으로 인해 각 기업이 가격을 조정하지 않으면 생산량이 급격히 감소하게 되어 경기침체가 유발된다.
- 총수요 외부효과와 복수균형 : 총수요가 감소한 경우 메뉴비용이 존재한다면, 기업들은 다른 기업들의 가격 결정에 영향을 받는 전략적 상황에 놓이게 된다. 즉, 가격을 낮추는 것과 경직적으로 유지하는 두 가지 옵션을 가지게 되는데, 다른 기업들이 모두 가격을 유지하는 가운데 혼자 가격을 낮추게 되면 시장 전체의 가격이 떨어져서 총수요가 커지는 총수요 외부효과가 생긴다. 이에 따라 모든 기업이 가격을 낮추는 우월한 균형과 모든 기업이 가격을 경직적으로 유지하는 열등한 균형 즉, 복수균형이 존재하게 된다. 경기변동은 우월균형과 열등균형사이에서 균형이 이동하는 가운데 발생하게 되는 현상이다.

	기업 2	
	가격인하 (고생산)	가격유지 (저생산)
기업 1 가격 인하 (고생산)	100* \ 100*	75 \ 30
기업 1 가격 유지 (저생산)	30 \ 75	50* \ 50*

- 조정실패 : 정부가 우월균형에 머무르도록 경제주체들을 유도하는 것에 실패한 경우를 조정실패라고 한다.
- 의의 : 조정실패를 치유하기 위해서는 다른 기업들이 가격을 인하할 것이라는 낙관적 기대가 형성되도록 해야 한다.

02 경제발전론

(1) 경제발전의 개요

① 개념 : 총생산량(GDP)의 증가뿐만 아니라 자본축적, 기술진보, 산업구조의 변화 등 경제사회의 전반적인 변화로 인한 생산력의 증대현상을 의미한다.

② 경제발전의 요인

    ㉠ 경제적 요인
- 인력자원 : 노동공급, 노동의 질 등
- 천연자원 : 토지, 지하자원, 기후 등
- 자본량 : 생산설비, 기계, 도로, 항만 등
- 기술수준
- 경영조직

    ㉡ 경제외적 요인
- 청교도적 요인 : N. Weber
- 경제하려는 의지(the will to economize) : W. A. Lewis

(2) 경제성장론과 경제발전론의 차이

구분	경제성장론	경제발전론
대상국가	주로 선진국	후진국
포괄범위	경제적 요인만 분석	경제적인 요인뿐만 아니라 사회적 · 제도적인 요인까지 고려
분석내용	양적인 증가를 주로 분석	양적인 증가와 질적인 변화를 모두 분석
분석기준	GDP증가율	GDP, 산업구조, 1인 당 자본량, 교육수준, 조세부담률, 국제수지 등

(3) 경제개발모형

① 균형성장론(Nurkse)

㉠ 빈곤의 악순환(Vicious circle of poverty)

- 후진국은 수요와 공급의 양측면에서 빈곤의 악순환을 경험하고 있다.
  - 수요측 : 저생산, 저소득, 작은 시장, 낮은 자본수요, 저생산 등
  - 공급측 : 저생산, 저소득, 저저축, 낮은 자본축적, 저생산 등
- 빈곤의 악순환 고리를 단절하는 것이 후진국 경제개발에 있어서 가장 중요하다.

㉡ 경제개발전략

- 수요측면(상호수요를 통한 시장규모확대) : 수요측면에서 빈곤의 악순환을 단절시키기 위해서는 시장확대가 가장 중요하다. 시장확대를 위해서는 모든 산업을 골고루 성장(균형성장)시켜 상호수요(보완적인 수요)를 일으키는 것이 중요하다.
- 공급측면(자본축적) : 공급측면에서 빈곤의 악순환을 단절시키기 위해서는 자본축적이 중요하다. 자본축적을 위해서는 위장실업을 제거하여 농업부문의 저축률을 높이고 국제적 전시효과를 억제하여 소비를 억제시키는 것이 필요하다.

② 불균형성장론(Hirschman)

㉠ 후진국은 자본과 기술부족으로 모든 산업을 동시에 성장시키는 것이 불가능하므로 특정 산업에 집중투자하여 그 파급효과가 다른 산업부문으로 파급되도록 하는 것이 바람직하다.

㉡ 전후방 연관효과가 큰 산업을 선도산업으로 선택하는 것이 바람직하다.

㉢ 허쉬만은 특히 후방연관효과를 강조하여 후방연관효과가 큰 공업부문을 우선적으로 개발할 것을 주장하였다.

- 전방연관효과(forward linkage effect) : 어떤 산업의 생산물을 중간재로 사용하는 산업이 발전하는 효과
$$= \frac{중간재 수요액}{총수요액}$$
- 후방연관효과(backward linkage effect) : 어떤 산업의 중간 원자재를 공급하는 산업이 발전하게 되는 효과
$$= \frac{중간재 투입액}{총투입액}$$

⑷ 후진국의 공업화전략

① 수입대체형 공업화전략

ㄱ 개념

• 높은 보호무역장벽을 설치하고 외국에서 수입해 오던 공산품이 국내에서 생산될 수 있도록 유도하면서 국내산업을 발전시키려는 정책을 말한다.

• 주로 국내수요를 충족하기 위한 수입대체산업이 보호·육성의 대상이 된다.

ㄴ 장점

• 초기단계에서는 수출산업 육성보다는 수입대체산업 육성이 상대적으로 용이하다.

• 국내에서 필요한 재화의 국내생산이 이루어지므로 경제의 자립도가 높아진다.

• 수출주도형 전략을 사용할 때보다 경제의 균형적인 발전이 이루어질 수 있다.

ㄷ 단점

• 국내시장규모가 작은 경우 산업구조가 독과점화 될 가능성이 높다.

• 최종재 수입은 감소하나 자본재, 원료 등의 수입증가로 경상수지가 악화될 가능성이 높다.

• 국내시장의 협소로 규모의 경제에 따른 이득을 얻기가 어렵다.

• 각종 첨단기술제품의 경우는 수입대체가 한계에 직면할 가능성이 높다.

② 수출주도형 공업화전략

ㄱ 개념

• 수출주도형 공업화전략이란 비교우위가 있는 산업을 적극적으로 육성함으로써 공업화를 추진하려는 전략을 말한다.

• 주로 수출산업이 보호·육성의 대상이 되며, 일반적으로 자유무역정책이 수반된다.

ㄴ 장점

• 국제시장을 대상으로 생산·판매하므로 규모의 경제에 따른 이득을 얻을 수 있다.

• 외국기업과 경쟁을 하는 과정에서 국내기업들의 효율성도 높아지게 된다.

• 비교우위가 있는 산업이 우선적으로 개발되므로 자원배분의 효율성을 제고할 수 있다.

ㄷ 단점

• 외국기업과 경쟁을 해야 하므로 초기단계에서 수출산업을 육성하기 어렵다.

• 특정 수출품에 특화할 경우 해외 여건의 변화에 영향을 받기 쉽다.

• 수출산업만 육성하다 보면 경제의 불균형발전이 초래될 수 있다.

• 국내산업의 해외 의존도가 높아지므로 경제자립도가 낮아질 수 있다.

⑸ 외자도입과 경제발전

① 외자(外資 : foreign capital) : 기간 중 외국에서 도입된 외국소유 자본이다.

ㄱ 국민소득항등식에서, 국외저축 = 국내총투자 − 국민저축

ⓛ 외자 구성
- 외국인 투자 : 직접투자와 간접투자(증권투자, 포트폴리오투자)
  - 직접투자 : 주식을 인수하고 경영에 참가
  - 간접투자 : 국내주식이나 채권을 매입
- 차입 : 차관, 금융기관 차입 및 민간차입
- 기술이전 : 기술을 도입하면 사용료(로열티)를 지불해야 함

② 외자도입의 유형
  ㉠ 직접투자는 외국인이 직접 국내 산업에 투자하는 것을 말하고, 차입은 우리나라의 정부 혹은 민간이 외국에서 빌려오는 돈을 의미한다.
  ㉡ 해외차입을 통해 자금을 조달하면 독자적으로 이를 활용할 수 있으나 투자가 실패할 경우 외채문제가 발생할 수 있고, 직접투자를 유치하면서 자금의 상환의무는 발생하지 않으나 투자수익이 해외로 유출되고 외국기업의 영향력이 증대되는 문제가 있다.
  ㉢ 원리금 상환의무가 있는 해외차입을 외채(foreign debt)라고 하며, 외국인 직접투자는 우리나라 국민에게 원리금 상환의무가 없으므로 외채에 포함되지 않는다.

③ 외자의 경제적 효과
  ㉠ 긍정적인 효과
  - 투자증가로 자본스톡이 증가하고, 국민소득과 고용도 증가한다.
  - 직접투자의 형태로 외자가 도입되면 생산기술, 경영기법 등도 함께 도입되므로 국내기업의 생산성도 높아질 수 있다.
  - 도입된 외자가 도로, 항만 등의 사회간접자본 건설에 사용되면 경제 전반의 생산성 향상이 이루어진다.
  - 외자가 도입되는 시점에서는 자본수지가 개선된다.
  ㉡ 부정적인 효과
  - 외자를 공여한 국가에 대한 의존도가 높아진다.
  - 외자가 국내저축을 대체하여 단기적으로 국내저축이 감소할 가능성이 있다.
  - 외채가 누적되면 원리금 상환부담이 상당히 커질 수 있다.
  - 외채 원금 상환이 이루어지면 자본수지가 악화되고, 투자수익이 해외로 송금되면 경상수지(소득수지)가 악화된다.

03 경제성장

(1) 해로드 – 도마의 케인즈적 성장이론

① 개념 : 해로드–도마모형에서는 공급능력증대와 함께 총수요측면도 고려하여 포괄적인 경제성장이론을 전개하였다.

② 노동의 완전고용조건
   ㉠ 경제가 장기적으로 노동의 완전고용을 달성하면서 성장하기 위해서는 경제성장률이 인구증가율과 같아야 함을 의미한다.
   ㉡ 노동의 완전고용을 보장하는 성장률을 자연성장률(G_n)이라고 한다($G_n = n$).

③ 자본의 완전고용조건
   ㉠ 생산물시장이 균형을 유지하면서 자본설비가 완전가동 되기 위해서는 경제성장률이 $\frac{s}{u}$(자본증가율)와 일치해야 함을 의미한다.
   ㉡ 자본의 완전고용을 보장하는 성장률을 적정성장률(G_w)이라고 한다($G_w = \frac{s}{u}$).

④ 기본방정식

$$\frac{s}{u} = n \rightarrow G_A = G_w = G_n$$

   • 실제성장률(G_A) : 자연성장률과 적정성장률은 사전적인 개념인 데 비하여 실제성장률은 실현된 GDP 증가율로 사후적인 개념이다.

⑤ 특징 : 저축률(s), 자본계수(v), 인구증가율(n)이 모두 외생적으로 결정되므로 시장기능에 의해서 $\frac{s}{v} = n$이 성립될 수 없다.

⑥ 해로드의 이율배반론
   ㉠ $G > G_w$이면 과잉생산이 이루어지므로 기업은 설비투자를 늘린다. 투자가 늘어나면 총수요가 늘어나서 생산이 증가하므로 실제성장률(G)이 더 커져서 불균형이 확대된다.
   ㉡ $G < G_w$이면 과소생산이 이루어지므로 기업은 설비투자를 줄인다. 투자가 감소하면 총수요가 감소해서 생산이 감소하므로 실제성장률(G)이 더 작아져서 불균형이 확대된다.

⑦ 정부정책
   ㉠ $\frac{s}{v} < n$이면 저축장려(s 증가), 경공업에 투자(v 감소), 산아제한(n 하락) 등으로 균형성장조건을 인위적으로 충족시킬 수 있다.

ⓛ $\dfrac{s}{v} > n$이면 소비촉진(s 감소), 중공업에 투자(v 증가), 출생장려(n 상승) 등으로 균형성장조건을 인위적으로 충족시킬 수 있다.

(2) 솔로우의 신고전학파적 성장이론

① 기본방정식

$$sf(k) = nk$$

ⓐ $sf(k)$: 집약형(1인 당) 생산함수가 $y = f(k)$이고, 저축률이 s이므로 $sf(k)$는 1인 당 실제저축액을 의미한다.

ⓑ nk : 인구증가율이 n이고 1인 당 자본량이 $k_0(= \dfrac{k_0}{L_0})$일 때 nk_0는 1인 당 자본량을 일정하게 유지하기 위하여 필요한 1인 당 필요 투자액을 의미한다.

② 조정 과정 : 실제투자액($sf(k)$)과 필요투자액(nk)이 일치하지 않으면 다음의 조정 과정을 거쳐 균형에 도달한다.

ⓐ $k = k_1 \rightarrow$ 실제투자액 > 필요투자액 $\rightarrow k$(1인 당 자본량) ↑ $\rightarrow y$ ↑

ⓑ $k = k_2 \rightarrow$ 실제투자액 < 필요투자액 $\rightarrow k$(1인 당 자본량) ↓ $\rightarrow y$ ↓

ⓒ $k = k^{*} \rightarrow$ 실제투자액 = 필요투자액 $\rightarrow k$(1인 당 자본량) 일정 $\rightarrow y$ 일정

③ 균형성장경로의 변화

ⓐ 저축률의 상승($S_0 \rightarrow S_1$) : 단기적으로는 경제성장률이 높아지나 장기적으로는 경제성장률은 본래 수준으로 복귀한다.

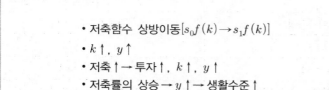
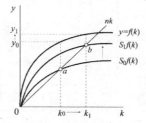

- 저축함수 상방이동$[s_0f(k) \rightarrow s_1f(k)]$
- k ↑, y ↑
- 저축 ↑ $\rightarrow$ 투자 ↑, k ↑, y ↑
- 저축률의 상승 $\rightarrow y$ ↑ $\rightarrow$ 생활수준 ↑

ⓒ 인구증가율의 상승$(n_0 \rightarrow n_1)$: 균제상태에서 경제성장률이 상승한다.

- 자본유지선 상방이동$(n_0 k \rightarrow n_1 k)$
- $k \uparrow$, $y \downarrow$
- 인구 $\uparrow \rightarrow$ 1인당 자본량 $\downarrow \rightarrow k \downarrow$, $y \downarrow$
- 인구증가율 상승 $\rightarrow y \downarrow \rightarrow$ 생활수준 $\downarrow$

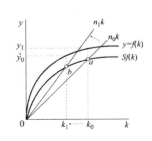

ⓒ 기술진보

- 생산함수 상방이동$[f_0(k) \rightarrow f_1(k)]$
- 저축함수 상방이동$[sf_0(k) \rightarrow sf_1(k)]$
- $k \uparrow$, $y \uparrow$
- 기술진보 $\rightarrow$ 생산함수 상방이동 $\rightarrow$
  저축 $\uparrow \rightarrow$ 투자 $\uparrow \rightarrow k \uparrow$, $y \uparrow$

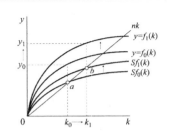

④ 해로드-도마모형과 솔로우모형

구분	해로드-도마모형	솔로우모형
기본방정식	$\dfrac{\Delta Y}{Y} = \dfrac{s}{v} = n$	$\dfrac{sf(k)}{k} = n$, $sf(k) = nk$
생산함수	레온티에프 생산함수 → 등량곡선 L자 형태	1차 동차함수(콥-더글라스 생산함수) → 등량곡선이 원점에 대하여 볼록
자본계수	자본계수는 일정	자본계수는 가변적
저축함수	$S = sY$	$S = sY$
투자함수	$I = S = sY$	$I = S = sY$
균형성장조건	$G_A = G_w = G_n$일 때, 황금시대적 성장	$sf(k) = nk$일 때 균형성장조건이 성립
G_A, G_w, G_n의 관계	• $G_w > G_n$: 저축은 해악 • $G_w < G_n$: 저축은 미덕	자본계수의 자율적 조정을 통하여 황금시대적 균형성장
모형에 대한 평가	자본계수가 일정하므로 $G_A = G_w = G_n$이 보장되지 않고 성장경로가 불안정적	자본계수가 가변적이므로 성장경로는 안정적
비고	케인즈의 이론을 동태화시킨 이론	현대 경제성장이론의 대표적 이론

(3) 최적성장이론

① 개념

- ㉠ 최적성장(optimum growth)이란 균형성장이 이루어진 상태에서, 1인 당 소비가 극대화되는 성장을 의미한다.
- ㉡ 최적성장이론은 사회후생극대화를 달성하기 위하여 어떤 성장경로를 선택하는 것이 가장 바람직한가에 대해서 연구하는 규범적 경제성장이론이다.

② 최적성장조건(황금률)

- ㉠ 도출
  - 1인 당 소득 $y = f(k)$에서 1인 당 저축 $sf(k)$를 빼면 1인 당 소비는 다음과 같다.

$$C = f(k) - nk \quad (\because sf(k) = nk)$$

  - 1인 당 소비가 극대화되는 점을 구하기 위하여 k에 대하여 미분한 다음 0으로 두면 다음의 조건을 구할 수 있다.

$$f'(k) = n$$

    ※ 황금률(golden rule)에서의 상황
    - ㉠ $f'(k) = n$
    - ㉢ 자본소득 = 저축 = 투자
    - ㉣ 노동소득 = 소비
    - ㉤ 1인 당 소비가 극대화
- ㉡ 특징
  - 자본의 한계효율과 인구의 자연증가율이 같으면 최적성장이 이루어진다.
  - 최적 성장이 이루어지면 1인 당 소비(저축)는 1인 당 노동소득(자본소득)과 같다.

(4) 내생적 성장이론(신성장이론)

① 일반적 구조

- ㉠ 내생적 성장이론에서는 다양한 요인을 도입하여 규모에 대한 수익체증과 그에 따른 지속적인 성장요인을 규명한다.
- ㉡ 내생적 성장이론에서는 실물자본 이외에 인적자본(human capital), 지식자본(knowledge capital)을 포함시켜 분석하기도 하고, 축적된 실물자본의 외부성(externality)을 갖는 것으로 가정하기도 한다.
- ㉢ 솔로우모형의 한계인 지속적 경제성장과 국별 소득격차의 원인을 분석한다. 또한 정부역할의 중요성을 강조한다.

② 경제주체의 최적화 활동

- ㉠ 가계는 개인의 능력계발에 필요한 상품을 소비하여 생산성을 높인다.
- ㉡ 정부는 소비성지출을 줄이는 대신 생산성 지출을 늘려서 인적자본을 구축한다.
- ㉢ 기업은 (조세부담이 줄어든 대신) 물적투자와 인적투자를 늘려서 생산성을 높인다.

③ AK모형

  ⑤ 내용 : AK모형은 자본에 대해 수확체감이 성립하지 않는 것으로 가정하는 모형으로 내생적 성장이론의 대표적인 모형이다. AK모형에서는 물적자본뿐 아니라 지식, 인적자본 등을 포함하는 넓은 의미의 자본 개념을 도입한다.

> · 1인 당 생산함수 : $y = AK$
>
> (단, $y = \dfrac{Y}{L}$: 1인 당 소득, $k = \dfrac{K}{L}$: 1인 당 자본, A : 상수. 1인 당 자본의 한계생산성)

  ⑥ 운동방정식

$$Y \div N = AK \div N \Rightarrow y = Ak$$
$$\triangle k = sf(k) - nk$$
$$\rightarrow \triangle k = sA - nk$$
$$\rightarrow \frac{\triangle k}{k} = sA - n$$

  ⑦ 특징

    • 자본에 대한 수확체감이 존재하지 않으므로 저축을 통해 투자가 이루어져 1인 당 자본량이 증가하면 지속적인 경제성장이 가능하다.

    • 솔로우 모형과 달리 AK모형에서는 저축률 상승은 수준효과 뿐만 아니라 성장효과까지 갖는다.

    • 따라서 수렴가설이 성립하지 않을 가능성이 높다.

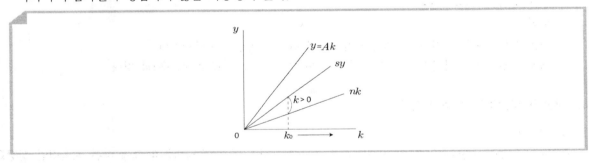

④ 루카스의 인적자본모형

  ⑤ 투자를 통해 인적자본이 축적되면 1인 당 소득이 영구적으로 증가하며, 인적자본축적률이 1인 당 소득이 영구적으로 증가하며, 인적자본축적률이 1인 당 소득증가율과 같아진다.

  ⑥ 인적자본 축적은 외부경제효과를 가지므로 경제 전체에 규모 보수 증가현상이 나타나게 되고, 이에 따라 지속적인 경제성장이 가능하다.

  ⑦ 인적자본모형은 AK모형의 한 예가 된다.

⑤ 학습효과모형

　㉠ 경제규모가 증가하면 근로자가 생산에 참여하는 기회가 증가하여 지식이 축적되는 학습효과가 발생한다.

　㉡ 학습효과는 지속적 성장을 가능하게 한다.

⑥ R&D모형 : 연구·개발부문에 노동과 자본 투입량을 지속적으로 늘리면 지속적인 기술진보와 경제성장이 가능하다.

기출문제분석

(코스콤)

1 적극적인 경기 안정화 정책의 사용이 바람직한지에 대한 논쟁에서 정책의 동태적인 비일관성(또는 시간 비일관성)의 의미에 대한 서술로 가장 올바른 것은?

① 정책 당국은 시장의 암묵적 신뢰를 깨고 단기적인 정책목표를 추구할 인센티브를 가진다.

② 정권마다 다른 정책의 방향을 가지므로 거시 경제 정책은 장기적으로 일관성을 가지기 어렵다.

③ 시장의 상황은 지속적으로 변화하므로 정책의 방향을 시의적절하게 선택하는 것이 바람직하다.

④ 정책의 집행과 효과 발생 과정에서 시차가 존재하기 때문에 정책 효과가 의도한 대로 나타나지 않을 수 있다.

> 📖NOTE 최적정책의 동태적 비일관성: 어느 한 시점에서 최적으로 판단되어 시행한 정책이 시간이 지나면서 더 이상 최적정책이 아니게 되어 정책당국이 다른 정책으로 바꾸려는 유인을 갖게 되는 것을 의미한다. 즉, 경제상황에 따라서 정부가 시장의 기대형성에 영향을 주기 위해서 사전에 정부의 정책의지를 천명하는 경우가 있다. 그런데 막상 발표된 정책이 시행될 것을 기대하고 있던 시장이 이에 따른 의사결정을 내린 후에는 기존에 발표된 정책이 최선이 아니고, 이와 다른 정책이 오히려 더욱 효과적일 수 있다. 이 경우 기존에 발표된 정책과 다른 내용의 정책을 시행하는 경우가 발생한다. 이를 동태적 비일관성이라고 한다.

(국민연금공단)

2 솔로우(Solow) 성장모형이 다음과 같이 주어져 있을 때 균제상태(steady state)에서 일인 당 자본량은? (단, 기술진보는 없다.)

> - 생산함수 : $y = 2k^{\frac{1}{2}}$ (단, y는 일인 당 생산량, k는 일인 당 자본량이다.)
> - 감가상각률 5%, 인구증가율 5%, 저축률 20%

① 2   ② 4
③ 8   ④ 16

> 📖NOTE 솔로우(Solow) 성장모형에서 균제균형식은 $sf(k) = (n + g + d) \times k$
> (단, s : 저축률, k : 1인 당 자본량, f(k) : 1인 당 산출량(y), n : 인구증가율, g : 기술진보율, d : 감가상각률)
> 주어진 조건들을 균제균형식에 대입하면
> $0.2 \times 2\sqrt{k} = (0.05 + 0.05)k$, $\sqrt{k}$, $k = 16$으로 계산된다.

🐻Answer. 1.① 2.④

3 다음은 A국, B국, C국을 대상으로 지난 10년 간 기간의 성장회계(growth accounting)를 실시한 결과이다. 이에 대한 설명으로 올바른 것은?

(단위 : %)

	경제성장률	자본배분율	노동배분율	자본 증가율	노동 증가율
A국	9	40	60	10	5
B국	7	50	50	4	4
C국	8	50	50	10	4

① C국의 총요소생산성의 경제성장에 대한 기여도는 2%이다.

② 경제성장에 대한 자본의 기여도가 가장 큰 국가는 A국이다.

③ A국의 경우 노동이나 자본보다 총요소생산성 증가가 경제성장에 가장 큰 기여를 했다.

④ 총요소생산성 증가의 경제성장에 대한 기여도가 가장 큰 국가는 B국이다.

📋**NOTE** 경제전체의 총생산함수가 $Y = A \cdot N^\alpha \cdot K^\beta$ $(\alpha + \beta = 1)$로 주어진 경우, 성장회계 기본식은 다음과 같다.

$$\frac{\triangle Y}{Y} = \frac{\triangle A}{A} + \alpha \cdot \frac{\triangle N}{N} + \beta \cdot \frac{\triangle K}{K}$$

→ 경제성장률 = 총요소생산성 증가율 + 노동소득분배율 × 노동증가율 + 자본소득분배율 × 자본증가율

• 노동기여도 $= \alpha \times \dfrac{\triangle L}{L}$

• 자본 기여도 $= \beta \times \dfrac{\triangle K}{K}$

• 총요소생산성 기여도 $\dfrac{\triangle A}{A} = \dfrac{\triangle Y}{Y} - \alpha \cdot \dfrac{\triangle N}{N} - \beta \cdot \dfrac{\triangle K}{K}$

	노동 기여도	자본 기여도	총요소생산성 기여도
A국	0.6 × 5 = 3%	0.4 × 10 = 4%	9% − 3% − 4% = 2%
B국	0.5 × 4 = 2%	0.5 × 4 = 2%	7% − 2% − 2% = 3%
C국	0.5 × 4 = 2%	0.5 × 10 = 5%	8% − 2% − 5% = 1%

이 표를 보면 국가 중에서 총요소생산성의 성장기여도가 가장 큰 나라는 B국, 자본의 성장기여도가 가장 큰 나라는 C국임을 알 수 있다. A국의 경우 자본 증가가 경제성장에 가장 큰 기여를 했다.

🐻**Answer.** 3.④

4 어느 한 국가의 생산함수가 $Y = AK^{0.6}L^{0.4}$이다. 이때 A가 1%, K가 5%, L이 5% 증가하는 경우, 노동자 1인 당 소득의 증가율은? (단, A는 총요소생산성, K는 자본투입량, LDMS 노동투입량이다.)

① 1%   ② 2%

③ 3%   ④ 4%

> 📌NOTE 총생산함수가 $Y = AK^\alpha L^\beta$로 주어질 때 성장회계는 다음과 같다.
>
> 총소득증가율 $\left(\dfrac{\Delta Y}{Y}\right)$ = 총요소생산성 증가율 $\left(\dfrac{\Delta A}{A}\right) + \alpha \times \dfrac{\Delta K}{K} + \beta \times \dfrac{\Delta L}{L}$
>
> 총소득증가율 = 1% + 0.6 × 5% + 0.4 × 5% = 1% + 3% + 2% = 6%
>
> 1인 당 소득증가율 = 총소득증가율 − 인구증가율 = 6% − 5% = 1%

5 균형경기변동이론(Equilibrium Business Cycle Theory)에 대한 설명으로 올바른 것을 모두 고르면?

> ㉠ 흉작이나 획기적 발명품의 개발은 영구적 기술충격이다.
> ㉡ 기술충격이 일시적일 때 소비의 기간 간 대체효과는 크다.
> ㉢ 기술충격이 일시적일 때 실질이자율은 경기순행적이다.
> ㉣ 실질임금은 경기역행적이다.
> ㉤ 노동생산성은 경기와 무관하다.

① ㉠, ㉡

② ㉠, ㉣

③ ㉡, ㉢

④ ㉢, ㉣

⑤ ㉣, ㉤

> 📌NOTE 일시적인 기술충격이 발생하면 자본의 한계생산성 변화로 인해 일시적으로 실질이자율의 변화가 초래된다. 일시적인 실질이자율의 변화는 현재 소비의 상대가격을 크게 변화시키므로 소비의 기간간 대체가 크게 일어난다.
>
> ㉠ 획기적 발명품의 개발은 영구적 기술충격이지만, 흉작은 일시적인 불리한 공급 충격에 해당한다.
>
> ㉣ 실물경기변동이론에 의하면 노동의 평균생산성과 실질임금은 모두 경기순응적이다.
>
> ㉤ 기술 진보 등으로 인해 노동생산성이 증가하면 노동에 대한 수요가 증가하게 되어 고용량이 증가하고, 이에 따라 산출량도 증가하게 되어 확장적 경기변동을 가져온다.

6 중앙은행이 테일러 준칙(Taylor rule)하에서 통화정책을 실행한다고 하자. 현재의 인플레이션율이 중앙은행의 인플레이션 목표치와 같고 현재의 생산량이 잠재생산량 수준과 같을 경우 중앙은행의 통화정책에 대한 설명으로 가장 올바른 것은?

① 중앙은행은 기준금리를 낮추는 확정적 통화정책을 펼친다.

② 중앙은행은 기준금리를 높이는 긴축적 통화정책을 펼친다.

③ 중앙은행은 기준금리를 종전과 동일한 수준으로 유지하는 통화정책을 펼친다.

④ 중앙은행은 인플레이션 갭과 생산량 갭이 모두 양이라고 판단하고 이에 따른 통화정책을 펼친다.

> **NOTE** 테일러 준칙(Taylor rule) : 경기안정과 물가안정을 달성하기 위한 중앙은행의 기준금리설정방식으로 경제학자 존 테일러가 제안하였다. 현재의 인플레이션율이 중앙은행의 인플레이션 목표치와 같고 현재의 생산량이 잠재생산량 수준과 같다는 것은 인플레이션갭과 생산량 갭이 모두 0인 경제가 가장 이상적인 완전고용수준을 달성하고 있다는 의미이다. 따라서 중앙은행은 현재의 기준금리를 변동시킬 유인을 갖지 못하고, 현재의 통화정책을 고수하게 된다.

7 경제성장모형에 대한 설명으로 가장 올바른 것을 모두 고른 것은?

> ㉠ 헤로드–도마(Harrod–Domar) 성장모형은 자본과 노동의 대체불가능성을 가정하여 완전고용에서 균형성장이 가능하지만, 기본적으로 자본주의 경제의 성장 경로가 불안하다는 모형이다.
> ㉡ 솔로우(Solow) 성장모형은 장기적으로 생산요소 간의 기술적 대체가 가능함을 전제하여 자본주의 경제의 안정적 성장을 설명하는 모형이다.
> ㉢ 내생적(endogenous) 성장이론은 각국의 지속적인 성장률 격차를 내생변수 간의 상호작용으로 설명하는 이론이다.

① ㉠, ㉡

② ㉠, ㉢

③ ㉡, ㉢

④ ㉠, ㉡, ㉢

> **NOTE** 헤로드–도마(Harrod–Domar) 성장모형과 솔로우(Solow) 성장모형의 가장 큰 차이는 자본과 노동의 대체 가능여부이다.
> 헤로드–도마(Harrod–Domar) 성장모형에서 적정성장률과 자연성장률이 일치하면 완전고용 하에 균형성장이 이루어지나 항상 양자가 일치한다는 보장은 없다. 기본적으로 자본주의 경제의 성장경로가 불안정적이다.
> 솔로우(Solow) 성장모형에서는 요소대체가 가능하므로 불균형상태에 있더라도 조정이 이루어져 균제상태에 도달하므로 경제의 안정적 성장이 이루어진다.
> 내생적(endogenous) 성장이론은 기술이라는 변수를 내생변수로 설정하여 지속적인 성장 가능성을 설명한다. 즉 경제성장률이 여러 가지 내생적인 요인에 의하여 결정된다. 그러므로 국가 간의 성장률 격차를 내생변수 간의 상호작용으로 설명한다.

Answer. 6.③ 7.④

(한국수력원자력)

8 내생적 성장이론에 대한 다음의 설명중 옳지 않은 것은?

① AK 모형에서는 기술진보가 이루어지지 않으면 성장할 수 없다.

② R&D 모형에 따르면, 지식은 비경합적이므로 지식 자본의 축적이 지속적인 성장을 가능하게 한다.

③ AK 모형에서는 자본에 대해 수확체감이 나타나지 않는다.

④ R&D 모형에 따르면 연구 인력의 고용이 늘어나면 장기 경제성장률을 높일 수 있다.

⑤ AK 모형은 자본을 폭 넓게 정의하여 물적자본 뿐만 아니라 인적자본도 자본에 포함한다.

> **NOTE** AK 모형에서의 경제성장률은 sA이므로 기술진보가 이루어지지 않더라도 저축률(s)이 상승하면 경제성장률이 높아진다. 즉, AK 모형에서는 $sA - d > 0$ (d : 감가상각률, A : 기술진보, s : 저축률) 조건만 충족되면 경제성장은 가능하다. 따라서 기술수준에서 기술진보가 이루어지지 않는다고 하더라도 저축률이 상승하면 경제성장은 가능하다.

(국민연금공단)

9 솔로우(Solow) 성장모형에 대한 설명으로 옳지 않은 것은?

① 기술진보 없이 지속적인 성장을 할 수 없다.

② 정상상태(steady state)에서 인구증가율의 변화는 1인 당 경제성장률에 영향을 미치지 않는다.

③ 한계생산이 체감하는 생산함수와 외생적인 기술진보를 가정한다.

④ 자본축적만으로도 지속적인 성장이 가능하다.

> **NOTE** 한계생산이 체감하므로 자본축적이 이루어져 1인 당 자본이 증가하더라도 지속적 성장은 불가능하다. 즉 솔로우 모형에서는 지속적인 기술진보에 의해서만 지속적인 경제성장이 가능하다. 그러므로 자본축적만으로는 지속적인 성장은 불가능하다.
> ①, ③ 지속적 성장요인은 오로지 기술진보, 그러나 솔로우 모형에서 기술진보는 외생변수
> ② 정상상태에서 인구증가율의 변화는 조정을 통해 다시 균제상태로 수렴하므로 경제성장률 불변

Answer. 8.① 9.④

10 경제성장에 대한 설명으로 옳은 것은?

① 솔로우 성장모형에서는 1인 당 소득이 높은 나라일수록 경제가 빠르게 성장한다.

② 성장회계는 현실에서 이룩된 경제성장을 각 요인별로 분해해 보는 작업을 말한다.

③ 쿠즈네츠 가설에 따르면 경제성장의 초기 단계에서 발생한 소득불평등은 처음에 개선되다가 점차 악화된다.

④ 내생적 성장이론은 일반적으로 자본에 대한 수확체감을 가정한다.

> 📄**NOTE** 성장회계 : 경제가 몇 % 성장했는데, 기술요인, 노동, 자본 등의 각 요인이 각각 몇 %만큼 성장에 기여했는가를 분석하는 것을 의미한다.
> ① 솔로우 모형에서는 자본에 대한 수확체감 현상이 나타나므로 1인 당 소득수준이 낮은 나라일수록 경제성장률이 높다.
> ③ 쿠즈네츠의 U자 가설에 의하면 경제성장의 초기단계에서는 소득분배 불평등의 정도가 심해지나 경제성장 후기단계로 가면 다시 소득분배 불평등이 점차 개선된다.
> ④ 자본에 대한 수확체감을 가정하는 것은 솔로우 성장모형이다. AK모형과 같은 내생적 성장이론에서는 최소한 자본에 대한 수확이 일정하다는 것을 전제한다.

✦**Answer.** 10.②

출제예상문제

1 솔로우 성장모형에 대한 설명으로 옳지 않은 것은?

① 인구 증가를 고려할 경우, 국가별 1인당 GDP가 다름을 설명할 수 있다.

② 지속적인 기술진보는 1인당 GDP의 지속적인 성장을 설명할 수 있다.

③ 저축률은 1인당 자본량을 증가시키므로 항상 저축률이 높을수록 좋다.

④ 자본량이 황금률 안정상태보다 큰 경우 저축을 감소시키면 소비가 증가한다.

🔖NOTE ③ 저축률이 증가하면 단기적으로는 경제성장률이 높아지나 장기적으로 경제성장률은 원래 수준으로 복귀하게 된다.

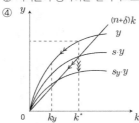

자본량이 황금률 안정상태보다 큰 경우는 자본이 과다 축적되고 있는 경우로 소비를 장기적으로 증가시키기 위해 저축을 감소시켜야 한다.

2 실물적 경기변동이론(real business cycle theory)에 대한 설명으로 옳은 것만을 모두 고른 것은?

> ㉠ 메뉴비용(menu cost)은 경기변동의 주요 요인이다.
> ㉡ 비자발적 실업이 존재하지 않아도 경기가 변동한다.
> ㉢ 경기변동이 발생하는 과정에서 가격은 비신축적이다.
> ㉣ 정책결정자들은 경기침체를 완화시키는 재정정책을 자제해야 한다.

① ㉠㉢   ② ㉡㉢

③ ㉡㉣   ④ ㉢㉣

🔖NOTE 메뉴비용으로 인한 가격의 비신축성에 의해 경기변동이 발생한다는 것은 새케인즈 학파이다.

😊**Answer.** 1.③ 2.③

3 해로드(Harrod)의 경제성장 이론에 의하면 등량곡선의 형태는 어떻게 나타나는가?

① 원점에 대하여 볼록한 우하향하는 곡선 형태

② 원점에 대하여 오목한 우하향하는 곡선 형태

③ 원점에 대하여 볼록한 L자 형태

④ 45도 우상향하는 직선 형태

⑤ 우하향하는 직선 형태

> 📝NOTE 해로드(Harrod)의 경제성장 이론에 의하면 등량곡선의 형태는 자본과 노동 사이에 대체성이 없다고 가정하므로 원점에 대하여 볼록한 L자 형태를 가진다.

4 총생산함수 $Y = AN^{\alpha}K^{1-\alpha}$, $0 < \alpha < 1$ (Y, N, K, A는 각각 총소득, 노동투입, 자본투입, 총요소생산성)로 가정할 때, 성장회계와 경제성장에 관한 다음 설명 중 옳지 않은 것은?

① 총소득 중에서 노동소득이 차지하는 비중은 α와 같다.

② A가 일정한 솔로우 경제성장모형에 저축률의 상승은 장기적으로 1인당 소비를 항상 증가시킨다.

③ A는 실제 관측되지 않는 것으로 솔로우 잔차(Solow residual)라고 한다.

④ A가 일정하고 1인당 자본량의 균제상태(steady state)보다 적을 때, 1인당 자본량이 증가할수록 1인당 국민소득의 증가율은 하락한다.

> 📝NOTE ② 저축률이 황금률 상태에서의 저축률보다 더 높은 수준이라면 오히려 저축률의 하락이 1인당 소비를 장기적으로 증가시킬 것이다.

5 내생적 성장이론에 대한 설명 중 옳지 않은 것은?

① 인적자본은 경제성장을 결정하는 중요한 요인이다.

② 저축률이 상승하면 경제성장률이 높아진다.

③ 자본의 한계생산은 체감한다고 가정한다.

④ 정부의 개입이 경제성장에 중요한 역할을 할 수 있다.

> 📝NOTE ③ 자본의 한계생산은 일정하다고 가정한다.
> ④ 연구개발과 같은 정부의 투자가 경제성장에 영향을 줄 수 있다.

Answer. 3.③ 4.② 5.③

6 새케인즈학파의 주장으로 옳지 않은 것은?

① 화폐는 중립적이다.
② 총수요의 외부효과가 발생한다.
③ 가격협상에 대한 조정실패가 존재한다.
④ 가격조정에 따른 메뉴비용이 존재한다.

🖥NOTE 화폐의 중립성에 대한 가정은 고전학파의 주장이다.

7 경제발전에 대한 설명으로 적절하지 않은 것은?

① 1인당 국민소득 수준이 높아질수록 국민소득에서 농업이 차지하는 비중이 낮아진다.
② 1인당 국민소득 수준이 높아질수록 필수품에 대한 지출비중이 커진다.
③ 1인당 국민소득 수준이 높아질수록 고용에서 서비스업이 차지하는 비중이 높아진다.
④ 1인당 국민소득 수준이 높아질수록 도시인구의 비중이 커진다.

🖥NOTE 필수재의 소득탄력성은 0보다 크고 1보다 작다. 따라서 소득수준이 올라갈수록 필수품에 대한 지출비중은 작아질 것이다.

8 솔로우 성장모형에서 일인당 생산함수는 $y = k^{\frac{1}{2}}$, 저축률은 12%, 인구증가율은 1%, 자본의 감가상각률은 2%이다. 다음 설명 중 옳은 것을 모두 고른 것은? (단, y는 1인당 생산량, k는 1인당 자본량)

ㄱ 균제상태에서 일인당 산출량은 4이다.
ㄴ 자본소득분배율과 노동소득분배율은 같다.
ㄷ 균제상태에서 황금률이 달성되고 있다.
---

① ㄱ   ② ㄴ
③ ㄱㄴ   ④ ㄱㄴㄷ

🖥NOTE ㄷ 현재의 균제상태에서 과다축적이나 과소축적이 나타나는 경우에는 균제상태와 황금률이 다를 수 있다.

⭐**Answer.** 6.① 7.② 8.③

9 균제상태에 있던 경제에 지진이 발생하였다. 솔로우 모형을 이용하여 지진이 경제성장에 미치는 영향을 설명한 것으로 옳지 않은 것은? (단, 지진으로 생산시설이 파괴되었지만 인명피해는 발생하지 않았으며, 지진 전후 생산함수, 저축률, 감가상각률 및 인구증가율의 변화는 없다)

① 1인당 소득이 이전보다 감소한다.　　　② 1인당 소득증가율은 이전보다 높다.

③ 1인당 투자량은 이전보다 크다.　　　　④ 실질이자율은 이전보다 높다.

NOTE ③ 아래의 그림을 보면 1인당 투자량이 이전에 비해 작아짐을 알 수 있다.

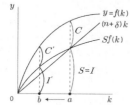

10 경기변동과 관련된 내용에 대한 설명이다. 옳지 않은 것은?

① 실증분석에 따르면 확장국면이 수축국면보다 더 길다.

② 경기저점에서 다음 저점까지의 기간을 주기(period)라고 한다.

③ 내구재의 생산 및 소비는 비내구재보다 경기의 영향을 크게 받는다.

④ 경기호황기에는 노동의 평균생산성이 낮아지는 경향을 보인다.

NOTE 실증적인 분석에 따르면 노동의 평균생산성은 경기순응적인 움직임을 보인다. 즉, 경기호황기에는 노동의 평균생산성이 높아지고, 불황기에는 평균생산성이 낮아진다.

11 다음 중 애로우(Arrow)의 불가능성 정리에서 사회적 선호체계가 갖춰야 할 조건에 해당하지 않는 것은?

① 완비성　　　　　　　　　　　　② 이행성

③ 파레토 원칙　　　　　　　　　　④ 비제한성

⑤ 독재성

NOTE 애로우(Arrow)의 불가능성 정리에서 사회적 선호체계가 갖춰야 할 조건으로 완비성, 이행성, 파레토 원칙, 무관한 선택대안으로 부터의 독립성, 비독재성을 들 수 있다.

Answer. 9.③ 10.④ 11.⑤

12 솔로우의 경제성장모형에 대한 설명으로 가장 옳지 않은 것은?

① 기술진보 없이 지속적인 성장을 할 수 없다.

② 한계생산이 체감하는 생산함수와 외생적인 기술진보를 가정한다.

③ 인구증가율이 증가하면 정상상태에서 일인당 국민소득은 감소한다.

④ 기술수준이 높을수록 정상상태에서 일인당 국민소득의 증가율이 높다.

⑤ 정상상태(steady state)에서 인구증가율의 변화는 1인당 경제성장률에 영향을 미치지 않는다.

> 📖 NOTE │ 정상상태(steady state)란 동태적 균형 상태를 말하는 것으로 경제성장 과정에서 자본과 노동이 완전고용 되면서 성장하는 경로를 말한다. 기술수준이 높을수록, 즉 기술진보가 발생하면 1인당 국민소득의 수준은 이전에 비해 높아지나 증가율이 반드시 높은 것은 아니다. 미국과 같은 선진국은 기술수준이 중국과 같은 개발도상국보다 높다. 1인당 국민소득수준은 미국이 중국보다 높으나 그 증가율은 개발도상국인 중국이 미국에 비해 높은 것이 그 예다.

13 다음 솔로우(Solow)의 성장 모형에서 경제가 균제상태(steady state)에 있었다. 그런데 외국인 노동자의 유입에 대한 규제가 완화되어 인구의 증가율이 높아졌다고 할 시에, 초기 균제상태와 비교할 때 새로운 균제상태에 대한 설명 중 가장 바르지 않은 내용은? (단, 기술의 변화는 없다고 가정한다.)

① 자본 한계생산성의 증가   ② 1인당 소득수준의 하락

③ 1인당 소득 증가율의 하락   ④ 1인당 자본의 감소

⑤ 총소득 증가율의 상승

> 📖 NOTE │ 새로운 균제상태에서 살펴보는 것이기 때문에, 1인당 소득이 균제상태에서 일정하게 되므로 변화율은 0이 된다.

14 다음 중 경제성장의 4대 기본요소에 해당하지 않는 것은?

① 인력

② 자본

③ 부존자원

④ 기술수준

⑤ 투자

> 📖 NOTE │ 경제성장의 4대 기본요소는 인적자원, 천연자원, 자본, 기술을 말한다.

😊 Answer. 12.④ 13.③ 14.⑤

15 실물적 경기변동이론(real business cycle theory)에 대한 설명으로 옳지 않은 것은?

① 실물적 경기변동이론에 따르면 경기후퇴는 기술의 퇴보에 의해 설명할 수 있다.

② 실물적 경기변동이론에 따르면 현재 이자율의 일시적 상승에도 사람들은 노동공급을 증가시킨다.

③ 실물적 경기변동이론에 따르면 장기에서는 고전파적 이분성이 성립하지만 단기에서는 성립하지 않는다.

④ 실물적 경기변동이론에 따르면 경기변동은 변화하는 경제상황에 대한 경제의 자연적이며 효율적인 반응이다.

⑤ 실물적 경기변동이론에 따르면 일회적인 실물충격에 의해 균형수준 자체가 내생적으로 변화하게 되므로 경기순환이 지속성을 보인다고 설명한다.

> **NOTE** 실물적(균형) 경기변동이론은 고전학파이론에 근거를 두고 있으며, 경기변동의 원인을 실물적 요인에 의해 발생한다고 보며, 경기변동을 균형자체의 변화로 본다. 실물적(균형) 경기변동이론에 의하면 단기·장기 모두 화폐 중립성이 성립한다. 비록 현실에서는 통화량이 증가하면 생산이 증가하는 현상이 관찰되기도 하지만 이는 통화공급이 실물부문의 변화에 내생적으로 반응하기 때문으로 즉, 생산량의 변화에 의해 통화량이 변하는 것이므로 통화공급이 내생적이고 화폐중립성이 성립한다.

16 쿠즈네츠 가설에 의하면 경제성장의 초기 단계에서 소득분배가 일단 악화되는 추세를 보이다가 성장이 어느 정도 이루어지면서 차츰 개선된다.

② 성장회계는 일정한 기간 동안 달성된 경제 성장에 대해 어떤 요인이 어느 정도의 기여를 했는지 알아보는 분석 방법이다.

③ 내생적 성장에 관한 학습효과(Learning-By-Doing)모형은 의도적인 교육투자의 중요성을 강조한다.

④ 경제발전의 양적 성장은 노동과 자본의 확충에 의한 성장을, 질적 성장은 기술진보에 의한 성장을 말한다.

⑤ 솔로우의 성장모형에서는 1인당 소득이 낮은 나라일수록 경제가 빠르게 성장하여 선진국 수준으로 수렴한다.

> **NOTE** 의도적인 교육투자의 중요성을 강조하는 모형은 루카스의 인적자본 축적모형이다.

17 다음 중 경제발전론과 경제성장론의 차이점에 관한 설명으로 옳지 않은 것은?

① 경제발전론은 총체적인 변수나 행태를 주로 다루며, 경제성장론은 경제부문 사이의 관계나 구조적인 변화에 큰 비중을 둔다.

② 경제발전론은 일반균형분석방법을, 경제성장론은 부분균형분석방법을 사용한다.

③ 경제발전론은 경제적인 요인뿐만 아니라, 사회적 · 문화적 · 제도적 요인까지도 고려한다.

④ 경제성장론은 가격기구의 역할을 중시하나, 경제발전론은 시장기구 이외의 역할도 중시한다.

🖥NOTE ① 경제성장론에서는 주로 총체적인 변수를 분석하는 데 비하여 경제발전론에서는 주로 경제부문 사이의 관계나 구조적인 변화의 분석에 중점을 둔다.

※ 경제성장론과 경제발전론

구분	경제성장론	경제발전론
분석대상	주로 선진국	후진국
포괄범위	경제적 요인만 분석	경제적 요인뿐만 아니라 경제외적인 요인도 고려
분석내용	양적인 증가를 주로 분석	양적인 증가와 질적인 변화를 모두 분석
분석기준	GDP증가율	GDP, 산업구조, 1인당 자본량, 교육수준, 국제수지 등

18 외자도입의 효과를 틀리게 설명한 것은?

① 국제수지에서 자본수지를 개선시킨다.

② 단기적으로 국내저축을 위축시키는 효과가 있다.

③ 자본도입과 함께 외국의 선진생산기술 및 경영기법의 이전이 이루어진다.

④ 외국자본을 도입하여 자본의 규모가 상대적으로 커지면 자본생산성이 향상된다.

🖥NOTE 자본에 대해서도 수확체감의 법칙이 성립하므로 외자도입으로 국내의 자본량이 많아지면 자본의 한계생산물도 점점 감소한다. 직접투자 형태로 외국자본이 도입되는 경우에는 생산기술과 경영기법도 함께 국내로 유입되므로 외국의 생산기술과 경영기법을 습득할 수 있게 된다.

Answer. 17.① 18.④

19 다음 중 외국인 직접투자의 득과 실에 대한 설명으로 옳지 않은 것은?

① 외국인 직접투자는 실보다는 득이 많으므로 무조건 유치에 힘써야 한다.

② 외국기업에 의해 설립된 생산기술을 통해 고용과 소득이 창출될 수 있다.

③ 우수한 기술은 투자모국에만 남고 투자유치국에는 별로 유입되지 않을 수도 있다.

④ 외국제품이 수입되기보다는 국내에서 생산, 판매되므로 경상수지 개선효과가 있을 수 있다.

> 🅑NOTE ① 외국인 직접투자는 그 형태나 종류에 따라 다양한 경제적 효과가 발생할 수 있으므로 외국자본의 국내진출을 무조건 경계하거나 아니면 무조건 유치해야 한다는 식의 획일적인 정책수립은 지양해야 한다.

20 자본 – 산출계수가 2.5일 때 경제성장 8%를 이루기 위하여 어느 정도의 저축률이 필요한가? (단, 해로드의 성장모형을 기준으로 산출하라)

① 10
② 15
③ 20
④ 25

> 🅑NOTE $G = \frac{s}{v}$ 이므로 $8\% = \frac{s}{2.5}$ 에서 $s = 20\%$ 이다.

21 다음 중 신고전파 성장이론의 내용과 가장 관련이 먼 것은?

① 1인당 자본량과 1인당 소득은 언제나 같은 방향으로 변화한다.

② 저축률이 상승하면 1인당 소득은 단기적으로 증가한다.

③ 장기적으로 균제상태에서 1인당 소득은 인구증가율의 비율로 성장한다.

④ 인구증가율이 상승하면 1인당 소득은 감소하나 경제성장률은 오히려 높아진다.

> 🅑NOTE 균제상태(steady state)에서 경제성장률은 인구증가율과 같고, 1인당 소득은 항상 일정하다.

22 해로드-도마의 경제성장모형의 특징을 가장 잘 나타내는 것은?

① 현실성장률(G), 적정성장률(G_w), 자연성장률(G_n)은 항상 일치한다.
② 생산요소 간의 대체를 전제로 한다.
③ $G_w < G_n$이면 균형성장이 유지된다.
④ $G_w > G_n$이면 생산설비의 과잉현상이 발생하며 균형으로의 회복이 어렵다.

> 🄱NOTE ④ $C_w > G_n$이면 생산설비확장속도보다 노동공급증가속도가 낮다. 따라서 성장은 노동공급증가 속도만큼 이루어지므로 생산설비의 과잉현상이 발생한다. 해로드-도마모형에 의하면 불균형상태에서 시장의 자율적 조절을 통하여 균형으로 회복되는 것은 불가능하다.

23 해로드 성장이론에서 실제성장률 > 적정성장률일 때 나타날 경제성장은?

① 저축은 사회적으로 미덕이다.
② 생산설비의 가동률이 떨어진다.
③ 인구과잉의 문제는 임금하락으로 해소된다.
④ 가격기구에 의한 장기적 균형이 이루어진다.

> 🄱NOTE 실제성장률이 적정성장률보다 높으면 모든 생산설비는 적정량보다 많은 수량을 생산한다. 이러한 경우에는 저축을 통한 자본축적(설비확장)이 바람직하다.

24 솔로우 성장이론에 있어서 $G_n > G_w$인 경우에 나타날 경제현상은? (G_n : **자연성장률**, G_w : **적정성장률**)

① 근검절약정신을 높이는 경제정책이 필요하다.
② 자본-노동투입비율이 하락한다.
③ 선진국형 실업이 발생한다.
④ 후진국형 실업이 발생한다.

> 🄱NOTE $G_n > G_w$이면 인구증가율이 자본증가율보다 높으므로 임금이 비교적 낮아진다. 그 결과 노동투입이 늘고 자본투입이 감소하여 완전고용을 이룬다.

😀Answer. 22.④ 23.① 24.②

25 해로드–도마 성장이론과 솔로우 성장이론을 잘못 비교한 것은?

① 해로드–도마이론에 의하면 기술진보는 항상 힉스중립적이지만, 솔로우이론은 자본집약적·노동 집약적 기술진보가 가능함을 설명한다.

② 해로드–도마이론에 의하면 적정성장률과 자연성장률은 시간이 갈수록 격차를 보이지만, 솔로우 이론은 이 두 가지가 시간이 갈수록 일치함을 설명한다.

③ 해로드–도마이론에 의하면 요소 간의 부분적인 대체가능성이 있는 반면, 솔로우이론은 각 생산 요소가 대체될 수 있음을 가정한다.

④ 해로드–도마이론에 의하면 고용수준은 시간이 갈수록 하락하는 반면, 솔로우이론은 가격기구에 의한 생산요소의 장기적 완전고용을 설명한다.

🖉NOTE ③ 해로드–도마 성장모형은 요소간 대체가 불가능한 1차동차생산함수를 가정한다.

26 해로드의 성장이론에 대한 설명으로 옳지 않은 것은?

① 적정성장률보다 자연성장률이 크면 인구과잉의 후진국적인 구조적 실업이 발생한다.

② 현실성장률이 적정성장률보다 크면 자본재의 주문이 증가한다.

③ 적정성장률이 자연성장률보다 작으면 저축이 사회적으로 보아 해악이 된다.

④ 해로드모형에서 경제성장이 불안정하게 되는 이유는 자본계수와 저축률이 모두 일정하다는 가정 때문이다.

🖉NOTE 적정성장률(G_w)이 자연성장률(G_n)보다 작은 경우 자본재 공급의 제약으로 실업이 발생한다. 따라서 실업을 해소하기 위해서는 자본재 공급이 증가하여야 하므로 이 경우 저축은 사회적으로 보아 미덕이 된다.

$G_w > G_n$ (적정성장률 > 자연성장률)	$G_w < G_n$ (적정성장률 < 자연성장률)
• 자본증가율 > 노동증가율	• 자본증가율 < 노동증가율
• 자본설비과잉	• 인구과잉 → 실업
• 투자과잉	• 자본설비부족
• 저축과잉	• 투자부족
• 소비가 미덕	• 저축부족
	• 저축이 미덕

27 다음 중 외생적 경제성장론에 대한 내생적 성장론자들의 비판이 아닌 것은?

① 불균형이 발생하면 시장의 조절능력에 의해서 이를 해소하고 정상상태에 이르기까지 어느 정도의 시간이 소요되는가를 알 수 없다.

② 저축률이 장기적으로 고정되어 있다는 가정은 비현실적이다.

③ 총수요관리정책을 통한 정부의 역할을 간과하고 있다.

④ 노동의 질적 차이를 고려하지 않는 것은 비현실적이다.

> **NOTE** 내생적 성장론자에 의하면 정부가 조세징수와 정부지출을 줄이면 기업의 조세부담이 줄어들어서 투자가 활성화되므로 성장이 촉진될 수 있다. 그러나 이는 정부가 직접 시장의 흐름에 개입하여 총수요관리정책을 실시하는 것을 의미하지는 않는다.

28 다음 중 내생적 경제성장론에 대한 설명으로 옳지 않은 것은?

① 소비자의 합리적 선택을 가정한다.

② 교육과 훈련에 대한 인적 투자를 증가시키면 기술진보가 창출될 수 있다.

③ 민간소비가 늘어나면 외부경제가 발생한다.

④ 사회후생을 극대화시키는 성장률이 어떤 내생적 요인들에 의해서 결정되는가를 규명한다.

> **NOTE** 정부의 생산성지출이 늘어나면 외부경제가 발생한다. 생산성지출이란 교육과 직업훈련 등 인적 자본(human capital)구축에 필요한 지출을 말하는데, 기업이 비용을 부담하지 않고도 노동생산성 향상의 이익을 얻으므로 외부경제가 발생한다.

Answer. 27.③ 28.③

29 다음 중 내생적 성장이론에 대한 설명으로 옳지 않은 것은?

① 각국의 지속적인 성장률 격차를 모형 안의 내생변수의 상호작용에 의해 설명한다.

② AK모형에서는 자본의 한계수확이 체감하지 않는다.

③ 인적자본모형에서는 교육과 지식축적에 영향을 미치는 정부정책의 중요성을 강조한다.

④ 해로드-도마(Harrod-Domar)모형의 문제점을 해결하려는 과정에서 출현하였다.

> **NOTE** 솔로우모형은 기술진보의 원인을 모형내에서 설명하지 못하는 문제점이 있는데, 내생적 성장모형은 이와 같은 솔로우모형의 문제점을 개선하여 경제성장의 요인을 모형내에 내생화 해보려는 노력의 결과로 나타나게 되었다.

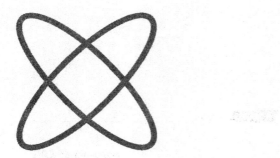

PART

03

국제경제학

01

국제무역론

01 국제무역이론

(1) 중상주의시대

① 한 나라의 국부를 그 나라가 보유하고 있는 금, 은 등으로 보았다.

② 무역의 목적은 국부 증대에 있다.

③ 국부를 증대시키기 위해서는 수출을 장려하고 수입은 억제해야 하므로 강력한 보호무역정책을 시행하였다.
   ㉠ 재화와 용역의 수출 : 금이 유입(금수입)되어 국부 증가
   ㉡ 재화와 용역의 수입 : 금이 유출(금수출)되어 국부 감소

(2) 절대우위론(절대생산비설) – A. Smith

① 개념
   ㉠ 각 국이 절대적으로 생산비가 낮은 재화생산에 특화하여 그 일부를 교환함으로써 상호이익을 얻을 수 있다는 이론이다.
   ㉡ 다른 나라에 비하여 적은 노동투입량으로 생산할 수 있는 상품에 절대우위를 갖는다.
   ㉢ 절대열위품은 수입하면 모두 무역이익이 발생한다.

② 기여 및 문제점
   ㉠ 절대우위론은 자유무역의 근거를 최초로 제시하였다.
   ㉡ 한 나라가 두 재화 생산에 있어서 모두 절대 우위 혹은 모두 절대 열위에 있는 경우에도 무역이 발생하는 현상은 설명하지 못한다.

③ 절대우위 사례

구분	X재	Y재
한국	100	120
미국	120	50

   ㉠ 한국 : X재에 절대우위
   ㉡ 미국 : Y재에 절대우위

④ 평가
   ㉠ 보호무역주의를 비판하고 자유무역의 근거를 제시하고 있다.
   ㉡ 한 나라가 모든 재화에 있어서 모두 절대우위, 절대열위에 있는 경우에도 무역이 발생하는 현상은 설명하지 못한다.

(3) 비교우위론(비교생산비설) - D. Ricardo

① 개념

㉠ 한 나라가 두 재화생산에 있어서 모두 절대우위 혹은 절대열위에 있더라도 양국이 상대적으로 생산비가 낮은 재화생산에 특화하여 무역을 할 경우 모두 무역으로부터 이익을 얻을 수 있다는 이론이다.

㉡ 상대적으로 적은 노동량을 투입하여 생산하는 상품에 비교우위를 갖는다.

② 가정

㉠ 노동만이 유일한 생산요소이다.

㉡ 모든 노동의 질은 동일하다.

㉢ 재화 1단위를 생산하는 데 필요한 노동량은 재화의 생산량과 상관없이 일정하다.

  • 기회비용이 일정하다.

  • 생산가능곡선이 우하향의 직선이다.

㉣ 생산요소의 국제 간 이동이 없다.

  ※ 사회무차별곡선(social indiference curve)

   - 사회구성원 전체가 X재와 Y재에 대한 동일한 효용을 가져다 주는 상품묶음의 집합을 의미한다.

   - 사회구성원 전체의 생산물에 대한 선호를 고려하고 있다.

   - 개인의 무차별곡선과 사회무차별곡선은 동일한 특징을 가진다.

③ 문제점

㉠ 일반적으로는 노동 이외에도 다수의 생산요소가 존재한다. 비교우위론에서는 생산요소가 노동 하나밖에 없다고 가정한다.

㉡ 구체적으로 교역조건이 어떤 점에서 결정되는지는 설명하지 못하고 있다.

㉢ 일반적으로 기회비용이 체증하나 기회비용이 일정하다고 가정함에 따라 각 국은 한 재화생산에만 완전 특화한다.

㉣ 양국에서의 생산성 차이(생산함수의 차이)에 의해 비교우위가 결정되나 생산성 차이가 발생하는 원인, 즉 비교우위의 발생원인을 규명하지 못하고 있다.

  ※ 생산가능곡선의 기울기: 무역이전 생산가능곡선에서 생산과 소비가 이루어지므로 생산가능곡선은 소비가능곡선 즉, 예산선을 의미한다. 따라서 생산가능곡선의 기울기는 예산선의 기울기와 일치한다.

(4) 일반적인 비교우위론

① 기본가정

㉠ 생산요소는 노동과 자본의 2가지가 존재한다.

㉡ 기회비용이 체증하므로 생산가능 곡선이 원점에 대하여 오목한 형태이다.

㉢ 국가 간 생산요소 이동은 불가능하다.

② 무역 이전의 생산 · 소비점

㉠ 무역 이전에 각국은 생산가능 곡선과 사회무차별 곡선이 접하는 점에서 재화를 생산 · 소비한다.

ⓛ 무역 이전 각국의 균형점에서는 무차별곡선과 생산가능 곡선이 접하므로 $MRS=MRT$가 성립하고, 생산가능 곡선의 기울기가 국내가격비를 나타낸다.

$$MRS=MRT=\text{국내가격비}$$

③ 무역 이후의 생산ㆍ소비점
　　㉠ 국제가격비가 양국의 국내가격 사이인 P_t로 주어진다고 가정하자.

$$\left[\left(\frac{P_X}{P_Y}\right)^K < \left(\frac{P_X}{P_Y}\right)^T < \left(\frac{P_X}{P_Y}\right)^A\right]$$

　　㉡ 양국은 주어진 국제가격비로 교환할 수 있으므로 한국과 미국은 각각 A'와 B'에서 소비가 가능하다.
- 한국의 후생수준 : $I_0{}^K \rightarrow I_1{}^K$
- 미국의 후생수준 : $I_0{}^A \rightarrow I_1{}^A$

　　㉢ 이 경우 각 국은 비교우위가 있는 재화생산에 특화하나 완전특화가 이루어지지는 않는다.
- 기회비용 일정 : PPC 우하향의 직선(완전특화 발생)
- 기회비용 체증 : PPC 원점에 대하여 오목(불완전특화 발생)
- 완전한 자유무역이 이루어지면 $MRS=\text{국내가격비}=\text{국제가격비}=MRT$가 충족된다.

※ 무역 이후 양국의 생산점과 소비점

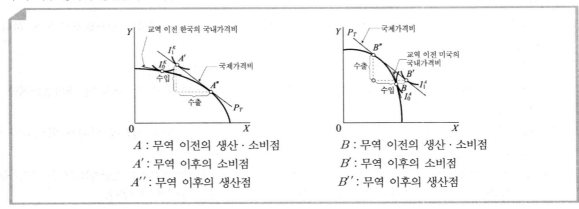

A : 무역 이전의 생산ㆍ소비점　　　　B : 무역 이전의 생산ㆍ소비점
A' : 무역 이후의 소비점　　　　　　　B' : 무역 이후의 소비점
A'' : 무역 이후의 생산점　　　　　　　B'' : 무역 이후의 생산점

④ 무역의 이익(정태적 이득)

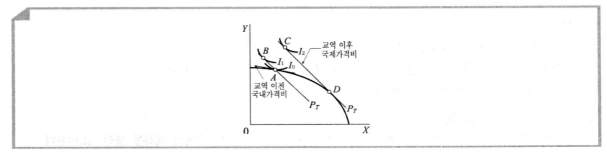

⊙ 어떤 국가가 무역을 함에 따라 얻게 되는 이익은 크게 교환으로부터 오는 이익과 특화로부터 오는 이익의 2가지로 구분된다.

- $A \to B$: 교환으로부터의 이익($I_0 \to I_1$)
- $B \to C$: 생산의 특화로부터의 이익($I_1 \to I_2$)

ⓒ 생산을 A에서 하더라도 주어진 국제가격비 P_T로 무역을 하면 B에서 소비할 수 있으므로 사회후생이 I_1으로 증가한다. 그리고 A에서 D로 생산점을 옮기면 C에서 소비할 수 있으므로 효용은 I_2로 증가한다.

※ 궁핍화성장(Immiserizing Growth) - 바그와티(J. Bhagwati) : 수출편향적 경제성장이 이루어져 교역조건 악화가 성장의 직접적인 이익을 압도하여 사회후생이 감소하는 경제성장을 의미한다. 경제성장이 수출편향적이고 외국 수요의 가격탄력성이 낮은 경우에 발생한다.

※ 프레비쉬-싱거 가설(Prebisch-Singer hypothesis) : 개발도상국 1차 상품의 교역조건은 장기적으로 악화되는 반면에 선진공업국 공업제품의 교역조건은 개선됨에 따라 양측 간의 교역에서 발생되는 무역이익이 선진공업국 측에 흡수당해 버려 개발도상국의 경제적 후진성이 해소되지 않는다고 주장한 가설을 의미한다.

(5) 헥셔(E. Heckscher)-올린(B. Ohlin) 정리

① 헥셔와 올린은 각국의 생산기술(생산함수)이 동일하더라도 국가 간 요소부존의 차이가 발생하면 재화의 상대가격차이가 발생하고, 각 국은 상대가격이 낮은 재화에 비교우위를 갖게 됨을 설명한다.

② $H-O$정리는 비교우위의 발생 원인을 요소부존의 차이로 설명한다.

③ 가정

ⓐ 2국 - 2재화 - 2요소가 존재한다(2 × 2 × 2모형).

ⓑ 두 나라의 생산함수가 동일하다.

ⓒ 생산함수는 규모에 대한 수익불변이고, 수확체감의 법칙이 작용한다.

ⓓ 두 나라의 부존자원비율이 상이하다.

ⓔ 국가 간 생산요소 이동은 불가능하다.

ⓕ 두 재화의 요소집약도가 상이하다.

ⓖ 생산물 시장과 생산요소 시장은 모두 완전경쟁시장이다.

ⓗ 두 나라의 수요상태가 동일하다.

ⓘ 수송비와 무역장벽이 존재하지 않는다.

④ 핵심내용

ⓐ 제1명제 - 요소 부존량 정리

- 상대적으로 풍부한 요소를 많이 투입하는 상품에 비교우위가 있다.
- 각 국은 상대적으로 풍부하게 부존된 생산요소를 집약적으로 사용하여 생산한 재화에 비교 우위를 갖고, 이 재화를 서로 교역한다는 것을 의미한다.
- 노동풍부국은 노동집약재를 수출하고 자본풍부국은 자본집약재를 수출하게 된다.

ⓛ 제2명제 - 요소가격 균등화 정리
  • 자유무역이 이루어지면 비록 생산요소가 직접 이동하지 않더라도 국가 간에 생산요소의 가격이 균등화 된다.

(6) 레온티에프(Leontief)의 역설

① 역설
  ㉠ 미국은 자본국이지만 자본집약적인 재화를 수입하고 노동집약적 재화를 더 많이 수출하였다.
  ㉡ 이는 헥셔-올린정리와 다른 결과였다.

② 해명
  ㉠ 레온티에프 스스로 이 결과는 역설이 아니라 오히려 헥셔-올린정리의 정당성을 입증하는 것이라고 하였다.
  ㉡ 미국은 고생산성 노동력이 풍부하므로 노동집약적 상품을 더 많이 수출한다.

③ 의미 : 노동생산성의 차이를 인정함으로써 생산 요소의 질적 차이를 인정하였다.

(7) 요소가격 균등화 정리

① 자유무역이 이루어지면 비록 생산 요소가 직접 이동하지 않더라도 국가 간의 요소상대 가격비가 균등해진 다는 내용이다.

② 완전한 자유무역을 하게 되면 요소의 절대가격도 균등화 한다.

(8) 스톨퍼-사무엘슨 정리

① 어떤 재화의 상대가격이 상승하면 그 생산 요소에 집약적으로 사용되는 생산 요소의 상대가격이 상승한다.

② 자유무역으로 X재 상대가격이 상승하면 X재 생산에 집약적으로 사용되는 생산 요소의 소득이 증가한다.

③ 미국 노동자의 소득증대와 유리한 소득배분을 위하여 자유무역 정책이 유리한가, 보호무역정책이 유리한가 를 검토한 이론이다.

(9) 립진스키 정리(Rybczynski theorem)

① 어떤 생산 요소의 부존량이 증가하면 그 요소를 집약적으로 사용하는 재화생산량은 증가하고 다른 재화 생 산량은 감소한다.

② 노동이 증가하면 노동집약재 생산은 증가하고, 자본집약재 생산은 감소한다.

⑩ 교역조건과 관세

① 교역조건의 개념

교역조건	표시방법	설명
순상품교역조건 (순교역조건 : N)	$N = \dfrac{P_X}{P_M} \times 100$	• 수출상품 1단위로 획득할 수 있는 수입품의 수량을 나타낸다. • 수출량과 수입량의 변동을 고려하지 않고 수출입재화의 가격변동만을 나타내므로 실질적인 무역이익의 변동을 파악하기 곤란하다. • N이 커지면 수출상품 1단위와 교환되는 수입상품수량이 증가하므로 교역조건이 개선된다. • 가장 보편적인 방법이며 계산이 비교적 간단하다.
총교역조건(G)	$G = \dfrac{Q_M}{Q_X} \times 100$	• 수출입량의 변동을 이용하여 교역조건을 나타내는 방법이다. • G가 커지면 재화 1단위를 수출할 때 수입량이 증가하므로 교역조건이 개선된다. • 수출액과 수입액이 동일하면 상품교역조건은 총교역조건과 일치한다.
소득교역조건 (수입능력지수 : I)	$I = N \cdot Q_X$ $= \dfrac{P_X \cdot Q_X}{P_M}$ $\times 100$	• 상품교역조건에 수출수량지수를 곱하여 계산한다. • 수출총액으로 획득할 수 있는 수입품의 수량을 나타낸다. • 수출입 재화의 가격변동뿐만 아니라 수출을 통한 수입품의 획득능력을 측정할 수 있게 해 주기 때문에 상품교역조건이 물량의 변동을 측정하지 못하는 단점을 보완한다. • 지수의 상승은 수출총액으로 수입할 수 있는 재화의 수량이 증가함을 의미한다.

② 오퍼곡선(상호수요곡선)

ㄱ 오퍼곡선은 여러 가지 국제가격 수준에서 그 국가가 수출하고자 하는 상품량과 수입하고자 하는 상품량의 조합을 나타내는 곡선이다.

ㄴ 양국이 오퍼곡선이 교차하는 점에서 교역조건과 교역량이 결정된다.

ㄷ 교역조건의 도출

• 교역조건이 TOT_A이면 한국의 X재 수출량은 X_A이고 미국의 X재 수입량은 X_B이므로 국제시장에서 X재 수요 초과가 발생하여 X재 가격이 오른다.

• X재 가격 / Y재 가격의 비율이 오르면 교역조건이 화살표방향으로 변하여 C에서 교역조건이 결정된다.

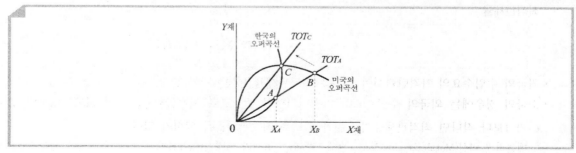

③ 교역조건의 변화

  ㉠ 오퍼곡선의 이동요인

    • 수입재를 더 선호하게 된 경우(오퍼곡선 오른쪽으로 이동)

    • 국민소득의 증가(오퍼곡선 오른쪽으로 이동)

    • 수입관세의 부과(오퍼곡선 왼쪽으로 이동)

  ㉡ 교역조건의 변화 – 국내 소비자의 소득 증가

    • 자국민의 수입재에 대한 선호가 증가하면 오퍼곡선이 우측으로 이동한다.

    • 따라서 교역조건은 악화되고, 교역량은 수출재·수입재 모두 증가한다.

02 무역정책론

(1) 관세(tariff)

① 개념 : 관세선을 통과하는 상품에 대하여 부과하는 조세를 의미한다. 역사적으로 볼 때 관세는 수량할당 (quota)과 더불어 오랫동안 널리 사용되어 온 무역정책수단이다.

② 목적

  ㉠ 자국의 산업을 보호·육성하는 데 가장 큰 목적이 있다.

  ㉡ 특정 상품의 수입이 지나치게 증가하는 것을 방지하는 목적이 있다.

③ 관세의 경제적 효과

  ㉠ 소비감소, 자국생산증가, 재정수입증가, 국제수지개선 등의 효과가 있다.

  ㉡ 사회적 잉여가치를 감소시키는 효과도 있고, 개선시키는 효과도 있다.

④ 최적관세

  ㉠ 개념 : 관세부과로 인해 교역조건 개선효과가 매우 크게 나타나면 관세 부과국의 사회후생이 증대될 수 있는데, 사회후생이 극대화되는 관세율을 최적관세라고 한다.

  ㉡ 최적관세율

$$t = \frac{1}{\epsilon^* - 1} \quad (\epsilon^* : \text{외국의 수입수요 탄력성})$$

    • 외국의 수입수요의 가격탄력성이 클수록 최적관세율은 낮아져야 한다.

    • 소국의 경우에는 외국의 수입수요의 가격탄력성이 ∞이므로 최적관세율은 0이 되고, 대국의 경우라도 ϵ^*가 1보다 작다면 최적관세율이 (−)가 되므로 최적관세율은 의미가 없다.

    ※ 메츨러의 역설(Metzler's paradox) : 관세부과 후 수입재의 국내 상대가격이 관세 부과 전보다 하락하는 예외적인 현상이다. 상대국의 수입 수요가 매우 비탄력적이고 관세부과국의 수입재에 대한 한계소비성향이 매우 낮은 경우에 발생할 가능성이 있다.

ⓒ 관세부과 시 대국과 소국의 차이

• 소국의 경우

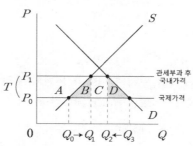

• 국내가격 상승분 : 단위 당 관세액만큼 상승
• 교역조건 : 불변
• 사회후생 : 감소 → 최적관세율 = 0

• 대국의 경우

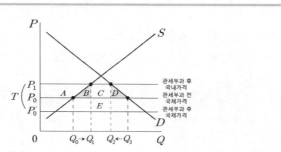

• 국내가격 : 단위 당 관세액보다 적게 상승
• 교역조건 : 개선
• 사회후생 : 증가할 수도 있음 → 최적관세율이 0보다 클 수도 있음

⑤ 관세의 종류

보호관세	국내 산업을 보호하기 위하여 부과하는 관세
재정관세	국가의 재정수입을 증대시키기 위하여 부과하는 관세
보복관세	상대국의 관세부과에 대항하기 위해 부과하는 관세
반덤핑관세	원가 이하로 수입되는 덤핑행위에 대하여 부과하는 관세
긴급관세	국내 산업의 보호를 위하여 독점 수입품에 부과하는 고율의 관세
상계관세	수출국에서 수출에 대하여 장려금이나 보조금을 지급하였을 때 이를 상쇄하기 위하여 부과하는 관세
특혜관세	특정국으로부터 수입되는 상품에 대하여 낮은 관세를 부과하는 것
할당관세	일정수량 이하는 저율의 관세, 일정수량 초과 시 고율의 관세를 부과

※ 명목보호관세율 : 한 산업이 관세에 의하여 보호받는 정도를 부가가치 증가율로 측정한 것을 의미한다.

※ 실효보호관세율 : 산업의 실질적인 보호 정보는 산업의 부가가치가 얼마 정도에 달려 있기 때문에 부가가치의 보호정
도를 실효보호 관세율이라고 한다.

(2) 비관세장벽(non-tariff barrier)

관세 이외의 보호무역 정책들을 의미하며, 수입을 양적으로 제한하여 수입량을 억제하거나 또는 국내의 수입
업자와 외국의 수출업자에 대하여 수출입 거래의 비용과 위험의 부담을 증가시켜 수입가격을 인상시킴으로써
수입량을 억제하는 관세 이외의 모든 무역정책수단을 의미한다.

① 수량할당(quota) : 특정 상품의 수입을 일정량 이상은 금지시키는 제도로 비관세장벽 중에서 가장 많이 이
용되는 제도이다.

　※ 관세부과와 수량할당

　㉠ 효과 : 수입량을 제한하면 국내 공급이 감소하므로 관세 부과의 경우와 마찬가지로 가격이 상승한다. 따라서 관세와
　　수량할당의 기본적인 효과는 동일하다.

　㉡ 차이점 : 수량할당의 경우에는 관세부과 시 정부의 관세수입으로 귀속되던 부분이 수입허가권을 획득한 자의 초과
　　이윤으로 귀속된다.

② 수출자율규제(VER : voluntary export restraints)

　㉠ 수입국이 수출국에게 압력을 가해 수출국이 자율적으로 수출물량을 일정 수준으로 줄이도록 하는 정책
　　이다.

　㉡ 수입국이 수입을 직접 규제하기 보다는 수출국이 자발적으로 수출을 제한하는 형식을 취함으로써 그 동
　　안 GATT체제 하에서 선진국들이 표면적으로 나마 유지해 온 무역자유화를 저해하지 않는다는 인상을
　　줄 수 있다.

　㉢ 경제적 효과

　　• 수출국이 수출물량을 자율적으로 규제한다면 수입국의 수입재 가격은 상승하므로 관세부과나 수량할당
　　　제의 효과와 동일하게 된다.

　　• 소득재분배 측면에서 이전의 관세에서 정부수입으로 귀속된 부분이 또는 수입수량 할당제에서 수입업
　　　자에게 귀속된 부분이 수출업자에게 귀속된다.

　　• 국부가 해외로 유출되므로 사회후생적 측면에서 볼 때 수입국에게 불리한 무역정책수단이다.

③ 수입과징금 : 수입억제를 위하여 수입상품의 일부 내지는 전부를 대상으로 일종의 조세를 부과하는 것이다.

④ 수출보조금 : 수출재 생산에 대하여 보조금을 지급하는 것이다. 즉 국가 또는 공공단체가 국내생산물의 수출
을 증가시키기 위하여 국내 수출산업이나 수출업자에게 제공하는 재정적 또는 금융적 지원 조치이다.

　㉠ 장점 : 수출촉진은 국내 고용을 증가시키고 나아가 경제성장을 촉진시킨다.

　㉡ 단점 : 국내 산업의 경쟁력을 약화시키고 자원을 과도하게 수출재 산업으로 이동시켜 자원의 비효율적
　　배분을 초래함으로써 사회후생을 하락시킨다.

⑤ 수입허가제 : 수입 품목에 대하여 정부의 허가를 받도록 하는 제도이다.

※ 수량할당과 수출자율규제의 차이점

㉠ 수량할당제 하에서는 수입허가권을 얻은 수입업자가 낮은 국제가격으로 수입하여 국내에서 비싼 가격으로 판매하므로 관세부과 시의 관세수입에 해당되는 부분이 국내수입업자의 초과이윤으로 귀속된다.

㉡ 수출국이 수출량을 자율적으로 제한하면 국내에서 가격이 상승하므로 수출업자가 처음부터 높은 가격으로 수출하므로 수량할당제 하에서 국내수입 업자의 초과이윤에 해당되는 부분이 외국의 수출업자에게 귀속된다.

㉢ 수입국의 사회후생측면에서 보면 수량할당보다 수출자율규제가 더 열등한 방법이다.

⑥ 수입할당제(import quota system)

㉠ 개념

• 외국으로부터 상품수입은 원칙적으로 허용하지만 이를 수량 또는 금액으로 할당하고 이 할당 범위를 초과하는 수입은 허용하지 않는 제한조치이다.

• 특정 상품의 수입을 수량적으로 규제하는 무역정책 수단으로서, GATT/WTO에서는 공식적으로 사용을 금지하고 있음에도 불구하고 비관세장벽 중 가장 널리 활용하고 있다.

㉡ 특징 : 입법조치 없이도 행정당국이 국내외 경제여건을 고려하여 재량적으로 시행할 수 있고 수입억제효과가 확실한 무역정책수단이다.

(3) WTO(World Trade Organization)-세계무역기구

① 개념

㉠ WTO는 무역분쟁을 해결하는 독립된 국제기구이므로 무역분쟁이 발생하면 WTO의 사법적인 판단에 따라 분쟁이 해결된다.

㉡ WTO는 1차 산업상품의 국제거래뿐 아니라 2차 · 3차 산업상품의 국제거래도 자유화하는 데 목적이 있다.

㉢ 연구개발, 지역개발, 환경보존 등의 보조는 가능하나 정부보조는 원칙적으로 금지된다.

② WTO의 기본원칙

㉠ 무차별원칙 : 회원국 간에는 물론이고, 수입품과 국내생산품 간에도 차별이 이루어져서는 안된다는 원칙을 말한다.

• 최혜국대우원칙 : 특정의 회원국에게 부여하는 최상의 혜택이 다른 모든 회원국에게도 동등하게 부여되어야 한다.

• 내국민대우원칙 : 수입품을 국내에서 생산된 재화와 동등하게 취급하여야 한다.

㉡ 안정적인 시장접근보장 : 수량할당과 같은 직접적인 수입규제를 실시하는 것을 금지하는 원칙이다. 이에 따라 거의 대부분의 비관세장벽이 철폐되었다.

㉢ 공정경쟁촉진 : 덤핑과 보조금 등을 통한 불공정경쟁을 금지하는 원칙이다. 이에 따라 수출국이 보조금을 지급하거나 덤핑을 하는 경우 수입국은 이에 상응하는 관세부과가 가능하다.

㉣ 경제개발과 개혁의 장려 : 개도국들에 대해서는 경제상황을 고려하여 무역자유화 속도를 늦출 수 있도록 허용하는 한편, 선진국들이 개발도상국들에 대해서는 각종 경제지원 및 특혜적인 조치를 할 수 있도록 허용하는 원칙이다.

③ WTO하에서의 뉴 라운드(New Round)

그린라운드	• 환경과 무역을 연결시켜 새로운 국제무역질서를 수립하려는 협상 • 환경오염발생 상품에 대하여 수출입을 규제하려는 것으로 환경기술 수준이 낮은 후진국들에게 불리
블루라운드	• 근로자들의 노동환경과 국제무역을 연결하려는 협상 • 근로조건이 열악한 국가에서 생산된 재화를 규제하므로 후진국들에게 불리
기술라운드	• 각 국의 기술정책과 국제무역을 연결하려는 협상 • 정부의 직접적인 보조금 지급을 금지하기 때문에 후진국에게 불리
경쟁라운드	• 각 국의 경쟁조건과 국제무역을 연결하려는 협상 • 폐쇄적인 시장구조를 가진 국가들에게 불리

(4) GATT(General Agreement Tariffs and Trade)-관세와 무역에 관한 일반협정

① 목적

　　㉠ 관세인하와 수량제한의 철폐, 비관세장벽의 규제 등을 통한 세계자유무역 실현

　　㉡ 세계무역환경에 있어 확실성과 명료성을 최대화

② 기본원칙

최혜국대우	GATT 가맹국 중 어떤 한 국가에게 관세인하 조치를 하려 한다면 여타 가맹국들에게도 동일한 조치를 해야 함
내국민대우	국내의 조세정책과 규제조치를 적용함에 있어서 수입품과 국내 상품 간에 차별을 두지 않고 동등한 대우를 해야 함
상호주의	한 가맹국이 관세를 인하하는 경우 상대국도 그에 상응하는 관세인하가 있어야 함

③ GATT의 한계점

　　㉠ 미국의 경상수지적자를 중심으로 세계경제의 불균형이 심화

　　㉡ 농산물 부문과 섬유부문 등 GATT 체계 밖에서의 무역조치가 확대

　　㉢ 관세와 비관세 장벽 등을 수입제한 목적으로 남용하는 문제 등 신보호주의 경향이 심화

(5) 무역창출효과와 무역전환효과

① 무역창출효과 : 관세동맹에 의하여 비효율적인 재화의 공급원이 효율적인 공급원으로 대체되는 효과이다.

② 무역전환효과 : 효율적인 재화의 공급원이 비효율적인 공급원으로 대체되는 효과이다.

③ 관세동맹의 동태적효과

　　㉠ 발라사의 경우 관세동맹의 동태적 효과가 정태적 효과보다 크다고 주장한다.

　　㉡ 가맹국간의 역내무역의 자유화내지는 시장확대에 따른 기업간의 경쟁촉진과 이로 인한 효율성의 제고 및 기술개발, 규모의 경제효과 등 동태적 X-효율성 효과도 포함되어야만 경제통합의 진정한 효과를 분석할 수 있다.

※ 발라사의 경제통합단계

자유무역지역	• 가맹국간에는 관세 및 여타 양적규제를 철폐하여 역내무역을 자유화하지만 비가맹국에 대해서는 각 가맹국이 종전대로 독립적인 관세 및 비관세 장벽을 유지하는 경제통합이다. • 유럽자유무역지역(EFTA), 북미자유무역지역(NAFTA)
관세동맹	• 가맹국간 관세 및 여타 양적 규제를 철폐함은 물론 비가맹국에 대해 공동관세를 부과하는 형태의 경제통합이다. • 역사적으로 가장 많이 찾아볼 수 있는 형태의 경제통합이다.
공동시장	관세동맹의 요건에 더하여 가맹국 간 생산 요소의 자유로운 이동을 보강하는 형태의 경제통합이다.
경제동맹	• 가맹국간 관세의 철폐와 비가맹국에 대한 공동관세 및 생산요소의 자유로운 이동은 물론 가맹국간의 대내적인 재정, 금융정책에 있어서도 상호협조가 이루어지는 형태의 경제통합이다. • 베네룩스 3국의 경우가 이에 해당된다.
완전경제통합	• 경제통합의 최종단계로 단일한 중앙은행, 단일한 화폐를 사용하면 경제적으로뿐만 아니라 정치적으로 통합된 형태를 의미한다. • EU의 최종 목표는 완전경제통합이다.

• 평가 : 현실의 경제통합은 복수의 경제통합형태의 중간적 또는 복합적인 성격을 갖고 있는 경우가 많다. 현재 대표적인 경제통합체라고 이야기되는 유럽연합은 공동시장을 지나 거의 경제동맹이 완성되어 가는 단계라 평가할 수 있다.
• 아시아태평양 경제협력(APEC) : OECD와 같은 하나의 협의체

기출문제분석

(인천국제공항공사)

1 레온티에프 역설(Leontief paradox)에 대한 설명으로 바르지 않은 것은?

① 미국에서 수출재의 자본집약도는 수입재의 자본집약도보다 낮은 것으로 나타났다.

② 헥셔-올린 정리에 따르면 미국은 상대적으로 자본집약적 재화를 수출할 것으로 예측되었다.

③ 제품의 성숙단계, 인적자본, 천연자원 등을 고려하면 역설을 설명할 수 있다.

④ 2차 세계대전 직후 미국의 노동자 일인 당 자본 장비율은 다른 어느 국가보다 낮았다.

> 📝 NOTE • 레온티에프 역설(Leontief paradox) : 일반적으로 자본풍부국으로 인식되고 있는 미국에서 오히려 자본 집약도가 낮고 상대적으로 노동 집약도가 높은 상품이 수출되는 상황이 나타나는 것을 의미한다. 즉, 2차 대전 직후 미국 노동자의 1인 당 자본장비율$\left(\dfrac{K}{L}\right)$은 다른 나라들보다 높았음에도 불구하고 레온티에프의 실증분석에 따르면 미국의 자본집약재를 수입하고 노동집약재를 수출하는 역설적인 현상을 의미한다.
> • 헥셔-올린의 정리 : 한 국가는 상대적으로 풍부한 부존자원을 집약적으로 투입하여 생산하는 상품에 대해 비교우위가 성립하여 수출한다는 이론이다. 따라서 일반적으로 자본풍부국으로 인정되는 미국은 자본집약도가 높은 자본집약재를 수출하게 된다는 것이 헥셔-올린 정리와 부합하게 된다.

(국민연금공단)

2 국제무역에서 립진스키의 정리(Rybczynski Theorem)에 대한 설명으로 바른 것은?

① 어떤 생산요소의 부존량이 증가하게 되면 그 생산요소를 집약적으로 사용하는 재화의 절대생산량은 증가하고 다른 재화의 절대생산량은 감소한다.

② 한 국가는 그 나라에 상대적으로 풍부하게 부족되어 있는 요소를 집약적으로 사용하는 재화에 비교우위를 갖게 되어 그 재화를 수출하고 다른 재화를 수입하게 된다.

③ 국제무역은 국가 간에 생산요소의 직접적인 이동이 없어도 국가 간에 요소가격의 균등화를 가져올 수 있다.

④ 어떤 재화의 가격상승은 그 재화를 생산하는데 집약적으로 사용된 생산요소의 실질가격을 증가시키고 다른 생산요소의 실질가격을 하락시킨다.

Answer. 1.④ 2.①

NOTE ② 헥셔-올린정리, ③ 요소가격 균등화 정리, ④스톨퍼-사무엘슨 정리에 대한 설명이다.
- 립진스키의 정리(Rybczynski Theorem) : 상대적으로 풍부한 부존자원량이 증가하는 경우, 교역조건이 불변인 경우를 전제로 하여 그 자원을 집약적으로 사용해서 생산하는 재화의 생산량은 절대적으로 증가하고, 다른 자원을 집약적으로 사용해서 생산하는 재화의 생산량은 절대적으로 감소한다는 내용을 담고 있다.

(코스콤)

3 A국은 한 단위의 노동으로 하루에 쌀 5kg을 생산하거나 옷 5벌을 생산할 수 있다. B국은 한 단위의 노동으로 하루에 쌀 4kg을 생산하거나 옷 2벌을 생산할 수 있다. 두 나라 사이에 무역이 이루어지기 위한 쌀과 옷의 교환비율이 아닌 것은? (단, A국과 B국의 부존노동량은 동일하다.)

① $\frac{P_쌀}{P_옷} = 0.4$ ② $\frac{P_쌀}{P_옷} = 0.6$

③ $\frac{P_쌀}{P_옷} = 0.8$ ④ $\frac{P_쌀}{P_옷} = 0.9$

NOTE 두 나라 사이에 무역이 이루어지기 위해서 쌀과 옷의 교환비율은 다음과 같다.

교역조건(TOT $= \frac{P_쌀}{P_옷} = \frac{Q_옷}{Q_쌀}$) 이 각국의 상대가격($\frac{P_쌀}{P_옷} = \frac{Q_옷}{Q_쌀}$) 범위에 있어야 한다.

	생산량			기회비용	
	A국	B국		A국	B국
쌀	5	4	쌀	1	0.5
옷	5	2	옷	1	2

A국의 옷 수량으로 나타낸 쌀의 상대가격은 $\frac{Q_옷}{Q_쌀} = \frac{5}{5} = 1$

B국의 옷 수량으로 나타낸 쌀의 상대가격은 $\frac{Q_옷}{Q_쌀} = \frac{2}{4} = \frac{1}{2} = 0.5$

따라서 두 나라 사이에 무역이 이루어지기 위해서는 0.5 〈 (TOT $= \frac{P_쌀}{P_옷} = \frac{Q_옷}{Q_쌀}$) 〈 1 이 성립되어야 한다.

Answer. 3.①

기출문제분석 **501**

(한국수력원자력)

4 K국에서 농산물의 국내 수요곡선은 $Q_A = 100 - P$, 공급곡선은 $Q_S = P$이고, 농산물의 국제가격은 20이다. 만약 K국 정부가 국내 생산자를 보호하기 위해 단위 당 10의 관세를 부과한다면, 국내 생산자 잉여의 변화량과 사회적 후생손실은?

	국내 생산자잉여 변화량	사회적 후생손실
①	250 증가	500
②	250 증가	100
③	250 감소	500
④	250 감소	100
⑤	450 증가	100

📋NOTE 주어진 조건을 그림으로 나타내면

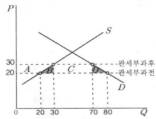

국제가격이 20일 때 국내수요량이 80, 국내공급량이 20이므로 60단위의 농산물이 수입된다.

이제 단위당 10의 관세를 부과하면 국내가격이 30으로 상승하므로 국내수요량이 70으로 감소하고 국내공급량이 30으로 증가한다. 그러므로 관세부과 후에는 40단위의 농산물이 수입된다.

그림에서 관세가 부과되어 가격이 상승하면 소비자잉여가 (A+B+C+D)의 면적만큼 감소하나 생산자잉여가 A부분 면적만큼 증가하고, 정부는 C부분의 면적에 해당되는 관세수입을 얻는다.

그러므로 관세부과에 따른 후생손실은 (B+D) 부분의 면적이 된다.

- 사다리꼴 면적 $= \frac{1}{2} \times ($윗 변 $+$ 아랫변$) \times$ 높이

- 생산자잉여 증가분(A 면적) $= \frac{1}{2} \times (30 + 20) \times 10 = 250$

- B 면적 $= \frac{1}{2} \times 10 \times 10 = 50$

- D 면적 $= \frac{1}{2} \times 10 \times 10 = 50$

- 관세부과에 따른 사회적 후생손실은 (B+D) 부분의 면적 $= 50 + 50 = 100$

😊**Answer.** 4.②

5 갑국과 을국 두 나라는 각각 A재와 B재를 생산하고 있다. 갑국은 1시간에 A재 16개 또는 B재 64개를 생산할 수 있다. 을국은 1시간에 A재 24 또는 B재 48개를 생산할 수 있다. 두 나라 사이에서 교역이 이루어질 경우에 대한 설명으로 가장 옳은 것은?

① 갑국은 A재 생산에 절대우위가 있다.

② 을국은 B재 생산에 절대우위가 있다.

③ 갑국은 A재 생산에 비교우위가 있다.

④ 양국 간 교역에서 교환비율이 A재 1개당 B재 3개일 경우, 갑국은 B재 수출국이 된다.

📖NOTE 주어진 조건을 표로 정리하면,

	시간당 생산량			기회비용	
	갑국	을국		갑국	을국
A재	16	24	A재	4	2
B재	64	48	B재	0.25	0.5

동일한 시간 동안 재화를 더 많이 생산하는 경우에 그 재화 생산에 절대우위가 있다고 한다. 갑국은 B재에 절대우위가 있고, 을국은 A재에 절대우위가 있다.

각 재화 생산의 기회비용을 표에서 살펴보면, A재 생산의 기회비용은 을국이 더 낮고, B재 생산의 기회비용은 갑국이 더 낮다. 그러므로 갑국은 B재 생산에 비교우위가 있고, 을국은 A재 생산에 비교우위가 있다.

양국 사이에 무역이 가능한 교역조건은 A재 1단위와 교환되는 B재의 양은 두 나라에서 A재 생산의 기회비용인 2에서 4 사이가 되어야 한다. 즉 교역조건(TOT)은 2 〈 TOT 〈 4이다. 그러므로 교환비율이 A재 1개당 B재 3개이면 갑국은 B재 수출국이 되고, 을국은 A재 수출국이 된다. 정리하면 갑국은 B재를 수출하고 A재를 수입하고, 을국은 A재를 수출하고 B재를 수입한다.

6 갑국과 을국으로 이루어진 세계경제가 있다. 생산요소는 노동과 자본이 있는데, 갑국은 노동 200단위와 자본 60단위, 을국은 노동 800단위와 자본 140단위를 보유하고 있다. 양국은 두 재화 X와 Y를 생산할 수 있는데, X는 노동집약적 재화이고, Y는 자본집약적 재화이다. 헥셔-올린 모형에 따를 때 예상되는 무역 패턴은?

① 갑국은 Y를 수출하고, 을국은 X를 수출한다.

② 갑국은 X를 수출하고, 을국은 Y를 수출한다.

③ 갑국과 을국은 X와 Y를 모두 생산하며, 그 중 일부를 무역으로 교환한다.

④ 갑국과 을국은 X와 Y를 모두 생산하며, 각자 자급자족 한다.

> **NOTE** 헥셔-올린 모형 : 상대적으로 풍부한 부존자원을 집약적으로 투입하는 상품을 수출하게 된다. 불완전특화가 이루어지므로 무역 이후에도 각국은 두 재화를 모두 생산한다. 다만, 각국은 자급자족할 때보다 비교우위가 있는 재화를 더 많이 생산하여 그 중 일부를 무역을 통해 비교열위에 있는 재화와 교역을 하게 된다.
>
> 각 국에서의 자본-노동비율로 나타낸 요소부존도(= $\frac{\text{자본 부존량}(K)}{\text{노동 부존량}(L)}$)를 표로 구하면,
>
> | | 노동 부존량 | 자본 부존량 | 요소부존도 | 분류 |
> |---|---|---|---|---|
> | 갑국 | 200 | 60 | $\frac{60}{200} = 0.3$ | 자본 풍부국 |
> | 을국 | 800 | 140 | $\frac{140}{800} = 0.175$ | 노동 풍부국 |
>
> 갑국은 자본풍부국, 을국은 노동풍부국이다. 헥셔-올린 정리에 의하면 각 국은 풍부한 생산요소를 집약적으로 투입하는 재화 생산에 특화하므로 두 나라 사이에 무역이 이루어지면 갑국은 자본집약재인 Y, 을국은 노동집약적인 X재 생산에 특화할 것이다. 즉, 갑국은 Y재를 수출하고, 을국은 X재를 수출하게 될 것이다.

Answer. 6.①

7 두 폐쇄경제 A국과 B국의 총생산함수는 모두 $Y = EK^{0.5}L^{0.5}$와 같은 형태로 나타낼 수 있다고 하자. A국은 상대적으로 K가 풍부하고 B국은 상대적으로 L이 풍부하며, A국은 기술수준이 높지만 B국은 기술수준이 낮다. 만약 현재 상태에서 두 경제가 통합된다면 B국의 실질 임금률과 실질 이자율은 통합 이전에 비하여 어떻게 변화하는가? (단, Y, K, L은 각각 총생산, 총자본, 총노동을 나타내며, E는 기술수준을 나타낸다.)

① 임금률과 이자율 모두 상승할 것이다.

② 임금률은 상승하지만 이자율의 변화는 알 수 없다.

③ 이자율은 하락하지만 임금률의 변화는 알 수 없다.

④ 임금률은 상승하고 이자율은 하락할 것이다.

⑤ 임금률은 하락하고 이자율은 상승할 것이다.

> **NOTE** 두 경제가 통합된다는 것은 두 경제 사이에는 자유무역이 발생하는 경우와 동일한 효과가 나타난다는 의미이다. 즉, A국과 B국이 통합을 하며 두 나라 간에 재화와 생산요소의 자유로운 이동이 가능해지므로 경제통합의 효과는 자유무역의 효과와 동일하다.
>
> A국이 자본풍부국, B국이 노동풍부국이므로, 무역이전에는 $\left(\frac{w}{r}\right)^A > \left(\frac{w}{r}\right)^B$ 이다.
>
> • 스톨퍼-사무엘슨 정리 : 자유무역이 이루어지면 각 국에서 풍부한 생산요소의 소득은 증가하고, 희소한 생산요소의 소득은 감소한다.
> A국 : 자본풍부국 → 이자율이 상승하고 임금률이 하락한다.
> B국 : 노동풍부국 → 임금율이 상승하고 이자율이 하락한다.
> (즉, 노동풍부국이므로 노동집약재에 부분 특화가 이루어져 수출하는 형태가 이루어진다. 이에 따라 노동에 대한 수요가 증가하여 임금률은 상승하고, 자본에 대한 수요가 감소하여 실질 이자율은 하락하게 된다.)
> 따라서 자유무역이 이루어지면 두 나라의 요소가격이 균등화 된다. (요소가격균등화 정리)

Answer. 7.④

8

(인천국제공항공사)

8 한 나라의 쌀 시장에서 국내 생산자의 공급곡선은 P = 2Q, 국내 소비자의 수요곡선은 P = 12 − Q이며, 국제시장의 쌀 공급곡선은 P = 4이다. 만약 이 나라 정부가 수입쌀에 대해 50%의 관세를 부과한다면 정부의 관세수입 규모는?

① 2 ② 3

③ 6 ④ 8

📖 NOTE | 주어진 조건을 그림으로 나타내면 다음과 같다.

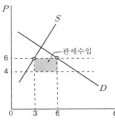

현재 국제가격이 4이므로 수입 쌀에 대해 50%의 관세를 부과하면, 국내에서 쌀 가격이 6으로 상승한다.
P = 6을 수요곡선 P = 12 − Q에 대입하면 국내수요량이 6이고, P = 6을 공급곡선 P = 2Q에 대입하면 국내공급량이 3이므로 관세부과 후의 수입량은 3이 된다. 이에 따른 단위당 관세액이 2이고, 관세부과 후의 수입량이 3이므로 정부 관세수입의 규모는 빗금 친 부분에 해당하는(관세수입의 크기) 6이 된다.

(한국수력원자력)

9 자유무역을 하는 소규모 경제의 A국이 X재 수입품에 관세를 부과했다. 관세부과 이후의 균형에 대한 설명으로 옳은 것만을 모두 고르면? (단, 관세부과 이후에도 수입은 계속된다. 또한 A국의 X재에 대한 수요곡선과 공급곡선에는 각각 수요의 법칙과 공급의 법칙이 적용된다.)

> ㉠ A국의 생산량은 증가하고 정부의 관세수입이 발생한다.
> ㉡ A국의 생산자 잉여는 감소하고, 소비자 잉여는 증가한다.
> ㉢ A국에서 경제적 순손실(Deadweight loss)이 발생한다.

① ㉠, ㉡ ② ㉠, ㉢

③ ㉡, ㉢ ④ ㉠, ㉡, ㉢

📖 NOTE | 소규모 개방경제의 수입품에 대한 과세 부과는 자국 소비자 잉여 감소와 생산자 잉여 증가 그리고 정부의 관세수입 증가를 가져온다. 즉 관세를 부과하면 수입품의 국내가격이 상승한다. 가격상승으로 소비량이 감소하면 소비자 잉여는 감소하나, 가격상승으로 생산량이 증가하면 생산자잉여는 증가한다.
관세를 부과하면 정부는 관세수입을 얻게 되나 자원배분의 왜곡이 발생하므로 사회적 손실이 발생한다. 즉, 생산자 잉여 증가분과 정부의 관세수입 증가분의 합은 소비자 잉여 감소분보다 작아. 그 차이 만큼의 경제적 순손실을 초래한다.

😊 **Answer.** 8.③ 9.②

10 A국은 무역규제의 일환으로 관세부과나 수입할당제를 고려하고 있다. 이에 대한 설명으로 옳지 않은 것은?

① 수입할당제는 가격에 대한 영향없이 수입량을 줄일 수 있다.

② 일부 관세는 무역구제(trade remedies)의 목적으로 시행된다.

③ 관세부과는 정부수입을 증가시키나, 수입할당제는 수입허가서를 보유한 업체의 수입을 증가시킨다.

④ 관세부과 시 A국 생산자들은 해당 상품을 더 높은 가격에 판매할 수 있다.

> **NOTE** • 무역구제(trade remedies) : 외국정부의 보조금 지급이나 특정 물품의 수입증가로 국내산업의 피해를 입거나 입을 우려가 있는 경우 이를 구제하기 위한 조치를 의미한다. 대표적인 예로는 반덤핑관세, 상계관세, 긴급수입제한조치 등을 들 수 있다.
> • 수입할당제의 효과 : 정부의 관세수입이 없는 것을 제외하고는 수입관세 부과의 경우와 동일하다. 수입관세를 부과하는 경우 정부가 얻게되는 관세수입의 크기를 수입할당제에서는 수입을 허가받는 수입업자가 얻게 되는 차이만 발생할 뿐이다. 따라서 수입할당제를 실시하는 경우에도 수입관세를 부과하는 경우와 같이 수입품의 국내 판매가격을 상승시킨다.

Answer. 10.①

1 자유무역에서 부분특화 또는 불완전 특화 현상이 일어나는 이유는?

① 생산가능곡선이 직선이기 때문이다.
② 생산을 늘릴수록 생산의 기회비용이 체증하기 때문이다.
③ 노동생산성이 생산의 규모와 상관없이 일정하기 때문이다.
④ 생산가능곡선이 원점에 대하여 볼록하기 때문이다.

> NOTE 해당 재화생산의 기회비용이 체증하기 때문에 완전특화에 이르지 못하고 불완전한 특화를 이루게 된다.

2 A와 B 두 재화만을 생산하는 갑국과 을국이 모두 교역으로부터 이익을 얻기 위한 조건은?

① 갑국이 A와 B재 생산에서 모두 절대우위를 가져야 한다.
② 갑국이 A와 B재 생산에서 모두 비교우위를 가져야 한다.
③ 갑국은 A재 생산에서 비교우위를 갖고, 을국은 B재 생산에서 비교우위를 가져야 한다.
④ 을국이 A와 B재 생산에서 모두 비교우위를 가져야 한다.

> NOTE 각 국이 서로 다른 재화에서 비교우위를 가져야 교역 시 양국 모두에 이익이 된다.

3 생산 측면에 있어서 어떤 생산요소의 공급량이 증가하면 그 요소를 집약적으로 사용하는 생산물의 생산량이 증가되는 효과를 의미하는 것은?

① 립친스키(Rybczynski) 정리
② 스톨퍼-사무엘슨(Stolper-Samuelson) 정리
③ 헥셔-올린(Heckscher-Ohlin) 정리
④ 마샬-러너(Marshall-Lerner) 조건
⑤ 메츨러(Metzler) 역설

> NOTE 립친스키(Rybczynski) 정리는 생산 측면에 있어서 어떤 생산요소의 공급량이 증가하면 그 요소를 집약적으로 사용하는 생산물의 생산량이 증가되는 효과를 의미한다.

> Answer. 1.② 2.③ 3.①

4 인구가 같은 A, B 두 나라는 옥수수와 컴퓨터만을 생산하고 생산가능곡선은 직선이라고 하자. 다음 표는 A, B 두 나라가 각각 옥수수와 컴퓨터만을 생산할 때의 생산량을 표시한다. 다음 설명 중 옳은 것은?

구분	A국	B국
옥수수	100	80
컴퓨터	100	50

① A국은 옥수수 생산에서 비교우위이다.

② A국은 옥수수 생산에서 절대열위이다.

③ 자유무역체제에서 A국은 B국에 컴퓨터와 옥수수를 수출할 것이다.

④ 자유무역체제에서 A국은 B국으로부터 옥수수를 수입할 것이다.

> **⊟NOTE** 노동량이 동일함에도 불구하고 A국은 옥수수를 생산해도 B국보다 더 많이 생산할 수 있고, 컴퓨터를 생산해도 B국보다 더 많이 생산할 수 있으므로 A국은 두 재화 생산에 있어 모두 절대우위에 있다. 양국에서 옥수수와 컴퓨터 생산의 기회비용을 비교해 보면, A국에서는 옥수수 1단위를 생산하기 위해서는 컴퓨터 5/8단위를 포기해야 하므로 옥수수 생산의 기회비용은 5/8이다. 그러므로 옥수수 생산의 기회비용은 B국이 더 낮다. B국은 옥수수 생산에 있어서 비교우위를 가지므로 옥수수를 수출하게 된다. 마찬가지 방법으로 계산해 보면 컴퓨터 생산의 기회비용은 A국이 더 낮다. 그러므로 A국은 컴퓨터 생산에 비교우위를 갖게 되어 컴퓨터를 수출할 것이다.

5 다음 중 관세동맹(Customs Union)을 체결할 경우 그에 따른 효과에 대한 내용으로 가장 바르지 않은 설명은?

① 가장 효율적으로 생산하는 비동맹국으로부터의 수입이 비효율적으로 생산하는 동맹국으로부터의 수입으로 대체되는 무역전환 효과가 발생할 수 있다.

② 무역전환효과는 언제나 무역창출효과보다 크게 나타난다.

③ 관세의 인하 또는 폐지로 인해 자국에서 생산되던 재화가 동맹국으로부터 수입되는 무역창출 효과가 나타날 수 있다.

④ 무역전환효과가 무역창출효과보다 충분히 클 때에 사회적 후생이 감소할 수 있다.

⑤ 무역전환효과와 무역창출효과는 동시에 발생할 수 있다.

> **⊟NOTE** 관세동맹 이후에 무역전환효과와 무역창출효과가 동시에 발생할 수 있으나, 어떤 효과가 더 크게 나타날지는 알 수 없다.

6 다음 글을 읽고 물음에 답하시오.

> 한 나라가 다른 나라와 무역자유화를 추진할 수 있는 수단은 크게 두 가지이다. 하나는 세계 161개 국가들이 참여하는 세계무역기구(WTO)를 통한 다자간 무역자유화이고, 다른 하나는 서로 이해가 맞는 둘 이상의 국가들이 모여 무역자유화를 추진하는 ㉠ <u>지역경제통합(RTA : Regional Economic Integration)</u>이다.

위 글의 ㉠ <u>지역경제통합</u> 유형을 단계별로 올바르게 나열한 것은?

① 단일시장 → 경제동맹 → 자유무역협정 → 공동시장 → 관세동맹

② 관세동맹 → 경제동맹 → 자유무역협정 → 공동시장 → 완전경제통합

③ 관세동맹 → 공동시장 → 자유무역협정 → 완전경제통합 → 경제동맹

④ 자유무역협정 → 관세동맹 → 공동시장 → 경제동맹 → 완전경제통합

⑤ 자유무역협정 → 공동시장 → 경제동맹 → 관세동맹 → 단일시장

📖 NOTE 지역경제통합이란 지리적으로 근접한 여러 나라들이 상호간에 관세 및 비관세장벽을 철폐하여 인력과 자본 등 생산요소를 자유롭게 이동할 수 있도록 통합하는 것을 말한다. 이러한 지역경제통합의 유형을 살펴보면 자유화 정도에 따라서 부분별특혜무역협정(sectoral preferentia trade arrangement), 자유무역지역(free trade area : FTA), 관세동맹(customs union), 공동시장(common market), 경제동맹(EU: Economic Union), 단일시장 또는 완전경제통합 등으로 구분할 수 있다.
자유무역협정은 지역무역협정(RTA)의 주류를 이루고 있으며, 자유무역협정 → 관세동맹 → 공동시장 → 경제동맹 → 완전경제통합(단일시장)의 단계를 통해 경제통합으로 나아간다.

7 준수와 민주는 부부로서 빵을 만들어서 파는 일과 우유를 만들어서 파는 일 두 가지 중에서 각자 선택을 할 수 있다. 준수는 1시간당 빵 5개, 우유 8리터를 만들 수 있고, 민주는 1시간당 빵 2개, 우유 5리터를 만들 수 있다. 한 사람은 빵, 한 사람은 우유를 생산하게 하는 빵의 상대가격을 x라 할 때 x의 범위는? (빵의 상대가격이란 빵 1개와 교환되는 우유의 양을 말한다)

① $5/8 < x$

② $5/2 < x$

③ $2/5 < x < 5/8$

④ $8/5 < x < 5/2$

📖 NOTE 준수는 빵의 상대가격이 8/5 이상이면 빵을 생산하는 것이 유리하고 8/5 이하이면 우유를 생산하는 것이 유리하다. 한편, 민주는 빵의 상대가격이 5/2 이상이면 빵을 생산하는 것이 유리하고 5/2 이하이면 우유를 생산하는 것이 유리하다. 그러므로 빵의 상대가격이 8/5 ~ 5/2 사이에서 결정되면 철수는 빵만 생산하고, 영희는 우유만 생산할 것이다.

8 1시간의 노동으로 A국은 옷 200벌 혹은 쌀 120가마를 생산할 수 있고, B국은 옷 100벌 혹은 쌀 80 가마를 생산할 수 있다면 비교우위는?

① A국이 옷 생산과 쌀 생산 모두에 있어 비교우위에 있다.

② A국은 옷 생산에, B국은 쌀 생산에 비교우위가 있다.

③ A국은 쌀 생산에, B국은 옷 생산에 비교우위가 있다.

④ B국이 옷 생산과 쌀 생산 모두에 비교우위가 있다.

🖉NOTE A국과 B국의 상대적 생산비를 계산해 보면 다음과 같다. A국은 두 재화를 모두 B국보다 낮은 비용으로 생산할 수 있으나 상대적으로 옷을 싼 비용으로 생산할 수 있으므로 옷 생산에 비교우위를 갖는 한편 B국은 두 재화의 생산비가 모두 A국보다 높지만 상대적으로 쌀 생산비가 낮으므로 쌀 생산에 비교우위를 갖는다.

구분	A국의 상대적 생산비	B국의 상대적 생산비
옷	$\frac{100}{200} \times 100 = 50\%$	$\frac{200}{100} \times 100 = 200\%$
쌀	$\frac{80}{120} \times 100 = 67\%$	$\frac{120}{80} \times 100 = 150\%$

9 컴퓨터와 의류에 대한 한국과 미국의 국내가격비율이 다음과 같다고 하자. Ricardo모형에서 교역이 성립될 수 있는 한국의 대미교역조건은?

구분	한국	미국
컴퓨터	200	150
의류	100	50

① 교역조건 $< \frac{1}{2}$

② 교역조건 < 2

③ $\frac{1}{2} <$ 교역조건 < 3

④ $2 <$ 교역조건 < 3

🖉NOTE 한국과 미국의 가격비율을 계산하면 다음과 같다.

$$(한국)\frac{P_{컴퓨터}}{P_{의류}} = \frac{200}{100} = 2 < (미국)\frac{P_{컴퓨터}}{P_{의류}} = \frac{150}{50} = 3$$

한국은 컴퓨터, 미국은 의류에 각각 비교우위를 가진다. 교역이 이루어지려면 교역조건이 2보다 크고 3보다 작아야 한다.

10 다음 중 헥셔-올린정리와 관계된 것은?

① 각국의 생산규모가 다르므로 무역이 발생된다.

② 자유무역이 실시되면 노동이 풍부한 나라는 임금이 하락된다.

③ 선진국과 후진국의 기술격차에 의한 무역발생의 설명으로 적합하다.

④ 노동보다 자본의 부존량이 많은 나라는 자본집약적 상품을 주로 수출한다.

> 🔖**NOTE**│ 헥셔-올린정리 … 헥셔와 올린은 각국의 생산기술(생산함수)이 동일하더라도 국가간 요소부존의 차이가 발생하면 재화의 상대가격차이가 발생하고 각국은 상대가격이 낮은 재화에 비교우위를 갖게 됨을 설명한다. 즉, 각국은 자국에 상대적으로 풍부한 부존요소를 집약적으로 사용하는 재화생산에 비교우위가 있다.

11 헥셔-올린정리에서 노동이 상대적으로 풍부한 나라의 수출재산업과 수입재산업의 자본집약도는 교역 후 어떻게 변하는가?

① 수출재산업과 수입재산업의 자본집약도는 모두 높아진다.

② 수출재산업의 자본집약도는 높아지나, 수입재산업의 자본집약도는 낮아진다.

③ 수출재산업의 자본집약도는 낮아지나, 수입재산업의 자본집약도는 높아진다.

④ 수출재산업의 수입재산업의 자본집약도는 모두 낮아진다.

> 🔖**NOTE**│ 비교우위에 따라 무역이 이루어지면 각국에서 풍부한 생산요소의 상대가격이 상승한다. 그러므로 자유무역이 이루어지면 노동풍부국에서는 상대적으로 임금이 상승하고, 자본풍부국에서는 상대적으로 자본임대료가 상승한다. 무역으로 인하여 노동풍부국에서 임금이 상승하면 수출재 생산자와 수입재 생산자는 모두 보다 자본집약적인 생산방법을 사용할 것이므로 두 산업의 자본집약도(K/L, 요소집약도)는 모두 높아질 것이다.

12 교역조건과 관련된 다음 설명 중 옳지 않은 것은?

① 교역조건은 양국의 오퍼곡선이 교차하는 점에서 결정된다.

② 다른 조건이 일정할 때 교역조건이 개선되면 실질GNI는 커진다.

③ 교역조건이 악화되면 경상수지도 악화된다.

④ 소국이 관세를 부과하더라도 교역조건은 변하지 않는다.

> 🔖**NOTE**│ 수출재 가격이 하락하면 교역조건이 악화되나 수출재 가격하락으로 수출물량이 큰 폭으로 증가한다면 수출액은 오히려 증가할 수 있다. 그러므로 교역조건이 악화된다고 해서 반드시 경상수지가 악화되는 것은 아니다.

🐻**Answer.** 10.④ 11.① 12.③

13 다음 그림은 A국과 B국의 오퍼곡선을 나타내고 있다. 현재 교역조건이 TOT_0으로 주어져 있다면 X재 시장과 Y재 시장의 상태는?

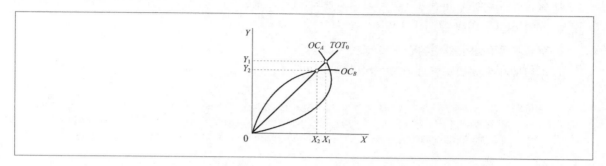

① X재시장 – 초과수요, Y재 시장 – 초과수요
② X재시장 – 초과수요, Y재 시장 – 초과공급
③ X재시장 – 초과공급, Y재 시장 – 초과수요
④ X재시장 – 초과공급, Y재 시장 – 초과공급

📝 **NOTE** 교역조건이 TOT_0로 주어져 있다면 A국이 수출하고자 하는 X재의 양은 X_1이고, B국이 수입하고자 하는 X재의 양은 X_2이므로 국제시장에서 X재는 초과공급상태이다. 그리고 주어진 교역조건하에서 A국이 수입하고자 하는 Y재의 양은 Y_1이고, B국이 수출하고자 하는 Y재의 양은 Y_2이므로 Y재는 국제시장에서 초과수요상태이다.

14 다음 중 교역조건에 관련된 설명으로 옳지 않은 것은?

① 교역조건은 교역 양국의 경제활동수준을 나타낸다.
② 교역조건은 교역 양국의 후생이 극대화되는 점에서 결정된다.
③ 교역조건이 개선되면 후생수준이 높아진다.
④ 교역조건은 교역 양국의 오퍼곡선의 교차점에서 결정된다.

📝 **NOTE** ① 교역조건은 수출품과 수입품의 국제시장 가격비율을 나타낼 뿐이므로 교역국의 경제활동수준(GDP 등)을 나타내지는 못한다.

15 교역조건과 관련된 다음 설명 중 옳지 않은 것은?

① 상품교역조건이 개선되면 소득교역조건도 개선된다.

② 교역조건에 의해 무역의 이익이 결정된다.

③ 상품교역조건이 개선되면 수출량이 감소한다.

④ 수입물가가 하락하면 교역조건이 개선된다.

> 📄NOTE 상품교역조건은 수출재 가격을 수입재 가격으로 나눈 값이다. 그러므로 수출재 가격이 상승하거나 수입재 가격이 하락하면 상품교역조건이 개선된다. 수출재의 가격이 상승하면 상품교역조건은 개선되나 수출량이 감소한다. 수출재 가격이 상승할 때 수출량이 대폭 감소한다면 수출액은 오히려 줄어들 수 있다. 그러므로 소득교역조건은 악화될 수도 있다.

16 A국과 B국 모두 X재와 Y재를 생산하고 있는데 이들 두 나라는 서로 교역을 하고 있다. 양국의 생산비가 다음과 같다면 두 나라가 다같이 이익을 얻을 수 있는 교역조건(P_X/P_Y)은? (P_X : X재 생산비, P_Y : Y재 생산비)

구분	P_Y	P_X
A국	12	30
B국	20	40

① 0.45

② 0.55

③ 1.0

④ 1.5

> 📄NOTE A국의 가격비율은 $\left(\dfrac{P_X}{P_Y}\right)_A = \dfrac{12}{30} = 0.4$, B국의 가격비율은 $\left(\dfrac{P_X}{P_Y}\right)_B = \dfrac{20}{40} = 0.5$이다.
> 따라서 교역조건(TOT)은 $0.4 < TOT < 0.5$이어야 한다.

17 다음 중 교역에 의하여 후생이 증대되는 이유가 아닌 것은?

① 비교우위성의 원리에 의한 생산의 전문화

② 국내 및 국제가격비율 차이에 의한 교환이 이루어지기 때문

③ 국내생산가능곡선이 우측으로 이동하기 때문

④ 교역에 의한 소비가능곡선이 생산가능곡선 우측에 존재하기 때문

> 📄NOTE ③ 교역이 이루어지더라도 생산가능곡선은 이동하지 않는다.

Answer. 15.① 16.① 17.③

18 다음 중 관세부과의 효과에 대한 설명으로 옳지 않은 것은?

① 수요가 완전비탄력적이면 소비감소효과가 나타나지 않는다.

② 수요와 공급이 탄력적일수록 경상수지 개선효과가 크게 나타난다.

③ 수요와 공급이 비탄력적일수록 후생손실이 작아진다.

④ 수요가 완전비탄력적이면 경상수지 개선효과가 나타나지 않는다.

> **NOTE** 관세가 부과되면 수입품의 국내가격이 상승한다. 국내가격이 상승하면 국내생산은 증가하는 반면 국내소비는 감소한다. 가격이 상승할 때 수요와 공급이 탄력적일수록 국내소비감소와 국내생산증가가 크게 이루어진다. 그러므로 수요와 공급이 탄력적일수록 수입량이 크게 감소하여 경상수지 개선효과가 커진다.
> ④ 수요가 완전비탄력적이면 수요곡선이 수직선이므로 관세가 부과되더라도 소비감소효과는 나타나지 않는다. 그러나 관세부과로 가격이 상승하면 국내생산이 증가하고 수입량이 감소하므로 경상수지 개선효과는 여전히 나타난다.

19 생산의 기회비용이 증가할 때 무역효과에 속하지 않는 것은?

① 수출국과 수입국의 소비자후생증가

② 모든 교역국은 비교우위산업에 부분특화

③ 비교우위산업의 생산증가, 비교열위산업의 생산감소

④ 비교우위산업의 소비증가, 비교열위산업의 소비감소

> **NOTE** 무역이 발생하면 비교우위산업의 상품을 수출하고 비교열위산업의 상품을 수입하므로 국내시장에서는 비교우위산업의 상품가격이 오르고 비교열위산업의 상품가격이 내린다. 그 결과 비교우위산업의 소비가 감소하고 비교열위산업의 소비가 증가한다.

20 다음 중 자유무역과 관련된 설명으로 옳지 않은 것은?

① 수출국과 수입국의 사회적 잉여는 모두 증가한다.

② 관세를 부과하면 사회 전체의 잉여가 감소한다.

③ 특정 지역 내에서 무역자유화를 추구하는 지역경제통합은 세계적인 자유무역에도 도움이 된다.

④ 가장 초보적인 단계의 지역경제통합의 유형은 자유무역지역(free-trade area)을 들 수 있다.

> **NOTE** ③ 특정 지역 내에서 경제블럭을 결성하여 자유무역을 추구하면 그 지역 내에서는 무역활성화가 이루어진다. 그러나 특정 지역 내에서 자유무역을 추구하는 지역주의 움직임은 세계적인 차원의 자유무역에 반드시 도움이 된다는 보장은 없다. 왜냐하면 지역 내에서의 무역은 활성화되겠지만 그 지역 외부에 있는 국가들과는 무역이 축소될 가능성이 있기 때문이다. 그러므로 지역주의를 추구하는 나라들이 세계적 차원의 무역자유화에 협력하지 않으면 세계 전체적인 자유무역에는 오히려 부정적인 영향을 미칠 수도 있다.

Answer. 18.④ 19.④ 20.③

21 다음 중 자유무역의 효과에 속하지 않은 것은?

① 국내시장의 경쟁이 치열해진다.

② 생산요소는 비교열위산업에서 비교우위산업으로 이동한다.

③ 상대적으로 부존량이 적은 요소의 가격이 상승하는 경향이 있다.

④ 비교우위산업 종사자의 소득증가가 비교열위산업 종사자의 소득감소보다 크다.

> 📝NOTE ③ 상대적으로 풍부한 요소가 많이 투입되는 상품의 수출이 늘어나면 이 요소의 수요가 늘어나므로 상대적으로 부존량이 풍부한 요소의 가격이 오르는 경향이 있다.

22 WTO의 출범으로 농산물시장이 개방되면서 우리나라 배의 해외수출량이 늘고, 바나나 수입도 늘었다고 하자. 농산물시장의 개방이 국내 배시장에서 배의 국내가격과 국내거래량에 어떤 영향을 미칠까?

① 배의 국내가격이 상승하고 국내거래량이 증가한다.

② 배의 국내가격이 상승하고 국내거래량이 감소한다.

③ 배의 국내가격이 하락하고 국내거래량이 증가한다.

④ 배의 국내가격이 하락하고 국내거래량이 감소한다.

> 📝NOTE 수출이 늘어나면 배의 국내가격은 상승하고 국내거래량은 감소하게 된다.

23 도하개발아젠다(*DDA* : Doha Development Agenda)에 대한 설명으로 옳지 않은 것은?

① WTO하에서 처음 시작되는 다자간 무역협상으로 2001년에 공식적으로 출범하였다.

② 그동안 다자간 무역협상을 '라운드'라는 명칭으로 불러왔으나 선진국들의 반대로 '라운드'라는 명칭은 더 이상 사용하지 않기로 하였다.

③ 협상의제에는 공산품뿐만 아니라 농산물, 서비스, 지적재산권 등 다양한 대상이 포함된다.

④ 2004년 말까지 협상을 완료할 예정으로 있는데, *DDA*가 타결되면 그의 모든 산업분야에 걸쳐 무역장벽이 대폭 낮아질 것으로 전망된다.

> 📝NOTE 2001년 11월 카타르의 도하(Doha)에서 열린 WTO 각료회의에서 의제협상이 타결됨에 따라 뉴라운드가 공식적으로 출범되었다. 그동안은 다자간 무역협상을 '라운드'라는 명칭으로 불러왔으나 개발도상국들의 반발로 인해 이제 라운드라는 명칭은 더 이상 사용하지 않기로 합의하였다. 그에 따라 뉴라운드의 공식적인 명칭은 도하개발아젠다(*DDA* : Doha Development Agenda)로 명명되었다. *DDA*에서는 농업, 서비스, 반덤핑·보조금, 경쟁정책 등 다양한 의제가 다루어질 예정이다. 현재 계획은 2005년 1월 1일 이전(2004년 12월 31일)까지 협상을 완료하는 것으로 되어 있다. *DDA*가 타결되면 거의 모든 산업분야에 걸쳐 무역장벽이 대폭 낮아질 것으로 예상되고 있다.

Answer. 21.③ 22.② 23.②

Chapter. 02 국제금융론

01 환율과 국제통화제도

(1) 환율

① 개념 : 자국화폐와 외국화폐의 교환비율이며, 기본적으로 환율은 외환시장에서 외환에 대한 수요와 공급에 의하여 결정된다.

② 표시방법 : 대부분의 국가들이 자국통화표시환율 방법으로 환율을 표시하며, 외국화폐 1단위를 얻기 위하여 지급해야 하는 자국화폐의 크기로 표시한다.

(2) 명목환율과 실질환율

① 명목환율(e) : 두 나라 화폐 간의 교환비율을 말한다. 즉 자국화폐와 외국화폐의 교환비율을 의미한다.

② 실질환율(ϵ)

　㉠ 두 나라에서 생산된 재화의 상대가격을 말한다. 실질환율은 수출입을 결정하는 중요변수로서 교역변수의 역수와 동일하다.

$$\epsilon = \frac{e \times P_f}{P} \quad (e: \text{명목환율}, P_f : \text{외국물가}, P: \text{국내물가})$$

　㉡ 명목환율이나 국내물가 또는 외국물가가 변화하면 실질환율이 변한다.

(3) 외환의 수요 · 공급에 의한 환율결정이론

① 외환의 수요와 공급

　• 환율이 상승하면 원화로 표시한 외국제품의 가격상승으로 수입량이 감소하므로 외환수요량도 감소한다.

　• 환율상승 시에 외환의 수요량이 감소하므로 외환수요곡선은 우하향의 형태로 도출된다.

　㉠ 외환의 공급곡선

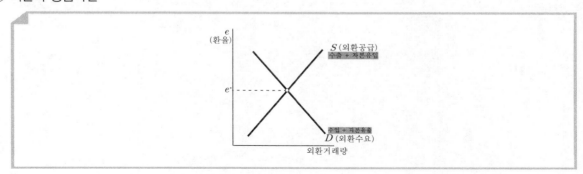

- 환율이 상승하면 달러로 표시한 수출품의 가격하락으로 수출량이 증가하므로 외환공급량이 증가한다.
- 환율이 상승하면 외환의 공급량이 증가하므로 외환의 공급곡선은 우상향의 형태로 도출된다.
ⓒ 균형환율의 결정 : 외환의 수요곡선과 공급곡선이 교차하는 점에서 균형환율 및 외환수급량이 결정된다.

② 균형환율의 변화
  ㉠ 환율변화의 요인
  - 외환수요↑ → 외환수요곡선 우측이동 → 환율상승(평가절하)
  - 외환공급↑ → 외환공급곡선 우측이동 → 환율하락(평가절상)

  ※ 평가절상과 평가절하의 효과

평가절상(환율인하)	평가절하(환율인상)
• 수입증가	• 수입감소
• 수출감소	• 수출증가
• 국내경기 침체가능성	• 인플레이션 발생가능성
• 외채부담 감소	• 외채부담 증가
• 국제수지 악화	• 국제수지 개선

  ㉡ 외환수요의 변화요인

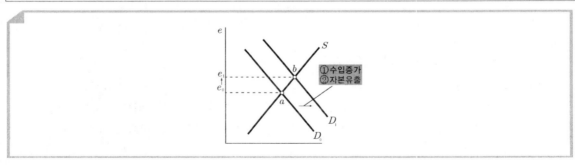

ⓒ 외환공급의 변화요인

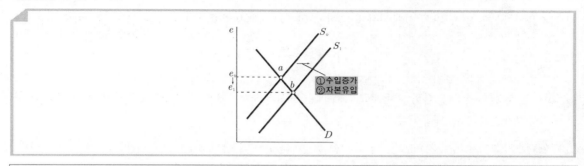

해외경기↑ ───────────→ 수출↑ ↘

해외물가↑ → 수입품의 상대가격 ↓ → 수출↑ ─── 외환공급↑ → 외환공급곡선 우측이동

국내물가↑ → 수입품가격 ↓ → 수출↑ ↗

(4) 구매력평가설(PPP : Purchasing Power Parity theory)

① 구매력평가설은 환율이 양국 통화의 구매력에 의하여 결정된다는 이론으로 스웨덴의 경제학자인 카셀(G. Cassel)에 의하여 제시되었다.

절대적 구매력평가설 : $e = \dfrac{P}{P_f} = \dfrac{\frac{1}{P_f}}{\frac{1}{P}}$ ($\dfrac{1}{P_f}$: 외국화폐의 구매력, $\dfrac{1}{P}$: 자국화폐의 구매력)

상대적 구매력평가설 : $\dfrac{\triangle P}{P} = \dfrac{\triangle e}{e} + \dfrac{\triangle P_f}{P} \rightarrow \dfrac{\triangle e}{e} = \dfrac{\triangle P}{P} - \dfrac{\triangle P_f}{P_f}$

→ 국내 인플레이션율과 외국 인플레이션율의 차이는 환율 변화율과 일치한다.

② 구매력평가설은 국내 물가와 해외 물가의 변동이 균형환율에 어떻게 반영되는지를 설명하는 이론이다.

③ 화폐의 구매력은 물가와 반비례하므로 양국에서 물가상승률의 차이가 발생하면 양국통화의 구매력차이가 발생한다. 따라서 환율변화율은 양국의 인플레이션율 차이와 동일하다.

④ 구매력평가설은 일물일가의 법칙(law of one price)을 국제시장에 적용한 이론이다.

   ㉠ 재화의 교역이 자유롭다.

   ㉡ 각 나라가 생산하는 상품은 완전히 동질적이다.

   ㉢ 거래비용도 무시할 수 있을 정도로 작다.

⑤ 구매력평가설은 단기적인 환율의 움직임은 잘 나타내지 못하고 있으나 장기적인 환율의 변화추세는 잘 반영하는 것으로 평가된다.

(5) 이자율평가설($IRPT$: Interest Rate Parity Theory)

① 이자율평가설은 양국 간의 명목이자율 차이와 환율의 기대변동률과의 관계를 설명하는 이론이다.

$$r = r_f + \frac{\triangle e}{e} \rightarrow \frac{\triangle e}{e} = r - r_f$$

② 국가 간 자본이동이 완전히 자유로운 경우에는 국내투자수익률과 해외투자수익률이 동일해야 한다는 것이 이자율평가설의 주요 내용이다.

③ 구매력평가설이 경상수지의 관점에서 환율을 설명하는 이론임에 비해, 이자율평가설은 자본수지의 관점에서 환율을 설명하는 이론으로 일물일가의 법칙을 금융시장에 적용한 것으로 볼 수 있다.

④ 자본통제와 같은 제도적 제약이 존재하거나 거래비용으로 인해 국가 간 자본이동성이 완전하지 못하면 이자율평가설이 성립하지 않는다.

⑤ 환율 변화의 요인

국내 이자율 상승	미래의 예상환율이 불변이고, 긴축금융정책으로 국내이자율이 상승하였다고 가정할 경우, 국내이자율이 높아지면 한국에 투자할 때의 수익률이 상승하므로 자본 유입이 이루어지면 현재 환율이 하락한다.
미래 예상환율의 변동	미래의 예상환율이 상승하면 국내에 투자할 때의 수익률이 하락하므로 국내로부터 자본이 유출되므로 현재 환율이 상승한다.

⑥ 평가

㉠ 자본통제와 같은 제도적 제약이 존재하거나 거래비용으로 인해 국가 간 자본이동성이 완전하지 못하면 이자율 평가설이 성립하지 않는다.

㉡ 이자율 평가설의 현실 부합성 여부는 두 나라 간 자본이동이 얼마나 자유로운지, 금융자산이 얼마나 동질적인지에 따라 결정된다.

(6) 환율제도

구분	고정환율제도	변동환율제도
국제수지불균형	국제수지의 불균형이 조정되지 않는다.	환율변동을 통하여 자동적으로 조정된다.
환위험	작다.	크다(환투기의 발생가능성).
국제무역과 투자	환율이 안정적이므로 국제무역과 투자가 활발히 일어난다.	환위험이 크기 때문에 국제무역과 투자가 저해된다.
해외교란요인의 파급 여부	해외의 교란요인이 국내로 쉽게 전파된다.	해외의 교란요인이 발생하더라도 국내경제는 별 영향을 받지 않는다.
금융정책의 자율성 여부	국제수지변화에 따라 통화량이 변화→금융정책의 자율성 상실	국제수지 불균형이 환율변동에 따라 조정→금융정책의 자율성 유지
정책효과	금융정책 무력	재정정책 무력
투기적인 단기자본이동	환율이 고정되어 있으므로 투기적인 단기자본 이동이 적다.	환투기로 인한 단기자본이동이 많다.
환율	정부의 정책변수(외생변수)	국제수지변화에 따라 환율이 조정(내생변수)

02 국제수지론

(1) 국제수지

① 개념

　㉠ 국제수지란 일정 기간에 일국의 거주자와 외국의 거주자 사이의 모든 경제적 거래를 체계적으로 분류한 것을 말한다.

　㉡ 유량(flow)의 개념이며 복식부기의 원리에 따라 기록된다.

② 국제수지표의 내용

　㉠ 경상계정

　　• 상품수지

　　　– 거주자와 비거주자 사이의 상품거래를 계상한다.

　　　– 국제수지에 있어서 가장 기본적이며 중요한 항목이다.

　　• 서비스수지

　　　– 거주자와 비거주자 사이의 용역거래를 계상한다.

　　　– 운수, 여행, 통신서비스, 보험서비스, 특허권 등의 사용료, 금융서비스, 정보서비스 등의 항목이 포함된다.

- 소득수지
  - 근로자 파견, 직접투자, 증권투자 등에 따른 소득이전을 계상한다.
  - 외국인 노동자 혹은 내국인 해외근로자가 수취하는 급료(임금), 직접투자, 증권투자 등에 따른 투자소득(이자 · 배당) 등이 포함된다.
- 경상이전수지
  - 국가 간의 무상증여를 계상한다.
  - 무상원조, 국제기구출연금 등이 포함된다.

ⓒ 자본계정
- 투자수지
  - 민간기업, 금융기관 등에 의한 투자자금의 이동을 계상한다.
  - 직접투자, 증권투자(주식, 채권 등), 기타투자(대출, 차입) 등에 따른 자본이동이 포함된다.
- 기타 자본수지
  - 자본이전과 특허권 등 기타 자산의 매매에 따른 자금이동을 계상한다.
  - 해외이주비 등의 자본이전, 토지 · 지하자원, 특허권, 상표권 등 유무형자산의 거래에 따른 자본이동이 포함된다.

ⓒ 준비자산증감
- 통화당국(한국은행)의 외환시장개입에 따른 대외준비자산의 증감을 계상하다.
- 준비자산증감의 크기는 '경상수지 + 자본수지 + 오차 및 누락과 크기는 같고 부호만 반대이다.
- 전체 국가수지가 10억 달러 흑자이면 준비자산이 10억 불 증가[기록상은 (−)로 기록]한다.

③ 국제수지의 균형
ⓐ 국제수지표상의 몇몇 계정만을 보면 대변과 차변이 일치할 경우도 있고 그렇지 않은 경우도 있는데 대변과 차변의 합계가 일치하는 경우를 국제수지균형, 일치하지 않는 경우를 불균형이라고 한다.
ⓑ 자율적 거래란 국가 간의 가격, 소득, 이자율 등 경제적 요인의 차이에 따라 발생하는 거래를, 보정적 거래란 자율적 거래에서 발생한 불균형을 조정하기 위한 거래를 의미한다.
ⓒ 대체로 국제수지표상의 상단에 위치할수록 자율적인 성격이 강하고, 하단으로 내려갈수록 보정적인 성격이 강해진다.

⑵ 국제수지와 거시경제

① 경상수지와 국내총생산

　㉠ 국내총생산이 총지출액보다 더 크면 경상수지가 흑자, 국내 총생산보다 총지출액이 더 크면 경상수지가 적자가 됨을 의미한다.

> - Y = C + I + G + (X − M)
>   [C : 소비지출, I : 투자지출, G : 정부지출, X − M : 순수출(경상수지)]
> - 총지출 : A = C + I + G
> - Y = A + (X − M) → $(X - M) = Y - A$
>   → 경상수지 = 국내총생산(GDP) − 국내외에서 생산된 재화에 대한 총지출액

　㉡ 기본적으로 경상수지가 적자가 되는 것은 소득보다 더 많이 지출하기 때문이다.

② 경상수지와 저축 및 투자

　㉠ 가처분소득$(Y - T)$에서 소비를 차감한 것$(Y - T - C)$이 민간저축(S_P)이고, 정부의 재정흑자$(T - G)$는 정부저축(S_G)을 의미하므로 경상수지와 저축 및 투자 간에는 다음의 관계식이 성립한다.

$$경상수지 = 민간저축 + 정부저축 - 투자$$
$$= S_P + s_G - I$$
$$= S_T - I \ (S_T : 총저축)$$

　㉡ 경상수지는 국내총생산과 지출액의 차이로 나타낼 수 있을 뿐만 아니라 투자와 저축의 차이로 나타낼 수도 있다.

③ 경상수지와 자본수지

　㉠ 경상수지, 자본수지, 오차 및 누락의 합계는 준비자산증감의 크기와 부호가 반대이므로 다음의 식이 성립한다.

> (경상수지 + 자본수지 + 오차 및 누락) + 준비자산증감 = 0

　㉡ 준비자산증감도 넓은 의미에서 보면 자본수지의 일종이므로 준비자산증감을 자본수지에 포함시키면 경상수지와 자본수지의 합은 항상 0이 된다.

(3) 환율과 경상수지

① 마샬-러너조건

ㄱ 마샬-러너조건은 '평가절하를 실시할 때 경상수지가 개선되기 위해서는 양국의 수입수요의 가격탄력성의 합이 1보다 커야 한다'는 것으로 표시된다.

- 마샬-러너조건은 외환시장의 안정조건이라고도 한다.

$$\epsilon_M + \epsilon_M^* > 1$$
(ϵ_M: 자국의 수입수요의 가격탄력성, ϵ_M^*: 외국의 수입수요의 가격탄력성)

ㄴ 자국통화가 10%만큼 평가절하되면 달러표시 수출가격은 10% 하락하고 자국통화표시 수입가격은 10% 상승한다. 그러므로 자국통화가 10% 평가절하될 때 경상수지가 개선되려면 수출량 증가분과 수입량 감소분의 합이 10% 이상이 되어야 한다.

② J-Curve효과

ㄱ 개념 : 평가절하를 실시하면 일시적으로는 경상수지가 악화되었다가 시간이 지남에 따라 개선되는 효과를 말한다.

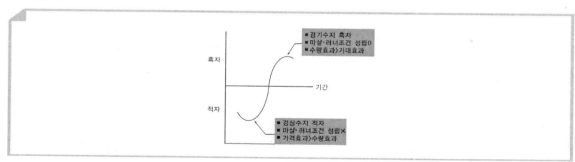

ㄴ 발생 원인

- 평가절하가 이루어지면 수출가격이 하락하나 단기적으로는 수출물량이 별로 증가하지 않으므로 수출액이 감소(경상수지가 악화)한다.
- 시간이 지남에 따라 수출물량이 점차 증가하므로 장기에는 경상수지가 개선된다.
  - 단기 : 평가절하→수출가격 하락, 수출물량 불변→국제수지 악화
  - 장기 : 평가절하→수출가격 하락, 수출물량 증가→국제수지 개선
  ※ J-curve효과가 발생한다는 것은 단기적으로는 마샬-러너조건이 성립하지 않음을 의미한다.

(4) 국제수지의 조정

① 금본위제도 하에서 국제수지조정(고전학파)

　㉠ 개요

　　• 금의 유출입을 통하여 국제수지 불균형이 조정된다고 보는 이론이다.

　　• D. Hume의 '가격–정화이동 메커니즘'이다.

　㉡ 국제수지 불균형의 조정과정 : 국내물가가 신축적으로 변함으로써 시장이 균형에 이른다.

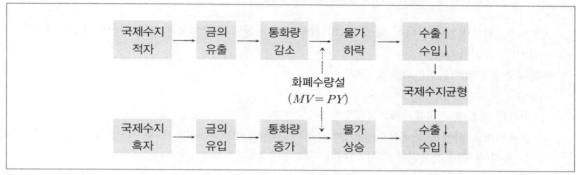

　㉢ 문제점 : 국제수지 불균형이 발생하면 국내물가가 불안정해 진다.

② 브레튼우즈 체제하에서의 국제수지조정

　㉠ 소득효과적 조정

　　• 개념 : 국제수지 불균형이 승수과정을 통한 소득변화가 수출입을 변화시킴으로써 국제수지가 조정된다는 이론이다.

　　• 내용

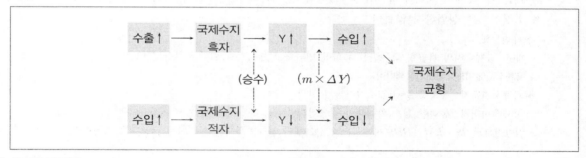

　㉡ 총지출접근법

　　• 개념 : 국제수지 불균형이 국내지출의 변화를 통하여 조정된다고 보는 이론이다.

　　• 내용

　　　– 국제수지가 적자이면 총지출을 감소시켜야 한다.

　　　– 국제수지가 흑자이면 총지출을 증가시켜야 한다.

　　• 의의 : 국제수지를 대상으로 하는 총수요관리정책을 직관적으로 나타내고 있다.

ⓒ 환율변동을 통한 국제수지조정(탄력성 접근법)
- 개념 : 환율변동을 통하여 국제수지가 조정될 수 있다고 보는 이론이다.
- 내용

국제수지 적자 → 평가절하 → 수출↑, 수입↓

국제수지 흑자 → 평가절상 → 수출↓, 수입↑

국제수지균형

- 문제점 : 환율변동을 통하여 국제수지의 불균형이 조정되기 위해서는 외환시장의 안정조건(마샬–러너조건)이 충족되어야 한다.

ⓓ 화폐적 조정이론(통화론자들의 견해)
- 개념
  - 물가와 통화량 변화에 따라 국제수지가 조정된다.
  - 금본위제도 하에서의 국제수지조정이론을 통화론자들이 현대적으로 재구성한 이론이다. 즉, 국제무역을 통하여 금이 유통되는 것이 아니라 달러가 유통되는 것이다.
- 내용

국제수지 적자→통화량↓→지출↓→물가↓→ 수출↑ 수입↓

국제수지 흑자→통화량↑→지출↑→물가↑→ 수출↓ 수입↑

국제수지 균형

- 문제점 : 각 국에서 국제수지변화에 따른 통화량 변화를 상쇄하기 위하여 불태화정책을 실시하면 화폐적 조정이론은 성립하지 않는다.

  ※ 불태화정책
  ㉠ 개념 : 국제수지의 불균형으로 인한 통화량 변화를 상쇄시키기 위한 정책을 의미한다.
  ㉡ 국제수지에 따른 불태화정책방향
    - 국제수지흑자 : 통화량 증가(긴축적인 금융정책)
    - 국제수지적자 : 통화량 감소(확대적인 금융정책)
  ㉢ 일반적으로 $IS-LM-BP$모형에서는 중앙은행이 불태화정책을 실시하지 않는다고 가정한다.

03 $IS-LM-BP$ 모형

(1) $IS-LM$ 모형과 $IS-LM-BP$ 모형

① $IS-LM$ 모형은 대내균형을 대상으로 한다.

② $IS-LM-BP$ 모형은 대내균형과 대외균형을 대상으로 한다.

(2) 대외균형과 BP 곡선

① BP 곡선의 개념 : BP 곡선이란 국제수지 균형을 나타내는 이자율과 국민소득의 조합으로 일반적으로 우상향의 형태이다.

$$BP = X(e) - M(y, e) + CA(r) = O$$
$$(X : 수출, \ M : 수입, \ CA : 자본수주, \ e : 환율, \ Y : 국민소득, \ r : 이자율)$$

② BP 곡선의 기울기

    ㉠ 외환의 국제적 이동이 가능하면 우상향한다.

    ㉡ 외환의 국제적 이동이 완전탄력적이면 수평선이다.

    ㉢ 외환의 국제적 이동이 완전비탄력적이면 수직선이다.

    ㉣ 환율이 인상되어 수출이 증가하면 BP 곡선은 우측이동한다.

    ※ BP 곡선의 우측이동

        ㉠ A에서 국제수지가 균형을 이룬다고 하자.

        ㉡ (환율인상으로) 수출이 증가하면 A에서 국제수지가 흑자를 이룬다.

        ㉢ (소득이 증가하여) 수입이 증가하면 B에서 국제수지가 균형을 이룬다.

        ㉣ 수출이 증가하면 BP 곡선이 우측으로 이동한다.

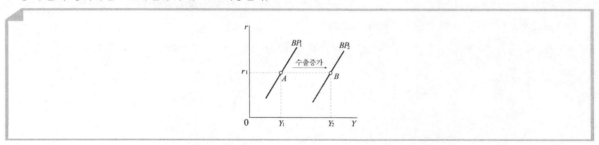

③ BP곡선의 변화

환율 상승	원화표시 수입품가격 상승 → 수입 감소	→ 순수출 증가
	달러표시 수출품가격 하락 → 수출 증가	(경상수지 개선)
물가 하락	원화표시 국산품가격 하락 → 수입 감소	→ 국제수지 흑자 발생
	달러표시 수출품가격 하락 → 수출 증가	

ⓐ 국제수지 균형상태에서 환율이 오르거나 물가가 내리면 국제수지 악화

ⓑ 국제수지가 다시 균형을 이루려면 자본이 유출(자본수지 악화)되어야 함

ⓒ 자본이 유출되려면 이자율이 내려야 함. 따라서 BP곡선 하방(우측) 이동

(3) $IS-LM-BP$곡선의 이동

① 환율인상으로 수출이 증가하면 IS, BP곡선은 우측이동하고 LM곡선은 불변한다.

② 환율하락으로 수출이 감소하면 IS, BP곡선은 좌측이동하고 LM곡선은 불변한다.

(4) 고정환율제도와 변동환율제도하에서의 재정·금융정책

① 재정정책

ⓐ 확대재정정책을 시행하면 대내적으로 국민소득이 증가하고 이자율이 오른다.

ⓑ 이자율이 오르면 국내증권투자를 위해 해외로부터 자본이 유입되므로 자본수지가 개선되어 국제수지는 흑자(외환시장 초과공급)상태가 된다.

ⓒ 자본유입에 따라 국내채권수요가 증가하여 채권가격이 오르고 이자율은 다시 내리게 된다.

② 통화정책

ⓐ 확대통화를 시행하면 대내적으로 이자율이 내려서 국민소득이 증가한다.

ⓑ 이자율이 내리면 국내증권을 매각하고 국외로 자본이 유출(외환수요 증가)되므로 자본수지가 악화되고 국제수지는 적자(외환시장 초과수요) 상태가 된다.

ⓒ 자본유출에 따라 국내채권공급이 증가하여 채권가격이 내리고 이자율은 다시 오르게 된다.

③ 자본이동이 완전한 경우(먼델-플레밍 모형)

고정환율제도	변동환율제도
확대재정정책 - IS곡선 우측이동($IS_0 \rightarrow IS_1$) - 이자율 상승 - 자본유입 - 통화량 증가 - LM곡선 우측이동($LM_0 \rightarrow LM_1$) - 산출량 증가, 이자율 불변 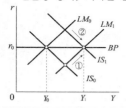	확대재정정책 - IS곡선 우측이동($IS_0 \rightarrow IS_1$) - 국제수지 흑자 - 평가절상 - 순수출 감소 - IS곡선 좌측이동($IS_1 \rightarrow IS_0$) - 산출량 불변, 이자율 불변 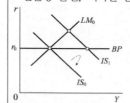
확대금융정책 - LM곡선 우측이동($LM_0 \rightarrow LM_1$) - 이자율 하락 - 자본유출 - 통화량 감소 - LM곡선 좌측이동($LM_1 \rightarrow LM_0$) - 산출량 불변, 이자율 불변 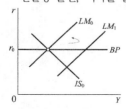	확대금융정책 - LM곡선 우측이동($LM_0 \rightarrow LM_1$) - 국제수지 적자 - 평가절하 - 순수출 증가 - IS곡선 우측이동($IS_0 \rightarrow IS_1$) - 산출량 증가, 이자율 불변 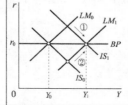

④ 자본이동이 불완전한 경우

고정환율제도	변동환율제도
확대금융정책 $-IS$곡선 우측이동$(IS_0 \to IS_1)$ $-$이자율 상승 $-$자본유입 $-$통화량 증가 $-LM$곡선 우측이동$(LM_0 \to LM_1)$ $-$산출량 증가, 이자율 상승 	확대재정정책 $-IS$곡선 우측이동$(IS_0 \to IS_1)$ $-$국제수지 흑자 $-$평가절상 $-$수출 감소, 수입 증가 $-BP$곡선 상방이동$(BP_0 \to BP_1)$ $-IS$곡선 좌측이동$(IS_1 \to IS_2)$ $-$산출량 증가, 이자율 상승
확대금융정책 $-LM$곡선 우측이동$(LM_0 \to LM_1)$ $-$이자율 하락 $-$자본유출 $-$통화량 감소 $-LM$곡선 좌측이동$(LM_1 \to LM_0)$ $-$산출량 불변, 이자율 불변 	확대금융정책 $-LM$곡선 우측이동$(LM_0 \to LM_1)$ $-$국제수지 적자 $-$평가절하 $-$수출 증가, 수입 감소 $-BP$곡선 하방이동$(BP_0 \to BP_1)$ $-IS$곡선 우측이동$(IS_0 \to IS_1)$ $-$산출량 증가, 이자율 하락

기출문제분석

(한국마사회)

1 다음 제시문의 ⊙~ⓒ에 들어갈 용어를 바르게 연결한 것은?

> 구매력평가이론(Purchasing Power Parity theory)은 양국의 화폐1단위의 구매력이 같도록 환율이 결정된다는 것이다. 구매력평가이론에 따르면 양국 통화의 (⊙)은 양국의 (ⓒ)에 따라 결정되며, 구매력평가이론이 성립하면 (ⓒ)은 불변이다.

	⊙	ⓒ	ⓒ
①	실질환율	경상수지	명목환율
②	명목환율	경상수지	실질환율
③	명목환율	물가수준	실질환율
④	실질환율	물가수준	명목환율

📖 **NOTE** 절대적 구매력 평가설에 따르면

- $\dfrac{eP_f}{P} = 1$, 또는 $e = \dfrac{P}{P_f}$ (e : 명목환율, P : 자국의 가격수준, P_f : 외국의 가격수준)

이를 정리하면 $P = e \times P_f$이므로, 절대적 구매력평가설이 성립하면, 실질환율 $\epsilon = \dfrac{e \times P_f}{P}$은 항상 1이 된다. 그러므로 절대적 구매력 평가설이 성립하면 실질환율은 일정하게 유지된다. 즉, 명목환율은 양국의 물가수준에 의해 결정되며, 절대적 평가설이 성립하면 실질환율이 1로 불변이 된다.

Answer. 1.③

2 다음은 A국과 B국이 노트북과 전기차를 생산하기 위한 단위 당 노동소요량을 나타낸 것이다. 이에 대한 설명으로 바른 것은?

단위 당 노동소요량(재화 한 단위 생산을 위한 노동투입시간)

구분	노트북	전기차
A국	10	120
B국	20	400

① A국은 노트북 생산에, B국은 전기차 생산에 비교우위가 있다.

② A국은 전기차 생산에, B국은 노트북 생산에 비교우위가 있다.

③ A국은 노트북과 전기차 두 재화 생산 모두에 비교우위가 있다.

④ B국은 노트북과 전기차 두 재화 생산 모두에 절대우위가 있다.

⊟NOTE 주어진 표를 각 국의 1단위의 노트북과 전기차 생산에 따른 기회비용(상대가격)을 구하면,

구분	노트북 1단위 생산에 따른 기회비용	전기차 1단위 생산에 따른 기회비용
A국	$\dfrac{10}{120} = \dfrac{1}{12}$	$\dfrac{120}{10} = 12$
B국	$\dfrac{20}{400} = \dfrac{1}{20}$	$\dfrac{400}{20} = 20$

A국은 노트북과 전기차를 모두 B국보다 노동을 더 적게 투입하여 생산할 수 있으므로 A국은 두 재화 모두에 있어 절대우위가 있다. 두 나라에서 각 재화 생산의 기회비용을 위 표에서 살펴보면, 전기차 생산의 기회비용은 A국이 낮고, 노트북 생산의 기회비용은 B국이 더 낮다. 그러므로 A국은 전기차 생산에 비교우위가 있고, B국은 노트북 생산에 비교우위가 있다.

Answer. 2.②

3 A국, B국은 X재와 Y재만을 생산하고, 생산가능곡선은 각각 X = 2 − 0.2Y, X = 2 − 0.05Y이다. A국과 B국이 X재와 Y재의 거래에서 서로 합의할 수 있는 X재의 가격은?

① Y재 4개

② Y재 11개

③ Y재 21개

④ 거래가 불가능하다.

> 🖉NOTE | 교역조건은 두 재화의 국제 상대가격으로 $\left(\dfrac{P_X}{P_Y}\right)_i$, 또는 $\left(\dfrac{Y}{X}\right)_i$ 로 나타낼 수 있다.
>
> 각 국의 생산가능곡선 식을 정리하면 A국의 생산가능곡선이 Y = 10 − 5X, B국의 생산가능곡선이 Y = 40 − 20X이다. 생산가능곡선 기울기가 X재 생산의 기회비용이므로 A국의 X재 생산의 기회비용은 Y재 5단위, B국의 X재 생산의 기회비용은 Y재 20단위이다.
>
> 그러므로 두 나라 사이에서 거래가 이루어지려면 X재 1단위와 교환되는 Y재의 양이 5단위에서 20단위 사이에서 결정되어야 한다. 즉 양국 모두에게 이익을 주게 되는 교역조건의 범위는 $5 < \left(\dfrac{Y}{X}\right)_i < 20$ 이다.

4 다음 표는 각국의 시장 환율과 빅맥 가격을 나타낸다. 빅맥 가격으로 구한 구매력평가 환율을 사용할 경우, 옳은 것은? (단, 시장 환율의 단위는 1달러 당 각국 화폐로 표시되며, 빅맥 가격의 단위는 각국 화폐로 표시된다.)

국가(화폐단위)	시장 환율	빅맥 가격
미국(달러)	1	5
브라질(헤알)	2	12
한국(원)	1,000	4,000
중국(위안)	6	18
러시아(루블)	90	90

① 한국의 화폐가치는 구매력평가 환율로 평가 시 시장 환율 대비 저평가된다.

② 브라질의 화폐가치는 구매력평가 환율로 평가 시 시장 환율 대비 고평가된다.

③ 러시아의 화폐가치는 구매력평가 환율로 평가 시 시장 환율 대비 저평가된다.

④ 중국의 화폐가치는 구매력평가 환율로 평가 시 시장 환율 대비 고평가된다.

Answer. 3.② 4.④

NOTE 주어진 각국의 빅맥 가격을 빅맥 환율(= 각국의 빅맥 가격/미국의 빅맥 가격)로 나타내어 실제 환율과 비교해 보면, 다음과 같다.

국가(화폐단위)	브라질(헤알)	한국(원)	중국(위안)	러시아(루불)
빅맥 환율 ($\frac{각국 빅맥가격}{미국 빅맥가격}$)	2.4 헤알/달러	800 원/달러	3.6 위안/달러	18 루불/달러

구매력 평가설에 따르면 시장 환율은 빅맥환율과 같아져야 한다.

브라질의 경우 시장환율이 1달러 = 2헤알인데 비해 구매력평가로 보면 1달러 = 2.4 헤알이므로 브라질의 화폐가치는 시장환율 대비 저평가되고 있는 상태이다. 다시 말해, 시장환율로 10헤알을 5달러로 바꾸면 빅맥 1개를 살 수 있으나, 실제로 브라질에서 1개를 사려면 12헤알을 지급해야 하므로 브라질 화폐의 구매력은 시장환율 대비로 보면 저평가되고 있다는 의미이다. 그러므로 시장환율과 구매력평가 환율을 비교해보면 자국 화폐의 가치가 시장환율 대비 저평가되고 있는 국가는 브라질이고, 고평가되고 있는 국가는 한국, 중국, 러시아이다. 즉, 고평가된 3개국은 구매력평가 환율이 시장환율보다 작다는 것은 그 나라 화폐의 구매력이 시장환율에 비해 고평가되고 있음을 의미한다.

5 (코스콤)
다음 자료의 내용과 부합하는 A씨의 1년 후 예상 환율은?

> A씨는 은행에서 운영 자금 100만 원을 1년 간 빌리기로 했다. 원화로 대출받으면 1년 동안의 대출 금리가 21%인 반면, 동일한 금액을 엔화로 대출받으면 대출 금리는 10%이지만, 대출금은 반드시 엔화로 상환해야 한다. 현재 원화와 엔화 사이의 환율은 100엔당 1,000원이고, A씨는 두 대출 조건이 같다고 생각한다.

① $\frac{1,000원}{100엔}$

② $\frac{1,100원}{100엔}$

③ $\frac{1,200원}{100엔}$

④ $\frac{1,250원}{100엔}$

NOTE 현재 원화와 엔화 사이의 환율을 전제로 하면 100만 원을 엔화로 환전하면 10만 엔이 된다.
원화로 차입할 때와 엔화로 차입할 때의 대출조건이 동일하므로 1년 뒤에 상환하는 금액이 같아야 한다.
원화와 엔화를 가지고 대출하는 것이 동일 조건이라면, 다음과 같다.

$100만원 (1 + 0.21) = 10만엔 (1 + 0.1) \times E^e$

$\rightarrow E^e = \frac{121만원}{11만엔} = \frac{11원}{1엔} = \frac{1,100원}{100엔}$

즉, 두 대출의 조건이 같다면 1년 뒤의 환율이 1엔당 11원이므로, 100엔당 1,100원임을 알 수 있다.

Answer. 5.②

6 A국가에 대한 B국가의 명목환율(A국가의 통화 1단위와 교환되는 B국가의 통화량)이 매년 10%씩 상승한다고 하자. 만일 두 국가 사이에 구매력평가설(Purchasing Power Parity)이 성립한다면 다음 중 가장 옳은 것은?

① A국가의 물가상승률이 B국가의 물가상승률보다 낮을 것이다.

② A국가의 물가상승률이 B국가의 물가상승률보다 높을 것이다.

③ A국가에 대한 B국가의 실질환율은 해마다 10%씩 상승할 것이다.

④ A국가에 대한 B국가의 실질환율은 해마다 10%씩 하락할 것이다.

📝NOTE 구매력 평가설 : 명목환율이 A국가의 통화 1단위와 교환되는 B국가의 통화량으로 정의된다.

- $P_e = e \times P_A \rightarrow e = \dfrac{P_B}{P_A} \rightarrow \dfrac{\Delta e}{e} = \dfrac{\Delta P_B}{P_B} - \dfrac{\Delta P_A}{P_A}$

- $q = \dfrac{e \times P_A}{P_B} \rightarrow \dfrac{\Delta q}{q} = \dfrac{\Delta e}{e} + \dfrac{\Delta P_B}{P_B} - \dfrac{\Delta P_A}{P_A}$

(단, e : 명목환율, q : 실질환율, P_A : A국의 물가, P_B : B국의 물가)

구매력평가설에 의하면 명목환율은 양국의 인플레이션율 차이와 같으므로 B국의 명목환율이 매년 10% 상승한다는 것은 B국의 물가상승률이 A국보다 10% 높다는 것을 의미한다. 반면, A국의 물가상승률이 B국보다 약 10%p만큼 낮다는 것을 알 수 있다. 또한 구매력평가설이 성립하면 실질환율은 항상 1이 된다. 결국 실질환율은 일정한 값을 갖게 되므로 실질환율의 변동율은 0%임을 알 수 있다.

7 변동환율제도와 고정환율제도에 대한 설명으로 옳은 것만을 모두 고른 것은?

> ⊙ 변동환율제도와 고정환율제도 모두에 있어서 외환시장의 수급상황이 국내통화량에 영향을 미치지 못한다.
> ⓛ 고정환율제도 하에서 통화정책보다 재정정책이 더 효과적이다.
> ⓒ 변동환율제도 하에서 자국의 경기안정화를 위한 독립적인 통화정책이 가능하다.

① ⊙

② ⓛ

③ ⊙, ⓒ

④ ⓛ, ⓒ

📝NOTE 고정환율제도 하에서는 외환시장의 수급상황에 따라 통화량의 변동이 발생하므로 경기안정화를 위해 독립적으로 통화정책을 시행하는 것이 불가능하다. 이에 비해 변동환율제도 하에서는 중앙은행이 외환시장에 개입할 필요가 없으므로 통화정책의 독립성이 유지된다. 그리고 고정환율제도 하에서는 재정정책이 더 효과적이고, 변동환율제도에서는 통화정책이 더 효과적이다.

변동환율제도 하에서는 중앙은행이 외환시장에 개입할 필요가 없으므로 외환시장 수급상황의 변화가 국내통화량에 영향을 미치지 않는다. 이에 비해 고정환율제도 하에서는 중앙은행이 외환시장에 개입하여 환율을 일정하게 유지해야 하므로 외환시장의 수급상황이 국내통화량에 영향을 미치게 된다.

🎀 Answer. 6.① 7.④

(인천국제공항공사)

8 다음 그림은 국내 통화의 실질 절하(real depreciation)가 t_0에 발생한 이후의 무역수지 추이를 보여준다. 이에 대한 설명 중 옳지 않은 것은? (단, 초기 무역수지는 균형으로 0이다.)

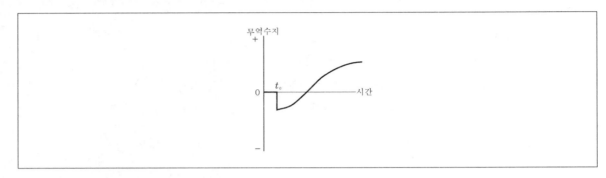

① 그림과 같은 무역수지의 조정과정을 J-곡선(J-curve)이라 한다.

② 실질 절하 초기에 수출과 수입이 모두 즉각 변화하지 않아 무역수지가 악화된다.

③ 실질 절하 후 시간이 흐름에 따라 수출과 수입이 모두 변화하므로 무역수지가 개선된다.

④ 수출수요탄력성과 수입수요탄력성의 합이 1보다 작다면 장기적으로 실질 절하는 무역수지를 개선한다.

⑤ 마샬-러너 조건(Marshall-Lerner condition)이 만족되면 장기적으로 실질 절하는 무역수지를 개선한다.

> **NOTE** J-곡선(J-curve) : 국내 통화의 실질 절하가 수출과 수입에 즉각적으로 반영되지 못하여 초기에는 오히려 무역수지를 악화시키고, 어느 정도 시간이 흐른 후부터 비로소 무역수지를 개선시키는 효과가 나타나는 추이를 의미한다.
> 마샬-러너 조건(Marshall-Lerner condition) : 평가절하가 실시되었을 때 무역수지가 개선되려면 수출공급의 가격탄력성과 수입수요의 가격탄력성의 합이 1보다 커야 한다. 즉 국내 통화의 실질 절하가 무역수지를 개선시키기 위해서는 수출수요탄력성과 수입수요탄력성의 합이 1보다는 커야 된다는 것이다.

Answer. 8.④

9 만성적인 국제수지 적자를 기록하고 있는 나라에서는 확대재정정책이 확대금융정책보다 더 효과적일 수 있다. 그 이유로 옳은 것은?

① 확대금융정책의 실시로 단기자본이 유출될 가능성이 있다.

② 확대금융정책은 이자율을 상승시키고, 투자와 생산성을 위축시킨다.

③ 확대재정정책은 자국통화의 평가절하를 가져오고 이로 인해 수출이 감소한다.

④ 금융정책은 필립스곡선에 의해 제약되나 재정정책은 그렇지 않다.

⑤ 확대재정정책과 확대금융정책은 수입을 증가시킬 우려가 있다.

NOTE 확대적인 금융정책을 실시하면 화폐시장에서 이자율의 하락을 가져와, 자본유출로 인한 자본수지 적자가 국제수지 적자를 오히려 확대시킬 수 있다. 이에 비해 확대적인 재정정책을 실시하면 이자율이 상승하므로 자본유입이 이루어져 국제수지 적자가 축소될 가능성이 크다. 그러므로 만성적인 국제수지 적자를 기록하고 있는 나라에서는 확대재정정책이 확대금융정책보다 더 효과적일 수 있다. 한편, 금융정책이나 재정정책은 모두 총수요관리정책에 해당되어, 필립스 곡선에 의한 제약을 받게 된다.

Answer. 9.①

10 자본이동이 완전히 자유로운 소규모 개방경제의 IS-LM-BP 모형에서 화폐수요가 감소할 경우 고정환율제도와 변동환율제도 하에서 발생하는 변화에 대한 설명으로 옳지 않은 것을 모두 고르면?

> ㉠ 변동환율제도 하에서 화폐수요가 감소하면 LM곡선이 오른쪽으로 이동한다.
> ㉡ 변동환율제도 하에서 이자율 하락으로 인한 자본유출로 외환수요가 증가하면 환율이 상승한다.
> ㉢ 변동환율제도 하에서 평가절하가 이루어지면 순수출이 증가하고 LM곡선이 우측으로 이동하여 국민소득은 감소하게 된다.
> ㉣ 고정환율제도 하에서 외환에 대한 수요증가로 환율상승 압력이 발생하면 중앙은행은 외환을 매각한다.
> ㉤ 고정환율제도 하에서 화폐수요가 감소하여 LM곡선이 오른쪽으로 이동하더라도 최초의 위치로는 복귀하지 않는다.

① ㉠, ㉡
② ㉡, ㉢
③ ㉢, ㉣
④ ㉢, ㉤
⑤ ㉣, ㉤

변동환율제도 - 평가절하 / 고정환율제도 - 화폐수요 감소

변동환율제도 : 평가절하가 이루어지면 순수출이 증가하므로 LM곡선이 아니라 IS곡선이 오른쪽으로 이동한다. IS곡선이 오른쪽으로 이동하면 이자율이 상승하므로 자본유입이 이루어진다. 자본유입으로 외환의 공급이 증가하면 환율이 하락하므로 순수출이 감소한다. 순수출이 감소하면 다시 IS곡선이 왼쪽으로 이동하여 원래 위치로 복귀하게 된다. 그러므로 변동환율제도하에서 외부적인 요인으로 평가절하가 이루어지더라도 국민소득이 변하지 않는다.
고정환율제도 : 화폐수요가 감소하여 LM곡선이 오른쪽으로 이동하면 이자율이 하락한다. 이자율이 하락하면 자본유출이 발생하므로 외환수요가 증가하여 환율상승 압력이 발생한다. 이 경우 환율을 일정하게 유지하기 위해 중앙은행은 외환을 매각하게 된다. 중앙은행이 외환을 매각하면 그 매각대금이 중앙은행으로 유입되므로 통화량이 감소한다. 통화량이 감소하면 LM곡선이 다시 왼쪽으로 이동하여 최초의 위치로 복귀하게 된다.

Answer. 10.④

출제예상문제

1 다음에서 계산된 실질환율은 얼마인가?

> 외국과 국내에서 컴퓨터가 재화와 서비스의 평균적인 가격을 대표한다. 컴퓨터의 국내가격은 192만 원이고, 외국에서의 가격은 800달러이다. 명목환율은 1달러에 1,200원이다. (실질환율은 평균적인 외국의 재화와 서비스로 표시한 평균적인 국내재화와 서비스의 상대가격임)

① 1

② $\frac{1}{2}$

③ 2

④ $\frac{1}{4}$

📎NOTE 실질환율 $\epsilon = \frac{e \times P_f}{P}$ 식에 대입하여 구한다. 그러므로 $\frac{1,920,000}{1,200 \times 800} = \frac{1,920,000}{960,000} = 2$

2 변동환율제도 하에서 환율(원/달러 환율)을 하락시키는 요인이 아닌 것은?

① 국내산 제품의 수출 증가

② 미국산 제품의 국내 수입 증가

③ 미국 달러자본의 국내 투자 확대

④ 미국 달러자본의 국내 주식 매입

⑤ 미국 달러자본의 국내 부동산 매입

📎NOTE 미국산 제품의 국내 수입 증가 → 외환의 수요증가 → 외환수요곡선 우측이동 → 환율상승
　　① 국내산 제품의 수출 증가 → 외환의 공급증가 → 외환공급곡선 우측이동 → 환율하락
　　③ 미국 달러자본의 국내 투자 확대 → 외환의 공급증가 → 외환공급곡선 우측이동 → 환율하락
　　④ 미국 달러자본의 국내 주식 매입 → 외환의 공급증가 → 외환공급곡선 우측이동 → 환율하락
　　⑤ 미국 달러자본의 국내 부동산 매입 → 외환의 공급증가 → 외환공급곡선 우측이동 → 환율하락

Answer. 1.③ 2.②

3 국제적 자본이동이 자유로운 국가의 환율 결정과 관련된 다음 설명 중 옳지 않은 것은?

① 일물일가의 법칙이 나라들 사이에 성립하지 않는 이유 중 하나는 비교역재의 존재 때문이다.

② 해외로부터 금융투자자금이 급격하게 유입될 경우 국내 통화가치가 상승하여 경상수지는 악화될 가능성이 높다.

③ 구매력평가설에 의하면 상대적으로 물가상승률이 높은 나라의 화폐가치가 하락하는 방향으로 환율이 결정된다.

④ 긴축적인 통화정책은 국내 통화가치를 하락시킨다.

> 📋 NOTE 통화량이 감소하면 국내이자율이 상승하므로 자본유입이 이루어진다. 자본유입이 이루어지면 외환시장에서 외환의 공급이 증가한다. 외환의 공급이 증가하면 환율이 하락한다. 즉 국내통화가치가 상승한다.

4 다음 중 환율과 관련된 설명으로 옳지 않은 것은?

① 다른 조건이 일정할 때 명목환율이 상승하면 실질환율도 상승한다.

② 실질환율이 상승하면 교역조건은 오히려 악화된다.

③ 실질환율이 상승하면 상대적으로 국내에서 생산한 재화가 비싸진다.

④ 실질환율이 상승하면 수출이 증가한다.

> 📋 NOTE 실질환율 $\epsilon = \dfrac{e \times P_f}{P}$ 로 나타낼 수 있으므로 다른 조건이 일정할 때 명목환율이 상승하면 실질환율은 상승하나, 국내물가가 상승하면 실질환율이 하락한다. 실질환율은 외국재화 1단위와 교환되는 국내재화의 단위수를 나타내므로 실질환율이 상승하였다는 것은 국내재화의 상대가격이 하락하였음을 나타낸다. 그러므로 실질환율이 상승하면 수출이 증가한다. 실질환율의 상승은 국내에서 생산된 재화가격의 하락, 즉 교역조건의 악화를 의미한다.

5 연간수익률 10%인 한국 채권과 6%인 미국 채권이 있다고 하자. 한국의 투자자가 미국 채권을 매입할 때 매입시점의 환율이 달러당 840원이고 만기에는 달러당 882원으로 예상된다면 이 투자자의 기대수익률은 얼마인가?

① 6%   ② 9%

③ 11%   ④ 15%

> 📋 NOTE 미국 채권의 환차익률 $= \dfrac{882원 - 840원}{840원} \times 100\% = 5\%$
>
> 기대수익률 = 채권구입시 기대수익률(%) + 환차익률(5%) = 11%

6 다음 중 고정환율제도와 변동환율제도에 대한 설명으로 옳지 않은 것은?

① 변동환율제도하에서는 대내균형을 달성하기 위해 독립적으로 경제정책을 운용할 수 있다.

② 고정환율제도하에서는 만성적인 외환의 수급불균형으로 현재의 환율이 유지되기 어려운 경우 환율이 조정된다.

③ 고정환율제도하에서는 환위험이 적기 때문에 국제무역과 투자가 확대될 수 있다.

④ 변동환율제도하에서는 해외의 교란요인이 국내에 쉽게 전파되므로 외부적인 요인에 의해 국내경제가 불안정적이 될 수 있다.

📝NOTE ④ 고정환율제도하에서 해외교란요인이 국내로 쉽게 전파되나, 변동환율제도하에서는 해외교란요인이 국내로 쉽게 전파되지 않는다.

※ 고정환율제도와 변동환율제도

구 분	고정환율제도	변동환율제도
국제수지 불균형	국제수지 불균형이 조정되지 않음	환율변동을 통하여 자동적으로 조정
환위험	작다.	크다(환투기의 발생 가능성).
해외교란요인의 파급 여부	해외교란요인이 국내로 쉽게 전파	해외교란요인이 발생하더라도 국내경제는 별 영향을 받지 않음
금융정책의 자율성 여부	금융정책 자율성 상실	금융정책 자율성 유지
국제무역과 투자	환율이 안정적이므로 국제무역과 투자가 활발히 일어남	환위험이 크기 때문에 국제무역과 투자가 저해

7 다음 중 환율제도에 대한 설명으로 옳지 않은 것은?

① 고정환율제도하에서 금융정책은 효과가 없다.

② J곡선효과에 따르면 무역수지 적자국의 환율인하는 일정 기간 무역수지를 악화시키지만 궁극적으로 개선시킨다.

③ 고정환율제도하에서 국가간 자본이동이 완전차단되면 재정정책은 실질소득을 변동시키는 효과가 없다.

④ 국가간 자본이동이 자유로울수록 변동환율제도하에서 재정정책의 효과가 약해진다.

📝NOTE ② J곡선효과에 따르면 무역수지 적자국의 환율인상은 일정 기간 무역수지를 악화시키지만 궁극적으로는 개선시킨다.

8 정부에서는 환율상승을 방어하기 위한 대책을 다각도로 수립하고 있다. 적절하지 않은 것은?

① 국내기업의 해외투자를 장려한다.

② 외국인 주식투자한도를 확대한다.

③ 외국인 관광객 유치를 위한 방안을 마련·시행한다.

④ 경제특구를 지정하여 외국인 직접투자를 유치한다.

　NOTE 환율상승을 방어하기 위해서는 외환수요를 감소시키거나 외환공급을 증가시켜야 한다.
　　① 국내기업이 해외투자를 하려면 외환을 매입하여 외국으로 갖고 나가야 하므로 외환수요가 증가하므로 오히려 환율상승을 부추기는 작용을 한다.
　　②③④ 모두 외환유입을 유도하여 외환의 공급을 증가시키는 방안이다.

9 다음 중 변동환율제도의 장점으로 꼽을 수 있는 것은?

> ㉠ 국제결제상의 불확실성 축소
> ㉡ 국제수지 불균형의 신속한 조정
> ㉢ 국내경제 안정을 위한 금융통화정책의 자유로운 사용

① ㉠㉡　　　　　　　　　　　　　② ㉢

③ ㉡㉢　　　　　　　　　　　　　④ ㉠㉡㉢

　NOTE ㉠ 환율이 변하면 국제결제상에서 환차손이 발생할 우려가 있으므로 불확실성이 확대될 수 있다. 따라서 변동환율제도의 단점에 속한다.

10 원화의 대달러 환율(원／달러)이 상승할 것으로 예상될 때 나타날 단기적인 현상이 아닌 것은?

① 외환의 공급증가　　　　　　　　② 해외자본의 유출

③ 국내물가상승　　　　　　　　　　④ 대외채무 상환

　NOTE ① 환율상승이 예상되면 달러보유성향이 높아져서 달러수요가 늘어나고 달러공급이 감소한다.
　　② 해외자본은 원화보다 달러($)로 보유하는 것이 유리하므로 해외자본이 해외로 유출된다.
　　③ 수입원자재가격이 오를 것이 예상되므로 물가가 오른다.
　　④ 달러환율이 오를수록 대외채무가 커지므로 이를 서둘러서 상환한다.

Answer. 8.① 9.③ 10.①

11 다음 중 환율에 관한 설명으로 옳은 것은?

① 원화의 대미달러환율이 1,600원에서 1,300원으로 변동했다면 다른 조건이 일정할 때 수출물량 이 증가한다.

② 환율을 수직축에, 외환거래량을 수평축에 놓고 외환에 대한 수요곡선을 그리면 일반재화에 대한 수요곡선과는 달리 우상향한다.

③ 1달러를 얻기 위하여 1,400원을 지불하다가 1,200원을 지불했다면 원화가치가 평가절하된 것이다.

④ 자유변동환율제도하에서 환율은 외환의 시장수요곡선과 시장공급곡선이 만나는 수준에서 결정된다.

> 🔖**NOTE** ④ 환율은 외환시장상품(외환)의 시장가격이다. 이는 외환시장의 수요곡선과 공급곡선의 교차점, 즉 외환시장의 균형점에 서 결정된다.

12 국내통화의 평가절하를 할 때 어떤 경우에 국제수지가 개선될 수 있는가? (단, 탄력성의 크기는 절댓 값이다)

① 수입수요탄력성 – 수출수요탄력성 > 1
② 수입수요탄력성 – 수출수요탄력성 < 1
③ 수입수요탄력성 + 수출수요탄력성 > 1
④ 수입수요탄력성 + 수출수요탄력성 < 1

> 🔖**NOTE** 마샬－러너조건(양국 수입수요의 가격탄력도 합 > 1)이 충족되면 평가절하(환율인상)를 할 때 국제수지가 개선된다.

13 수출의 환율탄력도는 0.5이고 수입의 환율탄력도는 0.4라 하자. 또한 수출액은 800억$이고 수입액은 1,000억$이라 하자. US$의 가격이 500원에서 1,000원으로 오른다면? (단, 다른 조건은 일정하다고 가정하자)

① 수출은 400억$ 증가, 수입은 400억$ 감소, 상품수지 불변, 국제수지 불변
② 수출은 400억$ 증가, 수입은 400억$ 감소, 상품수지 개선, 국제수지 개선
③ 수출은 400억$ 증가, 수입은 400억$ 감소, 상품수지 불변, 국제수지 악화
④ 수출은 400억$ 증가, 수입은 500억$ 감소, 상품수지 악화, 국제수지 개선

> 🔖**NOTE** US$ 환율이 500원에서 1,000원으로 오르면 인상률은 100%이다. 수출의 환율탄력도가 0.5이므로 800억$의 50%에 해당 하는 400억$만큼 증가한다. 수입의 환율탄력도가 0.4이므로 1,000억$의 40%에 해당하는 400억$만큼 증가한다. 따라서 상품수지는 불변하고, (다른 조건이 일정하면) 국제수지도 불변이다.

14 다음 중 환율결정에 관한 설명으로 옳지 않은 것은?

① 장래 환율이 상승할 것으로 예상되면 현재 환율은 하락한다.
② 환율은 장기적으로 양국 화폐의 실질구매력을 반영한다.
③ 본국의 이자율이 내려가면 환율은 상승한다.
④ 본국의 인플레이션이 완화되면 환율은 하락한다.

> 🖹NOTE | ① 장래에 환율이 상승할 것으로 예상되면 현시점에서 자본유출이 발생할 것이므로 외환에 대한 수요가 증가한다. 따라서 평가절하(현재환율의 상승)가 발생한다.

15 환율결정이론인 구매력평가설에 대한 다음 내용 중 옳지 않은 것은?

① 일물일가의 법칙이 국제시장에도 적용된다.
② 어떤 통화 1단위의 실질가치가 모든 나라에서 동일하다.
③ A국이 통화공급을 증가시키면 A국의 물가수준이 상승하고 반면에 A국의 통화는 평가절상된다.
④ 현실적으로 상당수의 상품이 비교역재이기 때문에 실질환율과 구매력평가에 의한 환율은 차이가 날 수 있다.

> 🖹NOTE | ③ A국의 물가가 오를수록 A국의 통화는 평가절하된다.

16 다음 중 국제수지 구성에 관한 설명으로 옳지 않은 것은?

① 자본수지는 단기자본수지와 장기자본수지로 구성된다.
② 경상수지는 상품수지와 서비스수지, 소득수지, 경상이전수지로 구성된다.
③ 상품수지는 수출과 수입으로 구성된다.
④ 서비스수지는 운수, 여행, 통신, 보험, 로열티, 기타 서비스 등을 포함한다.

> 🖹NOTE | ① 과거에는 자본수지를 기간(1년)에 따라 단기와 장기로 구분하였으나, 1998년 이후부터는 기간에 관계없이 투자수지와 기타자본수지로 구분하고 있다.

😊Answer. 14.① 15.③ 16.①

17 다음 중 경상수지에 대한 설명으로 옳지 않은 것은?

① 경상수지 흑자가 클수록 경제안정을 이룬다.
② 경상수지 흑자가 클수록 무역마찰을 초래할 우려가 크다.
③ 무역의존도가 높은 경제체제는 경상수지 흑자를 통하여 후생을 증대시키고자 한다.
④ 경상수지가 흑자를 이루면 주요 원자재의 안정적 공급을 확보하거나 무역마찰을 피하기 위해서 해외에 직접투자를 늘려나갈 수 있다.

> 📖NOTE 경상수지가 흑자를 이루면 외환의 공급초과가 발생한다. 외환의 공급초과분을 자국화폐와 교환하면 통화량이 늘어나서 물가가 오르므로 자국경제가 불안정해진다.

18 다음 중 서비스수지에 해당되는 것을 모두 고르면?

> ㉠ 해외주식 투자금액
> ㉡ 해외여행에 사용한 경비
> ㉢ 반도체를 수출하고 받은 금액
> ㉣ 해외차관에 대한 이자
> ㉤ 기술사용 대가로 외국기업에 지급한 로열티
> ㉥ 외국인 근로자에게 지급한 임금
> ㉦ 이라크에 원조한 금액
> ㉧ 해외직접투자를 통해 벌어들인 수익
> ㉨ 현대상선이 일본의 수출품을 수송하고 받은 금액

① ㉠㉥㉨
② ㉡㉤㉨
③ ㉢㉣㉤㉨
④ ㉤㉥㉧㉨

> 📖NOTE ㉠ 투자수지 ㉡㉤㉨ 서비스수지 ㉢ 상품수지 ㉣㉥㉧ 소득수지 ㉦ 경상이전수지

⊕Answer. 17.① 18.②

19 환율이 상승하였으나 환율상승 직후에 오히려 경상수지가 악화되었다. 이에 대한 설명으로 옳지 않은 것은?

① 마샬-러너조건이 성립하지 않는다.
② J-curve효과의 초기단계에 있다.
③ 외국의 수입수요가 매우 비탄력적이다.
④ 우리나라의 수입수요가 매우 탄력적이다.

> NOTE 환율이 상승할 때 경상수지가 개선되기 위해서는 양국의 수입수요의 가격탄력성의 합이 1보다 커야 한다(마샬-러너 조건). 환율이 상승한 이후 오히려 경상수지가 악화되었다는 것은 양국의 수입수요가 매우 비탄력적이어서 마샬-러너조건이 성립하지 않는다는 의미이다.

20 Q국 화폐가 평가절하될 때 Q국의 경상수지가 개선될 가능성이 가장 높은 경우는?

① Q국이 완전고용상태에 있을 때
② Q국이 수입대체상품의 공급의 가격탄력성이 작을 때
③ Q국 수출품에 대한 해외수요의 가격탄력성이 매우 작을 때
④ Q국의 수입품에 대한 국내수요의 가격탄력성이 매우 클 때

> NOTE 평가절하가 이루어지면 수출품의 가격은 하락하는 반면 수입품의 가격은 상승한다. 그러므로 평가절하가 이루어질 때 경상수지가 개선되려면 수출량이 대폭 증가하거나 수입량이 대폭 감소하여야 한다. 수출가격이 하락할 때 수출량이 대폭 증가하기 위해서는 해외에서 Q국 수출품에 대한 수요가 매우 탄력적이어야 한다. 그리고 수입품 가격이 상승할 때 수입량이 대폭 줄어든다면 국내에서 수입품에 대한 수요가 매우 탄력적이어야 한다.

21 다음 중 경상수지가 경제에 미치는 영향이 아닌 것은?

① 경상수지 흑자가 늘어나면 외채상환능력이 증진된다.
② 경상수지 흑자국은 수입을 늘려서 물가상승압력에 대처할 수 있다.
③ 수출이 늘어나면 생산이 늘어나면서 고용이 증진된다.
④ 수출이 늘어나면 생산규모가 커지면서 대량생산의 이익을 얻을 수 있다.

> NOTE 국제수지 흑자국은 수출증대로 고용이 늘어나서 실업이 감소하고, 국제수지 적자국은 수입증대로 고용이 감소하여 실업이 늘어나기 때문에 국제수지 흑자국은 국제수지 적자국에게 자국의 실업을 수출한다.

Answer. 19.④ 20.④ 21.②

22 BP곡선이란 국제수지균형을 나타내는 이자율과 소득 간의 조합을 나타내는 궤적이다. 다음 설명 중 옳지 않은 것은?

① BP곡선 아래쪽은 국제수지가 적자상태에 있음을 의미한다.
② 자본이동의 가능성이 클수록 BP곡선의 기울기는 작아진다.
③ 고정환율제도의 재정정책이 금융정책보다 효과적이다.
④ 자본이동이 불가능한 경우 BP곡선은 수평이다.

> **NOTE** ④ 자본이동이 불가능한 경우 BP곡선은 수직선의 형태이고, 자본이동이 완전한 경우에는 BP곡선이 수평선으로 도출된다.

23 다음은 BP곡선이 수평일 때, 재정정책의 효과를 분석하는 과정이다. (   ) 안에 들어갈 말은?

> 변동환율제도하에서는 확대재정정책을 실시하면 일단 IS곡선이 우측으로 이동한다. 이것은 국제수지에 (㉠)를 발생시켜 (㉡)의 변화를 통하여 (㉢)곡선을 (㉣)측으로 이동시킨다.

	㉠	㉡	㉢	㉣			㉠	㉡	㉢	㉣
①	흑자	물가	LM	우		②	적자	물가	IS	좌
③	적자	환율	LM	우		④	흑자	환율	IS	좌

> **NOTE** 변동환율제도하에서 자본이동이 완전한 경우 확대재정정책의 효과를 요약하면 다음과 같다(최초의 균형점을 E라고 가정).
> 정부지출증가 → IS곡선 우측이동(E')
> → 국제수지 흑자
> → 환율하락(평가절상)
> → 수출감소, 수입증가
> → IS곡선 좌측이동
> → 원래 균형점 복귀
>
>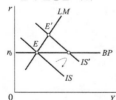

24 다음은 *BP*(Balance of Payment)곡선의 기울기에 대한 설명이다. 옳은 것은?

① 외환보유고가 많을수록 *BP*곡선의 기울기는 커진다.
② 자본의 이동가능성이 클수록 *BP*곡선의 기울기는 작아진다.
③ 환율이 높아지면 *BP*곡선의 기울기는 커진다.
④ 한계수입성향이 클수록 *BP*곡선의 기울기는 작아진다.

📝 NOTE | 자본의 이동성이 매우 높다면 이자율이 약간만 상승하더라도 충분한 자본유입이 이루어지므로 *BP*곡선은 매우 평평한 형태가 되나 자본이동이 상당히 제한되어 있다면 충분한 정도의 자본유입이 일어나기 위해서는 이자율이 상당히 상승해야 하므로 *BP*곡선은 기울기가 매우 크게 된다.

25 *IS*−*LM*−*BP*모형에서 자본이동이 불완전하되 *BP*곡선의 기울기가 *LM*곡선의 기울기보다 큰 경우 확장적 재정정책이 단기적으로 국제수지에 미치는 효과를 옳게 설명한 것은?

	경상수지	자본수지	종합수지
①	흑자	적자	흑자
②	흑자	적자	적자
③	적자	흑자	흑자
④	적자	흑자	적자

📝 NOTE | 다음 그림에서 최초의 균형점이 *E*이라고 하자. 이제 확대적인 재정정책으로 *IS*곡선이 우측으로 이동하면 단기적으로 균형점이 *F*로 이동한다. 확대적인 재정정책을 실시하면 이자율이 상승하므로 자본유입이 이루어지므로 본 수지는 흑자가 된다. 반면, 확대적인 재정정책으로 총수요가 증가하므로 수입이 증가하여 단기적으로 경상수지는 적자가 된다. 그리고 *F*는 *BP*곡선 하방의 점이므로 경상수지와 자본수지를 합한 종합수지는 적자상태이다.

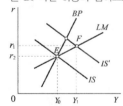

😊 **Answer.** 24.② 25.④

26 환율변화가 무역수지에 미치는 효과와 관련하여 J – Curve가 있다. J – Curve에 대하여 바르게 설명한 것은?

① 환율의 평가절하가 무역수지를 개선시키지 못하는 이유는 수입수요의 가격탄력성이 장기적으로 비탄력적이기 때문이라는 것

② 환율의 평가절하는 수출은 늘릴 수 있으나 수입억제력은 작다는 것

③ 환율의 평가절하에도 불구하고 초기에는 오히려 무역수지가 악화된다는 것

④ 환율의 평가절하가 무역수지를 개선시키기 위해서는 수입수요의 가격탄력성들의 합이 1보다 커야 하다는 것

> **NOTE** | J–Curve 효과
> ㉠ 단기 : 가격변화, 수량불변 → 국제수지악화
> ㉡ 장기 : 가격변화, 수량변화 → 국제수지개선

27 금융당국의 확대금융정책이 대외부문에 미치는 영향으로 옳은 것은?

① 자본유출(capital outflows)이 진정된다.

② 환율이 평가절하되는 경향이 있다.

③ 자본유입(capital inflows)이 촉진된다.

④ 환율의 변화요인은 없으며, 따라서 외국인의 국내직접투자수준에도 변화가 없다.

> **NOTE** | 확대금융정책을 실시하면 LM곡선이 우측이동하고 대내균형점은 BP곡선보다 아래에 놓인다.
> 이자율이 낮아질수록 외환이 유출되므로 외환공급이 부족하여 환율이 인상(평가절하)된다.

28 다음 중 변동환율제도에서 환율이 오를 때 나타나는 현상은?

① 순수출이 늘어나서 IS곡선이 우측으로 이동한다.

② 순수입이 늘어나서 IS곡선이 좌측으로 이동한다.

③ 순수출이 늘어나서 IS곡선과 BP곡선이 우측으로 이동한다.

④ 순수출이 늘어나서 IS곡선, LM곡선과 BP곡선이 우측으로 이동한다.

> **NOTE** | 환율이 인상되면 수출은 증가하고 수입은 감소한다. 따라서 IS, BP곡선은 우측으로 이동하고 LM곡선은 불변한다.

29 경기과열, 경상수지 적자, 인플레이션하에서 취할 수 있는 경제정책의 가장 적합한 조합은?

㉠ 투자 확대	㉡ 소득세 인하
㉢ 통화량 감소	㉣ 환율 인상

① ㉠㉡   ② ㉠㉢

③ ㉡㉢   ④ ㉢㉣

🗒NOTE 경기가 과열상태에 있으므로 긴축경제 총수요관리정책을, 그리고 경상수지가 적자이므로 평가절하(환율인상)를 단행하는 것이 바람직하다.

30 개방경제하에서 수요견인 인플레이션이 있고, 완전고용수준에 있을 때 긴축재정 금융정책을 쓰면 어떻게 되는가?

① 수출 감소, 수입 증가
② 국제수지흑자 감소
③ 국제수지적자 감소
④ 수출·수입 모두 감소

🗒NOTE 긴축적인 정책을 실시하면 총수요가 감소하므로 수입이 감소한다. 그러므로 긴축적인 금융정책을 실시하면 국제수지흑자가 증가(혹은 적자가 감소)하게 된다.

Answer. 29.④ 30.③

서원각 용어사전 시리즈

상식은 "용어사전"

용어사전으로 중요한 용어만 한눈에 보자

중요한 용어만 공부하자!

1 시사용어사전 1200
매일 접하는 각종 기사와 정보 속에서 현대인이
놓치기 쉬운, 그러나 꼭 알아야 할 최신 시사상식
을 쏙쏙 뽑아 이해하기 쉽도록 정리했다!

2 경제용어사전 1030
주요 경제용어는 거의 다 실었다! 경제가 쉬워지
는 책, 경제용어사전!

3 부동산용어사전 1300
부동산에 대한 이해를 높이고 부동산의 개발과 활
용, 투자 및 부동산 용어 학습에도 적극적으로 이
용할 수 있는 부동산용어사전!

- 최신 관련 기사 수록
- 다양한 용어를 수록하여 1000개 이상의 용어 한눈에 파악
- 용어별 중요도 표시 및 꼼꼼한 용어 설명
- 파트별 TEST를 통해 실력점검

자격증

한번에 따기 위한 서원각 교재

한 권에 준비하기 시리즈 / 기출문제 정복하기 시리즈를 통해 자격증 준비하자!